아동권리향연 플러스

아동권리향연 플러스

김정래

동문사

머리말

『아동권리향연 플러스』(이하 『향연 플러스』)는 『아동권리향연』이 증보판 『증보 아동권리향연』(이하 『증보 향연』)으로 재탄생하였음에도 불구하고, 미처 다루지 못하였거나 사안의 중대함에 비추어 세심하게 다루지 못한 내용을 다루고 있다.

이에 앞서 『향연 플러스』를 새로 내기로 작정한 내심을 고백하자면, 그것은 사람들이 권리의 속성을 전혀 고려하지 않고 자신의 권리 주장만을 내세우는 경우를 보면서 이를 바로 잡아야겠다는 생각에서이다. 권리를 이해하려고 하거나 타인을 존중하려 하지 않고 권리주장만을 외쳐대는 것은 권리를 신장하는 것이 아니라 권리를 스스로 손궤하고 있다는 점을 명심할 필요가 있다. 아무 데나 '권' 자를 붙여서 외치고 우기면 된다고 하는 이른바 '권리지상주의'를 경계하고자 하였다. 무엇보다도 『향연 플러스』를 내야겠다는 생각을 굳힌 것은 모본인 『아동권리향연』이 바로 권리지상주의를 부추긴 측면이 있기 때문이다. 『아동권리향연』을 구성하는 원고를 쓸 1990년대만 하더라도 아동권리인식이 열악했던 현실을 개선하고자 아동권리의 보편성과 중요성을 강조한 것이 마치 아동의 권리가 최상의 가치인 것처럼 읽히는 부분이 있다는 사실을 발견하게 되었다. 그 당시 나의 의도를 접을 생각은 지금도 없지만, 이러한 아동권리 보편성을 최상의 가치로 설정하게 되면 오히려 현실적으로 아동의 실질적 권리가 축소되거나 훼손된다는 점을 밝혀야겠다는 일종의 의무감을 갖게 되었다. 권리의 보편성에 대하여 아동이 처한 특수성은 인간으로서 아동이, 그리고 권리 주체로서 아동이 추구하는 가치를 실현하는 데 있어서 반드시 고려해야 할 조건임을 밝히고자 하였다.

그리하여 필자가 바라는 바는 다름이 아니라 권리가 제대로 대접받아야 사람이 권리를 온전하게 향유하고 행사할 수 있다고 인식하는 우리 사회 풍토를 조성하는 것이다. 이를 위하여 우리는 권리 개념 자체와 이와 관련된 제반 사회적 이슈에 관하여 조금이나마 이론적인 관심을 기울일 필요가 있다. 특히 권리지상주의가 개인의 자유와 권리를 존중하는 자유민주주의 체제를 부정하는 데 오용되고 있다는 점에서 권리 증진에 있어서 자유민주주의의 중요성을 부각시켰다. 자유민주주의의 절차적 원리를 부정하면서 내세우는 '민주화'의 명분은 종국에는 개인의 자유와 권리를 훼손하고 말살하기까지 한다. 이와 관련하여 자유, 민주주의의 의미를 비교적 심층적으로 분석하였고, 권리의 과도한 해석을 부추길 수 있는 개념인 교정적 평등과 복지 문제를 깊이 있게 검토하였다.

이러한 취지에서 『증보 향연』에서 담지 못한 내용을 보완하고 '추가'하고자 『향연 플러스』를 내놓게 되었다. 따라서 『향연 플러스』를 읽는 독자는 『증보 향연』의 내용에 견주어 보는 것이 이해에 도움이 될 것이다.

본서의 구성은 총 세 개의 부분으로 되어 있다. 이 셋은 연작의 제목인 '아동권리향연'에 근거한다. 즉 '아동', '권리' 그리고 '향연'이 책을 구성하는 핵심어이다. 제1부는 나름대로 시각을 가지고 '아동'을 심층적으로 다룬다. 아동의 의미에서부터 아동이 살아가는 현실을 분석한다. 제2부는 '권리'를 심층적으로 다룬다. 이전에 소개하지 못한 권리이론과 쟁점 등을 체계적으로 소개한다. 제3부는 아동권리가 제대로 실현되기 바라는 마음에서 여러 가지 현실 문제를 다룬다. 주로 정치철학적 주제들로서 아동권리가 하나의 축제의 장이 되어야 한다는 의미에서 '향연'이 주제어가 된다.

우선 권리의 주체로서 권리의 수혜자이면서 행사자인 '아동'의 의미를 매우 간략하게 다룰 수 없어서 이를 심층적으로 보완하였다. 『아동권리향연』의 제1장의 아젠더인 '아동'을 역시 『향연 플러스』의 제1부에서 보다 심층적으로 다루어 보았다. 『증보 향연』의 제1장과 제4장에서 다섯 가지 아동관을 소개한 바 있는데, 이들의 심층적인 배경과 함께 좀 더 구체적인 사례를 들어서 소개하였다. 이어서 이러한 아동관을 일상적인 생활 속에서 쉽게 파악하는 방편으로서 유명 영화를 소재로 하여 논의하였다. 영화를 소재로 한 논의는 이어지는 『아동권리향연 마당』(이하 『향연 마당』)에서 프로그램 형태로 제시될 것이다. 교육프로그램을 이해하려면 여기서 제시된 내용을 숙지하는 것이 전제되어야 할 것이다.

특히 권리 주체로서 아동이라는 아동관을 통하여 아동권리의 보편성을 강조한 나머지 아동이 현실 생활에서 겪어야 하는 상황, 즉 특수성을 외면할 경우 야기되는 문제를 살펴볼 것이다. 권리 주체가 된다는 점에서 아동이 처한 삶의 현실에서 고려되어야 한다는 점을 다루어 본다.

아동권리를 다룬다고 하면, '아동'과 함께 '권리'의 속성을 다루어야 하는데도 불구하고, 『증보 향연』에서는 하나의 장을 통하여 매우 피상적으로 소개하였다. 『향연 플러스』에서는 이를 보완하여 설명하고자 하였다. '권리'라는 개념을 근본적인 차원에서 분석하고, 이와 유사한 개념들과의 관계를 밝힘으로써 일상에서 흔히 저지를 수 있는 혼동을 피할 수 있도록 하였다. 일례로 '교권'이라는 말은 여러 가지 의미로 혼용되는 말이다. 『향연 플러스』에서 시도하는 바가 교사의 권리, 교사의 권위, 교사의 권한 등으로 사용되는 이 용어를 이해하는 결정적인 도움이 될 것으로 기대한다. 이 문제는 제5장에 이어 제10장에서도 다룰 것이다.

이어서 『증보 향연』에서 다룬 서로 관련 없어 보이는 권리의 속성과 내용들이 어떻게 관련 맺는가에 초점을 두고 설명하고자 하였다. 아주 기초적인 차원에서 '권리'의 용어와 함께 그 유사개념을 분석하고 설명할 것이다. 이에 따라 하나의 장이 아니라 『향연 플러스』에서는 하나의 부로 확장하여 권리의 제 범주를 폭넓게 설명하고자 한다. '권리'를 이론적으로 접근하려면 호펠드의 권리 형식을 알아야 한다. 그것을 모르면 일상적으로 '권'자가 들어 있는 말이 무엇을 뜻하는지 애초부터 파악할 수 없다. 이는 『증보 향연』에서 간략하게 소개하였지만 거기서 심층적으로 다루지 못한 이론적 배경과 특색을 좀 더 자세하게 소개하고자 한 것이다. 본서 제2부는 이러한 의도를 담고 있다.

권리와 쌍둥이처럼 언급되는 가치가 '자유'이다. 자유의 제한은 곧 권리의 제한이기도 하다. 『증보 향연』에서도 권위적 간섭주의를 논문 형식으로 소개한 바 있지만 일반 독자들이 이해에 다소 어려움이 있다는 말을 들은 적이 있다. 그래서 자유의 의미를 좀 더 심층적으로 분석하여, 이를 토대로 하여 자유를 제한하는 일이 어떤 상황에서 정당화되며, 어떤 상황에서 그렇지 않은지를 설명하고자 한다. 우리에게 친숙한 무상의무교육은 그 근본에서 자유의 제한을 전제하고 있다. 그리고 대부분 가정생활은 아동에게 권위적 간섭으로 이루어져 있다. 부모의 지시와 간섭이 아동의 권리지상주의로 보면 다 '간섭'이고 권리의 '침해'이다. 그러나 과연 그런가를 우리는 이제 냉정하게 따져 보아야 할 시점이다. 이러한 시도는 『향연 플러스』를 출간하는 중요한 이유이기도 하다.

학교에서의 간섭은 여러 형태로 나타나서 간혹 아동권리의 침해와 왜곡으로 이어지는 경우가 있다. 두발과 복장의 규제가 대표적인 사례이다. 교복을 착용하는 경우, 교복의 채택 여부에서부터 디자인과 색상 등의 선택은 교복을 입는 학생들이 결정하는 것이 아니기 때문이다. 그러나 이것이 학교에서 권위를 부정하는 근거는 되지 않는다. 권위를 간섭과 동일시하면 이러한 오류를 범한다. 권리의 관련 개념으로 '권위'를 먼저 분석하고 이를 토대로 아동문제와 교육상황에서 권위 문제를 검토할 것이다. 아울러 교권에 관한 내용도 살펴볼 것이다. 권위는 민주사회에서 요구되는 사회적 가치이다. 그러나 권위와 권위주의를 구분하지 못하기 때문에 권위가 반민주적이라고 그릇된 비난을 한다. 이를 위하여 검토해야 할 주제가 민주주의이다. 민주주의는 지상의 명제나 이상적 가치가 아니라 절차적 원리이기 때문에 권위와 민주주의는 상보적 관계에 있다. 이 논점도 심층적으로 검토할 것이다.

무상의무교육은 권위적 간섭의 문제만이 아니라 복지권과 자유권의 상충 문제를 낳는다. 『증보 향연』에서는 복지의 개념이 어떻게 성립하며 그것의 속성이 무엇인지를 소개하면서도, 교육 현장에서 일어나는 문제를 다루지 못하였다. 그래서 『향연 플러스』에서 복지권은 권리지상주의와 '떼법'의 근거가 되기도 한다는 점에 착안하여 이러한 문제를 해소하고자 하는 노력의 일환으로 복지권 성립 논쟁을 소개할 것이다. 이러한 맥락에서 무상학교급식 전면실시 문제를 검토한다.

아동권리의 이해는 교육을 통해 이루어진다. 특히 민주시민교육과 권리교육은 함께 이루어진다. 이러한 점에서 권리와 아동문제의 이론적 배경을 담은 『향연 플러스』는 『증보 향연』에서 단편적으로 다루어진 아동권리교육 문제를 보다 심층적이면서 구체적인 사례를 통하여 다루려고 기획하였다. 또 아동권리의 성전(聖典)이라고 할 아동권리협약에 관하여 『증보 향연』에서는 그 이전의 아동권리 인식 발달과 내용을 소개하는 것에 국한하였기에 이번에 함께 다루려고 기획한 바 있다. 그러나 이러한 내용을 『향연 플러스』에 포함시키기에는 양적인 면에서나 현실적인 제반 여건이 여의치 않다는 점을 집필 과정에서 깨닫게 되어 불가피하게 원래 기획의도를 수정하였다.

이번에 『증보 향연』과 『향연 플러스』를 출간함에 있어서 아동권리가 펼쳐질 잔치 마당을 마련한다는 취지에서 기획한 후속작 『향연 마당』은 이러한 내용을 담아 조만간 선보이게 될 것이다. 이어질 『향연 마당』은 『증보 향연』과 『향연 플러스』에 담긴 이론적인 내용을 토대로 아동권리 이해와 증진을 위해 실천현장에서 활용할 교육프로그램을 그 내용으로 담고 있다. 이로써 『증보 향연』과 『향연 플러스』 그리고 『향연 마당』은 상호 연계된 하나의 시리즈로서 형태를 갖추게 될 것이다.

처음 기획한 바가 제대로 반영되었는지 아니면 용두사미가 되었는지 여부를 책을 내는 지금 시점에서 가늠하기는 어렵다. 기획한 대로 상당히 많은 양의 원고를 새로 작성하였다. 집필 작업은 평소 나의 지론과 소신을 다시 확인하게 해 주었다. 그 과정에서 이미 출판했던 저작과 논문의 일부를 떼어내서 재조직하여 수록하였다. 이를 저자의 나태함이라고 나무라지 말고 일관된 소신이라고 너그러이 양해를 구하는 바이다. 그러나 원문을 토막 내어 그대로 인용한 경우도 있지만, 본문의 전체적 흐름에 비추어 대부분 이전에 집필한 내용을 재조직한 것이며 그 어느 경우에도 출처를 밝혀두었다. 다만 <제4장 부록2>에 탑재한 논문 "영화 '죽은 시인의 사회'의 교육적 고찰"은 최소한의 수정 사항을 제외하고 논문 전체를 그대로 수록하였다.

아동권리를 총체적으로 다룬다고 하면서도 중요한 주제로서 장애아동의 권리와 북한 아동의 권리를 정작 다루지 못한 점은 매우 유감이다. 글을 쓰는 사람으로서 변명이 없는 것도 아니다. 우선 장애아를 다룬 특수교육에 관한 필자의 식견이 짧은 점을 들 수 있다. 보다 구체적으로 그들의 현실적인 문제가 무엇인지를 어설프게 다루는 것은 아예 언급하지 않는 것보다 못하다는 생각이다. 북한아동의 권리는 그들의 생존이 달린 매우 시급하면서도 절박한 문제이다. 하지만 관련 자료를 수집하고 분석하는 데도 나의 역량에 한계가 있다. 나름의 시각이 없는 것은 아니지만 관련 증언을 해줄 탈북 인사를 접촉하는 일이나 북한아동의 실상을 그대로 전달하는 것은 생각하는 것만큼 쉬운 일이 아니다. 마지막 변명은 이 두 가지를 모두 다루다 보면 책의 분량이 지나치게 늘어나서 책을 편집, 제작하는 데 어려움이 따른다는 점이다. 하여 이 두 가지 문제는 별도의 기회를 마련하여 다루기로 하겠다. 하지만 두 가지 주제에 관한 소재를 제4장과 <제1부 부록I>에 소개된 영화에서 찾을 수 있다. 부족하지만 이를 단초로 하여 장애아동과 북한아동의 권리문제를 탐색하는 계기로 삼을 수 있지 않을까 생각한다.

부족한 사람이 일을 하면서 주변의 고마운 분들의 도움을 받는다. 이번에도 예외는 아니다. 늘 공부의 염을 같이 하는 임경화, 김상열 선생님은 영화 자료를 선정하는 데, 한지윤 박사님은 원고의 어색한 부분을 잡아주는 데 큰 도움을 주었다. 또한 부산교대 최수연 조교 선생님은 자료 검증과 교열이라는 귀찮은 작업을 흔쾌히 맡아주었다. 이 분들의 노고에 깊은 고마운 마음을 전한다. 순서가 언제나 마지막이지만, 부산교대 김하민, 옥재원 군은 자료 수집의 번거로운 일을 맡아주었다. 그 작업이 이들의 장래 교직생활에 도움이 되기를 발원하며 감사의 말을 전한다. 연작의 표제화를 디자인해준 딸 지영은 이제 시각 디자이너로서 틀을 갖추어가는 듯하여 대견할 따름이다.

2021년 12월

玄山 金正來 謹識

차 례

표차례

그림차례

서장 아동권리 증진 노력

인간이 하는 일은 무엇이든지 그것을 마냥 주장하거나 우격다짐으로 밀어붙인다고 성사되는 것이 아니다. 그럴 경우 설사 겉으로는 성과를 내는 것처럼 보이더라도 조만간 뒤탈이 나게 마련이다. 따라서 인간이 서로 어울려 살면서 나름 소신을 가지고 소정의 성과를 거두고자 한다면 그 일의 본질과 경중부터 따져보아야 할 것이다. 우리 사회에서 이러한 사정이 먹혀 들어가지 않고 막무가내로 떼를 쓰는 '떼법'이 통하는 것은 겉으로 보면 민주시민교육이 그릇되었다는 점이고, 본질적으로는 인간 존엄성 내지는 인간존중의식이 결여된 탓으로 보인다. 인간존엄성이니 인간존중의식이란 다름 아닌 온전한 권리인식을 말한다. 이를 온전하게 인식하지 못할 경우 그것은 '권리지상주의'가 된다. 21세기 대한민국에서 자행되는 내로남불, 떼법 등은 모두 권리지상주의의 산물이다.

아동권리를 증진한다고 하면서 많은 사람들이 '아동'과 '권리' 조차 이해하지 못하거나 아니면 자신이 막연하게 지니고 있는 생각을 가지고 밀어붙이는 사례를 어렵지 않게 볼 수 있다. 권리지상주의에서 아동권리지상주의가 나온다. 『아동권리향연 플러스』는 아동권리지상주의를 검토하고 시정할 수 있도록 여러 가지 이론적 쟁점을 소개할 것이다. 그래야 막무가내 식의 권리지상주의와 '떼법'을 방지하는 데 다소 기여할 것이다. 아울러 '권리'에 근거 없이 편승하는 포퓰리즘도 경계해야 한다. 그러려면 우리는 차분하게 권리에 관한 공부부터 해야 한다.

가장 먼저, 권리의 주체인 '아동' 문제를 개념적으로나 법적으로 섬세하게 다룰 필요가 있다. 그래야 아동이 향유하고 행사하는 '권리'의 속성을 심층적으로 고찰할 수 있기 때문이다. 용어 '아동'은 일상적으로 말하는 '아이', '어린이', '청소년' 등의 표준어이다. 따라서 아동권리에 대해 언급하기 앞서 우리는 '아동'의 개념에 집중할 필요가 있다. 가장 먼저 '아동'에 상응하는 여러 용어들이 어떻게 생성되었으며, 그 정확한 의미는 무엇인지를 살펴볼 필요가 있다. 제1장은 이 문제를 비교적 심층적으로 다루었다. 그리고 『증보 아동권리향연』에 이어 '아동'과 이에 상응하는 용어들이 법적으로 어떤 존재를 지칭하며 어떤 연령적 한계를 지니는가를 고찰하였다. 그것은 우리 현실 속에서 아동을 정확하게 보는 기초자료가 된다. 아동을 연령상으로 보면 18세 미만의 자를 말하므로, 아동연구나 아동권리 연구를 '소수자(minority)'에 관한 연구라고 단정할 수 없다. 교육적 관점에서 보면 아동 연구는 곧 교육받는 대상자에 관한 연구가 되며, 대부분의 성장과 발달이 이 연령대에서 이루어지므로 그 자체가 곧 인간 연구라고 할 수 있다.

아동권리향연 시리즈가 지향하는 전제는 세 가지이다. 하나는 어의상으로나 개념상으로나 법적 지위로 보나 '아동'을 약자나 불완전한 존재로 보아서는 안 된다는 점이다. 제1장에서 다룬 내용은 이러한 전제에서 이루어진 것이다. 다른 하나는 '아동연구'는 곧 교육학 연구이며, 개인의 성장과 발달에 관한 연구라는 점이다. 또 다른 하나는 우리 사회의 실상에 관한 연구라는 점이다. 교육받을 권리문제나 권리인식 증진 문제는 첫 번째에 해당하고, 아동의 인식 문제와 개인의 자유와 민주적 절차는 두 번째에 해당한다. 각종 학교선택권 제한 문제나 각종 아동권리 침해 사례는 세 번째 경우에 해당한다. 따라서 『증보 아동권리향연』, 『아동권리향연 플러스』 그리고 『아동권리향연 마당』의 아동권리향연 시리즈는 인간에 관한 일반 연구이며 우리 사회 전반을 다룬 기획 연작이라고 할 수 있다.

사람은 살아가면서 누구나 '관점'을 갖는다. 대상을 볼 때나 상대방을 대할 때, 나름대로의 관점을 가지고 당면한 일을 처리한다. 여기서 '관점'을 '보는 눈'이라고 할 수도 있고 '시각' 또는 '시선'이라고 할 수도 있다. 어떻게 보든 간에 관점에 따라서 일을 처리하는 과정과 절차 그리고 일의 결과가 정해진다. 그만큼 '관점'은 중요하다. 우리가 아동을 보는 관점을 일러 '아동관'이라고 한다. 같은 맥락에서 아동관에 따라 우리는 아동을 대하는 태도와 아동문제를 해결하는 방식과 절차가 정해진다. 그만큼 아동관이 중요함에도 불구하고 이 문제가 교육학이나 아동학 또는 사회과학 전반에 걸쳐 심도 있게 다루어진 적이 드물었던 것 같다. 『증보 아동권리항연』은 서두에서 다섯 가지 아동관을 제시하기는 하였지만, 심층적으로 다루지는 못하였다. 본서 제2장은 다섯 가지 아동관을 비교적 면밀하게 다루었다.

동서양을 막론하고 아동을 열등한 존재 또는 성인의 부속물로 여기는 아동관이 지배적이었다. 여러 가지 요인이 있지만, 20세기 이후 아동관이 개선된 것은 사실이다. 이른바 진보사상이 '아동'을 논의의 중심에 놓았다. 아동중심사상, 아동중심교육이 대표적이다. 아동중심교육의 문제점은 아동이 모든 것의 중심이 되어야 한다는 플라우든 보고서(Plowden Report)의 주장에 잘 나타나 있다. 그러나 교육을 비롯하여 모든 활동의 중심에 아동이 있다는 주장은 '진리처럼 보이는 진리(half-truth)'이다. 물론 아동을 배제하고 성인이 전횡을 해도 좋다는 뜻이 아니다. 논점은 모든 활동의 중심에 아동이 있는 것이 아니라 모든 활동이 아동의 이익을 증진하도록 해야 한다는 데 있다. 권리 주체로서 아동의 의미는 이러한 맥락에서 파악되어야 한다. 또한 권리인식의 발달로 아동은 권리 주체로서 인식된다. 이것이 아동을 손색없는 인격체로 보는 아동관이다.

아동관의 발달과 개선에도 불구하고 일상 현실 속의 아동은 권리 주체로서 대접받지 못하고 있다. 언론에 보도되는 각종 기사는 입에 담지 못할 만큼 잔인한 아동학대와 유기 등으로 얼룩져 있으며, 각종 차별과 편견에 시달리는 아동의 현실을 고발하고 있다. 국내외에서 '현실 속의 아동'이 경험한 적지 않은 사례들이 영화로 만들어졌다. 따라서 이렇게 만들어진 영화는 단순한 허구가 아니라, 우리가 아동권리 증진을 위하여 무엇을 고민하고 실천해야 하는지를 보여주는 매우 중요한 자료들이라 할 수 있다. 본서 제4장은 이러한 취지를 반영하여 기획되었다. 제4장의 구성은 제2장에서 탐색한 다섯 가지 아동관에 견주어 선정한 영화를 분석하였다. 그러나 아동 문제가 이 다섯 범주에 모두 포함되는 것이 아니기 때문에 다른 각도에서 조명하였다. 차별이나 장애아 문제가 그것이다.

소개한 영화는 독자들이 편리한 경로를 통하여 관람해 보는 것이 아동권리인식 제고에 가장 큰 밑거름이 될 것이다. 그러나 10여 편의 영화를 한꺼번에 관람한다는 것은 그리 쉬운 일이 아니므로 제1부에 부록 두 가지를 마련하였다. 하나는 총 15편의 영화를 소개하는 것으로서 영화의 줄거리, 등장인물 분석 등의 영화 정보를 제공하는 것이다. 이를 통하여 독자들은 자신이 가장 관심을 가지고 있는 영화를 선정하여 관람하고 아동문제에 집중하는 계기를 마련할 수 있다. 여기에 소개한 영화들은 대부분 실화를 바탕으로 한 것도 있어서 우리 현실 속에서 아이들이 착취당하고 삶 자체를 유지할 수 없을 만큼 권리 침해가 심각하다는 것을 보여주고 있다. 이 영화들은 이어 간행될 『아동권리향연 마당』에서 아동권리 인식 증진과 아동권리침해 방지와 해결책 마련을 위한 소재로 활용될 것임을 밝혀둔다. 다른 하나는 영화 '죽은 시인의 사회'를 소재로 한 논문을 수록하였다. 이 영화는 교육적으로, 철학적으로, 예술적으로 의미를 지니는 수작이기 때문에 별도로 소개하고 논의하는 장을 마련하였다.

아동과 권리를 연결하면서 가장 먼저 짚어 보아야 할 문제는 권리의 보편성과 특수성 문제이다. 이 문제는 정확하게 말하자면, 권리의 이론적 보편성과 실제의 특수성이라고 해야 옳다. 하지만 그러한 표현은 어색하고 의미도 잘 전달되지 않는다. '권리의 보편성과 특수성'이라는 말은 권리 설정과 정당화에 요구되는 논리의 형식적 완결성과 이를 현실적으로 실행하는 데 있어서 예외를 포함하는 특수한 사정을 고려해야 한다는 뜻이다.

본서 제3장은 이 문제를 다루면서 한나 아렌트의 주장을 소개하였다. 그의 '인간의 조건'은 여러 가지 점에서 아동 문제를 생각하게 하는 단초를 제공한다. 이를 토대로 하여 제8장에서는 권리 이론과 결합하여 아동 문제에 초점을 맞추고 아동이 천부적으로 부여받은 권리를 향유하고 행사할 수 있는 현실적인 조건과 제한점을 살펴본다. 이를 놓고 아동권리를 근원적으로 제한한다고 단정해서는 안 된다. 이는 비단 아동 문제에 국한되는 것이 아니다. 모든 인간은 존엄하다는 점에서 보편성을 지니지만, 이를 토대로 사회생활을 영위하는 존재로서 개개인이 공동체 안에서 누려야 할 다양한 권리를 모든 대상에게 일률적으로 적용할 수는 없다. 제3장과 제8장을 통하여 전달하고자 하는 메시지는 아동의 특수성이 권리의 보편성에 묻혀서는 안 된다는 점이다. 또한 이를 두고 아동권리를 침해했다고 주장하는 것도 타당하지 않음을 밝히고자 하였다.

보편성과 특수성 문제는 권리를 누가 향유하고 행사하는가에만 국한되지 않는다. 이 문제는 정책의 수혜대상을 정하는 데 있어서도 나타난다. 보편성을 펼치기 위한 개념 도구가 '공(公)' 개념이다. 사실 모든 사회정책은 공과 사를 가르면서 출발한다. 문제는 공과 사의 문제를 다루면서 우리는 은연중에 이를 옳고-그름, 즉 정사(正邪)의 문제로 치환하는 오류를 범한다. 그래서 공(公)은 옳은 것이고 사(私)는 그른 것이라는 잘못된 판단을 한다. 이렇게 되면 자유민주주의 사회의 사적 영역은 축소되거나 말살된다. 사적 영역이 외면당하는 사회가 바로 전체주의 사회이다. 이는 우리가 공적 영역인 복지정책을 기획하고 시행하면서 유념해야 할 점이다. 이 문제는 본서 제12장에서 다루었다.

이러한 연장에서 사회정책 중 복지정책에서 보편성을 확보해야 한다는 입장을 극명하게 드러낸 정책은 무상학교급식 전면실시 정책이다. 그러나 무상급식을 모든 학생에게 실시하는 것은 외견상 '보편적으로' 인식될 수도 있다. 그것은 자원의 낭비를 초래할 뿐만 아니라 사회전반에 걸쳐 도덕적 해이를 조장할 수도 있다. 무엇보다도 정작 급식 등을 통하여 지원을 받아야 할 대상이 제대로 된 지원을 받을 수 없는 처지에 놓이게 되어 '복지' 본래의 취지를 무색하게 한다. 『증보 아동권리향연』에서 이미 밝힌 바와 같이, 복지의 개념은 공적 영역에서 꼭 필요한 사람에게 생존적 필요를 일차적으로 충족시키는 데서 정당화되기 때문이다.

요즈음 코로나로 전 국민을 대상으로 하여 재난지원금을 지급해야 한다는 주장이 논란이 되는 것은 바로 보편성을 잘못 해석하는 데서 비롯된 것이다. 재난지원은 사회적 거리두기라는 제한으로 인하여 피해를 본 자영업자들과 소상공인들에게 집중되어야 마땅하다. 이 재원을 전 국민을 대상으로 하여 생계에 별 지장이 없는 계층에게 지급하는 것은 재원 낭비와 도덕적 해이를 야기한다. 그 결과 적극적인 지원을 필요로 하는 계층은 필요한 금액보다 적은 액수의 지원을 받을 수밖에 없어서 본래

의도한 정책의 효과도 제대로 거두지 못한다. 결국 모두의 필요를 충족시키는 데 실패한 꼴이 된다. 같은 맥락에서 무상급식의 전면 실시도 같은 결과를 야기한다. 권리의 측면에서 무상급식의 부당성은 제12장의 <보론>에서 살펴본다.

사회정의 문제에서 사회 안전망의 확충과 이에 따른 분배 문제도 중요하지만 사적 영역의 보호도 그만큼 중요하다. 이 점에서 롤스의 정의 이론은 매우 의미 있는 이론이다. 하지만 그의 정의 이론은 자신의 의도와 달리 분배문제에 초점이 맞추어져 있는 것이 사실이다. 하지만 그는 개인의 사적 영역의 중요성과 이에 따라 자유의 우선성을 주장한 인물이다. 이 점을 간과하고 그의 정의 이론을 분배 위주로 다루다 보면 여러 가지 과오가 발견된다. 실제로 롤스의 분배 원리는 교육에서도 문제가 드러난다. 개인이 지닌 재능이나 욕망은 불평등 원칙과 같은 분배 문제로 다루어질 수 없는 영역이다. 이에 앞서 실제로 정의 문제를 다루는 데 있어서 권리는 핵심 개념이다. 반대로 권리는 정의가 실현되었는가를 사량할 수 있는 잣대이기도 하다. 이 문제는 제7장에서 다루었다.

본서의 전작인 『증보 아동권리향연』은 '권리'를 주마간산으로 소개하였다. 초판이 나올 당시 교육학과 아동학에서 생소했던 호펠드의 이론이 있다는 것을 소개하는 정도에 그쳤다. 정작 아동권리를 말하면서 '권리'에 관한 조금 더 상세하고 친절한 소개는 미뤄두었던 셈이다. 본서 제2부는 이러한 밀린 숙제를 해결하고자 기획된 내용이다. 제1장에서 '아동'이라는 용어의 성립과 의미를 분석하는 데서 시작하였듯이, 제5장은 '권리'라는 용어의 성립과 의미를 분석하는 데서 시작하였다. 우리말의 '권리'가 개화기 일본인들이 서양에서 온 여러 말에 대하여 고심한 끝에 만들어낸 '번역어'임을 아는 사람이 의외로 많지 않다.

권리는 일상적으로나 전문적으로 다양한 영역에서 사용된다. 그만큼 권리의 범주도 여러 측면에서 생각해볼 수 있다. 권리를 각기 다른 범주로 분류할 때 소극적 권리와 적극적 권리, 능동적 권리와 수동적 권리, 도덕권과 실정권 등을 고려할 수 있다. 권리는 고대 희랍에서 그 씨앗을 찾을 수 있다. 하지만 근대 계몽사상 이후 권리가 발전해 왔다고 보는 것이 더욱 타당할 것이다. 이에 따라 권리는 고전적 권리와 현대적 권리로 구분되기도 하며, 때로는 제1세대 권리-제2세대 권리-제3세대 권리로 구분하기도 한다.

권리이론은 윤리학과 정치철학이나 법학의 영역에서 주로 다루어져 왔던 만큼 교육이나 아동 문제에 관심을 가진 사람들이 접근하기 쉬운 내용이 아니다. 권리를 논하면서 호펠드의 이론을 언급하지 않는 것은 인체 기초지식도 없이 의학을 논하는 것과 같으므로, 그의 이론을 아동권리 이해에 필요한 범위에서 소개하고자 하였다. 이어 기존 윤리학과 정치이론에 토대를 둔 권리이론 세 가지를 설명하였다. 아동 문제의 특수성을 고려해야 한다는 맥락에서 일반권과 특정권 문제, 대물권리와 대인권리 문제를 소개하고 이를 아동 문제에 접목시켜 보았다. 이로써 권리의 보편성과 아동의 특수성에서 시작된 논의가 아동권리가 지니는 보편성과 특수성으로 이어지도록 하였다.

권리는 삶의 현장, 특히 사회생활을 영위하는 과정에서 논의되어야 한다. 제3부는 아동권리의 증진이 자유민주주의 체제 속에서만 가능하다는 점을 입증하고자 한다. 그 단초는 권리가 개인의 자유와 원천적으로 관련되어 있다는 사실에 있다. 자유와 권리는 동의어라고 해도 무방하다. 물론 '자유'를 어떻게 정의하는가 그리고 권리를 어떻게 보는가에 따라 두 가지가 동의어가 아니라고 주장할 수 있을지 모른다. 이 점을 염두에 두고 자유의 의미를 분석하였다. 이 작업은 자유의 의미가 왜곡되고 현실적으로 여러 가지 패러독스가 야기되는 상황을 설명해주기 때문에 중요하다.

자유의 의미가 왜곡되면 권리도 왜곡된다. 이러한 점을 고려하여 자유를 여러 각도에서 검토한다. 자유의 의미를 탐색하는 것에 그치지 않고, 자유의 개념을 심층적으로 분석하여 왜곡의 근원을 찾아보도록 한다. 자유가 왜곡되지 않으려면 자유주의를 어떻게 수용해야 하는가를 면밀하게 살펴보아야 한다. 그래서 자유주의를 역사적으로 조망하면서 유형별로 나누어 검토하였다. 제9장은 이러한 자유와 자유주의에 관련된 내용을 담고 있다.

권리를 왜곡시키는 또 다른 개념이 민주주의이다. 흔히 민주주의가 포퓰리즘에 빠질 위험은 고대 희랍시대부터 지적되어 왔다. 포퓰리즘에 빠질 위험도 있지만, 동시에 민주주의는 대중의 지혜를 보여주는 체제이다. 우매함과 지혜가 동시에 드러나는 것이 민주주의이다. 그러나 정작 민주주의가 온전하게 정착되지 못하는 것은 민주주의를 하나의 이상향이나 절대적 가치로 상정하기 때문이다. 민주주의는 이상이 아닌 현실이며, 가치가 아닌 절차이다. 즉 민주주의는 우리가 준수해야 할 절차적 원리이다. 이를 무시하면 개인의 자유와 권리가 훼손되고 박탈당한다. 민주주의가 다양하게 전개되는 만큼 '민주주의의 유형'도 면밀하게 분석해야 한다. 제10장은 민주주의에 관한 내용을 담고 있다. 교육현장에서 '민주화'를 내세워 따라야 할 절차를 경시하는 경우를 흔히 목격하게 된다. 이 점에 착안하여 교육에서 권위 문제와 교권을 함께 다루었다.

교육현장은 아동의 자유를 제약하는 장소이며, 교육은 그 제약이 정당화되는 제도이다. 이 맥락에서 권위적 간섭주의 문제를 다루었다. 당초 권위적 간섭주의는 부정적 의미를 담아 생성된 용어로서, 여기에는 개인의 결정을 일차적으로 존중하는 서양 문화가 담긴 것으로 보인다. 이 용어의 영어 표현인 'paternalism'을 사전에서 찾아보면, '가부장적 온정주의', '온정적 간섭주의', '가부장적 간섭주의'로 나온다. 이들 용어는 일본인들이 번역한 것으로 보인다. 그래서 『증보 아동권리향연』에서 이 말의 적절한 번역어로 '권위적 간섭주의'를 제시하고 그 이유를 이미 설명한 바 있다. 이후 이 용어가 정착된 듯하여 다행이다. 실제로 권위적 간섭주의가 간섭, 제약, 개입을 뜻하므로 그 말 자체가 긍정적인 의미를 전달할 수는 없다. 그러나 교육상황에서 보면 권위적 간섭주의라는 용어를 사용하지만 않을 뿐 실제로 권위적 간섭이 빈번히 행해짐을 확인할 수 있다. 물론 교육상황에서 야기되는 권위적 간섭이 모두 정당화되는 것은 아니다. 하지만 권위적 간섭이 없으면 성취할 수 없는 가치들이 많다는 사실을 교육상황에서 쉽게 확인할 수 있다. 권위적 간섭주의가 교육적으로 아동의 자유를 제한하는가 하는 문제가 제11장의 첫 번째 주제이다.

의무교육은 한편으로 '의무'이면서 또 다른 한편으로 '권리'가 되는 흥미 있는 개념이다. 하지만 자유의 측면에서 보면 의무교육은 엄연히 아동의 자유를 제약한다. 그렇기 때문에 국가 주도의 획일적인 의무교육 제도와 교육과정에 반대한 여러 대안들이 나왔다. 대안학교, 협약학교, 홈스쿨링 등이 그것이다. 의무교육과 함께 공교육 체제 아래 권리침해 문제는 학교선택권의 제약 및 박탈 문제에서 찾을 수 있다. 우리나라의 경우 평준화 정책이 대표적인 사례이다. 평준화 정책은 학교선택권의 박탈 이외에도 학생선발권 제한, 사학의 자율성 침해, 소득에 따른 학력 격차의 확대 재생산 등의 문제를 안고 있다. 그래서 평준화 정책을 교육 만악(萬惡)의 근원이다.

아동의 자유와 권리 제한을 다룬 제11장은 벌 문제를 시범적으로 논의하였다. 벌은 교육상황에서 '필요악'처럼 여겨진다. 그러나 벌이 교육적 효과를 지니는 경우는 분명히 존재한다. 여기서 우리는 벌과 체벌을 구분해야 한다. 벌을 반대하는 사람의 상당수가 벌을 체벌로 동일시한다. 최근 부모의 징계권을 폐지한 민법 개정의 골자는 부모가 자신의 자녀에게 체벌을 할 수 없다는 것이다. 개정 취지는 사회적 문제가 되는 자녀를 포함한 가정 내 폭력을 예방한다는 데 있다. 법으로 체벌을 금지한다는 것으로 너무도 당연한 내용을 입법으로 명문화한 것에 불과하다. 체벌은 근대법의 정신이나 윤리적, 교육적 관점에서 모두 정당화될 수 없는 폭력에 불과하다. 따라서 벌을 체벌과 동일시해서는 안 된다. 또한 같은 맥락에서 벌을 아동학대와 동일시해서도 안 된다. 그렇다면 우리는 벌을 허용하는 경우 그것이 아동권리를 침해하지는 않는지를 면밀하게 검토할 필요가 있다.

대부분의 복지정책은 사회정의 차원에서 정당화된다. 그리고 복지 혜택에 관한 권리가 '복지권'으로 성립함을 부정할 수 없으므로 복지정책을 권리 차원에서 검토하는 일이 요구된다. 제7장에서 사회정의와 권리 관계를 검토하였다면, 제12장에서는 이를 토대로 복지정책을 뒷받침하는 평등 원리를 검토하고자 하였다. 특히 개인의 자유와 권리를 침해할 위험성과 그 사례를 검토하였다. 이를 통하여 우리는 '사회' 정의 이론이 빠지게 되는 허구와 복지정책의 함정을 탐구하도록 한다.

당초 '정의' 문제는 사회적 관심사가 아니라 개인적 관심사였다. 고대 희랍 이래로 '정의'라는 개념은 서양에서는 자기 몫의 일을 수행하는 것으로, 동양에서도 심신 수행의 일환으로 고려되었다. 이 문제가 점차 사법적 판단에 있어서 불편부당성(impartiality)을 뜻하는 것으로 해석되었다. 여기서 불편부당성이란 종교적 의미로 보면 '황금률(Golden Rule)'에 해당한다. 행위자의 측면에서 보면 '역지사지(易地思之)'를 뜻하기도 한다. 불편부당성을 어기면 그것이 곧 오늘날 우리 사회의 병폐인 '내로남불' 또는 '내체남블'이 된다. 이처럼 불편부당성은 사회 질서 유지와 이를 위한 건전한 도덕성 형성에 핵심 요인이 된다.

사정이 이런데도 불구하고 적지 않은 진보세력은 '정의' 문제를 천편일률적으로 분배 문제로 치환하는 오류를 범하고 말았다. 여기서부터 제3장에서 아렌트가 우려했던 '사적 영역'을 '공적 영역'으로 부당하게 치환하는 오류도 나온다. 분배 정의 자체를 부정할 생각은 추호도 없다. 다만 분배에 집중하는 거의 모든 정책은 이른바 '1/n' 방식의 획일적 나누기에 집착하는 결과를 초래한다. 이것은 현실적으로 불가능한 신기루(social mirage)에 불과하다. 설상가상으로 대부분의 분배 위주 정책은 획일적인 분배를 강제하는 수단을 동원하게 된다. 이러한 강제는 대부분 '교정적 평등'이라는 미명으로 이루어진다. 분배정책이 강압적으로 이루어진다는 것은 곧 개인의 자유와 권리를 침해한다는 것을 뜻한다. 그것은 곧 전체주의로 가는 지름길이다. 자신의 자유와 권리를 향유하고 행사해야 할 다양한 개인이 '노예의 길(the road to serfdom)'로 접어드는 것을 말한다.

제1부

아동의 이해

1

아동의 의미

Ⅰ. 아동의 어의

1. '아이'와 '어린이'

'아동'의 순우리말 '아이'의 어원과 의미를 가장 먼저 살펴보기로 한다. 이를 통하여 그것이 권리 주체로서 아동의 개념에 주는 시사점이 무엇인지를 살펴본다.

한자어로 보면, 아이의 어원으로 '아해(兒孩)'가 가장 먼저 떠오른다. 그러나 이 말은 우리말을 한자어에 맞추려는 노력 이상도 이하도 아닌 듯하다. 마치 흥부를 '흥보(興甫)'라고 하고 놀부를 '놀보(努甫)'라고 표현하는 것과 같다. 다만 여기에는 연령상 어리다는 뜻 이외에 전달하는 바가 거의 없다.

아동에 상응하는 우리말 중에는 '아이' 말고도 '아기'도 있다(김민수, 1997: 692-693). 순우리말 어원으로 보면 아이는 '앗 + 이'에서 비롯된 말이다. 여기서 '앗'은 처음, 시작[始]이라는 뜻을 가진다. '앗이'에서 '아지', '아기'가 나온다. 전자는 사람이 아닌 '강아지', '망아지', '송아지'에서 사용됨을 알 수 있다. 후자는 우리가 지금도 사용하는 아동의 다른 순우리말이다. 한편 아이가 또 다른 어원인 '아시'에서 나왔다는 주장도 있다. 여기서 '아시'는 첫 단계를 뜻하는 초(初), 힘이 약하다는 유(幼)를 뜻한다. 한자어 유(幼)는 작을 요(幺)와 힘 력(力)이 조합한 말로 힘이 약하다는 뜻을 갖는다. 유치원(幼稚園)을 사용할 때 '유'가 바로 이 글자이다. '아시'는 초기 단계, 초창기, 시초를 뜻하는 말이다. 그래서 '유'자는 단군신화에 나오는 아사달(阿斯達)과 관련된다. '아사달'은 '아사(阿斯)'와 '달(山)'의 합성어로서 시초, 태초의 산이라는 뜻이다. 그렇게 보면 아동은 처음 나온 존재(newly born)라는 뜻을 갖는다.

『증보 아동권리향연』 제1장에서 확인한 바 있지만, 아동은 '작은 성인'이라는 뜻도 지닌다. 본서 제2장에서도 다시 논의하겠지만, 이는 아동이 '작은 존재'라는 뜻도 된다. 아동이 작은 존재라는 뜻은 '앗' 또는 '아시'가 작다는 뜻과도 관련된다. '앗' 또는 '아시'가 작다는 뜻을 지닌 사례는 '아저씨[叔父]'에서 확인할 수 있다. 작은 아버지를 뜻하는 숙부를 삼촌 또는 '아저씨'라고 부른다. '아저씨'는 '앗[初, 小] + 엇[親] + 이'로 구성된다. 또 아저씨의 다른 말인 '아재비'의 어원으로 보아도 마찬가지이다. 즉 '아재비'는 '앗[始, 初, 小] + 압[父] + 이'이다(김민수, 1997: 695). 이 말은 '아자비' 또는 '아재비'로 사용되다가 오늘날 '아저씨'가 된다. 아저씨의 '앗'이 '작은'이라는 뜻을 가지므로 아동은 '작은 존재'라는 뜻이다.

하지만 처음 나온 존재 또는 작은 존재로 보면 아동의 위상이 소극적으로 해석될 가능성이 크다. 그렇게 되면 어른에 비하여 작은 존재, 갓 태어난 존재라는 뜻이 되어 아동권리 차원에서 아동의 위상을 축소시킬 가능성이 있다. 하지만 이를 가지고 아동의 위상이 소극적이라고 볼 근거는 희박하다. 이를 위하여 아이의 반대말인 '어른'에 관하여 살펴보자.

'어른'의 어원은 크게 두 가지로 나뉜다. 하나는 어우르는 존재, 큰 존재라는 뜻이고, 다른 하나는 얼을 지닌 존재라는 뜻이다. 전자는 '어르[交合] + 우 + ㄴ' 또는 '어루[娶] + ㄴ'에서 비롯된 말이다(김민수, 1997: 726). 성인이 이성을 취하는 존재라는 뜻이다. 즉 어른은 아이가 할 수 없는 교합을 하는 존재라는 점에서 아이와 상반되는 개념이다. 이와는 달리 어른이 '얼'에서 온 말이라는 해석도 있다. 즉 어른은 '얼 + 은'에서 온 말이다(서정범, 2000: 425). 그러면 이는 아동을 얼이 없거나 부족한 존재라는 해석할 여지가 있다. 하지만 여기서 '얻'은 '얼'을 뜻하는 말로서, '아둘', '아ᄉᆞ'와 어원이 같다. 아동이나 아이가 얼이 없는 존재라고 할 근거는 없다.

이렇게 보면, 전자는 어른이 아이와 상반된 뜻에서 나온 말이지만, 후자는 아이와 어른의 어원이 같다는 뜻이다. 전자를 종합해 보면, 일상생활의 장면에서 아동은 작은 존재이면서 새로 나온 존재이다. 하지만 어른이 할 수 있는 일을 할 수 없는 능력과 행위의 제한을 받는 존재이다. 반면에 후자로 보면 아동의 존엄성을 확인할 수 있다. 달리 말하자면, 아동이 권리 주체로서 대접받을 수 있다는 뜻이다. 『증보 아동권리향연』 제4장에서 확인한 바 있는 '권리 주체로서 아동'의 의미가 어원적으로 정당화된다. 이는 본서 제2장에서 조금 더 자세히 살펴보기로 한다.

이제 아동의 순우리말인 '어린이'를 살펴본다. 주지하다시피 이 말은 '어린 + 이'의 합성어이다. 말뜻을 단순하게 받아들이면 나이가 적은 존재가 된다. 그러면 아동은 '작은 존재'에 머물게 된다. 따라서 '어리다'에 다른 뜻이 없는가를 살펴볼 필요가 있다. 이 말은 어근 '얼'에서 나온 말로 시간상으로 해[日]를 뜻한다.[1] 즉 갓 태어나다는 뜻이다. 이와 아울러 미숙하므로 '어리다'는 어리석다는 뜻을 갖는다. 훈민정음에 '어린 백성'이라는 말의 어리다가 이에 해당한다. 이는 아동의 부정적 의미로 볼 가능성을 열어준다. 하지만 '어리다' 또는 '미숙하다'의 뜻은 아동의 성장 가능성을 뜻하는 말이기도 하다. 이 점은 『증보 아동권리향연』 제4장 제4절에서 듀이의 '미성숙' 개념을 통해서 확인한 바 있다. 결코 '어린이'의 '어리다' 또는 '어리석다'는 부정적인 의미로 해석할 필요가 없다. 다만 그런 만큼 교육적 필요성이 강조된다.

요약하면, 아동에 해당하는 우리말, 아이와 어린이는 작은 존재, 갓 태어난 존재, 세상에 처음 나온 존재, 나이가 적은 존재, 힘이 약한 존재라는 뜻을 지니지만, 모든 사람을 지칭하는 '얼'에서 비롯되었다는 점에서 권리 주체로서 아동의 근거를 확보해준다.

2. '아동'의 표준적 의미

'아동'은 앞서 살펴본 우리말 '아이' 또는 '어린이'에 상응하는 한자어이다. 일상생활에서 우리말이 더욱 자연스럽게 사용되기는 하지만, 각종 법령이나 아동권리협약과 같은 국제 규약에서 사용되는 용어는 '아동'이다. 따라서 '아동'은 우리가 아동 문제를 논의하는 데 있어서 표준적인 의미를 지니는 용어이다.

또한 『증보 아동권리향연』 제1장에서도 밝힌 바 있듯이, '아이', '어린이'라는 명칭은 한자어 '유소년(幼少年)'에 상응한다. 특정할 수는 없지만 어느 정도 이하 연령에서는 한자어 '영아(嬰兒)', '유아(幼兒)' 등이 사

1) 한편 동사로서 '어리다'는 '엉키다'의 뜻이다. 이때 어근 '얼'은 앞서 어른의 어근인 교합하다는 뜻의 '얼'과 같다(서정범, 2000: 425).

용되며, 반대로 그 이상의 연령에서는 한자어 '소년(少年)', '청소년(青少年)' 등이 사용된다. 그러나 여러 가지 용어가 사용되는 만큼 '아동'의 범주를 설정하는 것은 쉽지 않다. 법률적으로 이 문제는 대개 연령에 따른 준거를 설정하여 규정한다. 이 점에서 아동의 연령상 표준은 아동권리협약이 규정하는 '만 18세 미만의 자'를 뜻한다.[2)]

향후 우리가 논의하고자 하는 권리 주체로서 아동은 표준적 의미에서 '아동'으로, 연령상으로 '만 18세 미만의 자'를 표준으로 하여 논의하기로 한다. 다만 아동권리증진이나 아동보호, 아동참여에 도움이 되는 경우 연령 준거를 예외적으로 고려할 수도 있다.

본서의 설명과 논의에서 아동의 표준적 의미라고 함은 다음과 같은 경우에 해당한다. 이를테면 도로교통법에서 '어린이'는 '13세 미만의 자'로 정의되어 있다. 아동이 표준적 의미를 지니므로 이 법률의 정의는 '13세 미만의 아동'으로 설명할 수 있다는 뜻이다.

Ⅱ. 아동의 법적 명칭

비록 아동권리협약에 따라 '아동'을 표준으로 한다고 하더라도, 우리나라 각종 법령에 따르면 '아동'만이 법적으로 규정된 용어가 아니다. 여러 가지 용어가 사용된다. 이미 『증보 아동권리향연』에서 19개 법률에 제시된 '아동'에 상응하는 호칭을 사용한 바 있다. '아동', '청소년', '유아', '영유아', '의무교육대상자', '자녀', '학생', '미성년자', '소년', '형

---

2) 아동권리협약 제1조. 『증보 아동권리향연』 부록 Ⅸ, 533쪽 참조.

사미성년자', '어린이', '국민' 등이다. 전술한 책에서 소개한 용어와 해당 법률과 설명은 『증보 아동권리향연』 제1장 제3절을 참조하라.

하지만 법령에 규정된 아동에 상응하는 용어 중에서 이 책에서 다룰 용어는 다음과 같다.3)

- 아동 ______________________________
- 청소년 ______________________________
- 소년 ______________________________
- 연소자 ______________________________
- 어린이 ______________________________
- 아이 ______________________________
- 미성년자 ______________________________
- 영아 ______________________________
- 유아 ______________________________
- 영유아 ______________________________
- 신생아 ______________________________
- 미숙아 ______________________________
- 자녀 ______________________________
- 학생 ______________________________
- 의무교육대상자 ______________________________

3) 독자들은 다음 용어를 보고 즉시 떠오르는 생각을 용어 다음에 있는 공란에 나름대로 적어 보고 다음 내용을 읽어보기를 권한다.

여기 제시한 용어 이외에도 아동을 지칭하는 용어 중에는 '아기', '아가' 등이 있다. 이 용어들은 현재 법령에서 채용된 용어는 아니다. 다만, 아이돌봄지원법에 따라 '아이'라는 말이 처음으로 법적 용어로 사용된다.

그렇다면 왜 이렇게 다양한 용어가 사용되는 것인가? 실정법에 따라 아동의 권리를 증진시키고자 하는 공통적 의도 때문이다. 하지만 관련법의 입법 취지가 각기 다르기 때문에 그에 따라 적합한 용어가 채택되고 각 관련법의 '정의(定義)'에 의하여 규정이 된다. 즉 입법 취지에 따라 '아동'을 지칭하는 용어는 물론이고 아동의 연령 범주와 의미가 달라진다.

그러한 경위를 일일이 모두 언급할 수도 없지만, 이에 대한 대강을 살펴보기에 앞서, 위에 언급된 '아동'의 여러 명칭을 사용하고 있는 법령을 정리하면 〈**표 1-1**〉과 같다.

〈표 1-1〉 법령상 아동의 명칭

명칭	법령	비고
아동	아동복지법 제3조	
	실종아동 등의 보호 및 지원에 관한 법률 제2조	
	장애아동 복지지원법 제2조	
	가정폭력방지 및 피해자보호 등에 관한 법률 제2조	
	입양특례법 제2조	
	한부모아동지원법 제4조	
	헤이그 국제아동탈취협약 이행에 관한 법률 제2조	
	국민기초생활보장법 제8조의2	
	형법 제274조	
청소년	청소년기본법 제3조	
	청소년보호법 제2조	
	청소년복지지원법 제2조	
	게임산업진흥에 관한 법률 제2조	

명칭	법령	비고
청소년	대중문화예술산업발전법 제2조	
	영화 및 비디오물의 진흥에 관한 법률 제2조	
	음악산업진흥에 관한 법률 제2조	
	한부모가족지원법 제4조	
아동·청소년	아동·청소년의 성보호에 관한 법률 제2조	
	다문화가족지원법 제2조	
소년	소년법 제2조	
연소자	근로기준법 제66조	
	공연법 제2조	
미성년자	민법 제4조	
	결혼중개업의 관리에 관한 법률 제12조의2	
어린이	도로교통법 제2조	
	어린이제품 안전 특별법 제2조	
	어린이 식생활안전관리 특별법 제2조	
	환경보건법 제2조	
아이	아이돌봄 지원법 제2조	
영아	영유아보육법 제28조	
	아이돌봄 지원법 제13조	
	장애인 등에 대한 특수교육법 제3조	
유아	유아교육법 제2조	
영유아	모자보건법 제2조	
	영유아보육법 제2조	
	도로교통법 제11조	
신생아	모자보건법 제2조	
미숙아	모자보건법 제2조	
자녀	초·중등교육법 제13조	
학생	초·중등교육법 제17조 이하	
의무교육 대상자	초·중등교육법 제12, 15조	

앞 절에서 '아동'이 표준적 의미의 용어라고 했지만, 〈**표 1-1**〉을 놓고 볼 때 반드시 그런 것 같지 않아 보인다. 왜냐하면 법령의 수만 가지고 보면, '아동'을 법적 용어로 규정한 법령보다는 그렇지 않은 법령이 많기 때문이다. 그럼에도 〈**표 1-1**〉에 제시한 법령 중에서 다른 용어에 비하여 '아동'을 법적 용어로 정의한 법령이 가장 많다.

'아동' 다음으로 법령에서 가장 많이 채용된 용어가 '청소년'이다. 사회 관행으로 보면 아동·청소년이 가장 많이 사용되는 용어이기 때문이다. 그러나 거리의 작은 규모의 병원[4] 간판에 '소아·청소년과'라는 용어를 쉽게 찾아볼 수 있다. 이를 보면 과거 의료 관행이나 법령에서 '아동' 대신에 '소아(小兒)'라는 용어를 사용해왔음도 알 수 있다. 하지만 '소아'는 연령적으로 '아동'의 범주에 포함되는 반면에 '청소년'은 연령상 '아동'의 범주를 벗어난 사람들을 포함한다. 청소년의 연령적 범주는 다음 절에서 살펴보기로 한다.

용어상 '청소년'이 여러 가지 점에서 문제가 된다는 사실은 이미 『증보 아동권리향연』[5]에서 밝힌 바 있다. 여기서 재론하지 않는 대신 문제의 요점만 소개하면 다음과 같다. 첫째, '청소년'은 '청년'과 '소년'의 합성어이다. 둘째, '청소년'은 청년과 소년을 근거로 한 합성어인 만큼, 그 말이 주로 남성을 지칭하는 성차별적 요인을 담고 있다. 셋째, '청소년'은 인간의 발달과정이나 학제에 따른 연령에 부합하지 않는다. 넷째, '청소년'은 연령적으로 '아동'과 '성인'의 구분을 어렵게 하는 측면이 있다. 즉 아동이 권리 차원에서 보호되고 권리가 신장되어야 한다는 점에서 배타적인 연령 한계를 모호하게 하여 아동권리 측면에서 문제를 야기할 소

4) 법적으로 '의원'이다. '병원'은 관련법으로 일정 규모 이상의 의료기관을 지칭한다.
5) 『증보 아동권리향연』 제1장 별장(39-43쪽) 참조.

지가 있다.

이처럼 문제는 합성어인 '청소년' 용어에서 비롯된다. 사회 통념상 청소년만이 아니라 청년이라는 말이 또한 사용되는데, 다음 절에서 살펴볼 청소년의 연령 준거에는 '청년'이 포함되어 있다. 그러나 일상생활에서 사용하는 용어인 청년은 만 24세 미만의 사람만을 지칭하지 않는다. 예를 들어, '○○지구 청년회의소'라는 명칭에서 알 수 있듯이, 여기서 '청년'은 아동과는 아무 상관이 없는 상당한 경제력을 지닌 기성세대를 지칭한다. 이 점에서도 '청소년'이라는 합성어가 타당한 용어가 아니다. 하지만 우리말의 '청소년'은 영어 'adolescence'에 상응하는 측면이 강하다. 그러므로 '청소년'을 대체할 새로운 용어를 구안할 필요가 있다.

우리는 학교 앞 교통표지판에 '어린이 보호구역'이라는 문구를 쉽게 발견할 수 있다. 여기에는 표준적으로 통용되는 '아동' 대신에 '어린이'라는 말을 사용하고 있다. 그 이유는 바로 학교 인근 교통을 규율하는 도로교통법에 '아동'이 아니라 '어린이'라고 법적으로 정의하고 있기 때문이다. 각종 장난감이나 완구류에도 '어린이'라는 용어가 사용되는 것은 위의 표에서 명기한 법령의 규정 때문이다. 정부와 공공기관 공문서만이 아니라 각종 공공시설에 표기되는 용어나 내용도 관련 법령에 근거하여 표기하고 있다.

일상생활에서 '어린이'와 함께 빈번하게 사용하는 용어가 '소년'이다. 과거 아동을 상대로 한 일간지나 잡지의 이름에 '소년'이 들어가 있는 것을 보면 잘 알 수 있다.[6] 하지만 법령상 '소년'의 의미는 부정적인 의미

---

6) 과거에는 '소년조선일보', '소년동아일보' 등의 일간지가 있었고, '소년중앙'과 같은 월간지가 있었다. 현재는 '소년조선일보'가 '어린이조선일보'로 개칭되었으며, '소년동아일보'는 '어린이동아'로 개칭되어 발행되고 있다. 이러한 트렌드 변화를 보더라도 '소년'보다는 '어린이'나 '아동'이 타당한 용어임을 알 수 있다. 한편 '소년중앙'

를 많이 내포하고 있다. 법령상 '소년'은 주로 형사법에서 사용된다. 소년법이 대표적이다. 소년법은 '반사회성이 있는 소년에 대한 보호처분 등을 규정하고 있는 법률'이다. 이 법의 취지는 '소년의 건전한 육성'을 위한 것이고, 그 내용은 '반사회성이 있는 소년에 대해 그 환경의 조정과 성행(性行)의 교정에 관한 보호처분을 하고 형사처분에 관한 특별조치'를 담고 있다. 결국 이 법에서 말하는 '소년'은 반사회성이 있는 아동이라는 특수한 의미를 지닌다. 이를 통해서 볼 때 '소년'보다는 '아동'이 타당한 용어로 판단된다.

근로기준법과 공연법에서 채용한 '연소자'는 어의상으로 보면 '나이가 어린 자'를 뜻한다. 이 용어는 부정적인 의미보다는 아동 보호에 초점이 맞추어진 용어이다. 법의 취지로 보아, 일정 연령에 도달하지 않은 사람은 노동을 할 수 없으며, 특정 공연을 관람할 수 없다는 뜻으로 채용된 용어이다. 다음 절에서 보겠지만, 그 제한 연령 상한이 각기 18세와 19세이다.

아동을 규정하는 용어 중에서 '미성년자'는 성년에 아직 이르지 못한 사람이라는 뜻을 담고 있다. 그러니까 '미성년자'는 성인(成人)이 아니면 할 수 없는 활동을 규정하기 위하여 만들어진 용어다. 민법에서는 민법상의 행위를 할 수 없는 자로서 '미성년자'를 규정하고, 결혼중개업의 관리에 관한 법률에는 결혼을 중개할 수 없는 대상을 한정하고 있다. 따라서 '미성년자'는 아동보호의 의미를 지니고 있지만, 금지의 뜻도 포함하고 있다.

도로교통법에서 '어린이'의 경우처럼 '아이'도 아이돌봄지원법에 의하여 법적으로 정의된 용어이다. 이 이전까지 '아이'는 법적 용어로서 지

은 과거 월간지에서 주간지로 바뀌어 발행되고 있다.

위를 갖지 못한 일상 언어였다. 이 법에서 '아이'는 연령적으로 '아동'의 하위 범주에 속한다. 왜냐하면 '아이'는 만 12세 이하의 아동으로 규정하고 있기 때문이다. 우리가 표준적 의미로 사용하는 '아동'은 연령적으로 '만 18세 미만의 자'임을 늘 염두에 둘 필요가 있다.

아이돌봄지원법은 '아이'만이 아니라 '영아'도 정의하고 있다. 일상적으로 '영아'는 '아주 어린 아이' 또는 '갓난 아이'를 뜻한다. 그러한 의미를 담아서 '영아'는 '유아'보다 더 낮은 연령의 아동을 뜻한다. 영아를 정의하고 있는 법률은 영유아보육법, 아이돌봄지원법, 장애인등에 대한 특수교육법이다. 그러나 이들 법에서 규정하는 '영아'의 연령 범주는 각기 다르다. 이는 이어지는 〈**표 1-2**〉에서 확인할 수 있다.

'영아'와 연령 연속선상에서 '유아'는 영아보다 높은 연령의 아동으로 유아교육법에서 정의된다. 주지하는 바와 같이, 유아교육법이 규정하는 교육기관은 유치원이다. 그러나 유아교육법의 연령 준거는 만 3세에서 취학 전 아동이다. 유치원은 초등학교 입학 연령 이전의 아동을 교육하는 기관이다. 유치원은 보육기관인 어린이집과는 성격이 다르며, 관할하는 관청도 다르다.

보육기관인 어린이집의 아동을 규정하는 법이 영유아보육법이다. 이 법에서는 영아와 유아의 합성어인 '영유아'를 정의한다. 이 용어는 합성어라는 점에서 소년과 청년의 합성어인 청소년과 동일하다. 그러나 청소년관련법이 한정하는 '청소년'과 영유아보육법이 한정하는 '영유아'는 그 성격이 다르다. 이는 다음 절에서 언급하기로 한다.

앞서 언급한 '미성년자'와 마찬가지로 특정 기준 미달이라는 뜻을 가진 용어로 '미숙아'가 모두 모자보건법에 의하여 규정되어 있다. 부정적인 의미를 담고 있다. 또한 모자보건법은 '신생아'를 규정하고 있다. '신생아'는 앞서 살펴본 '처음 나온(newly born) 존재'라는 뜻을 담은 한자어이다. 하지만 이 법에서는 주로 모자보건이라는 의료적인 관점에서 만든 법적 용어이다.

표준적 의미의 '아동'이라는 말도 본질적으로 교육과 관련 맺고 있지만, 교육적 의미를 담아 만들어진 용어로는 '자녀', '학생', '의무교육대상자'가 있다. 이 세 용어는 모두 초·중등교육법에 규정되어 있다. 앞서 살펴본 '유아'도 이처럼 교육적 의미로 생성된 용어로 볼 수 있다. 이 점에서 합성어인 '영유아'와는 개념적 성격이 다르다.

특히 '자녀', '학생', '의무교육대상자'라는 용어는 각기 주의를 기울일 필요가 있다. '자녀'는 학부모와 함께 권리 주체이다. 학교선택권 등을 비롯하여 각종 참여와 의사결정에 있어서 자녀와 학부모는 매우 중요한 개념이다. 앞서 언급한 미성년자, 소년 등의 지위에 있는 '자녀'는 학부모가 그 권리를 대리하여 청원할 수 있기 때문이다.[7] 교육상황에서 '학생'은 흔히 우리가 선생님, 교사라고 하는 '교원'과 권리상 상관관계에 있는 존재이다. 물론 양자가 대립적 관계에 있는 것은 아니지만, 현실적으로 선생님 없는 학생이나 학생 없는 교사를 상상할 수 없으므로 양자는 상관관계에 있다. 전자가 선택과 참여권 문제와 관련된다고 한다면, 후자는 교사의 권한, 권위 등의 문제와 관련되기도 하며 아동의 교육상 법적 지위 문제와도 관련되기도 한다. 이 문제는 본서 제10장과 제11장에서 다시 다루기로 한다. 제11장에서는 전자와 관련하여 권위적 간섭주의를 다루고, 제10장에서는 후자와 관련하여 교권의 의미를 다루기로 한다.

'의무교육대상자'는 국가와 학부모가 국민 또는 자녀에게 교육을 받

---

7) 이와 관련하여 코헨(Cohen, 1981)의 제4장의 내용을 참조하라.

도록 할 의무를 이행할 대상을 지칭하는 용어이다. 의무교육의 개념이 어떻게 성립하고 정당화되는가 하는 문제로부터 의무교육의 내용과 방법 등의 문제와 관련된다. 의무교육은 보편적 복지권으로 정당화되지만, 그것이 천편일률적일 경우 개인의 자유와 권리를 침해할 소지를 안고 있다. 이 문제는 본서 제12장에서 다루기로 한다.

Ⅲ. 아동의 연령 준거

이상에서 아동이라는 존재는 관련 법의 입법 취지 또는 아동권리 증진을 위하여 다양한 명칭을 사용하여 정의되고 있다. 그러나 법적 정의는 용어상의 정의만이 아니라 그 법이 규율하는 연령 한계를 명시하고 있다. 여기서는 앞 절에서 소개된 '아동'과 아동에 상응하는 용어의 연령 준거를 살펴보자.

우선 개략적인 특징을 살펴보고, 연령상 준거로 볼 경우 드러나는 문제점을 살펴보기로 한다.

표준적인 의미, 그리고 아동권리협약에 의하여 규정된 '아동'의 연령은 만 18세 미만의 자로 보는 것이 타당하다. 실제로 만 16세 미만으로 규정한 형법을 제외한 법률에서 아동을 그렇게 규정하고 있다.

법적 정의상 '청소년'은 연령 기준이 다르다. 대부분 상한 연령에 의하여 정의하는데, 다른 용어와 달리 청소년기본법은 만 9세 이상 24세 미만으로 하고 있어 연령의 하한과 상한 기준을 모두 가지고 있다. 그리고 한부모가족지원법을 제외하고 청소년 관련 법률은 만 19세 미만의 자로

'청소년'을 규정하고 있다.

아동과 청소년을 병기하여 규정한 아동·청소년의 성보호에 관한 법률과 다문화가족지원법은 각기 청소년을 19세 미만의 자와 24세 미만의 자로 규정한다.

19세로 규정한 법률의 특징은 민사상 책임을 물을 수 있는 한계로 규정한다는 점이다. 형사상으로 소년법, 민사상으로 민법의 연령 규정이 그러하다. 다만 형법상 미성년자는 14세가 되지 아니한 자이다. 이 경우 '미성년자'로 정의한다. 그러나 앞서 언급한 아동·청소년의 성보호에 관한 법률은 19세로 연령을 제한하지만, 명칭은 '미성년자'가 아니다.

법률상 '어린이'는 연령상으로 만 13세 미만의 자로 도로교통법, 어린이안전특별법, 어린이 식생활안전관리 특별법, 환경보호법 등에서 규정하고 있다. 거의 초등학생 이하의 어린이를 대상으로 한다고 볼 수 있다. 현실적으로 중등학생을 어린이라고 부른다면 당사자들도 좋아하지 않고, 현실 사회 인식에서도 괴리가 있다. 그러나 이를 반영하여 입법과정에서 '어린이'라는 용어를 채택한 것인지는 명확하게 알 수 없다.

아이돌봄지원법에서 만 12세 미만으로 규정한 '아이'는 현실적으로 아이를 초등학교 학생 연령으로 보는 일상적 관점이 법령에 반영된 것으로 보인다.

법령상 '영아', '유아', 또는 '영유아'로 규정된 경우, 각기 용어는 연령상 준거가 명확하다. '영아'의 경우, 만 2세 미만 또는 만 3세 미만이며, '유아'의 경우 만 3세부터 취학 전 아동, '영유아'의 경우 취학 전 연령, 즉 만 6세 미만인 경우를 가리킨다. 영유아의 경우는 청소년의 경우와 다르다. 청소년의 경우, '소년'과 '청년'의 합성어임에도 불구하고, 양자 간의 연령 준거가 명확하지 않다.

신생아, 미숙아는 의료법과 관련된 용어이다. 모자보건법에서 '신생아'는 출생 후 28일 이내의 영유아로 규정하고 있으며, '미숙아'는 연령이 아니라 의학적 견지에서 판단할 사안이므로 '미숙한 채 출생한 영유아'로 규정한다. 같은 모자보건법에서 '영유아'는 다른 법령처럼 '~세 미만'이 아니라 '출생 후 ~년 미만'이라는 방식으로 규정된다. 입법 취지가 적극적으로 반영된 정의와 연령 준거이다.

입법 취지가 교육적 관점에 맞추어진 초·중등교육법에서는 '자녀', '학생', '의무교육대상자'라는 용어를 채택하여 정의하고, 특별히 연령상 준거를 제시하지 않는다. 왜냐하면 이들 용어가 교육 관련 법에 규정된 취학, 진학 등의 연령에 근거하여 정의되기 때문이다.

이상 검토한 아동 관련 용어의 연령적 준거를 정리하면 **〈표 1-2〉**와 같다.

〈표 1-2〉 법령상 아동의 연령 준거

명칭	법령	연령 준거
아동	아동복지법 제3조	18세 미만인 사람
	실종아동 등의 보호 및 지원에 관한 법률 제2조	18세 미만
	장애아동 복지지원법 제2조	18세 미만인 사람
	가정폭력방지 및 피해자보호 등에 관한 법률 제2조	18세 미만인 자
	입양특례법 제2조	18세 미만인 사람
	한부모아동지원법 제4조	18세 미만 ♥
	헤이그 국제아동탈취협약 이행에 관한 법률 제2조	16세 미만인 사람
	국민기초생활보장법 제8조의2	부양의무자 없는 18세 미만
	형법 제274조	16세 미만의 자
청소년	청소년기본법 제3조	9세 이상 24세 이하인 사람
	청소년 보호법 제2조	만 19세 미만인 사람
	청소년복지 지원법 제2조	청소년기본법 제3조제1호 본문

명칭	법령	연령 준거
		에 해당하는 사람
청소년	게임산업진흥에 관한 법률 제2조	18세 미만의 자 ♣
	대중문화예술산업발전법 제2조	19세 미만의 자 ♠
	영화 및 비디오물의 진흥에 관한 법률 제2조	19세 미만의 자 ♠
	음악산업진흥에 관한 법률 제2조	19세 미만의 자 ♠
	한부모가족지원법 제4조	24세 이하
아동·청소년	아동·청소년의 성보호에 관한 법률 제2조	19세 미만의 자 ♠
	다문화가족지원법 제2조	24세 이하인 사람
소년	소년법 제2조	19세 미만인 자
연소자	근로기준법 제66조	18세 미만인 자
	공연법 제2조	18세 미만인 사람
미성년자	민법 제4조	19세 미만인 사람
	형법 제9조	14세가 되지 아니한 자
	결혼중개업의 관리에 관한 법률 제12조의2	18세 미만인 사람
어린이	도로교통법 제2조	13세 미만
	어린이제품 안전 특별법 제2조	만 13세 이하
	어린이 식생활안전관리 특별법 제2조	학교의 학생 또는 아동복지법에 따른 아동
	환경보건법 제2조	13세 미만
아이	아이돌봄 지원법 제2조	만 12세 이하 아동
영아	영유아보육법 제28조	만 3세 미만
	아이돌봄 지원법 제13조	24개월 이하
	장애인 등에 대한 특수교육법 제3조	만 3세 미만
유아	유아교육법 제2조	만 3세~취학 전
영유아	모자보건법 제2조	출생 후 6년 미만인 사람
	영유아보육법 제2조	6세 미만의 취학 전 아동
	도로교통법 제11조	6세 미만인 사람
신생아	모자보건법 제2조	출생 후 28일 이내의 영유아

명칭	법령	연령 준거
미숙아	모자보건법 제2조	미숙한 채 출생한 영유아
자녀	초·중등교육법 제13조	만 6세(취학의무 규정) *자녀 또는 아동
학생	초·중등교육법 제17조 이하	-
의무교육 대상자	초·중등교육법 제12, 15조	-

♥: 취학 중인 경우에는 22세 미만, 「병역법」에 따른 병역의무를 이행하고 취학 중인 경우에는 병역의무를 이행한 기간을 가산한 연령 미만을 말한다.

♣: 「초·중등 교육법」 제2조의 규정에 의한 고등학교에 재학 중인 학생을 포함한다.

♠: 다만, 19세에 도달하는 연도의 1월 1일을 맞이한 자는 제외.

이상에서 살펴본 바에 따르면, 같은 용어라고 하더라도 각기 연령 준거가 다르다는 것을 확인할 수 있다. 가장 큰 이유는 입법 취지와 이를 실질적으로 정책에 연계시키려는 현실적 필요 때문이다. 그러나 '아동'의 연령 준거는 현실적으로 아동의 자유를 제한하거나 아동의 이익과 관련된 선택에 있어서 간섭을 하는 근거를 제공한다. 이른바 권위적 간섭주의 문제가 발생한다.[8)]

분명한 점은 이미 아동은 권리의 주체임을 확인한 바 있으므로, 연령 준거가 아동의 자유와 권리를 제한하거나 아동의 행동을 간섭하는 근거가 원칙상 성립할 수 없다. 현실적으로 아동권리 제한이나 간섭은 이를 정당화할 수 있는 논거가 있어야 한다. 그리고 경우에 따라서는 아동의 인지와 동의가 필요한 경우도 있다. 이는 본서 제3부에서 자세하게 다루도록 한다.

연령 준거로 보면, 여러 가지 문제가 드러남을 알 수 있다. 이를 하나하

---

8) 이와 관련하여 챔벌린(Chamberlin, 1989)의 제6장과 제7장의 내용 및 본서 제11장 제1절을 참조.

나씩 살펴보기로 한다.

첫째, 아동과 청소년의 연령 준거에서 비롯되는 문제이다. 아동의 연령상 표준적 의미는 만 18세 미만의 자이다. 하지만 청소년기본법에 따르면 청소년은 만 9세 이상 24세 이하의 자이다. 따라서 만 9세 이상 18세 이하의 자는 아동이기도 하고 청소년이기도 하다. 이에 따라 개인의 입장에서 보면 정체성 혼란이 올 수도 있다. 실제로 약 13~18세 중등학교 재학생은 학생의 지위도 얻지만 중퇴자는 사회관행상 아동이라고 하기에는 적절하지 못하고 오히려 청소년의 지위를 선호한다. 그래서 당국은 그들에게 '청소년증'을 교부하여 정체성과 함께 각종 혜택을 준다. 그러나 그 '청소년증'이 당사자에게는 일종의 사회적 낙인효과라는 부정적인 효과를 낳기도 한다. 무엇보다도 아동과 청소년의 사회적 인식을 고려하여 이에 대한 해결책을 마련할 필요가 있다. 실제 정책의 측면에서 보면 13세 이상의 연령대 사람들에게는 청소년 정책이나 학생 신분의 교육정책이 적용되며, 아동정책은 대개 13세 미만에 적용된다고 해도 과언이 아니다. 그러면 이 둘을 연령상 분리할 필요가 있을지도 모른다. 실제로 청소년 정책을 담당하는 당국이나 연구기관, 그리고 학자들 사이에서 아동을 만 6~12세, 청소년을 만 13세에서 18세로 하자는 주장이 있다.[9] 이를테면 사회적 통념을 반영하여 6세 미만을 영아와 유아로, 6세에서 12세는 아동으로, 13세 이상 18세는 청소년으로 규정하는 방안이 그것이다. 그렇지만 국제 규약 등에 따라 아동의 표준적 의미가 '18세'로 규정된 사안을 새롭게 13세 미만을 '아동'으로 13세 이상을 '청소년'으로 할 수도 없다. 앞서 '청소년'이라는 용어가 지니고 있는 여러 문

9) 보건복지부·한국청소년정책연구원, 2016, 유엔아동권리협약 국가보고서 작성연구, 29쪽.

제점에 비추어서도 그러한 구분은 타당하지 않다. 어떻게 보더라도 현실적으로 법령상의 정의와 규정이 실제 정책의 대상과 괴리가 있게 마련이다.

둘째, 아동과 미성년자의 관계이다. 위에서 살펴본 법령에서 아동과 미성년자는 각기 18세와 19세로 1살 차이가 난다. 그렇게 되면 만 18세의 사람은 아동은 아니지만 청소년이면서 미성년자가 되어, 청소년 정책의 수혜를 받지만 미성년자가 된다. 만약 이들이 수혜를 받는다면, 결국 그 수혜는 '미성년자'이어서 받는 셈이다. 19세에 이르러 성년이면서 청소년기본법의 보호를 받는 경우와 비교해 보면, 이들은 성년으로서 청소년 정책의 수혜를 받고 있는 것이다. 무슨 차이가 있어야 할 것 같지만, 현실적으로는 차이가 없을 것으로 보인다.

셋째, 아동과 영유아의 관계이다. 영유아를 통칭하면 영유아는 만 6세 미만의 자이다. 이 중 영아는 만 3세 미만을 뜻한다. 그러면 유아는 3~6세 사이의 아동을 지칭한다. 이 규정은 유치원을 중심으로 하는 '유아교육'을 받을 아동을 선별하는 데 있어서 매우 적절한 연령 준거가 된다. 그렇게 되면 만 6세 이상의 아동은 유아라는 명칭이 적용될 수 없다. 분명 '유아(幼兒)'는 어린 아동을 뜻하는 것이 분명하다. 그러나 〈**표 1-2**〉에서 소개한 법령 이외의 다른 법령에서 또 다른 의미의 '유아(乳兒)'라는 용어가 사용된다. 후자는 '젖먹이' 또는 '젖 먹는 아이'를 뜻한다. 실제로 근로기준법과 군인의 지위 및 복무에 관한 기본법 시행령에서는 생후 1개월 미만의 자를, 형의 집행 및 수용자의 처우에 관한 법률에서는 생후 18개월 미만의 자를 '유아'로 규정하고 있다. 동음이의어인 한자어로 인하여 빚어진 일이라고 볼 수 있다. 하지만 관련 종사자들은 '유아(幼兒)'와 '유아(乳兒)'를 결코 혼동해서는 안 된다.

넷째, 아동과 어린이의 관계이다. 〈**표 1-1**〉에서 '어린이'는 13세 미만의 자를 뜻한다. 여기에서의 '어린이'는 젖먹이[乳兒]부터 어린이집이나 유치원을 다니는 아동과 초등학생의 연령을 포함하는 용어로서, 우리의 일상 사회적 통념과도 부합한다. 그러나 '어린이'가 다른 법령에서는 만 5세 미만의 자로 정의되기도 한다. 실제로 약사법(제2조 제13호), 화장품법(제2조 제4호), 전기용품 및 생활용품 안전관리법(제2조 13호)에서는 5세 미만의 자로 규정하고 있다.

이상에서 살펴본 다양한 법적 명칭과 연령 기준은 각 법령의 입법 취지와 정책적 고려를 한 결과이지만, 실제 현실에서는 사회 통념에 부합하지 않거나 또는 다소의 혼선을 야기하기도 한다. 따라서 아동 관련 법률을 모두 연구하여 용어와 연령을 정비하는 것도 하나의 방법이지만 그것이 법리적으로나 입법 취지로 볼 때 실제로 가능해 보이지는 않는다.

하나의 방법으로 앞서 설명한 아동권리협약과 여러 가지 법률 등의 규정과 비추어 만 18세 미만의 자를 '아동'으로 정의하는 것을 표준으로 하고, 이를 근거로 용어와 연령을 이해하고 가능한 경우라면 이를 정비할 필요가 있다.

끝으로 여기서 살펴본 아동을 행정상 관할하는 부처의 문제를 언급할 필요가 있다. 아동에 상응하는 법적 여러 명칭과 연령 준거를 살펴보는 가장 큰 이유는 우리나라 아동정책을 담당하는 정부 부처와 그 산하 기관이 이들 법령에 근거하고 있기 때문이다. 법령상 '아동'은 아동정책을 관할하는 부처와 산하연구기관이 있고, '청소년'은 청소년 정책을 관할하는 부처와 산하연구기관이 따로 있다. 이와는 별도로 교육법상 아동을 '학생'의 지위를 부여하여 교육 관련 법이 각기 존재한다. 가장 중요한 핵심은 이들 법령이 표준적 의미에서 '아동'을 핵으로 하여 아동의 이익과 권리 증진에 서로 상충되지 않아야 한다는 점을 지적하지 않을 수 없다.

Ⅳ. 현실 속의 아동

1. 아동발달과 사회적 인식

아동의 입장에서 신체적 발달 상황은 우리나라가 근대화를 본격적으로 시작한 1960년대 이후 현저하게 개선되었다. 이는 경제성장에 따른 생활수준이 향상되고, 이에 따라 영양상태가 개선된 데 따른 것으로 보인다. 근대적 통계가 수립된 일제강점기부터 해방 당시의 상황을 분석해 보는 것도 매우 의미 있는 일이지만 그렇게 하면 분석해야 할 자료의 양도 많다. 따라서 이 절에서는 1960년대 이후의 아동발달을 살펴보고, 이어서 선진국 문턱에 와 있는 최근의 상황을 중심으로 살펴보기로 한다.

가장 먼저 신체 발달의 구체적인 실태를 살펴본다. 자료를 통해서 보면, 만 6세 아동의 신장이 1965년 당시 남자 112.8cm, 여자 110.8cm이던 것이 1980년에는 남자 115.0cm, 여자 113.7cm로 개선되었으며, 21세기를 여는 2000년에는 남자 120.1cm, 여자 118.9cm로 성장하였다. 만 12세 아동의 경우 1965년에는 남자 142.5cm, 여자 141.4cm, 1980년에는 남자 144.2cm, 여자 146.5cm로 2000년에는 남자 154.9cm, 여자 154.4cm로 신장되었다. 만 17세 아동의 경우, 1965년에는 남자 163.7cm, 여자 156.9cm, 1980년에는 남자 167.4cm, 여자 157.2cm로 2000년에는 남자 173.0cm, 여자 160.5cm로 크게 신장되었다. 이를 종합해서 정리하면 〈표 1-3〉과 같다.

〈표 1-3〉 우리나라 6세 이상 아동의 1965-2000년 연령별 신장 (단위: cm)

연령	성별	1965	1970	1975	1980	1985	1990✠	1995	2000
만 6세	남	112.8	112.8	111.3	115.0	116.4	118	119.4	120.1
	여	110.8	111.9	112.3	113.7	115.4	117	118.4	118.9
만 7세	남	115.8	117.9	118.3	120.0	122.0	123	125.2	125.8
	여	114.0	115.4	117.8	119.6	120.9	122	123.9	124.9
만 8세	남	119.7	121.9	120.8	125.1	126.9	128	130.7	131.3
	여	118.9	119.9	121.9	124.5	125.9	128	129.3	130.1
만 9세	남	124.1	126.3	127.8	129.9	135.8	133	135.6	136.6
	여	125.2	124.3	127.3	129.4	131.2	133	135.0	136.0
만 10세	남	128.0	130.3	132.5	134.4	136.6	138	140.6	141.9
	여	127.5	129.6	132.2	134.8	136.7	139	141.4	142.3
만 11세	남	132.0	134.4	136.8	139.3	141.4	144	146.3	148.1
	여	131.1	133.2	137.6	140.3	143.1	145	147.9	149.2
만 12세	남	142.5	143.7	143.4	144.2	147.3	150	152.6	154.9
	여	141.4	144.2	145.2	146.5	149.7	159	153.2	154.4
만 13세	남	145.2	148.2	148.7	150.4	154.0	156	159.5	161.8
	여	145.4	146.8	149.9	150.7	153.1	154	156.2	157.3
만 14세	남	149.9	152.0	153.9	156.8	160.2	162	165.3	167.2
	여	147.6	151.0	153.4	153.8	155.5	156	158.2	158.9
만 15세	남	158.7	160.8	161.6	162.2	164.8	166	168.8	170.4
	여	154.0	153.4	154.9	155.7	156.6	157	158.9	159.5
만 16세	남	162.6	163.7	164.5	165.6	167.5	168	170.4	172.2
	여	155.4	155.5	156.3	156.5	157.0	158	159.4	160.2
만 17세	남	163.7	165.9	166.8	167.4	169.1	170	171.5	173.0
	여	156.9	156.5	156.8	157.2	157.6	158	159.8	160.5

출처: (만 6세-17세) 교육과학기술부(각 연도). 교육통계연보

✠ 1990년 자료가 소수점이 절삭된 것은 원자료에 따른 것임.

또한 몸무게도 크게 신장된 것으로 나타났다. 만 6세 아동의 몸무게가 1965년 당시 남자 18.4kg, 여자 18.3kg이었던 것이 1980년에는 남자 20.1kg, 여자 19.2kg으로 늘었으며, 21세기를 여는 2000년에는 남자 23.3kg, 여자 22.4kg으로 성장하였다. 만 12세 아동의 경우 1965년에는 남자 34.3kg, 여자 36.2kg, 1980년에는 남자 35.6kg, 여자 38.1kg으로 2000년에는 남자 47.4kg, 여자 46.7kg으로 늘었다. 만 17세 아동의 경우, 1965년에는 남자 56.6kg, 여자 52.2kg, 1980년에는 남자 58.5kg, 여자 52.5kg으로 2000년에는 남자 65.3kg, 여자 54.9kg으로 크게 늘었다. 이를 정리하면 **〈표 1-4〉** 와 같다.

〈표 1-4〉 우리나라 6세 이상 아동의 1965–2000년 연령별 몸무게 (단위: kg)

연령	성별	1965	1970	1975	1980	1985	1990✠	1995	2000
만 6세	남	18.4	19.3	19.2	20.1	20.4	21	22.8	23.3
	여	18.3	18.8	18.5	19.2	19.7	20	22.0	22.4
만 7세	남	21.4	21.4	21.1	22.2	22.7	24	25.7	26.4
	여	20.6	20.6	20.3	21.4	21.8	23	24.6	25.4
만 8세	남	22.1	22.7	23.1	24.5	25.1	26	28.9	29.9
	여	21.6	22.4	22.4	23.7	24.3	26	27.7	28.5
만 9세	남	24.8	24.8	25.5	26.8	27.9	30	32.1	33.6
	여	24.3	24.3	24.9	26.3	27.2	29	31.0	32.2
만 10세	남	26.0	27.1	27.9	29.3	30.7	33	35.5	37.8
	여	25.8	26.5	27.8	29.4	30.5	33	35.3	36.3
만 11세	남	29.6	29.6	31.0	32.3	33.8	37	39.7	42.0
	여	29.2	29.2	31.2	32.9	34.7	37	40.5	41.8
만 12세	남	34.3	36.7	35.0	35.6	37.9	41	44.6	47.4
	여	36.2	37.5	36.9	38.1	39.9	42	45.4	46.7
만 13세	남	40.1	40.1	38.9	40.0	43.0	47	49.8	52.9
	여	41.0	41.0	41.2	42.7	44.2	46	47.8	49.9

연령	성별	1965	1970	1975	1980	1985	1990✠	1995	2000
만 14세	남	41.1	43.7	43.9	45.9	48.6	51	54.8	57.7
	여	41.5	43.8	45.0	46.3	47.7	49	51.9	52.5
만 15세	남	51.1	51.1	51.1	51.9	53.8	56	59.1	60.8
	여	48.7	48.7	49.0	49.4	50.2	51	52.8	53.3
만 16세	남	53.1	53.8	54.8	55.5	56.9	58	61.4	63.2
	여	49.8	50.8	50.9	51.5	51.5	52	53.5	54.2
만 17세	남	56.6	56.6	57.5	58.5	59.8	61	63.4	65.3
	여	52.2	52.2	52.1	52.5	52.9	53	54.4	54.9

* 출처: (만 6세-17세) 교육과학기술부(각 연도). 교육통계연보

✠ 1990년 자료가 소수점이 절삭된 것은 원자료에 따른 것임.

다만, 당시 만 6세 미만과 18세 아동의 자료를 입수하지 못한 점이 아쉽지만, 21세기에 들어서기까지 우리나라 아동의 신체발달과 영양상태가 크게 개선된 것만은 확인할 수 있다. 만 6세 미만 영유아의 경우 최근 자료를 통하여 그 실태를 파악할 수 있다. **〈표 1-5〉**와 **〈표 1-6〉**은 각각 2012년에서 2019년 사이의 만 6세 이하 영유아의 월령별 신장과 몸무게를 나타낸 것이다.

〈표 1-5〉 우리나라 영유아의 2012–2019년 월령별 신장 (단위: cm)

연령	2012	2013	2014	2015	2016	2017	2018	2019
4~6개월	67.33	67.25	67.25	67.32	67.47	67.44	67.39	67.26
9~12개월	75.40	75.37	75.34	75.54	75.68	75.67	75.62	75.63
18~24개월	85.30	85.24	85.19	85.40	85.61	85.77	85.88	85.92
30~36개월	93.56	93.49	93.47	93.63	93.77	93.87	94.08	94.16
42~48개월	100.48	100.52	100.50	100.65	100.71	100.75	100.95	101.15
54~60개월	107.34	107.38	107.44	107.58	107.61	107.63	107.77	107.95
66~71개월	114.70	113.90	113.91	114.13	114.13	114.14	114.25	114.35

* 출처: 국민건강보험공단(각 연도). 「건강검진통계」

〈표 1-6〉 우리나라 영유아의 2012-2019년 월령별 몸무게 (단위: kg)

연령	2012	2013	2014	2015	2016	2017	2018	2019
4~6개월	8.10	8.08	8.08	8.09	8.12	8.12	8.12	8.13
9~12개월	9.81	9.81	9.80	9.85	9.87	9.89	9.91	9.92
18~24개월	11.91	11.91	11.88	11.93	11.97	12.04	12.08	12.09
30~36개월	14.09	14.09	14.06	14.08	14.11	14.17	14.23	14.27
42~48개월	16.19	16.21	16.18	16.20	16.21	16.25	16.31	16.38
54~60개월	18.46	18.50	18.49	18.51	18.53	18.57	18.64	18.73
66~71개월	21.23	21.01	20.96	21.05	21.05	21.12	21.22	21.31

* 출처: 국민건강보험공단(각 연도). 「건강검진통계」

하지만 21세기 들어서면서 아동의 신장과 몸무게는 별다른 변화를 보이지 않은 것으로 나타났다. 〈표 1-5〉와 〈표 1-6〉에서 보듯이 만 6세 미만 영유아의 신체발달에 큰 변화가 없다. 이는 우리나라 경제발전이 어느 정도의 궤도에 진입하였으며, 경제성장이 더 이상 아동의 신체발달에 영향을 미치지 않는다는 점을 뜻한다. 사정은 만 6세 이상의 아동에게도 마찬가지이다. 만 6세 이상 아동에 관한 2001년에서 2010년 사이의 통계자료를 보면 이를 확인할 수 있다. 〈표 1-7〉과 〈표 1-8〉은 각각 만 6세에서 만 17세까지 아동의 신장과 몸무게를 정리한 것이다.

〈표 1-7〉 우리나라 6세 이상 아동의 2001-2010년 연령별 신장 (단위: cm)

연령	성별	2001	2002	2003✠	2004	2005	2006	2007	2008	2009	2010
만 6세	남	120.3	120.3	121	120.6	120.64	121.66	121.61	121.98	121.9	121.8
	여	118.8	119.1	119	119.6	119.30	120.22	120.42	120.73	120.6	120.6
만 7세	남	126.2	126.4	127	126.7	126.52	127.12	127.44	127.38	127.7	127.7
	여	124.8	125.0	125	125.2	125.34	125.84	126.09	126.16	126.2	126.4
만 8세	남	131.4	131.9	132	132.1	132.02	132.56	132.93	133.06	133	133.1
	여	130.3	130.6	131	131.1	130.98	131.45	131.80	131.74	132	132.0
만 9세	남	136.8	136.9	137	137.6	137.30	138.67	138.55	138.74	138.3	138.4
	여	136.2	136.5	137	137.0	137.06	138.28	138.37	138.51	138	138.1
만 10세	남	142.2	142.4	143	142.9	142.96	143.46	143.68	143.54	143.9	144.0
	여	142.5	143.1	144	143.7	143.68	144.35	144.75	144.63	144.7	144.6
만 11세	남	148.2	148.6	149	149.1	149.12	149.95	150.37	150.24	150.5	150.2
	여	149.1	149.6	150	150.3	150.26	150.9	151.14	151.04	151	151.2
만 12세	남	155.2	155.5	156	156.2	156.37	158.12	158.33	158.07	157.8	157.9
	여	154.3	154.3	155	154.8	154.93	156.13	156.09	155.89	155.7	155.5
만 13세	남	162.2	162.4	163	163.3	163.20	164.23	164.25	164.28	164.3	164.2
	여	157.5	157.5	158	157.7	157.87	158.22	158.29	158.44	158	158.2
만 14세	남	167.2	167.2	168	167.8	168.45	168.68	169.19	169.13	169.1	168.9
	여	159	159.3	159	159.4	159.32	159.53	159.69	159.74	159.6	159.6
만 15세	남	170.9	170.7	171	171.4	171.63	171.78	171.99	171.96	171.9	171.8
	여	159.7	160.0	160	160.3	160.21	160.44	160.40	160.48	160.4	160.6
만 16세	남	172.2	172.5	173	172.7	172.80	173.01	173.08	173.33	173.2	173.0
	여	160.2	160.3	161	160.6	160.66	160.66	160.74	160.83	160.7	160.7
만 17세	남	173.1	173.3	174	173.6	173.60	173.9	173.86	173.94	173.8	173.7
	여	160.7	160.9	161	161.1	160.99	161.1	160.91	161.24	161.1	160.9

* 출처: (만 6세-17세) 교육과학기술부(각 연도). 교육통계연보

✠ 2003년 자료가 소수점이 절삭된 것은 원자료에 따른 것임.

〈표 1-8〉 우리나라 6세 이상 아동의 2001-2010년 연령별 몸무게 (단위: kg)

연령	성별	2001	2002	2003✠	2004	2005	2006	2007	2008	2009	2010
만 6세	남	23.5	23.8	24	24.0	23.96	24.51	24.37	24.65	24.7	24.9
	여	22.4	22.7	23	22.8	22.88	23.16	23.25	23.53	23.5	23.7
만 7세	남	26.9	27.1	27	27.1	27.34	27.74	27.89	27.93	28.2	28.4
	여	25.5	25.8	26	25.9	25.97	26.41	26.44	26.42	26.6	26.9
만 8세	남	30.3	30.7	31	30.7	31.02	31.56	31.66	31.93	31.7	32.1
	여	28.7	29.4	29	29.4	29.35	29.65	29.92	29.94	30.0	30.3
만 9세	남	34.1	34.6	35	34.9	34.82	35.76	35.92	35.97	35.9	35.9
	여	32.5	32.9	33	33.1	33.40	33.95	34.21	34.28	33.9	34.2
만 10세	남	38.1	38.7	39	39.3	39.38	39.81	40.19	40.08	40.6	41.1
	여	36.8	37.6	38	37.2	38.09	38.59	38.93	38.56	38.8	39.2
만 11세	남	42.7	43.9	44	44.4	44.54	44.74	45.10	45.46	45.9	46.1
	여	41.8	42.8	43	43.2	43.58	43.72	44.03	44.0	44.0	44.4
만 12세	남	48.3	49.2	49	49.7	50.21	50.72	50.90	50.82	51.3	51.7
	여	46.7	47.0	48	47.5	47.80	48.03	48.07	48.14	48.0	48.2
만 13세	남	53.7	54.7	55	55.7	55.69	56.56	56.70	56.69	57.0	57.2
	여	50.6	51.1	51	51.1	51.00	51.15	51.38	51.52	51.2	51.5
만 14세	남	58.3	59.4	60	60.2	60.95	60.49	61.13	61.37	61.5	61.5
	여	52.4	53.3	53	53.4	53.13	52.93	53.22	53.3	53.3	53.2
만 15세	남	61.8	62.5	64	63.4	64.05	64.28	64.03	63.8	64.2	64.7
	여	53.8	53.9	54	54.0	54.38	54.18	54.03	53.79	54.3	54.9
만 16세	남	63.4	64.7	66	66.3	66.12	66.45	66.31	65.76	66.5	66.6
	여	54.3	54.8	55	55.2	55.16	54.83	54.77	54.41	55.2	55.5
만 17세	남	66.1	66.9	68	68.1	68.10	68.16	68.27	67.71	68.1	68.1
	여	54.9	55.2	55	55.8	56.09	55.43	55.43	55.06	56.0	55.6

* 출처: (만 6세-17세) 교육과학기술부(각 연도). 교육통계연보

✠ 2003년 자료가 소수점이 절삭된 것은 원자료에 따른 것임.

사정은 2010년 이후 최근까지 달라지지 않았다. 오히려 신장과 몸무게가 약간 줄어든 경우도 있다. **〈표 1-9〉**와 **〈표 1-10〉**은 2011년 이후 2019년까지 만 6세 이상 만 18세까지의 아동의 신장과 몸무게 실태를 조사한 것이다.

〈표 1-9〉 우리나라 6세 이상 아동의 2011–2019년 연령별 신장 (단위: cm)

연령	성별	2011	2012	2013	2014	2015	2016	2017	2018	2019
만 6세	남	121.72	121.6	120.6	120.5	120.5	120.5	120.4	120.9	121.1
	여	120.52	120.2	119.6	119.4	119.6	119.3	119.3	119.8	119.3
만 7세	남	127.82	127.8	125.5	125.9	125.7	125.7	125.7	125.7	126.0
	여	126.42	126.5	124.4	124.5	124.5	124.5	124.6	124.6	124.6
만 8세	남	133.50	133.4	131.7	131.6	131.5	131.8	131.6	131.7	132.0
	여	132.32	132.3	130.4	130.3	130.5	130.2	130.6	130.5	130.6
만 9세	남	138.69	139.1	137.1	137.1	137.1	137.4	137.1	137.4	137.8
	여	138.40	138.5	136.6	136.4	136.5	136.6	136.5	136.6	136.6
만 10세	남	143.89	144.1	142.7	142.5	142.9	142.7	142.9	143.0	143.1
	여	144.77	144.9	143.2	142.7	142.9	143.1	143.3	143.2	143.6
만 11세	남	150.40	150.6	148.8	148.9	148.9	149.2	149.5	149.6	149.7
	여	151.12	151.1	149.5	149.8	149.8	150.1	150.1	150.0	150.0
만 12세	남	158.20	158.2	156.3	156.4	156.6	157.2	157.3	157.2	157.2
	여	155.78	155.7	154.8	155.1	155.4	155.3	155.5	155.5	155.6
만 13세	남	164.55	164.3	163.0	163.4	163.7	164.0	164.2	164.3	164.7
	여	158.06	158.0	157.6	157.7	158.1	158.4	158.4	158.4	158.5
만 14세	남	168.94	168.7	167.9	168.1	168.4	168.9	168.7	169.1	169.3
	여	159.45	159.3	159.2	159.5	159.4	159.7	159.8	159.9	160.1
만 15세	남	171.80	171.8	171.2	171.3	171.5	171.6	171.8	171.8	172.2
	여	160.34	160.2	160.0	160.2	160.4	160.3	160.5	160.8	161.0
만 16세	남	173.10	172.9	172.6	172.7	172.7	172.8	172.9	173.1	173.3
	여	160.70	160.6	160.5	160.5	160.5	160.6	160.6	160.9	161.3

연령	성별	2011	2012	2013	2014	2015	2016	2017	2018	2019
만 17세	남	173.74	173.6	173.2	173.4	173.4	173.5	173.3	173.6	173.8
	여	161.11	160.9	160.8	160.9	160.8	160.8	160.7	160.9	161.2
만 18세 ✠	남				173.4	173.4	173.5	173.7	173.9	173.8
	여				160.6	160.5	160.7	160.7	160.7	160.7
20대 평균			168.16	168.18	168.16	168.12	167.84	167.78	167.88	169.98
30대 평균			169.38	169.87	169.61	169.54	169.82	169.58	169.78	169.35

* 출처: (만 6세-18세) 교육과학기술부(각 연도). 교육통계연보

** 출처: (20대, 30대 평균) 국민건강보험공단(각 연도). 「건강검진통계」

✠ 2011년, 2012년, 2013년 자료는 원자료에서 취득할 수 없었음.

〈표 1-10〉 우리나라 6세 이상 아동의 2011-2019년 연령별 몸무게 (단위: kg)

연령	성별	2011	2012	2013	2014	2015	2016	2017	2018	2019
만 6세	남	24.80	24.7	24.3	24.1	24.1	24.2	24.2	24.4	24.8
	여	23.64	23.5	23.4	23.1	23.2	22.9	23.1	23.6	23.3
만 7세	남	28.45	28.4	27.1	27.2	26.9	27.1	27.2	27.4	27.6
	여	26.81	26.8	26.1	25.7	25.8	25.7	25.8	26.1	26.1
만 8세	남	32.39	32.4	31.4	30.9	31.0	31.4	31.4	31.9	32.0
	여	30.52	30.4	29.4	29.1	29.4	29.0	29.8	29.6	29.7
만 9세	남	36.27	37.0	35.4	35.3	35.3	35.6	35.7	36.0	36.6
	여	34.29	34.9	33.5	33.0	33.2	33.1	33.4	33.5	33.8
만 10세	남	40.63	41.0	40.2	39.7	40.2	40.3	40.7	41.0	41.2
	여	39.38	39.6	38.4	37.8	37.8	38.0	38.3	38.6	38.8
만 11세	남	45.98	46.2	45.0	45.1	44.7	45.9	46.2	47.0	46.8
	여	44.40	44.2	43.2	43.6	43.5	43.6	44.0	43.8	44.3
만 12세	남	51.99	51.7	50.5	50.4	50.6	52.0	52.2	52.4	52.7
	여	48.57	48.7	48.4	48.2	48.2	48.4	48.4	49.1	48.8
만 13세	남	57.71	57.6	56.1	56.3	56.8	57.6	57.8	58.6	58.8
	여	51.76	51.7	51.7	51.6	51.7	52.0	51.9	52.3	52.5

연령	성별	2011	2012	2013	2014	2015	2016	2017	2018	2019
만 14세	남	61.57	61.6	60.8	60.7	61.3	62.4	62.3	63.3	63.7
	여	53.55	53.7	53.6	53.9	53.9	53.9	54.4	54.8	54.7
만 15세	남	64.51	64.9	64.7	64.5	64.8	65.4	66.0	66.6	67.4
	여	54.75	55.1	55.3	55.4	55.4	55.6	55.7	56.4	56.4
만 16세	남	66.54	66.6	66.5	67.0	67.3	68.1	68.4	68.8	69.6
	여	55.70	55.9	56.3	56.1	56.5	56.8	57.0	56.8	57.5
만 17세	남	68.33	68.4	68.2	68.1	68.9	69.6	70.2	70.8	71.0
	여	56.16	56.2	56.0	56.7	56.9	57.1	57.6	57.3	57.8
만 18세✠	남				68.2	69.1	70.0	71.1	71.1	71.3
	여				56.1	56.7	56.6	57.7	57.2	57.5
20대 평균			64.01	64.35	64.64	65.06	64.99	65.58	66.24	66.47
30대 평균			68.30	69.25	69.00	69.34	70.04	70.25	70.98	70.47

* 출처: (만 6세-18세) 교육과학기술부(각 연도). 교육통계연보

** 출처: (20대, 30대 평균) 국민건강보험공단(각 연도). 「건강검진통계」

✠ 2011년, 2012년, 2013년 자료는 원자료에서 취득할 수 없었음.

이상의 내용을 종합해 볼 때, 우리는 권리의 측면에서 다음과 같은 사실을 확인할 수 있다. 적어도 아동의 신체발달 상황을 통해 우리나라 아동은 '생존적 필요'가 어느 정도 충족되었다는 점을 확인할 수 있다. 생존적 필요는 보편적 필요와 함께 정언적 필요에 속하는 '복지' 개념의 핵심이다. 이러한 사실은『증보 아동권리향연』제6장과 제7장을 통하여 확인한 바 있다.

특히 **〈표 1-9〉**와 **〈표 1-10〉**은 의미 있는 자료를 제공한다. 우선 18세 아동의 신장과 몸무게를 20대와 30대 성인의 평균치 신장과 몸무게를 비교할 수 있기 때문이다. 결론부터 말하자면, 만 18세 아동의 신장과 몸

무게는 20대와 30대 성인의 평균 신장과 몸무게와 별다른 차이를 보이지 않는다. 20대와 30대 성인의 통계자료는 남녀의 평균치임을 감안하면 그런 결론을 도출할 수 있다. 즉 적어도 신체적 측면에서 17세, 18세 아동과 20~30대 성인의 차이를 발견하기 어렵다.

비록 신체적 발달을 나타내는 통계 자료이기는 하지만, 이러한 사실은 아동을 달리 보아야 한다는 인식의 변환을 반영한다. 아동의 범죄 연령이 낮아지거나 흉악범죄를 저지르는 아동의 증가, 그리고 형법상 촉법소년 문제 등이 제기되는 것은 모두 아동에 대한 사회적 인식이 신체 연령으로 고정되어 있기 때문이다.

아동을 보는 사회적 인식 또는 사회 통념을 다루고자 한다면, 우리는 '역연령(歷年齡: chronological age)'의 개념을 원용할 필요가 있다. 역연령을 통하여 우리는 일반인들이 아동을 어떻게 생각하는지, 특히 아동, 청소년, 청년 등을 각기 어느 연령대의 사람으로 보는지를 확인할 수 있다. 즉 사회적 통념상 아동, 청소년, 청년 등의 연령 준거를 확인할 수 있다. 하지만 역연령을 통한 연령 준거 확인 작업은 단지 사회 통념을 확인하는 데 그치지 않는다. 역연령은 향후 관련 법령의 제정과 개정에 타당한 근거 자료로 활용될 수 있다. 아울러 공교육 체제 아래 구성되는 각종 교육과정과 교육지침, 현장 지도 등에도 하나의 지표로 적극적으로 활용될 수 있다.

한국청소년정책연구원의 실태조사연구에 따르면, 아동은 약 4세에서 11세까지, 청소년은 약 12세에서 18세까지, 청년은 약 19세에서 31세 전후까지로 본다는 점을 확인할 수 있다. 이 근거는 〈**표 1-11**〉에서 확인할 수 있다.

〈표 1-11〉 아동, 청소년, 청년 상한 및 하한 평균 연령 (단위: 세)

구분 / 연도	아동		청소년		청년	
	하한연령	상한연령	하한연령	상한연령	하한연령	상한연령
2016년	5.2	11.5	12.6	18.4	19.3	29.5
2017년	4.5	11.2	12.2	18.4	19.4	31.2
2018년	4.8	11.3	12.8	18.8	19.8	31.4
2019년	4.2	10.9	12.4	18.4	19.5	32.3

※ 자료: 한국청소년정책연구원, 청년 사회경제실태조사

※ 출처: 김형주, 연보라, 유설희(2019:42)

〈표 1-11〉은 최근 4년간의 역연령을 상·하한 평균 연령으로 조사한 것이다. 몇 년간의 추세로 보면 아동의 상·하한연령이 낮아지므로 아동의 발달이 양호해지고 있다는 것을 반증하기도 한다. 이에 비하여 청년과 청소년의 상·하한연령은 변화 추이를 확인할 수 없다.

교육적으로 보면, 사회통념상 '아동'은 상·하한연령에 비추어 유치원과 초등학교 학령에 해당하고, '청소년'은 상·하한연령에 비추어 중등학교 학령에 해당한다.

무엇보다도 '역연령'이 중요한 이유는 아동의 현실을 정확하게 파악하고, 이에 대한 정책을 수립할 때 각종 부작용을 최소화할 수 있기 때문이다. 이를테면 요즈음 사용하는 '애늙은이'라는 말을 놓고 보자. 법령상이나 학령상으로는 '아동'의 범주에 들어가지만, 실제로 이들이 하는 사고와 행동은 성인의 것과 다르지 않은 경우를 어렵지 않게 찾을 수 있다. 이럴 경우 우리가 '교범적으로' 알고 있는 내용만으로 이들을 지도하거나 이들을 위한 구체적인 정책과 시책을 세울 수 없다. 교육현장에서 흔히 들을 수 있는 사례로 초등학교 6학년 아동이 새로 부임한 교사에게 성인도 하기 어려운 성적 언행을 표출하는 경우를 들 수 있다.[10] 초임교사로서는 당연히 당황할 수밖에 없는 상황이다. 학교만이 아니라 각종 아동시설에서도 이러한 문제는 현실적으로 그 정도가 심각하다.

다른 한편, 앞 절에서 '청소년'에 해당하는 새로운 용어가 구안될 필요가 있다는 점을 지적한 바 있다. 그 이유 중 하나는 우리 사회 통념상 청년은 40에 이르기까지의 연령, 즉 19세에서 30대까지 연령을 지칭하는 경우도 있기 때문이다.

〈표 1-11〉에서 알 수 있듯이, '청년'은 아동의 표준적 의미에서 제외된다. 그러므로 '청년'의 의미를 일부 담고 있는 합성어 '청소년' 중에서도 아동의 표준적 의미에서 제외되는 측면이 무엇인가를 확인할 필요가 있다.[11]

2. 교육현황

아동의 신체발달이 성인과 별다른 차이가 없을 만큼 크게 개선되어 있다는 사실과 함께 우리나라 아동의 교육현황도 세계 어느 나라에 뒤지지 않는 것으로 나타났다. 우리나라는 1980년 이후 오늘에 이르기까지 초·중등학교의 취학률이 이미 거의 100%에 가까운 것으로 나타났다. 다만 세계 주요 각국의 취학률과 비교하기 위하여 2011년에서 2020년까지 초·중등학교의 취학률을 살펴보면 **〈표 1-12〉**와 같다.

---

10) 교육대학을 비롯한 초등교사 양성기관을 졸업하고 처음 부임하는 신임 초등교사는 대부분 6학년 담임교사를 맡는다는 것이 우리나라 초등학교 교육행정의 관행으로 되어 있다. 과거 1960년대와 70년대까지만 해도 초임 교사는 대부분 3~4학년 담임교사를 맡는 것과 비교하면, 교원을 중심으로 한 학교문화는 바뀌고 있다.

11) 이에 관한 내용은 『증보 아동권리향연』 제1장과 제1장의 별장 참조.

〈표 1-12〉 우리나라 초·중등학교 취학률(2011–2020)

	2011	2012	2013	2014	2015	2016	2017	2018	2019	2020
초등학교	98.7	98.5	97.3	96.7	99.1	98.6	97.6	97.6	98.7	98.4
중학교	96.7	95.6	95.7	96.4	95.3	94.3	94.3	98.0	96.7	95.7
고등학교	92.0	92.2	92.5	93.2	92.5	93.1	93.8	92.4	91.3	91.4

* 취학률=취학 적령의 재적학생수/취학 적령 인구

** 각 학교급별 취학적령인구는 초등학교: 만 6-11세, 중학교: 만 12-14세, 고등학교: 만 15-17세임. 취학적령인구는 통계청의 '장래인구추계'가 기준임.

*** 출처: 통계청 국가지표체계 홈페이지

비교를 위하여 세계 주요 각국의 초·중등학교 취학률을 살펴보면 **〈표 1-13〉**과 같다.

〈표 1-13〉 세계 주요 각국 초·중등학교 순취학률(2011–2018) (단위: %)

		2011	2012	2013	2014	2015	2016	2017	2018
미국	초등	92.4	92.8	92.8	93.2	93.9	95.1	94.6	-
	중등	89.8	89.3	89.5	89.9	91.3	92.2	92.5	-
영국	초등	98.1	98.4	99.7	99.9	99.9	99.7	99.5	-
	중등	93.0	90.8	93.8	97.2	98.1	-	97.1	-
프랑스	초등	98.4	98.3	98.3	97.6	98.4	98.8	98.9	-
	중등	92.9	93.2	93.4	93.0	93.6	94.0	94.7	-
독일	초등	88.5	88.3	87.9	87.9	89.2	90.4	90.1	-
	중등	88.5	88.0	87.3	86.6	86.1	85.5	85.3	-
이탈리아	초등	97.2	97.4	97.8	97.1	96.6	96.0	95.7	-
	중등	94.3	94.0	95.3	95.4	95.6	95.1	94.7	-
말레이시아	초등	97.1	98.5	99.7	99.9	99.5	99.8	99.6	-
	중등	74.2	75.8	76.3	74.7	-	73.4	74.4	72.2
캄보디아	초등	97.5	97.4	-	95.0	95.3	92.8	90.5	90.3
	중등	-	-	-	-	-	-	-	-

		2011	2012	2013	2014	2015	2016	2017	2018
인도	초등	90.4	91.6	92.3	-	-	-	-	-
	중등	-	-	61.6	-	-	-	-	-
베트남	초등	99.3	98.1	98.0	-	-	-	-	-
	중등	-	-	-	-	-	-	-	-

* 출처: World Bank 데이터(2020년 2월)

** 순취학률: 공식 학령인구에 대한 학교에 등록한 아동의 비율

〈표 1-12〉와 〈표 1-13〉을 비교하면 우리나라 아동의 취학률은 세계 어느 국가에도 뒤지지 않는다. 이는 앞서 언급한 경제성장에 교육여건의 개선도 있지만, 전통적으로 우리나라 사람들의 교육 열의가 높은 데 기인하는 것으로 보인다.

이러한 사실을 권리의 측면에서 보자면, 이는 우리나라가 이미 『증보 아동권리향연』 제6장과 제7장에서 확인한 바 있는 '보편적 필요'를 충족시키고 있다는 방증이다. 그것은 교육받을 권리가 보편적 복지권으로 정착되어 있다는 것을 의미한다. 다시 말하자면, 무상의무의 확대는 보편적 복지권이 우리나라에 '보편적으로' 자리 잡고 있다는 증거이기도 하다. 하지만, 무상의무교육의 확대가 무작정 좋은 정책이라고 할 수는 없다. '무상'과 '의무'라는 조건은 오히려 아동권리와 학부모의 선택권을 침해할 소지가 있는 것도 사실이다. 이 논의는 본서 제11장과 제12장에서 살펴보기로 한다.

반면에 해방 이후 산업화가 이루어지는 시기에 유아교육과 보육의 실태는 초·중등교육에 비하여 뒤떨어진 것으로 보인다. 〈표 1-12〉의 초·중등학교 취학률과 유치원 취학률을 비교하여 나타내면 〈표 1-14〉와 같다.

〈표 1-14〉 우리나라 유·초·중등학교 취학률(2011–2020)

	2011	2012	2013	2014	2015	2016	2017	2018	2019	2020
유치원***	41.0	44.2	47.7	47.5	48.9	49.8	50.8	50.6	48.7	49.0
초등학교	98.7	98.5	97.3	96.7	99.1	98.6	97.6	97.6	98.7	98.4
중학교	96.7	95.6	95.7	96.4	95.3	94.3	94.3	98.0	96.7	95.7
고등학교	92.0	92.2	92.5	93.2	92.5	93.1	93.8	92.4	91.3	91.4

* 취학률 = 취학 적령의 재적학생수/취학 적령 인구

** 각 학교급별 취학적령인구는 초등학교: 만 6-11세, 중학교: 만 12-14세, 고등학교: 만 15-17세임. 취학적령인구는 통계청의 '장래인구추계'가 기준임.

*** 출처: 통계청 국가지표체계 홈페이지

이러한 사실은 최근까지도 유치원과 어린이집에 대한 증설과 확충이 이루어지는 것으로 나타났다. 오히려 초·중등학교의 확대, 팽창에 비하면 유아교육과 보육은 시기적으로 매우 뒤진 경향이 있다. **〈표 1-14〉**에서 알 수 있듯이, 유치원 취학률이 50% 안팎까지 올라간 점이 주목된다. 그러나 이 통계는 보육기관, 즉 어린이집 취원률은 보여주지 않으므로 전체 같은 연령 아동의 취원률은 높을 것으로 보인다. 그러나 이나마 출생인구의 감소로 인한 원아의 감소는 유치원과 어린이집 확충에 제동을 걸고 있다.

유아교육의 무상의무교육으로 전환 문제는 무상의무교육확대와 마찬가지로 보편적 복지권의 실현이라는 점에서 긍정적인 측면이 있다. 하지만 이는 초·중등교육의 무상의무교육확대와 마찬가지로 여러 가지 문제점을 노정한다. 첫째, 국가 재정 부담의 문제를 들 수 있다. 이어 살펴볼 **〈표 1-17〉**에서 알 수 있듯이 무상의무교육의 유아교육으로 확대는 국가재정지원을 무한하게 늘릴 수 없게 만든다. 둘째, 영유아의 경우는 초·중등학생 신분인 아동과 달리 부모의 보호와 양육이 요구된다. 이는 권리의 보편성에도 불구하고 제기되는 아동의 '특수성'을 고려해야 한다는 뜻이다. 오히려 무상의무교육의 일환으로 획일적인 교육 서비스 공급은 여러 부작용을 낳을 소지가 있다. 이러한 우려는 본서 제3장에서 다루어 본다. 셋째, 현행 유치원과 어린이집 이원화 문제를 어떻게 해결하는가의 문제이다. 이 문제를 선결하지 않고서 무상의무교육 확대를 논의하는 데에는 근원적인 한계가 있다.

그럼에도 불구하고 우리나라 유치원과 어린이집을 통한 아동교육은 내실 있게 성장한 것이 사실이다. **〈표 1-15〉**는 최근 10년간 우리나라 유아교육 현황이며, **〈표 1-16〉**은 보육 현황이다.

〈표 1-15〉 우리나라 최근 10년간 유아교육 현황

	2010	2011	2012	2013	2014	2015	2016	2017	2018	2019
유치원 수	8,388	8,424	8,538	8,678	8,826	8,930	8,987	9,029	9,021	8,837
학급 수	25,670	26,990	28,386	30,597	33,041	34,075	35,790	36,469	37,748	37,268
원아 수	538,587	564,834	613,745	658,188	652,546	682,553	704,138	694,631	675,998	633,913
교원 수	36,461	38,662	42,235	46,126	48,530	50,998	52,923	53,808	54,892	53,362
취원율(%)	39.9	41.0	43.5	46.7	47.0	48.9	49.0	47.4	49.9	48.1
교원1인당 원아 수	14.8	14.6	14.5	14.3	13.4	13.3	13.3	12.9	12.5	11.4

* 취원율(%)=(3,4,5세 취원아 수/3,4,5세 취원대상아 수)×100

** 출처: 통계청 국가지표체계 홈페이지

〈표 1-15〉에서 알 수 있듯이, 유치원의 학급 수가 급증하는 것에 비하여 유치원 수가 점증하고 있다. 또한 원아 수가 증가하고 있지만 우리나라 유치원 취원율은 50% 내외를 유지하고 있으므로, 유치원 교육의 보편화가 이루어졌다고 하기 어렵다. 다만 교원 1인당 원아 수가 감소 추세

에 있다는 것은 유아교육의 질 제고 차원에서 청신호라고 볼 수 있다.

〈표 1-16〉 우리나라 최근 10년간 어린이집 및 아동 수 현황

		2011	2012	2013	2014	2015	2016	2017	2018	2019
어린이집 수 (개)	계	39,842	42,527	43,770	43,742	42,517	41,084	40,238	39,171	37,371
	전년 대비 (%)	4.79	6.74	2.92	-0.06	-2.80	-3.40	-2.10	-2.70	-4.60
	국공립	2,116	2,203	2,332	2,489	2,629	2,859	3,157	3,602	4,324
	사회복지법인	1,462	1,444	1,439	1,420	1,414	1,402	1,392	1,377	1,343
	법인 등	870	869	868	852	834	804	771	748	707
	민간	14,134	14,440	14,751	14,822	14,626	14,316	14,045	13,518	12,568
	가정	20,722	22,935	23,632	23,318	22,074	20,598	19,656	18,651	17,117
	부모협동	89	113	129	149	155	157	164	164	159
	직장	449	523	619	692	785	948	1,053	1,111	1,153
보육 아동 수 (명)	계	1,348,729	1,487,361	1,486,980	1,496,671	1,452,813	1,451,215	1,450,243	1,415,742	1,365,085
	전년 대비 (%)	5.38	10.28	-0.03	0.65	-2.93	-0.10	-0.10	-2.40	-3.60
	국공립	143,035	149,677	154,465	159,241	165,743	175,929	186,916	200,783	232,123
	사회복지법인	112,688	113,049	108,834	104,552	99,715	99,113	96,794	92,787	86,775
	법인 등	50,676	51,914	51,684	49,175	46,858	45,374	43,404	41,298	38,538
	민간	706,647	768,256	770,179	775,414	747,598	745,663	738,559	711,209	664,106
	가정	308,410	371,671	364,113	365,250	344,007	328,594	321,608	302,674	273,399
	부모협동	2,286	2,913	3,226	3,774	4,127	4,240	4,508	4,360	4,121
	직장	24,987	29,881	34,479	39,265	44,765	52,302	58,454	62,631	66,023

* 출처: 통계청 국가지표체계 홈페이지

〈표 1-16〉에서 어린이집 원아의 감소를 확인할 수 있다. 이는 우리나라 저출산 현상에 따른 것으로 볼 수 있다. 이에 따라 유치원과는 달리 어린이집의 수도 약간 감소하는 추세이다. 하지만 국가의 유아교육과 보육에 대한 예산은 파격적으로 증가하는 것으로 나타났다. 〈표 1-17〉은 이를 보여준다.

〈표 1-17〉 우리나라 연도별 유아교육 및 보육 정부 예산(1) (단위: 백만 원)

연도	2010	2011	2012	2013	2014
유아교육	1,599,918	1,923,903	3,021,225	3,545,557	5,304,268
보육	4,288,947	5,018,600	6,132,183	8,218,859	8,557,370
계	5,888,865	6,942,503	9,153,408	11,764,416	13,861,638
증감률(%)		117.89	131.84	128.52	117.82

* 최은영 외(2015). 2015 유아교육정책의 성과와 과제. 육아정책연구소

** 유해미 외(2015). 2015 보육정책의 성과와 과제. 육아정책연구소

〈표 1-17〉에 따르면, 2010년에서 2014년 사이 5년간 유아교육 및 보육 예산 총액이 근 3배 가까이 증가한 것은 유아교육 및 보육에 대한 사회적 인식이 제고된 점과 함께 정부의 관심이 증대했다는 점을 들 수 있다. 예산 증가률도 120% 안팎으로 나타나 있음은 이를 확증해 준다.

또 다른 자료에서 가장 최근 현황을 확인할 수 있다. 〈표 1-18〉은 이를 보여준다.

〈표 1-18〉 우리나라 연도별 유아교육 및 보육 정부 예산(2) (단위: 백만 원)

연도	2019	2020
유아교육	4,392,800	4,595,600
보육	5,495,500	5,672,600
계	9,888,300	10,268,200
증감률(%)		103.84

* 김근진 외, 2020, 2018~2020 육아정책 분석과 과제, 육아정책연구소

가장 최근의 자료인 〈표 1-18〉에서 알 수 있는 바와 같이, 유아교육과 보육 전체 예산이 줄어든 것은 출생률 저하에 따른 원아 수의 감소 때문인 것으로 보인다. 여기서 2016년에서 2018년 자료를 제시하지 못한 점이 아쉽다. 어쨌든 유아교육과 보육 예산의 증가는 아동의 권리에 대한 인식이 증대한 결과라고 할 수 있다. 그러나 유아교육기관에서 아동권리 증진을 위한 어떠한 노력이 경주되고 있는가 등은 별도의 과제로 탐구해야 할 것이다. 구체적으로 아동권리 증진과 아동권리 침해 예방 및 개선에 대한 정부의 실행 계획과 방안, 유아교육과 보육 담당자들의 아동권리 인식 제고, 그리고 이와 관련된 학부모 및 지역사회와의 연계 방안 등을 마련하고 추진해야 할 것이다.

결론적으로 적어도 경제성장에 따라 아동의 신체적 성장이 이루어진 만큼, 그리고 우리나라 아동의 취학률과 취원률이 만족스러운 만큼 이에 상응하여 향후 아동권리 인식도 개선되어야 할 것이다.

참고문헌

교육과학기술부, 각 연도, **교육통계연보**.

국민건강보험공단, 각 연도, **건강검진통계**.

월드뱅크, *World Bank Data*.

통계청, 각 연도, 국가지표체계 홈페이지.

김근진 외, 2020, 2018~2020 육아정책 분석과 과제, 육아정책연구소.

김기헌, 2020, 아동·청소년 연령기준의 문제점과 과제, 월간 **복지동향** 266호, 14-19쪽.

김민수, 1997. **우리말 어원사전**, 서울: 태학사.

김형주·연보라·유설희, 2019, **청년 사회 · 경제실태 및 정책방안 연구** Ⅳ: 기초분석보고서, 한국청소년정책연구원.

보건복지부·한국청소년정책연구원, 2016, **유엔아동권리협약 국가보고서 작성 연구**, 한국청소년정책연구원.

서정범, 2000, **국어어원사전**, 서울: 보고사.

유해미 외, 2015, **2015 보육정책의 성과와 과제**, 육아정책연구소.

최은영 외, 2015, **2015 유아교육정책의 성과와 과제**, 육아정책연구소.

Chamberlin, R., 1989, *Free Children and Democratic Schools*, 김정래 역, 2015, **아동의 자유와 민주주의**, 서울: 박영사.

Cohen, B., 1981, *Education and the Individual*, 김정래 역, 2013, **교육과 개인**, 파주: 교육과학사.

2

아동관

이제까지 '아동'과 이에 상응하는 여러 가지 용어의 어의와 법적 의미, 그리고 연령적 범주에 관하여 살펴보았다. 이어서 우리나라 아동의 현황을 살펴보았다. 이제는 우리가 생각하고 있는 아동의 의미, 즉 생각 저변에 깔려 있는 아동관을 살펴보기로 한다.

Ⅰ. 동·서양의 전통적 아동관

아동은 종교 경전에서도 매우 중요한 의미를 지닌다. 그것은 아동이 약자라서 그런 것이 아니다. 이 점을 간략하게 살펴보기로 한다.

먼저 기독교적 질서 속의 아동관은 자매서 『증보 아동권리향연』 제4장에서 소개한 바 있다. 여기서는 이를 조금 더 다른 각도에서 심층적으로 다시 살펴보기로 한다. 기독교 질서에서 아동은 매우 열악한 존재인 듯하다. 그 이유를 살펴보자. 흔히 기독교적 질서는 아리스토텔레스 철학의 영향을 받은 아퀴나스의 사고체계에서 잘 확인할 수 있다. 이른바 목적론적 사다리를 통하여 인간은 위계질서에 따라 신의 아래에 위치하면서 다른 존재, 이를테면 무생물, 식물, 동물의 상위에 존재한다. 그러면서 인간은 신의 위임을 받아 자연을 지배한다. 여기서 자연은 인간을 제외한 모든 피조물을 말한다. 이 경우 문제를 불러일으키는 것이 바로 아동을 인간의 범주 중 가장 하위에 놓는 것이다. 마치 신-인간-자연의 위계처럼, 인간 내에서도 성인에 비하여 열등한 지위를 부여한 것이다. 이러한 위계의식은 군왕-영주-기사-농노의 사회적 신분의 패러디로 이해할 수도 있다. 아동을 열등한 존재로 볼 가능성이 있는 이러한 생각은 서양의 사고방식 전반에서 확인할 수 있다.

기독교에서 신은 최고지존의 지위에 놓이게 된다. 이는 희랍의 아리스토텔레스의 목적론에 의하여 정당화된다. 신의 신성성은 인간이 범접할 수 있는 것이 아니다. 다만 인간은 영성(animus)을 가진다. 이는 인간이 이성만이 아니라 영혼을 지니고 있다는 뜻이다. 따라서 인간은 신의 속성인 신성성을 지니지는 못하지만, 영혼을 지닌 인간이 이성을 통하여 진리와 신에 접근할 수 있게 된다.

여기서 우리가 주목해야 할 점은 중세철학이 신중심주의(神中心主義)로 일관한 것은 아니라는 점이다. 신 중심을 내세우면서 신이 자신의 대리인으로서 인간의 지위를 부여함으로써 인간중심주의 사상을 잉태하게 한다. 우주만물을 창조한 신은 인간에게 하등동물과 자연을 지배하도록 위임한다. 창세기 제2장은 이를 명시하고 있다. 즉 자연은 비록 신이 창조하였지만 자연의 지배권을 지니게 되며, 그 결과 인간은 자연의 주인이 된다.

이 관계를 그림으로 보면 다음과 같다.

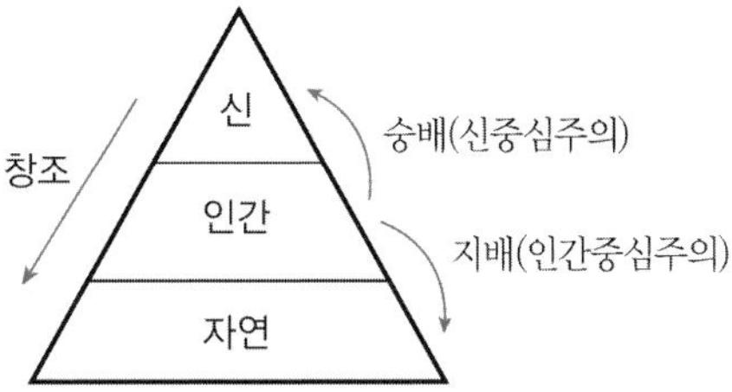

[그림 2-1] 기독교에서 인간의 지위

이 위계질서 속에서 인간은 기독교 교리에 의거하여 성인남성을 뜻한다. 이 도식에서 인간이 성인남성이라는 해석이나 주장은 권리의 측면에서 수긍하기 어려울 뿐만 아니라 기독교 교리를 세속화하는 과정에서 생긴 것이 아닌가 하는 의구심이 든다. 당연히 여성이나 아동의 입지가 보편적으로 마련되지 않는다면, 기독교는 유태교가 주장하는 바와 다를 바 없이 적용 대상의 보편성을 상실한다.

그러면 이 위계질서 속에서 아동의 위치는 어떤가를 살펴볼 필요가 있다. 여기서 신학 전공 논의이거나 기독교 신앙 이야기가 아닌 이상 기독교 신학의 관점을 정통으로 논한다는 것은 우리 관심 밖의 일이다. 그렇더라도 기독교 가르침 속에서 아동의 입지는 위의 도식과는 다르다.

먼저 위의 도식으로 보면, 인간 내의 하위 범주인 아동은 같은 논리에 의하여 성인(남성)의 지배를 받아야 한다. 그러면 아동은 성인의 소유물이거나 복속되는 존재가 된다. 그렇지 않다면, 성인의 작은 존재, 뒤에 살펴볼 '작은 성인(small adult)'으로 인식될 가능성이 크다. 실제로 오늘날도 이러한 아동관이 전혀 먹혀들어가지 않는 것은 아니다. 그렇게 되면 권리를 향유하고 행사하는 주체로서 아동의 근거를 찾기 어렵다.

이러한 논거에 의거하여『증보 아동권리향연』제4장은 마가복음 10

장 14~15절의 내용을 세밀하게 분석한 바 있다. 요지는 이렇다. 위의 도식에 의하면, 아동은 성인의 아래에 위치하는 존재이다. 그러나 마가복음의 해당 부분은 '하나님 나라를 어린 아이들과 같이 받들라'고 되어 있다. 이는 아동의 존재가 천국과 같다는 것을 함의한다. 또한 실천 상황에서 아동을 존중하지 않는 자는 천국의 세계와는 무관한 존재임을 뜻한다. 그 결과 아동을 재화를 공급해 주는 대상이나 시혜의 대상으로 보아서는 안 된다는 점, 그리고 성인이 아동보다 우월하다는 오만에 빠져서는 안 된다는 점을 지적하였다.

이를 확인하기 위하여 여러 가지 영역본을 대조하여 살펴본 결과, 아동은 성인의 대상이 아니라 존중 받아야 할 존재임을 확인하였다. 결론적으로 기독교 신앙 체계에서 인간의 위치를 확인하는 것과 별도로 인식해야 한다. 그리고 이를 뒷받침하는 아동존중의 의미를 새기기 위해서라도 세심한 주의를 요구한다.

동양 사상은 서양의 기독교와는 다른 아동관을 가지고 있다. 그렇지만, 유가의 아동관은 장유유서(長幼有序)의 위계질서를 강조한다는 점에서 서양의 관점과 유사해 보인다. 하지만 그러한 해석이 맞는가에는 의문이 따른다. 따라서 유가에서 보는 아동관을 먼저 살펴볼 필요가 있다. 다만 유교 경전이 방대하므로 『주역』의 「서괘전」의 내용[1])을 중심으로 살펴보기로 한다.

먼저 선진유학(先秦儒學)이 바로 오늘날의 교육학임을 상기하면서 아동관을 이해할 필요가 있다.[2]) 선진유학은 아동을 교육적 필요에 근거하

---

1) 여기에 소개하는 「서괘전」의 논의 내용은 김정래(2018a; 2018b)의 일부를 토대로 한 것임을 밝혀둔다.

2) '유(儒)'는 '사람[人]'과 '필요한 것[需]'의 합성어이다. 그래서 결혼할 때 필요한 용품을 '혼수(婚需)', 군에서 필요한 용품을 '군수품(軍需品)'이라고 한다. 인간에게 결

여 파악하고 있다. 그래서 「서괘전」은 형이상학적 원리에 입각하여 아이가 태어나 당면하게 되는 상황이 교육의 필요성을 제기한다. 둔(屯)괘의 괘사에 이르기를:

> 둔은 크게 형통하고 정함이 이로우니, 갈 바를 두지 말고 후를 세움이 이롭다.[3)]

아이가 세상에 태어나서 스스로 할 수 있는 일은 없다. 이러한 상황을 둔괘는 잘 설명한다. 그러나 아이를 보호해야 할 주체는 부모에 그치는 것이 아니다. 아이가 인간으로서 올바른 길로 나아가기 위한 방편으로 교육이 요구되며, 이를 주관할 주체를 요구한다. 이를 '제후를 세움[建侯]'이라고 표현하였으나, 오늘날로 보면 교사의 필요성을 강조한 것이다. 이를 확인하기 위하여 아동과 관련된 「서괘전」에 명시된 내용을 토대로 하여 교육적 논점 내지는 쟁점을 정리해 보도록 한다.

첫 번째 단계는 乾·坤[☰·☷]을 屯[䷂]으로 받은 내용이다. 즉 "천지가 있는 뒤에 만물이 생겨나니, 천지의 사이에 가득한 것이 만물이다. 그러므로 둔으로써 받았다."[4)] 이는 형이상학적 원리에 근거하여 생명이 탄생하는 과정을 나타냄과 동시에 태어난 생명이 어떤 상태에 처해 있는가를 잘 설명해준다. 원문의 '盈'은 태초의 카오스 상태에서 시작되는 것을 뜻한다. 성경 창세기의 '궁창'에 비견되며, 사람의 입장에서 보면 생명이 어머니 뱃속에서 잉태된 상태에서 양수가 터져 나오는 것으로 설명할 수

정적으로 필요한 것은 '교육'이다. 『증보 아동권리향연』 제6장에서 이를 '정언적 필요', 또는 '보편적 필요'라고 한 바 있다.

3) 屯 元亨, 利貞. 勿用有攸往, 利建侯.

4) 有天地, 然後萬物生焉. 盈天地之間者唯萬物, 故受之以'屯'.

있다. 이는 屯卦의 卦象의 “둔은 강함과 부드러움이 처음 사귀어 어려움이 생겼으며, … 우레와 비의 움직임이 가득하기 때문…”[5]에서 확인할 수 있다. 무엇보다도 ‘둔’하다고 한 것은 단지 몽매함을 뜻하는 것이 아니라, 「서괘전」 자체에서 천명하듯이, 물건이 처음 나온 상태를 뜻한다. 그 상태란 다름 아닌 비분화(non-differentiation)상태를 지칭한다. 여기서 ‘비분화’는 ‘미분화(undifferentiation)’와 확연하게 구분되는 개념이다. 후자는 분화를 전제로 하여 분화에 비하여 열등하거나 분화로 가기 위하여 극복해야 할 상태이다. 하지만 비분화는 극복의 대상이 아니라 그 자체로 존중되어야 할 상태이다.[6] 이는 둔괘의 傳에 “둔은 크게 형통할 도가 있으나 처함은 이로움이 정도(正道)를 굳게 지킴에 있으니, 그렇지 않으면 어떻게 어려움을 구제하겠는가”[7]에서 확인할 수 있다. 다만 이롭지만, 아무것도 모르는 아이가 함부로 나아가서는 안 되는 처지에 있음을 둔괘가 가르치는 교훈이다. 이는 교육의 과정의 첫 단계를 잘 설명해 준다.

둘째 단계는 屯[䷂]을 蒙[䷃]으로 받는 내용이다. 즉 “屯은 가득함이니 屯은 물건이 처음 나온 것이다. 물건이 나면 반드시 어리므로 蒙으로써 받았다.”[8] 「서괘전」은 ‘盈’에서 ‘屯’이 마치 자궁에서 양수가 터지면서 생명을 설명하는 것과 같은 이치로 다음 단계로 아이가 길을 알 수 없는 처지의 험난한 상황[水]에서 앞이 막힌 상태[山]인 ‘蒙’에 이른 것을 설명한다. 몽괘는 교육의 관점에서 보면 64괘 중에서 가장 중요한 괘이다. 가

5) 屯, 剛柔始交而難生 … 雷雨之動, 滿盈 …
6) 이 논거는 불교의 일합상 또는 도체를 이해하거나, 단군신화의 해석에도 그대로 적용된다. 이에 관해서는 김정래(2017a; 2017b) 연구를 토대로 하여 이어 소개한다.
7) 屯, 有大亨之道而處之利在貞[一作正] 固, 非貞固 何以濟屯.
8) ‘屯’者, 盈也. 屯者, 物之始生也 物生必蒙, 故受之以 ‘蒙’.

르침이 시작된다는 점에서 둔괘에서 몽괘에 이르러 앞서 '미분화' 상태가 의식의 분화로 연결된다. 즉 蒙에 이르러 아이들은 가르침을 통하여 의식이 분화되는 것을 전제하고 있다. 교육의 과정에 비추어 검토해야 할 몽괘에 담긴 의미는 여러 가지가 있으며, 그것은 교육적 관점에서 매우 중요하다. 하지만 이에 관한 논의는 방대한 검토를 요구하는 연구 과제이므로 여기서 상론하지 않겠다.

세 번째 단계는 蒙[䷃]을 需[䷄]로 받는 내용이다. 즉, "蒙은 어림이니, 물건이 어린 것이다. 물건이 어리면 기르지 않을 수 없으므로 需로 받았다."[9] 여기서는 몽매함 또는 어리석음을 뜻하는 '蒙'을 타개하기 위하여 요구되는 것이 있다는 것을 강조한다. 아이가 어리석음[穉]을 깨우치는 데 요구되는 재화가 바로 '需'이다. '需'는 '儒'자를 파자했을 경우, 쉽게 그 의미를 파악할 수 있다. '인간[人]'에게 '요구되는 것 또는 필요로 하는 것[需]'을 뜻한다. '儒'에 속하는 무리가 교육, 의례 등을 관장하는 사람들이라는 점에 유념하면 이 단계가 무엇을 뜻하는지를 파악할 수 있다. 여기에는 지식이나 덕목, 도덕적 가치 등이 당연히 포함되지만, 오늘날의 관점에서 보면 교육 재화를 포함한다. 따라서 '需'는 아이를 가르치는 데 요구되는 일체의 재화를 총칭한다. 이를 아동권리 인식 세 단계[provision - protection - participation]에서 보면 가장 첫 단계인 '재화공급'에 해당한다. 이 점에서 「서괘전」은 아동권리를 비롯한 교육복지 전반을 아우르는 '교육의 과정'을 포함한다.

이상의 내용을 통해 볼 때, 유가의 아동관은 다음과 같이 정리할 수 있다.

첫째, 아동의 존재를 분화하지 않은 상태로 보고, 그것을 교육적 필요성으로 관련시킨다는 점이다. 인간에게 보편적으로 필요한 것이 교육임

9) '蒙'者, 蒙也, 物之穉也. 物穉不可不養也, 故受之以'需'.

을 주장하는 것이다.

둘째, 몽괘가 암시하듯이 미분화에서 분화로 가는 징표이다. 이 점은 아동이 교육적 필요에 의하여 설명되어야 한다는 당위성을 제시한다.

셋째, 이 과정에서 교사와 사회의 권위를 상정해야 한다. 그래서 아동은 사회질서의 위계 속에서 그 의미가 파악된다. 이 점에서 서양 기독교의 아동관과 유사한 측면이 있다. 그러나 유가에서 위계를 강조한다고 해서 아동을 성인의 복속이나 소유물, 또는 단순한 보호와 시혜의 대상으로 보지 않는다.

다만, 유가는 분화를 강조하기 때문에 분별심을 갖추는 것이 교육받은 징표 중 하나가 된다. 이 점은 같은 동양사상이지만 도가와 불교와 확연히 다른 점이다. 먼저 노자의 사상에서 독특한 아동관을 살펴보기로 한다.

『노자』에서 아동은 영아(嬰兒)라고 한다. 영아는 가소성을 지닌 존재로서, 이는 이어 살펴볼 서양의 주조(鑄造)되는 존재가 지니는 가소성이 아니다. 도가에서 가소성은 약하기 때문에 가장 안전하다는 뜻을 지닌다. 강직하면 부러진다는 우리말 속담과 같은 맥락이다. 따라서 도가 사상은 약한 것이 강하다는 역설을 내포한다.

도가에 나타난 아동관은 아동이 분별을 하지 않는다는 데 있다. 이는 불교의 아동관과 상통한다. 그리하여 갓 태어난 아이는 웃을 줄도 모르며, 선악 분별조차 없다고 한다.10) 일체의 분별심이 없으므로 원초적으로 분화가 일어나지 않는 '원초적 미분화'를 특징으로 한다. 그 상태가 어린 아이의 상태라는 것이다.11) 바꿔 말하자면, 원초적인 미분화는 양

10) 衆人熙熙. 女享太牢 如春登臺; 我獨泊兮 其未兆 如嬰兒之未孩; 絕學無憂 唯之與阿 相去幾何; 善之與惡 相去若何. 『老子』20.

극(雌雄, 白黑, 榮辱)의 조화를 뜻한다. 그리고 이러한 어린 아이의 상태가 바로 성인(聖人)이 지니는 상태이다.[12] 성인의 상태인 것은 바로 막힘이 없고 혼심의 상태를 뜻한다.

이러한 기조에서 도가는 아동과 관련하여 어린 아이와 같아져야 한다는 실제적 가르침을 준다. 아이의 유연함을 배워라.[13] 그 유연함이 어떤 외부의 강적으로부터도 보호된다는 것이다.[14]

정리하면, 도가의 아동관은 아동의 가소성으로 인하여 약함이 안전을 도모해주고, 강적으로부터 보호해준다는 것이다. 물론 현실적으로 아동을 지나치게 이상화시킨 측면이 있지만, 아동을 성인이 배워야 할 속성을 지닌 존재로 여긴 점에서 보면 아동존중의 의미를 담고 있다. 그러나 그것은 서양의 낭만주의, 자연주의로 알려진 루소의 아동관과는 동일한 의미로 해석되어서는 안 된다. 왜냐하면 루소가 지향하는 자연은 '그냥 놓여진' 또는 '스스로 이루어진[自然]' 상태를 뜻하는 것이 아니라 인위적인 것을 의도적으로 지양하는 '강제성'을 지니기 때문이다. 그러나 도가의 관점은 이와 동일하지 않다.

다음으로 불교에서 보는 아동관을 살펴보자. 우선 불교는 도가와 마찬가지로 모든 분별심을 경계하고 이를 타파하고자 한다. 그 결과 선-악을 비롯한 일체의 분별을 타파하고자 한다. 이러한 맥락에서 보면, 성인

---

11) 常德不離 復歸於嬰兒; 영원한 덕에서 떠나지 않아 어린아이 상태로 돌아간다. 『老子』28.

12) 聖人無常心 以百姓心爲心 … 聖人在天下歙歙焉 爲天下渾其心 聖人皆孩之. 성인은 모든 것을 포용한다. 그래야 백성의 마음을 헤아린다. 성인의 마음에 일체의 분별심이 없는데, 순진무구한 아이와 같다. 『老子』49.

13) 專氣致柔 能嬰兒乎. 기에 전념하여 부드러워 짐으로써 영아처럼 되어라. 『노자』10.

14) 含德之厚 比於赤子 … 骨弱筋柔而握固. 아이가 약하지만, 매우강하고, 오히려 외부의 적으로부터 더 안전하다. 『老子』55.

(成人)과 아동의 구분은 중요한 것이 아니다. 여기에는 인불사상이 포함되어 있다. 만물에는 불성이 깃들어 있다는 실유불성(悉有佛性)의 사상은 모든 인간의 마음속에 불성이 자리 잡고 있음을 뜻한다. 보다 구체적으로 그것은 나이의 적고 많음이나, 성별, 신분의 귀함과 천함에 상관없이 모든 인간을 깨달을 수 있고 누구나 깨달음을 통해 부처가 될 수 있다고 보는 사상이다. 따라서 아동은 마음이 없는 열등한 존재도 아니고, 성인이 축소된 '작은 성인'도 아니다. 오히려 성인(成人)도 본받을 점이 있는 순수한 존재, 즉 부처이다.

아동의 천진무구한 특성은 아동이 곧 부처임을 뜻한다. 그래서 사찰에서 순진무구한 동자상을 흔히 볼 수 있는 것은 이 때문이다. 즉 동자상은 아동을 미숙한 어린 존재로 보는 것이 아니라 세속에 물들지 않고 순수한 마음을 유지하고 있는 우리가 지향해야 할 이상적 인간상을 뜻한다. 그래서 동자상은 신앙의 대상이 된다. 『대반열반경』에서 보면 아동의 마음과 행동은 곧 여래의 마음과 행동과 같은 것이다. 그 결과 아동이 지닌 순수성을 불성으로 보면서 아동의 존엄성을 매우 강조한다.

이러한 맥락에서 아동의 놀이는 인간형성 과정의 중요한 일면으로 인정된다.[15] 아동의 놀이는 순수하고 이상적인 인간의 일면을 보여주는 것이며, 그 순수성은 어른이 본받아야 할 본성이다. 설사 장난으로 보이는 아동의 활동도 주의 깊은 관심을 기울여야 한다는 점을 시사한다.

결론적으로 아동은 축소된 성인이 아니라 성인도 본받을 점이 있는 순수한 존재이며, 아동의 유희나 장난은 인간형성 과정의 중요한 일면으로 보아야 한다. 또한 아동의 마음과 행동은 곧 여래의 마음과 행동과 동일한 것이다. 그러면 이러한 불교의 아동관은 무엇에 근거한 것인가. 그 대

15) 『증보 아동권리향연』 제8장 참조.

답은 두 가지가 있다.

첫째, 불교가 지향하는 바, 분별심의 타파에 있다. 많은 이들이 분별심의 문제를 사회적인 선악에서 찾고 있으나, 분별심의 타파는 이에 한정되는 것이 아니다. 불교의 분별심 타파는 무생물과 생물, 즉 무정물과 유정물의 분별, 동물과 인간의 분별, 인간 세상의 온갖 차별의 초월을 담고 있다. 그 결과 부처와 중생의 분별, 천사와 마귀의 분별조차 허용하지 않는다. 그 연장에서 보면, 아동과 성인은 달리 볼 이유가 없다. 오히려 청정무구하다는 점에서 아동은 성인보다 높은 지위에서 대접받을 자격이 있다.

둘째, 아동은 세상에 나올 적에 분별심을 별로 갖지 않는다. 사회생활을 하면서 분별심을 쌓아간다. 어떻게 보면, 교육은 사실 분별심을 북돋아주는 활동이다. 아동이 분별 이전의 상태에 있다는 점에서 불교의 아동존중관을 확인할 수 있다. 따라서 불교는 아동이 지닌 순수성을 불성에 가까운 것이라 보면서 아동의 존엄성을 매우 강조한다.

끝으로, 불교에서는 4세에서 20세 사이의 남자 아동을 대신 동자(童子), 동아(童兒), 동진(童眞)이라고 부르며 여자 아동은 동녀(童女)라고 부른다. 그러나 이러한 연령적 구분이 불교의 가르침에 비추어 그다지 중요한 것은 아니다.

이제, 우리나라 단군신화에 담긴 인간관에 비추어 본 아동의 의미를 유추해 본다.[16] 흔히 단군신화는 유불선(儒佛仙)의 요소를 모두 복합적으로 담고 있다. 그렇다고 그것이 단군신화가 일관성 없다는 뜻은 아니다. 결론부터 말하자면, 단군신화에는 오히려 모든 것을 담는 원융(圓融) 사상이 담겨져 있다.

16) 여기 소개하는 단군신화 부분은 필자의 논문(2017a)의 일부를 정리한 것임.

먼저 단군신화에 접근하기 위하여 우주관이 서양의 기독교와 다르다는 점을 확인할 필요가 있다. 단군신화에 나타난 세상의 '출현'은 서양의 가치체계에서 확인할 수 있는 창조도 아니고 제작도 아니다. 그렇다고 해서 같은 동양사상이지만 하늘의 지배를 받는 중국의 천자 사상과도 확연하게 다르다. 천자사상은 정치지배원리의 전형을 제공한다는 점에서 단군신화와는 설명의 초점이 다르다.

단군신화에서 세상의 출현을 뜻하는 개념은 '이화(理化)'이다. 이화는 세상의 출현이 이치에 맞게 된다는 것이다. 따라서 세상의 출현은 곧 천리(天理)의 발현이다. 그러나 단군신화의 세상 출현을 설명하는 천리는 중국의 천자(天子)나 성리학에서 말하는 천리(天理)와 혼동해선 안 된다. 그 단초는 바로 단군신화의 '탐구인세(貪求人世)'에서 찾을 수 있다.

인간 세상을 그리워 하늘에서 내려왔다는 단군신화 속의 '탐구인세'의 의미는 세상의 생성에 관한 서양의 창조, 제작설과도 확연하게 다르며, 또한 중국의 중화사상이나 성리학 체계와도 판이하게 다르다. 이를 확인하기 위해서 우선 '하늘'과 '천인(天人)'의 의미를 파악할 필요가 있다.

흔히 단군신화에서 '환인(桓因)'은 신의 지위, 하늘나라의 존재, 즉 천상으로 보고, '환웅(桓雄)'은 천상의 질서인 환인과 지상의 질서를 맺어주는 '천하'로 보며, 웅녀(熊女)는 지상의 이미지로 해석된다(황광욱, 1997: 23-27). 그 결과 국조 단군(檀君)은 천지의 조합으로 파악된다. 물론 이 관점이 전혀 그릇된 해석은 아니지만, 이렇게 해석하면 단군신화에 담긴 '원융'과 '출현'의 의미를 온전하게 파악할 수 없다. 왜냐하면 그것은 기독교의 창조설과 같은 의미로 해석할 가능성이 크기 때문이다. 단군신화에서 '천지'는 성경(창세기 1:1)에서처럼 능생자도 아니며, 창조주가 지배하는 대상으로서 하늘(창세기 1:8)과 땅(창세기 1:9)도 아니다. 또한 성경에 포함된 질서관이나 위계가 있는 것도 아니다. 단군신화에는 기독교나 중국의 천자사상처럼 하늘과 땅의 대립이 없으며, 이들 간의 위계도 없다. 그들 간에 상호 융화(融化) 이외에 어떤 작위적 특징을 찾을 수 없다. 이렇게 보지 않으면 '탐구인세(貪求人世)'의 의미가 하늘에서 인간이나 세상을 구원하러 왔다는 식으로 왜곡된다. 단군신화에서 '탐구인세'를 '출현'을 통한 '이화'로 설명해야 그 의미가 제대로 드러난다.

단군신화에 나타난 '하늘'은 모든 것을 독점적으로 관장하고 세상을 자신의 뜻대로 창조하는 절대자, 즉 천자를 지칭하는 것이 아니다. 하늘은 인간과 더불어 존재한다. 그래서 단군신화는 신에 관한 이야기 형태이지만, 실제로는 인간의 이야기이다(황준연, 1995: 43-44). 그래서 단군신화에서는 모든 사람들이 제천행사를 거행하고, 그것을 통하여 공통된 정체성(identity)을 갖게 하므로 '하늘'은 민족 정체성을 부여해주는 기능을 한다. 이는 단군신화에 소개된 환웅과 단군이 성인(聖人)이 아니라 '천인(天人)'으로 규정되어 있음을 말한다(조성환, 2017: 8-9). '하늘'은 한민족의 정체성을 확인하는 근거가 된다. 그러므로 단군신화에서 '하늘'은 중국의 천자나 모든 이들이 따라야 할 보편적 질서로서 천리가 아니라 인간의 정체성을 부여해주는 '계시적인 천(天)'이다(조성환, 2017: 10). 즉 '하늘인간'인 천인은 세상에 살아가는 인간이 본받고 따라야 하는 모범을 뜻하는 본(本)이 아니라, 인간 자체에 천성이 이미 담겨져 스스로가 존엄한 존재로서 인간 자체를 뜻한다. 단순하게 대비하자면, 중국의 천자나 성리학의 천리는 인간이 모방해야 할 인간 바깥의 규준인 반면, 단군신화에 담겨 있는 천인(天人)은 인간 그 자체에 신성함이 포함되어 있음을 가리킨다. 동학의 '인내천(人乃天)'은 이를 이어 새롭게 담은 개념이다.

천인의 속성을 자세히 말하자면, 그것은 반신반인(半神半人, 또는 半天半人)의 의미를 갖는다(조성환, 2017: 11). 여기서 단군신화는 애초부터 민본사상을 담고 있음을 확인할 수 있다. 모든 백성이 단군의 자손이므로, 모든 백성이 천성(天神)의 자손이면서 천민(天民)이다. 이는 중국의 황제만이 천자이며, 백성은 천자의 다스림을 받는 존재라는 점과 비교하면 민본사상의 투철함을 쉽게 확인할 수 있다. 지배와 피지배, 정복과 복속이라는 대립적 갈등 개념이 없다.

한편, 인간의 생겨남을 '천인'으로 설명한다면, 이는 인간의 원형(元型, archetype)이 세상에서 분화되거나 세상과 따로 떼어낼 수 없다는 뜻이다. 즉 인간은 원형은 천지인(天地人), 하늘, 천인에 의하여 설명된다. 여기서는 천인공공(天人公共)의 의미를 통하여 인간이 생겨남이 무슨 뜻인지를 확인할 수 있다. 그 다음 이 원형에 의하여 인간의 출현은 사람됨의 '인화(人化)'로 설명된다. 그리고 그것은 '사람됨'의 전형(典型, prototype)을 드러낸다.

이미 천인의 개념을 통하여 인간은 누구에 의하여 만들어진 존재가 아니다. '천인'에 의하여 하늘과 인간, 또는 신과 인간이 함께 한다는 의미를 갖는다. 여기서 단군신화에서 인간의 공존을 뜻하는 '천인공공(天人公共)'은 단순하게 '인간이 천하와 함께 한다'는 뜻이 아니라, '하늘과 인간이 서로 협력한다'는 뜻이다(조성환, 2017: 12). 이는 '인간이 하늘을 일방적으로 본받는 중국적인 천인관이 아니라' 하늘과 인간이 서로 협력하는 그리하여 '양자가 서로를 필요로 하는 관계로' 이해되어야 한다(조성환, 2017: 12).

여기서 단군신화는 교육적으로 인간이 교육을 통하여 본받아야 할 본

(本)을 인간과 별개로 하는 하늘이나 형이상학적 실재로 보지 않는다. 교육을 통하여 추구해야 할 가치가 인간 안에 내재해 있다. 그리하여 '인간이 자기를 표현하는 행위는 궁극적으로 하늘(하느님)을 드러내는 행위'(조성환, 2017: 13)라는 점으로 단군신화에 담긴 한국 고유사상의 면모를 확인할 수 있다.[17)]

'인화(人化)'는 사람을 형성하거나 구현시키는 것을 이른다. 그러나 그 구현은 사람과 동떨어진 하늘이야기가 아니다. 이때 하늘이야기는 '하늘에 투영된 자기 이야기'(조성환, 2017: 14)이다. 단군신화에서 '원화위인(願化爲人)'은 하늘에 투영된 자기 이야기로서의 '인화'로 파악해야만 한다.

결론적으로 단군신화에서 세상의 '출현'을 뜻하는 이화(理化)와 인간의 출현을 뜻하는 인화(人化)는 비분화를 전제로 한 '원융(圓融)'을 담고 있다. 단군신화의 '원융'은 이 점에서 화엄사상의 상즉(相卽), 상입(相入)에 닿아 있다. 지(地)의 속성을 가지고 화현(化現)한 웅녀는 인간으로 존재하면서 동시에 천(天)의 속성을 가지고 단군을 잉태한 신적인 존재이다. 이 점에서 천지인의 원융은 '상즉(相卽)'으로 파악된다. 또한 단군신화에서 하늘과 땅이 별개로 존재하거나 이원화되지 않으므로 '하나로' 존재한다. '하나로' 상태의 원융은 유한한 개체 안에 무한이 존재하고 무한한 속성이 유한의 개체 속에 담겨 있다는 '상입(相入)'을 뜻한다.[18)] 이상이 단군신화에 담긴 원융사상이다. 여기서 우리는 유불선의 요소가 모

---

17) 인간과 하늘이 동일하다는 단군신화에 담긴 민족정체성은 오히려 불교의 인불사상과 유사한 측면이 있다.

18) 한자경(2008: 29-34)이 '단군신화의 이중구조'라고 한 것은 단군신화의 '원융'을 상즉, 상입으로 보는 필자의 입장과 같은 의미를 지닌다. 다만 신화에 들어 있는 '이중구조'를 웅녀의 탄생과 단군의 탄생으로 대비시켜 설명한 그의 입장이 상즉, 상입이라고 하기에는 적절하지 못하다.

두 담겨 있음을 확인할 수 있다.

단군신화에 포함된 세상의 질서는 창세기처럼 하늘에서 온 존재가 설정하거나 계시한 것이 아니다. 당초 인간 세상을 그리워하는 '천인사상(天人思想)'이 이미 전제되어 있다. 이제 단군신화에 담긴 출현의 질서를 창세기의 제작 질서와 견주어 살펴볼 것이다.

첫째, 형성과정의 전제가 다르다. 단군신화에는 형성의 과정에서 동원된 질료와 형상이 있다. 단군신화에서 질료인 곰, 호랑이, 마늘, 쑥 등이 나온다. 하지만 이때 질료를 토대로 사람의 형성에 작용하는 제작자가 없다. 곰, 호랑이, 마늘, 쑥 등은 제작자가 사용한 재료가 아니라 '출현되는 인간', 즉 인화(人化)에 동원된 질료일 뿐이다. 그래서 아리스토텔레스의 철학처럼 별도의 형상을 가정할 필요가 없다. 단군신화에서 '형상'을 찾으려고 한다면, 그 형상은 다름 아닌 '원화위인(願化爲人)'의 주체, 즉 사람이 되고자 하는 주체에 이미 담겨 있는 사람의 '형상'일 뿐이다.

둘째, 단군신화에 담긴 질서는 창세기처럼 부여된 질서이거나 능생자 로고스에 의하여 제작된 질서가 아니라, 원래 주어진 원융의 상태이다. 이 경우 원융은 분화된 것을 통합한다는 의미가 아니다. 원융은 분화에 의한 생성이 아니라 생성 그 자체가 '하나의 경계'로서 '하나로'인 상태를 가리킨다.[19] 이 점에서 '원융'은 '미분화(un-differentiation)'가 아니라 '비분화(non-differentiation)' 상태를 가리킨다. 이 두 가지 차이를 잠시 살펴보기로 한다.

---

19) 여기서 '경계'는 이상우(1999)의 논의에 따른 것이다. 그 논의를 소개하면 이 글의 원래 의도를 벗어날 만큼 상당한 소개가 요구된다. 다만, 비분화된 상태로서 '한 가지 경계'는 인식 작용 측면에서 '두 가지 경계'와 '세 가지 경계'와 비교하여 그렇게 칭한 것이다. 여기서 '하나의 경계'는 아예 분화를 전제하지 않은 '무경계'를 말한다. 경계가 없기 때문에 아예 분화를 인정하지 않는 '비분화'이다.

미분화는 분화를 전제하고, 분화된 상태로 나아가는 것을 문명의 지표로 삼는 서양의 가치체계를 반영한다(김정래, 2012). 앞서 살펴본 고대 희랍의 기능론이나 성경의 창세기는 분화를 전제로 한 미분화를 가정하고 '미분화에서 분화로' 이행과정을 문명화되는 과정, 그리고 개인적으로는 교육의 과정으로 본다. 이는 현대 서양철학에 그대로 반영되어 있다(Hirst, 1965; 1966; Peters, 1959; 1966). 이들에 따르면, 희랍 사상과 창세기에 담긴 분화는 곧 '마음의 분화' 또는 '의식의 분화'와 논리적으로 관련을 맺는다. 그리고 분화된 마음 또는 분화된 의식은 곧 교육 받은 인간의 징표이다(Peters and Hirst, 1970). 이와는 달리, 단군신화에 담긴 '비분화'는 '혼돈 대 질서'와 같은 대립구도를 전제하지 않으며, 분화를 질서의 이행과정으로 보지도 않는다. 하늘과 땅 그리고 사람, 천상(天上)과 천하(天下) 그리고 지상(地上) 자체가 '하나로' 상태이다. 그래서 이를 '비분화'라고 한다. 그러나 단군신화에 담긴 이념을 '천지인의 조합' 또는 '천지인의 결합'이라고 하는 것은 엄밀하게 보면 정확하게 파악한 것이라고 보기 어렵다. 이렇게 표현하면 이해력을 증진시키는 데 도움을 줄지 모르지만, 당초 '하나로'인 비분화 상태를 그릇되게 파악하게 할 수 있다. 그래서 이러한 비분화된 '하나로'를 가장 타당하게 표현한 개념이 '원융' 또는 '통융'이다.[20)]

셋째, 단군신화에는 희랍의 퓌지스-노모스-탁시스와 같은 질서의 구분이 없다. 앞서 단군신화에서 '원형'은 '원융'에서, '전형'은 '천인(天人)'에서, 그리고 정형은 '탐구인세[貪求人世]'의 일상성에서 찾을 수 있

20) 단군신화에 담긴 '원융'은 불교의 '원만'에 상응한다. 불교의 원만함도 비분화된 상태를 가리킨다는 점에서 앞서 소개한 '무경계'를 지칭한다. 그래서 불교에서는 경계가 없고 식만 존재하기 때문에 '유식무경'이라고 하며, 경계가 없는 지경은 언어로 표현할 수 없어서 언어도단(言語道斷)이라고 하는 것이다.

다고 하였다. 여기서 우리는 능생자, 창조자, 제작자와 같은 개념을 찾을 수 없다. 또한 이들에 의한 분화라는 것을 상정할 수가 없다. '하늘나라에서 인간 세상을 탐한다'는 것은 당초 혼돈에서 질서, 미분화에서 분화로 이행을 아예 전제하지 않은 것이다. 또한 천명으로 규정된 질서도 없고, 인간이 인위적으로 만든 질서도 없다. 관습적이며 자생적으로 이루어진 노모스가 있어 보일 뿐이다. 하지만 노모스는 어디까지나 퓌지스와 탁시스를 전제할 경우 부각되는 개념이다. 그러므로 단군신화의 '출현' 과정에서 파악되는 '원융' 개념이 노모스의 질서 개념에 상응하는 것이라고 단정할 수 없다. 단군신화의 질서는 아예 언어를 떠나 있다. 언어도단(言語道斷)이다.

그렇다고 단군신화에서 원융이 '하나로' 구성되어 있다고 해서 '출현'의 과정을 합리적으로 설명할 수 없는 것이 아니다. 단군신화에서 '인고(忍苦)', '극복(克服)', '아침'이라는 표현은 원융한 상태에서 출현되는 과정을 나타낸다. 이 각각에 관한 신화적 설명은 생략하기로 한다. '출현' 과정에서 제시된 '홍익인간'의 의미는 비분화된 '원융'의 관점에서 새롭게 조망해 볼 수 있다.

'홍익인간'은 인간이 된 주체가 드디어 널리 이롭게 할 교화를 구현하기 위하여 표현한 말이다. 그 근거는 단군신화의 '주원유잉(呪願有孕)'이라는 표현에서 확인할 수 있다. 이 경우 인간을 이롭게 한다는 뜻을 인본주의로 해석하기도 하는데, 이는 서양의 인본주의와 근본적으로 다르다. 애초 천지(天地), 영육(靈肉)의 조화로운 결합을 지향하여 탄생한 인간을 설명하는 단군신화의 홍익인간은 오로지 천지가 모두 인간을 선망하므로 이를 이롭게 한다는 뜻에서만 성립한다. 달리 말하자면, 천지조화로서 인간을 만든 것이 아니라 천지조화의 이상향이 당초부터 인간에 내재해 있었던 것이다.[21] 이에 비하여 르네상스 인본주의는 신을 사고 중심에서 배척하고 인간을 거기에 대치시킨다는 생각이다. 즉 인간과 신의 대립이 이미 전제되어 있어서 양자 간의 우월이나 우선순위를 따지는 것이다. 단군신화에서는 이러한 대립을 찾을 수가 없다. 하늘과 땅이, 신과 짐승이 모두 인간을 지향하면서 조화를 원한 것을 인간을 이롭게 한다고 표현한 것이다. 따라서 홍익인간은 천상, 천하, 지상이 모두 선망하고 지향했던 존재로서 인간을 지칭하는 말이다. 그것은 달리 말하자면 대립, 분화가 없는 '하나로' 상태의 원융을 원형으로 한다는 뜻이다.

그러면 '하나로' 상태의 원융을 담은 홍익인간이 우리에게 주는 실제적인 시사점은 무엇인가?[22] 그리고 원융사상에 함의된 내용을 무엇인지 정리할 필요가 있다.

첫째, 원융은 유불선의 원융을 뜻한다.

둘째, 하늘과 인간이 상호 상즉, 상입하면서 원융한다는 점이다. 앞서 지적한 바와 같이 홍익인간은 기독교 신학이나 신앙처럼 하늘에서 인간

---

21) 이는 서양의 인본주의가 아니라 오히려 불교의 인불사상(人佛思想)에 닿아 있다.

22) 그것을 우리 고유의 방식으로 파악하려면 서양적 사고 틀에 대비시켜 보는 것이다. 그 중 하나로 '홍익인간'을 서양의 '아웃사이더(outsider)' 성자(聖者)와 대비시켜 '인사이더(insider)' 성자(聖者)로 설명한다(이어령, 1996: 77 이하). 서양의 성자문화는 정복문화, 포식문화를 전제로 한다. 이에 비하여 단군신화에 담긴 성자문화는 융합문화, 양보문화를 전제로 한다. 전자를 아웃사이더 성자, 후자를 인사이더 성자라고 칭한다. 인사이더 성자는 자신의 '굴' 안에 있는 존재와 대립하지 않으므로 혈연이나 지연에 매이기 쉽다. 그래서 인사이더 성자는 아웃사이더 성자에 비하여 도덕적 정당성이 떨어져 보인다. 하지만 인사이더 성자는 환란이 일어날 때 자기 굴을 떠나지 않는 것과 마찬가지로 자신의 재산을 해외로 유출하지 않고, 오히려 자신의 금을 모아서 극복하고자 하였다. 서양의 시각으로는 도저히 이해하거나 설명할 수 없는 성품은 우리 민족의 '은근과 끈기'로 설명된다. 만약 우리의 '은근과 끈기'를 서양의 정복문화, 포식문화의 관점에서 이해한다면, 그것은 피해망상적인 수동성을 가리킨다. '은근과 끈기'를 융합문화의 관점에서 파악해야 '하나로' 원융하는 한국인의 특성이 온전하게 드러난다.

을 '구원'한다는 뜻을 담고 있지 않다. 하늘에서 인간세상을 그리워한다는 점[貪求人世]과 인간이 되기를 간절히 바란다는 점[願化爲人]을 통해서 확인할 수 있다. 천지인이 하나로 원융하는 것을 말한다.

셋째, 천지인이 상보적 관계에 있다는 것은 곧 아동을 보는 관점에도 적용된다. 즉 천지인의 상보적 관계는 어른과 아이의 대등함을 함의한다. 하늘과 인간이 수직적 위계가 없기 때문에 성인(成人)과 아동의 수직적 위계도 상정할 수 없다. 앞서 기독교의 수직적 위계질서를 소개하면서, 그 안에서도 아동존중의 의미를 파악할 수 있음을 살펴보았다. 이때 아동존중은 성인이 아동을 천국처럼 받드는 '존중'임을 지적하였다. 그러나 단군신화의 아동존중은 천지인의 합일하는 원융의 차원에서 어른과 아이가 상호 존중되는 가운데서 파악된다. 이 점이 서양의 아동존중 개념과 결정적인 차이를 드러낸다.

결론적으로 단군신화에 함의된 내용을 '아동'을 중심으로 다시 정리하면 다음과 같다. 첫째, 아동과 성인(成人)의 위계적 구분이 필요 없다. 이는 하늘과 땅의 관계가 위계적이지 않은 이치와 같다. 둘째, 마음과 몸, 자연과 인간의 구분을 초월하는 원융의 관점에서 아동을 분석적으로 이해하는 것은 옳지 않다. 기존의 실증적 아동 연구가 이러한 방향에서 이루어진 점은 깊이 재고할 필요가 있다. 셋째, 아동의 탄생은 홍익인간의 이념을 옳게 이해하는 데서 알 수 있듯이 구원받은 것이 아니라 스스로 이로운 인간상에 근거한다. 아동을 성선설과 성악설 등의 논의의 틀에서 이해할 필요가 없다. 넷째, 아동은 무엇을 채워서 가르쳐야 할 대상이나 저절로 방임해놓을 대상이 아니라 그 자체로 존중받아야 할 존재이다. 이는 불교의 인불사상(人佛思想)과 상통한다.

Ⅱ. 다섯 가지 아동관

이제까지 아동의 우리말 어원을 통한 의미와 동서양에서 전통적으로 아동이 어떻게 인식되어 왔는가를 살펴보았다. 이제 현재 우리 일상생활 속에 담겨진 아동관을 분석해 보기로 한다. 아동관에 관하여 이미 다섯 가지로 나누어 설명한 바 있다.[23] 여기서는 이 다섯 가지를 좀 더 자세하게 검토함으로써 아동이 권리 주체로서 지위를 부여받기 위한 전제가 무엇인지를 확인하고자 한다. 또한 기존에 상영된 영화의 소재를 소개함으로써 아동관을 우리 일상과 관련시켜 보다 이해를 도모하도록 한다. 물론 여기서 언급되는 영화를 다음 장에서 아동관과 권리인지 능력의 향상을 위하여 보다 심층적으로 분석할 것이다.

첫째, 가장 단순하고 조잡한 아동관은 아동을 '마음이 없는 존재(mindless creature)'로 보는 것이다. 이 개념에 따르면, 아동은 인간보다는 동물에 가까운 존재이다. 이 말은 아동이 사물을 전혀 인지하거나 지각할 수 있는 존재가 아니라, 아동에게 기대될 수 있는 것이 아무 것도 없는 존재라는 뜻이다. 따라서 아이들에게 할 수 있는 것은 기본적이고 생리적인 필요를 충족시켜 주고, 신체적인 안전을 보장해 주는 것과 함께 질병, 기아, 추위와 같은 위해(危害)로부터 아이들을 보호해 주는 일이다. 이 아동관은 아이들을 생존적 차원에서 보호한다는 의미가 있지만, 다른 한편으로는 아이들을 어른들의 소유물로 본다.

이 아동관이 가장 조잡한 아동관이기는 하지만, 우리의 과거 전통 아동관이라고 보는 것은 타당하지 않다. 오히려 권리의 측면에서 보면 신

23) 『증보 아동권리향연』 제1장 제1절에서 소개한 바 있다. 여기서는 『증보 아동권리향연』에서 다루지 못한 논점을 좀 더 자세하게 살펴본다.

분질서에 따른 권리침해가 심각한 문제이다. 일례로 과거 우리나라가 경제적으로 궁핍했던 시절에 아이는 낳기만 하면 알아서 제 먹을 것을 챙기고, 흙을 퍼먹더라도 자란다는 말을 하곤 하였는데, 이는 아이를 마음이 없는 존재로 본 것이 아니다. 궁핍한 생활상이 이런 말을 낳기는 했지만, 이 말에는 타고난 팔자나 인연이 있다는 뜻이 들어 있다. 전혀 생각을 하지 못하는 존재로 인식한 것은 아니다. 만약 마음 없는 존재로 인식했다면, 아이들에게 이런 말을 하지 않았을 것이다. 무엇보다도 성급하게 이 아동관을 우리 전통 아동관이라고 해서는 안 된다. 그 논거는 특히 앞절에서 살펴본 단군신화에 담긴 내용에 비추어 찾아볼 수 있다.

이 아동관을 확인할 수 있는 대표적인 영화는 '가버나움'이다. 이 영화는 아이들이 인간으로서 가치보다는 재화로서 가치를 지닌 존재라는 이 아동관을 증명해주는 좋은 사례가 된다. 영화 '가버나움'에서 주인공 자인의 출생신고가 되지 않은 상태, 여동생 사하르가 11살의 나이에 인신매매되는 부모의 행태는 아동을 마음이 없는 존재, 즉 소유물로 본다는 아동관을 반영한다. 또한 영화 '룸'에서 볼 수 있는 아동을 납치, 감금하는 일과 영화 '거북이도 난다'에서 볼 수 있는 전쟁 상태 속의 아동은 인간으로서의 존재감조차 없다. 이러한 사례는 모두 아동을 마음이 없는 존재, 즉 인격체로 보지 않는다는 관점에서 설명이 가능하다.[24)]

아동을 마음이 없는 존재로 보는 아동관은 궁극적으로 보면 아동 존재의 소멸로 이어진다. 달리 말하자면, 아동관 자체가 없다는 생각으로 이어진다.

---

24) 다음 장에서는 여기 소개한 영화를 중심으로 하여 마음이 없는 존재로서 아동관이 어떻게 아동존재의 소멸로 이어지는지를 좀 더 자세하게 논의하도록 한다. 이를 설명해주는 영화로는 '룸'과 '거북이도 난다' 이외에 '미쓰백'과 '크로싱'을 들 수 있다.

둘째, '마음이 없는 존재'로 보는 경우보다 다소 발전된 아동관으로서 아동을 '작은 성인(miniature adult)'으로 보는 관점이다. 이 관점은 역사적으로 아동에게 많은 부담과 멍에를 지게 하였다. 이 아동관에 따르면, 아동은 성인에 비하여 '덩치'만 작은 존재이지 여타의 면에서 성인과 똑같은 특징을 갖는 존재이다. 아동을 인격적으로 대우한다는 점에서 고무할 만하다. 앞서 '아이'와 '어린이'의 어원이 '작은 존재'라는 점을 살펴보았다. 하나의 인격체라는 점이다.

이 관점이 가정하고 있는 가장 큰 문제는 아동의 사고과정이 성인의 사고과정과 근본적으로 동일하다고 보는 데에 있다. 그 결과 성인이 할 수 있는 과업은 당연히 아동이 수행할 수 있는 과업이라는 결론이 도출된다. 따라서 아동에게도 성인과 마찬가지로 짊어져야 할 의무와 과업이 주어진다. 하지만 이 연장에서 아이들은 노동과 생계유지를 위한 속박에서 벗어날 수 없다. 문제는 아이들이 성인과 똑같은 대우나 지위를 보장받지 못한 상태에 있다는 것이다. 아동에게 형벌이 합리화되는 것은 이 아동관 때문이다.

역시 영화 '가버나움'은 아동을 작은 성인으로 보는 아동관도 반영하고 있다. 이 영화의 주인공 12살 소년 자인은 스스로의 생계만이 아니라 어린 동생들의 생계를 위하여 온갖 잡다한 일을 한다. 그것은 곧 아동이 성인과 똑같은 경제적 부담을 감당해야 한다는 점을 뜻한다.

쿠르드족의 소년 가장 아윱이 학업을 포기하고 생계 전선에 뛰어든 스토리를 다룬 '취한 말들을 위한 시간'은 아동이 성인과 똑같은 짐을 짊어져야 하는 내용을 담고 있다. 게다가 전쟁이 잦은 중동지역의 정치 형세는 아이들을 정상적인 발달과 양육으로부터 배제시키고 있어 아동이 인간으로서 향유해야 할 최소한의 권리가 무엇인지를 생각하게 해준다.

일본 동경의 작은 아파트에 사는 소년 가장 아키라의 스토리를 담은 '아무도 모른다'는 아동이 작은 성인으로서 역할을 짊어져야 하는 내용을 담고 있다. 아이들을 방기하고 집을 나간 엄마를 대신해서 동생들을 돌보아야 하는 아키라는 동생들에게 엄마를 대신하는 역할을 수행하지만, 동시에 자신의 삶을 추구하고자 하는 몸부림을 친다. 생활고와 자신의 삶을 평행선에서 전개되는 아키라의 삶은 작은 성인으로 보는 아동관이 무엇을 담고 있는지를 잘 드러내준다.

셋째, 아동을 '주조(鑄造)될 수 있는 존재(moulded being)'로 보는 아동관이다. 이 관점은 아동의 인격적 주관성을 전혀 고려하지 않는 아동관이다. 이 아동관의 근거는 아동의 가소성(可塑性)에 기인한다. 아동의 의사결정은 물론 책임 소재조차도 물을 수 없다는 점에서 '작은 성인'으로 보는 아동관보다 아동을 더욱 열악하게 대한다. 그런 만큼 아동을 짜맞추어야 할 틀의 모양과 강도를 결정하는 책임은 아동이 아닌 성인에게 있다. 아동이 형성되어야 할 존재로서 '틀'을 잘 제시하고 그 형성과정에 있어서 아동은 '수동적인 존재(passive recipient)'에 머무는 것뿐만 아니라 성인의 '조작 대상(the manipulated)'이다.

아동을 주조의 대상으로 보게 하는 원인으로 적어도 세 가지를 들 수 있다. 하나는 전통의 존중이다. 다른 하나는 성취압력이다. 여기서 성취압력이란 어른이 설정한 성취기준에 대한 도달 압력을 말한다. 또 다른 하나는 교화와 세뇌를 통한 인간 조작(manipulation)이다.

먼저 전통의 존중 문제를 보자. 전통을 지나치게 존중하다보면 전통의 기준에 아동을 맞추려는 시도가 정도를 넘게 된다. 이럴 경우 아동에 대한 여러 가지 압력과 통제가 지나치게 가해진다. 전통의 이러한 폐해로 인하여 이러한 아동관이 성립한다고 본다. 영화 '죽은 시인의 사회'는 이른바 전통교육의 폐해를 드러내고 있는데, 이 영화는 아동을 주조의 대상으로 보고 있다. 구체적으로 웰턴 스쿨의 전통은 아이비리그 대학에 많은 합격자를 내는 것이다. 그리고 부모의 자식에 대한 영달을 바라는 욕망이 바로 전통적 가치관과 결합된다. 주인공 닐은 아버지의 소망인 하버드 의대 진학이라는 성취압박을 받는다. 자신의 개성과 욕망, 이 영화에서 보면 연극을 하고 싶은 욕망이 좌절된다. 그래서 영화는 닐이 자살을 하면서 비극으로 끝을 맺는다. 이 점에서 보면 아동을 주조의 대상으로 보는 아동관을 낳는 주된 요인은 전통임에 틀림없다.

그러나 과연 전통이 이와 같은 극단적인 폐해를 낳는가는 생각해 볼 여지가 있다. 아동은 그 인격을 형성함에 있어서 전통의 영향을 배제할 수 없다. 아동을 비롯한 모든 사람의 인격 또는 성격은 사회문화적 진공상태에서 형성되는 것이 아니다. 목하 우리가 다루고 있는 각기 서로 다른 아동관도 이러한 아동에 관한 관념을 낳는 제도, 문화, 사회적 여건 즉 전통을 통해서 형성된 것이다. 따라서 문제는 전통 자체의 폐해라기보다는 전통이 왜곡된 형태로 강요되었을 경우에 있다. 영화 '죽은 시인의 사회'에서 주인공이 전통적 폐해의 희생자라고 한다면, 그 폐해로서 서구사회의 개인주의와 경쟁을 들 수 있다. 그러나 경쟁과 개인주의적 사고방식 자체가 문제라고 할 근거는 명확하지 않다. 개인주의는 심리적, 윤리적 이기주의 사고방식과 관련되고, 경쟁은 그것이 왜곡되지 않는 한 긍정적인 요소가 있기 때문이다. 이에 관하여 별도의 세심한 검토가 요구된다.

다음으로 성취압력의 문제를 보자. 사회가 제시하는 기준은 빈번하게 아동에게 성취압력으로 구체화된다. 다른 한편으로 보면, 성취압력은 경쟁의 왜곡으로 나타난 현상이다. 그리하여 아동은 그 압력에 비추어

재단될 수 있는 존재가 되며, 그 압력의 구체적인 수단이 체벌과 폭행이다. 권리의 측면에서만이 아니라 교육적, 법적 측면에서도 체벌은 벌이 아니라 폭력이다.[25)]

체벌의 가장 근본적인 원인은 폭력의 재생산에 있다. 무슨 말인가 하면, 체벌을 내리는 사람이 대부분 체벌의 피해자였다는 점이다. 이 점은 학교폭력의 재생산과 동일하다. 체벌이 폭력이라면, 체벌을 하는 자는 폭력의 가해자가 된다. 따라서 체벌은 아동권리의 침해 주요 원인이다.

체벌의 근본 원인이 폭력의 재생산이라면, 체벌의 명분은 성취압력인 경우가 많다. 영화 '4등'은 성취압력에 의한 체벌 사례를 보여주는 영화이다. 영화에서 주인공 준호는 늘 4등을 하는 승부욕이 부족한 아이이다. 이러한 상황에서 준호의 승부욕을 고취한다는 명분으로 코치 광수는 체벌을 가한다. 메달을 획득해야 한다는 '틀'에 갇혀 성취압력이 가해지고, 이는 다시 체벌을 불러오고, 그것이 곧 아동에 대한 폭력, 아동권리 침해로 이어진다. 이는 교육상황, 특히 체육선수들의 훈련에서 발견되어 곧 사회 문제로 비화된다.

체육선수들의 체벌을 이기지 못하고 자살을 하는 상황은 일정한 성취의 틀에 맞추려는 시도에서 비롯된 것이다. 이 점에서 몇몇 연예인들의 자살 사건과 체육선수들의 상황은 크게 다르지 않다.

마지막으로 아동을 주조되는 존재로 보는 또 다른 사례는 교화 및 세뇌에서 찾을 수 있다. 교화의 개념도 별도의 자세한 설명이 요구되는 문제이다(김정래, 2015). 요점만 먼저 소개하자면, 교화의 가장 큰 해악은 교화를 당한 사람이 스스로 생각할 수 없다는 점이다. 스누크는 이를 교화의 의도조건이라고 하였다(Snook, 1972). 최악의 상태는 스스로 자신

---

25) 이에 관하여 세심한 검토가 요구되지만, 논점은 본서 제11장 참조.

이 지닌 신념이나 지식을 검증할 수 있는 최소한 능력을 상실한 상태이다. 이를 우리는 흔히 세뇌당한 상태라고 한다. 또는 조작(manipulation)이라고도 한다. 교화와 세뇌는 아동을 악의적으로 틀에 짜 맞추어서 아동 스스로 자율적인 판단과 사고를 할 수 없는 상태로 만들기 때문에 아동권리 차원에서도 경계해야 할 문제이다. 자율적인 판단과 사고를 스스로 할 수 없다면, 자신의 삶을 영위하면서 자신의 기본적인 권리를 향유하고 행사할 수도 없다. 그보다 더 최악인 점은 그에 앞서 교화와 세뇌 당한 사람 스스로가 자신의 권리를 인지조차 할 수 없다는 데 있다.

이와 관련하여 영화 '태양 아래'는 아이들이 어떻게 세뇌되는지를 극명하게 보여주는 영화이다. 당초 이 영화는 북한 아동의 실상을 파악하고자 한 일종의 다큐멘터리 영화였다고 한다. 그러나 제작 과정에서 이러한 의도가 변경될 수 밖에 없었다고 한다. 세뇌의 내용과 정도가 어느 극한에까지 이르는지를 이 영화는 보여준다. 당장의 의사판단능력의 상실만이 아니라 장차 아이가 성장하였을 경우에도 자기결정능력의 상실로 이어진다는 점이 아동권리 차원에서 가장 큰 문제가 된다.

넷째, 아동을 수동적인 대상이 아니라 성장하는 능동적 존재로 보는 아동관이다. 이는 아동의 인격을 최초로 인정한 아동관이다.[26] 아동은 더 이상 성인의 부속물도 아니고 조작될 대상이 아닌 하나의 인격체이다. 이러한 아동관이 자리 잡게 된 데에는 두 가지 요인을 들 수 있다. 하

---

26) 아동관은 교육관과 직결된다. '아동'을 '주조될 수 있는 존재'로 보는 아동관은 '교육'을 '주조하는 활동'으로 보는 주형모형(鑄型模型, education as moulding)으로, '성장하는 존재'로 보는 아동관은 '교육'을 '성장'으로 보는 성장모형(成長模型, education as growing)과도 연관이 있다. 이러한 사실은 결코 우연적인 사실이 아니다. '교육'을 나타내는 영어의 'education'은 그 어원이 라틴어의 '*educare*'이며, 이 말의 의미가 바로 '주조'를 의미한다. 영어의 'education'의 라틴어 어원은 '*educare*'뿐만 아니라 '성장'을 나타내는 '성장'을 뜻하는 '*educere*'이기도 하다.

나는 계몽의 영향이고, 다른 하나는 실증적 연구의 결과이다. 전자는 인권사상을 낳았으며, 이에 그치지 않고 인권의 보편성에 아동을 대상으로 하기에 이른다. 그래서 아렌트는 '아이들을 해방시키고 어른 세계에서 파생된 기준으로부터 자유롭게 해' 주는 '아동의 세기(the Century of the Child)'라고 하였다(Arendt, 1954: 252). 후자는 아동의 세계가 어른의 세계와는 별도로 존재한다는 사실에 근거하여 새로운 아동관의 실증적 토대를 마련해 주었다. 피아제의 연구는 이를 대표한다(Piaget, 1952).

아동이 능동적인 성장의 존재라는 관점은 나아가서 아동이 권리의 주체(rights-holder)라는 관점으로 발전하게 된다. 아렌트가 아동의 세기라고 한 20세기가 들어서면서 이를 증명하는 사건들이 속속 등장한다. 1923년 우리나라의 '아동권리 공약 3장'과 '어린이선언문'이 있고, 1924년 '아동권리 제네바 선언'이 있다. 이를 구체적으로 실행하고자 한 노력이 국제연합이 천명한 '1959년 아동권리선언'과 1989년 채택된 '아동권리협약'이 있다.[27)]

단순하고 조잡한 아동관에서 이어 살펴볼 권리 주체로서 아동을 대하는 아동관에 이르는 노정은 계몽사상에서 발아한 이른바 '진보'의 성과라고 한다. 왜냐하면 그것은 앞서 지적한 '아동을 해방시킨다'는 뜻이 계몽의 연장에서 야기된 '여성해방', '노동해방'과 맥을 같이 하기 때문이다. 권리 주체로서 자리 매김을 하게 된 아동관이 이와 똑같은 맥락에서 어떠한 의미를 지니는지를 살펴볼 필요가 있다.

성장하는 존재로서 아동을 영화와 관련시켜 보면 영화 '죽은 시인의 사회'의 내용은 매우 타당한 논의거리를 제공해준다. 이 영화에서 아동

27) 『증보 아동권리향연』 부록 I～V 참조.

의 수업은 아동의 자발성과 창의력을 존중하지만, 수업의 주도권은 전적으로 교사에게 있다. 교사의 이러한 주도권이 없으면 교육은 이루어지지 않는다. 그래서 주도권이 없는 상황은 '교육'이 아니라 '아육(兒育)'이라고 한 바 있다(김정래, 2018b).

여러 가지 문제를 내포하고 있는 것은 사실이지만, 성장하는 존재로서 아동관이 아동권리 증진에 기여한 바를 부정할 수는 없다. 이러한 점을 면밀하게 검토하게 된다면, 우리는 아동이 권리 주체로서 존재감을 지닐 수 있다는 근거를 확보할 수 있다.

다섯째, 권리 주체로서 아동이다. 『증보 아동권리향연』 제4장에서 '권리 주체'의 개념으로 설명한 이 아동관은 가장 발달된 아동관이다. 우선 권리의 보편적 가치가 바로 인간존중에서 비롯된 것과 마찬가지로 권리 주체로서 아동의 근거가 아동존중이라는 논거에서 권리 주체의 의미를 두 가지 아동존중의 개념을 통하여 정당화하고자 하였다. 하나는 아동을 인식론적 관점에서 본 것이고, 다른 하나는 정치철학적 관점에서 본 것이다. 한 마디로 양자의 특징을 말하자면, 전자는 아동을 성인과 달리 대해야 아동이 존중된다고 보며, 후자는 아동을 성인과 일체의 차이나 차별 없이 똑같이 대해야 아동이 존중된다고 본 것이다.

인식론적 관점에서 본 아동존중은 발달이나 성장 등을 고려할 때, 아이들에게 그에 적합한 대우나 처방이 요구되므로 성인과 달리 대해야 한다는 논리이다. 이러한 차이를 존중하지 않으면 아이들이 온전하게 대접을 받는 것이 아니며, 결과적으로 아동존중에 실패할 수 있다. 앞서 아동의 세계가 성인의 그것과는 별도로 존재한다는 실증적 연구 결과는 이러한 아동존중사상을 뒷받침한다. 이에 대하여 정치철학적 관점에서 본 아동존중은 아동과 성인의 사이에 어떠한 차이나 차별도 존재해서는 안 된다는 입장이다. 보편적 인권을 주장하는 계몽사상의 연장에서 비롯된 이 관점은 아동의 특정성보다는 보편성에 초점을 맞추고 있다. '진보'의 성과로서 '해방'은 바로 이 점을 강조한 것이다. 『증보 아동권리항연』 제4장에서 후자의 아동존중을 정당화하는 논거로서 아동의 무능, 미성숙을 제시하고, 이어 그러한 무능함과 미숙함을 지닌 아동의 존재가 아동의 흥미와 이익을 증진한다고 하였다. 그럼으로써 아동이 권리 주체로서 입지가 갖추어진다고 보았다. 그러나 이러한 주장은 현실적으로 권리 주체로서 아동의 입지를 보장해주는 데 한계가 있다. 이 글의 서두에서 아동권리 증진에 실질적으로 기여하지 않기 때문에 아동권리인식에 대한 재고가 요구된다고 한 단초는 여기서 찾을 수 있다.

이에 대한 답은 인간의 가장 근원적인 문제를 통하여 찾아진다. 즉 권리 주체로서 아동의 의미는 인간이 삶을 영위하는 요구되는 여러 조건들을 고려하는 데서 찾아야 한다. 인간의 조건에는 인간의 생물학적 생존에 필요한 조건도 포함되지만, 인간의 삶을 획일적으로 규정하지 않는 다른 여러 조건이 포함된다. 그렇게 볼 때, 아동이 지니는 인간으로서 보편성과 아동의 지위에서 고려되어야 할 특수성을 모두 고려할 수 있다.

권리 주체로서 아동이 당면하는 상황을 보자. 첫째, 아동은 단순한 생물학적 의미의 생존을 할 수 있어야 한다. 둘째, 생물학적 실존이 가능하려면 생존의 지속이 보장되어야 한다. 그것은 물리적인 재화의 지속적 공급, 즉 안정적 삶을 가능하게 하는 주택의 공급도 중요하지만, 심리적, 사회적 안정을 확보할 수 있는 보호가 요구된다. 셋째, 생물학적 생존과 생존의 지속을 담보하는 여건이 갖추어진 것은 아동이 자신의 삶을 특징지을 수 있는 나름의 활동을 영위하도록 하는 것이다. 그것은 아동이 단지 수동적 존재이거나 조작의 대상이 되지 않는 필요조건이기도 하다.

이러한 세 가지 조건은 우리 모두가 주지하는 재화(provision), 보호(protection), 참여(participation)를 뜻하는 이른바 3P로 이어진다. 다시 말하자면, 아동이 권리 주체로 인식되려면 이 세 가지 조건을 만족시켜야 한다.

재화-보호-참여의 권리인식은 여러 가지 의미로 해석된다. 하나는 권리 주체로서 아동이 이 세 가지 권리를 향유해야 한다는 의미이다. 아동은 이 세 가지 각각을 모두 향유하는 권리 주체라는 뜻이다. 다른 하나는 아동의 발달 단계에 따라 재화-보호-참여를 하나의 위계로 보는 것이다. 이는 연령이나 발달 상태에 따라, 또는 그에 맞게 세 가지 단계의 권리로 보는 것이다. 몇 세 이하에서는 재화 공급에, 몇 세 이상에서는 참여에 초점을 맞추어 아동권리를 신장하고자 하는 노력을 들 수 있다. 또 다른 하나는 재화-보호-참여를 권리인식의 단계로 간주하는 것이다. 아동권리 인식의 발달 단계로 볼 때, 아동권리는 초기 단계에서 재화의 공급에 맞추던 것이 아동의 안전을 도모하는 보호의 관점으로 발전하고, 이어서 아이들의 욕망을 충족시킬 수 있는 참여를 실질적으로 증진하고자 하는 노력으로 이해된다. 실제로 제3세계 저개발국의 아동들에게 요구되는 것은 생물학적 생존에 필요한 재화공급이다. 그리고 이보다 경제적 여건이 개선된 개발도상국들의 경우 기본적인 생존적 필요가 충족될 경우 아동의 안전 등에 초점을 맞추게 된다. 그러나 이러한 생리적, 사회적 필요가 어느 정도 충족될 경우에도 아동의 활동이 자발적 참여에 맞추어져 있는가에 초점이 맞추어져야 한다.

아동의 재화-보호-참여에 관한 권리인식이 이 세 가지 중 어떻게 해석된다고 하더라도 이들이 불변의 위계를 갖는 것은 아니다. 아이들이 살아가는 삶의 현장은 이 세 가지가 복합적으로 요구되기 때문이다. 이렇게 보면 '재화-보호-참여'를 아동권리인식의 단계로 보는 데에는 한계가 있다. 오히려 이 세 가지는 아동권리를 인식하는 데 동원되는 논리적 개념도구(conceptual apparatus)라고 보는 것이 타당하다. 인간의 권리가 지니는 보편성을 강조하더라도 그것이 인간의 삶의 현장을 떠난다면 형해화(形骸化)된 언어유희에 불과하듯이 아동권리가 아동의 실존적 삶의 현장을 벗어나서 주장된다면 그것 역시 공허한 언어유희에 불과하다. 즉 아동권리인식은 아동의 삶의 현장, 보다 구체적으로 말하여 아동의 삶이 이루어지는 조건 속에서 파악할 필요가 있다.

이 말은 권리 주체로서 아동관은 '재화-보호-참여'의 형식적인 틀로만 이해하는 데 한계가 있다는 뜻이다. 그러면 구체적으로 그 한계가 무엇인지를 살펴볼 차례이다.

Ⅲ. 권리 주체로서 아동의 이해

1. 아동으로부터 출발

아동을 권리 주체로 보는 관점은 '아동으로부터 출발'이라는 아이디어로 이어진다. 즉 아동이 권리 주체가 된다는 것은 아동을 교육의 과정 핵심에 놓아야 한다는 주장이다. 이 아이디어는 실제로 플라우든 보고서(Plowden Report)[28]의 '아동이 모든 교육의 과정의 핵심에 있어야 한다

28) 1963년 당시 영국 교육부 차관인 보일 경(Sir Edward Boyle)의 요청으로 구성된, 플라우든 여사(Lady Bridget Plowden)를 위원장으로 하는 자문위원회에서 1967년 정부에 제출한 위원장의 이름을 딴 보고서이다. 정식 명칭은 *Children and Their Primary Schools*이다. Dearden(1976) 참조.

(At the heart of the educational process lies the child)'고 천명한 전문에서 비롯된 것이다.

이 보고서가 권고하는 큰 흐름은 진보교육과 다르지 않다. 이 보고서는 당초 ① 가정, 유아학교, 초등학교 간의 연계 강화, ② 유아교육 기회 확대, ③ 가정환경에 따른 문화실조의 극복과 대책 등에 초점을 맞추고 있지만, 오히려 이후 모든 진보교육의 바이블이 되었다. 그 이유는 바로 모든 진보교육의 이념과 정책이 모두 '아동으로부터 출발'을 전제로 하고 있기 때문이다.

이 점에서 플라우든 보고서가 천명하는 '아동으로부터 출발'은 아동 권리 증진에 적지 않게 기여했다. 그러나 그것이 곧 아동에게 실질적인 권리증진을 가져왔는지 여부는 세심한 검토가 요구된다. 이를 위하여 여기서는 '아동으로부터 출발'을 다음 세 가지에 초점을 맞추어 정리해 보기로 한다.

첫째, 아동의 내재적 흥미(intrinsic interests)를 출발점으로 삼아야 한다는 것이다. 이는 아이들 각자가 지닌 개성을 존중한다는 뜻이다. 상상력과 통찰력(imaginative and sympathetic insights)을 함양하는 일을 통하여 아이들은 현실생활에서 역동적인 체험(the dynamic of child practice)을 한다. 교과서를 비롯한 서적 중심의 수업을 지향하고 아이들의 현 상태에서 역동적인 체험을 하도록 한다는 뜻이다. 이는 앞서 루소의 '고상한 야만인'이 지닌 '고상함'을 살리자는 뜻에 견주어 볼 수 있다.

둘째, 개성을 존중하는 데서 출발해야 한다는 뜻이다. 자신만이 지닌 고유성(authenticity)은 아동의 선천적 선함에 기초한 것이다. 따라서 아이들은 그것을 스스로 표현(self-expression)할 수 있어야 하고, 그것은 성장의 내적 원리(inner principle of growth)에 부합해야 한다. 이는 식물의 성장 원리에 비유되기도 한다. 이른바 발현설에 기초한 성장의 비유(metaphor of plants unfolding their nature)이다. 자신의 개성을 존중하는 데 수행되는 '발견'의 기능을 수행하게 된다. 아동중심교육에서 발견학습이 강조되는 것은 이러한 맥락에서이다.

셋째, 기존 질서와 제도의 권위에 대한 자율성을 출발점으로 삼아야 한다는 것이다. 이른바 '자기지배(self-government)'의 개념이 성립한다. 고유성이 개인적 의미(personal sense)라면, 자기지배는 사회적 의미(social sense)를 갖는다. 전자가 네 번째 아동관(성장하는 존재)에 상응한다면, 후자는 다섯 번째 아동관(권리 주체)에 상응한다. 무엇보다 여기서 핵심 관점은 성인이 부과하는 일체의 가치에 앞서 아동의 자율성을 출발점으로 삼아야 한다는 것이다.

그러나 영화 '죽은 시인의 사회'에서 확인할 수 있는 바와 같이, 아동의 자율성은 교사의 교육적 조치나 학교라는 환경이 없이 저절로 길러지는 것이 아니다. 많은 사람들이 아동을 성장하는 존재로 보는 성장모형을 부정하면 많은 폐해를 안고 있는 아동을 주형모형으로 회귀한다고 생각한다. 그러나 주형모형과 성장모형의 대비만 가지고 아동의 개념을 잘 설명한다고 볼 수 없다. 권리 주체로서 아동의 의미를 온전하게 파악하기 위하여 새로운 교육모형이 필요하다.[29] 이를 '생성모형'이라고 한다. 생성모형에 관한 논의는 교육의 개념을 소개할 새로운 연구에서 상세하

29) 이하 논의에서 주형모형과 성장모형은 각기 주조되는 존재로서 아동관과 성장하는 존재로서 아동관을 뜻하지만, 이 두 가지는 동시에 교육을 보는 두 가지 관점이다. 그래서 이 두 가지는 전통교육과 진보교육을 대립적으로 보게 한다. 그러나 이하 논의에서 보겠지만, 이 이분법은 타당하지 않다. 그래서 새로운 모형으로서 생성모형을 제시한다. 이때 생성모형은 교육을 설명하는 모형이기도 하지만, 동시에 권리 주체로서 아동을 설명해주는 개념이기도 하다. 이 논의는 김정래(2020)에서 간략하게 소개된 바 있다. 이 논문은 본서 제1부 <부록 II>에 수록.

게 다루도록 한다.

한 가지 분명한 점은 '아동으로부터 출발'을 주장하는 아동중심사상이 그 전제부터 잘못되었다는 점이며, 또 그것이 아동권리를 제한하거나 침해하는 것이 결코 아니라는 점이다. 이른바 진보사상가들이 주장하는 '아동중심'은 그들이 논거로 내세우는 아동권리를 다루는 데 있어서 아무런 문제가 없다. 하지만 '아동중심'을 표방하는 그들의 아동관은 권리의 측면에서 면밀한 검토를 해야 할 또다른 중대한 문제이다.

2. 법적 한계와 대리인 문제

권리 주체로서 아동관이 성립한다고 하더라도, 아동이 법적으로 모든 권리를 보장받는 것은 아니다. 실정법은 여러 가지 사유를 고려하여 아동의 권리를 연령으로 제한하고 있다. 그리고 이에 관하여 이미 살펴본 바 있다.[30] **〈표 2-1〉**은 이미 소개한 내용 중 '아동'과 관련한 연령 제한을 다시 소개한 것이다.

30) 『증보 아동권리향연』 제1장 제3절 참조.

〈표 2-1〉 아동의 연령 제한

법률	호칭	연령구분
아동복지법(제3조)	아동	18세 미만
청소년기본법(제3조)	청소년	9세 이상 24세 이하
청소년보호법(제2조)	청소년	만 19세 미만
아동·청소년의 성보호에 관한 법률(제2조)	청소년	만 19세 미만
민법 제4조(성년), 제5조(미성년자의 능력)	미성년자	19세 미만
입양 특례법(제2조)	아동	18세 미만
실종아동 등의 보호 및 지원에 관한 법률(제2조)	아동	14세 미만
가정폭력방지 및 피해자 보호 등에 관한 법률(제2조)	아동	18세 미만
가족폭력범죄의 처벌 등에 관한 특례법(제2조)	아동	18세 미만
한부모 가족 지원법(제4조)	아동	18세 미만 (취학중인 경우 22세 미만)
	청소년	24세 이하
국민기초생활보장법(제8조의2)	아동	부양의무자 없는 18세 미만

〈표 2-1〉에 제시된 연령상의 아동은 법의 보호를 받는 만큼 법에 의하여 권리의 제약을 받는다. 권리 주체로서 아동은 연령 제약으로 인하여 자신의 권리를 대리인을 통해서 행사한다.

위에 제시한 우리나라의 실정법 이외에도 아동의 대리인은 세계인권선언과 아동권리협약에도 규정되어 있다. 무엇보다도 중요한 것이 부모가 대리인으로서 우선권을 갖는다는 점이다.[31] 문제는 일상사에서 부모가 그 대리능력을 상실하거나 존재하지 않을 경우에 야기된다.

아동에 대한 부모의 우선권과 관련하여 가장 큰 문제는 아동 양육의

31) 세계인권선언 제26조 제3항; 아동권리협약 제18조 및 제27조.

일차적인 책임이 부모에게 있는가, 국가에게 있는가 하는 것이다. 왜냐하면 현대 복지국가에서 아동정책은 국가에 의하여 집행되기 때문이다.

여기서는 먼저 대리인의 문제와 관련하여 두 가지 경우를 살펴보기로 한다. 하나는 영화 '아이 엠 샘'에 나오는 대리인 문제이고, 다른 하나는 유명 연예인 최모씨의 자살로 인하여 발생한 자녀의 양육문제이다. 즉 자녀의 양육을 아버지에게 맡길 것인가 아니면 국가가 지정하는 대리인에게 맡길 것인가 하는 문제이다.

먼저 영화 '아이 엠 샘'은 일차적으로 자녀양육권 문제가 영화의 쟁점이다. 영화 속 주인공인 샘은 지적 연령이 7살에 불과한 장애인이다. 영화 속에서 아이를 갖게 된 것도 매우 극적이고 이례적이지만, 그가 어렵게 딸을 양육하는 모습을 볼 때, 그에게서 아이의 양육권을 뺏어가는 것은 정서상 불가능해 보인다. 그러나 부모의 우선권에도 불구하고 주변의 우려와 함께 공권력은 그가 양육 능력을 지니지 못함을 인지하고 양육권을 박탈한다. 영화의 스토리 전개 상 딸 루시의 정신능력은 이미 아빠의 그것을 넘어서 보인다. 딸의 의사는 아빠와 함께 생활하는 것이다. 문제는 앞서 지적한 바와 같이 일정 연령에 도달하지 않으면 아동은 법적으로 의사결정능력을 지니지 않는다는 데 있다. 그렇다면 딸 루시의 결정은 법적 효력을 지니지 못하므로 국가의 결정에 따라야 한다. 다행스럽게도 영화에서는 딸 루시와 아빠 샘이 결합하여 함께 살지만, 법적 규정에 따른다면, 그것은 불가능하다.

이런 상황에서 영화가 함의하는 권리문제는 자녀의 양육권에 국한되지 않는다. 즉 아동의 의사결정능력, 장애인의 의사결정능력을 따지고 있다. 이 두 가지는 특히 법적 증언능력 여부, 즉 법정에서 일정 연령 이하의 아동의 증언 능력과 장애인의 증언 능력 여부와 관련하여 매우 중요하다. 이 문제를 잘 부각시켜 주는 우리나라 영화 '증인'이 있다. 영화 '증인'에서 유일한 살인현장 목격자인 자폐증을 지닌 장애인 지우(김향기 분)가 증언 능력이 있는가를 놓고 공방이 이어진다. 물론 영화에 담긴 스토리는 이 문제 이외에 여러 가지가 얽혀 있지만, 핵심은 장애인이면서 아동인 주인공 지우의 증언능력이다. 권리 주체로서 아동이라고 해도 현실적으로 제약을 받는 문제를 확인할 수 있는 영화가 '아이 엠 샘'과 '증인'이다.

다음으로 최 모씨의 자살로 인하여 제기된 자녀의 양육 문제를 보자. 인기 배우 최 모씨가 자살하여 남겨진 자녀의 양육 문제가 공론화된 문제는 최 씨의 남편인 야구선수 출신 조 모씨와 원만한 결혼생활을 유지하지 못하였다는 데서 비롯된다. 쟁점은 자녀의 양육을 아버지인 조 씨에게 맡겨도 되는가 하는 문제였다.

이 문제는 가정사를 공론화의 장으로 끌어들이고 이것을 공개한 대표적인 사례이다. 여기서 당시 결정의 적합성을 따지려는 것이 아니라, 당사자들의 사생활을 다시 공론화하는 우를 범하지 않도록 하겠다는 것이다. 여기서 지적하고 싶은 점은 아동권리의 차원에서 보면 딸의 양육은 일차적으로 가정사이므로 아버지 조 씨에게 맡겨져야 한다는 것이다. 그러나 조 씨가 결혼생활에 성실하지 못한 점이 공론화되어 양육은 결국 제3자에게 맡겨졌다. 하지만 그러한 결정은 양육을 맡을 아버지가 정신병력이 있거나, 형사상, 민사상으로 금치산자이거나 한정치산자가 아니라는 전제가 있어야 성립한다. 당연히 조 씨는 이에 해당하지 않는다. 다만 그러한 판단을 내리게 된 이유는 아버지 조 씨가 가정에 충실하지 않았다는 것이다. 그러나 그 사유는 어머니 최 씨가 살아 있을 동안 해당하는 사유이다. 당시 가정불화의 사유는 조 씨와 최 씨 사이에서 발생한 것이지, 아버지 조 씨와 딸 사이에서 발생한 것이 아니다. 따라서 아이의 어머니인 최 씨가 없는 상태에서 최선의 선택은 아버지 조 씨가 딸을 양육하는 것이다.

아동의 대리인 문제는 부모에게 우선권이 있더라도 그리 간단한 문제가 아니다. 그리고 아동의 증언능력 등을 포함한 의사결정능력의 제한도 아동을 권리 주체로 보는 데 일정한 한계를 드러낸다. 이러한 사례들을 통해서 볼 때 권리의 보편성과 아동이 처한 구체적 삶의 특수성을 동시에 고려해야 한다. 적어도 '아동'과 '권리'를 모두 포괄하는 '아동권리'를 다룸에 있어서 우리는 형식적 전제와 논리에서 비롯되는 보편성과 더불어 아동의 삶의 현실을 고려해야 한다.

요약하면, 아동이 권리 주체로서의 입지를 확보한다고 하더라도 아동권리의 보편성은 상황의 실제성을 전제로 한다. 그렇지 않으면 아동은 황폐해지고, 아동권리는 침해되고 왜곡된다. 이 문제는 제3장에서 권리의 보편성과 아동의 특수성이라는 제하로 살펴보고, 제4장에서 이 장에서 소개한 아동권리의 현실을 보여주는 아동권리와 관련한 영화들을 분석해 보기로 한다.

참고문헌

『老子』
『周易』

김정래, 2012, '마음의 분화'의 비언어적 측면, **교육철학** 제48집, 한국교육철학회.
김정래, 2015, 교화의 교육적 가능성, **교육철학** 제56집, 한국교육철학회.
김정래, 2017a, 단군신화에 담긴 '생성'과 '출현', **교육철학** 제64집, 한국교육철학회. 27-53.

김정래, 2017b, 불교의 지혜와 한국교육, 한국교육철학회 편, 교육과 한국불교, 서울: 학지사.

김정래, 2018a, 「서괘전」에 비추어 본 교육의 과정 —건(乾)·곤괘(坤卦)에서 태괘(泰卦)까지를 중심으로—, 한국철학논집 제58집, 한국철학사연구회.

김정래, 2018b, 「서괘전」에 함의된 공부의 관점 —태괘(泰卦)에서 이괘(離卦)까지를 중심으로—, 한국철학논집 제59집, 한국철학사연구회.

김정래, 2019a, 두 가지 형이상학의 근원과 형성, 교육철학 제70집, 한국교육철학회.

김정래, 2019b, 교육언어로서 '비유'에 관한 고찰, 교육연극학 제11권 제2호, 한국교육연극철학학회.

김정래, 2020, 영화 '죽은 시인의 사회'의 교육적 고찰, 교육연극학 제12권 제1호, 한국교육연극학회.

성백효 역주, 1998, 周易傳義 上·下, 서울: 전통문화연구회.

이상우, 1999, 동양미학론, 서울: 시공사.

이어령, 1996, 한국인의 신화, 서울: 서문당.

조성환, 2017, 단군신화에 나타난 한국철학의 정체성, 교육과 한국고유사상, 한국교육철학회 2017년 춘계학술발표회 자료집.

한자경, 2008, 한국철학의 맥, 서울: 이화여자대학교 출판부.

황광욱, 1997, 한국 고유사상의 본질과 그 특성. 한국철학연구회 편, 한국철학사상사, 서울: 한울.

황준연, 1995, 한국사상의 이해, 서울: 박영사.

Arendt, H., 1954, *Between Past and Future*, 서유경 역, 2005, 과거와 미래사이, 파주: 푸른 숲.

Dearden, R. F., 1976, *Problems of Primary Education*. London: Routledge and Kegan Paul. 김정래 역, 2015, 초등교육문제론, 파주: 교육과학사.

Dewey, J., 1916, *Democracy and Education,* New York: Macmillan.

Dewey, J., 1939, *Theory of Valuation,* Chicago: University of Chicago Press.

Hirst, P. H., 1965, Liberal Education and the Nature of Knowledge, in: R. D. Archambault (ed.), *Philosophical Analysis and Education*, London: Routledge and Kegan Paul.

Hirst, P. H., 1966, Language and Thought, in: his *Knowledge and the Curriculum*, London: Routledge and Kegan Paul.

Peters, R. S., 1959, Education as Initiation, in: his, *Authority, Responsibility and Education*, London: George Allen & Unwin.

Peters, R. S., 1966, *Ethics and Education*, London: George Allen & Unwin.

Peters, R. S. and Hirst, P. H., 1970, *The Logic of Education*, London: Routledge and Kegan Paul.

3

권리의 보편성과 아동의 특수성

Ⅰ. 삶의 장면과 권리인식

1. 권리의 보편성과 아동권리인식

권리의 속성을 단적으로 표현하면 두 가지이다.[1] 하나는 보편성(universality)이고, 다른 하나는 천부성(entitlement)이다. 전자는 인간이면 누구나 예외나 정도의 차이 없이 권리를 향유하고 행사할 수 있다는 뜻이며, 후자는 이러한 자격을 태어나서부터 이미 부여받았다는 뜻이다. 이 두 가지를 한데 묶어서 권리의 '보편성'이라고 표현할 수도 있다. 권리의 보편성은 본서 제5장에서 살펴볼 자연법 사상과 자연권 논의와 관련을 맺는다. 그리고 권리의 이러한 속성은 천부적으로 인간이면 누구나 누릴 수 있는 권리라는 의미에서 '인권'이라고 지칭하기도 한다. 하지만 '인권'이라는 용어는 '권리'와는 사뭇 다른 의미를 내포하는 경우가 있으므로 권리라는 용어를 사용하기로 한다.

앞서 우리는 아동이 권리 주체임을 확인한 바 있다. 아동이 권리의 주

1) 이에 관하여는 『증보 아동권리향연』 50-51쪽과 76쪽에서도 소개한 바 있다.

체라는 말은 아동의 권리가 성인과 비교해 보아도 손색없이 권리를 향유하고 행사할 수 있는 존재라는 뜻이다. 이는 곧 아동권리가 보편성을 지닌다는 뜻으로 해석될 수 있다.

주지하는 바와 같이, 아동이 권리 주체라는 보편성을 갖는다고 해도 아동의 권리가 어느 상황에서 천편일률적으로 동일하게 적용된다는 것을 뜻하는 것이 아니다. 성인이 향유·행사하는 권리가 보편성을 지닌다고 해서 성인이 지닌 모든 권리가 어느 상황에서나 일률적으로 성립하지 않는 것과 마찬가지이다. 이를 위하여 우리가 주지하는 '아동권리인식'의 발달의 세 단계를 살펴볼 필요가 있다.

아동권리의 인식은 '재화 공급(provision)', '보호(protection)', 그리고 '참여(participation)'의 세 단계로 이루어져 있다. 이른바 '재화-보호-참여' 또는 3P라고 하여 권리 인식이 발달할수록 재화보다는 보호에, 보호보다는 참여에 비중을 많이 두거나 관심을 더욱 집중한다고 볼 수 있다.

여기서 우리가 주의를 기울일 점이 있다. 즉 '재화-보호-참여(3P)'의 세 가지 단계를 위계상 이를 수 있는 단계로 보는 것을 경계해야 한다. 이렇게 위계상 보는 것이 전혀 그릇된 것은 아니지만, 재화 공급이 완벽하게 이루어진 다음에 보호에 관심을 기울인다거나, 보호의 단계를 완벽하게 거쳐야 아동 참여의 단계에 이르는 것이 아니다. 그보다는 '재화-보호-참여' 단계 또는 3P의 세 가지 중 어느 것에 집중해야 하는가를 두고 아동권리인식의 발달과 수준을 짚어볼 수 있다.

예를 들어서, 아동권리인식이 고도로 발달한 사회라고 할지라도 아동의 의식주를 해결할 재화에 관심을 기울이지 않아도 좋다는 뜻이 아니며, 아동이 처한 환경이 열악한 사회에서 아동의 참여를 전혀 고려할 필요가 없다는 뜻으로 해석해서는 안 된다.

아동 참여가 증진된 선진사회에서도 아동의 재화공급과 보호는 여전히 존중되어야 하며, 재화가 부족한 사회에서도 아동 참여의 전제가 되는 인지적 선택 능력 향상에 관심을 가져야 한다는 뜻이다. 따라서 아동 권리인식은 아동이 처하는 현실 생활이 성인과는 다른 특수성을 가지고 있다는 점에서도 세심하게 고려되어야 한다.

경제 사정이 열악한 가정에서 자라는 아동의 재화공급문제는 국가의 복지정책 또는 공공 구휼정책, 아니면 관련 국제단체의 도움으로 해결될 수 있다. 그렇다고 해서 이 경우 아동에게 가정이 지니는 가치가 소홀하게 취급되어서는 안 된다. 가정 형편이 어려워서 공적 부조 또는 복지정책의 혜택을 받은 아동이라고 하더라도 그 아동의 배경이 되는 가정의 가치는 결코 과소평가되어서는 안 된다. 반대로 여유 있는 가정에서 자라는 아동은 경제적 풍요로 인하여 가정을 벗어난 공적 세계에 비교적 이르게 진입할 수도 있다. 공적 세계의 진입이 곧 아동 참여를 실질적으로 증진시키는 것이 아니라는 점에서 여유 있는 가정의 아동에게도 가정의 가치는 중요하다. 결국 아동의 특수성이란 아동이 태어나서 공적인 세계에 입문하기까지 성장과 발달에 필요한 재화의 공급을 비롯하여 언어 학습과 성격 형성에 결정적인 영향을 주는 가정의 가치관, 부모의 양육 태도 등을 말한다. 또한 아동의 특수성은 성인에게 적용되는 권리의 보편성이 아동에게 그대로 적용될 수 없다는 뜻도 포함한다.

이하에서는 이러한 문제를 살펴보기로 한다.

2. 보편성의 적용 문제: 공적 영역과 사적 영역[2)]

아동이 향유하고 행사하는 권리가 보편성을 지니는가를 논의하기 위하여 먼저 아렌트의 공(公)과 사(私)를 중심으로 한 삶의 두 가지 영역, 즉 공적 영역과 사적 영역에 관하여 살펴보기로 한다.

아렌트에게 있어서 공적 영역은 '공론'이 가능한 삶의 영역이라는 뜻이다.[3)] 그리고 정치적 삶은 정치적 동물을 뜻하는 희랍어 '*zoon politikon*'[4)]의 번역어이다. 이 말은 오늘날 선거나 정당 활동과 같은 정치행위라기보다는 인간이 공적 관심을 가지고 논의의 장에 참여한다는 뜻을 지닌다. 아렌트는 희랍어에 오늘날 우리가 사용하는 '사회적'이라는 말이 없다는 점[5)]을 지적하면서, 인간이 정치적 동물이라는 말은 도시국가에 존재하는, 살아가는 동물을 뜻한다고 하였다. 오늘날로 보면 동호인, 무리 지어 살아가는 사람, 즉 클럽(club)에 속하면서 공적인 일을 수행하는 사람을 말한다.

반면에, 사적 영역은 가정에 근거한 터전을 말한다. 가정을 뜻하는 희랍어 '*oikia*'는 폴리스 삶 이전의 삶을 뜻하므로, 자연적 결사체로서 가정을 지칭한다. 따라서 가정은 정치적 집합이 아니므로(Arendt, 1958:

---

2) 이하 논의되는 본 장의 내용은 김정래(2020)를 바탕으로 하여 재조직한 것임. 또한 본서 제12장 제1절에서 '공'과 '사'의 의미를 다른 각도에서 다루기로 한다.

3) 아렌트는 이것이 나중에 공공성 등으로 변질되어 전체주의를 낳게 한다고 본다. 이는 뒤에 다시 언급하기로 한다.

4) 도시국가를 뜻하는 폴리스에서 나온 이 말은 도시국가에서 공동체 생활을 영위한다는 의미를 지닌다. 이를 정치적 동물이라는 표현에서 '정치적'이라는 말은 공적 담론에 참여할 수 있다는 뜻이다.

5) 희랍어의 '정치적 동물'에 해당하는 라틴어는 사회적 동물(animal socialis)이다. 그러나 이 의미도 오늘날처럼 개인을 초월하여 존재하는 실체로서 '사회(society)'를 뜻하지 않는다. 계몽 이후, 공적 관심이 사회적 관심이라는 말로 변질된 것이다.

79), 현대 사회에서 정의하는 뜻과 상이하다. 고대 희랍에서는 사적 영역을 중시하지는 않았다. 사적인 것에만 몰두하는 사람, 즉 '자신의 것'을 뜻하는 '*idion*'에만 관심을 갖는 사람은 곧 'idiot' 즉 바보, 편협한 사람, 소통할 수 없는 사람이라고 하였다. 또한 오이키아(*oikia*)는 '공동의 소유'를 뜻하는 '*koinon*'에 반대된다.

희랍어 '*politikos*'와는 달리 자연적 결사체인 오이키아는 필연적 운명의 결정체이다. 어느 누구도 자신이 태어나고 싶은 가정에서 태어난 사람이 없다는 점을 상기하면 가정이 필연성의 영역이며, 필연적 운명의 결정체라는 점을 인정하게 될 것이다. 이 점에서 가정은 '불평등의 장소'이다(Arendt, 1958: 84, 92). 이에 대하여 도시국가 공동체인 폴리스는 자유의 영역이다. 즉 개인의 자유 의지에 따라서 결성되는 자유로운 결사체이며, 그런 만큼 '평등'이 고려되는 장소이다(Arendt, 1958: 92). 여기서 평등은 동일한 부를 소유하거나 재화의 동등한 분배를 뜻하지 않는다. 자유로운 결성과 의사를 개진하고 토론을 동등한 지위에서 펼쳐간다는 뜻이다.

아렌트에 따르면, 희랍어 '*polis*'는 둥근 담(round wall)을 뜻하며, 이는 곧 공동체 생활이 사적 영역에서 비롯되어 확장된 것임을 뜻한다. 우리말에서 이와 비슷한 의미를 쉽게 찾을 수 있다. 가정을 이루는 것을 울타리라고 한다. 어원이 '울', '우리'와 같다. 울타리 안에서 사적 생활이 영위된다. 그리고 이러한 의미는 확장되어 공적 영역에도 사용된다. '한울타리'라는 말에서 공동체 의식을 갖게 된다. 이에 그치지 않고 우주론적, 종교적으로 큰 울타리를 뜻하는 '하늘'의 의미를 성립시킨다. '하늘'은 가장 큰 것을 뜻하는 'ᄒᆞᆫ'과 울타리를 뜻하는 '울'의 합성어이다. 종교적으로나 철학적으로 '천(天 = 一 + 大)'이나 마하(摩訶) 등이 이와 관련된 용어이다. 같은 맥락에서 '오이키아'는 생물학적 삶을 가능하게 하는 담이다. 따라서 법이라는 것은 공론의 영역에서 정치적 삶이 가능하게 하는 담을 뜻한다(Arendt, 1958: 118). 이렇게 공적 영역과 사적 영역이 구분되면서 동시에 상호 관련을 가지고 있다는 점을 고려하면 인간의 삶, 보다 정확하게 인간 활동이 어떻게 이루어지는지를 확인할 수 있다.

희랍어에서 삶은 생물학적 생존을 뜻하는 '*zoe*'과 공론의 삶이 가능한 '*bios*'로 구분된다. 따라서 앞서 소개한 공적 삶을 뜻하는 '*zoon politikon*' 또는 라틴어 '*animal socialis*'는 특별한 목적을 가진 사람들의 동맹, 동호인의 무리(club)를 뜻한다. 당초 라틴어 '*socieatis*'는 인간의 근본적인 조건을 뜻하는 실체, 오늘날 실체로 보는 사회가 아니다. 그러나 이 말이 '*socieatis generis humani*' 즉 실체가 있는 '인류사회'로 변형되어 왔다. 이에 대하여 같은 말로 번역되기는 하지만, '*bios politikos*'는 '*zoon politikon*'과는 달리 행위(praxis)와 법(lexis)으로 구성되는 삶이다.[6] 전자가 탄생성과 사멸성에 근거한 삶이라면 후자는 다원성에 근거한 삶이다. 따라서 *animal rationale*는 어색한 표현이지만, *animal laborans*는 적절한 표현이다(Arendt, 1958: 139).

이 문제와 관련하여 우리는 계몽시대 이래 20세기에 이르러 아동권리 인식의 발전과 함께 아동권리는 사적 영역을 간과하고 공적 영역으로 치환하여 생각하였다는 점을 검토해야 한다. 더 정확하게 말하자면, 아동의 사적 영역에서 보호받아야 할 권리의 내용들이 부당하게 공적 영역으로 치환된 것이다. 이제 그 '부당한 치환'을 소개한 아렌트의 논점을 간략하게 소개하기로 한다.[7]

---

6) praxis와 lexis. 여기서는 행위 대 언어가 다원성의 조건을 만족시키는 공적인 담론과 대화를 가능하게 하는 행위와 언어가 요구된다는 뜻이다.

본래 공(公)의 의미는 두 가지가 있다(Arendt, 1958: 102-111). 하나는 '누구에게나 드러나는', '숨겨지지 않는(not secret)'이라는 뜻이다. 다른 하나는 '공공소유' 즉 '공유(publicly shared)'라는 뜻이다. 이는 상호 소유라는 뜻으로 '사적 소유'와는 대비되지만, 오늘날 사용하는 공유지, 공용재화를 뜻하는 '국가소유', '주인 없는'이라는 의미와는 차이가 있다. 상호 관심사라는 의미이다. 따라서 '공동체'를 가리키는 '*corpus rei publicae*'는 동일함이나 동일성을 의미하는 '*koinon*'을 뜻하지 않는다. 그래서 'publicly shared'는 우애(fraternity), 형제애(brotherhood)라는 뜻이다. 공적 존재는 생존의 생활세계에서 영속성을 지닌 세계로 나간다는 뜻이다. 공적 영역에서 삶은 대상의 동일성에 대한 다양한 사적인 관심의 확장을 통한 영속적 세계를 보장하고, 우월성을 획득하는 삶이다.

그러던 '공(公)'의 뜻이 사적인 것을 부정하는 '사회적인(social)'의 의미로 바뀌게 된 사연은 계몽의 맥락에서 찾을 수 있다. 첫째, 사회적인 것은 '공론'의 이름으로(common wealth) 사적 영역을 부정하면서 생겨났다. 그 결과 사적 영역과 공적 영역의 차이가 소멸된다(Arendt, 1958: 122-123). 둘째, 절대선의 등장이다(Arendt, 1958: 127-129). 원래 '선(good)'은 공론화될 수 없는, 드러낼 수 없는 사적인 문제임에도 불구하고, 공론화하여 '절대 선'으로 변질된다. 이제 가치 판단의 문제는 개인의 문제가 아니며 개인들이 공적 관심사를 통한 토론이 아닌 외부에서 '공공의 이름으로'[8] 부과되는 짐이 되어버린다.

그러면 사적 영역의 어떤 점이 공적인 의미를 왜곡시킨 것일까? 아렌

7) 이하 소개하는 공적 영역과 사적 영역의 아렌트의 구분은 본서 제12장에 소개하는 재화의 분배와 관련된 공과 사를 구분하는 맥락이 다르다.

8) 우리에게 익숙한 공산주의자들의 '인민의 이름으로'는 여기서 비롯된 것이다. 제10장에 소개한 인민민주주의를 참조.

트는 사(私)의 의미를 다음과 같이 분석한다(Arendt, 1958: 112-120). 첫째, 사는 현실성의 박탈, 타자성의 박탈을 의미한다. 그래서 결과적으로 고독 관계의 박탈(deprivation)을 자초하는 바보(idiot)가 된다. 둘째, '박탈'은 소유(ownership)와 재산(property)을 뜻하는 의미로 바뀐다. 이러한 상황에서 전체주의는 공적 영역의 소멸을 통하여 사적 영역의 소멸을 기도한다. 여기서 공적 영역의 소멸은 동일한 대상에 대한 각자의 사적 의견을 공론화하는 것, 즉 개인의 자유를 제거함을 뜻한다.

무엇보다도 '소유(ownership)'는 원래 '박탈'의 의미를 갖지 않았으나, 계몽 이후 소유를 부(wealth)로 간주하여 절대 선에 반하는 것으로 간주한다. 같은 맥락에서, 당초 무소유의 의미는 공적인 소견을 갖지 못한 상태를 뜻하는 데도, '무소유'는 가난(poverty)과 동의어가 된다. 본서 제12장에서 다시 살펴보겠지만 소유권의 침해는 아렌트가 매우 경계한 바 있는 전체주의를 도래시킨다.

당초 '소유(所有)'의 뜻은 '장소의 가짐', '있는 바'(Arendt, 1958: 45), '자신의 곳'이라고 명명할 수 있는 곳 없이는 존재가 성립할 수 없는 개념이다(Arendt, 1958: 82). 즉 '소유'는 '존재'의 조건이다.[9] 따라서 소유권, 소유는 사회질서의 근간이자 핵심이며, '모든 문명화는 사적 소유의 신성함을 기반으로 이루어졌다.' 또한 아렌트에 따르면, '소유는 특정 부분에서 자신의 위치를 가지고 그렇게 함으로써 정치적 조직체에 소속되는 것'(Arendt, 1958: 115)이다.

그러면 이러한 일이 벌어진 사회적 배경은 무엇인가? 무엇이 이러한 의미 전도를 가능하게 하였는가? 공적 영역이 사회적 영역으로 변하는

---

9) 이는 프롬(Eric Fromm)의 견해와는 반대이다. 그는 소유와 존재를 상반되는 개념으로 보았다.

데에는 다음과 같은 사회적 요인이 작용하였다. 첫째, 경제학의 등장이다(Arendt, 1958: 94). 그 결과 인간 활동 중 노동이 우위를 차지하기 시작한다. 둘째, 통계학, 실증주의, 행동주의의 발달이다. 그 결과 인간행동을 법칙에 따라 설명할 수 있다는 환원주의(Arendt, 1958: 98)가 대두된다. 셋째, 익명성의 대두이다. 익명성은 개인이 아닌 실체도 없는 '사회적 실체'의 설정을 가능하게 하였다. 넷째, 개인을 계층 문제로 이해하게 되었다는 점이다.

이러한 배경에서 다음과 같은 부당한 치환이 가능하게 되었다. 첫째, 다원적 특성을 지닌 모든 인간 활동을 '노동'으로 부당하게 치환되고, 다원성을 가정하는 활동의 의미는 퇴색하게 된다. 구체적으로 공적으로 치환할 수 없는 활동인 신체에 비롯된 노동과 작업을 혼동하고 공적인 것으로 치환해 버렸다(Arendt, 1958: 167). 둘째, 인간 활동의 실체로 개인이 아니라 '사회'가 실존한다. 구체적으로 헤겔의 절대이성으로서 '국가', 루소의 일반의지(General Will), 마르크스의 계급 없는 사회가 개인을 지배하는 실체로 둔갑한다.

이러한 과정에서 권리 주체인 '개인'의 의미가 추상화되고, 개인을 초월하는 권리가 가능하다는 주장이 대두된다. 아동이 권리 주체라면, 그것은 아동이 부당하게 치환되지 않은 개인으로서 권리를 향유하고 행사하는 주체이어야 한다. 공적 영역을 강조한 나머지 아동의 사적 영역을 부당하게 침범하면 권리 자체도 왜곡되고, 아울러 아동권리도 왜곡된다. 그럼에도 권리의 보편성으로 인하여 아동을 공적 영역으로 무작정 이끌어내는 일을 자행하게 된다. 즉 권리의 보편성은 아동이 처해야 할 입장 상당기간 사적 영역에서 양육되고 보호받아야 한다는 점을 간과하게 만든다. 따라서 권리의 보편성을 논거로 하여 아동의 특수성을 간과하는 일은 경계해야 한다. 권리의 보편성과 아동의 특수성 문제는 다음 절에서 다루기로 한다. 그 이전에 아동권리인식의 특성을 아렌트의 '인간의 조건'에 비추어 살펴보기로 한다.

3. 아렌트의 '인간의 조건'

재화-보호-참여의 권리인식이 아동권리 증진에 기여하려면 아동의 권리가 향유되고 행사되는 삶의 조건을 파악해야 한다. 삶이 전개되는 조건은 '인간의 조건'에 상응해야 한다는 뜻이다. 아동권리인식의 세 가지 3P는 한나 아렌트가 주장하는 세 가지 인간의 조건과 상응하는 측면이 있다(Arendt, 1958). 즉 재화 공급은 탄생성(natality)에, 보호는 사멸성(mortality)에, 참여는 다원성(plurality)에 상응한다.

이를 살펴보기에 앞서 아렌트의 세 가지 인간의 조건이 권리인식과의 상응 가능성에 관심을 두어야 하는 이유를 살펴볼 필요가 있다. 첫째, 아동권리가 실체 없는 구호에 그치지 않으려면 구체적인 삶을 조망할 수 있는 인간의 조건과 관련지어야 한다.[10] 아무리 권리의 보편성을 주장한다고 하더라도 그것이 구체적인 삶이 전개되는 상황을 설명하거나 반영하지 않으면 안 된다. 둘째, 아렌트가 주장하는 '인간의 조건'은 인간본성이나 인간의 본질에 관한 질문이 아니라 인간이 영위하는 활동(*Vita Activa*)에 맞추어져 있다. 인간이 실제로 무엇을 하면서 삶을 영위하는가에 따라 이를 설명하는 인간의 조건이 달라진다. 이제 그의 인간의 조건을 간략하게 살펴본다.

---

10) 실제로 인간의 조건은 인간의 본질 탐구가 아니다. 그녀는 "인간조건은 인간본성과 다르며, 인간 조건에 상응하는 인간 활동과 능력의 총체가 인간본성을 구성하는 것도 아니다."(Arendt, 1958: 58)라고 한다.

아렌트는 인간 활동을 노동(labor), 작업(work), 행위(action)[11] 세 가지로 설명한다(Arendt, 1958: 55-56). 그에 따르면 노동은 '인간 신체의 생물학적 과정에 상응하는 활동'이다. 노동은 생물학적 삶을 위한 것이며, 반대로 노동의 근본조건은 생물학적 삶이다. 작업은 '인간 실존의 비자연적인 것에 상응하는 활동'이다. 작업은 인공적 세계의 사물을 제공한다. 인간이 자연환경에만 살 수 없으므로 모든 개별적 삶은 인공적 세계의 경계 내에 있다. 작업의 인간조건은 세속성을 지니며, 노동과 달리 지속성을 지닌다. 행위는 '사물과 물질의 매개 없이 인간 사이에 직접적으로 수행되는 유일한 활동'으로 정의된다. 행위의 인간조건은 다원성이다. 다원성은 모든 정치적 삶[12]의 '필요조건'일 뿐만 아니라 '가능조건'이다.

이어 아렌트는 세 가지 인간 활동과 세 가지 인간조건이 상응함을 밝히고 있다. 첫째, 노동은 개인적 생존과 종의 존속을 보장한다는 점에서 탄생성에 상응한다. 둘째, 작업과 인간의 가공물(artefact)은 유한한 삶과 삶의 덧없음에 영속성과 지속성을 부여하는 수단을 제공한다는 점에서 사멸성에 상응한다. 셋째, 행위는 정치적 삶의 조건을 제공한다는 점에서 다원성에 상응한다.

이들의 상응 관계는 다음과 같이 설명될 수 있다. 첫째, 노동은 탄생성

11) 여기서 '행위'는 'action'의 번역어이지만, 그 의미는 '활동'에 더 부합한다. 왜냐하면, 우리 일상 용법에서 전자는 개별 동작이나 일시적 행동을 지칭하는 반면, 후자는 상당한 시간을 요구하는 행위들의 집합, 또는 복합적인 행태를 가리킨다. 후자로 보아야 아렌트가 제시한 다원성과도 의미가 상통한다. 이에 관하여 김정래(2007) 참조.

12) 아렌트의 정치적 삶은 우리가 생각하는 정당정치와 같은 의미를 지닌 것이 아니라 인간이 공적인 생활을 영위한다는 뜻을 담고 있다. 이에 대한 설명은 아렌트의 주장을 이해하는 핵심이다. 정치적 삶은 다원성과 함께 참여의 의미를 담고 있다. 그러나 공적 삶이 현대 사회의 '공공'을 뜻하는 것은 아니다.

이라는 자연적 필연성에서 비롯된다. 노동은 생명의 조건이다. 그래서 탄생성은 행위를 가능하게 하는 실존의 조건이다. 둘째, 작업은 사멸성에서 요구되는 영속적 도구성과 관련된다. 작업은 세계성의 조건이다. 여기서 사멸성은 인간이 욕망의 존재가 되고, 영속적 활동이 가능하게 하는 조건이다. 셋째, 행위는 다원성을 보장하는 공동성에서 비롯되며, 의미 있는 세계를 구축하기 위한 다원성의 조건이다.

인간의 조건은 인간 활동에서 비롯된 것으로서 인간을 본질로 규정하고자 하는 노력이나 관념적으로 파악하려는 노력에 의하여 설명되는 것이 아니다. 인간의 조건은 인간 활동으로 설명되는 구체적인 것이기 때문이다. 그녀에 따르면, 인간의 삶은 인간 활동의 산물로 구성된다(Arendt, 1958: 58). 인간이 만든 인간 활동과 그 산물은 자신을 만든 인간을 부단하게 조건 지운다. 인간 활동은 인간의 조건을 만든다. 마치 '사람은 책을 만들고, 책은 사람을 만든다'는 구호와 같다. 여기서 우리는 다음 두 가지를 알 수 있다. 첫째, 인간의 조건과 인간 활동이 상호보완적임을 확인할 수 있다. 둘째, 인간의 조건은 인간 활동으로 이루어진 것(즉 인간 활동의 결과물)이기는 하지만, 인간이 인위적(의도적, 자의적)으로 조작할 수 없다. 이른바 '한계통제의 원리'[13]가 작동한다.

이상에서 알 수 있듯이 인간의 조건은 인간 활동에 상응하는 특징을 갖는다. 인간 활동이 순수한 물리현상이나 생리작용이 아닌 인위적인 특징을 지니지만, 그렇다고 해서 자의적이 아닌 만큼 인간의 조건은 인간이 세상에 태어나서 수행하는 활동에 따라 주어지는 것이다. 이러한 점

13) 한계통제원리를 예를 들어서 설명하자면 다음과 같다. 몸은 물질로 이루어져 있지만, 인간의 몸은 물질로 환원시킬 수 없다. 따라서 인간의 몸은 물질, 물리적 환원이 불가능하다.

을 고려할 때 아동권리인식 역시 아동이 살아가는 삶의 조건을 토대로 고찰하고 이를 토대로 증진방안을 모색해야 한다. 이 점이 권리 주체로서 아동을 이해하기 위한 설명도구로서 인간의 조건이 타당하다는 논거이다. 더욱이 아렌트가 제시한 인간의 조건이 아동권리 인식의 세 가지에 상응한다는 점은 또 다른 논거이다. 권리 주체로서 아동을 이해하기 위한 설명도구로서 인간의 조건이 아동권리인식의 세 가지에 상응한다는 것은 결코 우연이 아니다.

첫째, 탄생성은 개인적 생존과 종의 존속을 보장하는 노동과 관련을 맺고 있으므로, 아동의 경우에는 생존에 필요한 '재화 공급'을 요구한다. 둘째, 사멸성은 인간이 자신의 죽음을 예견하고 유한한 삶과 삶의 덧없음에 영속성과 지속성을 부여하는 수단을 제공하는 작업과 관련을 맺고 있으므로, 이러한 작업이 지속되도록 한시적 지속성을 요구한다. 아동의 경우에 이러한 지속성을 보장하는 장치인 '보호'를 요구한다. 셋째, 다원성은 정치적 삶의 조건을 제공하는 행위와 관련을 맺고 있으므로 아동의 경우에는 '참여'를 요구한다. 여기서 정치적 삶은 공적 관심을 지닌 활동을 가리키면 참여는 이에 요구되는 조건이다. 따라서 '참여'는 공공의 관심을 갖도록 하는 삶의 장을 가능하게 하는 요인이다. 이를 아이들의 정치 참여나 선거권 연령 인하 등의 정치적 이슈로만 생각해서는 안 된다.

아동권리인식의 세 가지가 아렌트가 주장하는 인간의 조건과 상응함을 확인하였다. 그러면 아동권리를 검토함에 있어서 세 가지 조건 중 어디에 초점을 맞추어야 하는가를 생각해 볼 필요가 있다. 아동권리인식을 단계별로 보고 '참여'를 중시하여 이에 상응하는 다원성에 초점을 맞추어야 한다고 생각할 수도 있다. 그러나 그렇게 초점을 맞추는 것은 아동권리를 추상적인 수준에서 보편성만을 추구하여 아동의 실제 삶의 조건을 도외시하는 결과를 초래할 수 있다. 아이들이 세상에 태어나 처음으로 접하는 세계는 가정이고, 최초 접촉 인물은 부모와 가족 구성원들이다. 즉 사적 영역에서 아이들은 세상을 처음으로 접하게 된다. 따라서 우리의 관심은 탄생성에 일차적으로 관심을 가져야 한다.

탄생성은 인간의 조건 중 가장 근원적인 것이다. 생물학적 생존의 조건이기 때문이다. 그리고 모든 인간의 조건은 여기서 비롯된다. 아렌트에 따르면 사멸성은 탄생성에서 비롯된다. 탄생에서 죽음에 이르는 의식은 생물학적 삶에서 발생한다. 그러나 인간은 살아가면서 자연의 순환운동(환상성)과 탄생-죽음의 직선운동(선형성)을 상충하는 것을 맛본다(Arendt, 1958: 68-69). 사멸성을 인식하게 되면서 양상은 불멸성의 가능성을 탐색하게 된다. 거기서 인간은 지속성을 가늠하게 된다. 아동은 안정된 심리적 상태를 유지하게 된다는 뜻이다. 생물학적 안정에 요구되는 재화공급(provision)에 그치는 것이 아니라 심리적, 사회적 보호(protection)가 요구되는 까닭은 여기서 찾을 수 있다.

하지만 간혹 불멸성의 추구는 왜곡된 양상을 띤다. 불멸성이 구체적인 인간 활동(*Vita Activa*)의 형태가 아닌 관조적 삶의 형태로 추구될 경우이다(Arendt, 1958: 70-71). 그럴 경우 인간 활동은 관조적 삶의 시녀로 전락하게 된다. 같은 맥락에서 아동권리가 보편성의 명분 아래 추상적이고 관념적인 맥락에서 이해될 경우, 아동권리 증진은 왜곡될 수 있다.

구체적인 인간의 조건은 탄생성에서 불멸성이 나오고, 다시 불멸성은 곧 다원성으로 이어진다. 따라서 아동권리의 초점은 탄생성에 맞추어져야 한다. 여기서 아동의 존재 문제를 다룸에 있어서 특이성을 찾을 수 있다. 그러나 아동의 특이성이라고 해서 그것이 아동권리의 보편성을 훼손한다거나 폄하한다는 뜻은 아니다. 오히려 아동권리를 온전하게 파악하여 아동권리의 보편성을 확립하는 데 유효한 논거가 된다.

Ⅱ. 아동의 특수성

아렌트는 아동의 특수성이라는 말은 사용하지 않았지만, 아동이 사적 영역에서 이해되어야 한다는 주장에서 이를 확인할 수 있다. 이 문제는 제1절에서 살펴본 바 있다. 아렌트는 사람들이 세상에 태어났다는 데서 아동과 교육의 의미를 파악하였다(Arendt, 1958: 237). 그녀에 따르면, '우리 모두가 탄생과정을 통해 세상에 나왔고, 이 세계는 항상 탄생을 통해 새로워진다'. 이 말은 탄생성이 이중적 의미를 담고 있다는 뜻이다. 탄생성(natality)의 이중적 측면은 생활에 대한 관계와 세계와의 관계, 즉 사적 세계와 공적 세계의 관계 속에서 파악된다(Arendt, 1958: 250). 사적 영역인 생활 관계를 겪으면서 그곳에서 나와 공적 영역인 세계 관계를 배워야 한다는 점을 뜻한다.

탄생성이 이중적 의미를 지닌다는 것에 앞서 아동의 의미가 왜 일차적으로 탄생성에 비추어 이해되어야 하는가를 살펴보자. 그녀에 따르면, 아동은 사적 영역에서 이해되어야 한다. 사생활과 사적 안전망이 보호되어야 한다. 이것이 없으면 아동의 생명력은 파괴된다. 왜냐하면 아렌트에게, 공적 영역인 '세계'와 사적 영역인 '생활'은 명백히 구분되기 때문이다. 아동의 '생활은 세계로부터 감추어지고 보호되어야 한다'. 그럼에도 불구하고 이 점이 간과되면 아동존중의 의미가 왜곡될 수 있다. 아렌트는 그 이유를 근대성의 출현에서 찾을 수 있다.

근대성의 출현 때문에 현대교육이 '아이들의 세계를 구축하려고 시도하는 한 그것이 아이들의 생기 넘치는 발달과 성장의 필요조건을 파괴하는 것은 명백해 보인다.' 왜 그런 일이 일어났는가? '가족생활, 개개인의 삶을 최고선으로 간주하는 것'을 '근대성'의 특징으로 보았기 때문이다 (Arendt, 1958: 252). 무슨 말인가 하면, 개인을 존중하는 인권사상은 사적 영역에서 보호받아야 할 아이들이 인간 존엄의 차원에서 아무런 대비 없이 공적 영역으로 노출되었기 때문에 이들이 본의 아니게 위기를 맞게 되었다는 뜻이다.

앞서 아동관을 검토하면서 '아동의 세기'인 20세기에 아동을 독자적인 세계를 가진 존재로 보는 시각이 정립되었다는 점을 지적하였다. 다시 말해서, '아이들을 해방시키고 어른세계에서 파생된 기준으로부터 자유롭게 해주기' 때문에 '아동'을 '작은 성인'이 아니라 '성인과는 별도의 세계'로 본 것이다. 하지만 별개의 세계를 지닌 아동을 성장하는 존재로 보는 것을 넘어서 아동을 다른 성인과 동렬의 범주에 놓고 아동 문제를 다루게 되었다. 결과적으로 '권리 주체로서 아동'의 의미를 재고해야 할 상황을 제공하였다.

첫째, '아동 존중의 두 가지 의미'[14] 중 정치철학적 의미의 실패를 뜻한다. 아동과 성인이 아무런 차이가 없다는 것을 인간존엄의 차원이 아닌 공적 영역으로 치환한 것이다. 문명에 대한 준비와 학습 없이 아이들에게 짊어지게 해서는 안 될 짐을 지게 한 꼴이다. 단순하게 보면, 권리

---

14) 아동 존중의 두 가지 의미는 『증보 아동권리향연』 제4장 129-156쪽에서 소개한 바 있다.

주체의 아동이 '작은 성인'으로서 짐을 다시 지게 된 꼴이다.

둘째, '아동 존중의 두 가지 의미' 중 인식론적 의미도 왜곡된다. 즉 아이들의 별도의 세계를 다루어야 한다는 것(special treatment)을 성인과 다른 세계가 있으므로 아동을 다루는 보편적인 기준을 마련하고자 한 것이다. 그럼에도 불구하고 아렌트는 일부 진보주의자들이 '여성'과 '노동'의 해방과 같은 맥락에서 '아동'의 해방을 주장하여 아동의 생활 영역을 무시하고 세계를 바라보게 한다고 지적하였다. 즉 아동에게 '성장에 절대적으로 필요한 조건'(Arendt, 1958: 253)으로 사적인 세계가 요구된다는 점을 무시해 버렸다.

그러면 권리 주체로서 아동은 어떻게 존중될 수 있는가? 이에 대한 답은 앞서 언급한 아렌트의 탄생성의 이중적 측면(Arendt, 1958: 250)에서 찾을 수 있다. 탄생성의 이중적 측면이란 다름 아닌 탄생성이 생활에 대한 관계와 세계와의 관계 속에서 파악되어야 한다는 뜻이다.

우선, 탄생성의 생활에 대한 관계는 아동이 사적 영역에서 파악되어야 한다는 뜻이다. 반면에 세계에 대한 관계는 아동이 공적 영역에서 살아갈 수 있도록 해야 한다는 뜻이다. 이는 이어 살펴볼 교육과 학교의 역할을 규정하는 중요한 논점이다. 단순하게 대비시켜 말하자면, 아동의 사적 영역은 아이가 생활인으로서 생성의 상태에 있다는 뜻을 담고 있으며, 아동의 공적은 아이가 문명인으로서 세계를 이해하는 상태에 있다는 뜻을 담고 있다.

결론적으로 아동을 존중한다는 명분으로 또는 권리의 보편성을 근거로 하여 아동을 공적 영역에 무방비로 노출시킨다는 것은 곧 아동권리를 훼손하고 아동을 망가뜨리는 일을 자초한다. 우리는 이를 아렌트의 '탄생성'이 지니는 이중적 의미에서 확인하였다. 그렇다면 아동을 공적 영역의 세계에 들어가도록 하는 일은 어떤 것인가. 그것은 일종의 '과도기' 이기도 하다. 그 과도기는 다름 아닌 학교를 통하여 이루어지는 교육이다. 교육 또는 학교교육은 사적 영역인 생활영역에서 공적 영역인 세계영역을 연결해주는 가교 역할을 한다. 이제 이 논점을 살펴보기로 한다.

Ⅲ. 아동의 세계: 학교와 교육

아렌트에게 아동은 생활영역에서 세계영역으로 나아가는 과도기적 존재이다. 그래서 아동 문제를 다루는 데 있어서 탄생성이 중요하다고 본다. 과도기적 존재가 거쳐 가는 학교는 탄생성의 이중성만큼 나름대로 이중성을 띤다. 과도기적 존재가 거쳐 가는 학교에서 이루어지는 교육은 성인의 세계에서 일어나는 일과는 다른 성격의 일을 경험하게 한다.

생활인으로서 아동은 생성의 상태에 있다. 이 상태는 '생성과정 속에 있고 한 사람의 새로운 인간이며 인간이 되어가는 존재', 즉 '생활에 대한 관계'를 맺는다. 그래서 '교육은 우리가 아이들을 우리의 세계로부터 내쫓아 그들이 제멋대로 살도록 내버려두지 않고, 그들이 뭔가 새로운 일, 뭔가 예측할 수 없는 일을 할 수 있는 기회를 빼앗지 않으며, 또한 그들이 공통의 세계를 새롭게 하는 임무를 담당할 수 있도록 미리 준비시킬 정도로 그들을 사랑할지를 결정하는 지점이다'(Arendt, 1954: 263).

다른 한편 아동은 세계에 대한 관계를 배움으로써 문명인이 되어야 한다. 아동은 '낯선 세계에 들어선 새로운 존재(new-comer)'로서 '세계에 대한 관계'를 맺는다. 그 결과, '교육은 우리가 세계에 대한 책임을 질만큼 세계를 사랑할지, 같은 이유로 새로움 없이, 즉 새롭고 젊은 사람들의 도래 없이는 파멸이 불가피한 세계를 구할지를 결정하는 지점이다'(Arendt, 1954: 263). 제1장에서 우리말 '아이'가 '처음 나온 존재(newly born)'라는 의미를 지녔다는 점을 확인하였다. 이것이 생활영역에 들어왔다는 의미라면 '낯선 세계에 들어선 새로운 존재(new commer)'는 세계영역으로 진입하고 있다는 뜻이다.

사적 영역과 공적 영역 모두에 처한 아동은 공적 영역에서, 즉 공론의 장에서 주어진 탁월성을 배워가는 존재이다. 그런데도 불구하고 앞서 지적한 부당한 치환을 통하여 아이들은 '위기'에 처하게 된다. 부당한 치환으로 인하여 왜곡된 설정이 그릇된 평등의식이다(Arendt, 1954: 243-244). 그릇된 평등의식은 다음의 차이를 없앰으로써 확산되었다. 그것은 ① 나이의 적고 많음의 차이(長幼); ② 재능이 있고 없음의 차이; ③ 아이와 어른의 차이; ④ 교사와 아이들 간의 차이 등이다. 이 네 가지 차이를 없애거나 동일시하려는 자체의 노력이 근대성의 발현과 함께 '평등'의 구호 아래 이어져 왔다. 그 결과, '이러한 동등화는 분명 교사의 권위를 무너뜨리고, 학생들 가운데 재능 있는 자를 희생시켜야 달성할 수 있을 것이다'라는 교육에서 무서운 결과를 가져왔다.[15] 이 문제는 본서 제10장과 제11장에서 보다 구체적으로 살펴보기로 한다. 여기서는 먼저 이러한 위기가 자초한 재앙은 무엇인지를 아렌트의 논거를 중심으로 살펴본다(Arendt, 1954: 245-249).

첫째, '아동 중심', '아동 자율', '아동의 세계'에 대한 그릇된 가정이다. 보다 구체적으로 아렌트는 '개인으로서 아이'와 '아이들의 집단'(즉

15) 이 논의는 아렌트와 비슷한 시기에 피터스에 의하여 교육학에서 처음으로 제기된 바 있다(Peters, 1973). 여기서 피터스는 마르크스와 프로이트, 진보를 표방한 아동 중심사상을 집중적으로 비판한다.

집단으로서 아동)을 구분하여야 한다는 것, 즉 '집단으로서 아동'과 '개별자로서 아동'의 대립에서 아동의 위기가 싹튼다고 본다. 아동 문제를 개별자로서 다루고자 할 때, 그것은 사적 영역의 문제이다. 그러나 현대 사회에서 '가정사', '여성', '노동'의 문제가 사적 영역의 것이 아니라 공적 영역의 문제로 다루어진 것과 같은 맥락에서, 아동 문제를 공적인 영역에서 다루다 보니 개별자로서 아동이 아니라 집단으로서 아동을 대상으로 하게 된다.[16] 여기서 패러독스가 야기된다. 즉 아이들을 어른들의 권위로부터 해방시켜 자유롭게 한다는 것이 아이들 집단을 '집단으로서 갖게 되는 권위'의 전제 아래 매이게 하여 자유를 억압하는 패러독스이다. 즉 아이들을 위한다는 것이 아이들을 무력하고 무능력하게 만드는 결과를 초래한다.

둘째, 교사의 권위가 상실되었다는 것(Arendt, 1954: 246)이다.[17] 기존의 교과내용을 통달하는 권위자로서 교사의 모습이 과소평가 내지 무시되는 반면에 교수법에만 능통하다는 생각은 교사는 더 이상 권위체가 아니다. 하지만 교사는 '세계에 대하여 책임지는' 사람이며, 세상을 대표하는 사람(representative)이다(Arendt, 1954: 254). 즉 교사는 '세계를 표상하도록 이끌어 주는 사람'이다. 이것이 교사의 책무성이다. 여기서 우리는 교사의 자격요건과 권위를 혼동해서는 안 된다(Arendt, 1954: 255).[18] 교사의 권위는 잠정적으로 부여 받는 것(temporal sense of au-

---

16) 이에 대한 논의는 코헨(Cohen, 1983)을 참조. 여기서 코헨은 아동문제를 포함하여 교육문제를 개인이 아닌 사회적 차원에서 논의하는 것을 반대한다.

17) 이 문제는 오우크쇼트의 논의(Oakeshott, 1972)와 앞서 소개한 피터스(Peters, 1973)를 참조하라.

18) 근대성 이후, 구체적으로 근대 공교육의 도입 이후 교사는 자격제가 되었다. 그러나 교사의 자격은 교사의 가르치는 활동을 노동으로 치환시키는 역효과를 가져 왔다. 김정래(2007) 참조. 관념어로서 교사는 다원성을 지닌 활동의 권위를 가진 존재이

thority, Arendt, 1954: 256)이다. 그래서 "교사의 권위는 '전체주의 국가들이 행사하는 폭력과 공포'와 아무런 관련이 없다"(Arendt, 1954: 255).

셋째, 교수·학습 활동의 변질(Arendt, 1954: 247)과 학교의 기능의 왜곡을 들 수 있다. '학습'은 내면의 변화를 도모하는 활동이 아닌 '할 줄 아는 모든 것'으로, 그리고 '공부'를 '놀이'로 대체한 것은 아동의 위기를 촉발하였다.[19] 이는 과거, 아이들의 수동적인 태도를 몰아가는 권위주의적 학습법에 대한 반발에서 비롯된다. 또한 학교의 기능에 대하여 왜곡이 이루어진다. 학교는 아이와 세계에 대한 관계의 매개기관이다. 아이들은 학교에서 처음으로 세계를 알게 된다. "[학교는] 가족으로부터 세계로의 이동을 가능하게 하기 위해 우리가 가정이라는 사영역과 세계 사이에 걸쳐 놓은 [매개]기관이라고 할 수 있다"(Arendt, 1954: 254). 따라서 학교의 기능은 세계가 어떤 곳인가를 가르치는 데 있다. 즉 학교는 생활에 대한 관계에서 사적 영역을 중시하고 이를 세계에 대한 관계로 이어가야 한다.

아렌트는 다음과 같이 말하였다. "학교는 비록 그것이 아직까지 실제의 세계는 아닐지라도 아이와 관련해서는 어떤 의미에서 세계를 표상한다"(Arendt, 1954: 254). 그러려면 우리는 탄생성에 초점을 맞추어 논의를 해야 한다. 그래서 그녀는 "우리 모두가 탄생과정을 통해 세상에 나왔고, 이 세계는 항상 탄생을 통해 새로워진다"(Arendt, 1954: 263)고 하였다.

이상의 논의를 통하여 우리는 아동이 '세계에 입문하는 존재'이며, 이에 따라 사적인 보호를 요구한다는 사실을 알 수 있다(Peters, 1959). 이

며, 사실어로서 교사는 자격요건만을 갖춘 존재를 말한다.

19) 디어든(Dearden, 1976) 참조. 여기서 그는 아동중심교육의 폐해로서 발견학습, 통학교육, 놀이를 통한 학습의 문제를 다루고 있다.

는 권리 또는 권리 주체로서 아동이 지니는 권리의 형식적 보편성이 아동의 사적 영역과 불평등한 관계에 있음을 시사한다. 이러한 논점은 아동의 권리가 보편적임에도 불구하고 아동이 상당 기간 사적 영역에 머무르면 준비기간을 갖는 동안 아동의 제 문제를 보편성을 잣대로 하는 획일적 평등으로 재단해서 안 된다는 점을 시사한다. 또한 이러한 일련의 과정에서 가정에서 부모가 지니는 권위와 학교에서 교사가 지니는 권위를 존중해야 한다는 점도 확인할 수 있다. 그럼에도 불구하고 아동권리의 보편성을 내세우면서 평등의 잣대와 부모와 교사가 지니고 있는 권위를 훼손하고 상실하게 하는 일이 현실적으로 일어난다는 사실에 유념할 필요가 있다. 보다 구체적으로 아동과 교사의 등가성을 주장하는 것은 아동권리의 의미를 곡해하는 것일 뿐만 아니라 훼손하는 일이기도 하다. 대개 이러한 왜곡은 '민주주의' 또는 '민주화'의 명분으로 일어난다. 이 문제는 제10장에서 보다 자세하게 살펴보기로 한다.

Ⅳ. 인간의 조건과 아동권리의 특수성

우리는 아렌트의 '인간의 조건'과 아동권리인식의 지표인 재화공급, 보호, 참여의 3P에 상응한다는 점을 확인하였다. 그러면 인간의 조건이 어떻게 아동권리와 관련을 맺으며, 그것이 의미하는 바가 무엇인지를 살펴보기로 한다.

첫째, 탄생성과 아동권리의 관계를 보자. 이 관련은 탄생성이 개인적 생존과 종의 존속을 요구하는 만큼, 아동의 경우에는 생존에 필요한 재화 공급을 요구한다는 데 있다. 그러나 생존에 요구되는 재화의 공급은 현대사회의 복지의 일환으로 볼 경우, 사적 영역에서 고려되어야 할 양육의 책임이 공적 영역으로 치환될 수 있다. 앞서 아동의 특이성은 탄생성에 비추어 성립한다는 점을 살펴보았다. 인간이면 누구나 아동의 존재로 세상에 나와서 공적 세계에 입문해야 하는 운명을 지닌다. 그래서 '생활'과 '세계'의 이중적 성격을 고려해야 한다. 이 점에 비추어 아동은 막무가내식으로 '해방되어야 할 존재'가 아니다.

탄생성이 주는 아동의 특이성은 여기서 그치지 않는다. 사람이 태어나는 가정환경은 제각각이다. 그 말은 아이들이 세상에 나와 겪게 되는 생활영역은 운명적이며, 운명적인 만큼 불평등하다는 뜻이다. 물론 현대사회의 복지정책이 불평등의 해소에 있는 것은 부정할 수 없는 사실이지만, 그것이 아동의 불평등한 사적 영역을 해소해 줄 수 있는 것이 아니다. 탄생성과 관련한 현대사회 복지정책은 생물학적 생존에 요구되는 재화가 아동의 사적 영역에서 원활하게 공급되지 못할 경우에 한정되어야 한다. 이를 '생존적 필요'라고 한다. 복지재(welfare provision)가 기여할 수 있는 한계를 인정해야 한다. 그리고 복지재 공급은 앞서 권리 범주로 보면, 대물권리 범주에 해당하므로 공적 영역에서 이루어진다. 이를 넘어서 복지재 공급이 가정사를 모두 해결해준다고 보는 관점은 오히려 아동의 삶을 황폐화시킨다. 왜냐하면 탄생성은 사멸성과 연결되어 지속적인 삶을 영위하는 바탕이 되기 때문이다. 따라서 모든 가정사를 공적 영역의 복지재 공급으로 해결할 수 있다고 보는 것은 오히려 아동의 삶의 조건을 파괴하는 일이다.

탄생성과 관련하여 생존적 필요를 충족시킨다는 명분은 아이들이 태어나서 겪게 되는 생활상, 즉 가정배경의 불평등을 해소할 수 있다는 사회주의적 거대공학 기획(Grand Social Engineering Project)으로 이어진다. 그렇게 되면 그것은 아렌트가 우려했던 전체주의 사회를 불러들이는 것이다. 그럴 경우 아동은 풍요와 문명이 아니라 가난과 야만의 상태에 놓이게 된다. 따라서 생존적 필요를 충족시키는 국가의 복지재 공급은 그 한계를 정해야 한다. 그 한계는 아동의 생활 영역을 침해해서는 안 된다는 데 있다. 불편하게 들릴지 모르지만, 생존과 관련된 복지정책은 불평등을 해소하는 데 있는 것이 아니라 아동이 최악을 피할 수 있는 상황을 만들어주는 데 있어야 한다. 그것은 상당한 정도의 불평등 감수에 있다. 이와 관련된 문제는 본서 제12장에서 살펴볼 것이다.

둘째, 사멸성과 아동권리의 관계를 보자. 앞서 사멸성은 인간이 자신의 죽음을 예견하고 유한한 삶과 삶의 덧없음에 영속성과 지속성을 부여하는 수단을 제공하는 작업과 맺으므로, 이러한 작업이 지속되도록 한시적 지속성을 요구한다. 여기서 그 지속성을 요구하는 장치가 필요한데, 그것이 공적 영역과 사적 영역의 중간지대로서 가정이다. 가정을 통하여 아이들은 미래 자신의 삶을 상상하고 예견하며, 이를 뒷받침할 준비를 한다. 이를 보호하는 자생적 기구[20]가 가정이다.

한 마디로 가정은 사멸성을 예견하고 이에 대비하여 삶의 지속성을 견지하기 위한 자생적 제도이다. 가정에서 아동은 안정된 심리적 상태를 유지하게 되며 생물학적 안정에 요구되는 재화공급을 넘어서 심리적, 사회적 보호를 받게 된다. 이와 반대로 불멸성을 토대로 하여 복지정책은 절

---

20) '자생적'이라는 말은 'spontaneous'의 번역어로서 자연적이지도 않지만 인위적 개입이 요구되지 않는 인공적인(artifact) 장치를 말한다. 사계절은 자연 질서에 해당하고, 국가의 법체계는 인위적 질서이다. 후자는 개인의 삶에 개입할 수 있다. 시장질서는 자생적 질서의 전형이다. 가정은 생물학적 결합이라는 점에서 자연적 구도이지만, 생활의 장을 이끌어간다는 점에서 자생적이다. 가정사에 국가공권력의 개입이 사회악인 것은 가정이 자생적 조직이기 때문이다. 이 점을 강조한 인물은 하이에크(Hayek, 1979)이다.

대 선을 상정하고 지향한다. 그 과정에서 가정의 보호가 침해당할 수도 있다.

물론 가정이 아동을 보호할 수 없는 상황이 우리 사회에 없는 것은 아니다. 이러한 경우에 국가는 가정사에 개입하게 된다. 무능하고 부도덕한 부모를 둔 가정, 요즈음 관심사안인 가정폭력, 성폭력 등에 아이들이 노출된 가정의 경우 국가는 법에 의하여 개입을 해야 한다. 이러한 경우가 대인 권리의 영역의 한계를 대물 권리의 영역에서 해결하고자 하는 시도라고 할 수 있다. 그러나 법률이 비인격적인[21] 적용을 원칙으로 하듯이 이러한 문제가 공적 영역에서 일률적으로 다뤄지는 것은 바람직하지 않다.

앞 장에서 소개한 자살한 인기 배우 최 모씨의 자녀 양육 문제로 사적 영역의 문제를 공적 영역으로 치환한 대표적인 사례가 된다. 가정이 탄생성과 사멸성의 조건을 지닌 자생적인 기구라고 한다면, 딸의 양육은 일차적으로 아버지에게 맡겨져야 한다. 앞 장에서 지적하였듯이, 양육을 맡을 아버지가 정신 병력이 있거나, 형사상, 민사상으로 금치산자이거나 한정치산자가 아니라는 전제가 있어야 국가가 책임을 질 수 있다. 당연히 아버지 조씨는 이에 해당하지 않으므로 자녀를 양육할 수 있어야 한다. 그 이유는 자생적 성격의 가정이 아이에게 문명인으로 살아가는 가교 역할을 하는 데 그치지 않는다. 이제 아이의 어머니인 최 씨가 없는 상태에서 최선의 선택은 아버지 조 씨가 자녀를 양육하는 것이다. 그래야 아이의 입장에서 가정이라는 테두리에서 보호받을 수 있다. 이와 같은 경우처럼, 우리 사회에서 아동권리가 공적 영역에서 논의되는 것은 아동권리의 범주를 보편성이라는 명분 아래 그릇된 치환을 하는 것이다.

---

21) impersonal. 권리의 범주로 보면 앞서 소개한 rights *in rem*이다. 본서 제5장 참조.

아동권리인식에서 보호는 이어지는 참여를 위한 전제가 된다. 인간의 조건이 상호보완적 관련을 맺는다는 점은 아동권리인식이 상호연계되어 있음을 뜻한다.

셋째, 다원성과 아동권리의 관계를 보자. 앞서 다원성은 정치적 삶의 조건을 제공하는 행위와 관련을 맺고 있으므로 아동의 경우에는 참여를 요구한다고 하였다. 여기서 정치적 삶이란 문명인으로서의 삶을 뜻하므로 아이가 사회의 원만한 성원으로 삶을 영위할 수 있음을 뜻한다. 아동의 경우 참여는 공적 영역에서 논의가 가능함을 뜻한다.

아동의 참여는 생물학적 삶이 안정적이고 지속적으로 유지되면서 생활영역을 넘어서 공적 논의 영역의 담(*polis*, 울타리) 속에서 문명을 학습한다는 뜻이다. 이를 통하여 아이는 궁극적으로 인간 활동이 생존수단인 노동에 한정되지 않으며, 또한 지속적 삶이 가능한 작업의 수준을 넘어서 다양한 활동이 전개된 삶을 맛볼 수 있다. 여기서 아동은 행위와 법, 즉 이론과 실천이 요구되는 논의의 장으로 입문하게 된다. 이것이 다원성으로 본 아동의 존재 이유이다. 그러나 아동 참여가 다원화된 가치를 자의적으로 선택하는 것을 뜻하지는 않는다.

여기서 우리는 아동관과 연계된 교육관을 살펴볼 필요가 있다.[22] 성장하는 존재로 아동을 보는 비교적 발전된 형태의 아동관은 진보주의에 의하여 주장되는 성장모형에 입각한 교육을 강조한다. 이른바 성장모형은 아동이 성장의 주체로서 입지를 지니는 만큼 권리 주체로서 아동을 견지하는 논거를 제공한다. 그러나 주지하는 바와 같이, '성장'은 가치중립적인 개념이다. '성장'은 가치가 포함되지 않는 사실어이다. 그렇기 때문에 아이들의 교육을 설명하는 데 한계를 지닌다. 아이들을 도덕적 무

22) 본서 제2장 참조.

정부상태(moral anarchy)로 몰 가능성이 있다. 이 상태에서 아동 참여를 강조하는 데에는 결정적인 한계가 있다. 왜냐하면 가치가 배제된 상태에서 아동 참여, 또는 아동 참여를 통한 선택은 그 논거를 찾기 어려운 자의적인 것이기 때문이다.

이에 대하여 전통교육이 강조하는 주형모형은 아이들을 수동적 존재로 보는 한계가 있다. 사실 진보주의가 성장모형에 기대는 이유는 전통교육의 폐해를 타파하고자 하는 데서 찾을 수 있다. 이 경우에는 아동 참여가 원천적으로 봉쇄될 가능성이 크다. 따라서 우리는 다른 형태의 교육모형을 찾아야 한다. 새로운 교육모형의 단서는 아렌트가 제시하는 아동의 탄생성에서 찾을 수 있다. 그에 따르면, 아동은 생성의 상태에 있으며, '생성과정 속에 있고 한 사람의 새로운 인간이며 인간이 되어가는 존재', 즉 '생활에 대한 관계'를 맺는다.

아렌트는 '교육은 우리가 아이들을 우리의 세계로부터 내쫓아 그들이 제멋대로 살도록 내버려두지 않는다'고 함으로써 교육을 성장모형으로 보지도 않았다. 또한 그녀는 '아이들이 뭔가 새로운 일, 뭔가 예측할 수 없는 일을 할 수 있는 기회를 빼앗지 않으며, 또한 그들이 공통의 세계를 새롭게 하는 임무를 담당할 수 있도록 준비시킬 정도로 그들을 사랑할지를 결정하는 지점'(Arendt, 1954: 263)을 강조함으로써 주형모형의 틀 속에서 가두지 않는다고 말한다.

이러한 취지에서 우리가 아동권리 증진과 권리 주체로서 아동의 입지를 공고히 하는 교육모형으로서 '생성모형(education as outgoing)'을 구축할 필요가 있다.[23] 이는 본고의 범위를 넘어설 뿐만 아니라 방대한

---

23) 생성모형(김정래, 2020)은 최근 니체의 철학을 토대로 하여 논의한 것이다. 이어지는 제1부 부록 II를 참조.

논의를 요구하는 연구주제이므로 차후 연구과제로 미루기로 한다.

아동권리 증진의 차원에서 보면 아동참여는 증진되어야 마땅하다. 그러나 아동참여 증진은 매우 이상적으로 추진되어 왔다. 그리하여 아동참여의 종착점을 상정하는 목적론적 도식을 도입하고 이를 형식논리에 의하여 도식화시켜왔다. 그 대표적인 사례가 하트(Hart)의 '참여사다리'이다.[24] 그러나 참여사다리는 그것이 추구한다고 하는 아동의 실질적 참여를 증진하지 못한다. 오히려 아동을 그 굴레에 매이게 하는 역효과를 가져온다. 왜냐하면 참여사다리가 설정한 단계가 매우 추상적이기 때문이다. 모르기는 해도 아동참여 단계를 아동관찰에 의존하여 설정한 것으로 보인다. 무슨 말인가 하면, 아동 참여를 '참여자'의 관점을 벗어나 실증적 관찰 자료에 의거하여 '관찰자'의 관점에서 설정하였다는 뜻이다. 이렇게 설정된 모형들은 보편성과 객관성을 증진시킬지는 모르지만 비인격성을 지니는 한계가 있다. 앞서 여러 차례 지적하였듯이 권리는 구체적 상황에서 인격성을 전제하여야 한다.

이렇게 보면 아동권리 증진의 관점에서 아동참여의 한계를 실질적으로 고려해야만 한다. 그리고 그 한계는 아동권리협약이 추구하는 아동 최선의 이익 차원에서 고려되어야 한다. 그러면 아동의 이익을 무엇으로 보아야 하는가 문제를 중심에 놓고 생각해야 한다. 이를 논의하기 위해서는 '권위적 간섭주의(paternalism)'를 심층적으로 살펴볼 필요가 있다.[25] 이른바 의미 있고, 이유 있는 권위적 간섭은 실천 장면에서 아동참여를 제한하기도 한다. 따라서 이 문제는 다음 세 가지로 나누어 검토

---

24) 『증보 아동권리향연』 329-333쪽에 소개한 바 있다. '참여사다리'는 아동 참여를 이해하는 좋은 권리교육프로그램이다. 그러나 이는 몇 가지 문제점을 안고 있기도 하다.
25) 챔벌린(Chamberlin, 1989: 제6장, 제7장) 참조.

해야 할 것이다. 첫째, 권위적 간섭주의의 명분은 무엇인가? 둘째, 명분에 따라 권위적 간섭의 형태는 어떠한가? 셋째, 이들이 아동 참여를 제한할 경우 아동권리 증진을 위한 실천적 대비책은 무엇인가? 이 문제는 본서 제11장에서 다루기로 한다.

참고문헌

김정래, 2007, '가르치는 일'의 의미, 교육과학연구 제38권 제2호, 이화여자대학교 교육연구소.

김정래, 2020, '인간의 조건'과 아동권리인식, 아동과 권리 제24권 제2호, 한국아동권리학회.

Arendt, H., 1954, *Between Past and Future*, 서유경 역, 2005, 과거와 미래사이, 파주: 푸른 숲.

Arendt, H., 1958, *The Human Condition*, 이진우 역, 인간의 조건, 파주: 한길사.

Chamberlin, R., 1989, *Free Children and Democratic Schools,* 김정래 역, 2015, 아동의 자유와 민주주의, 서울: 박영사.

Cohen, B., 1983, *Education and the Individual*, 김정래 역, 2014, 교육과 개인, 서울: 교육과학사.

Dearden, R. F., 1976, *Problems in Primary Education*, 김정래 역, 2015, 초등교육문제론, 서울: 교육과학사.

Hayek, F., 1979, *Law, Legislation and Liberty*, Chicago: University of Chicago Press.

Oakeshott, M., 1972, Education: The Engagement and its Frustration. in: R. F. Dearden, P. H. Hirst and R. S. Peters (eds). *Education and The Development of Reason*, London: Routledge and Kegan Paul.

Peters, R. S., 1959, Education as Initiation. in: Archambault, R. D.(1965). *Philosophical Analysis and Education*, London: Routledge and Kegan Paul.

Peters, R. S., 1973, *Authority, Responsibility and Education*, 김정래 역, 2021, 권위, 책임, 교육, 서울: 학지사.

4

영화 속의 '아동'

우리 일상생활에 가장 영향을 많이 미치는 매체는 영화이다. 영화는 흥미를 제공하기도 하지만 우리의 내면에 큰 인상을 심어준다. 그런 만큼 영화는 많은 사람들에게 엄청난 양의 문화 콘텐츠를 제공하면서 막대한 영향력을 지니고 있다. 상식적으로 지니고 있는 우리의 관념은 영화를 비롯한 영상매체가 형성하고 있다고 해도 과언이 아니다. 그러나 그렇게 형성된 관념은 엄밀한 검증을 거친 것이 아니어서 그릇된 신념과 사상을 형성하기도 한다. 우리가 영화를 비롯한 영상매체를 대할 때 세심한 주의와 검증을 요하는 것은 이 때문이다. 목하 우리가 관심을 가지고 있는 아동 문제도 예외는 아니다. 여기서는 우리 일상에 소개된 영화 속에 포함된 아동과 아동 문제를 살펴보기로 한다. 또한 여기서 소개하는 영화를 통하여 제1장에서 제3장에 걸쳐 살펴본 아동의 의미와 문제점을 확인하는 계기를 마련하도록 한다.

이 장에 소개한 영화에 관한 보다 상세한 정보는 이어지는 제1부 **〈부록 I〉**에서 얻을 수 있다. 따라서 본문에 언급한 영화의 정보는 **〈부록 I〉**을 참고하면 매우 도움이 될 것이다. 또한 여기에 소개하는 영화의 상당수가 실화를 바탕으로 한 점을 고려하면, 우리가 처한 아동권리의 현실을 직시할 수 있다.

Ⅰ. 아동관으로 본 영화

1. 영화의 소개

앞 장에서 소개한 다섯 가지 아동관은 우리가 아동과 관련된 현실을 관찰하고 이해하고 분석하는 '관점'을 제공해 준다. 이 장에서 소개하는 영화 14편은 비록 그 내용과 주제가 각기 다르지만 그 나름대로의 아동관을 담고 있다. 따라서 우리는 이 영화들을 통해서 아동을 보는 다양한 시각을 가질 수 있다.

우선 여기에 소개할 영화와 영화 정보는 다음과 같다.

(1) 죽은 시인의 사회(Dead Poets' Society) : 미국 터치스톤영화사(Touchstone Pictures). 1989년. 피터 위어(Peter Weir) 감독, 톰 슐만(Tom Schulman) 각본.

(2) 룸 : 미국 필름네이션 엔터테인먼트(Filmnation Entertainment). 2015년. 레니 에이브러햄슨(Lenny Abrahamson) 감독, 엠마 도노휴(Emma Donoghue) 각본.

(3) 4등 : 정지우 필름 등. 2015년. 정지우 감독, 정지우, 김민아 각본.

(4) 가버나움(Capernaum) : 무즈 필름(Mooz Film). 2018년. 나딘 라바키(Nadine Labaki) 감독, 지하드 호제일리(Jihad Hojeily), 나딘 라바키 각본.

(5) 미쓰백 : 영화사 배. 2018년. 이지원 감독, 각본.

(6) 태양 아래 : 베르도프 리얼 시네마(Vertov Real Cinema) 등. 2015

년. 비탈리 만스키(Vitali Mansky) 감독, 각본.

(7) 연을 쫓는 아이 : 닐 스트리트 프로덕션(Neal Street Productions) 외. 2007년. 마크 포스터(Marc Foster) 감독, 데이비드 베니오프(David Benioff), 할레드 호세이니(Khaled Hosseini) 각본.

(8) 아이 엠 샘 : 베드퍼드 폴스 프로덕션(Bedford Falls Productions), 2001년. 제시 넬슨(Jessi Nelson) 감독, 크리스틴 존슨(Kristine Johnson), 제시 넬슨 각본.

(9) 페임(Fame 2009) : 유나이티드 아티스트(United Artists) 등. 2009년. 케빈 탄차로엔(Kevin Tancharoen) 감독, 앨리슨 버넷(Allison Burnett) 각본.

(10) 아무도 모른다 : 시네콰논(Cinequanon). 2004년. 고레에다 히로카즈(Hirokazu Koreeda), 반다이 비주얼(Bandai Visual) 감독, 고레에다 히로카즈 각본.

(11) 거북이도 난다 : 미즈 필름(Mij Film), 박 필름(Bac Film). 2004년. 바흐만 고바디(Bahman Ghobadi) 감독, 각본.

(12) 크로싱 : 캠프B, 2008년. 김태균 감독, 이유진 각본.

(13) 취한 말을 위한 시간 : 바흐만 고바디 필름(Bahman Ghobadi Films) 등. 2000년. 바흐만 고바디 감독, 각본.

이상 13편의 영화에 관한 스토리 소개는 **〈제1부 부록I〉**에 수록하도록 한다. 이외에도 아동 문제를 직접 다루지는 않았지만 권리 차원에서 '차별'을 묘사한 영화 2편을 살펴보고자 한다. 하나는 영화 '그린 북'이고 다른 하나는 영화 '히든 피겨스'이다. 아울러 '히든 피겨스'의 내용도 **〈제1부 부록I〉**에 수록하도록 한다.

(1) 그린 북 : 미국 드림웍스 픽처스(DreamWorks Pictures) 등. 2018년 제작. 피터 패럴리(Peter Farrelly) 감독, 브라이언 커리(Brian Currie), 피터 패럴리, 닉 발레롱가(Nick Vallelonga) 각본. 비고 모텐슨(토니 발레롱가 역), 마허샬라 알리(돈 셜리 역) 주연.

(2) 히든 피겨스 : 20세기 폭스사(20th Century Fox). 2017년 제작. 데오도르 멜피(Theodore Melfi) 감독, 엘리슨 슈뢰더(Allison Schröder) 각본. 타라지 핸슨(캐서린 존슨 역), 옥타비아 스펜서(도로시 본 역), 자넬 모네(메리 잭슨 역) 주연.

이 두 영화는 차별 문제만이 아니라 권리의 본질을 생각하는 데 여러 가지 논의의 단초를 제공해 준다.

2. 다섯 가지 아동관으로 본 영화

이 장에 소개할 영화를 앞서 제2장에서 살펴본 다섯 가지 아동관에 비추어 그 내용을 살펴보기로 한다. 다만 어떤 영화이든지 간에 한 가지 아동관만을 배타적으로 포함하는 것은 아니다. 여러 가지 아동관이 혼재하기는 하지만, 그래도 영화의 주된 관심과 줄거리 전개로 볼 때 어느 한 주제와 관련시켜 소개하기로 한다.

첫째, 작은 성인과 관련하여 적어도 네 편의 영화가 해당된다. 영화 '가버나움', '아무도 모른다', '취한 말들을 위한 시간', '연을 쫓는 아이'를 들 수 있다. 우리 사회에서도 결코 적지 않은 소년소녀가장이 있듯이, 많은 영화에서 아이들이 성인이 짊어져야 할 몫을 지고 자신의 최소한 성장과 발달을 돌보지 못하는 경우가 묘사되고 있다. 영화 '가버나움'의 주인공 자인은 자신의 생계를 책임져야 할 뿐만 아니라 인신매매의 위기에 처한 여동생의 안전까지 고민해야 하는 처지에 놓여 있다. 또한 이 영화는 아동을 사고팔 수 있는 재산으로 보는 시각도 담고 있다.

둘째, 성장하는 존재로서 아동을 반영한 영화는 '죽은 시인의 사회'를 들 수 있다. 14편 중 이 한 편만이 이 범주의 아동관을 반영한 것이라고 보니, 현실 속 아동의 현재 모습이 긍정적이지만은 않다. 그러나 이 영화가 아동을 성장하는 존재를 묘사한 것만으로 보이지는 않는다. 이 영화 속의 학교 당국이나 학부모들이 아이들을 자신들이 원하는 직업과 성격의 소유자로 만들려는 점을 묘사하고 있다는 면에서 주조되는 존재로서 아동관이 또한 반영되어 있다. 또 다른 한편 이 영화의 심층을 분석해 보면 영화는 비록 비극이기는 하지만 니체의 '위버멘쉬(Übermensch)'처럼 자기 스스로를 극복하는 인간상을 엿볼 수 있다는 점에서 '권리 주체로서 아동'의 의미를 탐지할 수 있다. 이에 관한 내용은 다음 절에서 살펴보기로 한다.

셋째, 아동을 주조되는 존재로 보는 영화로는 '4등', '태양 아래', '페임 2009' 등을 들 수 있다. 그러나 이 영화들에서 아동은 영화 '죽은 시인의 사회'처럼 단순히 주조되는 존재가 아니라 성인이 아이들의 존재감과 정체성마저 변형시키고자 하는 의도를 엿볼 수 있다. 사회적 압력과 정치적 세뇌는 아동의 정체성마저 파괴할 뿐만 아니라 그 폐해가 주변의 사람들에게 돌아간다는 점을 이 영화들에 등장하는 아동들을 통해 확인할 수 있다.

넷째, 아이의 세계가 아예 존재하지 않는, 즉 아동을 '마음이 없는 존재'로 보는 아동관을 담은 영화로 '룸', '미쓰백', '거북이도 난다', '크로싱'을 들 수 있다. 아동을 인신매매, 성격 유희의 대상으로 삼는 아동관이 이에 해당한다.

다섯째, 권리 주체로서 아동은 우리가 지향해야 하는 가치이지만, 현실과 동떨어진 이상으로 보아서는 안 된다. 현재 소개하는 어느 영화도 표면적으로는 아동을 권리 주체로 보지 않는다. 그러나 심층에는 아동이 권리 주체로서, 즉 자기 실현의 주체로서, 인격체로서 대접받고자 하는 열망이 영화 속 인물들과 영화를 만든 이들 모두에게 담겨 있다. 그것은 실현 불가능한 이상이 아니라 현실 가능한 우리의 과제이다. 이것이 아동권리 증진의 가늠자가 된다.

다만 앞서 언급한 바와 같이, 영화 '죽은 시인의 사회'에서 영화 속 주인공들이 처절하게 자기를 실현하고자 한다는 점에서 이 영화는 권리 주체로서 아동관을 구현하고 있는 셈이다. 영화의 결말이 비극이라고 해서, 영화를 시종일관 만들어간 각본, 연출, 기획 등 제작진의 의도가 모두 부정적 아동관이라고 할 근거는 없다. 이는 다음 절에서 살펴보기로 한다.

이후 다섯 가지 범주로 아동을 구분하여 살펴보는 것은 어디까지나 논의의 편의를 따른 것이다. 영화 속의 아동은 '작은 성인'으로서 어른들이 짊어져야 할 짐을 지는 경우에도 어른들에 의하여 주조되는 존재이기도 하다. 또한 주조되는 존재인 아동이 '마음 없는 존재'로서, 즉 비인격체로서 대접받기도 한다. 어느 하나로 꼭 특정할 수는 없지만, 크게 부각되는 측면에서 분류하여 논의하기로 한다.

따라서 관심 있는 독자들은 자기 나름대로 설정한 아동관이나 아동의 개념에 비추어 본서에 소개된 영화들을 분류해 보고 그 관점에서 평가해 볼 수 있다. 나아가서 본서에서 소개하지 않은 관련 영화들도 다섯 가지 아동관 또는 그 외에 설정할 수 있는 아동의 개념에 비추어 논의해 볼 수 있다. 이러한 작업은 단순히 아동의 실체와 본질을 이해하는 데 그치지 않고, 궁극적으로는 아동권리 증진에 기여할 것으로 기대한다.

Ⅱ. 영화 '죽은 시인의 사회': 개요와 논점

이 영화는 아동을 성장하는 존재로 보는 관점을 담고 있다. 그래서 이 영화는 교육의 성장모형을 토대로 한 것으로 볼 수 있다. 그러나 이 영화가 성장모형을 담았다고 해서 아동중심교육을 지향했다고 단정할 수는 없다. 실제로 영화에서 키팅(Keating) 선생님은 수업을 아동중심으로 진행하지 않았다. 영화 어디를 보아도 수업의 주도권, 수업의 방향과 구성은 교사의 몫이다. 물론 모든 교육이 그러하듯이 수업의 목표와 교육목적은 여전히 아동의 이익에 맞추어져 있어야 한다. 그러나 아동의 이익이란 무엇일까, 무엇을 아동의 이익으로 볼 수 있을까 하는 문제는 여러 가지 논의거리를 제공한다. 그 중 대표적인 것이 아동의 이익을 위하여 아동의 자유와 권리를 제한할 수 있는가 하는 권위적 간섭주의(paternalism)의 문제이다. 이 문제는 본서 제11장에서 다루기로 한다.

이를 토대로 하여 이 영화에서 확인할 수 있는 것은 전통교육과 진보교육의 이분법이 그르다는 점이다. 이러한 이분법에 따르면, 전통교육은 강압과 알력을 사용하는 교육이고, 진보교육은 아이들의 자율과 행복을 존중하는 교육이다. 그렇게 되면 전통교육은 폐기해야 할 폐단일 뿐이다. 이 이분법이 그르다는 것은 전통교육 방식에서도 아동의 자율과 흥미를 고려한다는 점에서 확인할 수 있다. 영화에서 영어 교사인 키팅 선생님은 전통교육내용인 셰익스피어를 가르치면서 아동의 흥미를 유발하고 동기를 부여하고, 내면의 잠재된 욕구를 발현시키는 장면을 연출함을 볼 수 있다. 토드의 경우가 그러하다. 그리고 스스로 생각하게 하는 방식의 교육을 도모하기는 하였지만, 아이들에게 모든 것을 맡겨두지 않았다. 개성을 존중한다고 해서 기존 교과를 도외시하는 것이 아니다. 영화에서 또한 스스로 생각하는(Think Yourself) 교육방식의 문제는 자율성을 왜곡하는 데서 비롯된다. 아이들에게 마냥 자율을 맡겨두면 그것이 자율성 존중인가? 영화에서 키팅 선생님은 닐에게 부모님 허락을 받고 연극을 하라고 권장하였다.

이 영화 앞부분에서 나오는 '현재를 즐겨라'는 뜻의 '카르페 디엠(*Carpe Diem*: Seize the Day)'은 아동의 현재성을 중시하는 진보교육과 코드가 맞아 보인다. 그러나 현재성을 존중하는 것은 현재에 충실한 태도로 사는 것이지 미래를 생각하지 않고 현재를 방기하는 것이 아니다.

다만 개성 존중 방식의 수업으로 키팅 선생님은 타성에 젖은 언어를 자신의 언어와 삶의 방식으로 아이들을 지도하고 있다. 영화에서 "I sound my barbaric YAWP over the rooftop of the world"라고 판서하고, 토드 군의 내면세계를 자극하는 것이 가장 좋은 예이다. 토드가 자신의 내면을 발현하였을 때, 그 감회는 이어지는 장면 베토벤의 '환희의 송가(Song of Joy)'에서 찾아볼 수 있다. 즉 '내면세계의 발현 = 기쁨과 환희'라는 등식이 성립한다. 영화에서 에로틱 사랑을 추구하는 녹스의 내면세계 발현은 녹스가 자전거를 타고 여자 아이를 찾아가다 언덕을 내려오는 도중에 새떼가 날아가는 '웅장한' 장면에서 확인할 수 있다.

전통교육과 진보교육을 구분하는 또 다른 기준이 제일성(conformity) 문제이다. 특히 전통교육은 이 가치를 존중한다. 그러나 제일성이 과연 그릇된 것으로 보기 어렵다. 여기에는 두 가지 뜻이 있다. 하나는 획일성이다. 영화에서 '획일성'은 바람직하지 않다고 키팅 선생이 놀란 교장에게 변명할 때, 제일성은 획일성으로 이해되어서는 안 된다는 것을 알 수 있다. 다른 하나는 제일성을 '우애' 또는 동료애(fellowship)로 볼 경우이다. 넓게는 인류라는 공동체 안에 개인이 있으며, 개인 간에는 상호 신뢰가 있어야 한다는 메시지는 제일성을 통하여 설명된다. 그것은 영화 속 학교 정원(Courtyard)에서 군가에 맞추어 걸음걸이(stepping)를 하면서 개인 간의 상이한 동질성(different sameness)을 느끼게 하는 데 있다. 각 개인의 개성이 서로 간에 어울려야 한다는 것이다. 이것이 전통교육과 진보교육을 대립적으로 보아서는 안 되는 또 다른 이유이다.

영화의 제목 '죽은 시인'의 상징성과 관련되지만, '동굴'은 영화의 주요 무대가 되기도 하지만 폐쇄와 구속, 그리고 은폐성의 이중성을 띠고 있다. 즉 영화에서 '동굴'이 상징하는 바는 전통과 제도, 관습에 갇혀 있는 아이들의 상황과 그것을 탈피하고자 하는 몸부림이다. 이 속에서 아이들은 자신들의 창의력, 개성을 발현시키고자 한다. 또한 학교라는 제도 뒤에 숨어서 저항을 하기도 한다. 그것은 은폐라기보다는 자신을 실현하고자 하는 몸부림의 연장으로 보아야 한다. 이제 '죽은 시인'과 '동굴'의 의미를 중심으로 영화에 담긴 철학적 의미는 본서 **〈제1부 부록 II〉**에 수록된 논문을 통해 확인할 수 있다.

Ⅲ. 영화 속의 '작은 성인'

영화 속에서 아동이 성인의 책임과 의무를 짊어져야 하는 상황은 여러 영화에서 찾아볼 수 있다.[1] 여기서는 앞서 소개한 영화를 중심으로 그 논점만을 살펴보고, 영화에 관한 정보는 부록에 소개하기로 한다.

1. 영화 '가버나움'

영화는 풍족하고 편안한 삶을 모두가 원하지만, 모두가 그런 삶을 살 수 없는 현실을 보여주며, 그 속에서 존중받지 못하는 아동들이 처한 처절한 삶의 실상을 보여준다. 자신과 동생을 부양하는 주인공은 곧 '작은 성인'의 화신이다. 또 부모에 의한 교육과 최소한의 통제가 이루어질 수 없는 환경에서 자란 아이들은 자인의 또래 나이에 나무로 총을 만들고, 담배를 피우며, 폐허가 된 건물을 부수면서 놀곤 한다. 사랑받아 마땅한 아이들이 기본적인 교육도 받지 못한 채, 학대받으며 거리로 내몰려 겨우 삶을 연명하는 모습을 통해, 영화와 같은 환경에서 주인공인 자인의 부모가 아이를 계속 낳는 것이 과연 누구를 위한 일인지 생각하게 한다. 특히 사람이 태어났을 때 가장 먼저 행해지는 기본 절차인 출생신고조차 이루어지지 않은 아이들은 가난으로 인해 하나의 인격체로 대우받지 못하는 빈민층의 현실을 반영하며, 성명권 보장의 필요성을 느끼게 한다.

또한, 영화는 배경이 된 레바논에서 내전과 난민으로 만들어진 상처

1) 이하에서 소개하는 영화 촌평은 다른 기준에 의하여 시도될 수 있음을 밝혀둔다. 한 영화에는 여러 가지 아동관을 반영되기도 하며, 또한 여러 가지 문제가 복합적으로 얽혀 있다는 점을 유념해야 한다.

를 드러낸다. 동시에 주인공 자인의 말처럼 개똥같은 삶 속에서도 지켜야 할 것을 지켜내는 위대함을 여동생 사하르나 요나스를 지켜내기 위해 분투하는 자인이라는 한 명의 소년을 통해 보여준다.

2. 영화 '연을 쫓는 아이'

전쟁 속에서 성폭행과 여러 어려운 상황에 처한 아동이 스스로 생을 펼쳐 가는 스토리를 담고 있다. 신분제도 하에서의 아동관이 잘 반영되는 영화이다. 이러한 과정에서 자신이 실현하고자 하는 바가 무엇인지를 생각할 수 있게 한다. 아이들의 놀이인 '연'은 경쟁과 생존을 상징한다.

영화 속의 아이들은 자신의 삶에서 커다란 짐을 짊어져야 한다는 점에서 이 영화는 아동이 '작은 성인'의 아동관을 잘 드러내준다. 성인들의 그릇된 정치적 야욕으로 자행되는 전쟁의 참화 속에서 아이들이 겪어야 하는 현실의 참담함을 영화는 여실하게 보여준다. 특히 아동을 성적 유희 대상이나 성매매의 대상으로 대한다는 것은 아동을 인격체로 보지 않는 단적인 예이다.

3. 영화 '아무도 모른다'

영화는 마땅히 학교에 가야 할 나이의 아이들이 출생신고도 되지 않은 채 방치되어 어떻게 살아가고 있는지 보여주고 있다. 그리고 이러한 부모의 방임 및 방치가 결국 아이들을 죽음으로까지 몰고 갈 수 있다는 점을 분명하게 지적한다. 영화 속에 나타난 방임 또한 신체적 학대, 정서적 학대, 성 학대와 함께 아동학대의 유형 중 하나이다. 전체 아동학대 사례

유형 중 두 번째로 많이 나타나는 학대 유형임에도 불구하고 방임이 학대의 한 유형이라는 인식이 매우 낮은 편이다. 영화는 아동에게 학습 문제와 섭식 문제, 무력감 같은 정서적 문제를 겪게 하는 방임 문제를 심각하게 생각해보게 한다.

아동방임은 곧 아동이 성인이 감당해야 할 노동과 책무를 아동 스스로 가져야 할 상황으로 몰아 간다. 이 영화는 이런 점에서 아동의 짊어진 짐이 얼마나 가혹한 것인가를 적나라하게 우리에게 보여주고 있다.

4. 영화 '취한 말들을 위한 시간'

순수한 마음과 형제애를 가진 아이들의 삶이 너무나도 비극적이고 참혹함을 묘사하고 있는 이 영화는 왜 아이들이 자신의 권리를 포기하면서까지 전쟁의 상처로 인한 고통을 짊어져야 하는지, 왜 전쟁의 상처가 아이들의 몫이어야 하는지에 관해 묻고 있다. 가족의 생계를 위해 목숨을 걸고 이라크 국경을 넘는 아윱, 공부를 위해 공책 하나 사는 것도 빠듯한 아이들은 정신적, 신체적으로 건강한 성장기회와 교육의 기회를 박탈당한 채, 빈곤의 악순환에서 벗어나지 못하고 있다. 이 영화는 생존을 위한 노동을 견디고 있는 아이들에게 인생은 찬란한 꿈과 연결되는 것이 아니라 그들이 부르는 노랫말처럼 '저승으로 이끄는 것'으로 형상될 수밖에 없음을 잘 보여주고 있다.

Ⅳ. 영화 속의 '주조되는 존재'

어른들의 이익과 필요에 따라 아이들을 '마음먹은 대로 주무를 수 있다'는 생각을 반영한 '주조되는 존재'로서 아동은 이어 소개할 '인격이 없는 존재'로서 아동관과 중첩되는 부분이 있다. 이 점을 감안하여 다음의 세 편을 '주조되는 존재'로서 아동의 관점에서 살펴본다.

1. 영화 '4등'

이 영화는 '체벌'이라는 명분의 폭력이 미치는 영향이 어떤지에 대하여 생각하게 한다. 때려서 훈련할 때 더 좋은 성과를 낼 수 있다며 교육에서 체벌을 정당화하는 광수는 처음 폭력을 행사하였을 때 준호가 자신이 원하는 대로 변화하지 않자 계속해서 더 심한 폭력을 행사한다. 결국, 이러한 체벌의 수위는 걷잡을 수 없게 되어 준호의 몸과 마음을 모두 다치게 하고 만다. 무엇보다 영화는 폭력의 학습에 대해 경고하고 있는데, 광수는 선수 시절 코치로부터 체벌을 당하는 것이 싫어 기자에게 그 사실을 폭로하고 선수 생활을 그만두기까지 했다. 그러나 세월이 지난 후 어느새 광수는 코치로서 준호에게 행하는 폭력을 정당화하고, 그 결과로 준호까지도 자신의 물건을 허락 없이 사용한 동생 기호에게 폭력을 행사하는 모습을 보여준다. 이처럼 체벌을 '벌'과 혼동하여 폭력을 가했을 때, 단기적으로는 상대가 변화한 것처럼 보이지만 결국 폭력을 학습하며 악순환의 굴레에 빠지게 된다.

그뿐만 아니라 영화는 자식을 위한다는 이유를 방패로 삼아 준호를 수영장으로, 기호를 학원으로 밀어 넣는 부모의 뒤틀린 욕망을 계속해서 보여준다. 이 영화는 준호 엄마가 경쟁 사회의 공포에 지배당해 아이에게 자신을 투사하며 아이를 경주마로 단련시키는 모습을 통해, 아이 개인의 행복보다는 경쟁 우위를 중시하는 부모들에게도 일침을 가한다. 또한 아이의 꿈을 결정하는 것은 부모가 아니며, 성공이라는 것은 타인의 간절함으로 이루어질 수 없고 목표를 향한 동기를 스스로 가질 때 이루어질 수 있다는 메시지를 전달하고 있다. 더불어 수영장의 레인을 넘나들며 자유롭게 물속을 헤엄치는 준호의 모습을 통해 흔히 하는 '행복은 성적순이 아니다'라는 말처럼 반드시 1등을 해야만 행복한 것이 아니라 자신이 좋아하는 것을 하는 것이 진정한 행복이고 성공이라는 것을 강조하고 있다.

2. 영화 '태양 아래'

북한 체제는 아동을 세뇌 수준으로 교화한다. 독재자가 원하는 신념과 우상을 철저하게 이식시킨다. 이 영화는 북한 체제 유지를 위해 희생된 어린 진미의 인권 침해 현장을 고발하고 있다. 영화는 때리는 것만이 폭력이 아니라 한 가지의 사상을 주입하고 자유로운 의사결정권을 침해하는 것도 가공할 만한 폭력임을 시사하며 북한의 아동 인권 침해를 적나라하게 보여준다. 아동은 독재 체제를 위한 도구에 불과할 뿐 아니라 이를 위하여 마음대로 조작될 수 있는 존재로 전락한다.

영화 제목에서 '태양'은 김일성을 상징하는 북한 언어이다. 김일성 수령의 태어난 날인 태양절을 맞이해 조선소년단에 입단하여 축하 공연을 준비하는 과정까지 주인공 진미의 자발적인 참여와 결정권은 어느 곳에서도 찾아볼 수 없다. 특히 축하 공연을 위해 무용을 배우는 과정에서 조금만 쉬고 연습하겠다는 간단한 의사 표현도 하지 못해 흐르는 눈물을 감추며 애써 참아내려 하는 모습을 보인다. 그뿐만 아니라 진미가 학교에서 배우는 수업도 김일성을 찬양하는 내용 위주로 진행되는 수업이고, 진미에게 제일 좋아하는 시를 물었을 때 1초도 망설이지 않고 김일성 찬양 시를 외우는 모습을 통해서 이 영화는 북한의 아동권리 침해의 심각성을 생생하게 보여주고 있다.

이를 통해 가장 자유롭고 활발하게 자기 의사와 감정을 드러내야 할 여덟 살 아이들마저 숨 쉴 틈조차 없는 강압적인 억제와 세뇌를 통해 꼭두각시로 만들어 버리는 북한 인권 침해의 현주소를 보여준다. 인권 유린의 잔인하고 비참한 장면은 없지만, 하나의 거대 세트장과 같이 꾸며진 평양에서조차 행복은 조작된 것이다. 영화는 세뇌의 위험성도 보여준다.

3. 영화 '페임 2009'

이 영화는 영화 '죽은 시인의 사회'와 마찬가지로 부모들이 자녀들에게 자신이 소망하는 바를 성취시키려는 의도를 담고 있다. 이에 따라 영화 속 주인공 아이들은 이에 부응하려는 의도를 지니게 되지만, 여러 가지 갈등을 겪게 된다.

특히 영화는 제목이 나타내듯이 사회에서 높이 평가하는 명예와 지위를 다루고 있다. 사회가 원하는 바, 부모가 원하는 바, 자신이 이에 부응하는 명예를 얻고자 하는 욕망에 자신을 맞추려는[주조하려는] 장면이 연출되고 있다. 그러나 이것이 좌절되었을 때 겪는 고통 또한 영화는 잘 담아내고 있다.

이 영화를 통해서 우리가 생각해 볼 문제는 다음과 같다.

첫째, 경쟁은 악덕인가, 아니면 교육적 가치가 있는가이다. 많은 경우 경쟁을 악덕으로 보고, 경계한다. 그러나 경쟁이 이익의 추구라는 시각을 버리고 보면, 경쟁은 각기 좋아하는 것을 추구할 때 생겨나는 순기능도 있다. 오히려 획일화된 과정인 평준화 정책 속의 우리나라가 경쟁의 폐해에 시달리고 있다. 즉 개별화된 선발은 경쟁을 요구하기도 하지만, 자기가 추구하는 것을 온전하게 성취하도록 해준다. 이 영화 속 경쟁률은 50대 1이다. 그렇다면 경쟁은 외부에서 주어진 것인가? 영화에서 볼 수 있듯이, 자기가 좋아하는 것을 해도 경쟁이 요구된다. 또한 자기가 좋아하는 것을 추구하는 데서 경쟁이 요구된다. 즉 경쟁은 권리 증진을 위한 하나의 조건이 되기도 한다.

둘째, 성공과 행복의 관계를 생각할 수 있다. 행복을 추구할 권리가 헌법상 보장되었다는 것도 우리가 잘 아는 사실이다. 그러나 행복은 성공과 어떤 관계인가를 영화는 생각하게 해 준다. 행복이 만약 명예, 권력, 돈, 쾌락 또는 안일함이라고 한다면, 행복추구권은 이들의 실현을 위한 수단이 된다. 그러나 행복이 자기가 원하는 바를 실현하고 명예, 권력, 돈, 쾌락 등이 이를 위한 수단이라고 한다면, 행복추구권은 결국 자아를 실현하고자 하는 자기결정권과 자아실현의 권리가 된다. 이에 대하여 우리는 좀 더 숙고할 필요가 있다.

셋째, 이 영화의 제목이 암시하듯이 '명예'에 관하여 생각해 볼 수 있다. 명예는 행복의 요건인가? 성공의 요건인가? 명예는 자기실현의 덕목이 아니다. 명예는 타인에 의하여 주어지는 것이기 때문이다. 이는 아리스토텔레스가 그의 윤리학(제1권)에서 이미 지적한 바이다. 그렇게 보면 명예는 권리를 통하여 추구할 권리가 아니라, 타인에 의하여 보호되고 보장받아야 할 권리이다. 이른바 명예훼손은 타인과의 관계 속에서만 성립하는 권리이다. 따라서 명예만을 추구하는 것은 그 자체로 한계가 있다. 오히려 사람을 곤혹스럽게 한다.

영화에서도 명예를 추구하면서 곤혹스러운 경우에 빠지는 경우를 찾아볼 수 있다. 하나는 명예를 위하여 사귀던 친구(애인)와 결별한 경우를 볼 수 있다. 다른 하나는 명예를 얻기 위하여 유혹에 빠지거나 함정에 빠진 경우를 볼 수 있다. 또 다른 하나는 명예를 얻기 위하여 금전적 사기를 당하는 경우를 볼 수 있다. 결국 우리는 명예를 추구하는 것은 헛된 일이며, 곤혹에 빠지게 된다는 교훈을 얻을 수 있다. 따라서 자기 자신이 하고 싶은 일을 실현하는 일은 명예를 높이는 일과 일차적으로 관련이 없다.

Ⅴ. 영화 속의 비인격체로서 아동

앞서 아동관 중에서 '마음이 없는 존재'를 소개하면서 아동은 부모의 소유물이나 재산처럼 취급된다는 점을 언급하였다. 본서에서 소개하지 않은 많은 영화 속의 아동들은 물건처럼 취급당하고, 매매되고, 폭행당하기도 한다. 그러나 나아가서 아동의 존재 자체가 소멸되는 지경을 볼 수도 있다. 영화 '크로싱'이 그러하다. 꽃제비, 강제 낙태, 강제송환후의 수용소 생활은 아동을 포함한 인간을 인격체로 보지 않는 생각을 반영하고 있다.

1. 영화 '룸'

이 영화는 장기간의 아동감금을 다룬다. 납치, 감금, 인신매매 등 인간이 저지를 수 있는 최악의 상황을 보여주는 영화라고 해도 과언이 아니다. 게다가 설상가상으로 미혼모인 주인공이 다시 양육을 해야 할 처지에 놓이게 된 상황은 어떻게 설명해야 할지 막막하다.

영화는 방송국의 리포터가 던진 질문 속에 숨어있는 범죄 피해자에 대한 부정적 인식에 대해서 고민하게 만든다. 엄마 조이는 원치 않게 끔찍한 범죄를 당해야 했던, 누가 봐도 분명한 범죄 피해자이다. 그럼에도 불구하고, 생물학적 근거를 대며 잭의 아버지가 납치범 닉이 맞지 않냐고 추궁당한다. 5년 동안 잭을 감금의 상태에 놓이도록 한 것이 과연 잭을 위한 최선의 선택이었는지 묻는 기자의 질문에서 우리 사회에 은연중에 존재하는 성범죄 피해자에 대한 부정적인 인식을 엿볼 수 있다. 이처럼 조이가 죄책감과 회의감을 느끼도록 하는 무례한 질문도 문제이지만, 끔찍한 성폭력의 결과로 세상에 태어난 자신의 손자인 잭을 제대로 바라보지조차 못하는 아버지의 모습을 통해서도 문제를 발견할 수 있다. 그결과 조이는 세상의 차가운 시선과 편견을 경험하고 좌절하고 만다.

우리나라에서 발생한 끔찍한 아동학대 사건을 보면, 폭행 및 감금을 당하던 아동이 가까스로 집에서 탈출하지만, 아이를 발견한 이웃들은 이를 대수롭지 않게 여기고 집으로 다시 돌려보내어 탈출이 좌절되는 예도 있다. 이는 훈육과 학대의 경계가 모호해 아동학대 징후를 발견하여도 단순히 훈육이라 여기기 때문이고, 또 남의 가정사에 참견하는 것이라 여겨 적극적인 조치를 취하는 것을 두려워하기 때문이다. 영화는 이와 같은 아동학대의 사각지대가 있음을 보여준다.

2. 영화 '미쓰백'

이 영화 역시 아동학대를 다루고 있지만, 아동이 아예 인격이 없는 존재로 묘사됨을 확인할 수 있는 영화이다.

영화의 주인공인 백상아는 자신의 어린 시절의 지옥 같은 삶을 그대로 답습하는 또 다른 주인공 지은을 만나게 된다. 아동 최악의 삶이 재생산되는 과정을 그대로 보여주는 영화이다.

서방 세계에서 흔히 있었던 계부의 의붓 자녀인 여아에 대한 성폭행은 이제 우리 사회에서도 흔치 않게 볼 수 있는 현상임을 보여주는 영화이다. 이 영화는 이러한 가정환경에서 발생하는 아동권리침해 사례를 그대로 담아내고 있다. 또한 이 영화는 무단결석 등 주위의 관심으로부터 방치된 아이들에 대한 관심을 가져야 하는 경각심을 높여준다는 점에서 의의를 찾을 수 있다.

3. 영화 '거북이도 난다.'

전쟁 속의 아동의 참상을 볼 수 있는 이 영화에서 아동의 존재 자체를 확인할 수 없다. 우리가 흔히 '생존-보호-발달'의 단계를 거론하면서 아동권리의 인식수준과 권리 현실을 논하지만, 이 영화를 보면 그 어떤 발달 단계를 거론조차 할 수 없는 아동을 만나볼 수 있다.

전쟁고아가 다시 아동강간과 출산 등의 감당하기 어려운 현실을 겪으면서 그들은 도대체 세상을 어떤 눈으로 바라볼 것이며, 그들의 장차 삶은 어떻게 전개될 것인지를 생각하게 하는 영화이다.

4. 영화 '크로싱'

이 영화는 탈북민을 다룬 영화이다. 인간의 자유와 권리 중에서 가장 기본적인 것은 거주 이전의 자유이다. 이 권리가 보장되지 않으면, 인간의 삶은 포획된 짐승의 삶보다도 못한 지경에 이르게 된다.

북한 주민의 탈북은 여러 가지 권리의 측면에서 논의될 문제이지만, 기본 생존권이 박탈된 상황에서 그곳을 벗어나고자 하는 기본적인 권리 차원에서 조망할 문제이다. 탈북민의 삶만이 아니라 탈북 과정의 험난함도 영화를 통해서 확인할 수 있다.

영화 속 탈북민의 기본적인 권리들은 아예 말살되었다. 영화 속 아이들은 최소한의 생존도 유지하기 힘든 삶을 살고 있었으며, 이를 통해 북한 어린이들의 인권문제에 대해서도 생각해보게 한다. 북한 아동들에게는 기본적인 생존권조차 전혀 보장되지 않았고, 영화에서처럼 부모를 모두 잃은 준이, 미선이와 같은 북한의 아동들은 길거리를 전전하면서 먹을 것을 구걸해야 삶을 연명할 수 있다.

Ⅵ. 영화 속의 차별 문제

차별은 대표적인 권리 침해의 경우이다. 근거 없는 차별은 권리 주체로서 개인의 존엄성과 가치를 훼손시키는 비도덕적 행위이다. 권리의 측면에서 보면 인간의 보편성과 천부성을 부정하는 기제로 작용하여 종국에는 각종 폭력으로 이어지기도 한다. 물론 차별이라는 명분으로 오히려 개인의 권리를 침해하거나 은밀하게 유린하는 경우도 있다. 온전한 근거에 따른 차이를 차별로 그르게 인식하는 경우이다.

차별은 여러 가지 형태로 자행되어 성차별, 인종차별, 지역차별, 계층차별 등의 여러 양상으로 나타난다. 이 중에서 영화 '히든 피겨스'는 성차별과 인종차별을 동시에 겪어야 하는 흑인 엘리트 여성 문제를 다루고 있다. 또한 영화 '그린 북'은 인종차별과 계층 간의 차별이 얼마나 극심한지를 보여주는 영화이다.

먼저 두 영화의 시대적 배경을 잠시 살펴보도록 한다. 두 영화는 인종차별이 명백하게 존재했던 1960년대 미국, 그것도 차별의 정도가 가장 심했던 남부 지방에서 있었던 이야기를 담고 있다. 당시 미국에서 공공연한 인종차별을 겪었던 대부분의 유색인종들은 빈곤층이었다. 영화 '그린 북'에서 흑인 고용주와 백인 운전사라는 관계는 당시로써는 보기 드문 설정이고, 영화 '히든 피겨스'에서 흑인 여성들이 백인 남성을 초월하는 비상한 천재성을 발휘하는 것도 지극히 예외적인 일로 여겨진 시절이다. 영화 '그린 북'의 실제 배경이 되었던 미국 뉴욕 북부의 브롱스 지역은 원래 유럽계 백인들이 모여 살던 중산층 동네였는데, 1948년에 흑인들이 집을 살 수 없도록 했던 인종차별적 법이 폐지되면서 이 시기에 부동산 업체들은 흑인에 대한 백인의 혐오를 이용하여 집을 싸게 처분하는 일을 벌인다. 결국, 브롱스 지역에서 중산층 백인들이 흑인을 피해 교외로 떠나고 흑인과 히스패닉계가 주를 이루게 되었다.

영화의 제목인 '그린북'은 인종차별이 만연했던 1960년대 미국에서 제작한 안내 책자다. 흑인들이 갈 수 있는 숙소, 갈 수 있는 식당 등이 안내되어 있어 여행을 가는 흑인들은 이 그린북에 제시된 곳으로 찾아가야만 인종차별로 인한 피해를 막을 수 있었다. 영화의 배경이 된 시기는 1876년부터 1965년까지 미국에서 시행됐던 '짐 크로우 법'으로 인해 모든 공공기관에서 합법적으로 인종 간 분리를 허용하던 시기였다. 이러한 합법적 분리 정책은 주로 미국 남부를 중심으로 일어나면서 경제, 교육, 사회 등에서 불평등을 낳았다. 두 영화 모두 공립학교, 공공장소, 대중교통을 포함해서 화장실, 식당, 식수대, 심지어는 미국 군대에서도 백인과 흑인을 합법적으로 분리하며 차별했던 사실을 적나라하게 보여준다. 인종 차별을 합리화한 짐 크로우 법에 대하여, 미국 대법원은 여러 차례 이를 지지하는 판결을 내렸지만, 마침내 1960년대 민권운동에 의해 이 법은 폐지되었다. 두 영화는 이러한 격동기에 흑인과 특히 흑인 여성이 겪었던 차별상을 심도있게 다루고 있다.

1. 영화 '히든 피겨스'

권리의 측면에서 영화 '히든 피겨스'는 성차별과 인종차별을 동시에 다룬 영화이다. 영화의 배경은 1960년대 초 미국 사회이다. 당시만 해도 성차별과 인종차별이 눈에 띄게 현존했다는 사실을 영화를 통해서 확인할 수 있다. 영화의 주인공 3인은 두 가지 차별을 동시에 겪으면서 이를 딛고 자기가 하고 싶은 바를 성취하고자 노력한다. 도서관과 버스 탑승에서부터 화장실과 음료대 이용에 이르기까지 차별이 생활 전반에 만연되어 있었고, 당시 대다수의 사람들은 이를 당연시하면

[영화 히든 피겨스 포스터]

서 살아왔다.

차별 철폐는 정치적 이념의 문제가 아니다. 당시 인종 차별과 성차별을 진보적 정치 세력의 이념에 따른 것이라고 보는 것은 단견이다. 17~18세기의 근대 민권사상은 당시의 시각으로 보면 '진보'의 이념이지만, 오늘날의 시각으로 보면 보수적 정치이념이다. 그러나 민권 사상은 어느 누구도 부정할 수 없는 보편적 가치이다. 이와 마찬가지로 인종 차별과 성차별의 철폐는 정치적 이념 대립의 문제가 아니다. 즉 진보적 정치이념의 산물이 아니다. 인류가 마땅히 추구해야 할 보편적 가치이다.

그 이유를 이 영화를 통해서 찾아보기로 한다. 첫째, 차별은 인간의 존엄성을 말살한다. 인간은 누구나 자기 자존감(self-esteem)을 갖고 있다. 차별은 피부색, 인종, 성별에 따라 부당하게 그 자존감을 훼손하거나 말살시킨다. 생활 장면 곳곳마다 차별이 편재한다면, 인간의 자기정체성은 무너질 것이며, 자기자존감은 상실되고 말 것이다. 영화는 많은 장면을 통해서 이를 보여주고 있다. 둘째, 인간의 상호 존중(mutual respect)을 훼손시킨다. 영화에서 존슨 대령은 구애 과정에서 여성이 논리적인 일을 한다고 실언을 함으로써 상대방의 자존감을 훼손시켰을 뿐만 아니라 상호 신뢰와 존중감을 무너뜨렸다. 잭슨 부부도 남편이 아내에게 여자가 무슨 공학을 전공하는가 하면서 상호 존중의 원칙을 훼손시켜 버렸다. 셋째, 차별은 인간의 천부적 자질을 사장시키는 원죄를 짓는 일이다. 영화의 전개가 영화 제목처럼 '숨겨진 숫자'를 이용한 우주전쟁에서 승리를 담고 있지만, 주인공들의 숨겨진 재능이 빛을 발휘하기까지의 과정을 중요하게 다루고 있다. 영화는 주인공 3인의 천부적인 재능이 인종차별과 성차별로 인하여 사장될 수 있는 사회적 상황을 묘사하고 있다. 차별이 존속되었다면, 영화의 주인공들이 지닌 우수한 천부적 재능은 영원히 묻혀버렸을 것이다. 그렇다면 그것은 인류 스스로 자신이 부여받은 천부적 재능을 부정하는 원죄를 짓는 것과 다름없다.

영화 정보는 **〈부록 I〉**에 소개한 바와 같다. 이 영화의 제목은 '숨겨진 숫자'이기도 하지만 동시에 '숨겨진 인물' 즉 '숨겨진 재능'을 뜻하기도 한다. 숨겨진 숫자를 찾아내는 일은 영화의 스토리 전개를 뜻하지만, 이 영화는 흑인 여성들의 숨겨진 재능이 특히 백인 남성의 우월의식을 적나라하게 타파하는 과정을 묘사하고 있다.

2. 영화 '그린 북'

권리의 관점에서 영화 '그린 북'은 단순히 인종차별을 고발하는 데 그치지 않고 차별철폐를 명시하는 명목상의 조치가 얼마나 허구인가를 보여준다. 나아가서 실질적인 차별을 철폐할 수 있는 유일한 방안은 각 개인이 권리인식을 올바르고 철저하게 가져야 한다는 점을 시사한다.

[영화 그린 북 포스터]

이 영화의 주인공 돈 셜리(마허샬라 알리 분)는 무대에서는 출중한 피아니스트로 대접 받지만 무대에서 내려오는 순간 수많은 흑인 중 한 명이 되어 무시당하기 일쑤다. 공연장에서는 정장을 입고 사람들의 환호를 받으며 피아노 연주를 하지만 공연장 밖에서는 백인에게 차별받으며 '그린 북'을 뒤적이며 갈 수 있는 식당과 숙소를 찾아야 하는 처지다. 양복점에서 멋진 양복도 입어볼 수 없다. 공연 직전까지는 창고에서 자신의 차례를 기다려야 할 때도 있다. 백인들이 셜리의 천재성을 인정하고 존중하며 기꺼이 찬사를 보내는 것 같지만, 결국 백인들에게 있어 그는 여전히 '격리된', '분리된' 종족에 불과한 존재이다. 이 영화에서 주인공 셜리와 대조를 이루는 주인공은 토니 발레롱가(비고 모텐슨 분)이다. 그는 입담과 주먹으로 살아가는 인물이며, 그에게는 셜리가 지닌 교양과 우아함이라고는 전혀 찾아볼 수 없다. 흑인 셜리가 남부지역 피아노 연주 투어를 위하여 토니를 운전사 겸 보디가드로 고용한 고용주라는 특별한 영화 설정이 우리에게 인종 차별에 관한 문제 의식을 갖도록 해준다.

영화 주인공의 특징을 분석해보면 다음과 같다. 토니 발레롱가는 인종차별적인 사고를 가지고, 원칙을 지키는 것보다 반칙을 일삼으며 살아가던 중 어디서든 바른 생활을 하는 천재 피아니스트 돈 셜리의 운전사로 일하게 되면서 흑인이 일상에서 겪는 차별을 경험한다. 하지만 토니 또한 단순히 백인이 아니라, 이탈리아 출신으로서 미국인 사이에서 상대적으로 차별받는 처지다. 토니는 한 경찰관에게서 이탈리아 출신이라 흑인 밑에서 일한다는 말을 듣고 모욕감에 격분하기도 한다. 그러나 이는 집 안의 멀쩡한 화장실을 쓰지도 못하고, 동료들의 저녁식사 자리에도 끼지 못했던 셜리가 받아온 차별에 비할 바가 되지 못한다. 이러한 토니에게는 유색인종을 차별하지 않는 아내 돌로레스가 있고, 그는 아내를 존중하고 사랑했기에 변화 가능성이 있다. 아내는 파티에 온 셜리와 포옹하며 "편지 쓰는 것 도와줘서 고마워요"라고 인사말을 건넸다. 남부투어 중에 남편이 보낸 낭만적인 안부편지가 셜리의 도움을 받은 것임을 이미 눈치 채고 있었음을 알 수 있다.

3살 때부터 천재적인 음악성으로 인해 일찍이 피아니스트로서의 삶을 살았던 돈 셜리는 흑인이지만 흑인의 문화를 접할 기회가 많지 않았고, 백인들의 학교에 입학한 최초의 흑인으로서 백인 문화를 더 많이 경험하였다. 셜리는 흑인이지만 부유층이어서 그는 대다수가 빈곤층인 다른 흑인들과 어울려 살아본 적이 없었고, 동시에 그는 상류층이지만 흑인이기에 백인들의 사회에 낄 수 없었다. 또 동성애자로서 이성애자 중심인 사회의 주류에서 배척되었다. 즉, 그는 백인에게서는 '인종적' 문제로 차별받고, 흑인에게서는 '계급적' 문제로 배척되며 동성애자로서 성적 측면에서 차별받는 등 당시 사회의 어떠한 집단에도 완벽하게 속하지 못하는 인물이었다.

"충분히 백인답지도 않고, 충분히 흑인답지도 않고, 충분히 남자답지도 않다면 그럼 난 뭐죠?"라고 외치는 셜리로 인해 우리는 어느 한 집단에도 제대로 정착하기 힘든 경계인으로서의 고충을 알 수 있다. 트리오 중 자신을 제외하고 유색인종이 아닌 나머지 두 명의 연주자가 다른 사람들과 어울려 술을 마시는 모습을 2층에서 바라보는 셜리의 눈빛에서 주변인으로 살아가는 그의 고독이 묻어난다. 셜리와 같은 주변인은 그 불안한 정체성 때문에 그것의 극복을 위하여 끊임없이 고민하고 활로를 모색하게 된다. 이러한 고뇌가 더 커져 갈수록 불안감만 증폭될 뿐 해결책이 없는 운명에 자신이 서지 않는 듯 셜리는 밤마다 술로 마음을 달래려고 한다.

치킨을 손으로 먹는 것조차 질색할 정도로 완벽한 교양인, 냉철한 지식인이었던 그는 생존 본능을 따라 모욕과 멸시를 견뎌내는 것을 내면화했지만, 대신 인간 사이에서 따뜻한 관계를 제대로 경험하지 못했다. 그러나 그는 토니와의 동행을 계기로 서로의 세계를 이해하고 인정하는 계기를 마련하게 되었다.

이 영화는 인종 차별이 곧 계층 간의 차별로 이어진다는 점을 보여주는 영화이기도 하다. 이를테면, 천재 피아니스트가 연주하는 음악을 들으며 문화생활을 공유할 수는 있으나 정작 화장실, 레스토랑과 같은 평범한 '일상'의 영역에서는 유색인종과 함께하는 것이 용납될 수 없고, 그들의 존재를 받아들이지 않는 것에서 또 다른 차별의 장벽을 겪어야 한다. 백인이 흑인의 능력에 찬사를 보냈다고 인종차별이 해결된 것을 뜻하지 않는다. 넘을 수 없는 차별의 장벽에 대하여 폭력을 써서는 아무것도 해결할 수 없다는 것을 이미 여러 가지 경험을 통해 알고 있는 셜리는 인내심과 품위로 자신에 대한 사회적 위선에 맞선다.

영화 정보는 **〈부록 I〉**에 소개한 바와 같다.

Ⅶ. 장애아 문제를 다룬 영화

외국뿐만 아니라 우리나라에서도 장애아 문제를 다룬 우수한 영화가 적지 않다. 여기서는 장애아 문제와 관련하여 영화 '말아톤', '맨발의 기봉이', 그리고 '그것만이 내 세상'을 간략하게 살펴본다. 이외에도 장애아 문제와 그들의 권리를 다룬 영화는 많이 있음을 밝혀둔다. 예를 들어서 영화 '도가니'를 들 수 있다. 또한 이미 앞서

[영화 말아톤 포스터]

소개한 '아이 엠 샘'도 장애인 문제를 다룬 영화의 범주에 속한다. 다만 이 영화는 장애아가 아니라 성인인 아버지가 장애아이기 때문에 영특한 딸이 겪는 고초를 다룬다는 점이 특이하다. 아동을 보호하고 양육할 권리와 의무가 있는 부모가 결격 사유가 발생할 경우 우리가 생각해 볼 문제를 제공하는 훌륭한 영화이다. 이와 관련한 부모의 양육권 문제는 아동의 특수성에 비추어 본서 제3장에서 검토한 바 있다.

영화 '말아톤'은 마라톤이 소원인 장애인의 의지와 노력 그리고 그 과정에서 드러난 역경을 담은 영화이다. 실제 영화의 대부분은 주인공이 20세 나이를 소재로 하므로 엄밀한 의미에서 아동관련 영화로 볼 수는 없다. 하지만 영화에 담긴 내용은 아동문제를 다루는 데 있어서 여러 가지로 관련이 된다는 점을 부인하기 어렵다. 대략 스토리는 다음과 같다. 주인공 초원(조승우 분)은 얼룩말과 초코파이를 좋아하는, 겉보기엔 또래 아이들과 다른 것 하나 없는 귀엽고 사랑스럽기만 한 아이이지만, 어느 날 자폐증 진단을 받게 된다. 초원이 엄마 경숙(김미숙 분)은 감당할 수 없는 현실 앞에 좌절한다. 그러나 경숙은 초원이가 달리기만큼은 정상인보다도 월등한 능력을 가지고 있음을 발견하고, 달릴 때만큼은 남들과 다르지 않은 아들의 모습에 희망을 갖고 꾸준히 훈련시킨다. 시간이 흘러 어느덧 초원이는 20살 청년이 되었지만, 지능은 여전히 5살 수준이다. 모르는 사람 앞에서 아무렇지도 않게 방귀를 뀌어대고, 동생에겐 마치 선생님 대하듯 깍듯이 존댓말을 쓰고, 음악만 나오면 아무데서나 특유의 막춤을 선보이기 일쑤이다. 하는 짓이나 말투는 영락없는 5살 어린애이지만 어린 시절부터 꾸준히 해온 달리기 실력만큼은 여전히 최고인 초원에게 엄마 경숙은 자신의 목표를 '초원의 마라톤 서브쓰리 달성'으로 정하고 아들의 훈련에만 매달린다. 그러던 어느 날 세계대회에서

1등을 한 전력도 있는 전직 유명 마라토너 정욱(이기영 분)이 음주운전으로 사회봉사 명령을 받고 초원의 학교로 오게 된다. 경숙은 애원하다시피 간청하여 기어이 정욱에게 아들의 코치 역할을 떠맡긴다. 도무지 속을 알 수 없는 초원을 성가시게만 생각했던 정욱은 드디어 순수하고 솔직한 초원에게 조금씩 동화되어 가고, 초원도 정욱에게 마음을 열기 시작한다. 정욱은 매번 속도조절에 실패해 지쳐 쓰러지기는 하지만 지구력이 남다른 초원에게서 마라톤 서브쓰리의 가능성을 발견하고 본격적으로 훈련에 들어간다. 이후 영화는 엄마 경숙과의 갈등 등도 담고 있지만 주인공 초원의 나름대로 결실을 맺는 것으로 전개된다.

이 영화를 통하여 우리는 장애아 본인이 겪는 어려움과 함께 이를 돌보는 부모가 감내해야 하는 고초도 짐작할 수 있다. 이는 장애아 문제는 당사자나 그 가족의 문제로 돌리지 말고 사회적 관심을 가진 공동체 문제로 접근해야 한다는 점을 시사해 준다. 또한 이 영화는 실제 주인공인 배형진군 그의 어머니 박미경씨를 모델로 제작한 영화이다.

영화 정보를 보면, 2005년 정윤철 각본·감독 작품으로, 조승우, 김미숙, 이기영, 안내상 등이 주연과 조연을 맡아 열연한다. 이 영화로 조승우는 중국 하이난(海南)성 싼야(三亞)에서 열린 금계백화장(金鷄百花奬) 영화제에서 해외영화부문 남우주연상을 수상하였다. 아시아를 비롯한 세계 각국에서 호평을 받은 작품이며, 국내에서도 500만 관객 동원이라는 당시로는 큰 성공을 거둔 영화이다.

영화 '맨발의 기봉이'는 영화 '말아톤'과 마찬가지로 장애인의 달리기를 소재로 하는 영화이다. 장애인 주인공의 효심과 의지가 돋보이는 휴먼 드라마이다. 대략 스토리는 다음과 같다. 남해의 아름다운 바다가 보이는 한적한 시골 '다랭이' 마을에는 어려서 열병을 앓아 나이는 40살이

[영화 맨발의 기봉이 포스터]

지만 지능은 8살에 머문 때묻지 않은 노총각 기봉(신현준 분)이 산다. 기봉이가 세상에서 제일 사랑하는 사람은 엄마(김수미 분)이며, 제일 잘하는 것은 달리기이다. 동네 허드렛일을 하면서 얻어오는 음식거리를 엄마에게 빨리 가져다주고 싶은 마음에 신발도 신지 않은 채 집으로 뛰어가 따뜻한 밥상을 차리는 그를 보고 동네 사람들은 '맨발의 기봉이'라고 부른다. 동네에서 효자로 소문이 난 기봉이의 아침은 엄마를 위해 매일 아침 따뜻한 세숫물을 가져다주는 것으로 시작한다. 엄마를 위해 군불을 땔 나무도 해오고, 빨래도 도맡아 한다. 노환으로 거동이 불편하고 귀가 어두운 엄마 옆에 항상 기봉이가 따라다닌다. 그런 기봉이가 마냥 어린 아이처럼 행동하는 것도 아니다. 엄마가 화가 날 때면 나무로 직접 깎아 만든 마이크로 노래도 부르고, 장난도 치면서 엄마를 달래기도 한다. 그래서 엄마에게도 세상에서 가장 소중하고 의지가 되는 존재가 바로 아들 기봉이다. 어려운 생활 형편이지만 하루하루를 늘 감사하면서 사는 그들은 항상 밝고 환한 웃음을 지을 뿐이다. 어릴 때부터 달리는 것이 일상이 된 기봉이는 우연히 그 지역에서 열린 달리기 대회에 엉겁결에 참여하게 되고 당당히 입상까지 한다. 평생 고생만 해온 엄마에게 허드렛일로 기쁨을 줄 수 있었던 그는 이를 계기로 달리기를 통해 엄마에게 즐거움을 주기로 결심한다. 한편, 기봉이의 재능을 기특하게 여긴 다랭이 마을 백 이장(임하룡 분)은 기봉이를 '전국 아마추어 하프 마라톤 대회'에 내보내기로 하고, 기봉이의 트레이너를 자처하며 본격적으로 훈련에 들어간다. 이에 기봉이는 일등을 하여 이가 없어 마음대로 음식을 먹을 수 없는 엄마에게 틀니를 해드리리라 결심하며 매일 동네를 달리며 연습에 매진한다는 내용을 담고 있다.

영화 정보를 보면, 2006년 권수경 각본·감독 작품으로, 신현준, 김수미, 임하룡, 탁재훈, 김효진의 호화 출연진이 활약한다. 이 영화는 개봉 당시 사회적으로 적지 않은 파장을 주었다. 당시 노무현 대통령은 장애인들을 청와대로 초청하여 이 영화를 함께 관람한 것으로 알려져 있으며, 이 영화를 토대로 장애인 정책을 수립하겠다고 한 바 있다. 그리고 이 영화도 실제 주인공인 엄기봉씨를 모델로 하여 제작하였다고 한다.

[영화 그것만이 내 세상 포스터]

영화 '그것만이 내 세상'은 역시 일종의 자폐증인 서번트 증후군[2]을 지닌 장애아를 다룬 영화이다. 이 영화는 장애아를 동생으로 둔 형의 동생에 대한 형제애, 그리고 그를 아들로 둔 모성애가 조화롭게 잘 묘사된 영화이다. 영화에서 형제는 엄마가 같고 아버지가 다른 이부형제(異父兄弟)[3]이다. 다

2) Savant Syndrome. 영국의 다운(John Langdon Haydon Down) 박사가 처음 사용한 용어로서, 자폐증이나 지적장애를 가진 사람이 암산, 기억, 음악, 퍼즐 맞추기 등 특정 분야에서 매우 우수한 능력을 발휘하는 현상이며, 일종의 자폐증으로 보기도 한다. 이 증상을 보이는 사람들을 '백치천재(idiot savant)'라고 부르기도 한다. 이 증후군을 가진 환자는 매우 드물어서 전 세계에 100명 정도에 불과하다고 한다.

3) 엄마는 같고 아버지가 다르다는 점에서 이부형제와 의붓형제는 동의어로 쓰일 수 있

른 영화가 장애아의 의지를 부각시킨 데 비하여, 이 영화는 장애인의 천재성을 부각시킨 영화이다. 어찌 보면 장애가 없는 이부형제인 형도 권투선수라는 특별한 재능을 지닌 존재이다. 영화 스토리는 다음과 같다.

한때는 WBC 웰터급 동양 챔피언이었지만 지금은 오갈 데 없어진 한물간 건달인 주인공 조하(이병헌 분)는 우연히 17년 만에 헤어진 엄마 인숙(윤여정 분)과 재회하고, 숙식을 해결하기 위해 따라간 집에서 듣지도 보지도 못했던 뜻밖의 이부동생 진태(박정민 분)와 마주한다. 진태는 라면 끓이기, 게임도 최고로 잘하지만 무엇보다 피아노에 천재적 재능을 지닌 서번트증후군을 지닌 장애아이다. 이렇게 만난 두 형제는 여러 가지 일상을 겪으며 살아가는 데, 조하는 캐나다로 가기 위한 경비를 마련하기 위하여 진태를 돌보는 일을 자처한다. 결코 만만치 않은 불편한 동거생활을 하는 과정에서 조하는 자신의 엄마가 말기 암을 치료하기 위하여 동생을 임시방편으로 맡긴 사실을 알게 되고, 다른 한편으로는 진태의 재능을 입증하는 계기를 마련하게 되는 상황을 중심으로 영화는 전개된다.

영화 정보를 보면, 2018년 최성현 각본·감독 작품으로 이병헌, 윤여정, 박정민이 주연과 황석정 등이 조연으로 활약하지만, 한지민, 김성령이 특별출연을 하는 등 호화캐스트도 이 영화의 장점이다. 한지민이 맡은 한가율은 부유한 집안에서 성장하여 수준 높은 교육을 받았으나 불의의 교통사고로 한 쪽 다리를 잃은 천재 피아니스트이다. 이 점에서 한가

지만, 반드시 그렇지 않다. 의붓형제는 자기 아버지가 아닌 남자와 어머니가 낳은 아들과 함께 살 경우에 해당하는 말이다. 이 경우 의붓아버지에 대하여 의붓아들이 되므로 이로부터 의붓형제라는 말이 생겨난 것이다. 이 영화에서는 두 형제 중 어느 누구도 의붓아버지와 함께 산 적이 없다. 따라서 이 영화 속 주인공 형제는 이부형제이기는 하지만, 의붓형제라고 할 수는 없다.

율도 역시 장애인이 겪는 고초를 영화를 통해서 잘 드러내주는 인물이다. 한가율은 진태가 자신의 천재적 재능을 사람들에게 인정을 받을 수 모멘트를 제공하는 인물이다. 다소 코믹한 요소가 상당히 가미된 영화이다.

영화 '그것만이 내 세상'은 할리우드 영화 '레인 맨'[4]과 유사한 측면이 있다. 이 점에서 '레인 맨'을 패러디한 영화라는 혹평이 있기도 하지만, 우리나라 상황을 잘 표현했다는 점에서 평가할 만한 영화이다. 특히 백수건달 역을 소화한 이병헌의 연기, 박정민의 서번트 증후군 연기와 피아노 연주 등은 호평할 만하다. 그리고 한가율의 성격을 소화해낸 한지민의 연기도 '레인 맨'에 뒤지지 않은 작품임을 입증하는 단초이다.

---

4) 원제 'Rain Man' 1989년 배리 레빈슨 감독의 미국 영화로서 장애인 레이몬드 역을 맡은 더스틴 호프만과 동생 찰리 역을 맡은 톰 쿠르즈가 연기한 작품이다. 영화의 설정에서 '그것만이 내 세상'과 유사한 측면이 있지만, 전혀 다른 영화라고 보는 편이 타당하다.

제1부 부록

Ⅰ. 영화 속의 '아동': 영화 개요

1. 죽은 시인의 사회
2. 룸
3. 4등
4. 가버나움
5. 미쓰백
6. 태양 아래
7. 연을 쫓는 아이
8. 아이 엠 샘
9. 페임(2009)
10. 아무도 모른다
11. 거북이도 난다
12. 크로싱
13. 취한 말들을 위한 시간
14. 그린 북
15. 히든 피겨스

Ⅱ. 논문: 영화 '죽은 시인의 사회'의 교육적 고찰

I 영화 속의 '아동': 영화 개요

1. 죽은 시인의 사회
2. 룸
3. 4등
4. 가버나움
5. 미쓰백
6. 태양 아래
7. 연을 쫓는 아이
8. 아이 엠 샘
9. 페임(2009)
10. 아무도 모른다
11. 거북이도 난다
12. 크로싱
13. 취한 말들을 위한 시간
14. 그린 북
15. 히든 피겨스

〈제1부 부록 I〉에서 소개하는 영화는 아동권리와 관련된 영화의 줄거리, 영화의 배경, 등장인물, 영화 정보의 순으로 정리하여 소개한다. 다만 영화 '죽은 시인의 사회'는 **〈제1부 부록 II〉**에서 학문적 관점에서 다루기로 한다. 영화의 개요를 소개하는 것은 독자들의 아동의 이해와 아동권리인식 제고를 위한 소재를 제공하기 위한 것이다. 즉 아동을 온전하게 이해하고 아동권리인식을 제공하기 위하여 『아동권리향연 마당』에서 영화의 내용을 토대로 각종 아동권리 관련 사례와 생각해 볼 문제를 다루기로 한다. 영화를 소개하는 내용이 다소 많더라도 이 점을 양해해 주기 바란다. 끝으로 여기에 제시하는 영화의 순서는 무작위임을 밝혀 둔다.

1. 죽은 시인의 사회

[영화 죽은 시인의 사회 포스터]

이 영화의 개요와 논점은 제4장 2절에 소개한 바 있다. 이 논점을 중심으로 영화를 감상하고 이 영화가 아동관과 아동권리에 주는 영향을 고려해 보는 것이 좋은 방법이다.

논점은 주로 다음과 같은 것이다.

첫째, 교육목적과 아동의 이익의 문제로서 이 영화가 과연 교육학에서 논의되는 성장모형을 반영하고 있는가 하는 점이다. 둘째, 전통교육과 진보교육의 이분법이 타당한가이다. 이 영화를 보면 이 이분법은 무의미함을 알 수 있다. 셋째, 이 영화는 니체의 사상을 잘 반영하고 있다고 볼 수 있다. 특히 니체의 '죽은 신'과 영화의 '죽은 시인'을 견주어 보면 흥미 있는 해석이 나온다. 이 점과 관련해서는 이어지는 **〈제1부 부록 II〉**에 수록한 논문을 참조하라.

이하 소개하는 영화처럼 '영화의 배경', '등장인물', '사건의 전개' 등은 생략하기로 한다. 이와 관련된 내용은 역시 **〈제1부 부록 II〉**의 논문에 수록한 해당 각 소절을 참조하라.

여러 가지 측면에서 이 영화는 교육적으로 시사하는 바가 많은 영화이며, 영화의 예술적 가치가 높은 만큼 다양한 경로를 통하여 반드시 관람하기를 강력하게 추천하는 바이다.

2. 룸

(1) 영화 줄거리

[영화 룸 포스터]

열일곱 살 소녀 조이는 7년 전, 한 남자에게 납치되어 창고를 개조한 가로, 세로 약 3.5m의 작은 방에 갇히게 된다. 세상과 단절된 채 지옥 같은 나날을 보내던 중, 납치범 닉에게 성폭행을 당하여 아들 잭을 낳았다. 조이에게는 아들 잭이 지옥 같은 현실에서 유일한 삶의 희망이자 구원이 되었다. 닉은 주기적으로 두 모자에게 생필품을 가져오며 몇 년에 걸친 감금 생활과 성폭행을 지속해왔다. 납치범 닉을 기습적으로 죽일 기회도 있었지만 그것은 결국 자신과 아들 잭이 방안에서 나갈 기회를 없애는 것이므로, 그를 죽일 수는 없었다. 태어나 방 밖을 나가본 적 없는 잭에겐 이 '룸'이 세상의 전부이다. 방 안의 사물과 엄마만이 '진짜'이며 방 밖엔 우주가 있다고 철석같이 믿고 있다. 이렇게 일주일에 한 번 닉이 제공하는 식량에 의존해 살아가던 중, 잭이 옷장 밖으로 나와 버리는 사건이 발생한다. 이 사건 때문에 조이가 납치범 닉과 싸우다 제압당하고, 분노한 닉은 다음 날 창고의 전기를 끊어버리는 보복을 한다. 한겨울 날씨라 입김이 샐 정도로 추운 환경에 방치된 조이는 더는 버틸 수 없다고 판단해 탈출을 결심한다. 그리고 어렵지만, 아이에게 그들이 처한 현실을 설명하고, 자신의 끔찍한 삶에 관해 이야기하고자 한다.

잭은 닫힌 방 안의 삶에 길들여져서 오로지 TV 모니터를 통해 세상과 소통하며 그 안에 등장하는 사람들이 실재하지 않는 허상이라고 생각하기에 이른다. 따라서 룸 밖의 넓은 세상이 궁금하지 않다. 조이는 그런 아들 잭에게 끊임없이 바깥 세상을 설명하고, 갇혀 있는 현실을 일깨워주려 한다. 그러나 잭은 안락하고 완벽한 공간인 룸 이외의 바깥 세상을 설명하려는 엄마를 이해하지 못한다. 더욱이 잭은 엄마 조이를 7년간 가두고 성폭행을 일삼는 납치범 닉을 주말마다 선물을 주는 산타클로스처럼 생각하고 있었다. 그러나 전기가 끊기기 전날, 엄마의 목을 조르는 닉의 모습 속에서 엄마가 자신에게 설명하려 했던 닉의 정체를 어슴푸레 파악하고 그에게 받은 장난감을 버리고 만다. 여기서 엄마 조이는 목숨을 걸고 탈출을 시도할 용기를 얻게 된다. 조이는 고작 다섯 살밖에 되지 않은 잭에게 탈출하는 방법에 대해서 가르치는 등 결연한 의지를 보여준다. 잭 또한 그런 엄마를 보며 탈출 연습을 한다. 마침내 잭은 죽은 척하면서 탈출하게 된다. 그리하여 카펫에 둘둘 말린 채 트럭 짐칸에 실려 처음으로 '진짜' 하늘과 '진짜' 구름 그리고 '진짜' 강아지와 '진짜' 사람을 마주한다. 이 과정에서 닉에게 쫓기는 신세가 되어 곤혹을 겪게 되지만, 다행히 한 이웃의 의심으로 결국 탈출에 극적으로 성공한다.

세상으로 나온 그들에겐 매스컴의 카메라가 따라붙고 세상의 편견이 따라다닌다. 7년 동안 끔찍한 범죄의 피해자였던 조이는 탈출하기만 하면 모든 것이 잘 될 것이라 생각했지만, 막상 자신에게 다가오는 세상의 시선과 막막한 현실 앞에 자신이 꿈꾸던 열려있는 세계는 막혀 버린 편견의 '방'으로 다가와 더욱더 좌절하게 된다. 조이의 아버지 역시 끔찍한 성폭력의 결과로 세상에 태어난 자신의 손자인 잭을 받아들이지 못한다. 세상의 차가운 시선 앞에서 용기를 잃지 않고 저항하던 엄마 조이는 잭과 자신의 자립을 위한 재원을 확보하기 위해, 방송국에서 제안한 거액의 인터뷰를 승낙하게 된다. 그러나 방송은 그녀의 아픔을 고려하지도 않고 시청률을 위한 잔인한 질문을 쏟아낸다.

이러한 세상의 편견을 마주한 조이는 결국 자살을 시도해 병원에 입원한다. 그러나 잭은 엄마를 기다리며 아이 특유의 유화력으로 세상에 잘 적응하게 된다. 이에 조이는 이런 아들 잭에게서 희망을 보고 용기를 얻는다. 마지막 장면에서 잭이 엄마에게 자신들이 있었던 그 '룸'에 가보고 싶다고 하고, 두 사람은 자신들의 7년간의 기억이 고스란히 들어있는 그 끔찍한 공간으로 다시 향하게 된다.

(2) 영화의 배경

이 영화는 소설가 엠마 도노휴가 실화를 바탕으로 쓴 동명소설을 바탕으로 한다. 2008년 오스트리아에서 요제프 프리츨이라는 73세의 노인이 24년간 친딸 엘리자베스를 밀실에 가두어 지속적으로 성폭행해 자신의 자녀를 일곱 명이나 낳은 사건이다. 그는 자신의 딸 엘리자베스가 열한 살 되던 해부터 강간하기 시작하여, 엘리자베스가 열여덟 살이 되던 해에 지하 밀실로 유인해 가두고는 딸에게는 자신을 찾지 말라는 가출 편지를 쓰게 하고, 부인과 함께 경찰에 실종 신고를 했다. 성폭행으로 태어난 일곱 명의 아이 중 세 명의 아이들은 이미 프리츨 부부가 정식 입양 절차를 거쳐 키우고 있었고, 한 아이는 지하 토굴에서 비밀 출산 후 방치해 사망하자 시체를 불에 태운 후 유기했던 것으로 밝혀졌다. 요제프 프리츨은 집 밖에서는 모든 사람에게 친절하게 대함으로써 누구도 자신과 가족에 대해 의심할 여지조차 남기지 않았다. 같은 속임수를 써서 아이들을 입양할 수 없었던 요제프는 나머지 아이들을 엘리자베스와 함께 사육하듯 키웠고, 이 범죄는 빛이 전혀 들지 않는 지하 골방에서 19년을 살았던 컬스틴이 산소 부족과 영양 불균형으로 건강이 위태로워져 병원에 입원하면서 드러났다.

사건이 밝혀진 이후, 요제프는 딸 엘리자베스와 '서로 사랑해서, 동의 하에' 맺은 성관계이며, 지하 토굴 생활 역시 엘리자베스가 비난을 피하기 위해 '스스로 선택한' 것이라고 강변했다. 엘리자베스는 처음에는 아무 말도 하지 않았으나, 경찰의 설득 끝에 평생 자신과 아이들이 요제프를 만나지 않도록 해줄 것을 보장해준다는 조건으로 진술을 시작했다. 그러나 지옥과도 같았던 지하 토굴에서 엘리자베스와 자녀들이 구출된 이후, 파파라치들은 그들의 사진을 찍기 위해 병원에 몰래 잠입하기도 하면서 언론사에는 인터뷰에 대한 대가로 엘리자베스에게 약 15억 6천만 원을 제시하기도 했다. 그 누구도 감히 상상할 수 없는 고통스럽고 끔찍한 일을 겪은 범죄 피해자임에도 불구하고, 그들을 대하는 사회는 오히려 피해만 가중시키는 꼴이었다. 이러한 이야기를 바탕으로 엠마 드노휴가 쓴 원작 소설은 아이의 시각에서 바라본 세상과 그들을 감싼 편견들에 초점을 맞춘다. 영화 역시 이러한 아이의 시각이 반영되어 전개된다.

(3) 등장인물

조이(Joy, Brie Larson 분)는 자신이 살던 넓은 세상에서의 자유를 잃고 '룸'이라는 작은 세상에 갇혀 답답하고 절망적인 삶을 살았던 인물이다. 마침내 탈출에 성공하여 자신이 그동안 그렇게도 바라던 넓은 세상으로 나왔지만, 자신이 룸에서 상상한 세상과 현실 속의 넓은 세상은 너무나도 달랐음을 깨닫게 된다. 퇴원 후 가족끼리의 첫 식사장면에서 나와 있듯이 사람들이 자신을 환영해 주기보다는 자신과 아들 잭(Jack, Jacob Tremblay 분)를 받아들이지 못하는 아버지 로버트(Robert, William H. Macy 분)를 보며 좌절감을 느끼고, 지금 세상에는 자신이 그다지 필요하지 않다는 사실에 실망하고 만다. 또한 방송 촬영 이후 전력투구하였던 몇 년 동안의 육아 생활에서도 죄책과 회의감을 품게 된다. 그래서 조이는 앨범을 보면서 자신이 룸에 갇히기 전에 보았던 넓은 세상을 그리워하기도 한다.

조이의 엄마인 낸시(Nancy, Joan Allen 분)는 로버트와 이혼하고, 자신의 현재 남편인 그라보스키(Grabowski, Joe Pingue 분)와 살고 있다. 변한 딸 조이의 모습을 보며 갈등을 겪기도 하지만, 손자 잭에게 누구나 서로에게 힘이 되어주며 살아간다는 말을 해주며 조이와 잭이 세상에 잘 적응할 수 있도록 돕는다. 반면 낸시의 전남편이자 조이의 친아빠인 로버트(Robert, William H. Macy 분)는 자신의 딸이 끔찍한 성폭행을 당한 사실을 안타까워하면서도 그 결과로 태어난 자신의 손자 잭을 받아들이지 못하는 세속적 인물이다.

납치범 닉(Nick, Sean Bridgers 분)은 17살이었던 조이를 납치하여 자신의 집 마당에 있는 작은 창고에 수년간 감금하는 만행을 저지르면서도, 먹을 것을 가져다주고 보살펴주는 자신에게 조이가 감사함을 느껴야 한다고 여기는 인물이다. 이웃 주민의 신고로 출동한 경찰 파커(Parker, Amanda Brugel 분)는 괜한 시간 쓰지 말고 잭을 고아원에 보내자는 동료 경찰관의 말에도 불구하고 불안과 혼란스러움을 느끼는 잭을 진정시키며 마침내 조이까지도 탈출시키는 헌신적인 인물이다.

(4) 영화 정보

영화 제작연도: 2015년
제작사: 필름네이션 엔터테인먼트(Filmnation Entertainment)
영화감독: 레니 에이브러햄슨(Lenny Abrahamson)
각본: 엠마 도노휴(Emma Donoghue)

3. 4등

(1) 영화 줄거리

수영을 한 지 2년 된 수영선수 준호는 천재적인 재능을 가졌지만 승부욕이 없어 경기만 하면 4등을 한다. 그저 물속에 비치는 햇살을 즐기고 친구들과 노는 것을 좋아하는 전형적인 또래의 아이들에 불과하다. 그러나 그런 준호를 보는 엄마의 속은 새까맣게 타들어 간다. 엄마는 "인생 꾸리꾸리하게 살래"라고 타박하지만 준호는 나름 열심히 하고 있다고 대답한다.

[영화 4등 포스터]

준호를 1등으로 만들기 위해서라면 물불 가리지 않는 엄마는 급기야 '메달 따게 해주는' 코치인 광수를 소개받는다. 괴팍한 광수는 수영 국가대표로 1998년 방콕아시안게임 출전을 준비한 바 있는 천재 소리 듣던 전직 수영선수다. 광수는 잠재된 뛰어난 승부욕을 바탕으로 타고난 승부사였다. 그러나 광수는 노력을 게을리 하며 방만한 생활을 계속하였고, 틀에 박힌 훈련과 그를 길들이려는 수영코치의 체벌을 견디지 못해 도박과 선수촌 무단이탈을 일삼다가 결국 수영을 그만 두었다.

심드렁한 표정으로 대회 1등은 물론 대학까지 골라 가게 해주겠다고 호언장담하는 광수는 연습 기간 수영장 출입금지 명령을 내리는 등 준호 엄마에게 훈련에 절대 개입하지 않겠다는 약속까지 받아낸다. 그리고 광수는 준호가 집중하지 못한다는 이유로 준호에게 체벌까지 가한다. 준호가 미워서 때리는 게 아니라, 과거 광수 본인이 코치에게 맞지 않아 더 크게 성장하지 못했다고 생각한다. 메달에 목매는 준호 엄마는 이 사실을 뒤늦게 알게 되지만 이를 묵인하게 된다.

의심 반, 기대 반의 시간이 흐르고 1등과 0.02초의 차이로 성적을 내자 준호네 집에는 오랜만에 웃음소리가 떠나지 않는다. 이때 신이 난 동생 기호는 해맑게 질문을 던진다. "정말 맞고 하니까 잘 한 거야? 예전에는 안 맞아서 맨날 4등 했던 거야, 형?" 참던 준호가 더는 이와 같은 매를 맞아가면서 수영을 포기하겠다고 하지만 이는 아들만이 희망이던 엄마에게는 벼락과 같은 소식이다. 이후 준호는 떠나 있던 수영장을 찾고, 1등에는 별 관심이 없던 준호가 "지금은 진짜 1등 하고 싶다. 그래야 수영을 계속할 수 있으니까"라는 말을 이어간다.

(2) 영화의 배경

영화는 냉정하고 철저한 경쟁 사회를 배경으로 하고 있다. 경쟁 사회에서는 경쟁의 가치가 중요한 기준이 되어 다른 사람보다 우월한 성과를 만들어내어야만 성공이라고 생각한다. 하지만 경쟁은 경우에 따라서 동기부여가 되어 개인의 발전 및 사회의 발전을 이끌어낼 수 있지만, 때로는 경쟁이 과열되어 사람들에게 과도한 스트레스를 가져다주기도 한다. 특히 준호의 엄마나 광수는 경쟁의 이러한 장단점을 제대로 파악하지 못한 채로 금메달에만 집착한다. 이처럼 경쟁 상대에 항상 둘러싸여 끊임없는 경쟁이 일어나는 현실에서 초등학생까지도 치열한 경쟁의 장으로 내몰리고 있다. 이러한 경쟁 사회의 큰 문제점은 경쟁 사회의 공포에 지배당해 사람들은 자신의 내면을 살펴볼 여유도 없이 달려가야 한다는 것이고, 그 결과로 사람들은 자신이 진정으로 무엇을 위해 살아가는지를 잊어버리고 만다는 데 있다.

이러한 경쟁 사회의 논리는 영화 속에서 어린 광수가 선수 생활을 하던 90년대에 운동선수에 대한 체벌을 합리화한다. 과거 운동 지도자들은 훈련 도중 부상을 예방하기 위해 긴장감을 주거나 실력 향상을 위해 체벌이 필수적이라고 주장한다. 이렇게 운동부 내에 폭력이 일상이 되어버린 이유에는 절대적 권력을 가진 감독이나 코치가 그야말로 신적인 존재라는 데 있다. '엘리트 체육'에서 나타나는 성적주의와 승리주의가 펴져 있는 스포츠계에서 지도자는 훈련부터 선수 선발까지 선수 장래와 관련한 모든 권한을 거머쥐었고 지도자의 입김이 강할 수밖에 없기 때문이다.

(3) 등장인물

자신이 천재라는 말을 듣는 어린 광수(정가람 분)는 체벌로 자신을 가르치려 드는 박 감독(유재명 분)에게 반기를 드는 아이이다. 그러나 결국 성인이 된 광수(박해준 분)는 본인을 폭력으로 다스리려 했던 박 감독이 결국 옳았다는 판단을 내려, 체벌이 있어야만 훌륭한 성적을 낼 수 있다고 생각하기에 이른다.

준호(유재상 분)는 수영이 좋아서 하는 해맑은 아이이다. 메달에 욕심이 있지만 그리 큰 욕심은 아니고 그저 '있으면 좋겠다'라는 정도이지만 극성인 엄마를 이길 수는 없다. 그 결과 엄마의 기대치에 계속해서 미치지 못하기 때문에 충돌이 일어날 수밖에 없음에도 준호는 이런 엄마를 이해하기에 이른다. 그러나 극단적인 상황까지 이겨내야 하는지 확신할 수는 없다. 그저 준호는 메달에 대한 갈망보다는 단지 자신이 하고 싶은 것을 즐겁게 하기를 원하는 아이이다. 아직 경쟁 사회에 물들지 않아 체벌의 결과로 뛰어난 성적을 받고 메달을 쟁취하는 것보다 자신이 원하는 것을 하는 것이 더 중요하다고 생각하는 인물이다.

준호의 엄마(정애, 이항나 분)는 경쟁 사회에 지배되어 수영을 좋아하는 자신의 아들 준호가 반드시 경기에서 1등을 해야 한다는 강박감을 지닌 인물이다. 그 결과로 멍이 든 준호의 몸을 보고서도 준호를 수영센터로 매일 새벽마다 데려다주고, 매를 맞아서라도 1등을 해야 한다고 믿는 광수의 훈련에 개입하지 않는다. 준호의 아빠(영훈, 최무성 분)는 과거 어린 광수가 훈련 중의 체벌을 견디지 못한 사실을 폭로하고자 했던 기자였다. 그러나 당시 준호의 아빠는 그럴만한 사유가 있다고 믿어 체벌 사실을 기사화하지 않았다. 그러나 시간이 흘러 자신의 아들 준호에게 광수가 체벌을 가한 것을 알게 된다. 여기서 영훈은 광수에게 돈 봉투를 건네며 계속해서 준호를 때린다면 이 사실을 공론화하겠다는 협박을 하는 이중적인 모습을 보여준다.

(4) 영화 정보

영화 제작연도: 2015년

제작사: 정지우 필름, 국가인권위원회, (주)프레인글로벌

영화감독: 정지우

각본: 정지우, 김민아

4. 가버나움

(1) 영화 줄거리

영화 '가버나움'은 레바논에서 생활하고 있는 12살 소년 자인의 모습을 중심으로 빈민층의 현실과 어린아이들의 생활들을 단면적으로 보여주고 있다. 자인이 법정에 서는 장면으로 영화가 시작된다. 자인은 살인혐의로 기소되었지만, 부모를 상대로 소송을 벌인다. 판사가 왜 부모를 상대로 소송을 제기하는지 묻자 소년은 자기를 끔찍한 세상에 태어나게 했기 때문이라고 대답한다. 이후 영화는 소년 자인이 살아온 삶의 단편들을 하나씩 보여주기 시작한다.

자인 형제들은 출생증명서 같이 신분을 증명할 서류가 없다. 그리하여 교육, 의료와 같은 기본적인 삶의 영역에도 제한된 채로 살아간다. 자인을 포함한 자녀들은 어릴 적부터 거리로 내몰려 세상을 몸소 체득한다. 그러던 중 부모가 한 살 아래인 여동생 사하르와 식료품점 주인을 결혼시키려는 움직임을 눈치 채고, 사하르의 짐을 챙겨 몰래 사하르를 탈출시키려 하지만 좌절되고 만다. 결국, 여동생 사하르는 11살의 나이에 팔

[영화 가버나움 포스터]

려가듯 강제 결혼하게 되었고, 이 일을 계기로 자인은 가출한다.

부모에 대한 분노로 목적지 없이 떠난 자인은 놀이공원에서 일자리를 구하던 중에 잡일을 하는 에티오피아 출신 미혼모인 라힐을 만나게 된다. 영화의 첫 장면에서 슬픈 표정으로 자신의 국적을 말하던 사람인 라힐은 사실 놀이공원 화장실에 자신의 아기 요나스를 몰래 숨겨둔 채로 일을 하고 있는 불법 체류자이다. 라힐은 일자리를 찾는 자인에게 자신이 일을 나가는 동안 자인이 요나스를 돌보도록 하며 함께 생활할 수 있도록 해준다. 이처럼 힘겹게 생계를 유지해나가는 라힐은 위조 신분증이라도 만들어야 하지만 그 마저도 만들 돈이 없는 처지이다. 그 와중에 자신의 아기를 팔라는 독촉을 받지만, 라힐은 거절한다. 결국 라힐은 불법 체류 혐의로 잡혀가고 만다. 돌아오지 않는 라힐을 찾아 요나스를 안고 시장을 헤매던 자인은 라힐이 없는 동안에 갖가지 노력을 해서 아기 요나스를 돌보게 된다. 난민행세를 하며 필요한 귀저귀와 분유를 받기도 하고, 다른 아기의 젖병을 훔쳐오기도 한다. 고작 12살 소년이 혼자 모든 생계를 책임지며 아기를 키우는 상황이 연출된다.

한편 자인은 시장에서 만난 한 소녀 메이소운을 통해 스웨덴에 갈 방법에 대해서 듣게 된다. 메이소운의 말처럼 난민 자격으로 스웨덴으로 가기 위해서는 많은 돈이 필요했고, 어쩔 수 없이 해외입양 보내 더 좋은 환경에서 살게 해주겠다는 아저씨에게 요나스를 팔아넘겨 돈을 마련하게 된다. 또한 출생에 관련된 서류가 필요하다는 말에 자인은 자신의 집으로 찾아가지만, 그곳에서 충격적인 사실을 알게 된다. 자인은 출생신고조차 되지 않은 존재였으며, 여동생 사하르는 죽었다는 것이다. 형제 중 그 누구보다 각별한 동생이었던 사하르의 죽음을 알게 된 자인은 분개하여, 겨우 11살의 나이의 사하르를 임신시키고 죽음에 이르게 한 식료품점 주인을 칼로 찔러 죽이고 만다.

결국 자인은 교도소에 가게 된다. 이후 자인의 교도소에 면회 온 자인의 엄마는 자기도 힘들다며 호소하면서 사하르의 죽음과 동시에 새로운 축복이 찾아왔다며, 자신의 임신 사실을 알린다. 그리고 태어날 아이가 딸이면 좋겠다며, 이름을 다시 사하르라고 지어야겠다고 한다. 하지만 자인은 이렇게 말한다. "엄마의 말이 칼처럼 심장을 찌르네요." 사하르의 죽음이라는 되돌릴 수 없는 실수를 저질렀음에도 진정한 반성의 기미조차 보이지 않고 새로운 자식을 낳겠다는 부모의 태도는 자인을 더욱 곤혹스럽게 만든다.

이 일을 계기로 생각이 굳어진 자인은 자신을 낳았다는 이유로 결국 부모를 고소한다. 그리고 "나도 커서 훌륭한 사람이 되고 싶었어요. 존중받고 사랑받고 싶었어요. 하지만 신은 그걸 원하지 않아요. 우리를 짓밟을 뿐이죠."라는 말을 한다. 반면 부모는 법정에서 본인들도 평생을 이렇게 살아왔기 때문에 아이에게 부모로서 최선을 다했고 잘못이 없다고 말한다. 오히려 당신들이 과연 우리를 비난할 수 있느냐며 항변한다.

(2) 영화의 배경

2011년 시리아에서 발생한 '아랍의 봄'은 처음으로 시리아 난민을 발생시켰다. 이후 걷잡을 수 없는 사태는 2012년 이후 시리아 내전으로 퍼졌고, 그 결과 난민의 수는 늘어나게 되었다. 그리고 2014년 시리아 내전의 최대 변수 IS의 부상과 세력의 확장은 시리아 난민들이 대거 시리아에서 탈출하는 주요 원인이 되어, 주변국으로 유입된 시리아 난민은 포화 상태에 이르렀다. 약 460만 명에 이르는 시리아 난민들은 영화의 배경이 되었던 레바논을 포함하여 터키, 요르단, 이라크, 이집트 국가로 유입되었고, 각국에서 경제적 부담과 사회적 불안을 조성시키고 있다. 이것이 영화의 배경이다.

또한, 시리아 난민들이 유입된 국가에 정착할 수 있는 법적 제도나 장치들이 마련되지 않아서 주변국으로 과도하게 유입된 시리아 난민들은 난민으로조차 거주하는 것도 어려운 상황이다. 레바논 정부는 새로운 난민 등록을 받지 않고 있으며, 이미 레바논 내 시리아 난민으로 등록된 경우에도 복잡하고 입국 비자비가 추가된 제도를 시행하여 자국 내 시리아 난민 수를 줄이고자 하였다. 이와 같은 조치로 레바논 내 거주 시리아 난민 중 약 70%가 더 합법적으로 레바논에 거주하지 못할 지경에 이르렀다. 불법적으로 거주하게 되는 시리아 난민들은 구류 및 추방 등의 두려움과 함께 기본적 생존에 필요한 재화와 복지 서비스 역시 받지 못하여 생존에 위협을 받는 상황에 처하게 되었다.

(3) 등장인물

출생기록조차 없는 열두 살인 소년 자인(Zain, Zain Al Rafeea 분)은 자기 앞에 주어진 삶을 경멸한다. 자신을 낳고 형제들을 낳은 부모를 원망하며 고소하기에 이른다. 자인은 학교도 가지 못한 채 마른 몸을 휘청이며 가족의 생계를 돕는 도구처럼 쓰인다. 그럼에도 불구하고 자인은 살아남으려는 강한 생존력을 지닌 아동이다. 삶이 주는 고통에서 멀어지기 위해 처절한 저항도 한다. 또한 그는 상대를 가리지 않고 욕하고 달려드는가 하면 소소한 좀도둑질 정도는 태연히 해냈고, 결국엔 살인까지 하게 된다. 불법체류 혐의로 잡혀간 라힐을 대신해 젖먹이 요나스(Yonas, Boluwatife Treasure Bakole 분)를 보살피는 자인은 강인함과 책임감을 지닌 아이지만, 스웨덴에 가기만 하면 새로운 삶이 주어질 것이라는 희망을 지닌다.

자인의 여동생 사하르(Sahar, Haita Cedra Izzam 분)는 남은 식구들을 위해 초경이 시작된 때에 나이 많은 남자와 결혼하게 되는 인물이다. 자인의 아버지 셀림(Selim, Fadi Yousef 분)은 출생신고서류를 찾는 자인을 때리며 세상에 아무도 기록도 없는 유령, 기생충과 같은 삶이라며 학대하는 인물이다. 법정에서 아버지 셀림은 본인도 이런 삶을 살고 싶지 않았고, 결혼해 가정을 꾸린 것이 자신의 인생을 망쳤다며 한탄한다. 자인의 어머니 수아드(Souad, Kawsar Al Haddad 분)도 최선을 다한 자신을 그 누구도 비난할 수 없다며 자신을 합리화하는 인물이다. 닭 몇 마리에 딸을 팔아넘기는 몽매하고 잔인한 어머니이다.

라힐(Rahil, Yordanos Shiferaw 분)은 에티오피아 출신 미혼모이자 불법체류자로서 자신의 딸 요나스와 함께 살아가기 위해 분투하는 인물이다. 요나스를 해외입양으로 팔아넘긴다면 위조 신분증을 만들기 위한 돈을 마련할 수 있지만, 굳건하게 아이를 지켜내고자 의지를 지닌 자인의 부모와는 대조되는 인물이다. 요나스를 안고 라힐을 찾아 시장을 배회하던 자인이 만난 메이소운(Maysoun, Farah Hasno 분)은 자인과 마찬가지로 생계를 위해 거리로 내몰린 소녀이다. 메이소운은 자인에게 스웨덴 입양에 관해 알려주는 등 매우 세상물정에 밝은 인물이다.

(4) 영화 정보

영화 제작연도: 2018년

제작사: 무즈 필름(Mooz Films)

영화감독: 나딘 라바키(Nadine Labaki)

각본: 지하드 호제일리(Jihad Hojeily), 나딘 라바키(Nadine Labaki)

5. 미쓰백

(1) 영화 줄거리

[영화 미쓰백 포스터]

고등학교 시절, 백상아는 성폭행으로부터 자기 자신을 지키려다 살인미수 혐의가 인정되어 감옥살이하게 된다. 당시 담당 형사였던 장섭은 부조리한 사법 현실 때문에 정당방위가 인정되지 않아 범죄자가 되어야만 했던 백상아를 안쓰럽게 여기면서, 이후 그녀에게 연민을 느낀다. 백상아는 교도소에서 출소한 이후에 거칠고 외롭게 살아가며, 전과자라는 신분으로 그 누구에게도 마음을 열지 않고 살아간다. 그러던 어느 날, 백상아는 어린 시절 자신을 놀이공원에 버리고 떠나버린 친모가 싸늘하게 홀로 죽어갔음을 알게 된다. 과거 백상아의 엄마는 남편이 죽고 우울증을 겪었고, 술에 취한 상태에서 백상아를 방치하였던 것이다.

과거의 사연으로 괴로워하던 백상아는 지은이라는 한 아이를 길에서 만나게 된다. 나이에 비해 작고 깡마른 몸에, 한겨울 날씨에도 홑겹 옷을 입고 있는 지은에게서 아동학대의 흔적을 발견하게 된 백상아의 마음은 편치 않다. 지은의 아빠 김일곤은 심각한 게임 중독에 빠져 살면서 동거녀 주미경과 함께 지은을 돌보지 않고, 감금하고 학대한다. 이러한 끔찍한 학대를 견디다 못한 지은이 도움을 요청하러 경찰서에 찾아갔지만, 경찰은 부모의 지나친 훈육 정도로 여겨 지은을 집으로 돌려보낸다.

학대받고 버림받은 상처가 있는 자신과 닮은 지은을 더는 외면할 수 없게 된 백상아는 결국 아이를 구하기 위해 세상과 맞서기로 한다. 물 한 모금 마시지 못한 채 감금되어 죽음의 문턱에 서 있던 지은은 2층 화장실의 작은 창문으로 탈출하게 되고, 이를 발견한 백상아는 아이와 함께 도망친다. 이 사실을 알게 된 김일곤과 주미경은 백상아의 전과기록을 들먹이며, 백상아가 지은을 유괴하였다고 신고를 한다. 그러나 장섭이 블랙박스를 통하여 집을 탈출하기 위해 전깃줄에 의존해 2층 난간에 매달린 지은의 모습이 담긴 영상을 찾아내면서 영화는 반전된다. 갖은 난관에도 불구하고 마침내 백상아는 학대로부터 지은을 구하게 된다.

(2) 영화의 배경

영화는 인천광역시에서 2015년에 2년 동안 친부와 계모에 의해 감금되어 학대당하던 여아(당시 11세)가 탈출하여 세상에 알려진 사건을 모티프로 제작되었다. 2015년 12월 12일에 인천에서 친부와 계모에 의하여 2년 동안 집에 감금되어 학대와 폭행을 당하던 11세 피해 여아는 너무 배가 고파 2층의 세탁실에 갇혀 있다가 손을 묶은 노끈을 풀고 가스배관을 타고 맨발로 집을 탈출하였다. 탈출한 슈퍼마켓에서 과자를 훔쳐 먹던 아이를 발견한 주인은 겨울에 반팔과 반바지를 입고 또래에 비해 지나치게 마른 모습을 수상하게 여겨 경찰에 신고했고, 피해자는 신고를 받고 출동한 경찰에 발견되어 구출되었다.

친부와 계모는 아이가 탈출했다는 사실을 알고 달아났으나 경찰에 의해 검거되었다. 직업도 없던 아이의 친부는 온라인 게임에 중독돼 집에 아이를 가둔 채 굶기고 상습 폭행했고, 손과 발은 물론 옷걸이를 걸어두는 행거 쇠 파이프로도 아이를 때린 것으로 드러났다. 탈출한 아이의 늑

골은 골절된 상태로 다리와 팔 곳곳이 멍들어 있었다. 아빠가 일주일 넘게 밥을 주지 않을 때도 있었다고 진술한 아이는 영양결핍으로 인하여 신장 120cm, 몸무게 16kg에 불과했다고 한다. 초등학생 5학년의 나이에 고작 4살 아이의 평균 몸무게에 불과했다. 아이는 심리적으로 위축된 데다 아빠가 더한 폭행을 할까 봐 집 밖에 나갈 생각조차 못했다고 진술하였다. 피해 아동은 2012년 8월까지는 경기도 부천시의 한 초등학교에 다녔으나 부천시의 다른 동네로 이사한 뒤부터는 학교에 출석하지 못하였다. 해당 학교는 아이가 7일 동안 무단결석하자 출석을 독촉하는 통지문을 보내고, 거주 지역 주민 센터에 이를 통보하였다. 부천교육지원청과 경기도교육청에도 차례로 결석 사실이 보고되었으나 아이의 가족이 전입신고를 하지 않아 소재가 파악되지 않았다고 한다.

경찰은 친부와 계모에 대해 아이를 감금하고 상습적으로 폭행한 혐의로 구속하였고, 같은 집에 살면서 폭행에 가담하던 계모의 친구도 같은 혐의로 구속하였다. 친부는 대법원에 상고하지 않아 2016년 7월 징역 10년이 확정되었고, 대법원은 2016년 10월 계모에 대해 징역 10년을 선고한 원심을 확정하였다. 또한 계모의 친구에 대해서도 원심과 같이 징역 4년이 확정되었다.

(3) 등장인물

지은에게 미쓰백이라 불리는 백상아(한지민 분)는 어린 시절 자신을 학대하고 유기한 엄마(정명숙, 장영남 분)에 대한 잊지 못할 기억을 가지고 있는 인물이다. 자신의 엄마 사망 사실과 그 사연을 듣고, 엄마에 대한 원망과 연민의 감정 사이에서 괴로워하는 모습을 보이지만, 다른 한편으로 누구도 믿지 않고 아무것도 마음에 두지 않는 냉혹한 인물이다. 하지만 미숙하나마 학대당한 지은을 챙겨주고 살펴주면서 자신의 상처를 되새기게 되면서 끈끈한 동정심을 느낀다.

아무리 발버둥을 쳐도 벗어날 수 없었던 학대 앞에서 좌절감과 무력감을 느끼던 지은(김시아 분)은 자신을 바라보는 백상아의 눈빛에서 희망을 발견한다. 계속해서 주눅 들어 있는 모습을 보이던 지은은 오히려 자신과 닮은 백상아의 상처를 발견하고 보듬어준다.

형사 장섭(이희준 분)은 과거 고등학생이었던 백상아가 범죄자가 된 것에 대한 연민을 지닌 인물이다. 백상아를 위한 노력으로 시작되었지만, 지은의 학대 사실을 파악한 그는 전국의 가정 폭력을 당하는 아이의 수에 비해 아이를 받아줄 시설이 턱없이 부족한 현실에 크게 분노하기도 한다.

지은의 친부 김일곤(백수장 분)은 20살에 지은을 낳고 학대 및 방임을 계속해 온 게임 중독자이다. 그 또한 어린 시절 부모로부터 학대를 당했으며, 자신에게 학대를 당한 지은도 결국 자신과 다를 바 없는 삶을 살 것으로 생각한다. 김일곤의 동거녀인 주미경(권소현 분)은 교회나 그 외의 장소에서는 사람들과 잘 어울리며 붙임성 있지만, 집에만 들어오면 돌변하여 지은을 학대하는 이중적인 인물이다. 자신의 애완견은 살뜰히 챙기면서도 지은을 가혹하게 학대하는 모습에서도 그 이중성이 극적으로 드러난다.

장섭의 누나(장후남, 김선영 분)는 배운 것 없는 백상아를 못미더워 하지만, 학대당한 지은과 상아를 따뜻하게 보살피며 아동학대 범죄자에게 분노하는 인물이다. 한편 백상아의 친모는 남편이 죽고 우울증에 걸려 술에 의존하는 알코올 중독자이다. 술에 취한 상태에서 자신이 백상아를 다치게한 사실을 알고, 자신이 아이를 키울 수 없다는 생각에 고통스러

위하면서 아이를 유기하는 것이 아이를 진정으로 위하는 일이라 생각하는 인물이다.

(4) 영화 정보

영화 제작연도: 2018년
제작사: 영화사 배
영화감독: 이지원
각본: 이지원

6. 태양 아래

(1) 영화 줄거리

영화 제목 속 '태양'은 김일성 주석을 뜻한다. '태양 아래'는 '김일성 체제 아래 살고 있는 북한 주민들의 삶'을 상징하는 제목이다. 만스키 감독과 제작진은 1년에 걸쳐, '진미'라는 여덟 살 여자아이와 그의 가족과 함께 지내며, 진미 가족과 북한 사회의 모습을 관찰하여 이를 다큐멘터리 형식으로 담아낸다. 만스키 감독은 촬영 전 오디션을 통해 선발된 주인공 진미의 일상이 모두 북한 당국에 의해 조작된 내용이었다는 것을 깨닫자, 촬영 NG컷을 포함해 쉬는 시간 동안의

[영화 태양 아래 포스터]

모습, 그리고 거리 군상들을 찍은 영상을 여과 없이 영화에 공개했다. 그로 인해 꾸며낸 현실로 체제를 선전하려는 북한 당국의 터무니없는 통제 실상이 영화에 그대로 드러났다. 영화는 구체적으로 진미의 조선소년단 입단과 태양절(김일성 생일 기념일) 준비 두 가지 사건을 다루며 '북한 수도 평양에 있는 아파트에 살고, 최고의 학교에 다니는' 북한 최고의 삶으로 알려진 진미 가족의 일상을 따라간다.

영화에서 가장 많이 등장하는 두 가지 요소가 있다. 하나는 집, 학교, 직장을 비롯한 삶의 모든 공간에 달린 '김일성, 김정일 부자의 초상화'이다. 다른 하나는 북한 측 영화 협력 진행요원이 진미와 진미 가족, 그리고 직장 동료들에게 요구하는 주문이다. 북한 측 진행요원들은 영화에 등장하는 사람들의 사소한 행동부터 표정, 대사와 반응 그 모든 것을 일일이 지시한다. 결국, 진미 가족은 자연스러운 연기 요구 때문에 수차례에 걸쳐 '김치는 우리 민족 고유의 음식이라 많이 먹어야 하며, 김치만 먹어도 하루에 필요한 비타민의 절반을 섭취한다'는 대사만 되뇐다. 그리고 국그릇만 큰그릇에 그득히 담긴 쌀밥, 반찬 종류에 뜬금없이 떡 접시가 끼어 있는, 풍족해 보이지만 어딘가 작위적이고 어색한 진미네 밥상 등이 등장한다. 이와 같이 북한 당국이 억지로 꾸민 어색한 퍼포먼스와 함께 감독이 담아온 현장 촬영 비하인드 컷이 영화를 통하여 그대로 드러난다.

북한 측 협력 진행요원은 애초 제작진이 알고 있던 진미 아버지와 어머니의 직업과 다르게 공장 생산직으로 직업을 둔갑시켜 직장 촬영을 하도록 한다. 북한 노동 현장을 광고해 성과를 과시하고, 나아가 북한 정부에 대해 좋은 이미지를 갖게 하기 위함이다. 이와 같은 어색한 연출은 진미와 친구들이 태양절을 준비하는 과정에서도 여지없이 드러난다. 하나

같이 무기력한 모습, 어두운 표정으로 지하철과 거리를 활보하는 평양 주민들의 모습과는 달리, 태양절을 준비하는 조선소년단에는 웃음과 활력이 넘친다. 하지만 아이들의 웃음과 에너지, 탁월한 팀워크는 모두 강압적인 연출이 빚어낸 것이다.

영화 말미, 감독이 건넨 '조선소년단 입단에 대한 기대' 질문에 대해, 진미가 예상치 못하게 눈물을 흘리자, 감독이 진미를 달래기 위해 "기쁜 것, 좋은 것을 생각해봐요"라는 말을 건넨다. 하지만 진미는 한참을 고민하다 그저 "잘 모릅니다. 그런 거 잘 모르겠습니다"라고 대답한다. 좋아하는 시를 생각해보라는 말에 진미는 '경애하는 수령님'에 대한 소년단 입단 선서문을 암송하고, 그런 진미의 불안한 눈빛을 비추며 영화는 끝난다.

(2) 영화의 배경

러시아 출신의 비탈리 만스키 감독은 자신의 할아버지와 아버지 세대가 살았던 공산주의가 낳은 전체주의 사회에 대해 관심이 많았다. 그러나 그는 공산주의 시대는 막을 내렸지만, 북한의 전체주의가 어떻게 여전히 작동하는지 보여주고 싶었다. 한 소녀의 일상을 통해 다큐멘터리 형식으로 '공산국가에서 산다는 것'을 보여주려 했지만, 그의 기획은 북한 당국의 개입으로 시작부터 어긋난다.

북한 당국이 후보로 낸 5명의 어린이 중 감독은 여덟 살 진미를 택하였다. 그는 소녀의 이미지만이 아니라 기자인 아버지, 식당에서 일하는 어머니와 낡고 비좁은 아파트에서 조부모까지 함께 지낸다는 조건까지 고려했다. 그러나 만스키 감독이 촬영하기 직전 마주친 진미의 생활은 모두 조작된 것이다. 진미의 집은 주체사상탑이 보이는 평양의 최고급 아파트로 바뀌어 있었고 진수성찬이 차려진 밥상이 있는 부엌에는 흔한 식기 하나 보이지 않았다. 그뿐만 아니라 원래 촬영 전 받았던 진미의 부모님에 대한 정보는 모두 바뀌어 있었고, 급조한 듯 엉성하기까지 하다. 더욱이 촬영할 때마다 검은 코트의 경호원들이 등장한다. 오히려 이들은 감독 대신 액션을 외치며 수없이 촬영을 방해하였다. 하지만 감독은 이런 검열과 통제의 과정까지도 처음부터 끝까지 빼놓지 않고 고스란히 카메라에 담아내었다.

그나마 다큐멘터리 촬영이 가능했던 것은, 북한 관계자들이 촬영에 관여하는 모습을 카메라로 촬영 중인지도 알지 못할 만큼 디지털 촬영 장비에 대한 이해가 부족했기 때문이다. 또한 만스키 감독은 북한 관계자들이 촬영에 간섭하는 모습을 있는 그대로 찍은 뒤 북한 관계자들에게는 그들이 원하는 방식대로 편집한 편집본을 보여주는 식으로 북한 당국의 철저한 검열을 통과할 수 있었다. 그러나 북한은 애초 의도와 다르게 자신들의 치부가 드러난 정반대의 영화가 완성되자 러시아에 영화 상영 금지를 요구했고 러시아 정부는 이를 받아들여 감독에 대한 공개적인 비난과 함께 영화 상영 불가를 결정했다. 아이러니하게도 북한과 러시아 정부의 강력한 압력과 비난 속에서 영화는 북한과 가장 가깝지만 가장 먼 나라 한국에서 세계 최초 개봉되었다.

(3) 등장인물

북한에서 가장 인정받는 청소년 단체인 조선소년단에 입단하게 된 리진미는 당시 8세로 북한 문화예술 영재학교인 금성학원에 재학 중인 소녀다. 영화에서 진미의 아버지와 어머니의 직업도 조작된 것이다. 진미는 마지막 인터뷰에서 감독이 우는 진미를 달래면서 좋았던 일에 대해 생각해보라 할 때 어린 시절부터 세뇌를 받은 진미는 좋았던 일을 생각조차 하지 못하는 통제된 전체주의 사회의 실상을 적나라하게 보여준 인물이다. 좋아하는 시를 읊어보라는 질문에는 진미는 위대한 수령님을 위해 죽겠다고 외운 결사문을 막힘없이 암송한다. 북한의 모든 인민과 아동은 북한의 체제 유지를 위한 꼭두각시이며, 그들의 권리를 찾아볼 수 없을 만큼 세뇌공작의 희생물이다.

영화가 개봉된 이후, 북한 체제의 통제성에 대해 국제사회의 비난이 거세지자, 북한은 진미를 노동당 행사에 김정은에게 꽃다발을 주는 화동으로 등장시킴으로써 체제 선전 소재로 역이용하는 모습을 보이기도 하였다. 같은 맥락에서 진미의 어머니는 이후 북한 매체와의 인터뷰를 통해 영화의 내용이 왜곡, 조작된 것이며, 진미와 같은 북한의 아이들은 돈 한 푼 내지 않고 마음껏 배우며, 아이들의 미래는 끝없이 창창하다는 선전에 동원된 바 있다.

(4) 영화 정보

영화 제작연도: 2015년

제작사: 베르도프 리얼 시네마(Vertov Real Cinema), 삭소니아 엔터테인먼트(Saxonia Entertainment), 하이퍼마켓 필름(Hypermarket Films), 북한 문화부(North Korean Ministry of Culture)

영화감독: 비탈리 만스키(Vitali Mansky)

각본: 비탈리 만스키

7. 연을 쫓는 아이

(1) 영화 줄거리

1978년, 아프가니스탄의 카불은 전쟁이 시작되기 전까지만 해도 평화롭고 활기찬 마을이다. 파슈툰족 주인집 도련님인 아미르와 하자라족 하인의 아들인 핫산은 입는 옷도, 하는 일도 모두 다르지만 둘은 신분의 차이를 뛰어넘고 둘도 없는 친구로 지낸다. 학교가 끝나면 아미르는 글을 모르는 핫산에게 아무도 돌보지 않는 공동묘지의 석류나무 아래서 자신의 상상력으로 꾸며낸 이야기를 읽어주곤 한다. 그리고 심약한 아미르와는 달리 운동을 곧잘 했던 핫산은 아미르 곁에서 한시도 떨어지지 않고 그를 지켜준다. 특히 핫산은 새총도 잘 쏘면서 주인집 도련님인 아미르를 든든하게 지켜주곤 한다.

한편, 매년 카불에서는 실에 유리 가루를 섞은 풀을 먹이고 날카로워진 연실로 상대방의 연을 끊는 연싸움 대회가 열린다. 아이들은 연싸움에서 패배해 떨어지는 연을 쫓아 달리는데, 핫산은 연이 떨어질 장소를 그 누구보다 잘 찾아낸다. 그해 겨울 아프가니스탄의 오랜 전통이자 마을의 큰 축제인 새해맞이 연싸움 대회가 열리고, 대회를 손꼽아 기다리던 아미르와 핫산도 한 팀으로 대회에 출전한다. 연날리는데 뛰어난 솜씨를 가진 핫산의 도움으로 우승하게 되면서, 칭찬에 인색한 아미르의 아버지인 바바까지 열

[영화 연을 쫓는 아이 포스터]

광하고 아미르는 모처럼 자존심을 회복한다. 아미르의 우승을 누구보다 기뻐하는 핫산은 "네가 원하면 천 번이라도 연을 찾아올 수 있다"며 떨어진 연을 쫓아 거리로 뛰어나간다.

하지만 최고로 행복했던 이 날, 핫산은 평소 자신과 아미르 사이의 우정을 질투하고 못살게 굴었던 아세프 패거리에게 둘러싸여 충격적인 일을 당한다. 친구 아미르의 연을 뺏기지 않으려던 핫산은 홀로 저항하다 동성인 아세프에게 성폭행을 당한다. 이때 핫산을 찾아 마을을 헤매던 아미르는 이러한 폭행 현장을 목격하지만, 겁이 나서 몰래 도망친다. 피를 흘리며 돌아온 핫산은 아미르에게 연을 돌려준 뒤 며칠을 앓고, 아미르는 언제나 자신을 지켜주었던 핫산을 모른척하며 배신했다는 죄책감에 괴로워한다. 그러나 아미르는 변함없는 핫산의 우정과 의리에 오히려 화를 내며 핫산과 거리를 두며 멀어진다. 결국, 자신의 시계를 핫산의 방에 숨기고 도둑 누명을 뒤집어씌운다. 아미르의 아버지 바바는 핫산을 용서하였음에도 핫산의 아버지 알리는 핫산을 데리고 집을 떠나며 두 사람의 우정은 끝이 나는 듯했다.

이후, 러시아가 침공하자 아미르의 아버지 바바는 아미르와 함께 파키스탄을 거쳐 미국으로 피신한다. 세월이 흘러 아미르는 대학을 졸업한 후, 결혼하고 성공한 소설가로 인정을 받는다. 아버지 바바가 세상을 뜬 이후 어느 날 자신의 어릴 적 비겁한 행동을 알고 있던 아버지의 친구 라힘 칸으로부터 한 통의 전화가 걸려온다. 병으로 죽어가는 라힘 칸 아저씨는 핫산에 대한 충격적인 사실을 알려주면서, 이제는 과거의 잘못을 바로잡을 때라고 말한다. 사실 핫산은 아버지와 하인 알리의 아내 사이에서 태어난 이복동생이었으며, 탈레반이 아프가니스탄을 점령하고 공포정치를 하면서 아미르의 옛집을 지키던 핫산 부부가 총살당했다는 것이다. 그리하여 아미르는 핫산의 편지와 카불의 고아원에 보내진 핫산의 아들인 소랍의 사진을 소지하고 곧장 카불로 떠난다.

전쟁으로 피폐해진 고향에서 조카를 찾기 위해 고아원에 갔다가 소랍이 탈레반 리더에게 성노리개로 잡혀가 있음을 알게 된 아미르는 목숨을 걸고 기지로 잠입해 아이를 구해서 탈출한다. 소랍과 함께 미국의 집으로 돌아온 아미르는 아이를 데리고 벌판에 나가 연을 날린다. 겁먹고 침울해하던 소랍이 활짝 웃으며 신나게 연을 날리고, 핫산이 그러했듯 아미르도 떨어진 연을 잡으러 가면서 소랍에게 "너를 위해서라면 천 번도 넘게 할 거야"라는 대사와 함께 영화가 끝난다.

(2) 영화의 배경

영화는 1978년, 전쟁이 시작되기 전 평화롭고 활기찬 마을인 카불에서 시작한다. 그러나 이후, 소련군이 침공하여 아프가니스탄의 독재 체제가 무너지면서 많은 수의 아프가니스탄 사람들이 파키스탄과 미국으로 피난을 가야 했다. 그리고 영화는 탈레반이 정권을 잡은 혼란스러운 시기와 험난한 세상에서 아이들이 겪은 참담한 비극을 보여주고 있다.

당시 아프가니스탄 내의 다양한 종족으로 구성되어 있었다. 탈레반의 기반인 파슈툰족은 아리안계로서, 현재 아프간 인구의 38%를 차지하는 최대 종족이다. 파슈툰족은 78년 전체 인구의 47%를 차지했으나 79년 소련의 침공 이후 비율이 크게 줄어든 것이다. 파키스탄과 이란 등으로 흩어진 난민 620만 명 가운데 85%가 파슈툰족이었고, 이 중 일부만 다시 돌아갔다. 이는 외부의 간섭과 지배를 강하게 거부하는 전통을 가진 파슈툰족이 소련에 가장 거세게 저항했음을 뜻한다.

반면, 하자라족은 13세기부터 아프간에 정착한 칭기즈칸의 후손들이다. 이란어를 쓰는 이들은 현재 아프간 인구의 19%를 차지한다. 이슬람 수니파가 다수인 아프간에서 하자라족만 대부분 시아파여서 극심한 종교·인종적 탄압을 받았고, 경제적으로도 최하층을 이루고 있다. 18~19세기 파슈툰족의 팽창정책으로 이들은 불모지인 아프간 중부 지역으로 내몰렸고, 지금도 이곳에 있는 9개의 집단거주지에서 생활하게 되었다. 1960~ 70년대 정치조직을 결성해 자치권을 얻기 위해 투쟁했고, 80년대 카불의 정부를 공격하지 않는다는 조건으로 독립적인 삶을 보장받았다. 그러나 탈레반은 시아파를 적대시해 북부 마자르이샤리프 등지에서 수천 명의 하자라족을 살해하기도 하였다. 미국 동시다발 테러 발생 전에 살해된 아흐메드 샤 마수드가 이끈 타지크계 군대도 90년대에 하자라족을 학살한 바 있다.

(3) 등장인물

기득권을 지닌 파슈툰족인 아미르(Young Amir, Zekeria Ebrahimi 분)는 심약하고 소극적인 성격이다. 글 쓰는 것을 좋아하지만, 아버지에게 인정받지 못하며 성장했다. 어린 시절 가장 친했던 친구를 배신한 것에 대한 죄의식을 가진 채로 아미르(Amir, Khalid Abdalla 분)는 성공한 소설가로서 아내와 평화롭게 살아가지만, 가슴 깊은 곳에는 과거 비겁했던 자신에 대한 죄책감과 부끄러움이 묵직하게 자리 잡고 있다. 그리고 핫산의 아들 소랍을 구해 보살피는 것으로 속죄할 기회가 왔을 때, 핫산과의 우정을 되찾기 위해 자신의 모든 것을 거는 용기를 발휘한다. 아미르는 유약한 소년이었지만, 결국 미국으로 이민가 자신이 원했던 걸 이루어내고, 자신의 과거 잘못을 만회해 나가려는 의지를 지닌 인물이다.

아미르의 하인이자 가장 친한 친구인 핫산(Hassan, Ahmad Khan Mahmoodzada 분)은 하자라족으로, 남자답고 용감하며 총명하다. 핫산은 아미르에 대한 순수하고도 절대적인 우정을 가지고 있었다. 아미르의 아버지인 바바(Baba, Homayoun Ershadi 분)는 부유하고 지적인 현실주의자이다. 마을 유지로서 모슬렘 지도자들의 위선을 혐오하며, 어떤 역경에서도 단호하게 인간의 숭고함을 지키려 애쓴다.

아세프(Assef, Elham Ehsas 분)는 파슈툰족이 하자라족보다 우월하다는 생각을 가지고 있었으며, 하자라족인 핫산을 성폭행한 인물이다. 이후, 아세프는 탈레반의 일원이 되어 핫산의 아들 소랍을 농락하기까지 하였다. 라힘 칸(Rahim Khan, Shaun Toub 분)은 바바의 가까운 친구이자 사업 동반자였다. 아들 아미르의 재능을 알아보지 못하는 바바를 대신하여 글쓰기를 좋아하는 아미르를 격려하면서 정신적 멘토가 되어준 인물이다. 아미르와 결혼한 소라야(Soraya, Atossa Leoni 분)는 타헤리 장군의 딸로, 어릴 적 한 남자와 함께 도망쳐 살았던 적이 있고, 그 때문에 청혼해오는 남자조차 없었던 인물이다. 하지만 소라야는 아미르의 조카인 소랍을 안쓰러워하며 입양을 받아들일 만큼 인간미가 넘친다. 핫산의 아들인 소랍(Sohrab, Ali Danish Bakhtyari 분)은 아세프에게 끌려가 성폭행당하지만, 아프가니스탄에서 아미르에게 구출되어 미국의 아미르 가정으로 입양되는 인물이다.

(4) 영화 정보

영화 제작연도: 2007년

제작사: 닐 스트리트 프로덕션(Neal Street Productions), Participant Productions, SKE(Sidney Kimmel Entertainment), 원더랜드 필름

(Wonderland Films)

영화감독: 마크 포스터(Marc Forster)

각본: 데이비드 베니오프(David Benioff), 할레드 호세이니(Khaled Hosseini, 원작자)

8. 아이 엠 샘

(1) 영화 줄거리

커피 전문점에서 일하는 샘은 7살의 지능밖에 갖지 못한 지적 장애인이다. 샘은 레베카와의 사이에서 태어난 자신의 딸과 첫 대면을 하게 된다. 그러나 병원을 나서자마자 레베카는 샘과 딸을 두고 사라져버린다. 혼자 남겨진 샘은 좋아하는 가수 비틀즈의 노래에서 따온 루시 다이아몬드에서 딸의 이름을 루시라고 짓고 둘만의 생활을 시작한다. 그리고 루시는 이웃집의 애니와 샘의 친구들의 따뜻한 도움으로 건강하게 성장한다. 수요일에는 레스토랑에, 목요일에는 비디오 나이트에, 금요일에는 노래방에 함께 다니는 것이 샘의 행복한 일과이다. 남들이 보기에는 정상적이지 못하지만, 그들은 가장 즐거운 시간을 함께하며 행복한 시간을 보낸다. 하지만 7살이 되면서 아빠가 창피했던 루시는 학교 친구들에게 자신이 친딸이 아니라고 말하면서도 다른 한편으로는 아

[영화 아이 엠 샘 포스터]

빠의 지능을 추월해버리는 것을 두려워한 나머지 학교 수업을 일부러 게을리 한다. 이러한 일련의 사건으로 인해 샘은 아빠로서 양육 능력이 없다는 선고를 받는다. 루시는 보호 시설로 옮겨지고, 샘은 주 2회의 면회만을 허락받게 된다.

세상에서 가장 사랑하는 딸과의 행복한 날들을 빼앗기고 실의에 빠진 샘은 법정에서 싸워 루시를 되찾을 결심을 굳힌다. 샘은 승승장구하는 엘리트 변호사 리타 해리슨의 사무실을 찾아간다. 열정적이고 자아도취적인 변호사 리타는 동료들에게 자신의 능력을 과시하기 위해 무료로 샘의 변호를 맡겠다고 공언하고, 도저히 어울리지 않을 것 같은 샘과 연대를 맺는다. 그러나 재판에서 샘이 양육권을 인정받을 가능성은 거의없다. 샘이 훌륭한 아빠라는 것을 인정해줄 친구들도 모두 지적장애인이어서 재판에서 그들의 증언이 도움이 되지 않는 상황이다.

음악 대학을 수석 졸업한 이웃 애니는 유일하게 법정에 설 수 있는 사람이다. 하지만 그녀는 외출을 할 수 없는 정서적 장애를 지니고 있지만 이를 극복하고 증언대에 선다. 애니는 아이에게서 샘의 애정을 빼앗아 간다면, 아이는 평생 그 빈자리를 메꾸기 위해 애쓰며 살아가게 될 것이라 말하며 샘이 훌륭한 아빠임을 증언한다. 그러나 검사는 애니가 외출공포증을 겪게 되었던 원인을 깨내어서 그녀의 과거를 추궁하였고, 결국 애니의 증언마저도 재판의 판도를 뒤집을 수 없는 상황이 되어 버렸다.

재판 결과, 루시는 위탁 가정에 맡겨져 입양을 기다리게 되었다. 샘은 조금이라도 루시를 더 보고 싶은 마음에 루시가 사는 동네로 이사를 하고, 매일 밤 루시는 몰래 아빠 샘의 집으로 가서 자고 잠이 든 루시를 샘이 다시 데려다주는 것을 반복한다. 루시를 입양하려 했던 랜디는 여기서 자신이 샘의 자리를 채워줄 수 없음을 깨닫고, 법원에서 자신이 지켜

본 바를 증언한다. 마침내 루시는 다시 아빠의 품으로 돌아올 수 있게 된다.

(2) 영화의 배경

미국 장애위원회에서 발간한 '장애인 부모와 그 자녀의 권리보장' 보고서는 장애인 부모가 자녀를 양육할 수 없거나 양육해서는 안 된다는 문화적 편견을 담고 있다. 미국 내 장애인 부모는 출산과 양육에 관한 권리를 유지하는 것이 매우 어려운 일이다. 미국은 지난 1990년 미국 장애인법을 제정했지만, 여전히 미국 내 장애인 부모는 그들의 양육권을 지키기 위해 사투를 벌여야 하는 상황이다.

유엔 장애인권리협약에도 장애인이 자신의 자녀수와 출산계획을 자유롭고 책임감 있게 결정할 권리, 연령에 적합한 정보와 출산 및 가족계획에 대한 교육에 접할 권리를 인정하고 이를 위한 적절한 조치가 제공되어야 한다'고 규정되어 있다. 하지만 미국은 법률에서 장애를 친권상실의 근거로 하고 있다. 즉, 장애인 부모에게 '무능한 부모'라는 편견이 있다. 그 결과 미국은 영화와 같이 법원이 다양한 기준으로 부모의 양육 상태를 판단해, 부모의 양육 우선권을 빼앗아 제삼자에게 양육권을 준다.

이와 같이 미국 내에는 장애인 부모에 대한 편견이 팽배해 있으며, 그들은 삶의 여러 영역에서 부당한 대우를 받고 있다. 실제로 미국의 장애인 가족 지원단체인 TLG에 따르면 미국에서는 지적 장애가 있는 부모의 약 60~80%가 양육권을 잃고 있다고 한다.

(3) 등장인물

샘 도슨(Sam Dawson, Sean Penn 분)은 비록 지적 능력은 떨어지지만 딸 루시에 대한 순수한 사랑을 지닌 인물이다. 그리고 완벽한 부모로서의 조건을 갖추지 못하였지만 루시를 향한 샘의 사랑은 그 누구도 대체할 수 없다.

루시(Lucy Diamond Dawson, Dakota Fanning 분)는 아빠를 창피해 하기도 하지만, 아빠가 자신을 사랑해주는 것을 느끼고 있는 영리한 아이이다. 리타(Rita Harrison Williams, Michelle Pfeiffer 분)는 자아도취적이고 남의 시선을 많이 의식하는 성격의 변호사이다. 완벽해지고 싶지만 남편의 바람, 자신을 미워하는 자식 앞에서 자신도 불완전한 인간임을 샘에게 호소한다. 자신을 떠나지 말아 달라는 루시의 부탁에, 타인의 시선을 떠나 진심으로 한 가정을 지키기 위해 노력하기 시작한 리타는 순수하고 아름다운 샘의 부성애를 통해 많은 것을 배운다.

애니(Annie Cassell, Dianne Wiest 분)은 음악 대학을 수석 졸업한 인재이지만, 외출 공포증으로 인해 집안에서 피아노만 연주한다. 그녀는 육아 지식이 부족함에도 이웃집의 샘을 도와 루시를 함께 키워나간다. 검사인 터너(Mr. Turner, Richard Schiff 분)는 샘이 장애인이기 때문에 루시를 키우기에 부적절하다고 생각한다. 이를 증명하기 위해 증인인 애니의 과거 기억을 들춰내며 상처를 주기도 하는 비열한 인물이다. 랜디(Randy, Laura Dern 분)는 루시가 장애인의 자녀이기 때문에 충분한 사랑을 받지 못했을 것이라 생각하고, 루시를 정성껏 보살피며 마음을 열기 위해 애쓴다. 그러나 샘이 그 누구보다 루시에게 충분한 사랑을 주고 있다는 사실을 깨닫게 된다.

(4) 영화 정보

영화 제작연도: 2001년
제작사: 베드퍼드 폴스 프로덕션(Bedford Falls Productions)
영화감독: 제시 넬슨(Jessie Nelson)
각본: 크리스틴 존슨(Kristine Johnson), 제시 넬슨(Jessie Nelson)

9. 페임(2009)

(1) 영화 줄거리

노래, 춤 연기, 연출 등 예술 분야에서 최고의 명성을 자랑하는 뉴욕 46번가의 PA 예술 고등학교는 전 세계에서 쟁쟁한 예술 지망생들이 지원하지만 엄격한 오디션을 통과한 소수의 인재만이 들어갈 수 있다. 재학생들은 모두가 최고라고 자부하지만, 그중에서도 상위 1%가 되기 위해 치열한 경쟁을 피해갈 수 없다. 자기만의 방식으로 꿈을 키우고자 하는 젊은 학생들을 훌륭한 예술가로 키워내기 위해 교사들은 자신들의 혼신을 다하며 그들의 끼와 재능을 평가한다.

[영화 페임 2009 포스터]

학년이 올라가면서 학생들은 부모님이 바라는 방향을 지향하며, 또 당초 자신의 목표와는 다른 방식으로 자신의 길을 개척하는 모습을 보여준다. 때론 학교와 사회가 제시하는 성공의 틀에 갇혀 좌절을 맛보기도 한다. 어떤 길로 가는 것이 옳은지 스스로 깨닫기 쉽지 않은 학생들은 저마다의 시련을 겪으면서 자기 나름대로 성장해간다. 졸업반이 된 학생들은 갈등을 겪었던 부모님들과 화해하는 등 문제를 해결하면서 각자가 꿈꿔왔던 모습으로 졸업공연을 마친다.

(2) 영화의 배경

영화 속 예술고등학교의 실제 모델인 뉴욕의 '라구아디아 스쿨(La Guardia School)'은 제니퍼 애니스톤, 알 파치노, 에드리안 브로디, 샤라 미셀 겔러 등의 톱스타를 배출한 학교이다.

영화의 배경인 1980년대 중산층의 자녀 양육에 있어 두드러진 변화가 드러났던 시기이다. 1981년 미국을 떠들썩하게 한 어린이 유괴 살해사건이 발생한 뒤 학부모들은 아이들의 등하굣길을 돌봐주기 시작했으며, 비슷한 시기에 승자독식의 경쟁적 교육방식이 도입되었다. 1983년 미국 교육 수월성 위원회가 내놓은 '위기에 처한 나라(A Nation at Risk)' 보고서 발표 뒤 '모두 1등을 향해 경쟁하자'는 연방정부의 교육정책이 시행되었고 결과적으론 성취 문화를 권장하였다. 당시에 아이들 주변을 맴도는 '헬리콥터 부모'(1946~64년생)라는 신조어가 나오기도 하였다. 이렇게 부모의 과잉보호와 면밀한 관리 속에 유년 시절을 보낸 학생들은 우수하기도 하였지만, 심한 우울감을 호소하기도 하였다. 당시 미국 4년제 대학들의 큰 고민거리가 바로 학생들의 정신건강 문제였다. 어릴 때부터 부모가 모든 일을 알아서 척척 해주었던 학생들은 시키는 일은 곧잘 했지만 스스로 사유하는 힘이 부족했고, 교수로부터 '더 생각해보라'라는 논평을 받으면 당황하는 사례가 속출했다고 한다.

(3) 등장인물

감미로운 목소리를 타고난 마르코(Marco Ramonte, Asher Book 분)는 어렸을 적부터 아버지의 식당에서 공연해온 덕에 뛰어난 노래 실력을 지닌 인물이다. 실기시험 날, 첫 만남에 제니에게 반하고 입학한 후에도 제니만을 따라다닌다. 소심한 성격 탓에 자기 재능을 발휘하지 못하는 제니에게 용기를 불어넣어 주며 애인 이상의 조력자가 되어준다. 배우가 꿈인 청순한 외모의 소유자 제니(Jenny Garrison, Kay Panabaker 분)는 뛰어난 노래 실력을 갖추고 있지만 소심한 성격 탓에 실력을 발휘하지 못한다. 큰 노력을 들이지 않고도 즐기기 위해 노래를 한다는 마르코에게 열등감을 느끼며 화를 내기도 한다. 하지만 마르코의 영향을 받으며 연기와 노래를 즐기기 시작한다.

드니스(Denise Dupree, Naturi Naughton 분)는 딸에게 클래식을 가르치려는 부모님의 강한 의지로 어렸을 적부터 클래식 피아노만 몰두해 온 학생이다. 클래식 피아노 이외의 것은 해본 적이 없던 드니스는 끊임없는 연습으로 학교 내에서 가장 우수한 연주자가 됐지만, 우연히 그녀가 노래 부르는 것을 본 말릭의 권유로 힙합의 세계에 눈을 뜨게 된다. 이 사실을 알게 된 아버지와의 갈등을 겪지만, 여전히 자신의 꿈을 응원해주는 어머니의 응원 덕에 진정으로 자신이 원하는 꿈을 좇아 나아갈 용기를 얻는다.

케빈(Kevin Barrett, Paul McGill 분)은 최고의 발레리노가 되겠다는 꿈을 가지고 고향인 아이오와에서 멀리 떠나와 뉴욕 예술학교에 입학한 야망에 찬 인물이다. 그는 갖은 노력을 다하며 누구보다도 열심히 연습하지만 야망에 비하여 재능이 부족한 탓에 크게 성장하지 못한다. 무용단원의 추천서를 써달라는 케빈의 부탁에 린 교수는 그에게 프로 무용수가 아닌 교사가 될 것을 권유하고, 이에 크게 좌절한 케빈은 자살까지 시도한다. 결국 프로 무용수의 꿈을 포기한 케빈은 고향으로 돌아간다.

딸이 무용가가 되길 원하는 부모 아래서 자란 소녀 앨리스(Alice Ellerton, Kherington Payne 분)는 천부적인 재능을 타고 났을 뿐 아니라 끊임없는 노력과 연습을 아끼지 않는 성공 사례를 보여주는 인물이다. 하지만 당대 최고의 모던 댄스팀에 캐스팅이 된 그녀는 자신의 꿈을 이루기 위해 사랑하는 애인 빅터와 결별하고, 학교까지 떠나야 하는 처지가 되었다.

자신만의 음악을 만들고 싶어 하는 자유로운 영혼의 소유자인 빅터(Victor Tavares, Walter Perez 분)는 직접 작곡한 곡을 선보여 실기시험을 통과할 만큼 작곡에 끼가 있다. 피아노를 전공으로 입학하여 클래식 음악을 배우지만 크게 흥미를 느끼지 못하고 교수와도 갈등을 겪는다. 첫눈에 반한 앨리스와의 사랑에도 성공하고 직접 프로듀싱한 음악도 사람들의 인정을 받았지만, 차가운 현실에 부닥치며 사랑과 꿈에 실패와 좌절을 맛본다.

엄마 몰래 예술학교에 입학한 말릭(Malik Washburn, Collins Pennie 분)은 연기를 전공으로 학교에 들어왔으나 정작 그의 꿈은 래퍼이다. 상처 많은 과거로 인해 어둡고 사나운 면이 있지만 엘빈 교수의 끊임없는 관심과 조언으로 조금씩 변화해간다. 엄마의 반대와 주변 사람들의 외면에도 좌절하지 않고 꾸준히 노력한다. 언제나 카메라를 품고 다니는 닐(Neil Baczynsky, Paul Iacono 분)은 감독이 되고자 하는 꿈에 대한 확신과 열정이 가득한 인물이다. 늘 자신감이 넘치고 유쾌한 성격으로 친구들 사이에서 항상 분위기 메이커 역할을 하는 조이(Joy Moy, Anna Maria Perez de Tagle 분)는 케빈의 친구로서 든든한 지원자가 되어

준다.

피아노 담당 교수인 조엘 크랜스턴(Mr. Joel Cranston, Kelsey Grammer 분)은 클래식 연주를 연습해가는 과정이 개인이 가지고 있는 재능을 자유롭게 발휘하도록 배려하는 인물이다. 하지만 학생들 개개인의 연습하는 모습을 지켜보며 만족하지 못하는 부분을 고칠 때까지 조언하는 엄격한 교수다. 프란 로완(Ms. Fran Rowan, Megan Mullally 분) 교수는 노래를 전공으로 대학을 졸업한 후 무대에 서기 위해 수많은 오디션에 실패한 경험이 있다. 그 결과 뛰어난 노래 실력에도 불구하고 자신의 꿈에 대한 회의감을 느끼고 결국 학생들을 가르치는 일에 전념하게 된다. 댄스 담당 교수인 린 크래프트(Ms. Lynn Kraft, Bebe Neuwirth 분)는 학생 한 명 한 명의 성장 모습을 지켜보며 현실적인 조언을 해준다. 엘빈 도드(Mr. Alvin Dowd, Charles S. Dutton 분) 교수는 학생들이 이성보다는 본성에 따른, 자유로운 연기를 할 수 있도록 여러 훈련을 시킨다. 특히 말릭에게 관심을 가지며 그가 과거의 상처를 딛고 일어날 수 있도록 도와준다.

(4) 영화 정보

영화 제작연도: 2009년

제작사: 유나이티드 아티스트(United Artists), 레이크쇼어 엔터테인먼트(Lakeshore Entertainment), 애트머스피어 픽쳐스(Atmosphere Pictures)

영화감독: 케빈 탄차로엔(Kevin Tancharoen)

각본: 앨리슨 버넷(Allison Burnett)

10. 아무도 모른다

(1) 영화 줄거리

[영화 아무도 모른다 포스터]

도쿄의 한 작은 아파트에 네 남매와 젊은 엄마가 이사를 온다. 장남인 아키라 이외에는 아이들을 집 밖에도 내보내지 않고 몰래 키우고 있는 엄마는 집 주인에게 아이는 아키라 하나뿐이라고 알려주고 나머지 아이들은 숨기고 산다. 엄마는 출생신고도 되어 있지 않은 아이들을 학교도 보내지 않고, 장남 아키라에게 모든 것을 의지하며 아이들을 키운다. 직장에 다니던 엄마에게 남자가 생기자, 엄마는 그 남자와 동거하기 위해 집을 나가며 아키라에게 나머지 아이들을 돌보라고 부탁한다.

아키라는 엄마가 남기고 간 돈으로 아이들을 돌보며 생활한다. 그러던 중 갑자기 아이들의 선물을 들고 나타난 엄마는 짐을 챙겨 크리스마스 전까지 돌아오겠다는 말만 남기고 다시 집을 나간다. 설달그믐까지도 엄마가 돌아오지 않자, 아키라는 엄마가 남긴 연락처를 찾아 전화를 걸지만, 엄마의 성이 바뀌었음을 알게 된다. 아키라는 엄마가 자신들을 버렸고 다시는 돌아오지 않을 것을 동생들에게는 알리지 않는다.

점점 심해지는 생활고 속에서 전전긍정하면서도 아키라는 동네 친구들과 어울리게 되고, 점차 동생들을 돌보는 것에 소홀해진다. 하지만 친구들이 중학교에 가면서 아키라와 소원해진다. 엄마가 보내준 돈도 점점 바닥이 나는 상황을 직면한 아키라는 네 남매가 더 굳게 뭉쳐야 함을 느끼고, 다시 이전처럼 동생들을 돌보기 시작한다. 한편, 집의 수도와 전기가 모두 끊기자 아이들은 공원에서 씻고 빨래를 하며 살아남기 위해 애쓴다. 그 공원에서 학교를 무단결석하고 벤치에 앉아 있는 소녀 사키를 만난다. 학교에서 따돌림을 당하고 있는 사키와 아키라는 친해지고, 네 남매와도 곧 어울리게 된다.

그러던 어느 날 앓아누운 막내 유키가 결국 세상을 떠나고, 아키라와 사키는 유키가 좋아하는 비행기를 볼 수 있는 공항 근처의 공터에 아이를 묻고 돌아온다. 이후에도 상황은 달라지지 않았지만, 남은 아이들은 여전히 무너지지 않고 서로를 의지하며 생활한다.

(2) 영화의 배경

영화의 배경은 1988년 도쿄에서 일어난 '스가모 어린이 방치 사건'이다. 아이들의 엄마는 함께 살던 동거남이 다른 여자가 생겨 떠난 뒤에도 혼인신고와 아이들의 출생신고도 하지 않았다. 장남이 초등학교에 들어갈 나이가 되었지만, 법적으로 그녀는 미혼이었고 아이들은 존재하지 않는 것으로 되어 있었다. 그녀는 주변 사람들에게 아이들을 숨기면서 키운다. 그 뒤, 그녀는 번갈아가며 남자들을 사귀고 임신하여 출산한 아이들을 출생신고를 한 번도 하지 않았다. 그녀는 5명의 아이를 낳았는데 그 중 차남은 병사했고, 출생신고를 하지 않은 탓에 매장 허가도 받을 수 없었던 엄마는 죽은 아이를 비닐에 싸서 악취제거제와 함께 벽장 속에 넣어두었다.

장남은 그런 어머니를 보고 자라면서 동생들을 돌보았고, 엄마는 장남에게 아이들을 돌보도록 한 뒤 직장에 다니기 시작한다. 그러나 1988

년 1월 엄마에게 새로운 남자가 생겼고, 그녀는 남자와 동거하기 위해 아이들을 아파트에 버려두고 집을 나가버린다. 당시 장남은 14살, 여동생 셋은 각각 7살, 3살, 2살이었다. 엄마는 매월 7만~8만 엔의 돈을 등기로 부쳤고, 가끔 장남을 불러내 아이들의 안부를 물어볼 뿐 아이들을 살피러 집으로 오지 않았다. 하지만 장남은 어린 나이에 생활비를 벌 수 없어서 동생들에게 냉동식품이나 과자를 먹였고, 급기야 셋째와 넷째의 기저귀도 사지 못하게 되었다. 영양부족으로 보채는 동생들이 귀찮아진 장남은 동생들보다 친구들과 노는 데 더 열중하게 된다.

그러던 어느 날 집에 놀러 온 친구들이 장난삼아 셋째를 때리다가 그 정도가 점점 심해져 결국 셋째가 죽게 된다. 장남은 주변에 알려지는 것이 두려워 어머니가 했던 대로 동생의 시체를 비닐에 넣어 악취제거제를 넣고 벽장에 유기했다. 그러나 악취가 심해지자 장남과 그의 친구는 시체를 여행 가방에 넣고 공원에 버린 뒤 나뭇잎으로 덮어놓는다. 7월이 되자 집주인은 아파트에 어른이 없다는 사실을 눈치 채고 경찰에 신고하기에 이른다.

경찰이 아동복지센터에 신고한 결과 상담원은 아이 셋이 방치된 것을 발견한다. 그 중에서 둘째와 막내는 영양실조로 쇠약해져 아동보호시설로 가게 된다. 이후, 경찰이 가택수색을 하여 엄마가 숨겨놓은 죽은 아이의 시체가 발견되었고, 사건은 언론에 대대적으로 보도된다. 아이들의 엄마를 찾는 여론이 들끓고 보도를 접한 엄마는 경찰에 출두하였고, 결국 그녀는 아동 유기, 치상죄로 기소되어 징역 3년에 집행유예 4년의 판결을 받았다. 아울러 장남은 셋째에 대한 상해치사, 사체유기혐의로 기소되었으나, 조사 결과 장남의 친구들이 사건에 더 크게 관여했다는 사실이 밝혀져 친구들을 소년원에 송치한다. 장남은 아동보호시설에 보내져 그곳에서 학교에 다니게 되었고, 둘째와 넷째는 이후 엄마에게 보내졌다.

(3) 등장인물

네 아이 중 장남인 아키라(야기라 유야 분)는 또래처럼 학교도 다니고 친구도 사귀고 싶어 하는 평범한 소년이다. 엄마의 부재 속에서도 책임감 있게 동생들을 돌보며 살아간다. 교코(키타우라 아유 분)는 떠나버린 엄마 대신 집안일을 하며 아키라와 함께 동생들을 돌본다. 피아노를 사기 위해 모아온 돈을 모두 생활비로 쓰게 될 때도 덤덤한 모습을 보인다. 아이에서 사춘기 소녀로 넘어가는 시기에 놓여있는 교코는 겉으로는 조용하지만, 남들과 다른 자신들의 처지에 대해 마음의 큰 상처를 받았다.

집단 따돌림을 당하는 사키(칸 하나에 분)는 학교에 가지 않고 공원 벤치에 앉아 있다가 아키라 남매들과 친해진다. 막내인 유키(시미즈 모모코 분)가 죽은 뒤 유키의 시체를 아키라와 함께 공항 근처에 묻으러 간다. 부적절한 방법으로라도 생활비가 부족한 아키라에게 도움이 되고 싶어 할 정도로 아키라를 생각하는 마음이 깊은 아이이다.

아이들의 엄마(에하라 유키코 분)는 출생신고도 하지 않은 상태로 아이들을 키우다 결국 아이들을 내버려 둔 채로 집을 떠나버리는 무책임한 인물이다. 학교 갈 필요가 없다며 학교에 가고 싶다는 아이들을 무시하는 등 존엄한 인간으로서 아이들의 삶을 존중하지 않는 모습을 보인다.

(4) 영화 정보

영화 제작연도: 2004년

제작사: 시네콰논(Cinequanon)

영화감독: 고레에다 히로카즈(Hirokazu Koreeda), 반다이 비주얼(Bandai Visual)

각본: 고레에다 히로카즈(Hirokazu Koreeda)

11. 거북이도 난다

(1) 영화 줄거리

2003년 미국의 이라크침공이 임박했다는 소문에 사담 후세인의 핍박을 피해 많은 쿠르드족 사람들이 이라크 국경 지역의 쿠르디스탄에는 몰려든다. 그들 중 할랍자에서 피난 온 소녀 아그린은 이미 이라크군에게 모든 것을 잃은 상태였다. 부모를 잃었지만 미래를 예지하는 능력을 지닌 오빠 헹고는 두 팔을 잃었고, 자신은 군인들에게 겁탈을 당해 아이까지 낳았다. 그 상처로 인해 아그린은 아이를 유기하고 자신도 죽으려 시도한다. 주민들에게 위성안테나를 설치해주는 일을 한다고 해서 위성이라는 이름이 붙여진 소년은 참혹한 현실 속에서도 자신보다 어린 아이들을 보살핀다. 위성은 지

[영화 거북이도 난다 포스터]

뢰를 팔아서 돈을 벌기도 하고, 그 돈으로 무기를 사서 전쟁을 준비하기도 하는 등 지역 아이들의 지도자 역할을 한다. 아그린을 보고 첫눈에 반한 위성은 끊임없이 그녀의 환심을 사기 위해 방독면도 구해주고, 물도 길어다 주고, 급기야 그녀의 사생아를 구하려다 지뢰가 터져 다리까지 다치게 된다.

미국의 이라크침공이 시작되어 그들이 후세인으로부터 해방되던 날, 아그린은 끝내 그 상처를 이기지 못하고 아이를 돌에 묶어 강물에 빠뜨려 죽이고, 자신은 절벽에서 떨어져 자살하고야 만다. 이즈음 미군이 뿌린 인쇄물에는 이렇게 적혀 있다. '이제 부정과 역경 그리고 고통의 시대는 끝났습니다. 우린 당신의 가장 친한 친구고 형제입니다. 우리에게 저항하는 사람들은 모두 다 우리의 적입니다. 우리는 이 나라를 천국으로 만들어 드리겠습니다. 우리가 이곳에서 당신들의 눈물을 거두어 드리겠습니다. 우리는 이 세상에서 가장 좋은 친구입니다.' 하지만 아이러니하게도 후세인으로부터 해방만을 기다리며 열심히 살아온 위성에게 남은 것은 오로지 한쪽 다리와 아그린을 잃은 슬픔뿐이다.

(2) 영화의 배경

1968년 아랍 사회주의 정당인 바트당이 정권을 장악하였으며, 바트당을 이끈 사담 후세인은 이란-이라크 전쟁과 걸프 전쟁을 일으킨 결과 유엔의 경제제재만 받게 되었다. 게다가 이후 사담 후세인 정권은 미국에 의하여 붕괴되었다. 하지만 치안 상태가 여전히 매우 불안정했다. 영화는 당시 미국의 침공이 임박한 이라크 국경의 쿠르디스탄을 배경으로 하여, 독재와 파시스트 체제에서 희생되어가는 이라크 사람들과 거리에 남겨진 아이들의 비극적인 삶을 보여주고 있다.

미국과 이라크 간의 전쟁이 발발하기 직전, 쿠르드족은 이라크 북부 아르빈 근방, 곧 터키 국경 인접 지역까지 밀려나 살아가게 된다. 접경지대 쿠르디스탄 지역에서 살아가는 쿠르드족은 수백 년 동안 나라와 영토 없이 이란과 이라크, 터키를 떠돌며 살아가는 민족이다. 3국 모두에서 억압과 핍박을 당해 온 것은 물론이고 3국 간 분쟁과 갈등에 늘 총알받이처럼 이용당해 왔다. 특히 서로 앙숙이었던 이란-이라크 간의 오랜 분쟁에서 1980년대에는 이란 편에 섰다가 후세인 군대에 의해 수십만 명이 학살당하는 참사를 겪기도 하였다.

이처럼 독립 국가를 갖지 못한 유랑민족 쿠르드족이 이라크와 터키, 이란으로부터 학살과 억압을 당하며 살아가는 처지에 있으면서 겪는 민족적 아픔이 당시 아이들의 삶에 어떻게 구체적으로 자행되고 있는지를 영화는 중점적으로 다루고 있다.

(3) 등장인물

위성(Satellite, Soran Ebrahim 분)은 전쟁으로 인해 너무 일찍 어른이 되어버린 소년이다. 주변 아이들을 지휘해서 지뢰를 내다 팔고, 나름의 기지로 어른들을 설득하기도 하는 등 지도력이 강하고 영리하면서도 맑은 정신을 가졌다. 세상을 연결해 주는 위성안테나처럼 또래 가운데 유일하게 영어 뉴스를 알아들을 수 있어 주민들 사이에서 나름의 권력을 유지하고 있다. 그러나 좋아하는 아그린을 위해 빨간 물고기를 쫓고, 리가를 구하기 위해 지뢰밭 한가운데로 뛰어드는 무모함을 간직하고 있다.

아그린(Agrin, Avaz Latif 분)은 전쟁 중 이라크 군인들에게 부모를 잃고, 겁탈당한 기억 때문에 늘 악몽에 시달린다. 그런 상처로 인해 임신해서 낳은 아이 리가는 아그린에게 피붙이인 동시에 자신을 범하고 부모를 죽게 한 원수의 자식이기도 하다. 아그린에게 현실은 더는 버틸 수 없는 벼랑 끝과도 같았고, 결국 스스로 생을 마감한다.

아그린의 오빠 헹고(Hengov, Hiresh Feysal Rahman 분)는 전쟁의 포화 속에 두 팔을 잃었지만, 아그린과 리가를 끔찍이 아끼며 가족을 지키기 위해 온 힘을 다한다. 미래를 볼 수 있는 능력을 지닌 헹고는 꿈속에서 자신이 본 앞으로의 전쟁 상황을 위성에게 알려준다. 아그린의 아들 리가(Riga, Abdol Rahman Karim 분)는 호기심 많은 천진난만한 어린이다. 앞을 잘 보지 못하기 때문에 발목이 묶인 채 생활하는 시간이 많고, 삼촌 헹고를 아빠처럼 따른다. 전쟁 속에서도 유일하게 때 묻지 않은 순수한 영혼이다. 거북이를 흙탕물이라도 물에만 넣어 주면 행복해질 거라 믿는다. 위성의 친구 파쇼(Saddam Hossein Feysal 분)는 한쪽 다리를 잃어 목발을 짚고 다니지만, 위성에 못지않은 열정으로 아이들을 보살핀다. 위성의 곁에서 든든하게 보좌해 주는 성격이지만, 자신의 다리를 앗아간 지뢰에 대한 공포가 남아 지뢰밭으로 들어가는 것을 주저한다.

(4) 영화 정보

영화 제작연도: 2004년

제작사: 미즈 필름 코(Mij Film Co), 박 필름(Bac Film)

영화감독: 바흐만 고바디(Bahman Ghobadi)

각본: 바흐만 고바디(Bahman Ghobadi)

12. 크로싱

(1) 영화 줄거리

2007년 북한 함경도 탄광 마을의 세 가족 아버지 용수, 어머니 용화 그리고 열한 살 아들 준이는 넉넉하지 못한 삶이지만 함께 있어 늘 행복하다. 그러나 용수는 아내가 임신한 상태에서 폐결핵에 걸렸다는 사실을 알게 되었고, 이웃집의 상철에게 약을 구해와 달라고 부탁한다. 그러나 약을 주기로 했던 상철은 밀수혐의와 기독교를 믿은 혐의로 북한 당국에 체포되어 버린다. 이러지도 저러지도 못하던 용수는 간단한 감기약조차 구할 수 없는 북한의 형편에 결국 중국행을 결정한다.

생사를 넘나드는 고비 끝에 중국에 도착한 용수는 벌목장에서 일하며 돈을 모으지만, 불법 현장이 발각되면서 모든 돈을 잃고 경찰에 쫓기는 신세가 된다. 그러던 어느 날, 간단한 인터뷰만 해주면 돈을 받을 수 있다는 얘기에 아무것도 모른 채 인터뷰에 응하기로 한 용수는 베이징 주재 외국 공관에 잠입하지만, 본인의 의도와는 전혀 다르게 남한으로 귀순하게 된다.

[영화 크로싱 포스터]

한편 용수가 떠난 뒤 2달여가 지나 용화는 병세는 점점 더 악화되어 세상을 떠난다. 세상에 홀로 남겨진 열한 살 준이는 무작정 아버지를 찾아 나서기로 한다. 그러던 중 만난 이웃집 소녀 미선과 함께 강을 건너 탈북하려던 준이는 탈북을 도와주던 꽃제비와 싸우다가 경비병에게 걸려 인간으로서 견뎌낼 수 없는 수용소로 끌려가고 만다. 그곳에서 미선이는 극한의 상황을 이겨내지 못하고 세상을 떠났지만, 혼자 남은 준이는 한국에 있는 용수의 노력으로 수용소를 빠져 나와 탈북 브로커를 만난다. 한편 한국에 도착한 용수는 브로커를 통해 준이의 행방을 알게 되고, 다시금 헤어졌던 준이와 용수는 불가능해 보였던 만남이 시도된다.

(2) 영화의 배경

영화는 기본적인 생존권조차 보장되지 않은 북한에서의 삶을 배경으로 하고 있다. 북한 주민들은 인권을 짓밟는 정권을 피해 탈북을 감행하지만, 그마저도 쉽지 않은 상황을 보여준다. 목숨을 걸고 국경선을 넘어 중국으로 가는 과정에서 인신매매를 당하는 등 탈북이 좌절되는 경우가 많다. 영국의 민간단체 코리아미래계획에 따르면, 특히 탈북 여성의 약 60%에 해당하는 수만 명의 북한 여성들과 18세 이하 소녀들이 중국에서 성매매로 인한 착취와 인권 유린을 당하고 있다. 또한, 탈북과정에서 중국당국에 적발될 경우 북한으로 강제 송환돼 노동수용소에서 강제노역과 고문, 강제낙태, 사형 등 가혹한 처벌을 받는 경우가 많다. 영화에서 준이와 미선이가 탈북을 위해 강을 건너다 참혹한 환경의 수용소로 끌려간 장면은 이러한 현실을 말해준다.

또한 아내의 약을 구하지 못해 목숨을 걸고 중국으로 향하는 용수를 통해 북한의 열악한 의료 상황을 알 수 있다. 북한은 돈 한 푼 안 들이고 마음껏 치료받을 수 있다며 전면적인 무상 치료제를 시행하였다고 주장하지만, 탈북자들과 전문가들이 전하는 실제 현실은 북한 정권의 주장과는 크게 다르다. 1990년대 고난의 행군 시기를 거치며 그나마 명목만 유지하던 무상 의료체계마저 무너진 것으로 알려졌다. 무상 치료마저도 일반 북한 주민들은 식량이나 담배 등 뇌물을 가져가야 치료를 받을 수 있다. 이를 위해서 북한 주민들은 돈을 빌리거나 집안 물건을 파는 경우가 허다하다. 상당한 의료 서비스를 제공받는 평양의 고위층 등 특권층과 무척 대비된다.

네덜란드의 '키즈라이츠재단'은 '아동 인권 지표 2019' 연례보고서를 통해 각국 어린이들의 생존권과 건강권, 교육받을 권리, 보호받을 권리 등에 대한 평가 결과를 공개했는데, 아동 인권이 가장 훌륭한 국가로는 아이슬란드가 꼽힌 가운데 북한은 122위로 조사되었다. 세부항목 가운데 북한은 어린이 생존권에서 99위, 건강권에서 104위, 인권 환경에서 공동 142위를 차지했다.

(3) 등장인물

아내의 병을 낫게 할 약을 구하기 위해 아이와 아내를 두고 중국행을 선택해야 했던 용수(차인표 분)는 그 선택이 가족과 완전히 헤어지는 운명의 남자이다. 몽골의 고비사막에서 홀로 쓸쓸히 죽어갔던 아들의 싸늘한 시신을 확인하고 남한으로 돌아온 용수는 북한의 모순적인 현실에서 탈출했지만, 가족이 없는 무의미한 삶에 직면해야 하는 처지가 되었다. 용수의 아들 준이(김준, 신명철 분)는 죽음 이후의 세계에 대한 궁금증을 가진 소년으로 죽어서라도 아버지와 어머니를 다시 만나고 싶어하는 순진한 인물이다. 아버지 용수가 중국으로 떠날 때 했던 어머니를 잘 지키겠다는 약속을 지키지 못한 것에 대한 미안함을 느끼고 있다.

용수의 친구 상철(정인기 분)은 중국을 왕래하며 무역업에 종사하며, 용수의 부탁을 흔쾌히 들어주는 등 사려 깊은 인물이다. 용수에게 성경을 건네기도 했던 상철은 집안에서 성경이 발각되어 반역죄로 잡혀가게 된다. 상철의 딸 미선(주다영 분)은 준이가 짝사랑했던 이웃집 소녀이지만, 부모를 모두 잃고 거지가 되어 길거리를 전전한다. 그러던 중 준이와 탈북을 시도하다가 결국 수용소에 갇혀 버리는 운명을 맞이하게 된다.

(4) 영화 정보

영화 제작연도: 2008년

제작사: 캠프B

영화감독: 김태균

각본: 이유진

13. 취한 말들을 위한 시간

(1) 영화 줄거리

[영화 취한 말들을 위한 시간 포스터]

이란과 이라크의 오랜 전쟁을 겪으며 황폐해질 대로 황폐해진 국경 마을 바네에 살고 있는 아윱은 이제 겨우 12살이다. 그의 어머니는 막냇동생을 낳다가 죽었고, 아버지는 전쟁 중에 쿠르드족의 유일한 생계수단인 국경 지역에서의 밀수업을 위해 집에 있는 날이 없다. 아윱의 형 마디는 선천성 장애로 네다섯 살 정도에 성장이 멈춰버렸고, 하루라도 주사를 거르면 살 수 없는 상태이다. 아윱과 여동생 아마네는 그런 마디를 데리고 시장에 나가 짐을 나르고 물건을 신문지로 포장해주면서 돈을 번다. 전쟁의 와중에서 도적이 출몰하고 포탄의 굉음이 시시각각 날아드는 그들의 참담한 삶에 아버지마저 국경을 넘나들다가 지뢰를 밟아 싸늘한 시신으로 돌아온다.

졸지에 가족들의 생계를 책임져야 하는 소년 가장이 된 아윱은 학교까지 그만두고 돈벌이에 뛰어들지만, 아픈 형 마디의 약값을 치르고 나면 여동생 아마네에게 새 공책을 사주기도 빠듯하기만 하다. 설상가상으로 수술을 서두르지 않으면 마디가 곧 죽게 될 거라는 의사의 진단에, 아윱은 수술비를 마련하기 위해 밀수하는 사람들의 심부름꾼이 된다. 국경을 넘나들어야 하는 밀수는 이란과 이라크 국경수비대의 눈을 피해야 하는 것은 물론, 밀수꾼을 습격하여 물건을 강탈하는 무장괴한의 공격을 감수해야 하는 위험하기 짝이 없는 일이다. 게다가 사방에는 전쟁 중 양국에서 깔아놓은 지뢰들의 위험과, 짐을 나르는 말과 노새들에게 술을 먹이지 않으면 안 될 정도로 혹독한 추위와 눈보라도 견뎌내야 한다. 아윱은 이 모든 어려움을 참아내며 묵묵히 일하지만 제대로 품삯도 받지 못하는 경우가 태반이다. 보다 못한 아윱의 누나 로진은 마디를 수술시켜달라는 조건을 걸고 이라크로 팔려가다시피 결혼해 버린다. 로진과 신부 일행은 그녀의 동생 마디를 노새의 짐 광주리에 싣고 눈발을 헤치며 이라크 국경까지 도착하지만, 신랑의 어머니는 노새 한 마리로 신부 값을 치른 후, 마디를 절대 받아들일 수 없다며 돌려보낸다.

마디가 곧 수술을 받을 수 있을 거라는 희망이 물거품이 되었지만 아윱은 좌절하지 않는다. 아윱은 밀수꾼들을 따라 이라크로 가서 신부 값으로 받은 노새를 팔아 수술비를 마련하고, 마디를 수술시켜 데려오겠다는 계획으로 또 한 번 밀수행렬에 합류한다. 마디를 노새 위에 싣고 밀수꾼들을 따라나선 길에 아윱은 매복한 무장 강도들의 습격을 받는다. 그러나 국경의 살인적인 추위 속 험준한 산악을 넘기 위해 술을 너무 많이 먹인 탓에 취해버린 노새들은 위급상황에서 달아나지 못하고 쓰러져버린다. 다른 밀수꾼들은 노새들과 밀수품을 버리고 도망치지만, 아윱은 마디의 생명을 구해줄 수 있는 유일한 희망인 노새를 버려두고 도망칠 수 없다. 아윱은 쓰러져 있는 노새에게 일어나라고 울부짖으며 애원하지만, 술에 취한 노새는 꼼짝도 하지 않는다. 점점 가까워지는 무장 강도들의 총소리 속에서 아윱은 다시 노새를 일으켜 마디를 안은 채 국경을 넘어 이라크로 간다.

(2) 영화의 배경

이 영화는 나라 없이 떠돌아다니는 유랑민족 쿠르드족 어린이들의 비참한 현실을 그리고 있다. 이란과 이라크, 그리고 터키의 접경지대에서 사는 쿠르드족은 인구 1800만 명의 세계 최대의 유랑민족이지만 팔레스타인이나 티베트족처럼 잘 알려지지도 않았다. 이들은 수백 년 동안 세 나라에서 억압과 핍박을 당했고 특히 1980년대에는 이란-이라크 분쟁에 휘말려 많은 숫자가 학살당하기도 했다.

쿠르드족이 모여 사는 이라크 북부 지역은 이라크 전체 경작 면적의 50%에 가까운 농토를 가지고 있던 지역이었을 만큼 농사짓기에 적합한 곳이었지만, 이란과 이라크의 긴 전쟁을 통해 북부 지역은 더는 농사를 지을 수 없는 지뢰밭으로 변해버렸다. 영화 속에서도 아윱이 자기 또래의 소년에게 "너희는 땅이 없어"라고 물었을 때, 그 또래 소년은 "아니, 많아"라고 답한다. 그러자 아윱이 "그런데 왜 농사를 짓지 않아?"라고 묻자, 그 또래 소년은 당연하다는 듯이 "사방이 지뢰밭이야"라고 답한다.

1988년 사담 후세인의 독가스를 이용한 쿠르드족의 학살로 대표되는 이라크인들의 끊임없는 핍박, 300만 명 이상의 강제 이민과 3만 명 이상을 학살한 터키의 쿠르드족 정책, 그리고 미국을 필두로 하는 이른바 중심부 국가들의 착취와 반주변부 국가들의 공모까지 가세하여 구조적으로 만들어진 쿠르드족에 대한 폭력적인 압력으로 인하여 쿠르드족 사람들은 죽음을 각오하고 자신들의 생존을 위해서 국경 부근에서 밀수를 하지 않을 수 없는 처지이다. 따라서 쿠르드족 사람들은 길을 찾을 수 없을 정도로 온 세상을 뒤덮어버린 눈보라 속에서 그리고 말조차 술을 마셔야 견딜 수 있는 혹독한 삶의 조건 속에서 살아남기 위해 몸부림치고 있다. 그리고 쿠르드족의 눈물겨운 고난의 삶은 현재도 진행 중에 있으며, 특히 잔혹한 전쟁의 그림자가 쿠르드족 아이들의 일상까지 파괴하고 있다.

(3) 등장인물

12살의 나이에 가족들의 생계를 책임져야 했던 아욥(Ayoub, Ayoub Ahmadi 분)은 혹독한 삶의 고난 속에서도 좌절하거나 포기하지 않는 강인한 정신력을 지닌 인물이다.

아마네(Amaneh, Amaneh Ekhtiar-dini 분)는 다른 형제들과 마찬가지로 보호받아야 마땅한 나이이지만, 아욥이 마디를 치료하여 돌아오는 동안 갓난아이인 동생을 돌보며 살림을 책임져야 하는 처지이다. 비록 잔인한 운명 앞에서 눈물이 마르지 않을지언정 아마네는 그 누구도 원망하지 않는다. 단지 마디를 아프지 않게 해달라고, 그의 목숨을 살려달라고, 오빠 아욥이 무사히 사선을 넘어 돌아오게 해달라고 기도하는 순수한 인물이다.

집안의 큰언니 로진(Rojin, Rojin Younessi 분)은 시집을 가기 전까지 죽은 어머니를 대신해 동생들을 돌보며 모든 집안일을 도맡아온 실질적 가장이다. 로진은 마디를 수술시킬 수 있다는 희망으로 팔려가다시피 이라크로 시집을 가야 한다. 마디(Madi, Madi Ekhtiar-dini 분)는 매일 주사를 맞으며 장애로 인한 고통을 버텨야 하며, 조금이라도 더 살기 위해서는 반드시 수술을 받아야만 하는 인물이다.

(4) 영화 정보

영화 제작연도: 2000년

제작사: 바흐만 고바디 필름(Bahman Ghobadi Films), 파라비 영화재단(Farabi Cinema Foundation), MK2 프로덕션(MK2 Productions)

영화감독: 바흐만 고바디(Bahman Ghobadi)

각본: 바흐만 고바디(Bahman Ghobadi)

14. 그린 북

(1) 영화 줄거리

1962년 미국, 이탈리아계 백인 토니 발레롱가는 집안 수리를 위해 자신의 집에 들어온 아프리카계 미국인 두 명이 아내에게 음료를 대접받는 모습을 보고는 그 컵을 휴지통에 버릴 정도로 인종차별을 일삼는 사람이다. 또한, 토니는 허풍, 그러니까 말로 사람을 구워먹는 실력이 있고 주먹질도 잘한다. 그는 한 클럽에서 '고객 관리' 업무를 담당하고 있는데 건물이 리모델링에 들어가는 바람에 몇 달 동안 일을 찾아봐야 하는 처지가 되었다.

그때, 토니는 일자리를 하나 소개받는다. 어떤 '박사'의 공연 투어 일정 동안 운전사 겸 매니저로 일하는 것. 면접을 보기 위해 찾아간 곳은 맨해튼 중심부에 있는 으리으리한 카네기홀이었다. 그렇게 토니는 천재 피아니스트이자 부유한 흑인인 돈 셜리 박사를 만난다. 셜리는 백악관에도 초청되는 등 미국 전역에서 콘서트 요청을 받으며 명성을 떨치고 있는 천재 피아니스트이다. 그는 위험하기로 소문난 미국 남부 투어 공연을 떠나기로 결심하고 투어 기간 동안 자신의 보디가드 겸 운전기사로서 일해 줄 사람을 찾고 있었다. 언제 어디서나 바른 생활을 하며 살아온 셜리는 토니와 사소한 생각부터 행동, 말투, 취향까지 너무 다르다는 것을 잘 알지만 당면한 문제의 해결력을 높이 평가한 셜리는 그를 고용하게 된다.

이렇게 해서 토니는 주급 125달러에 '돈 셜리 트리오'의 미국 남부 투어 8주 동안 셜리의 손발이 되는 업무를 맡게 된다. 이윽고 그들은 남부의 유색인종을 위한 여행안내서 '그린 북'에 의존해 특별한 남부 투어를 시작한다. 그러나 여행이 이어지면서 셜리가 유색인이라는 이유만으로 술집에서 백인들의 집단 린치, 고속도로 불심검문 경찰관의 부당한 대우, 계약과 다른 고물 피아노 제공 등 흑인으로서 받는 등 여러 가지 부당한 차별과 제약을 겪게 된다. 이러한 부당한 대우를 지켜보며 토니는 인종차별의 문제점을 하나씩 깨닫게 된다. 이와 같은 차별을 마주할 때마다 토니는 폭력으로 맞서 효과를 거두기도 하지만, 점차 폭력에 의한 문제해결의 한계를 깨닫게 된다.

수많은 곤경을 겪으며 마침내 연주 투어가 마치게 된다. 토니의 크리스마스 가족 모임에 늦지 않도록 두 사람은 쏟아지는 폭설 속에서도 쉬지 않고 교대로 차를 운전하며 귀가한다. 토니를 데려다주고 혼자 쓸쓸히 사무실에 앉아 있던 셜리는 뒤늦게 토니 가족의 집으로 향해 문을 두드리고, 토니는 그런 셜리를 포옹으로 따뜻하게 맞이하는 장면을 끝으로 영화는 맺는다.

(2) 영화의 배경

영화는 인종차별이 명백하게 존재했던 1960년대 미국, 그것도 차별의 정도가 가장 심했던 남부 지방에서 있었던 이야기를 담고 있다. 당시 미국은 공공연한 인종차별과 더불어 유색인종들이 대부분은 빈곤층이었기에, 흑인 고용주와 백인 운전사의 고용 관계는 당시로써는 보기 드문 풍경이었다. 영화의 실제 배경이 되었던 미국 뉴욕 북부의 브롱스 지역은 원래 유럽계 백인들이 모여 살던 중산층 동네였지만, 1948년에 흑인들이 집을 살 수 없도록 했던 인종차별적 법이 폐지되면서 이 시기에 부동산 업체들은 흑인에 대한 백인의 혐오를 이용하여 집을 싸게 처분하는 일까지 벌인다. 결국, 브롱스 지역에서 중산층 백인들이 흑인을 피해 교외로 떠나고 흑인과 히스패닉계가 주를 이루게 되었다.

영화의 제목인 '그린 북'은 인종차별이 만연했던 1960년대 미국에서 제작한 여행안내 책자다. 흑인들이 갈 수 있는 숙소, 갈 수 있는 식당 등이 안내되어 있어 여행을 가는 흑인들은 이 그린 북에 제시된 곳으로 찾아가야만 인종차별로 인한 피해를 막을 수 있었다.

(3) 등장인물

3살 때부터 천재적인 음악성으로 인해 일찍이 피아니스트로서의 삶을 살았던 돈 셜리(Don Shirley, Mahershala Ali 분)는 흑인이지만 흑인의 문화를 접할 기회가 많지 않았고, 백인들의 학교에 입학한 최초의 흑인으로서 백인의 문화를 접한 독특한 인물이다. 셜리는 흑인이지만 부유층이기에 그는 대다수가 빈곤층인 다른 흑인들과 어울려 살아본 적이 없었고, 동시에 그는 부유층이지만 흑인이기에 백인들의 사회에 낄 수 없는 주변인이다. 또 셜리는 동성애자로서 이성애자인 이 사회의 주류에서 배척당한 인물이기도 하다. 다시 말해서, 그는 백인에게서는 '인종적' 문제로 차별받고, 흑인에게서는 '계급적' 문제로 배척되며 동성애자로서 차별받는 등 당시 사회의 어떠한 집단에도 완벽하게 속하지 못하는 인물이다. "충분히 백인답지도 않고, 충분히 흑인답지도 않고, 충분히 남자답지도 않다면 그럼 난 뭐죠?"라고 외치는 셜리의 말에서 이를 확인할 수 있다. 셜리와 같은 주변인은 그 불안한 위치적 특성 때문에 그것의 극복을 위하여 끊임없이 고민하고 활로를 모색하게 된다. 삶이 치열할수록 고뇌가 더 커질 수밖에 없는 운명임을 아는 듯, 셜리는 밤마다 양주 한 병을 혼자서 마시곤 한다. 치킨을 손으로 먹는 것조차 질색할 정도로 고상한 교양인, 냉철한 지식인이었던 그는 생존 본능을 따라 모욕과 멸시를 견뎌내는 것을 내면화했지만, 대신 인간 사이에서 따뜻한 관계를 맺지 못하는 성격의 소유자이다.

토니 발레롱가(Tony Vallelonga, Viggo Mortense 분)는 인종차별적인 사고를 가지고, 원칙을 지키는 것보다 반칙을 일삼으며 살아가는 백인이다. 그는 천재 피아니스트 돈 셜리의 운전사로 일하게 되면서 흑인이 일상에서 겪는 차별을 경험한다. 토니도 단순히 백인이기 때문이 아니라, 이탈리아 출신이어서 미국인 사이에서 상대적으로 차별받고 있다. 토니는 자신이 이탈리아계니까 흑인 밑에서 일한다고 한 경찰관의 말을 듣고 모욕감에 격분하기도 했다. 이러한 토니에게는 유색인종을 차별하지 않는 아내 돌로레스(Dolores, Linda Cardellini 분)가 있다. 토니는 그녀에게서 존경과 사랑을 배운다.

(4) 영화 정보

제작연도: 2018년

제작사: 드림웍스 픽쳐스(DreamWorks Pictures), 파티시펀트 미디어(Participant Media), 시네틱 미디어(Cinetic Media)

영화감독: 피터 패럴리(Peter Farrelly)

각본: 브라이언 커리(Brian Currie), 피터 패럴리(Peter Farrelly), 닉 발레롱가(Nick Vallelonga)

15. 히든 피겨스

(1) 영화 줄거리

미국과 러시아의 치열한 우주 개발 경쟁으로 보이지 않는 전쟁이 벌어지고 있던 시절, 동시에 성차별과 인종차별이 뚜렷하게 존재하던 1961년에 캐서린, 메리, 도로시는 NASA(미국 항공우주국) 최초의 우주궤도 비행 프로젝트 요원으로 선발된다. 그러나 미국 최고의 천재들이 모였다는 NASA 안에서 이들은 흑인 여성이라는 이유로 말도 안 되는 불합리한 차별과 멸시를 맞닥뜨린다.

천부적인 수학 능력을 가진 캐서린은 근무 중에도 왕복 1.6km의 유색인종 전용 화장실을 사용하며 상사에게 질책을 받아야 했고, 여자라는 이유로 주요 회의에 참여할 수 없다. 식당은 물론이고 공용 커피포트조차 사용이 용납되지 않는 따가운 시선 속에서 그저 하급 전산원으로서, 상급 엔지니어들이 만들어내고 계산한 숫자들을 다시 한번 검산하는 단순한 역할을 하는 자신의 모습을 보며 캐서린은 점점 지쳐 간다. 그러나 캐서린은 천재적인 계산능력으로 여러 번 팀의 어려움을 해결하며 상사에게 점차 인정받게 된다. 우주궤도 비행 프로젝트가 난항을 겪게 되었을 때, 캐서린은 비전을 제시할 수 있는 새로운 수학 공식을 찾아내며 다시 한번 팀을 구해내지만, 캐서린은 IBM 컴퓨터의 등장과 함께 다시 지하 전살실로 퇴출당하고 만다. 그러나 초기의 IBM 컴퓨터가 신뢰할 수 없는 결과를 내자, 캐서린은 지구 궤도 비행 직전에 완벽한 수학 계산으로 최종 좌표를 확인해내며 우주 비행 성공에 기여한다.

NASA 흑인 여성들의 리더인 역할을 해내며 관리자로서 충분한 능력을 갖춘 도로시는 공석인 감독직에 지원하려 하지만 흑인 채용 규정이 없다는 이유로 인사담당 백인 여성인 미첼에게 무시당하면서 후보로 고려조차 되지 못한다. 한편, NASA에 IBM 컴퓨터가 들어와 자신과 같은 흑인 여성들의 주 업무인 계산업무를 빼앗길 위기를 알아차린 도로시는 백인 전용 도서관에 책을 빌리러 갔다가 경찰에게 쫓겨나는 수모를 당하면서도 다른 흑인 여성 전산원들과 프로그래밍을 공부하여 IBM 컴퓨터 분야에서 독보적인 능력을 갖추게 된다. 이처럼 흑인 여성을 향한 불합리함에 대해 좌절하지 않았던 도로시는 진일보한 능력을 키워 마침내 IBM 컴퓨터의 최고 담당자 자리에 오른다.

계산원으로 일하던 중 머큐리호 엔지니어팀에 발령받은 메리는 아무리 크고 복잡한 기계라도 문제점을 찾고 아이디어를 낸다. 이에 메리의 상사 질린스키는 그 재능을 알아보고 NASA 엔지니어 육성과정을 이수할 것을 권한다. 여성, 그것도 흑인 엔지니어는 채용한 적이 없다는 NASA에 '그러면 나를 처음으로 뽑으면 된다'고 일갈하기도 하지만, 엔지니어가 되기 위해서는 백인들만 입학할 수 있는 학교의 강좌를 이수해야 한다는 규정에 부딪히고 만다. 그러나 당시 백인학교에 흑인은 입학할 수 없다는 당연한 사실을 당연하게 받아들이지 않은 메리는 백인학교의 수업을 듣게 해달라는 길고 긴 법정투쟁을 시작한다. 남편조차 엔지니어의 꿈을 의심하는 상황에서 강인한 의지로 직접 자신의 사안을 법정에 올린 메리는 판사 앞에서 자신의 상황을 감정에 호소하거나 동정을 얻으려 하지 않았다. 결국, 판사의 마음을 얻어낸 메리는 재판에서 승소하여 미국 최초의 흑인 여성 항공 엔지니어가 된다.

(2) 영화의 배경

1962년 미국 남부는 냉전, 우주 개발 전쟁, 짐 크로우 법, 인권 운동이 모두 충돌한 격동의 시대였다. 바야흐로 미국과 소련의 우주 전쟁이 꽃을 피우면서, 소련이 인류 최초의 우주인 유리 가가린을 지구 상공 위로 먼저 쏘아 올렸다. 그에 맞서기 위해 케네디 대통령이 NASA를 한창 닦달하던 시기, NASA는 능력이 있다면 누구에게나 기회를 주었고, 영화와 같이 흑인 여성도 그 대상이 될 수 있었다. 이처럼 인류를 달에 보내겠다고 호언장담할 정도로 기술적, 사회적 진보가 호쾌하게 뻗어 나가던 시기였으나, 동시에 식당, 화장실, 극장, 버스 등 각종 시설마다 백인과 유색인을 철저히 분리하는 짐 크라운 법이라는 크나큰 장벽에 의해 흑인들은 여전히 차별받아야 했던 시기였다. 특히 NASA 본부가 위치했던 버지니아주는 백인 전용 학교를 주법으로 특별 보장할 만큼 극심한 인종차별이 존재했고, 그들에게는 인간이 달로 가는 것보다 흑인과 백인 학생이 한 교실에 있는 것이 더욱 몽상적으로 느껴졌던 시기였다.

영화는 이러한 차별과 폭력의 시대에 오로지 자신의 능력으로 NASA에서 인정받은 흑인 여성 캐서린 존슨, 도로시 본, 메리 잭슨의 실제 이야기를 담고 있다. 흔히 '우주 탐사'하면 닐 암스트롱이나 존 글렌과 같은 백인 남성 우주비행사, 또는 백인 남성 엘리트 그룹을 떠올리기 마련이지만, 사실은 1960년대 NASA에 흑인 여성 수학자와 과학자들이 기여한 바가 크다. 인류의 최초 달 착륙이 가능했고, 소련과의 우주기술 개발 경쟁에서 우위를 차지할 수 있었다.

(3) 등장인물

어려서부터 천부적인 수학 능력으로 여성 최초 웨스트버지니아 대학교 대학원에 입학한 캐서린(Katherine Johnson, Taraji P. Henson 분)은 NASA의 전산원으로 일하던 도중 해석기하학에 능통한 인물로서 해리슨에 의해 발탁되어 랭글리 연구 센터의 전산 검토원으로 발령받는다. IBM 컴퓨터의 도입으로 캐서린은 설 자리를 잃는 듯하였으나, IBM 컴퓨터의 계산 오류가 발생하는 바람에 긴급 호출된 캐서린은, 발사 직전 최종 좌표를 정확히 재계산 해내면서 프렌드쉽 7호의 성공적인 궤도비행을 돕는다. 이후, 캐서린은 아폴로 11호 발사 프로젝트에도 참여하여 핵심적인 역할을 수행한다. 그녀는 존슨과의 첫 만남에서 NASA가 여성에게 일을 맡긴 이유는 자신들이 치마를 입어서가 아니라 안경을 썼기 때문이라고 주장할 만큼 자신의 능력에 대한 자부심과 유능감을 지닌 인물이다.

도로시(Dorothy Vaughan, Octavia Spencer 분)는 사실상 흑인 여성 전산팀의 주임 임무를 수행하고 있음에도 NASA의 방침상 정규직 주임이 될 수 없어 언제든 해고될 수 있는 임시직을 맡고 있다. 하지만 도로시는 변화할 미래를 보는 선구자적 안목을 활용해 자신이 맞닥뜨린 차별과 부당한 대우를 극복하는 인물이다. 도로시는 IBM 컴퓨터의 도입에 맞서, 프로그래밍을 위한 포트란을 독학하였고, 나사 직원과 IBM 파견직원도 쩔쩔매던 시스템을 능숙하게 다루며 해당 분야의 선구자가 되어 자신의 가치를 인정받는다. 동시에 도로시는 현재 IBM 컴퓨터 실행의 기반을 마련하는 데 큰 공헌을 한 대표적인 인물로 평가받는다.

뛰어난 수학자로 NASA에 입사한 메리(Mary Jackson, Janelle Monae 분)는 탁월한 엔지니어링 기술을 인정받아 엔지니어가 되기 위한 공부를 시작한다. 강인한 의지와 끈기를 가진 그녀는 입학을 허락해달라는 긴 소송 끝에 승소하고, 흑인 최초의 백인 전문학교 입학생이자 미국 최초의 흑인 여성 항공 엔지니어가 된다. 이후 그녀는 1979년 NASA 여성 훈련 담당관이 된다. 메리는 자신이 현재 처한 불합리한 상황 속에서, 그저 흑인 여성으로 직업이 있다는 것만으로 만족하고 꿈을 포기하지 않았다. 백인학교 입학 여부를 판결할 판사에게 '최초'가 되기 위한 자신의 열정과 의지를 보이는 등 다분히 진취적인 성격을 지닌 인물이다.

캐서린의 상사 해리슨(Al Harrison, Kevin Costner 분)은 단순히 수학을 다루는 것뿐만 아니라 숫자 그 너머의 의미를 볼 수 있었던 캐서린을 인정하고 존중한다. 이처럼 그는 뛰어난 행동력을 바탕으로 캐서린의 능력에 걸맞은 업무를 배정하고 본래 참석할 수 없는 펜타곤 회의나 우주선 발사 상황실에도 참석할 수 있도록 하는 등 겉모습 그 이상의 중요한 것을 볼 수 있는 인물이다. 메리의 상사인 질린스키(Karl Zielinski, Olek Krupa 분)도 자신이 폴란드계 유대인으로서 전쟁 중 대학살로 가족들을 잃었고 편견과 차별을 겪었음을 알려주면서 메리가 자신의 한계를 뛰어넘을 수 있도록 용기를 주는 인물이다.

글렌(John Glenn, Glen Powell 분)은 우주비행사 7명 중 한 사람으로 선발되어, 1962년 첫 유인 인공위성인 프렌드십 7호를 타고 지구 궤도를 선회한 미국 최초의 우주비행사이다.

도로시의 정당한 요구를 묵살한 인사 담당자 미첼(Vivian Mitchell, Kirsten Dunst 분)은 흑인에 대한 차별이 당연하며, 그것은 자신이 배워 온 바라고 생각하는 인물이다. 나중에 캐서린의 남편이 된 짐 존슨(Jim Johnson, Mahershala Ali 분)은 구애하던 중에 캐서린을 칭찬하려다 여성 차별적 말실수를 한다. NASA의 수석 엔지니어인 폴 스태포드(Paul Stafford, Jim Parsons 분)는 기밀이라는 이유로 캐서린을 중요 업무에서 철저히 배제할 만큼 보수적인 인물이다. 자신이 계산하는 데 실패한 아틀라스 로켓 궤도 및 레드스톤 로켓의 실패 원인을 캐서린이 밝혀냈음에도, 보고서에 자기 이름만 남기는 등 여성과 흑인을 차별하는 편협한 엘리트이다.

(4) 영화 정보

영화 제작연도: 2016년

제작사: 폭스 2000 픽처스(Fox 2000 Pictures), 처닌 엔터테인먼트(Chernin Entertainment), 레번타인 필름스(Levantine Films)

영화감독: 데오도르 멜피(Theodore Melfi)

각본: 엘리슨 슈로더(Allison Schroeder, 각색), 마고 리 쉐터리(Margot Lee Shetterly, 원작자)

사진출처

죽은 시인의 사회
https://movie.naver.com/movie/bi/mi/basic.naver?code=10048

룸
https://movie.naver.com/movie/bi/mi/basic.naver?code=130989

4등
https://movie.naver.com/movie/bi/mi/basic.naver?code=132946

가버나움(Capernaum)
https://movie.naver.com/movie/bi/mi/basic.naver?code=174830

미쓰백
https://movie.naver.com/movie/bi/mi/basic.naver?code=155356

태양 아래
https://movie.naver.com/movie/bi/mi/basic.naver?code=146488

연을 쫓는 아이
https://movie.naver.com/movie/bi/mi/basic.naver?code=69337

아이 엠 샘
https://movie.naver.com/movie/bi/mi/basic.naver?code=34227

페임(Fame, 2009)
https://movie.naver.com/movie/bi/mi/basic.naver?code=70121

아무도 모른다.
https://movie.naver.com/movie/bi/mi/basic.naver?code=38546

거북이도 난다.
https://movie.naver.com/movie/bi/mi/basic.naver?code=39480

크로싱

https://movie.naver.com/movie/bi/mi/basic.naver?code=46494

취한 말을 위한 시간

https://movie.naver.com/movie/bi/mi/basic.naver?code=36174

그린북

https://movie.naver.com/movie/bi/mi/basic.naver?code=171539

히든 피겨스

https://movie.naver.com/movie/bi/mi/basic.naver?code=147092

말아톤

https://movie.naver.com/movie/bi/mi/basic.naver?code=39436

맨발의 기봉이

https://movie.naver.com/movie/bi/mi/basic.naver?code=55677

그것만이 내 세상

https://movie.naver.com/movie/bi/mi/basic.naver?code=158180

Ⅱ 논문: 영화 '죽은 시인의 사회'의 교육적 고찰

Ⅰ. 서론

학교교육의 실상과 폐해를 담은 영화 '죽은 시인의 사회'는 여러 가지 중요한 교육적 메시지를 전달한다. 본 논문에서는 이 영화가 어떤 철학적 의미를 포함하고 있으며, 어떤 교육적 함의를 담고 있는가를 다음과 같은 문제를 중심으로 살펴보기로 한다.

첫째, 영화의 구성, 즉 영화의 배경, 등장인물, 사건을 토대로 '죽은 시인'이 지니는 철학적 함의와 교육적 위상을 살펴본다.

둘째, 영화가 전달하고자 하는 메시지를 분석하기 위하여 플라톤과 니체의 철학을 중심으로 하여 '동굴'의 의미를 검토해 본다.

셋째, 영화 속에 가정된 교육적 인간상이 어떤 것인가를 검토해 본다. 특히 이를 기존 교육에서 논의된 '교육받은 인간상'과는 근원적으로 다른가에 초점을 맞추어 논의한다.

넷째, 영화가 시사하는 바를 여러 가지 교육적 쟁점에 비추어 검토하고, 이 영화에 담긴 '교육모형'을 새롭게 탐색하고자 한다. 이 작업은 기존교육학에서 논의된 전통교육 대 진보교육, 주형모형 대 성장모형의 이분법적 대립이 과연 적합한가에 초점을 맞추어 논의한다.

Ⅱ. 영화의 구성

1. 영화의 배경

영화 '죽은 시인의 사회'는 1950년 말과 1960년대 초의 시대상을 반영한다. 이 당시는 미국이 진보주의 또는 진보교육의 성행을 겪던 시기였다. 그만큼 전통교육의 폐해에 대한 진보교육의 요구와 저항이 컸던 시기이다. 이와 같은 기조에서 본 논문에 관련된 당시 사회상을 정리하면 다음과 같다.

첫째, 제2차 세계대전 이후 1960년대까지 미국 사회 중류층 부모가 소망하는 자녀의 직업은 변호사와 의사였다. 그 다음으로 경제적 요인과 무관한 희망 직업이 목사였다. 이 영화에서 주인공인 아이들이 진학하고자 하는 대학이 하버드 의대인 것은 이러한 시대상을 반영한다. 그러기 위해서 수학, 화학 과목이 필수적인 것을 영화를 통해 확인할 수 있다. 주인공인 영어 교사 키팅 선생은 의대 지망생들에게 관심과목을 가르치는 사람이 아니다. 게다가 그의 수업은 의대 입학과는 무관한 방향으로 진행되었다.

둘째, 전통적으로 구미의 사립학교는 상류층의 자녀들이 입학할 수 있었다. 예외적으로 저소득층을 위한 사립학교가 없었는 것은 아니지만, 웬만한 중산층 자녀들도 경제적 부담으로 사립학교에서 수학하기가 매우 어려웠다. 영화의 주인공 닐은 다른 학우들과 달리 중산층 자녀이고, 부모의 헌신으로 사립학교에 진학할 수 있었다. 그만큼 닐은 부모의 기대에 부응하지 않을 수 없는 처지에 있다.

셋째, 공사립을 막론하고 전통적인 학교는 남녀 별학(別學)으로 운영된다. 남녀공학은 20세기 이후 진보교육의 영향으로 보편화되어 왔다. 이는 영화에서 사건의 발단을 제공한다. 남녀공학을 하자는 찰리의 엉뚱한 주장 때문이다.

넷째, 전통 사립학교에서 교사의 권위는 간혹 특권의식 등으로 왜곡된다. 이를 확인할 수 있는 것이 교사의 수업 중 흡연 장면이다. 지금도 그러하지만, 미성년자는 금연이므로, 교사의 흡연은 교사만의 특권의식을 은연중에 드러내는 행위이다.

다섯째, 구미의 사립학교는 대부분 학생들이 학기 내내 종일 학교에서 먹고 자는 기숙학교(boarding school)이다. 그래서 교과학습만이 아니라 여러 가지 다양한 활동을 할 수 있다. 영화에서 펜싱, 카누 경기 장면이나 각종 취미 활동을 하고 있음을 확인할 수 있다. 그러나 그런 활동이 자의적으로 이루어지는 것이 아니라 하나의 전통으로 계승시켜간다는 점에서 우리나라와 다르다. 교사와 함께 하는 식사조차도 하나의 의식이다.

여섯째, 구미의 사립학교는 대부분 우리의 초등과 중등학교처럼 학교급 구분 없이 운영을 한다. 그 결과 초등학교에 입학하는 5~6세에서부터 대학 진학 전 연령인 16~18세까지의 아이들이 재학한다. 영화의 초기 장면에 꼬마들이 부모와 부둥켜안고 우는 장면에서 이 사실을 확인할 수 있다.

일곱째, 전통교육에서 허용되어 왔던 체벌을 영화에서 확인할 수 있다. 오늘날 금지된 체벌은 1960-70년대까지도 용납되어 왔다. 우리나라도 1990년대 이후에야 비로소 금지되었다.

끝으로 영화의 주 무대인 학교 웰튼스쿨(Wellton Academy)는 미국 명문 사립학교로서 스코틀랜드 풍의 전통을 이어가는 학교이다. 우선 학교 이름이 아카데미인 것은 스코틀랜드의 고등학교가 이 명칭을 사용한다는 데서 알 수 있다. 그리고 영화 시작과 함께 울려 퍼지는 백파이프 연주와 스코틀랜드 국기의 X자를 닮은 교기가 이를 입증한다.

영화제작자의 의도와는 관계없이 영화의 시대배경은 진보주의가 그 세를 떨치던 시절이지만, 영화의 제작이 진보주의 교육을 옹호하고자 한 것은 아닌 것으로 보인다. 이는 본 논문의 제4장에서 검토하기로 한다.

2. 등장인물

영화 '죽은 시인의 사회'는 톰 슐만(Tom Schulman)이 각본을 쓰고 피터 위어(Peter Weir)가 감독한 작품이다.

이 영화에 등장하는 주요 인물은 미국 기숙형 명문 사립고등학교의 영어 교사와 학생들이다. 그 이외에 그들의 부모와 교장, 교사들이 연기를 하고 있으나, 주 배역은 영어 교사와 학생이다. 영어 교사 키팅(Mr John Keating, Robin Williams 분)은 스스로를 '선장'이라고 하면서 아이들의 숨은 잠재력을 발휘하도록 남다른 열정을 쏟는 교사이다. 남다른 것을 추구하는 니일(Neil Perry, Robert Sean Leonard 분)은 영화 속에서 자기극복과 자기실현을 위하여 몸부림치는 '제2의 위번멘쉬'이다. 그의 아버지 톰(Mr Tom Perry, Kurtwood Smith 분)은 매우 완고하며 사회의 전형적 틀에 아들을 끼워 맞춰 기르려는 융통성 없는 인물이다. 그의 희망은 자신의 모든 것을 희생해서라도 아들이 하버드 의대를 졸업하여 세속적으로 성공한 의사가 되는 것이다. 닐과 룸메이트인 토드(Todd Anderson, Ethan Hawke 분)는 매우 내성적이지만, 자신의 내면에 움틀거리며 용솟음치는 무엇을 암암리에 직감하는 모범생이다. 니일처럼 새로운 것을 모색하는, 부잣집 아들 찰리(Charlie Dalton, Gale Hanse 분)는 그와는 달리 저항감을 드러내는 문제아처럼 보인다. 녹스(Knox Overstreet, Josh Charlesm 분)는 자기실현의 방향을 여학생에게서 구하는 애정파이다. 스티브(Stephen Meeks, Allelon Ruggiero 분)와 제럴드(Gerard Pitts, James Waterstone 분)는 두드러진 개성을 드러내지 않지만 학우들과 우애와 의리를 중시하는 평범한 학생이다. 리처드(Richard Cameron, Dylan Kussman 분)는 세속적 가치(이를테면, 시험성적, 의대 입학 등)를 높이 평가하고 남들의 평판에 신경을 쓰면서도 고지식한 척하지만 고자질을 하는 의리가 없는 학생이다. 그 외에 녹스를 사랑에 빠뜨린 크리스(Chris Noel, Alexandra Powers 분)는 애석하게도 잘 나가는 미식축구 선수인 쳇(Chet Danburry, Colin Irving 분)의 약혼녀이다. 그리고 우리의 관심사인 동굴에 찰리의 소개로 등장하는 여학생 티나(Tina, Welker White 분)와 글로리아(Gloria, Melora Walters 분)가 영화의 스토리를 이끌어간다.[1)]

이 영화를 이끌어가는 키팅 선생은 앞으로 논의할 니체가 상정하는 인간상이라고 할 수 있다. 웰튼에 새로 부임한 그는 유머러스하고 인자한 성격으로 권위만을 내세우는 웰튼의 다른 교사들과 차별화되어 이 영화의 주인공들로부터 주목을 받는다. 입시위주의 교과 운영과 학교와 부모의 억압적인 분위기에 숨죽이고 있던 학생들의 의식을 깨우쳐주는 등에와 같은 인물이다. 그렇다고 해서 그는 우리나라의 적지 않은 교사가 하듯이 이른바 좌경화된 의식화 교육을 감행하거나 정치적 선동을 하지 않

---

1) 그 외에 교장인 Mr Nolan(Norman Lloyd 분), 라틴어 선생 Mr McAllister(Leon Pownall 분), 고지식한 수학 선생 Dr Hager(George Martin 분), 쳇의 부모인 Mr Joe Danburry(Kevin Cooney 분), Mrs Ginny Danburry(Lara Flynn Boyle 분) 등이 있다.

는다.

주인공 닐은 자신이 하고자 하는 바를 실현하려는 삶의 의지의 표본이다. 그는 니체의 위버멘쉬(Übermensch)의 화신이다. 그렇다고 닐이 현실을 거부하거나 저항만을 일삼는 문제아가 아니다. 그는 전학과목 A 학점을 취득하는 모범생이다. 그는 현실적응과 자아극복을 동시에 추구하는 인간이다.

말수가 적고 수줍음이 많고 소심한 토드는 대체로 현실을 수긍하는 인물이지만 내면에는 이름 모를 비약하고자 하는 욕망과 의지가 가득 찬 인물이다. 그래서인지 그는 이미 정형화된 상태로 학교에 끌려온 처지에 있다. 키팅 선생의 도움으로 내면에 존재하는 일종의 장애를 깨고 자신의 닫힌 마음을 열 수 있게 된다. 한 마디로 토드는 현실수긍의 인간이지만, 내면세계를 누르던 외부의 속박에서 해탈과 자기극복의 성과를 거둔 인물이다.

현실 저항을 강하게 보여주는 찰리는 부정적인 학생이 아니다. 그는 자신감과 모험심이 가득한 인물이며 닐과 함께 학우들을 통솔하는 리더십이 강한 학생이다. 그런 만큼 책임감이 강하다. 영화에서 그는 실제로 닐의 죽음을 키팅 선생의 책임으로 전가하려는 교장의 요구에 저항하다가 퇴학을 당한다. 그는 현실에 대한 거부와 저항을 드러내지만 그것은 자신의 환태를 위한 것이며, 이 점에도 그도 닐처럼 위버멘쉬의 전형으로 볼 수 있다.

좋은 집안에서 자란 웰튼의 모범생 녹스는 한 여학생에게 사랑에 빠진 수줍은 학생이지만 '죽은 시인의 사회'에 가입한 이후 용기를 얻어 그녀에게 고백을 한다. 그는 현실을 수긍하면서도 자기충동을 자제하지 못하는 가운데 자아극복을 하는 인물이다.

권력과 명예를 중시하는 리처드 카메론은 성공을 위해서 아부도 불사하는 범속인이다. 사실 그는 키팅 선생의 독특한 수업 방식을 탐탁지 않게 여기지 않으면서 현실 안주를 위하여 죽은 시인의 사회에 가입을 한다. 어떤 점에서 보면 이중인격자이지만, 다른 측면에서 보면 범속한 우리들의 모습을 보여주는 전형이다. 니체의 관점에서 보면, 뒤에 살펴볼 '최후의 인간'이다.

3. 사건과 전개

영화의 전개는 전형적인 수업, 즉 규율과 제일성을 중시하고 훈육과 체벌을 일삼는 수업의 장면에서 시작되지만, 이내 키팅 선생님에 의하여 그 벽이 허물어지는 데서 출발한다. 그 발단은 교재를 찢는 장면에서 일어난다. 명문 대학에 입학하기 위하여 해왔던 공부방식의 허상은 키팅 선생에 의하여 거침없이 벗겨진다. 우리나라처럼 수능시험에서 좋은 점수를 얻기 위해 시를 분석하고 측정하는 대신 그는 시 본연의 가르침, 인간이 살아가면서 향유하는 학생 개개인이 나름대로의 최선의 가치를 추구하라고 가르친다.

사건은 교육방식에 국한된 것이 아니다. 세상을 다른 각도에서 보라는 '반전(perversion)'[2]을 시동한다. 그런 의도는 영화에서 '교탁 위에서서 교실을 바라보는 돌출행동'으로 묘사된다. 그 돌출행동이 추구하는 반전은 아이들의 내면세계 발현에 초점이 맞추어져 있다. 이를 교실 공간에서 표현한 것이 이 행동이다. 그래서 키팅 선생은 학생들에게 이

2) 니체는 반전의 철학으로 유명하다. 그는 스스로를 '망치를 든 철학자'라고 하였다. Nietzsche(1888). 그러나 나는 이를 '전도(顚倒)'라는 말이 적합하다고 본다. 이하 참조.

좁은 공간에서 머물지 말고 자유롭게 벗어날 것을 보여주기 위하여 자신이 먼저 교탁 위에 올라서는 엉뚱한 행동을 한다. 이는 타인이 만들어준 시선으로 세상을 보지 말고, 틀을 벗어나 자신의 목소리를 찾기 위한 것으로서 니체가 주장하는 바와 일맥상통한다.

현재를 즐기라는 뜻으로 회자되는 '카르페 디엠(Carpe Diem)'은 '현실에 충실하라'는 뜻이다. 현실에 충실하는 것은 미래의 삶을 위하여 현재를 담보하지 말고 매순간을 의미 있게 보내라는 뜻이다. 그러나 이것이 미래의 삶을 위하여 현재를 담보하지 말고 매순간에 안주하여 즐기라는 뜻으로 해석해서는 안 된다. 그것은 허무주의를 조장하는 것이 된다. 니체의 현실 부정과 반전이 허무주의가 아니듯이 이 영화의 '카르페 디엠'은 허무주의가 아니라 자기극복을 위하여 현재를 아끼고 충실하라는 뜻으로 받아들여야 한다.

영화에서 자기 자신의 발현을 구체적으로 보여준 장면은 축구장에서 진행된 수업이다. 그리고 코트에서 진행된 수업은 제일성(conformity)이 중요하다는 점을 강조한다. 당시 진보교육은 제일성을 철폐해야 할 교육적 덕목으로 여긴 점에 주목할 필요가 있다. 제일성은 획일적인 통일이 아니라 개성을 살리면서 다른 사람과 조화하는 데에 있다는 점을 영화는 보여준다.

영화에서 묘사된 가장 중요한 장소는 동굴이다. 동굴은 철학에서 플라톤과 니체를 이해하는 데 있어서 빼놓을 수 없는 논의 소재이다. 우선 영화에서 드러난 동굴의 의미를 살펴보고, 철학적 논의는 다음 장에서 이어가도록 한다. 영화에서 '동굴'이 상징하는 바는 크게 두 가지로 나누어 생각할 수 있다. 하나는 갇혀 있음이고 다른 하나는 은폐성이다. 양자는 상호 대비되는 의미를 우리에게 전달해준다.

첫째, 동굴에 갇혀 있음은 인간이 갇혀 산다는 것과 세속에 속박되어 산다는 것을 뜻한다. 즉 동굴은 폐쇄성과 구속성을 의미한다. 이는 플라톤이나 니체의 경우에도 이견이 없다. 영화에서는 아이들이 전통, 제도 그리고 관습에 갇혀 있음을 암시한다. 그러나 갇혀 있기 때문에 벗어나야 하는 당위성을 제공하는 곳이 동굴이다. 따라서 동굴은 아이러니하게도 아이들에게 개성이 발현되는 장소이면서 자신의 창의력을 발산할 것을 요구하는 곳이다.

실제로 영화에서 '동굴'을 통하여 아이들의 다양한 재능이 묘사된다. 찰리의 색소폰 연주, 닐의 시 낭송, 녹스의 내면에 갇혀 있던 성애의 발현, 스티브의 '모방과 화합'을 동시에 상징하는 콩고 댄스(Congo Dance) 등을 확인할 수 있다.

둘째, 동굴의 은폐성은 현대사회의 익명성으로 읽힐 수 있다. 그러나 익명성은 약자들이 제도 뒤에 숨어서 저항하는 데 필연적으로 요구된다. 따라서 동굴의 은폐성은 기존 제도와 권위에 대한 저항을 뜻한다. 영화에서 이러한 익명성과 저항은 찰리가 동굴에서 '루완다'로 자신을 묘사하는 것으로 드러난다. 실제로 찰리는 자신을 루완다라는 이름으로 자신을 은폐시키면서 교지 사건을 통하여 학교당국에 저항하였다. 자신의 색소폰 연주는 부모의 플룻 연주에 대한 저항임을 드러낸다. 그 외에 찰리의 누드화, 흡연 행위 등은 모두 저항의 표시이다.

영화에서 저항의 화신 찰리의 저항은 학칙에 금지된 남녀공학을 허용할 것을 교지에 무단 게재한 사건에서 절정을 이룬다. 실제로 남녀접촉의 행동은 찰리가 동굴로 티나와 글로리아라는 여학생을 데려오는 데서 드러나지만, 이에 만족하지 않고 남녀공학을 실현하자는 '행동'으로 옮긴다. 영화에서 비극의 조짐은 여기서 싹트기 시작한다.

이와 같이 니체에 철학에서 중요한 소재인 동굴과 역시 중요한 주제인 비극은 영화에서 이미 암시되어 있다. 특히 니체의 비극은 아리스토텔레스와 달리 정화작용(catharsis)에 있지 않고, '파괴적 창조'에 있다.[3] 니체의 '힘의 의지'는 스스로의 입장을 파괴함으로써 새로운 것으로 도약하는 비극을 창조하는 데 있다. 이는 슘페터의 '창조적 파괴'와는 성격을 전혀 달리 한다. '창조적 파괴'는 창조의 효율을 강조한 것이지만, 니체의 '파괴적 창조'는 스스로 비극을 자초하는 데 있다.

영화에서 닐이 장차 몸담고자 추구하는 연극은 자기극복의 과정을 표현한다. 자신이 몸담고 있는 현실을 극복하고 또 다른 자신을 구현하고자 하는 노력이 연극을 통해서 드러난다. 그것은 단순히 이루어진 자기극복, 자기실현이 아니다. 자신에게 모든 것을 걸고 있는 부모의 기대와 사회적 부귀와 명예를 등지고 시도하는 것이며, 결과적으로 자살이라는 비극을 자초한 점에서 파괴적 창조이다. 이 점에서 닐은 니체의 위버멘쉬이다. 하지만 닐이 마냥 저항과 파괴를 일삼지 않고 현실 생활을 중시한 점에서 그는 동굴을 드나드는 니체의 차라투스트라이다.

영화에서 자살이라는 비극이 곧 니체의 비극을 가리킨다는 점은 영화의 마지막 장면에서 확인할 수 있다. 니체가 현실을 철저하게 파괴하는 것은 일상에서 얻을 수 없는, 고독과 방황을 통해서 얻어야만 하는 값진 창조 때문이다. 영화에서 이러한 창조는 책상에 올라가 키팅 선생을 향

---

3) 아리스토텔레스의 『시학』에 나오는 그의 비극과 니체의 비극에 관한 자세한 논의는 생략하기로 한다. 다만, 아리스토텔레스의 비극이 정화작용에 맞추어져 있다면, 니체의 비극은 파괴를 자초하는 측면이 있다. 즉 니체의 '비극'은 파괴를 뜻한다. 그러나 그것은 허무주의를 뜻하지 않으며, 무엇인가를 도약하고 극복한다는 점에서 창조를 담고 있다. 하지만 니체가 주장하는 파괴는 슘페터의 '창조적 파괴(creative destruction)'와는 성격이 다르다. 오히려 '파괴적 창조'라고 할 수 있다.

하여 스스로 발견한 내면세계를 보여주는 데서 알 수 있다. 가장 소심했던 토드가 과감하게 제일 먼저 책상 위에 올라간 행동이 그 단초이다. 책상에 올라간 토드의 얼굴은 내면세계의 발현이다. 단지 아이들이 책상에 올라갔다는 사실이 기존의 낡은 제도에 대한 저항만을 뜻하지는 않는다. 발현은 자신에게조차도 감추어진 그리고 가려진 실체를 드러내는 일이다. 그것이 영화에서는 가랑이 사이로 비추어지고 있다. 토드의 얼굴이, 그의 형상이 함께 책상에 올라간 아이들의 가랑이 사이로 묘사되어 있다.

4. 죽은 시인

영화 제목의 '죽은 시인'은 진정한 시인이 죽었다든지, 진정한 시인을 찾아볼 수 없다는 뜻으로 이해해서는 안 된다. 그렇게 해석하면, 이 영화는 퇴폐적인 것이거나 허무주의적인 성격을 띠게 된다. 교육영화로서의 가치가 퇴색하게 된다. 그 의미는 니체의 '신은 죽었다'에서 찾을 수 있다(Nietzsche, 1881: 125). 니체가 신은 죽었다고 말함으로써 표방하고자 했던 것은 무신론이나 종교의 가치를 부정한 것이 아니기 때문이다.

'죽은 시인'의 뜻을 니체의 '죽은 신'에 비추어 헤아려 보자. 니체의 죽은 신은 인간이 숭상하는 우상과도 같은 굴레를 파괴하였음을 뜻한다. 니체는 "신은 죽었다. 신은 죽어버렸다. 우리가 신을 죽인 것이다. 살인자 중 살인자인 우리는 이제 어디에서 위로를 받아야 하는가"라고 천명함으로써 플라톤과 기독교에 의하여 왜곡된 신의 굴레에서 인간을 자유롭게 하고자 하였다. 그는 결코 허무주의나 도덕적 무정부주의를 주장하지 않았다.

그러면 신을 죽인 이유는 무엇인가? 그것은 인간이 추구하는 가치가 원래적 신의 의도와는 관계없이 세속적인 가치를 추구하는 데서 찾을 수 있다. 이를 설명하기 위하여 니체는 인간을 '최후의 인간(The Last Man)'과 '위버멘쉬'로 구분한다('차라', p. 24).[4] 니체가 신을 죽인 것은 바로 신을 중심으로 형성된 현 사회 가치가 인간의 본질을 외면하고 '최후의 인간'을 지향하면서 매몰되어 있기 때문이다. 죽은 신 이후에 우리에게 요구되는 인간상이 '위버멘쉬'이다. 이어지는 장에서 살펴보겠지만 위버멘쉬는 완성태로서 인간상이 아니다. 위버멘쉬는 자기 자신을 극복하고자 하는 강한 의지를 가지고 보다 높은 곳을 향해가는 강한 자유정신의 소유자이다. 이 때 인간의 위치는 짐승과 위버멘쉬 사이에 놓인 교량과 같은 존재이다. 따라서 인간은 위버멘쉬를 향해 스스로를 극복하지 않으면 안 되는 존재이다. 그것을 포기하고 안주하는 인간형이 '최후의 인간' 또는 '말인(末人)'이다. 인간이 위버멘쉬를 추구하려는 의지를 가지고 살지 않으면 그것은 짐승과 같은 삶을 영위하는 것과 다름없다. 영화에서 위버멘쉬의 길목을 넘지 못하고 원래 최후의 인간으로 안주한 인물이 리처드 카메론이다.

이러한 맥락에서 '죽은 시인'의 의미는 무엇인가? 학교생활에서 강요되는 사회적 규범과 통제는 안일함과 범속함을 추구하기 위한 수단이지 결코 인간 내면의 본질이나 자기극복을 의미하지 않는다. 영화에서 시인

---

4) Nietzsche, F.(1883~85). *Also sprache Zarathustra*. 정동호(역). (2015) 차라투스트라는 이렇게 말했다. 서울: 책세상. 이하 이 책의 인용은 '차라'와 번역본의 쪽수를 기록한다. 여기서 '최후의 인간'을 '인간말종'이라고 번역하는 경우가 있다(정동호 역, 24ff). 그리 어긋난 번역은 아니지만, 인간말종은 사회의 도덕적 규범을 벗어난 비도덕적인 인간을 지칭하는 데 비하여 니체의 최후의 인간은 도덕적 규범을 벗어난 사람보다는 현세에 안주하는 사람을 뜻하기 때문에 적절한 번역어가 아니다. 최후의 인간은 안일함과 범속함에 살면서도 현실 도덕에 충실한 사람들이다. 그러나 '최후의 인간'이 니체의 뜻을 정확하게 반영한 말은 아니다. 그 점에서 보면, '말인(末人)'이 더 적합한 번역어인 듯하다.

을 죽여야 하는 이유는 니체가 신을 죽인 것과 동일하다. 시를 공부하고 문학을 공부하는 이유가 하버드 대학에 진학하여 사회적 지위와 경제적 부를 향유하기 위한 것이라면 그런 시를 읊어대는 시인을 죽여야 마땅하다. 그러한 생각을 지닌 사람이 모인 동아리(society)가 '죽은 시인의 사회'이다.

시인을 죽인 이들이 추구하는 것도 니체가 최후의 인간이 아닌 위버멘쉬인 것과 같은 맥락이다. 철저하게 현실에 놓인 안일함을 걷어차고 나가는 자기극복의 의지를 지닌 사람들이다. 영화에서 키팅 선생은 마치 '차라'에서 성인처럼 이러한 단초를 제공한다. 여기서 학생들은 자기 극복 의지를 분출하게 된다. 영화에서 토드는 내면의 세계를 열게 된 영어 수업 시간을 계기가 되어 '최후의 인간'으로 가는 노정에서 '위버멘쉬'로 가는 길목에 들어선 것이다. 바로 영화는 베토벤의 '환희의 송가'를 배경으로 하는 축구 장면으로 이어진다. 이제 쪽지를 나누어주면서 아이들에게 크게 외치라는 장면은 자기 극복을 해야 하는 힘의 의지, 위버멘쉬의 자기선언처럼 들린다.

"세상의 모든 항구를 구경할 선원이 되기 위하여", "참된 시인이 되기 위하여", "내 인생의 노예가 아닌 지배자가 되기 위하여", "총구 앞에서도 태연하게 앞으로 나갈 수 있기 위하여", "승산 없는 싸움에 도전, 겁 없는 적을 상대하기 위하여"

아이들의 이같은 선언은 곧 차라투스트라의 외침이다. 영화 속 주인공들은 '죽은 시인' 속에서 참다운 시인을 찾으려고 용트림을 하고 있다.

그 다음으로, 니체의 '죽은 신'은 자유를 갈구하는 인간의 자기극복을 위하여 필연적으로 요구되며, 그럼으로써 인간은 스스로 비극을 자초하는 국면에 이르게 된다. 니체의 '비극의 탄생'(Nietzsche, 1872)처럼 영화에서 비극이 존재한다. 사실적으로 보면 영화 후반부의 닐의 자살이 비극이지만, 영화가 전달하고자 하는 비극은 니체의 비극과 유사하다. 감정을 순화하여 영혼으로 승화시키는 정화작용에 요구된 아리스토텔레스의 비극과는 달리, 자기 초극의지를 드러내는 데서 스스로 자초하는 비극이다.[5] 단적으로 말하자면 전자는 감정적 형태의 비극이라면 후자는 의지적 형태의 비극이다. 현상태를 극복하려는 의지에서 아폴론적 규정을 깨는 데서 비극은 시작된다. 전자가 비극이 필요악처럼 수반되다가 종국에는 해소되는 반면에 후자는 기존 규범은 물론 스스로를 파괴하는 행위를 자초하는 성질을 지닌다.

신을 죽임으로써 받게 되는 비극은 신의 모욕 때문이 아니라 기존의 가치 규범을 파괴하는 데서 얻게 되는 필연인 것처럼, 영화 속의 주인공들이 겪는 비극은 단순히 학칙을 어긴 데 있는 것이 아니라 자기 극복의 과정에서 좌절을 감수하고 자초한 데 있다. 주인공 닐은 학칙을 준수하고 성적도 뛰어난 모범생이지만, 연극을 통한 자기실현과 극복을 시도하고 좌절을 겪는다. 찰리는 남녀 분리의 부자연스러움을 극복하고자 남녀 공동생활을 시도하다가 좌절을 맛본다. 녹스는 에로틱 사랑을 추구하다가 연적 쳇에게 폭행을 당한다. 모두 이들이 자초한 비극이다. 또한 영화 속의 비극은 자기 극복을 하고자 하는 동굴을 드나드는 아이들이 '죽은 시인'을 자초하는 데서 그 단서를 찾을 수 있다.

끝으로, 니체의 '죽은 신'처럼 영화에서 '죽은 시인'은 시인이 갈구하는 본래의 모습이 왜곡된 존재를 상징하지만, 시인이 원래 갈구했던 자유를 추구하기 위하여 필연적으로 요구되는 존재이다. 이러한 '죽은 시인'은 키팅 선생의 두 가지 모습에서 찾을 수 있다. 우선 키팅 선생은 위

5) 앞의 주 3) 참조.

버멘쉬를 위하여 존재하는 죽은 시인이다. '차라'에 등장하는 성자같은 존재이다. 니체의 죽은 신처럼 아이들을 굴레에서 벗어나게 하기 위하여 필연적으로 요구되는 존재이다. 그러면서 키팅 선생은 제도권에 형해화된 시인으로서 죽은 시인이다. 영화에서 그는 이미 제도권의 교사로서 죽은 시인의 모습을 그대로 간직하고 있다. 그러면서 키팅 선생은 차라투스트라이기도 하다. 그는 어느 교사도 시도하지 않은 일을 자초하여 비극을 경험하기 때문이다.

Ⅲ. '동굴'과 '교육적 인간'

1. 철학적 논의: 동굴의 의미

이제까지 '죽은 시인의 사회'에서 '죽은 시인'의 뜻을 살펴보았다. 이 연장선 상에서 영화에서 '동굴'이 지니는 의미와 위상을 검토할 필요가 있다. 본 논문의 논점과 관련해 볼 때 플라톤의 『국가론』에 나오는 동굴과 니체의 『차라투스트라는 이렇게 말했다』에 나오는 동굴의 의미에서 논의의 단초를 찾을 수 있다. 왜냐하면 영화에서 아이들이 저항하고자 한 것은 플라톤과 이후 그의 사상을 기반으로 한 전통교육이고, 그것을 영화 속에서 구체화된 것은 차라투스트라가 등장하는 동굴이기 때문이다. 게다가 '신은 죽었다'고 천명한 니체의 사상과 영화 속에서 담긴 '죽은 시인'은 매우 연관이 있어 보인다.

플라톤의 '동굴'은 자신의 이데아를 설명하기 위하여 동굴을 비유적으로 사용한 데서 비롯된다. 이른바 동굴의 비유(Book VII 514a~521b)는 그의 국가론에 나오는 세 가지 비유 중 하나이다. 먼저 태양의 비유는 이데아를 지칭하는 실재(實在, reality)의 존재론적 탐구를, 선분의 비유는 실재의 인식론적 탐구, 동굴의 비유는 실재의 실제론적 탐구를 뜻한다. 여기서 실재의 실제론적 탐구란 영원불변하는 지식의 실제적 획득에 관한 논의이다. 이를 이해하기 위하여 태양의 비유와 선분의 비유를 간략히 살펴볼 필요가 있다.

태양의 비유는 태양을 지식의 원천으로 비유한 것으로 여기서 태양은 최고 수준의 지식, 좋은 것의 형식에 관한 지식(505a)을 뜻한다. 사람이 세상을 온전하게 보는 것은 "태양이 눈으로 스며들어가는 것"(508b)이며, 여기서 사람은 시력(視力)을 얻게 된다. 이렇게 함으로써 사람은 눈에 보이는 것을 넘어서는 세계를 볼 수 있다. 이에 따라 플라톤은 가지계(可知界)와 가시계(可視界)로 나누어(508b~508e) 실재의 존재를 밝히고자 하였다. 가시계(the visible)는 '태양'을 통하여 '시력과 그 대상에 대하여 가지는 것'을 뜻하며, 가지계(the intelligible)는 '좋은 것'을 추구하기 위하여 '지력(知力)과 그 대상에 대하여 가지는 것'을 뜻한다. '좋은 것의 형식(the Form of Good)'은 육안이 아닌 심안(心眼, 마음의 눈, 508d)으로 흘러들어가서 지력의 원인이 되며, 때로는 지력에 의하여 파악하는 대상(509a)이 된다. 그리고 태양은 시력의 원인(*aitia*)이므로(509e) 만물이 생성화육하게 하는 원인이 된다.[6] 여기서 이데아와 모사설(模寫說)이 설정된다.

---

6) 마찬가지로 좋은 것의 원형을 상정할 수 있는데, 그것은 '이상국가(理想國家)'이다. 이상국가가 국가의 이상적 원형이듯이, 미남(美男)의 이상적 원형(prototype)을 그려낼 수 있다. 즉 원형을 빌미로 '그림'을 그린다.(472d)

실재의 인식론적 탐구로서 선분의 비유(Book VI 509~511e)는 지식의 위계와 마음과 실재의 파악관계를 나타내기 위한 것이다. 이는 앞서 태양의 비유에서 밝힌 가시계와 가지계의 인식론적 단계를 설명하고자 한 것이다. 인식론적으로 가시계에는 추측과 이미지(*eikasia*)와 신념과 의견(*pistis*)가 포함되며, 가지계에는 개념과 오성(*dianoia*)과 형상과 이성(*noiesis*)이 포함된다. 이러한 인식이 단계적으로 상향되는 것을 플라톤은 동굴의 비유를 통하여 설명하고자 하였다.

선분의 비유에서 제시된 네 가지 단계가 분할되어 있어야 플라톤의 동굴의 비유가 설명된다. 첫 번째 단계(*eikasia*)는 동굴에 묶여 있는 상태(514a~515b), 두 번째 단계(*pistis*)는 동굴에서 쇠고랑이 풀린 상태(515c), 세 번째 단계(*dianoia*)는 동굴 밖으로 나와서 물에 비친 그림자를 보는 상태(515d), 네 번째 단계(*noiesis*)는 동굴 밖에서 실물을 보는 상태(516a)를 각각 뜻한다. 이 단계를 거친 다음에 인간은 태양을 보는 상태(516b), 즉 이데아를 파악할 수 있다.

플라톤의 동굴의 비유를 통하여 생각해볼 논점은 다음과 같다. 첫째, 우리가 지향해야 할 목표가 있다는 것이다. 둘째, 그 목표는 우리의 감각, 지각, 추측으로 도달할 수 없다는 것이다. 셋째, 그 목표에 이르기 위하여 밟아야 할 단계가 필연적으로 놓여 있다는 것이다. 그 결과 교육이 지향해야 할 목표와 수행해야 할 과제가 명백히 '주어지는 것'이다. 이렇게 '주어진 것'을 온전하게 수행하면 인간은 동굴에서 나올 수 있으며 이른바 '개명'을 하게 된다.

우리는 이러한 논점에서 문제점을 찾을 수 있다. 우선 플라톤의 철학적 전제에서 단초를 찾을 수 있다. 첫째, 선분의 비유에서 알 수 있듯이, 문제가 되는 철학적 쟁점은 선형적 사고(linear way of thinking)이다. 동굴의 비유에서 가장 좋은 최종 결과는 동굴로부터 벗어나는 것이다. 둘째, 우리가 모사해야 할 불변의 원형(prototype)이 관념적으로 존재한다는 실재론이다. 이를 동굴의 비유로 보면, 태양이 영원불변한 형태로 존재하고 파악할 수 있어야 한다.

이 두 가지에서 우리는 아이러니함을 발견할 수 있다. 전자와 관련시켜 보면, 지적 성취를 이룬 사람은 동굴로 돌아올 필요가 없다. 그러나 플라톤의 대화편에는 동굴로 돌아온다(516e). 그리고 동굴로 돌아온 사람이 여전히 동굴에 갇힌 사람에게 조롱거리가 된다. 즉 어두운 곳에 다시 돌아와서 다시 아무것도 볼 수 없는 처지에 놓이게 되었으며, 태양을 본다는 말을 이해하지 못하는 사람에게 장님이라는 비난만 받게 된다(517a). 이는 플라톤이 스승 소크라테스가 당시 아테네 지식인들로부터 조롱 받은 것을 풍자한 것이다. 하지만, 동굴로 돌아와야 하는 당위성을 설명하지 못하면, 동굴의 비유는 자가당착에 빠진다. 후자와 관련시켜 볼 때, 원형의 설정은 오히려 실상을 전도(顚倒)시켜서 우리가 절대적 가치에 종속되는 병리현상을 낳는다. 이 전도현상[7]은 여기서 논의하지 않기로 한다.

---

7) 플라톤의 이데아나 태양의 비유에서 전도몽상(顚倒夢想)은 '인형처럼 예쁜 아이'라는 말을 통하여 간략히 설명할 수 있다. 인형 제작자는 당초 어떤 예쁜 아이를 보고 예쁜 인형을 제작한다. 제작된 예쁜 인형은 원래 존재하는 예쁜 아이에도 불구하고 '예쁨'의 원형을 노릇을 한다. 이로부터 우리는 마치 '예쁜 인형'에 빗대어 아이들의 예쁨을 평가한다. 이러한 전도몽상의 다음과 같다. 예쁜 아이(實相) → 인형(이상적 원형을 그려냄, 相) → 인형처럼 예쁜 아이. 이에 따라 실상(實相)인 아이가 '모사물(模寫物)인 인형'의 모사물이 되었다. 이와는 다른 틀을 갖지만 플라톤의 경우도 전도몽상인 것은 동일하다. 즉, 현재 실존하지 않는 이상 국가를 원형으로 설정(이 시점에서 인형 이전의 예쁜 아이는 현존하지 않음) → 이상적 원형을 그려냄(인형, 相) → 이상국가를 원형으로 하여 현실세계를 규율해 버림(인형을 모사하여 인형처럼 예쁜 아이라는 기준을 만들어냄. 실상인 아이도 없이 '인형'을 모사하였으며, 따라서 근거 없는 모사물이 되었음)

이 두 가지와 관련된 니체의 주장은 다음과 같다. 전자와 관련하여 차라투스트라는 동굴을 들어갔다가 나온다는 사실과 동굴을 빠져나와야 할 종속의 굴레로 보지 않았다는 점이다. 후자와 관련하여 차라투스트라를 비롯한 인간이 모사해야 할 인간상이 따로 존재하는 것이 아니라 극복해야 할 인간상으로서 위버멘쉬를 통하여 전도현상을 극복했다는 점이다.

그러면 니체의 경우 동굴은 무슨 의미를 지니는가? 플라톤이 동굴을 버려야 할 디딤돌, 또는 벗어나야 할 대상으로 본 반면에, 니체는 동굴을 극복해야 할 디딤돌이자 주춧돌 또는 벗어나야 할 대상이 아니라 그곳에서 극복하고 성취해야 할 공간으로 본다. 니체에게 동굴은 오히려 동굴 속에서 수련, 반전, 깨달음을 얻으므로 추구해야 할 대상이다. 이를 교육적으로 보면, 플라톤에게 교육은 인간을 동굴 밖으로 탈출시켜서 피안의 세계, 즉 이데아를 포착하도록 하는 공헌을 한다. 반면에 니체의 경우 교육은 인간이 동굴을 활용하여 자기 스스로 결단을 내리는 것을 학습하는 것이다.

니체에게 동굴은 '자기 충전의 장소'이며, 동시에 '조롱과 야유를 감내'하는 장소이다('차라': 12-13; 534-538). 동굴은 빠져나와야 하는 굴레가 아니라 영속적으로 드나들면서 자신의 실존적 결단에 따라 회귀하는 문턱이다. 동굴이 빠져나와야 할 곳이 아니라 결단에 따라 드나들면서 자기극복을 하는 장소라는 데에는 몇 가지 짚고 넘어야 할 사항이 있다. 하나는 영원회귀이고 다른 하나는 반전의 의미이다.

니체에게 영원회귀는 '차라'의 '세 변화에 대하여'('차라': 38-41)에서 소개되어 있으며, 그것은 낙타 → 사자 → 아이의 순환과정을 뜻한다. 여기서 '낙타'는 세속에 얽매이거나 현실 세계의 짐을 짊어진 자를 뜻한다. 이 점에서 니체의 낙타는 플라톤의 동굴에 갇힌 자에 비견된다. 둘 다털고 나와야 하는 자들이다. '사자'는 자유를 갈망하고 쟁취하고자 저항하는 자이다. 마지막으로 '아이'는 자기극복을 통하여 자기발견을 하는 존재이다. 자기발견, 자기극복의 과정에는 망각, 긍정, 파괴 등이 포함되며 이를 흔히 디오니소스적 비극이라고 한다.

영원회귀의 과정은 반전을 통하여 이루어진다. 무엇보다도 반전은 일상적 속견, 상식, 짜진 사고 습관을 뒤집음을 뜻한다. 그러나 반전을 허무주의로 이해해서는 안 된다. 특히 일상의 반전은 허무주의로 빠지기 쉽다. 그 이유는 일상에서 추구하거나 지향하는 실체가 있고, 일상에서 상정한 실체가 없다는 것을 인식할 경우 허무주의에 빠진다. 그러나 니체의 반전은 허무주의가 아니다. 니체의 반전은 '건강을 되찾은 자'('차라': 356-364)가 시도하는 것이다. 그러나 플라톤 식으로 도달해야 할 목적을 설정하는 순간 모든 순환적 사고는 허무주의가 된다. 영원은 도착할 수 있는 것이 아니다. 따라서 반전은 영원회귀의 과정을 통해 나타난다. 즉 궁극적 영원이 아닌 끝없는 변화를 통한 반전이다. 이러한 반전에 요구되는 것을 니체는 '힘에의 의지'라고 하였다. 이렇게 보면, 니체의 반전은 다음과 같이 표현할 수 있다.

> 일상 → (반전) → 허무 → (반전) → 영원 → (반전) → 회귀(일상) → …

이를 영원회귀의 세 가지 변화에 대입하면 위의 도식은 다음과 같이 표현된다.

> 일상 → (낙타) → 허무 → (사자) → 영원 → (어린아이) → 회귀(일상) → …

이러한 영원회귀 또는 반전을 하나의 교육의 과정으로 볼 때, 동굴은 그것을 넘어야 할 문턱이다.

한 마디로 정리하자면, 플라톤의 경우 동굴은 탈출해야 할 대상, 도피해야 할 장애이다. 이에 비하여 니체의 동굴은 순환하면서 회귀하는 장소라는 점에서 탈피해야 할 대상일 뿐만 아니라 동굴 속에서 극복해야 할 의지를 길러야 할 장소이기도 하다. 플라톤의 경우에는 동굴을 탈출한 사람에 초점이 맞추어져 있다면, 니체의 경우에는 동굴 속에서 무엇인가를 극복하고자 하는 사람에 초점이 맞추어져 있다. 영화와 관련해 볼 때, 동굴로 들어간 영화의 주인공들은 플라톤의 동굴 속 인물이 아니라 니체의 인물, 차라투스투라이다. 그리고 그들의 동굴에 들락거림은 플라톤의 탈피대상으로서 동굴을 본 것이 아니라 니체의 영원회귀의 과정이다. 그들이 동굴을 들락거림으로써 추구한 자기극복은 니체의 비극을 담고 있다.

아울러 두 가지 상이한 동굴의 의미는 교육적으로 상이한 인간상을 제시한다. 이제 이를 토대로 하여 교육적 논의를 전개해 보기로 한다.

2. 교육받은 인간상과 교육적 인간상

앞서 검토한 바와 같이, 플라톤의 경우 동굴 밖으로 풀려나온 사람이, 니체의 경우 동굴을 통한 순환과 회귀를 되풀이 하는 사람이 부각된다. 이는 교육적으로 각기 '교육받은 인간상'과 '교육적 인간상'으로 대비시켜 볼 수 있다. 교육이 지향하는 인간상은 교육목적론에서 주로 다루어져 왔다.

교육목적론에서 지향하는 바를 뜻하는 용어로 '목적', '목표', '의도'

등이 사용된다. 잠시 이를 살펴본다.[8] 첫째, 목적이라는 말에 상응하는 'aims'가 있다. 이 말은 주로 '교육받은 상태'를 가늠하거나 지칭하는 가치 준거를 뜻한다. 이 말에 부합하는 개념은 '교육받은 인간상'으로서 주로 합리적 인간, 자유인의 육성 등에서 찾아볼 수 있다. 둘째, 실증적이고 공리적인 교육목표를 뜻하는 'target', 'objectives'가 있다. 이는 구체적인 수업장면에 사용되며, '3차시 수업목표'처럼 주로 수업목표라고 표현한다. 셋째, 교육의 성패를 가르는 기준으로서 'goal'이라는 말이 있다. 이 말은 '목적'이라고 표현하지만, '명문대 입학'이나 '의사면허증 취득' 등의 구체적 성과를 나타낼 때 쓰인다. 넷째, 교육가치의 사슬을 설명하는 개념으로서 수단과 함께 사용되는 'ends'가 있다. 이 말은 반드시 수단과 상대어로서 사용된다. 다섯째, 인간의 의지를 드러내는 말로서 'purpose'가 있다. 일상적으로 의도하는 바가 무엇인가처럼 비도덕적 맥락에서 사용되기도 하지만, 니체의 경우처럼 극복 의지를 드러낼 때 사용하기도 한다.

여기서 중요한 논점은 'aims'처럼 도달하고 성취할 정태적 상태를 지칭하는 경우와 장애와 틀을 헤치고 극복하는 역동적 가치를 지칭하는 경우로 나누어 볼 필요가 있다. 이는 앞서 살펴본 플라톤과 니체가 교육을 통하여 지향하는 바를 드러내준다. 전자를 '교육받음(being educated)'에서 '교육받은 인간상(educated person)'이라고 하고, 후자를 기존의 정태적 상태를 부정한다는 점에서 '교육적 인간상(educative person)'이라고 하고 논의하고자 한다. 물론 교육적 인간상의 틀 속에 교육받은 인간상을 파악할 수도 있고, 그 역도 성립한다. 그러나 논점은 전자가 일정한 성취를 통한 정태적인 상태의 놓인 인간이라면 후자는 정태적 상태의

8) 이에 대한 검토는 이돈희(1977)와 Wringe(1988)을 참조.

가치를 오히려 부정하고 이를 극복하고자 하는 의지의 인간상을 지칭한다는 데 있다.

실제로 플라톤은 자신의 '이데아' 세계를 통하여 도달해야 할 인간상을 제시한다. 플라톤의 '교육받은 인간상'은 곧 교육 받은 증거를 확보하는 데 있다. 그리고 그 증거는 자신의 이데아설을 통하여 상정하는 '존재', '실체', '실재' 등 존재를 온전히 파악하는가에 있다. 방법적으로 이성의 구사가 곧 교육받은 증거이다. 이렇게 볼 때, '교육 받은 사람'의 개념이 가능한 것은 몇 가지 조건을 만족시켜야 한다. 첫째, 성취의 대상을 상정하여야 한다. 둘째, 성취 상태에 도달하면 내려올 수 없다.9) 여기에는 선형(線型)을 전제하는 사고가 담겨져 있다. 셋째, 불변의 진리를 체득한 사람의 정태적 상태를 상정해야 한다. 교육받은 인간상에서는 이러한 조건을 성취해야 할 '무엇'인가를 논리적으로 가정해야 한다. 즉 모든 논의의 기저에 '것'으로 설정해야 한다. 따라서 교육받은 사람의 판단 여부는 상정된 '것'의 파악 여부10)로 판가름 난다.

이에 반하여 니체의 교육적 인간상은 첫째 어떤 정태적 가치 체제를 수용하는 데 그치지 않는다. 오히려 그것을 파괴하고 자신만의 생성과 변화를 도모한다. 심지어 파괴를 통한 탈태, 변태가 이루어진다.11) 둘째, 근본적으로 '교육받음'이라는 정태적 개념이 성립할 수 없으므로 순환적 의미에서 '교육적 가치'를 추구한다. 니체에게 '교육받음'보다는 '교

---

9) Wittgenstein(1958) & Peters(1970) 참조. 교육목적을 성취된 상태로 진술하면, 교육받은 사람이 교육적 인간상이 된다. 이는 교육학에서 널리 퍼진 가치관이다.

10) 플라톤과 니체는 형이상학적 가정 측면에서 상반된다. 그 상반됨은 유물론과 유심론, 관념론과 실재론의 상반이 아니라 기존 가치 체제를 전도시킴 여부에 있다. 니체의 철학은 플라톤 이래 전통철학의 전도(顚倒, perversion)이다. 이에 따라 사고 체계가 것-중심사고와 일-중심사고로 나뉜다. 김정래(2019a) 참조.

11) 따라서 니체의 자기극복 과정은 파괴적 창조이다. 앞의 각주 3) 참조.

육적 인간상' 또는 '교육적 추구'가 더욱 적합한 용어인 논거는 여기서 확인할 수 있다. 셋째, 불굴의 의지를 가진 새로운 가치 창조, 즉 생성의 과정을 강조하고, 일종의 역동적 파괴를 강조한다. 실제로 니체에게 망각에 따른 새로운 변화 시도, 탈태를 상정한 것은 위버멘쉬라는 존재의 속성을 잘 드러내준다. 위버멘쉬는 도달하면 내려오지 않는 존재가 아니라 순환적이며 윤회하는 존재이다. 플라톤과 반대로 환형(環型)을 전제하는 사고가 담겨져 있다.

플라톤의 '교육받은 인간상'과 니체의 '교육적 인간상'은 그들의 용어로 말하자면 각기 '철인(哲人)'과 '위버멘쉬'이다. 여기서 니체의 '위버멘쉬'를 '초인(超人)'으로 번역하지 않는 이유는 그럴 경우 그것이 플라톤의 철인이 함의하는 바와 혼동되기 때문이다. 지면 관계상, 본 논문과 관련된 양자의 특징만을 정리해 보기로 한다. 철인으로 대표되는 플라톤의 교육받은 인간상은 합리적 인간, 성취 지향적 인간, 그것에 도달하기 위하여 선형적 가치의 사다리를 거쳐야 하는 인간의 모습이다. 위버멘쉬로 대표되는 니체의 교육적 인간상은 현실을 극복하는 인간, 자기 탈태(奪胎)를 도모하는 파괴적 인간, 영원회귀를 반복하는 환상형 인간의 모습이다. 그 모습은 '차라투스트라'에 잘 나타나 있다.

문제는 플라톤이 지향하는 교육받은 인간상이 합리적 인간이 아니라 현실에 안주하는 범속한 인간으로, 성취 지향이 경제적 가치와 사회적 성취에 함몰된 인간으로, 선형적 가치 사다리는 출세의 발판으로 변질된다는 데 있다. 대부분의 교육목적 논의가 플라톤의 '교육받은 인간'을 전형(典型, prototype)이라고 한 것임을 감안하면, 오늘날 교육 상황은 플라톤의 왜곡이라 해도 과언이 아니다. 실제로 니체가 통탄한 것은 바로 이 점이다. 물론 니체가 플라톤의 형이상학적 전제를 비판한 것은 사실이지만, 현실적으로 자신의 위버멘쉬를 제시한 것은 변질된 교육받은 인간상을 극복하는 데 있다.

이제 영화의 내용과 관련하여 보자. 영화에서 주인공의 닐의 부모나 학교장 놀란 선생을 비롯한 교사들이 추구하는 가치는 '교육받은 인간상'으로 포장된 범속한 인간상이다. 플라톤의 왜곡이고, 니체가 통탄해 마지않던 인간상이다. 닐을 중심으로 하여 몇몇 학우들이 추구한 것은 위버멘쉬이며, 니체의 차라투스투라처럼 동굴을 드나들었다. 그리고 그들은 '죽은 시인'의 형해(形骸)를 쫓은 것이 아니라 '죽은 시인' 안에 담긴 살아있는 시인을 자신에게서 찾고자 시도한 것이다. 니체가 신을 죽인 것은 신을 부정한 것이 아니라 인간이 숭상하는 그릇된 신의 형상을 파괴하고 스스로 가치를 추구함으로써 위대해지려고 한 것과 맥을 같이 한다. 자신들이 죽인 시인은 기존의 세속적 가치에 저항하고 파괴하기 위한 불가피한 존재이고, 그렇게 함으로써 그들은 노예적 가치에 매이지 않고, 자기를 부정하면서 동시에 극복하고자 한 차라투스트라이다. 닐을 중심으로 한 영화의 주인공들은 '변질된 교육받은 인간상'에 저항하면서 동굴로 간 것이며, 동굴을 드나드는 과정에서 니체의 차라투스트라가 성자를 만났듯이 그들은 키팅 선생을 만났던 것이다.

키팅 선생은 플라톤의 교육받은 인간상을 거부하고 자기 자신을 발견하고 현실에 놓인 세속적 굴레를 벗기고자 했던 존재인 점에서 위버멘쉬인 것은 틀림없다. 그 자신이 니체의 교육적 인간상에 부합하는 화신인 셈이다. 그러나 그는 세속에 매여 가는 아이들을 각성시키고자 했던 등에이기도 하다. 소크라테스가 아테네 젊은이들을 향해 행한 자극이 영화 속에 담겨져 있다. 이 점에서 그는 플라톤의 교육받은 인간을 추구하는 데 필요한 인물인지도 모른다. 따라서 키팅 선생은 니체와 플라톤의 교육적 추구에 모두 부합하는 인물이다. 하지만 그는 니체가 변질되고 왜곡된 '교육받은 인간'에 분개하듯이 세속적 가치의 굴레에 매이는 아이들을 시와 문학을 통하여 벗어나게 하고자 한 점에서 니체의 교육적 인간상에 더 부합한다.

니체가 '죽은 신'을 통하여 도덕적 무정부상태나 허무주의를 강조하지 않았듯이 키팅 선생은 '죽은 시인'을 통하여 아이들에게 도덕적 규범을 어기게 하지 않았다.

Ⅳ. 교육적 쟁점

1. 교육적 지향점

이제까지 플라톤과 니체의 동굴과 교육받은 인간상과 교육적 인간상을 대비시켜 살펴보았다. 이는 영화의 토대가 되는 니체 철학이 무엇을 지향하는가, 특히 교육에 어떤 논점을 제공하는가를 확인하기 위한 작업이다. 니체의 교육적 인간상으로 볼 경우, 교육목적을 추구하는 인간이 수행하는 일을 살펴볼 필요가 있다. 인간이 수행하는 일은 '잘 하는 일', '해야 할 일', '좋아하는 일'로 구분할 수 있다. 이 활동에 포함된 가치들은 주로 아리스토텔레스, 플라톤과 칸트, 그리고 니체와 몇몇 현대 철학자들에 의하여 각각 추구되었다.

지면 관계상 이들의 주장하는 바를 간단하게 표로 정리해서 제시하면 다음과 같다.

〈표 II-1〉 교육목적의 근거로서 인간 행위

잘 하는 일	해야 할 일	좋아하는 일 (하고싶은 일)[12]
활동의 성격, 본질	보편법칙	범상함의 극복, 사람됨의 존중
덕망 (활동에 수반되는 쾌락)	의무	본능, 약동 (노예의식의 극복)
도덕적 우월, 이성	인간존엄, 이성	탈극, 감성, 의지
ethics of aspiration[13]	ethics of duty	주인의식의 윤리
아리스토텔레스	플라톤(이후 칸트)	니체(이후 베르그송)

이 표에 제시된 내용을 앞서 살펴본 '교육받은 인간상'과 '교육적 인간상'의 이분법 도식에 비추어 보자면, '잘 하는 일', '해야 할 일'은 전자와 관련된 반면 '좋아하는 일'은 후자와 관련된다.

위의 표를 통하여 영화의 내용을 분석해 보자. '잘 하는 일'은 아이들에게 명문대학에 입학하기 위하여 공부를 열심히 하라는 교훈의 토대가 되기도 하지만, 아리스토텔레스가 강조한 바와 같이 뭔가 '훌륭한 사람'이 되기 위하여 훌륭한 자질을 갖추라는 '구속'이기도 하다. 자신이 뭔가를 잘 하는 일은 니체가 추구한 것과 일견 합치되어 보이기도 한다. 하지만 아리스토텔레스의 훌륭함은 정해진 성취상태를 가정한다는 점에서 니체의 생각과 배치된다. '해야 할 일'은 교육적으로 가장 환영받는 덕목이다. 당초 플라톤과 칸트는 이성의 작용에 따라 해야 할 일을 주장한다. 그러나 그것은 사회적 규범에 종속시켜 노예의식을 갖게 한다는 폐단을

12) 여기서 하고 싶은 일은 현대 자유주의 교육론이나 공리주의 교육론의 범주에 들어갈 수 있으나, 여기서는 이를 배제하고 설명하기로 한다. 실제로 공리주의는 니체가 극단적으로 반대하였으며, 그의 주장은 공리주의의 부정에 있다고 해도 과언이 아니다.

13) 이를 우리말로 옮기면 '덕망의 윤리'가 된다. 기능적 훌륭함(빼어남)을 지향하면 인간의 고유한 특성인 인간 이성의 훌륭함(빼어남)에 도달할 수 있다는 뜻으로 테일러가 지칭한 용어이다. Taylor(1985) 참조.

지닌다는 것이 니체를 포함한 현대철학자들의 주장이다. 영화에서 놀란 교장 선생은 학교가 100년 전에 설립된 이후 많은 학생들이 아이비리그 대학에 입학했음을 자랑했다. 그가 설정한 인간상은 니체가 반대한 노예의식을 지닌 인간상이다. 그리고 니체의 표현으로 '최후의 인간'의 본보기가 된다. 이렇게 보면 위의 표에서 '잘 하는 일'과 '해야 할 일'이 결합되어, '하고 싶은 일'이 왜곡된다. 그것은 철인의 왜곡이고, 죽은 시인의 형해이며, 노예의 표본이 된다. 죽은 시인의 사회를 결성한 아이들은 이제 '하고 싶은 일'을 향하여 자신을 던지고 있는 것이다. 표에 정리된 바에 따라 '범상함 극복'은 아이들이 그 표출방식은 다르지만 공통된 양상이다. 닐이 시를 통하여, 녹스는 사랑을 통하여, 찰리는 제도에 대한 저항을 통하여, 토드는 내면의 본능에 충실하고자 한 자기극복의 의지가 영화에 표출된다. 그들의 이와 같은 의지는 감정과 본능의 결합에 따른 것이며, 기존의 전통, 가치, 제도가 만들어놓은 규범이나 존엄성, 의무감에서 나온 것이 아니다. 그리고 그것은 아리스토텔레스가 주장하는 바와 같은 기능적 수월성(excellence, arete)이 아니다. 물론 자신이 하고 싶은 일을 하면서 거기서 '잘 하는 측면'인 수월성이 발휘되는 것은 맞지만, 니체나 영화 속 아이들이 추구한 것은 자신의 감정과 본능에 충실하여 현실의 굴레를 극복하고자 하는 의지이다. 따라서 '하고 싶은 일'로 설명되는 니체의 가치체계는 당연히 의지에 초점을 두고 있다.[14] 그러나 의지만을 따로 떼어내 논의하면 다른 교육적 주장과 차이를 간명하게 확인할 수 없다. 여기서는 계몽의 맥락에서 이성의 역할을 '교육받은 인간상'

14) 니체의 사상을 교육목적 분류에 흔히 사용되는 지정의(知情意)의 각 차원에서 논의할 수도 있다. 하지만 지면 관계상 생략하기로 하고, 여기서는 그 개요를 다음과 같이 표로 나타내기로 한다.

과 '교육적 인간상'의 도식으로 살펴보기로 한다.

'교육받은 인간상'과 '교육적 인간상'의 도식에 따라 계몽(啓蒙)의 의미도 두 가지로 정리할 수 있다.

첫째, '계몽'을 무지의 세계에서 탈출하여 지혜의 세계로 이끌어가는 것으로 보는 것이다. 이 경우에 계몽은 이분법적 세계관을 전제한다. 즉, 무지의 세계, 차안(此岸)의 세계와 지혜의 세계, 피안(彼岸)의 세계로 구분한다. 이어 피안의 세계를 상정하여 이를 절대의 세계, 지선지복(至善至福)의 세계, 보편법칙, 도덕률, 의무의 세계, 초월적 세계, 신 등을 파악하도록 한다. 그 결과 인간은 피안의 세계로 종속된다. 이러한 사고는 플라톤을 시발로 하여 칸트에 이르러 정점에 이른다. 문제는 이 경우 이성의 지배가 아니라 욕망의 눈치를 보며 이성이 오히려 지배를 당하는 상황이 야기된다는 데 있다. 실제로 19세기 이래로 이러한 부당한 전도현상은 발생한다. 그리고 교육은 이에 도달하는 각 단계를 설정하는 선형(線型) 사고를 통하여 인간을 종속시킨다. 이에 대하여 반기를 든 인물이 니체이다. 그는 이러한 상태를 노예상태로 보고, 힘에의 의지에 따른 위버멘쉬를 주장한다.

이 과정에서 니체는 계몽의 또 다른 의미를 주장한다(1888: 40-53) 니체에 따르면, '계몽'의 본래 뜻은 편견의 세계, 전도된 세계에서 본래 자리로 돌아오는 것을 뜻한다. 이는 그의 영원회귀와 맥을 같이 한다. 이를 정리하면, 도덕적 편견으로부터 탈출하여 본래 자리로 돌아옴, 예속 상

情, 感情	理性, 啓蒙(知力)	意, 意志
비극	계몽(두 가지 의미)	영원회귀
분화와 조화의 분화 극복	본래자리, 주인의식	흐름, 환상형
	자유인	위버멘쉬

태로부터 탈출하여 본래 자리로 돌아옴, 절대적 가치로부터 탈출하여 본래 자리로 돌아옴, 보편법칙과 의무로부터 탈출하여 본래 자리로 돌아옴을 뜻한다. 여기서 본래 자리는 어떤 특정한 성취 상태를 뜻하는 것이 아니라 영원회귀 가능성을 염두에 둔 것이다.

회귀는 주인의식의 발로를 뜻한다. 따라서 특정한 성취 상태를 상정하지도 않으며, 특정단계를 설정하지도 않는다.[15] 앞서 강조한 바와 같이, 환형(環型)의 열린 사고를 뜻한다. 이러한 니체의 생각은 '계몽의 전도(啓蒙의 顚倒, perversion of enlightenment)'이다.

영화에서도 키팅 선생이나 아이들이 추구하는 깨우침, 즉 계몽의 아이디어는 후자에 초점이 맞추어져 있다. 기존의 가치관이나 규칙에 매이지 않고 삶을 영위하고자 하는 교육관이 영화에 포함되어 있다. '기존의 틀에 매이지 말자, 그리고 공부의 정해진 단계는 없다'는 니체의 주장은 키팅 선생의 첫 영어 수업에서 드러난다. 시를 이해하는 방법은 정해져 있지 않다. 따라서 정형화된 교과서에 의존할 필요가 없다. 구체적인 행동으로 옮겨진다. 영어 '교과서'를 찢어버리는 장면은 이를 증명한다. 일상적으로 '교과서적이다'라는 표현은 규격화된 정형(定型) 또는 따라야 할 전형(典型)이라는 뜻을 갖고 있다는 점을 상기하면, 이 대목은 니체의 교육관이 그대로 반영된 것이라고 할 수 있다. 그것을 파괴하자는 것이다. 니체의 '파괴적 창조'는 여기서 확인할 수 있다.

무엇보다도 니체의 교육관은 내용은 대사 '카르페 디엠(Carpe Diem)'에서 적나라하게 드러난다. 키팅 선생은 영어로 'Seize the Day'라고 설

15) 실제로 니체의 교육에 관한 저작인 "우리교육기관의 미래에 대하여"에서 니체는 우리에게 익숙한 공교육에 대한 처방이나 지침을 제시하지 않았다. 그가 교육을 통하여 길러야 한다고 한 '교양'은 우리에게 익숙한 방식의 내용이 아니다.

명하면서 주어진 어떤 것도 종속되지 말라는 것을 암시해준다. '현재를 즐기라'는 말로 번역되는 이 말은 간혹 현재에 안주하라는 말로 해석될 여지가 있다. 그러나 그것은 니체의 생각과 정반대로서 오히려 니체가 타파하고자 한 삶의 태도이다. 그 말은 자신의 삶을 미래의 어떤 것(이를테면 하버드대학을 졸업한 성공한 의사)에도 매이지 말고, 그것에서 벗어나 자유를 향유하라는 뜻을 담고 있다. 즉 니체의 범상함의 극복, 사람됨의 존중, 노예의식의 극복, 주인의식의 윤리를 지니라는 뜻이다.

흔히 '죽은 시인의 사회'를 대하는 세평이 전통교육을 부정하고 진보교육의 면목을 보여주었으며, 아이들의 흥미와 필요를 적극적으로 반영하는 아동중심사상과 부합하는 데 맞추어져 있다. 그러나 그렇게 보는 것은 합당하지 않다. 이 영화의 철학적 기반이 니체 철학이라고 한다면, 니체 철학이 진보주의이거나 아동중심사상이라고 해야 마땅하다. 그러나 니체 사상에 어디에도 진보주의나 아동중심사상을 찾아보기 어렵다. 따라서 우리는 이제 이 문제를 탐구해야 할 차례이다.

2. 새로운 교육모형

교육학의 가장 흔한 이분법이 전통교육 대 진보교육의 구분이다. 목하 관심사인 영화 '죽은 시인의 사회'가 전통교육의 폐해를 지적하고 있는 것은 어김없는 사실이다. 하지만 그렇다고 해서 이분법에 의거하여 이 영화가 아동중심교육이니 진보교육의 전형을 보여주었다고 단정할 수 없다.

이를 위하여 우선 영화 내용을 살펴보자. 첫째, 이 영화에서 교육은 아동중심교육인가? 영화에서 키팅 선생은 수업을 아동중심으로 진행했다고 할 수 있는가? 영화에서 수업의 주도권, 수업의 방향과 구성은 교사의 몫이다. 개성이 존중되는 방식을 취하였지만, 그것 역시 교사의 몫이다. 그래서 아이들이 따분하다고 투정 대는 데도 셰익스피어의 시를 가르친다. 다만 그는 수업을 타성에 젖은 언어 대신에 자신의 언어와 삶의 방식으로 가르치고 있으며, 그 결과는 영화에서 토드의 내면세계 발현(unfolding of one's potentiality)으로 나타난다.16)

둘째, 아동의 이익과 흥미의 존중에 관한 내용이다. 아이들의 흥미와 필요를 존중하는 것이 오히려 아이들의 이익을 해치는 경우가 있다. 그러나 흥미에 해당하는 영어 'interest'가 이익이라는 의미도 지닌다는 사실을 염두에 둘 필요가 있다. 이에 관한 설명은 생략하기로 하고,17) 영화에서 수업의 목표, 교육목적은 여전히 아동의 이익에 맞추어져 있다.18) 그것은 놀란 교장 선생이나 학교 당국이 정한 이익이 아니라 아이들의 내면의 이익을 말하는 것이다. 내면에서 비롯되는 이익을 존중하기 위해서는 현재성을 존중해야 한다. 영화에서 '현재를 즐기라(*Carpe Diem*)'는 키팅 선생의 가르침이 앞부분에 나오는 것에 주목할 필요가 있다.

셋째, 영화에서 아이들의 자율성이 마냥 존중되었는가? 아동의 자율성은 방임을 낳는다. 따라서 아이들에게 마냥 자율을 맡겨두면 그것은 자율성 존중이 아니라는 반론에 부딪친다. 영화에서 키팅 선생은 아이들

---

16) 영화에서 "I sound my barbaric YAWP over the rooftop of the world"라고 판서하고, 토드의 내면세계를 자극한다. 이는 아동중심이 아니라 교사가 선도한 행위이다.

17) '흥미'와 '이익'을 매개하는 개념이 '관심(concern)'이다. 관심을 갖게 하는 것은 교사의 몫이다. 이를 듀이는 질성의 개념으로 설명한다. Dewey(1930; 1934) 참조.

18) 아동의 이익이란 무엇일까? 무엇을 아동의 이익으로 볼 수 있을까? 교육에서 논의는 이익의 증진을 위하여 교사와 학부모, 학교의 간섭이 요구된다는 주장이 있다. 이를 '권위적 간섭주의(paternalism)'이라고 한다. Chamberlin(1989) 참조.

을 방임하지 않고 아이들 스스로 생각하고 선택하도록 한다. 키팅 선생은 닐이 연극을 반대하는 아버지 문제로 고민할 때, 닐에게 부모님 허락을 받고 연극을 하라고 권장하였고, 교지 사건으로 체벌을 받은 찰리가 선생님이 원하는 것이 그런 것 아니었느냐고 했지만 그에게 학교 규칙을 준수할 것을 권장하였다. 키팅 선생의 아이들의 자율성 존중은 기존의 전통교육에서 거부하는 그런 것이 아니다. 그것은 영화에서 맥알리스터 라틴어 선생과 담소 중인 키팅 선생이 교장의 호출을 받아 경고하는 장면에서 확인할 수 있다. 교장이 코트에서 걸음걸이를 통한 제일성(conformity) 수업에 대하여 의문을 제기하자 자신은 획일성이 아니라 개성과 공동체의 조화를 강조한 것이라고 말한 것은 아동의 자율성이 전통과 진보의 이분법으로 설명할 수 없음을 드러내는 장면이다.

이상으로 볼 때 이 영화가 지향하는 바는 고루한 전통교육에 반대하는 것은 맞지만 그렇다고 진보교육이나 아동중심교육을 지향한 것은 아니다. 이러한 오해는 전통교육과 진보교육의 그릇된 이분법에서 비롯된다. 전통교육과 진보교육의 이분법 자체가 성립하지 않는다. 그 예를 몇 가지만 들어본다.[19] 첫째, 전통교육은 강압과 알력을, 진보교육은 자율과 행복을 가져온다. 둘째, 전통교육은 훈육과 도야에, 진보교육은 자율과 흥미에 초점을 맞춘다. 셋째, 전통교육은 교사위주 수업을, 진보교육은 발견학습 위주 수업을 한다. 넷째, 전통교육은 지식 위주, 진보교육을 정서 위주로 한다. 이러한 이분법은 성립하지 않는다. 전통교육에서도 아이들의 자율과 정서가 존중되며 흥미에 초점을 맞춘다. 특히 발견학습은 교과의 논리적 특성을 존중하는 전통교육 틀 안에서 가능하다.

이러한 그릇된 이분법이 통용되는 것은 '교육'을 보는 주형모형

19) 자세한 소개는 여러 문헌을 통해 확인할 수 있지만, Lloyd(1976)의 논의를 참조하라.

(moulding)과 성장모형(growing)이라는 두 가지 모형에 근거한다. 주형모형은 '교육'을 기존의 전통적 가치와 제도의 틀 안에 아이들을 맞추는 활동으로 본다는 뜻이며, 성장모형은 '교육'을 아이들이 자연적으로 성장하도록 인위적 개입을 하지 않는 활동으로 본다는 뜻이다. 이 두 가지 모형은 교육을 두 가지 극단을 잘 보여주기는 해도 현실 교육활동을 설명하지는 못한다. 현실적으로 볼 때, 일방적으로 아이들을 틀에 짜 맞출 수도 없으며, 아이들의 자연 상태에 두도록 인위적 조치를 일체 배제하는 것을 교육이라고 할 수 없다.[20] 특히 니체의 철학을 대변해주는 영화의 교육상황을 설명해주지 못한다. 따라서 우리는 그 모형을 시험적으로 정립해 볼 필요가 있다.

실제로 니체는 주형모형에 해당하는 'Zähmung'과 성장모형에 해당하는 'Züchtung'을 모두 비판한다(1888: 78-84). 영화가 니체의 주장과 일치한다면, '주형'과 '성장'과는 차원을 달리 하는 모형이 요구된다. 따라서 영화에 제시된 니체의 주인의식을 지닌 활동을 설명할 수 있는 것을 '생성모형'[21]이라고 하고, 앞서 논의한 내용을 토대로 하여 몇 특징을 제시해 보기로 한다.

첫째, 만약 교육목적을 완성태, 도달태, 성취태로 보면 교육받은 인간

---

20) 이에 대하여 교육을 보는 모형으로 '성년식' 모형(Peters, 1959; 1966)이나 '만남'의 모형(Buber, 1923) 등이 있다. 이들이 영화의 상황을 잘 설명해주는 모형인지는 보다 자세한 논의가 요구된다. 필자는 이를 '비유'의 관점에 논의한 바 있다(2019b).

21) 생성모형(outgoing)은 대부분은 'A → B' 즉 '되어감(becoming)'으로 설명하는 경향이 있다. 인간(X)가 A에서 B로 변한다는 뜻이다. 따라서 정확하게 표현하면, 'X(A) → X(B)'가 된다. 그렇게 보면 이것은 인간을 변질시키기도 할 수 있다는 뜻이 된다. 생성모형의 핵심은 'X'에 있다. 즉 X에서 무엇이 출현하는가에 초점을 맞추고, 이것에 굴레를 씌우는 것이 무엇이며, 이를 X가 어떻게 극복할 것인가와 같은 문제에 초점이 맞추어져 있다.

상을 제시하여야 한다. 주형모형과 성장모형은 모두 성취되어야 할, 또는 도달해야 할 상태를 가정하고 있다는 점에서 이 영화 주인공들이 지향하는 바와 맞지 않는다. 그들이 지향하는 바는 자신의 내면에서 생성되는 현재태를 중시하며, 그렇다고 안주하지도 않는다. 또한 자신의 내면 상태가 지속적으로 이어지면서 자신을 씌우고 있는 굴레를 극복하고자 한다. 그것이 그들이 추구하는 교육적 인간상이다.

둘째, 동굴에서 나오고자 하는 것이 아니라 영화의 주인공들은 동굴을 드나들며 모종의 '투쟁'을 전개한다. 그러나 그들은 초월적 존재를 상정하지 않는다. 오히려 그것을 극복하고자 투쟁을 한다. 그러나 그 투쟁의 종착점이 있는 것이 아니다. 이 점에서 그들은 니체의 '최후의 인간'을 부정한다. 이 점에서 그들이 지향하는 것은 헤겔이 설정한 정-반-합의 변증법적 궤도를 타고 가는 것이 아니다.

셋째, 영화의 주인공들은 그들의 감각, 지각 내용을 존중하지만, 아리스토텔레스가 그랬던 것처럼 그것들을 성취의 단계나 이성의 복속으로 보지 않는다. 그들에게 자신들이 내면서 추구하는 의지의 발로서 감각, 지각 내용이 존중되는 것이며, 그것은 완성태가 아니라 지속적이고 순환적이다. 그렇다고 루소가 그랬듯이 자연 상태로 방임하는 것도 아니다.

이상과 같이 살펴볼 때, 교육을 보는 기존의 모형과 대비하여 생성모형은 다음과 같이 정리할 수 있다.

〈표 Ⅱ-2〉 교육을 보는 기존모형과 생성모형

	기존모형	생성모형
교육목적	완성태, 도달태, 상태로서 교육목적 교육받은 인간상	생성태, 극복태, 지속태 과정으로서 교육목적 교육적 인간상
외재주의 (externalism)	플라톤(이데아, 모방), 칸트(초월계)	변증법적 극복 (투쟁하는 인간상)
내재주의 (internalism)	아리스토텔레스(감각-지각, 중용) 루소(자연상태)	니체(힘에의 의지, 위버멘쉬), 베르그송(생의 약동),

기존 모형에서 설명할 수 없는 것이 교사상(敎師像) 또는 교사의 역할이다. 교사는 기존의 주형모형이 따르면 주입하는 자(instructor)이며, 성장모형에 따르면 도우미(helper, facilitator)이다. 진보교육의 교사상은 매우 도전적 교사상이다. 진보교육에 따르면 교사-학생의 관계는 일종의 지배와 종속상태로 설명한다. 그리고 그것을 파기하려고 '혁명적으로' 제시한 교사상이 가르치는 일을 주입으로 보고 이를 포기하는 것이다. 그래서 나온 것이 도우미, 협력자, 친구의 개념이다.

이러한 혁명적 발상은 플라톤에서 시작되어 헤겔을 거쳐 니체에 이르는 '주인-노예' 관계로 설명할 수 있다. 이들은 모두 주인-노예의식의 대립을 파기하고자 한다. 그리하여 그들은 '노예 없는 사람'을 상정한 것이다. 그러나 그들의 노력이 '주인'이 되는 것이 아니라'주인 없는 노예'로 귀결되었다는 데 함정이 있다. 학교, 가정, 회사, 동아리 등 인간사회 어느 형태에도 주인이 없을 수 없다. 그들의 노력은 '주인 있는 노예'에서 '주인 없는 노예'로 귀결되었다. 당초 '주인 있는 노예'는 플라톤의 이론에서 찾아볼 수 있다. 그가 교육을 통하여 도달하고자 한 '철인'은 여전히 '주인'이 아니라 본래 주인인 이데아의 '가장 정교한' 모사품이다. 따라서 플라톤이나 칸트 등이 제시한 초월세계는 '주인 있는 노예'가 해방되는 것이 아니라 거기에 더욱 종속된다. 이에 대하여 헤겔은 '주인 있는 노예'를 타파하고자 노력한 인물이다. 그러나 그 역시 그것을 타파한 것이 아니라 주종 관계를 지속시키는 결과를 초래한다. 그래서 그의 이론은 '주인 있는 노예'의 해방이 아니라 '노예 있는 주인'으로 귀결된다. 즉 헤겔의 주인은 노예에게 인정받기 위해 삶을 살기 때문에 오히려 더욱 노예적이다. 최고가 되려는 노력은 그 최고의 기준이 미리 정해진 상태에서는 노예의 인정투쟁이 되어 버린다. 그것은 초인이라기보다는 오히려 초월세계 또는 초자아의 명령이다. '최고가 되어라'라는 명령을 내리는 주인을 가정하므로 '노예 있는 주인'이 된다. 여전히 노예가 남는다. 따라서 진정한 주인이 되는 길은 헤겔에 이르기까지 해결된 것이 아니다.

필자가 보기에 진정한 주인이 되는 방법은 '주인 없는 주인'에 있다. 그리고 그것은 니체의 위버멘쉬에서 찾을 수 있다. 명령하는 초월세계 또는 초자아에서 해방된 자유로운 존재인 위버멘쉬는 무엇이 최고인지 스스로가 그 기준 자체를 바꾸는, 가치 창조를 하는 주인이다. 거기에는 '하고 싶은 일'에 초점 두는 사람이 가정되어 있어서 노예가 자리 잡을 수 없다. 그것이 니체 사상의 핵심에 흐르는 주인의식이다.[22] 이를 영화에 도입하면 영화 주인공들은 스스로가 주인을 상정한 어떤 형태를 부정하고 나선다. 그러기 위하여 동굴에 들어간다. 거기서 닐은 '죽은 시인의 사회' 결성을 선언함으로써 닐과 학우들은 스스로가 '주인 없는 주인'이 되고자 하였다.

다시 이를 교육 틀로 돌아와서 보면, 진보주의자들이 주장한 것처럼

---

22) 니체의 주인 없는 주인은 그래서 '최후의 인간'과 구분된다.

교사의 역할을 없앤다고 해서 주인-노예의 도식이 없어지는 것이 아니다. 키팅 선생은 여전히 전통적인 방식으로 수업을 하고 있으며, 아이들은 수업에 참여하고 있다. 다만 그들은 노예의식으로부터 벗어나기 위하여 몸부림을 치고 있다.

영화에 담긴 교육적 함의들을 온전하게 교육학적으로 소개하자면, 기존에 교육을 설명하는 모형이 아닌 새로운 교육모형인 '생성모형'이 요구되는 논거[23]를 살펴보았다. 하지만 이 논문에서는 '생성모형'의 교육학적 논거를 심층적으로 두는 데 한계가 있으므로 이를 차후 연구과제로 삼기로 한다.

V. 맺는 말

이제까지 영화 '죽은 시인의 사회'를 소재로 하여 이 영화가 담고 있는 교육적 메시지를 분석, 검토해 보았다. 이 영화는 구미 진보주의가 보편화되던 1950-60년대를 배경으로 하고 있는 만큼 흔히 전통교육의 폐해를 지적했다는 평을 받아왔다. 그러나 영화의 내용을 볼 때, 전통교육에 반대하는 진보교육의 내용을 담았다고 볼 근거가 없음을 확인할 수 있다. 이를 위하여 영화의 구성, 즉 영화의 배경, 등장인물, 사건과 그 전개

23) 이 영화를 생성모형에 근거하여 검토해 볼 문제는 학생들의 '하위문화(sub-culture)'와 제일성(conformity) 문제, 그리고 무엇보다도 중요한 것은 교육의 주체가 누구인가 하는 문제이다. 부모의 요구, 학교의 방침, 아이들의 선택 등은 교육의 주체가 누구이며 그것은 어떻게 설정되는가를 살펴본 다음에 다룰 수 있는 사안이다. 이 역시 '생성모형'을 집중적으로 다루는 후속 연구의 과제로 남기며, 자세한 검토는 생략하기로 한다.

내용을 토대로 하여 영화 제목에 포함된 '죽은 시인'에 초점을 맞추어 몇 가지 논의를 전개하였다. 이러한 논의를 통하여 다음과 같은 내용을 확인할 수 있었다.

첫째, 영화의 핵심인 '죽은 시인'은 바로 니체의 '죽은 신'의 기조와 같음을 확인하고, 거기서 교육적으로 지향하는 인간상이 '위버멘쉬'임을 확인할 수 있었다. 따라서 우리는 영화의 전개와 구성은 주인공들이 바로 위버멘쉬를 지향하는 과정임을 알 수 있다.

둘째, '죽은 시인'의 행동은 영화 속 동굴에서 전개된다. 이는 플라톤과 니체가 전개한 동굴에 관한 의미를 살펴볼 단초를 제공하였다. 두 철학자의 '동굴'이 지니는 의미를 분석한 결과 플라톤의 동굴은 초월적 세계로 향하기 위하여 '버려야 할 굴레'인 반면, 니체의 동굴은 자기극복의 장이며 결코 초월적 세계로 가기 위하여 파기해야 할 대상이 아니라 동굴을 드나들며 자기극복을 이루려는 장이다. 영화가 함의하는 동굴도 후자에 맞추어져 있음을 확인하였다. 영화에서 아이들이 동굴을 드나드는 것은 니체의 영원회귀에 부합한다.

셋째, 영화가 니체 철학의 가정과 맥을 잇고 있다는 점에서 교육적으로 추구하는 인간상도 니체의 철학에 기대고 있다. 자기극복과 현실에 안주하지 않는 의지를 지닌 위버멘쉬가 추구하는 인간상이다. 영원회귀에 의하여 설명되듯이 이러한 교육적 인간상은 특정한 성취상태를 지칭하지 않는다. 그것은 플라톤과 칸트가 설정한 초월적 세계에 근거한 '교육받은 인간상'과는 근원적으로 다르다는 점을 확인할 수 있다.

넷째, 영화에 포함된 여러 가지 교육활동과 거기서 추구하는 교육적 인간상 등을 고려할 때, 이 영화에 담긴 교육적 메시지는 기존의 전통교육과 진보교육의 틀로 설명할 수 없음을 확인하였다. 이 이분법의 토대가 되는 주형모형 대 성장모형의 대립이 지니는 한계를 극복하고 설명할 수 있는 '교육모형'으로 탐색하여 '생성모형'을 제시하였다. 다만 이 영화의 내용을 교육적으로 고찰하는 데 있어서 타당한 '생성모형'에 대한 교육학적 논의가 깊게 이루어지지 않았다. 이는 이 논문의 한계이자 차후 연구과제로 남겨진 사안이다.

참고문헌

김정래, 2019a, 두 가지 형이상학의 근원과 형성, 교육철학 제70집, 한국교육철학회.

김정래, 2019b, 교육언어로서 '비유'에 관한 고찰, 교육연극학 제11권 제2호, 한국교육연극철학학회.

이돈희, 1977, 교육철학개론, 서울: 박영사.

Aristotle, *Ethics*, Thompson, J. A. K. trans., 1955, Harmondsworth: Penguin.

Aristotle, *On Poetics*, Bywater, I. trans., 1952, in *The Works of Aristotle* II, Chicago: University of Chicago Press.

Buber, M., 1923, *Ich und Du*, 김진욱 역, 1989, 나와 너, 서울: 자유문학사.

Chamberlin, R., 1989, *Free Children and Democratic Schools*, 김정래 역, 2015, 아동의 자유와 민주주의, 서울: 박영사.

Dewey, J., 1930, Qualitative Thought. in: *John Dewey the Later Works* Vol. 5, Boydston, J. A. ed., 1984, Cardondale: Southern Illinois University Press.

Dewey, J., 1934, *Art as Experience*, 박철홍 역, 2016, 경험으로서 예술, 서울: 나남.

Lloyd, D. I., 1976,. Traditional and Progressive Education. in: his, *Philosophy and the Teacher*, London: Routledge and Kegan Paul.

Nietzsche, F., 1872, *Die Geburt der Tragödie*, 박찬국 역, 2007, 비극의 탄생, 파주: 아카넷.

Nietzsche. F., 1881, *Die fröliche Wissenschaft*, 안성찬·홍사현 역, 2015, 즐거

운 학문, 서울: 책세상.
Nietzsche, F., 1883, *On the Future of Our Educational Institutions*, 정명진 역, 2015, 니체, 평준화 교육에 반대하다, 서울: 부글.
Nietzsche, F., 1883～85, *Also sprache Zarathustra*, 정동호 역, 2015, 차라투스트라는 이렇게 말했다, 서울: 책세상.
Nietzsche, F., 1888, *Götzen-Dämmerung oder Wie man mit Hammer philosophiert*, 박찬국 역, 2015, 우상의 황혼, 파주: 아카넷.
Peters, R. S., 1959, Education as Initiation, in: Archambault, R. D., 1965, *Philosophical Analysis and Education*, London: Routledge and Kegan Paul.
Peters, R. S., 1966, *Ethics and Education*. 이홍우 역, 1980, 윤리학과 교육, 서울: 교육과학사.
Peters, R. S., 1970, Education and Educated Man. in: R. F. Dearden, P. H. Hirst and R. S. Peters eds., *Education and the Development of Reason*, London: Routledge and Kegan Paul. 3-18.
Plato, *The Collected Dialogues of Plato*, Hamilton, E. and Cairns, H. eds., 1961, Princeton: Princeton University Press.
Taylor, R., 1985, *Ethics, Faith & Reason*, New York: Prentice-Hall.
Wittgenstein, L., 1958, *Philosophical Investigations*, 1978 ed. Oxford: Blackwell.
Wringe, C. A., 1988, *Understanding Educational Aims*, 김정래 역, 2013, 교육목적론, 서울: 학지사.

〈출처: 교육연극학 제12권 제1호, 한국교육연극학회, 2020년 3월 31일, 1-24쪽〉

제2부

권리의 이해

5

권리의 개념과 범주

Ⅰ. '권리'의 개념

1. '권리': 용어의 성립과 용법

주지하는 바와 같이, '권리'는 영어 'right'의 번역어이다. 대부분의 서양 학문에서 다루어지는 전문 용어가 그러하듯이, 이 말이 권리라는 말로 번역이 된 것은 일본의 근대 사상가들[1]에 의해서이다. 영어 'right'는 독일어와 네덜란드어 'recht' 그리고 프랑스어 'droit'에 상응하는 말이다. 영어 'right'에는 법 또는 법률이라는 뜻이 없지만, 네덜란드어, 독일어 'recht'와 프랑스어 'droit'에는 법 또는 법률이라는 뜻을 가지고 있었으므로, 당시 일본인들이 네덜란드와 독일을 통하여 서양 문물을 수입하던 사정 등을 감안하면 영어 'right'를 번역하는 데 있어서 적지 않은 어려움을 겪었으리라 짐작된다.[2] 먼저 영어 'right'를 중심으로 살펴보기로

1) 이나무라 산파쿠(稲村三泊, 1758-1811), 호리 타츠노스케(堀辰之祖, 1823-1894), 무라카미 히데토시(村上英俊, 1811-1890), 후쿠자와 유키치(福澤諭裕, 1835-1901), 니시 아마네(西周, 1829-1897), 츠다 신이치로(津田眞一郎, 1829-1903), 나카무라 마사나오(中村正直, 1832-1891) 등을 들 수 있다.

2) 여기서는 일본의 근대 사상가들에 의하여 '권리'로 번역된 경위를 정리하기로 한다.

한다.

이 말은 크게 세 가지 뜻을 가지고 있다. 하나는 올바름이라는 뜻으로 반대말은 그름을 뜻하는 'wrong'이다. 이 뜻은 다시 두 가지로 대별되어 사용된다. 도덕적 올바름(morally right)과 법적 올바름(legal right)이다. 이는 권리라는 번역어 성립에 중요한 역할을 한다. 다른 하나는 오른쪽이라는 뜻으로 반대말은 왼쪽을 뜻하는 'left'이다. 정치노선을 언급할 때 우파(the right wing), 좌파(the left wing)는 이 뜻에서 사용된 것이다.[3] 흥미로운 사실은 우리말의 오른쪽, 왼쪽과 영어의 'right', 'left'의 의미가 상통한다는 점이다. 오른쪽은 앞서 '옳다'에서 파생되어 나온 것이며, 왼쪽의 뜻은 '외지다'에서 나온 뜻이다. 영어의 'left'가 '내버려두다', '그냥 놔두다'라는 의미라는 점을 보면 역시 동서양에서 의미가 상통함을 알 수 있다. 또 다른 하나는 목하 논의하고자 하는 '권리'라는 말로 사용되는 경우이다. 이 때 권리는 반대말로 일상적으로 '의무'와 짝을 이루어 생각한다. 하지만 권리와 의무가 반드시 '짝'을 이루는 것은 아니다.

정작 문제는 '권리'라는 말의 한자어 채택 과정에서 확인할 수 있다. '권리'는 한자어 '權'과 '利'의 합성어이다. 먼저 '권'을 채택하게 된 경위를 보자. '권'은 앞서 지적한 올바름의 의미와 아무 관련이 없어 보인다. 그러나 'right'에 상응하는 프랑스어나 독일어 등에서 'recht'와 'droit'의 뜻이 법률을 포함하고 있다는 점에서 '權'과 관련을 맺는다. 무슨 말인가 하면, '권'이라는 말은 '힘'이나 기세, 권위를 뜻하는 데 사용되며 이것은 법률상의 권력을 의미하기 때문이다. 이러한 취지에서 'right'는

관심 있는 사람은 야나부 아키라(柳父章)(1982)를 참조하기 바람.

3) '좌'와 '우'에 관해서는 본서 제9장에서 살펴볼 것임.

힘을 뜻하는 '權' 자를 포함하게 된 것으로 보인다. 실제로 니시 아마네 이후로 'right'는 '權理', '權義', '權利'로 번역되었다고 한다. 이 말은 권리의 속성에는 모종의 '힘'을 담고 있다는 것을 뜻한다.

물론 권리의 의미가 권력이나 기세, 힘 등에 반드시 상응하는 말은 아니다. 자연법적 의미로 보면 'right'는 일종의 자격을 함의한다. 한편 법실증주의 입장에서 'right'는 법에 의하여 주어진 의사 또는 이익을 뜻하는 말이다. 이를 종합해서 말하자면, 'right'는 법에 의하여 부여된 힘[權]과 이익[利]을 뜻하는 말이다. 따라서 '권리'가 힘과 이익을 뜻하는 '權'과 '利'가 합쳐서 생성된 말임을 알 수 있다.

물론 '권리'라는 말의 번역어 성립 사정을 이처럼 단순하게 설명하는 것이 충분하다고 할 수는 없다. '권'이라는 말은 단순히 '힘'이나 '권력'이라는 뜻만 담고 있는 것은 아니기 때문이다. 흔히 권력은 군주와 정부가 행사하는 힘을 일컫는다. 그러나 이에 상응하는 또 다른 형태의 힘, 이를테면 로크의 민권론이나 루소의 인민의 주권과 같은 뜻도 포함한다. 아울러 '권'이라는 말은 사람으로서 지녀야 할 존엄성이나 부여받은 자격과 같은 뜻을 포함하고 있다. 이러한 여러 가지 의미를 함축하고 있기 때문에 그 의미만큼 권리에 관한 학설이 존재한다. 제6장에서 소개할 선택설이나 이익설이 그것이다.

권리라는 말이 이렇게 다양한 의미를 함축하는 만큼, 권리와 관련된 유사어가 권리와 함께 통용된다. '권한', '권력', '권위'가 그러하다. 권력과 마찬가지로 권한은 영어로 'power'로 표현된다. 권한은 경우에 따라서 법률상으로 권리와 관계없이 사용되기도 하지만, 권리의 특성을 나타내는 하위개념이기도 하다. 무슨 말인가 하면 권리를 행사하는 경우, 상대방으로 하여금 모종의 법적인 책무를 부과하게 되면 권리는 '권한'을 뜻하는 용어이다. 이어 살펴볼 호펠드의 권리 형식에서 권한이 그러하다.

권리라는 용어를 사용함에 있어서 유의해야 할 점이 있다. 권리를 확대하고 크게 행사한다는 의미에서 우리는 '권리의 증진', '권리의 도모'라는 표현을 사용한다. 간혹 일상생활에서 '권리를 보장한다'는 표현을 하는데, 이 표현은 사용에 있어서 주의해야 한다. 실제로 이 말이 그릇된 것은 아니다. 이를테면 헌법에 여러 가지 기본권이 '보장'되어 있다. 그러나 정책적으로나 연구결과를 통하여 여러 가지 제언을 할 경우 '권리 보장'이라는 말의 사용을 삼가는 것이 좋을 듯하다. 어떤 정책이나 연구결과가 권리를 보장할 수는 없기 때문이다. 마치 한 개인이 다른 개인의 삶을 책임지고 보장할 수 없는 것과 마찬가지이다. '권리 보장'이라는 말은 헌법이나 권리헌장 또는 권리선언에서 권리를 선언적 의미에서 '천명'할 경우에 사용되며, 이 경우에만 '보장'이라는 용어가 사용될 수 있다.

이러한 세심한 주의와 배려를 하지 않기 때문에 '무한 권리 주장'이 사회 일각에서 벌어지며, 아무데나 '권'자를 붙여서 자기 주장만을 관철하고자 하는 이른바 '권리지상주의'가 팽배하게 된다.

우리 일상 어법에서 흔히 발견할 수 있는 것 중 하나가 권리를 의무와 하나의 짝으로 보는 경우이다. 마치 자유와 책임을 짝으로 보는 것과 마찬가지이다. 권리와 의무가 짝으로 보는 것이 그릇된 것은 아니다. 그러나 그 짝의 논리가 항상 성립하는 것이 아니다. 내가 한여름에 긴 팔 셔츠를 입는 것에 대하여 책임을 물을 수 없는 것과 마찬가지로 영유아가 납세 의무를 이행하지 않았다고 해서 그들의 권리가 없다고 볼 수 없다. 이와 같이 일상적으로 권리와 의무가 짝인 상황이 항상 타당한가 하는 의문이 제기된다.

2. 권리의 개념적 속성

전통적으로 권리는 의무와 하나의 짝을 이룬다는 생각이 지배적이었다. 곧 권리는 의무이행의 결과로 얻어지는 이익이라는 주장[4])으로 이어지기도 한다. 이 경우 우리는 권리를 자연권이나 도덕권처럼 광범위하게 생각할 것이 아니라 일차적으로 법적으로 규정되는 권리, 즉 법적 권리에 한하여 생각해 보아야 한다.

통상적으로 권리와 의무가 하나의 짝을 이루는 경우가 많다. 일례로, 내가 친구로부터 돈을 빌렸다면, 나는 이를 약속한 대로 갚을 의무가 성립하면서 동시에 내 친구는 이를 받을 권리가 성립한다. 그러나 권리는 이러한 경우에만 성립하는가? 즉 법적 권리는 법적인 의무를 이행하거나 타인의 의무 이행에 따라 생기는 이익이라고만 볼 수 있는가 하는 의문이다. 앞서 언급한 영유아의 권리 이외에 내가 좋아하는 색깔의 옷을 입는 것은 나의 의무나 타인의 의무 이행을 전제하지 않고 성립하는 권리이다. 또한 의사가 환자의 고통에도 불구하고 어떤 처치를 내릴 경우 다른 대안이 없는 한 그 처방을 따라야 할 책무가 성립하는 경우는 어떻게 설명할 수 있는가?

이러한 의문을 해소하고자 한 것이 호펠드(W. Hohfeld)의 권리의 개념적 특성(forms of rights)에 따른 권리의 구분이다.[5]) 실제로 호펠드는

---

4) 이러한 입장을 이익설이라고 하고, 공리주의자이자 법학자인 벤담이 주장하는 학설이다. 본서 제6장 제3절 참조.

5) 이 내용은 자매서『증보 아동권리향연』52-57쪽에도 간략하게 소개되어 있다. 본서 제6장 제2절에서 보다 심층적으로 설명하도록 한다.

권리를 법적 의무에 따른 혜택(이익)으로 본 벤담의 해석과 공리주의적 정치제도를 비판하면서 자신의 권리이론을 제시한다. 만약 벤담의 주장대로라면 '권리'는 별도로 존재하지 않게 된다. 따라서 호펠드는 의무와 짝이 되지 않는다는 전제에서 권리의 네 가지 형식을 제시한다.

여기서 유념해야 할 점은 호펠드의 구분은 다음 절에서 살펴볼 권리의 범주에 따라 권리를 분류한 것이 아니라 권리의 개념적 속성에 따라 구분한 것이라는 점이다.[6] 이는 권리가 향유되고 행사되는 경우에 드러나는 속성에 비추어 권리를 설명한 것이다. 즉 권리에 어떠한 '법적 관념'[7]이 들어 있는가를 보는 것이다. 호펠드에 의하면, 이러한 권리의 속성을 구분해주는 법적 관념이 네 가지가 있다. 청구권, 자유권, 권한, 면책권이 그것이다.

첫째, 청구권(claim-right)은 청구(청원) 행위를 통하여 성립하는 권리를 말한다. 앞서 돈을 빌려준 내 친구는 내게 돈을 갚으라고 청구할 권리를 갖는다.

둘째, 자유권(liberty-right)은 하지 말아야 할 제약, 즉 의무 부과가 없는 상태에서 자유로운 행위를 통하여 성립하는 권리를 말한다. 상대방에 대하여 그 행위를 하지 말아야 할 의무가 없으므로 특권(privilege)이라고도 한다. 점심 메뉴로 자장면 대신에 햄버거를 선택한 것은 이 권리에 해당한다.

셋째, 권한(power)은 다른 사람이 지니지 못한 모종의 힘을 행사함으

---

6) 그렇지 않으면, 호펠드의 자유권(liberty-right)과 상이한 로크의 고전적 권리인 자유권(right to liberty)이 혼동된다. 전자는 개념적 속성을 표현한 것이며, 후자는 실제적 특성을 표현한 것이다.

7) incident. 그래서 호펠드의 구분을 '호펠드의 인시던트(Hohfeldian incidents)'라고 한다.

로써 성립하는 권리를 말한다. 많은 사람들이 법류상의 차이를 들어 '권능'이라고 번역하기도 한다. 처방전은 의사만이 행사하는 권한이다. 이는 전적으로 의사의 자격(면허증)으로 인한 것이기 때문이다. 그러나 같은 질병을 놓고도 처방이 달라지는 것은 이것이 권리의 속성을 지니고 있다는 뜻이다.

넷째, 면책권(immunity)은 모종의 책무가 다른 사람에게는 부여되어 있으나 자신에게는 부여되어 있지 않아서 수혜되는 권리를 말한다. 외교관은 타국 공항에서 검색을 받아야 할 책무가 면제된다. 이러한 수혜가 면책권이다.

이 네 가지는 법적 권리 관계를 설명하기 때문에 짝을 상정한다. 여기서 '짝'을 상관개념(correlatives)이라고 한다.

첫째, 청구권의 경우, *A*가 *x*의 권리를 지녔다면, 상대방인 *B*는 *x*를 이행할 의무(duty)를 지녔다는 말이다.[8)]

둘째, 자유권 또는 특권의 경우, *A*가 *x*를 할 자유권을 가졌다면, 상대방인 *B*는 그의 자유로운 행위인 *x*를 할 권리가 없다는 뜻이다. 이를 *A*의 입장에서 보면 *x*를 하지 않을 어떤 의무가 없다는 뜻이며, *B*의 입장에서 보면 *A*의 *x*를 방해할 권리가 없다는 뜻이다.[9)]

셋째, 권한 또는 권능의 경우, *A*가 *x*를 할 권한을 가졌다면, 상대방인 *B*는 그 행위인 *x*에 대한 책무(liability; accountability)를 지녔다는 뜻이다.[10)]

---

8) claim-right: (*A* has a right to do *x*.) vs (*B* has a duty to do *x*.)
9) liberty-right: (*A* has a liberty-right to do *x*.) vs (*B* has no right to do *x*.) ; *A* has a liberty-right to do *x*. ≡ *A* has no duty not to do *x*. ; *B* has no right to do *x* ≡ *B* has no right to interfere *x*.
10) power: (*A* has a power to do *x*.) vs (*B* has an accountability(liability) right to do *x*.)

넷째, 면책권의 경우, A가 x라는 면책권을 가졌다면, 상대방인 B는 그 면책 행위인 x에 대한 권한이 없다는 뜻이다. 또한 A의 입장에서 보면 x를 해야 할 어떤 책무가 없다는 뜻이다.[11]

이 네 가지 권리의 속성을 이해하려면, 이들의 반대개념(opposition)을 파악하면 도움이 된다.

첫째, 청구권의 반대개념은 그러한 권리가 없는 것(no claim right, no right)이다.

둘째, 자유권 또는 특권의 반대개념은 의무(duty)이다.

셋째, 권한 또는 권능의 반대개념은 책무성이 없는 것(no liability)이다.

넷째, 면책권의 반대개념은 책무성(liability)이다.

반대개념은 권리의 상대방이 지니게 되는 상태를 설명해준다는 점을 알 수 있다. 이를 정리하면, 다음과 같다.[12]

〈표 5-1〉 호펠드의 권리의 형식

유형	청구권	자유권	권한	면책권
상관개념	의무	무권리	책무	무능
반대개념	무권리	의무	무능	책무

호펠드의 권리의 개념적 속성 구분은 권리를 이해하는 데 매우 중요한 내용이다. 따라서 이 내용은 권리의 범주를 살펴보고, 다음 장에서 이를 호펠드의 구분에 적용함으로써 각각에 해당하는 현실적 사례를 통해 좀

11) immunity: (A has an immunity right to do x.) vs (B has no power to do x.) ; A has an immunity right to do x. $\equiv$ A has no liability to do x.

12) 이 표는 『증보 아동권리향연』 55쪽에도 수록되어 있음.

더 자세하게 권리의 개념적 속성을 설명하도록 한다.

3. 인권

많은 사람들이 권리라는 말 대신에 인권이라는 말을 자주 사용한다. 아동 문제를 다루는 사람들도 아동의 권리를 언급할 때 '아동권리'라는 말 대신에 '아동인권'이라는 말을 사용한다. 또한 교육계에서 교육문제로 학생의 권리를 언급하는 경우에도 '학생권리'라는 말보다는 '학생인권'이라는 말을 자주 사용한다. 이는 각 시도 교육감이 제정을 주도한 '학생인권조례'에서 확인할 수 있다. 언뜻 보면 '권리'와 '인권'이 상호 교차 사용해도 아무런 문제가 없어 보이는 것처럼 보일지 모르지만, 이 두 가지 용어를 사용하는 데에는 세심한 주의를 요구한다.

앞서 권리의 의미를 살펴본 것처럼, 인권의 의미를 살펴보기로 한다. 인권은 적어도 다음 세 가지 맥락에서 사용되는 용어이다.

첫째, 인간이 지니는 보편적 권리를 지칭한다. 이는 영어 'universal rights'의 번역에서 온 말이다. 1948년 국제연합이 천명한 '세계인권선언'[13)]에서 사용된 '인권'이 바로 이에 해당한다. 인간이면 누구나 지니는 보편적 권리를 가리킬 경우 '인권'이라는 말을 사용한다. 본서에서 좀 더 상세하게 다루겠지만[14)], 인간이 지니는 권리의 보편성은 매우 심각한 논쟁을 야기한다. 이에 관한 주된 쟁점은 주로 권리의 보편성이 '현실적으로' 무엇을 지칭하는가에 관한 문제와 복지권과 같은 현대적 권리가 고전적 권리처럼 보편성을 지니는가에 관한 문제에 집중된다.

---

13) The Universal Declaration of Human Rights.
14) 본서 제3장과 제8장 참조.

둘째, 인권은 말이 지칭하는 그대로 '인간이 지니는 권리'를 가리킨다. 그럴 경우 이에 상반되는 말로서 인간 이외의 존재가 지니는 권리, 이를테면 동물이 지닌 권리를 가리키는 '동물권'을 생각할 수 있다. 이 경우 '인권'은 인간의 범주를 전제한 개념이므로, 그 사용에 있어서 주의할 필요가 있다. 예를 들어서 '아동인권'이라는 말을 사용할 경우, 그것은 자칫 '범주의 오류'[15]를 범하기 쉽다. '아동'의 범주가 '인간'의 하위 범주이므로 '아동인권'이라는 말은 어색할 뿐만 아니라 논리적으로 오류를 범하게 된다.

셋째, 인권이 'rights of man'의 번역어로 사용되는 경우이다. 이 경우 '인권'은 자연권을 뜻한다. 17~18세기 이래 계몽사상의 연장에서 정립된 자연법이 잉태한 자연권을 뜻한다. 이 경우 '인권'은 '시민권(civil rights)'의 상대어이다. 시민권이 없는 사람도 지니는 권리를 흔히 '인권'이라고 칭하기도 한다. 예를 들면, 우리나라에 체류하는 외국인 근로자는 선거권이나 피선거권을 갖지 않지만, 그것이 이들이 노동이나 생활을 영위함에 있어서 인간 이하의 대접을 받아도 된다는 것을 뜻하지는 않는다. 적정한 임금을 받고 적정한 거주지에서 최소한 생계를 유지할 권리를 대개 '인권'이라고 칭한다.

넷째, 매우 특이하지만 자주 사용하는 경우, '인권'을 '저항권(rights of resistance to X)'으로 사용한다. 앞서 경우와는 달리, 시민권 등 실정

---

15) '범주의 오류(category mistake)'는 서로 상이한 범주의 대상을 동일한 범주로 놓고 논의할 때 야기되는 오류를 뜻한다. "길 건너에 군인 한 명과 경찰 두 명이 온다."는 표현을 "길 건너에 군인 한 명과 사람 두 명이 온다."고 하면 그것은 범주의 오류를 범하는 경우이다. 여기서 뜻하는 범주는 이에 해당하지만, 범주의 오류는 여러 다른 맥락에서 저지르는 오류로 그 의미가 매우 다양하며, 그 뜻하는 바도 각기 상이하다.

법에 의하여 여러 권리가 보장되었음에도 불구하고 특정한 정책결정에 대하여 시위를 하거나 청원을 할 때 사용하는 '인권'이 이에 해당한다. 별도로 논의할 사안이지만, 두 번째에 지적한 범주의 오류에도 불구하고, 학생인권조례에서 학생의 '인권'이 성립한다면, 그것은 학생들이 기존의 교육정책이나 기성세대의 교육에 저항한다는 의미의 '저항권'일 경우이다.

자매서 『증보 아동권리향연』 제6장과 제7장에서 아동의 교육받을 권리를 다룬 바 있다. 아동의 교육권은 어느 경우에도 교육받을 권리이며, 이 점에서 교육권과 학습권은 상관관계가 성립하지 않는다고 하였다. 무슨 말인가 하면, 교육권은 '교육받을 권리'로 학습권은 '교육받을 권리'로 성립하는 것이 아니라 두 가지 모두 교육받을 권리라는 점을 강조하였다. 이에 덧붙여서 교사 등 교육하는 주체가 아이들을 교육하는 데 지니는 '힘'은 권리 중에서 '권한'에 해당된다고 하였다.

이어 '교육권'은 보편적 복지권으로서 무상의무교육의 논거가 된다고 하였으며, '학습권'은 저항권적 자유권이라고 하였다.16) 후자는 기존의 공교육 체제에 대한 일종의 저항권이며, 교육의 내용을 자유롭게 결정할 수 있는 자유권의 성격을 지닌다고 하였다. 이를테면 무상의무교육 기관에 자녀를 보내지 아니하고 홈스쿨링(home schooling)을 하게 하는 경우가 이에 해당한다. 이 경우 '학습권'은 저항권으로서 '인권'의 의미를 지니는 또 다른 경우가 된다. 학습권을 저항권적 자유권으로 보는 근거로서 1985년의 파리선언과 1998년의 함부르크 선언을 논의한 바 있다.

용어 사용에 있어서 우리는 이러한 인권의 의미를 염두에 두고 사용해

16) 여기서 논의하는 '학습권'은 우리나라 교육기본법 제3조에 규정된 '학습권'과는 의미와 사용되는 맥락이 다르다.

야 할 것이다. 그 중에서 항상 고려해야 할 것이 권리의 주체로서 개인의 범주이다.

먼저 아동이라는 권리 주체를 놓고 보면, '아동권리'와 '아동인권'을 각각 생각할 수 있다. 전자보다는 후자의 경우 용어 사용에 주의를 기울여야 한다. 아동인권이라고 할 경우, 아동과 인간의 범주가 맞지 않기 때문이다. 방금 소개한 범주의 오류를 범하는 꼴이다. 여기서 아동인권을 아동이 지니는 인간의 권리라고 규정하면, 의사소통에 문제가 없다. 그러나 그럴 경우, 앞서 살펴본 바와 같이, 아동이 지니는 저항권이라는 의미가 부각된다. 아동이 지니는 보편적 권리라고 한다면, 그것은 아동이 아닌 다른 사람의 경우에도 동등하게 지니는 권리이므로 굳이 '인권'이라는 말을 사용할 필요가 없다. 따라서 아동인권이라는 말을 선호한다면, 그것은 아동이 보편적 권리보다는 저항권을 행사한다는 어감을 가져다준다.

같은 맥락에서 '학생권리'와 '학생인권'을 살펴보자. 이 경우에도 범주의 오류를 피할 수 없는 만큼 자연스러운 표현은 아닌 듯하다. 또한 저항권을 지니는 '인권'의 의미가 강조되므로 학생들이 학교라는 교육상황에서 지니는, 구체적으로 행사하는 저항권을 지칭하는 권리로 이해할 수도 있다. 아동인권의 경우와 마찬가지로 학생이 지니는 보편적 인권으로 이해한다고 해도, 그것은 학생의 지위가 획득되는 교육제도, 학교제도를 전제로 해서 행사하는 권리이기 때문에 어느 정도 교육적 특수성을 감안한 제약이 따른다. 사정이 이럴진대, 학생인권이라는 용어를 고집하는 것은 결과적으로 학생들이 교육제도, 학교제도, 보다 구체적으로 학교, 교실 등의 상황에서 행사하는 저항권이라는 의미가 부각된다.

결론적으로 아동과 학생의 권리를 언급할 경우, '인권'보다는 '권리'

를 사용하는 것이 타당하다. '아동권리'와 '학생권리'를 사용하는 것이 오용의 소지를 없앨 수 있다.

4. 권위

권위는 권리를 다루는 법리학은 물론 윤리학과 도덕적 문제에서도 자주 사용되는 용어이다. 또한 권리와 권위는 동의어처럼 쓰이기도 한다. '교권'이라는 말은 때로는 교사의 권리로, 어떤 때는 교사의 권위로 사용된다[17]. 무엇보다도 권위는 사회통제(social control) 맥락에서 설정된 개념이다. 즉 인류가 원시시대 이래로 문명이 발달하고 여러 가지 요인들이 복합적으로 나타나는 복잡한 사회적 상황에서 권위는 필연적으로 요구되는 요인이다. 통제가 필요하다고 해서 사회구성원인 각 개인의 자유가 말살되거나 구속되어야 한다는 의미는 아니다. 이를테면, 학교도 교사의 권위에 의하여 통제되어야 한다는 측면에서 본다면, 감옥처럼 통제 일변도의 장소라고 볼 수도 있지만, 학교는 본질적으로 가르치고 배우는 교수-학습의 장면이 이어지고 사회적으로 가치 있다고 여기는 요인들이 교수-학습의 과정을 통하여 전수되는 곳이다. 문제는 사회 통제적 요소인 '권위'와 개개인이 욕망하는 바를 실현하고자 하는 것의 상충하는 데서 발생한다.

(1) 개념적 구성요인[18]

권위를 어떠한 방식으로 정의하든지 간에 '권위'를 구성하는 요인은

---

17) 권위와 교권 문제는 제10장 후반부에서 다루기로 한다.

18) 이 절은 경기도의회 연구(김정래 외, 2013) 중 필자가 작성한 내용의 일부를 재정리한 것임.

힘과 영향력이다.

'권위'는 일상적으로 권위를 행사하는 사람을 지칭할 때 많이 사용된다. 이른바 '권위자'를 가리킨다. 법관, 검사, 군인, 경찰, 성직자, 의사 등은 모두 사회적으로 권위를 행사하거나 향유하는 사람들이다. 이들은 남들이 갖지 못한 모종의 힘을 행사하는 사람들이다. 진료행위는 의사만이 할 수 있고, 기소는 검사만이 할 수 있으며, 판결은 판사만이 할 수 있다. 군에서 공격명령은 상급자만이 할 수 있으며, 종교적인 해석은 성직자의 권위에 의존하지 않고서는 그 힘을 발휘할 수 없다. 따라서 '권위'를 구성하는 핵심적 요인은 '힘'이라고 할 수 있다. 그리고 그 힘을 '권한'이라고 해석하기도 한다.[19)]

하지만 권위라는 용어는 권위를 향유하고 행사하는 사람 개개인을 지칭하는 데 그치는 것이 아니다. 법령이나 제도적으로 힘을 행사하거나 향유하도록 규정된 특정인이라 하더라도 그 힘의 행사가 영향력을 미치지 못하게 되면, 권위는 효력을 발하기 어렵다. 권위를 지닌 사람이 영향력을 행사하기 위하여 요구되는 것이 권한을 부여하거나 규칙을 따르게 하는 상황이다. 그러한 상황이 없다면 권위는 그 힘을 발휘할 수 없게 되기 때문이다.

이 말은 '권위'가 권위를 향유·행사하는 권위자만을 지칭하는 것이 아니라 권위자가 권위를 행사하도록 하는 상황, 즉 제도로서의 권위를 지칭한다. 전자는 권위자를 나타내는 'an authority'로, 후자는 제도를 나타내는 'in authority'로 표현한다.

---

19) 호펠드(W. Hohfeld, 1919)의 경우, 권위를 가능하게 하는 힘, 즉 권한을 권리의 한 속성으로 본다.

(2) 권위의 주체

이상 살펴본 바에 따르면, 권위는 ① 개인, ② 집합, ③ 제도로 구분해 볼 수 있다. 개인은 '권위자'를 가리키는 것이다. 영어 'authority'의 어원이 라틴어 'auctoritas'이다. 이 라틴어는 '의견, 조언, 명령을 산출하다', '창작하다', '발명하다'라는 뜻을 갖는다. 그러니까 '권위'라는 말은 당초 '권위를 누릴 직위에 있는 사람'을 염두에 두고 나온 말이다.

집합을 나타낼 경우는 권위자 개인을 가리키는 경우와 의미가 약간 상이하다. 집합적 의미는 권위를 행사하는 개개인을 지칭하는 경우에 그치지 않고, 권위를 행사하는 이들의 집합을 가리킨다. 예컨대, 오늘날 '경찰은 권위가 실추되었다'라는 표현에서 이 의미를 파악할 수 있다.

집합적 의미로 사용될 때 우리는 흔히 '당국'이라는 말을 사용하기도 한다. 사실 영어에서 'authorities'라는 말은 당국으로 번역해야 할 경우가 많이 있다. 그러나 이 경우에 혼란이 다소 야기되기도 한다. 집합적 의미의 권위가 '권력'으로 혼동되기 때문이다. 일상 언어에서 '경찰의 권위가 실추되었다' 또는 '사법부의 권위가 실추되었다'는 말은 곧 '공권력의 실추'를 의미하기 때문에 혼선이 빚어진다.

개인적 의미와 집합적 의미의 '권위'가 온전하게 실행되려면 제도적 뒷받침이 있어야 한다. 여기서 지도적 뒷받침이라고 하는 것은 이른바 직위상의 권위를 말한다. 경찰관, 검사, 의사, 대통령, 대학총장과 같은 권위자, 또는 검찰, 경찰, 사법부, 교직과 같은 집합적 의미의 권위는 모두 제도적인 직위의 뒷받침이 있어야 한다. 이들은 주로 실정법적 뒷받침을 요구하지만, 성직자의 권위는 반드시 실정법적 제도가 아닌 종교적, 문화적 제도의 뒷받침이 요구되는 권위이다.

(3) 권위자와 제도적 권위

개인적 의미에서 권위자와 제도적 권위와 동떨어진 개념이 아니다. 권위자(an authority)는 영국 국왕과 같은 형식적 권위를 지닌 사람도 있지만, 심장수술의 권위자처럼 전문가를 지칭하기도 한다. 즉 전문가 개인이 제도적인 권위를 보장받은 것이다.

제도적 권위는 전통이나 법령에 의거하여 직위를 부여받은 경우도 있다. 대통령, 검찰총장, 장관 등이 이에 해당한다. 이들은 실질적인 권위, 즉 막강한 영향력을 행사하는 직위에 있다. 그러나 제도적으로 보장받은 권위 중에는 종친회장, 성균관장, 조계종 종정처럼 현실적인 힘을 행사하지 못하지만 그 직책 자체에 의미를 부여하는 경우를 찾아볼 수 있다.

(4) 베버의 분류

베버(Max Weber, 1919)는 권위를 다음의 세 가지로 나누어 설명한다.

① 전통적 권위(traditional authority)
② 합리적 권위(rational authority)
③ 개인적 권위, 카리스마(charisma)

주지하는 바와 같이, 전통적 권위는 전근대성(pre-modernity)을 토대로 한 권위이다. 권위가 기존의 사회제도와 질서에 근거하여 성립하고 실행된다는 것이다. 역사 이래로 인류가 어떤 형태로든 사회를 구성하여 삶을 영위한 것은 그 사회를 지탱하는 지도자가 있고, 그 지도자의 내적, 외적 측면에서 성립하는 권위가 있었기 때문이다. 부족 국가 시대의 족장, 고대국가의 왕, 고대 제국의 황제, 중세 시대의 교황, 근대 민족국가의 지도자가 전통적 권위에 근거를 둔 통치와 영향력을 행사하였다.

전통적 권위는 경우에 따라서 신화나 전설의 형태를 빌어 그 근거를 찾기도 한다. 그리고 적절한 비유를 통하여 권위체가 권위를 획득하기도 한다. 국가의 건국 설화나 신화가 전자에 해당한다. 이 경우 개인적 권위체인 카리스마와 중복되는 경우가 흔하다. 그리고 군주와 부모, 스승은 숭상되어야 할 한 가지 권위체라는 군사부일체(君師父一體)는 후자에 해당한다. 교사라는 직업이 생겨난 것은 바로 인류가 농업혁명을 통하여 잉여생산물을 갖게 된 다음이라고 한다. 이때부터 인류는 문명을 창출하고 삶의 질을 고양시켜왔다. 삶의 획기적인 고양의 주역에 '교사'라는 신분이 등장한다. 물론 교사 이외에도 삶의 고양을 담당한 부류의 사람이 제사장이다. 이들은 대개 족장이나 왕처럼 정치의 장(長)을 겸하는 경우가 많았다. 그러나 제사, 의례, 외교를 교육전문가들에게 맡기는 경우도 있었다. 춘추전국시대의 유가(儒家)가 그들이다. 이 전통은 고려시대와 조선시대의 관직인 예조(禮曹)가 교육, 외교, 의전, 제례를 담당하게 한 것에서도 확인할 수 있다. 이와 같이 교사는 전통사회에서부터 권위를 부여받은 전문가였다.

베버의 분류상 '합리적 권위'는 근대성(modernity)을 전제로 한다. 근대성에 기반한 권위는 제도적으로 전승되는 전통이나 관습, 그리고 개인적으로 세습에 의존하지 않는다는 것을 가리킨다. 그러면 근대성을 전제로 하는 '권위'의 특징이란 무엇인가? 그것은 권위가 근대국가의 핵심이라고 할 수 있는 법과 각종 입법 제도에 근거해야 한다는 것이다. 단순히 권위체가 세습이나 전통적 관례에 의하여 성립한다고 할 수 없다. 따라서 근대사회의 권위체들은 입법적 절차나 민의에 의한 선출에 의존하게 된다. 대통령, 의회, 도지사, 시장 등이 여기에 해당한다.

근대사회의 권위가 성립하는 기준은 입법절차와 함께 전문성이 중시된다. 그러한 전문성이 객관적이고 타당성을 갖게 하도록 입법적 장치와 결합된 것이 자격, 면허 제도이다. 진료현장에서 의사가 권위를 가지려면 면허증이, 교사가 공교육에서 권위를 행사하려면 자격증이 필요한 것은 이에 근거한다. 실제로 전통적 권위를 나타내는 교사인 서당의 훈장은 자격제도가 없어서 그 실력이나 수준이 천차만별이었다. 그러나 근대법 이후 제도교육에서는 교원 자격제도가 도입되었다. 교사의 권위를 제도적으로 보장하는 조치이다. 과거 전통적 권위 체제 아래서 권위체는 신화적, 관습적 차원에서 카리스마가 부여된다면, 근대 합리적 권위 체제 아래서 권위체는 전문성에 의거하여 카리스마가 부여된다.

근대적 권위가 전문성을 요구하지만, 그것만 가지고 권위체가 정당화되는 것은 아니다. 고도의 전문성을 가지고 비도덕적인 일을 벌이거나 사회의 도덕적 요구를 외면하면 권위를 부여받기 어렵기 때문이다. 그래서 근대의 합리적 권위에 요구되는 것이 도덕성이다. 예컨대, 의사의 경우는 고도의 의술을 지녀야 하면서 동시에 생명존중의 도덕성이 요구된다. 교사의 경우, 교과지도와 생활지도에 대한 전문성이 요구되며 동시에 인간존중, 아동존중의 정신을 지녀야 그 권위를 인정받을 수 있다. 각종 평가와 인증제도가 전문성에 관련된 것이라면, 도덕성의 요구는 각종 권위를 지닌 주체에 대한 검증을 필요로 하게 된다.[20] 결론적으로 현대적 의미에서 권위는 전문성과 도덕성을 요구한다.

---

20) 교사의 권위는 흔히 교권으로 이해된다. 그러나 '교권'은 경우에 따라서 교사의 권위만이 아니라 교사의 권리를 지칭하기도 하고, 교사의 권한을 지칭하기도 한다. 교권은 권리문제와 무관하지 않아 보이지만, 민주적 절차와 관련된다. 이 문제는 본서 제10장에서 다루기로 한다.

(5) 권위의 성립 조건

권위의 개념적 속성과 베버의 이론에 근거해 볼 때, 권위는 전문성과 도덕성에 근거한다. 그러나 전문성과 도덕성만으로 권위가 사회 현실에서 실행력을 발휘할 수 있다고 보기 어렵다. 외적 요인이 뒷받침되어야 한다. 따라서 권위의 성립 요인은 다음과 같이 나타낼 수 있다.

'권위'가 성립하는 요인 = 내적 요인 + 외적 요인

권위 행사자의 내적 요인은 그의 능력이라고 할 수 있다. 그것은 앞서 언급한 전문성과 도덕성이다. 여기서 전문성은 직무에 요구되는 전문성을 뜻한다. 의사의 경우, 기초 의학 전문지식은 물론이고 자기 전공 분야의 전문지식과 기술을 지칭한다. 법률가의 경우에는 법률 전반에 관한 지식과 해당 사건 관련 전문지식을 포함한 법률 실무를 총괄하는 능력을 지칭한다.

한편 도덕성은 권위를 행사하는 전문가의 인격성을 지칭한다. 그것은 구체적으로 도덕적 성숙성을 뜻한다. 여기서 도덕적 성숙성은 인간 존중의 정신과 권위를 행사함으로서 도모되는 상대방의 이익을 증진한다는 도덕적 신념에 근거한다. 의사의 경우, 도덕적 성숙성은 환자의 이익 증진에 있으며, 법관의 경우 공정한 재판을 통한 이해당사자의 이익을 증진하는 데 있다.

권위를 뒷받침할 수 있는 외적 요인은 다음의 세 차원에서 생각할 수 있다. 첫째, 법적 차원에서 권위 소지자의 신분 보장 등 법적 지위를 말한다. 둘째, 정책적 차원에서 권위 소지자의 경제적 처우 및 근문 환경 개선 등 정책적 배려를 말한다. 셋째, 사회적 차원에서, 사회적 존경 및 문화적 요인 등 사회제도적 요인의 뒷받침을 말한다. 외적 요인이 없다면 권위의 실행력을 보장하기 어렵다.

이상 살펴본 내용에도 불구하고 우리는 권위가 민주사회에서 수용될 수 있는가에 의문을 가질 수도 있다. 왜냐하면 권위는 어느 정도 상하 관계를 상정해야 성립하는 것처럼 보이기도 하고, 권위가 민주적 가치와 질서에 위배되는 듯 보이기 때문이다. 더욱이 민주시민교육이나 권리교육의 목적에 권위가 상응하지 않을 것이라는 판단을 하게 된다. 실제로 많은 민주시민교육 프로그램이나 권리교육 프로그램에서 권위 문제를 다룬 경우는 거의 없다. 그러나 권위가 민주사회가 지향하는 가치와 관련이 없다고 단정할 근거는 없다. 오히려 민주적 질서를 훼손하는 것은 권위가 아니라 절차적 원리를 훼손하는 권위주의라는 점을 염두에 두어야 한다. 이 문제는 제10장 제6절에서 다루기로 한다.

Ⅱ. 권리의 범주

권리의 개념이 함의하는 바가 많다는 사실은 그것을 여러 범주에 비추어 이해할 수 있다는 뜻이기도 하다. 여기서는 권리를 보다 정확하게 이해하기 위하여 몇 가지 범주로 구분하여 설명하기로 한다.

첫째, 권리는 행위자의 적극성 여부에 따라 능동적 권리(active rights)와 수동적 권리(passive rights)로 구분할 수 있다. 전자는 행사하는 권리, 즉 자신의 행위가 전제되었을 경우 성립하는 권리이다. 예를 들자면, 방해받지 않고 하고자 하는 일을 할 권리, 그리고 바둑에서 행마(行馬)를 마음대로 부릴 권리를 들 수 있다. 행마 자체가 바둑기사의 자유이자 권리이다. 후자는 향유하는 권리, 즉 자신의 행위가 전제되지 않았을 경우 성립하는 권리를 말한다. 예컨대, 초재기, 덤, 등과 같은 바둑의 규칙에 따라 대국 시 주어진 권리를 들 수 있다.

둘째, 권리는 타인의 의무 이행에 따라 소극적 권리(negative rights)와 적극적 권리(positive rights)로 구분할 수 있다. 전자는 타인의 소극적 의무에 비추어 성립하는 권리를 말하며, 후자는 타인의 적극적 의무에 비추어 성립하는 권리를 말한다. 이 구분은 상대방의 의무 이행 여부에 달려 있다. 상대방이 자신을 방해하지 않을 의무에서 방해 받지 않을 권리가 소극적 권리로 성립한다. 상대방이 의무 이행(채무 상환)을 해야 할 경우 그에 따른 권리 행사(채권)를 할 권리가 적극적 권리로 성립한다. 이어 살펴볼 호펠드의 청구권의 경우에 성립하는 권리이다.

셋째, 권리를 실정법에 명문화되어 있는가 여부에 따라 실정권(legal rights)과 도덕권(moral rights)으로 구분하기도 한다. 도덕권은 실정법에 규정되지 않는 만큼 강제성과 구속성이 떨어지지만, 양심과 도덕이라는 가치 규범에 근거하는 만큼 그 영향력이 실정권보다 큰 경우도 있다. 인권, 절대적 권리이라고도 하며, 때로는 저항권은 이에 해당한다.

넷째, 권리발달 단계에 따라 고전적 권리(classical rights)와 현대적 권리(modern rights)로 나눈다. 고전적 권리에는 정치적 권리(political rights)와 시민권(civil rights)이 포함되며, 현대적 권리에는 경제권(economic rights), 사회권(social rights), 문화권(cultural rights) 등이 포함된다. 또한 '현대적 권리'에는 환경, 노동단결과 같은 집단에 의하여 행사하는 '연대적 권리'를 포함시키기도 이 세 가지를 제1세대 권리, 제2세대 권리, 제3세대 권리라고 부르기도 한다. 세계인권선언으로 보면,

제2조에서 21조가 제1세대 권리를, 제22조에서 제27조가 제2세대 권리를, 제28조가 제3세대 권리를 담고 있다.

1. 수동적 권리와 능동적 권리

수동적 권리와 능동적 권리는 권리를 '향유'할 권리와 '행사'할 권리로 구분하는 것이다. 일반인이 법의 보호를 받을 권리가 수동적 권리라면, 그가 자신의 선호에 따라 어떤 선택을 할 권리는 능동적 권리에 해당한다.

다음 예를 보면, 향유-행사 구분이 수동적 권리와 능동적 권리를 나누고 있음을 알 수 있다. 교수가 대학으로부터 연구시설이나 여건에 수혜받을 권리는 수동적 권리에 해당하지만, 교수가 자신의 학문적 입장에 따라 강의 계획을 세워서 강의할 권리는 능동적 권리에 해당한다. 한편 대학생이 대학으로부터 수강에 따른 편의를 제공받을 권리는 수동적 권리에 해당하지만, 학생이 주어진 교육과정 범위 안에서 특정 과목을 선택할 권리 또는 졸업논문 주제를 정할 권리는 능동적 권리에 해당한다.

여기서 수동적 권리와 능동적 권리가 권리-의무의 상관관계(짝개념)로 이해되어서는 안 된다는 점에 주의해야 한다. 부부가 각기 배우자로서 대우받을 권리는 수동적 권리에 해당하고, 이 두 사람이 부부생활을 어떻게 영위할 것인가를 정하는 것은 능동적 권리에 해당한다. 여기서 부부가 각기 배우자로서 대우받을 권리에 대한 상관개념은 부부가 각기 배우자로서 대우할 의무에 해당한다. 이를테면 부부는 각자 배우자로서 대접받을 권리에 대하여 상호 부양 의무를 이행해야 한다. 그러나 이 경우를 수동적 권리와 능동적 권리로 보는 것은 타당하지 않다.

수동적 권리와 능동적 권리를 아동권리 발달, 즉 '생존-보호-발달-참여'에 비추어 보면, 앞의 두 가지 생존과 보호는 수동적 권리에, 나머지 발달과 참여는 능동적 권리에 해당한다. 물론 여기서 '발달'을 발달에 따른 제반 사항을 향유할 권리로 보면, 수동적 권리라고 할 수도 있다. 그러나 발달의 주체가 아동이라는 점에서 발달권은 능동적 권리로 보는 것이 더 타당하다.

참여권은 전형적인 능동적 권리이다. 자기 스스로 결정에 따라 행사할 권리라고 하는 자기결정권은 말 그대로 '능동적' 권리를 가장 대표하는 권리라고 할 수 있다.

어떤 권리가 수동적인가, 능동적인가의 구분은 그 권리 내용을 어떻게 보는가에 따라 달라질 수 있다. 생존-보호-발달-참여에서 '생존'은 수동적 권리라고 하였다. 그 의미는 생존에 위협을 받지 않는다는 뜻을 담고 있다. 그러나 나 자신이 생존을 위하여 능동적인 조치를 취하고자 한다면, 그것은 능동적 권리라고 볼 수도 있다.

한편, 생존권을 자신의 생존이 침해받지 않을 권리라고 본다면, 어느 누군가는 그의 생존을 존중해야 할 의무가 성립한다는 뜻이다. 내가 위협으로부터 보호받을 권리가 있다면, 이것은 곧 상대방이 나를 위협하지 않을 의무가 성립한다는 뜻이다. 앞의 권리에 대하여 성립하는 의무를 따질 때 우리는 수동적 권리와 능동적 권리의 구분과는 다른 범주의 구분을 요한다.

2. 소극적 권리와 적극적 권리

소극적 권리와 적극적 권리는 일견 수동적 권리와 능동적 권리에 각기 상응하는 것처럼 보인다. 적지 않은 경우 양자의 범주에 중복될 수도 있으나, 이 두 가지 범주를 동일한 것으로 혼동해서는 안 된다. 상당한 경우에 소극적 권리가 수동적 권리일 수 있으며, 반대의 경우도 그러하다. 그러나 이 두 가지 범주는 확실히 다르다. 따라서 수동적 권리와 능동적 권리를 구분해 주는 기준이 향유-행사에 있지만, 그것이 소극적 권리와 적극적 권리를 구분하는 데 적용되지 않는다.

당초 소극적 권리는 고전적 권리, 즉 정치적, 시민적 권리에 상응하고, 적극적 권리는 사회적, 경제적 권리에 상응하다는 관념에서 그 구분이 비롯된 것으로 보인다. 하지만 소극적 권리와 적극적 권리를 이해하기 위한 핵심은 상대방이 어떤 의무를 이행해야 하는가에 달려 있다. 무슨 말인가 하면, 소극적 권리는 상대방의 소극적 의무로 인하여 성립하고, 적극적 권리는 상대방의 적극적 의무로 인하여 성립한다는 뜻이다.

일례로 도서관에서 방해받지 않고 열람할 수 있는 권리와 자신이 가고자 하는 길을 방해 받지 않고 갈 수 있는 권리는 소극적 권리에 해당하고, 부모로부터 양육을 받을 권리와 장애아가 국가의 지원을 받을 권리는 적극적 권리에 해당한다. 전자는 타인이 자신을 방해하지 말아야 할 소극적 의무에 따라 성립하는 권리이고, 후자는 부모와 국가가 모종의 지원을 해야 할 적극적 의무를 전제해야 성립하는 권리이다.

이와 같이, 소극적 권리를 상대방의 소극적 의무에 대하여 성립하는 권리로, 적극적 권리를 상대방의 적극적 권리에 대하여 성립하는 권리로 보는 것이 타당하지만, 이 관점으로 보면 소극적 권리와 적극적 권리가 모두 수동적 권리의 범주에 속한다고 볼 수도 있다.

중요한 논점은 소극적 권리와 적극적 권리를 자유와 관련시켜 보는 데서 찾을 수 있다. 소극적 권리가 자유와 관련을 맺는다면, 그것은 소극적 자유이고, 적극적 권리가 자유와 관련을 맺는다면, 그것은 적극적 자유이다. 따라서 소극적 권리는 정치적 권리, 시민권 등 고전적 권리에 상응한다. 반면에 적극적 권리는 대부분 사회적, 경제적, 문화적 권리에 상응한다.

또 다른 관점에서 보면, 소극적 권리와 적극적 권리는 권리의 기능에 따라 설명할 수도 있다. 소극적 권리는 금지(prohibition)로서의 권리이며, 적극적 권리는 허용(permission)으로서 권리를 뜻한다. 그러나 이 경우 '금지'는 권리 주체의 관점에서 금지가 아니다. 즉 소극적 권리가 한 개인에게 금지된 권리라는 뜻이 아니라 상대방의 금지, 상대방의 금지 의무를 전제로 한다. 반대로 '허용'은 권리 주체의 관점에서 허용을 뜻한다. 그러나 이 경우에도 상대방의 의무 이행을 전제로 한다는 점에서 능동적 권리와 다르다.

무엇보다도 소극적 권리와 적극적 권리가 상대방의 의무의 성격과 이행여부에 달려 있다는 것은 부인하기 어렵다. 예컨대, 국가가 치안 및 방범의 의무를 강화하게 되면 국민의 소극적 권리는 증진된다. 마찬가지로 국가가 소수자의 생활안정을 위한 적극적인 조치 의무를 강화하면 이들의 적극적 권리는 증진될 것이다. 그러므로 상대방의 이행 의무의 성격과 실행을 강화하면 이로 인한 혜택을 향유하는 사람의 입장에서 권리의 소극성과 적극성 구분은 용해된다.

만약 국가가 국민의 정치적 권리와 시민권을 강화하는 조치를 '적극적으로' 취하게 되면 이를 향유하는 국민들의 권리는 적극적 권리가 된다. 그렇다고 해서 적극적 권리가 마냥 성립되는 것은 아니다. 국가가 국민의 권리를 적극적으로 증진시키기 위하여 적극적인 조치를 취하게 되면 권리의 본질을 훼손하는 경우가 발생할 수도 있기 때문이다. 권리 증진을 위한 국가 개입이 역으로 권리의 본질을 훼손하는 결과, 이를테면 권리의 패러독스를 야기할 수 있다. 이러한 문제는 제7장과 제12장에서 살펴보기로 한다.

적극적 권리는 자신이 추구하는 삶을 영위할 수 있는 권리라고 할 수 있다. 이 경우 개인의 요구를 수용할 수 있는가 하는 여부와 관계없이 권리가 성립하게 되면, 현실적으로 수용하기 어려운 '권리지상주의'에 빠지게 된다. 그래서 적극적 권리는 상대방의 적극적 의무 이행 여부를 근거로 현실적 가능성을 가늠해야 한다.

3. 실정권과 도덕권

권리는 체계적인 문서의 형태, 구체적으로 법률에 의하여 규정된 경우가 있고, 그렇지 않은 경우가 있다[21]. 전자에 의하여 규정된 권리를 실정법(positive law)에 의한 권리라는 뜻에서 실정권(positive rights)이라고 한다. 경우에 따라서 법적 권리라고도 한다. 후자를 도덕권(moral rights)이라고 한다. 헌법에 명기된 기본권도 형식상으로 실정권이다. 하지만 그 포괄성 때문에 도덕권의 측면도 있다. 또한 일반법에서 권리와 권한 등에 관한 규정이 있다면 이는 실정법을 가리킨다.

실정법에 규정되어 있지 않은 경우에도 권리는 성립한다. 법 이전에 생존과 함께 인간으로서 존엄성을 지니도록 하는 권리가 존재한다. 이러한 권리에 여러 가지 호칭이 사용된다. 자연법에 의하여 성립하는 경우 자연권이라고 하며, 인간의 보편적 가치를 강조한 측면에서 인권이라고 한다. 또한 도덕적 근거에 의하여 성립한다는 점에서 도덕권이라고도

21) 실정권과 도덕권에 관한 논의는 자매서 『증보 아동권리향연』 59-62에도 간략하게 소개되어 있지만, 여기서는 이를 보완하여 설명한다.

한다.

실정권과 도덕권의 차이는 문서상의 규정에 있는 만큼 강제성에서 찾을 수 있다. 즉 실정권은 도덕권에 비하여 법적 규정인 만큼 법적으로 강제할 수 있는 성격을 지닌다. 문서의 형태라고 하더라도 헌법이나 일반법과 같이 체계적인 형태의 문서가 아니라면, 그것은 법적 실행력을 갖추기 어렵다. 그래서 도덕권은 강제성이 떨어진다. 대표적인 법실증주의자로 알려진 벤담은 도덕권에 대하여 매우 적대적이었다.

자연권과 인권은 인간이라는 지위에서 성립하는 권리인 반면, 도덕권은 도덕적 근거에 의하여 성립하는 권리이다. 그러면 도덕권이 어떤 근거에서 성립하는지를 살펴보자.

첫째, 도덕권은 관습에 의하여 성립한다. 경우에 따라서 세습에 의한 전근대적인 권리가 포함되기도 하지만, 관습에 따른 규범을 준수하고자 할 경우 도덕권이 성립한다.

둘째, 도덕권은 자연법에 의거하여 성립한다. 자연법이 제시하는 어떤 이상이나 가치를 추구하는 권리이다. 평등의 이념이라든가 인간 존엄성은 이러한 가치에 해당한다. 이 점에서 도덕권은 자연권과 동의어로 쓰인다.

셋째, 도덕권은 양심에 의하여 성립한다. 기존의 도덕률에 의하여 명시되어 있지 않았지만, 인간이 지니는 양심에 의거하여 권리가 성립할 수 있다. 흔히 내부자의 고발이나 양심선언을 하는 경우, 그 내용에는 우리가 추구하는 가치가 있으며, 이를 존중하고자 하는 행위자의 권리가 포함되어 있다.

넷째, 기존의 제도와 질서에 대한 저항의 차원에서 도덕권이 성립한다. 기존의 실정법과 도덕률이 인간의 보편적 가치를 위배할 경우, 저항권적 의미에서 도덕권이 성립한다. 극단적인 정치집단이나 종교단체에서 일어나는 비도덕적 행위를 두고 인권 차원에서 문제를 제기하는데, 이 때 사용되는 권리가 이에 해당한다.

나중의 두 가지는 인권을 소개하면서 언급한 내용과 일치하므로, 이 경우 도덕권과 인권은 동의어로 사용되기도 한다.

우리가 도덕권에 관심을 가져야 하는 이유가 여러 가지 있을 수 있지만, 도덕권이 권리를 성립시키는 절대적인 가치를 부여하는 특성이 있다. 그 특성은 천부성(entitlement)과 보편성(universality)이다.[22] 전자는 인간존엄성 또는 인간이라는 '지위(title)'에 의하여 부여받은(entitled) 권리이다. 그래서 우리는 흔히 이를 천부적(天賦的) 권리라고 표현하기도 한다. 불가양도성, 불가분성, 불가침성 등으로 설명하기도 한다. 후자인 보편성은 예외나 정도의 차이를 두지 않는 특성을 지니며, 이는 일반성(generality)과 구분된다고 설명한 바 있다. 여기서 예외나 정도의 차이를 두지 않는다고 보편성을 규정하는 것은 세계인권선언이 표방하는 보편성이나 아동권리협약에서 무차별의 원칙처럼 일체의 인간을 대하는 데 있어서 일체 차별을 두지 말아야 함을 뜻한다.

이 두 가지에 근거하여 권리는 절대적 가치를 지니는 것으로 인식되기도 한다. 그러나 '절대적'이라는 용어의 사용에 세심한 주의를 기울여야 하는 것은 그것이 자칫 역으로 권리를 훼손하고 침해하는 결과를 초래하기 때문이다. 전체주의 사회에서 '인민의 이름으로'라는 구호를 절대 가치로 보고 수많은 개인의 권리를 침탈, 훼손하는 경우를 우리는 쉽게 찾

22) 자매서 『증보 아동권리향연』 제2장 50쪽. 그러나 이 당시에는 '인권의 논리적 속성'이라고 하여 소개하였다. 그러나 이 속성은 권리가 가치를 지니게 하는 조건이며, 달리 말하면 도덕권이 지니는 속성이라고 할 수 있다.

아볼 수 있다. 이는 민주적 가치를 절대 선으로 그릇되게 치환한 것과 유사하다. 이 문제는 제10장에서 살펴보기로 한다. 따라서 도덕권이 절대적 가치를 지닌다고 할 경우에는 그 의미를 분명하게 구명하고 그 한계를 분명하게 해야 한다.

권리가 천부성과 함께 보편성을 지닌다는 것은 두 가지로 요약할 수 있다. 하나는 방금 언급한 인간 존엄성을 다루는 데 있어서 일체의 차별을 두어서는 안 된다는 무차별의 원칙이다. 다른 하나는 칸트가 주장하는 '보편화 가능성(universalizability)'을 말한다(Kant, 1785). 여기서 보편화 가능성은 도덕률과 사회정책의 분배 원칙이 모든 이들에게 보편적으로 적용되도록 한다는 원칙을 말한다. 우리가 일상적으로 흔히 사용하는 '황금률(Golden Rule)'이나 동양에서 말하는 '역지사지(易地思之)'도 이에 해당한다. 이 원칙은 정의 문제에서 준수해야 할 불편부당성(impartiality)의 원리로 표현되기도 한다. 이는 곧 권리가 정의 문제로 다루어진다는 뜻이기도 하다. 이에 관하여 이어지는 절과 실제적인 관련 문제는 제7장 및 제12장에서 다루기로 한다.

이 두 가지는 권리가 우리의 일상생활에서 '도덕적 정당성'을 확보해 주는 조건이다. 여러 방식으로 설명이 가능하겠지만, 근대 민권사상이 대두된 것의 이면, 즉 논리적으로 전제하고 있는 가치는 바로 이 두 가지이다. 여기서 우리가 흔히 말하는 고전적 권리가 성립하는 토대가 된다. '자유', '생명(생존)', '재산' 등의 가치를 주장하고 보호하려면 이 두 가지가 전제되어야 한다.

다른 한편에서 근대 정치사상의 축을 자유, 평등, 박애로 보고 이를 토대로 하여 사회정의 이론이나 권리이론을 천명할 수 있다. 다만, 더 깊숙이 숙고해 보면, 평등과 박애(우애, 형제애, 동포애)의 가치를 성립시키는 것은 인간의 천부적 가치와 보편성 존중에 있다. 보편화 가능성은 인간을 평등하게 대하는 사고의 근원이 되면서 동시에 자기 자신을 동떨어진 개체로 보는 데 그치지 않고 상대방의 입장을 고려할 줄 아는 사고, 즉 박애정신으로 이어진다.

도덕권의 중요성과는 별도로 권리의 실행성을 높이기 위하여 권리는 도덕권, 자연권, 인권에서 실정권으로 옮겨 가는 추세를 보인다. 이것은 많은 권리들이 실행성 제고를 위하여 실정법에 의하여 명문화된다는 뜻이다. 다른 한편으로 권리의 명문화, 즉 실정권의 확대는 적극적 권리의 확대를 의미한다. 앞서 적극적 권리는 상대방의 적극적 의무 이행을 전제한다고 하였다. 하지만 적극적 권리의 확대는 국가 개입의 소지를 증대시킨다. 이런 점에서 보면 권리의 명문화, 실정권의 확대는 권리의 실행성 증진을 의미하기도 하지만, 반대로 국가 개입에 의하여 개인의 권리를 제한할 수도 있다. 권리의 측면에서 이를 경계할 필요가 있다는 것은 아이러니이다. 이 문제는 제11장과 제12장에서 살펴볼 것이다.

Ⅲ. 권리 인식의 발달

1. 정의 개념으로서 권리

우리가 향유하고 행사하는 권리는 당초 고대 문명에서 비롯된 것이 아니라, 근대 정치의 민권 사상의 연장에서 성립한 것이다. 그렇다고 해서 권리인식 자체가 17-8세기에 들어서서 갑자기 성립된 것이라고 보기 어렵다. 고대 희랍 이래로 권리는 '정의'라는 가치 속에 이미 잉태되어 왔기 때문이다. 즉 권리를 별도로 인식하기 이전에 '정의' 문제를 가지고 실질적으로 권리문제가 다루어져 왔던 셈이다.

당초 고대 희랍에서 정의 문제는 오늘날과 같은 공적 관심의 대상이 아니었다. 정의는 하나의 윤리적 덕목으로 출발하였다. 이를 입증하는 희랍어가 '디카이오수네(dikaiosune; δικαιοσυνη)'이다. 각자 자신의 처지와 능력에 맞는 일에 최선을 다하는 것과 같은 개념이 당시 희랍어 디카이오수네이다. 그러나 당시 사정으로 볼 때 오늘날 정치적 이슈인 권리와 윤리적 덕목이 확실히 구분되는 것이라고 보기 어렵다. 적어도 정의 문제는 당시 삶 전반을 포괄하는 개념이지만, 오늘날과 같은 분배에 초점을 둔 개념이 아닌 것만은 분명하다.

우리가 정의 개념에 권리문제를 관련시켜 볼 때, 적어도 두 가지를 생각해 볼 수 있다. 하나는 비례적 평등의 문제이며, 다른 하나는 정치 참여에서 평등 문제이다.

'비례적 평등'(proportionate equality)은 아리스토텔레스가 인간 개개인이 재능의 측면에서 동등하지도 않을 뿐만 아니라 재화와 자원의 소유의 측면에서도 동등하지 않다고 본 데서 나온 개념이다. 따라서 한 집단 내에서 개인 상호 간 또는 집단 상호 간의 비교와 이에 따른 상대적 평가가 일어난다. 평등의 문제가 정치철학의 화두가 되는 것은 이 때문이다. 상호 간의 비교를 전제로 하는 재화의 균등한 분배가 그 전형에 해당한다. 이른바 형식적 평등이라고도 하는 비례적 평등의 공식(formula)은 다음과 같다.

$$\frac{A \text{ has } X \text{ degree of } P}{B \text{ has } Y \text{ degree of } P} = \frac{A \text{ should have } X \text{ degree of } Q}{B \text{ should have } Y \text{ degree of } Q}$$

위의 공식에서 알 수 있듯이, '비례적 평등'은 '상대적 평등'을 의미한다. 즉 *A*와 *B*의 각기 다른 특성인 *P*의 정도에 따른 분배의 대상 *Q*를 사정(査定)하는 것이다. 이 공식에서 주목해야 할 점은 평등의 수혜자인 *A*와 *B*의 특성인 *P*는 그들의 개인적인 특성이라는 점이고, *Q*는 분배가 가능한 경제적 재화가 그 대상이라는 점이다. 여기서 *P*는 분배의 대상이 아니며, *Q*는 경제적 재화와 같이 분배의 대상이다. 이를 교육의 경우에 대입하게 되면, 문제의 심각성을 확인할 수 있다. 각 개인 *A*와 *B*가 재능(*P*)의 측면에서 다른 정도(*X*와 *Y*)의 공과를 나타냈다면, 이에 맞추어 보상 또는 포상(*Q*)을 각각의 정도(*A*의 *X*와 *B*의 *Y*)에 맞추어야 한다. 그러나 *A*와 *B*가 서로 비교할 수 없는 성향에서 차이를 드러냈다고 하면, 아리스토텔레스의 비례적 평등은 한계를 드러낸다. 즉 비례적 평등을 제안하고자 하는 형식적인 개념은 평등의 내용이나 대상이 어떠해야 하는가에 대하여 별로 시사하는 바가 없다.[23] 다만 아리스토텔레스의 공식은 형식적 평등 개념에 토대를 둔 것이지만 실제적으로는 각 개인이 차지해야 할 몫을 정하는 데 중요한 역할을 한다. 각자의 몫이란 오늘날의 개념으로 보면 개인이 누려야 할 권리를 가리킨다.

아리스토텔레스의 비례적 평등은 평등의 내용이나 대상이 실제적으로 어떠해야 하는가 하는 실체적인 내용을 시사해 주는 데에 한계가 있지만, 권리의 형식을 제공해준다. 권리 주체로서 개인이 향유하는 수혜자의 특성들, 이를테면 재능, 공과, 성취, 노력 등이 고려된다. 그러나 이러한 속성들은 현대에 이르러서 평등의 맥락에서 분배의 문제, 즉 분배정의의 문제로 직결된다. 그리고 그것은 오늘날의 제2세대 권리로서 인

23) 이와 유사한 결함은 롤스의 정의 이론에서도 확인된다. 이 문제는 제7장에서 살펴본다.

식된다.

고대 희랍에서 정의 문제라고 특정할 수는 없지만, 정치 참여 문제는 당시 희랍인들의 평등의식이 어떠한가를 보여준다. 물론 당시 노예나 여성을 배제한 그들의 정치 참여는 한계가 있는 것은 분명하지만, 그것은 로마 시대에 이르러 스토아의 만민 사상을 발아하는 씨앗이 된다. 그리고 그것은 다시 정의의 문제와 별개로 정치 참여사상 또는 참정권을 중심으로 한 권리인식을 발아시키는 계기를 마련해준다.

권리의 차원에서만 보자면, 이러한 동등한 정치 참여와 비례적 평등이 정치적 관심사로 부각된 계기는 17-8세기 시민혁명을 기점으로 한 민권사상이다. 로크를 중심으로 한 사상은 인간의 자유를 핵심으로 하여 시민적, 정치적 권리의 중요성을 부각시켰다. 실제로 미국 독립혁명의 가치인 자유·재산·생존은 시민적, 정치적 권리의 토대가 된다. 이를 흔히 고전적 권리라고 한다. 한편 19세기 이후 시민권과 정치적 자유를 토대로 한 근대사회는 불평등이라는 사회적 문제에 부딪치게 된다. 이는 고대 희랍의 비례적 평등에서 온 '몫'의 문제가 재현된 것이다. 그것은 평등을 핵심으로 하는 권리인식을 싹트게 하였다. 그 결과 평등사상은 사회적, 경제적 권리의 토대를 마련한다. 이 권리를 현대적 권리라고 한다. 또한 20세기 이후 현대 문명은 환경, 평화, 사회문화적 이슈에 참여에 대한 관심은 또 다른 형태의 권리인식이 싹트게 하였다. 이를 흔히 연대권(rights of solidarity)이라고 한다.

이렇게 보면 고대 희랍의 비례적 평등과 동등한 정치 참여는 오늘날 우리가 수용하고 있는 정치적 권리 인식의 토양을 마련해 주었다. 그러나 고대 희랍과 현대의 권리 사이에는 우리가 간과할 수 없는 가교가 놓여 있다. 그것은 고대 로마 이후 권리 인식을 형성시킨 자연법 사상이다.

자연법 사상은 근대에 이르러 다시 자연권 사상과 결합하여 오늘날 권리의 보편적 인식 확대와 함께 '인권'의 토대를 제공해 주었다.

고전적 권리가 자유를, 현대적 권리가 평등을, 그리고 연대권이 형제애 또는 우애를 강조한 점을 프랑스 혁명이 천명한 자유 평등, 박애의 가치에 비유하여 설명하기도 한다. 또한 이 세 가지를 시간의 흐름에 빗대어서 각각 제1세대 권리, 제2세대 권리, 제3세대 권리라고 한다.[24] 그러나 이 각각을 살펴보기에 앞서 이들 권리가 성립하게 된 배경이 되는 자연법과 자연권에 대하여 먼저 살펴보기로 한다.

2. 자연법과 자연권

자연법은 인간의 특성을 자연적 성질, 성향 등에 비추어 파악하고자 한 노력의 결실이다. 이것이 규범으로 작용하게 되면, 자연법은 인간의 자연적 성향에 내리는 명령이 된다. 이를테면 인간은 자기보존(self-preservation)과 삶의 영속을 위한 어떤 도덕적 근거를 필요로 하는데, 이것이 곧 자연법이다. 따라서 자연법은 자연권의 기초가 된다. 한편 자연권은 뒤에 다시 서술하겠지만, '인권'의 기초가 된다. 여기서 인권은 시민권, 실정권의 반대 의미를 가지는 일종의 도덕권을 가리킨다. 그러니까 자연권은 도덕적 근거를 지닌 권리, 그리고 도덕적 근거로서 이성을 토대로 한 권리를 말한다. 도덕적 근거로서 이성은 자연의 질서, 곧 자연법을 성립시킨다.

주지하는 바와 같이, 자연법은 고대 로마의 스토아 사상에서 비롯되

---

24) 이 세 가지는 『증보 아동권리향연』 제2장 제2절에 간략하게 소개한 바 있으며, 이어지는 제3소절 이하에서 다룬다.

었다. 스토아의 자연법은 크게 두 가지 특징을 지닌다. 하나는 자연법은 실정법에 우선하는 법이며, 다른 하나는 이성법으로서 자연법은 관습법에 우선한다는 것이다. 이는 당시 특정 집단이나 사회를 규율하는 규범이나 규칙을 뜻하는 시민법(*jus civile*)이 만인이 공유하기에는 보편성이 떨어진다는 데서 기인한다. 만민법(*jus gentium*)이 제정된 것은 바로 자연법의 연장에서다. 그러면 관습법의 폐해를 극복하고자 인간 이성에 근거하여 설정된 법을 '자연법'이라고 할 수 있는가 하는 의문이 제기된다. 우리가 아는 '자연'은 인간 이성에 반대되는 개념이거나 이성과 문명 이전의 상태를 뜻하지 않는가. 이러한 오해를 피하고 자연법의 특성을 제대로 파악하기 위하여 '자연'의 의미를 간단하게 정리해 볼 필요가 있다.

자연은 그 의미를 크게 네 가지로 나누어 볼 수 있다(김정래, 2016). 첫째, '사실(fact)'이라는 뜻이다. 순수한 물리 상태를 말한다. 일체의 가치를 배제한 것을 가리킨다. 자연주의 오류(naturalistic fallacy)를 말할 때 '자연'의 의미는 이에 속한다. 희랍어 '피지스(*physis*)'를 말 그대로 번역한 뜻이다. 둘째, 일체의 사회적이고 인위적인 것을 배제한 뜻이다. 인간의 일체 행위를 인위적인 속박으로 보는 데서 나온 개념이다. 인간에 의하여 수정되지 않은 것이 자연이다. 경우에 따라서는 첫 번째 의미와 혼동될 수도 있다. 예컨대 '자연산 광어'라고 할 경우 '자연'은 두 번째 의미에 속한다. 루소의 자연 상태는 이 범주의 자연을 말한다. 셋째, 원리, 이치로서 자연을 뜻한다. 일종의 규범이라는 뜻으로 자연을 사용한다. 이를테면 '그 사람 복장이 참으로 자연스럽지 않다.'고 할 때 '자연'은 행위규범으로서 자연을 말한다. 대개의 경우 이성이 작용한다는 뜻을 포함한다. 넷째, 일종의 섭리, 또는 우주 질서를 뜻한다. 현대 양자물리학이나 천체물리학 등이 밝혀낸 '자연'은 하나의 사실이라고 할 근거가 충분하지 않다. 이를테면, 양자장(quantum field), 블랙홀(Black Hole) 등의 개념은 하나의 사실이라고 단정할 수 없지만, 사실이 아닌 것도 아니다. 우리가 섭리라고 하든지, 아니면 우주질서라고 명명할 수밖에 없는 일종의 '질서체계'이다. 그래서 세 번째 의미와는 별도의 자연의 개념 설정이 요구된다.

이 네 가지 구분은 향후 자연법을 주장하는 이들이 무엇을 전제하고 있는지를 파악할 수 있게 한다. 그 결과 그들이 주장하는 자연법이 무엇을 지향하는지도 알 수 있다. 보다 이해하기 쉽게 순서대로 명명하자면, 사실로서(as fact) 자연, 반인위적(as anti-artificial) 자연, 이치로서(as principle) 자연, 우주질서로서(as cosmos) 자연이라고 할 수 있다.

로마의 스토아 사상가들은 자연법을 주장하면서 기존의 법질서가 보편적 질서에 맞지 않는다고 생각을 하면서 이성에 비추어 수긍할 수 있고 타당한 이치를 '자연'으로 본다. 따라서 그들의 자연법은 이치로서 자연을 전제로 하고 있다. 그리고 자연법을 통하여 추구하는 바는 이성이 지배하는 법질서이다. 루소의 사회계약설에 나오는 자연은 두 번째 의미를 담고 있다. 그에게 인류 문명과 일체의 사회적 산물은 악의 근원이다. 따라서 두 번째 자연은 그 자체가 선이어야 한다. 이 점에서 첫 번째 자연의 의미와 확실하게 다르다. 자연법이라고 특정하지는 않지만, 권리 문제를 다루면서 첫 번째 자연의 의미를 전제하는 부류는 성 평등론자, 성소수자들이다. 이를테면 '사실'에 비추어 동성애가 그들에게 '자연스럽지 못한 것'이 아니다. 네 번째 자연의 의미는 '자재운동(artamovement)' 또는 홀로그램 우주(hologram universe)로 보는 데서 찾을 수 있다(Bohm, 2017; Talbot, 1991).

이 네 가지에 비추어 볼 때, 다음과 같은 주장이 가능하다. 첫째, 자연

(*physis*)의 대비개념은 관습(*nomos*)이므로 관습이 인간의 본성을 해쳐서는 안 된다는 자연법 사상을 가져온다. 일체의 제도와 전통을 부정하는 근대 권리이론은 이 자연법에 기인한다. 둘째, 자연의 세 번째 의미에 근거하여 도덕률을 포함하는 관습과 실정법을 존중하는 자연법 사상을 가져온다. 뒤에 소개할 벤담의 공리주의에 기초한 권리이론(이익설)과 버크의 사상은 이성과 관습의 존중이 자연이라는 생각에 근거한다. 셋째, 관습이나 제도가 도덕적이지 못할 경우, 자연법은 관습이나 기존 제도에 저항할 논거를 제공한다. 로크의 민권사상과 현대의 저항권적 인권은 이 자연법에 근거한다.

로마의 스토아 사상 이후 자연법이 실정법보다 상위에 서게 되면서 자연법은 실정법을 주재(主宰)하는 위치를 점하게 된다. 그러나 요지는 실정법을 주재하는 자연법의 성격이다. 그것은 어떤 자연의 의미에 의존하는가에 달려 있으므로 19세기와 20세기 이후 권리가 여러 가지 양상을 드러내게 하는 단초를 제공한다. 사회계약설에서 볼 수 있는 자연 상태가 그런 경우이다.

또한 자연법은 근대에 이르러 자연권을 잉태하는 모태가 된다. 반대로 자연권으로서 자연법을 설명하기도 한다. 이러한 관계는 자연법을 자기보존과 자기방어를 위한 법칙으로 보는 데서 성립한다. 곧 자연권은 자연법에 따라 자기보존과 자기 방어의 권리가 된다. 이 연결고리는 사회계약설을 성립시킨다.

사회계약설이 주장하는 사상가에 따라 각기 다른 것은 자연 상태가 어떤 것으로 상정하고 있는가에 달려 있다. 홉스의 사회계약설은 자연 상태를 전쟁 상태로 본다. 자연 상태는 자기보존과 자기방어를 위한 투쟁 상태를 뜻한다. 즉 홉스의 자연은 순수한 물리 상태를 뜻하는 첫 번째 의미이다. 홉스에 따르면 이러한 자연 상태에서는 생존을 위한 자연권이 자연법보다 앞선다. 다만 자연 상태에서 개인의 이기심이 충돌하는 상황을 막기 위하여 주권을 위임하기는 하지만, 홉스는 개인의 권리에 대한 근본주의를 표방한다.

홉스와는 반대로 로크의 사회계약설은 자연 상태를 평화롭고 낙원과 같은 선한 상태로 본다. 자연권은 자연 상태를 규율하는 법칙인 자연법에 근거한다. 그가 상정하는 자연은 바람직한 이치를 담고 있는 세 번째 의미에 가깝다. 로크의 자연권은 낙원과 같은 평화로운 상태에서 개인의 생명과 재산, 자유를 향유하는 것이다. 재산, 소유권, 평등한 권리, 불가양도의 여러 권리는 자연법에서 비롯된다. 국가는 개인의 이러한 권리들을 보호하기 위한 개인의 결사체이다.

루소의 자연 상태에 대하여 우리가 일상적으로 수긍하기 어려운 측면이 있다. 그의 자연 상태는 인간의 성선을 바탕으로 하는 도덕적 인간과 일반의지를 상정한다. 그의 자연은 일종의 이상향으로서 인위적인 것을 일체 배제한다. 자연의 두 번째 의미이다. 따라서 그의 자연법은 이상으로서 자연법이다. 그가 자연 상태에서 설정한 도덕적 인간은 현실에 존재하는 개인이 아니라 추상체로서 도덕적 인간이다. 따라서 루소에게 권리의 주체는 개인에게 있는 것이 아니라 집합체에 있다. 그가 주장하는 일반의지가 개인들의 의지의 총화인 전체의지가 아닌 것은 이 때문이다. 권리의 주체가 개인에서 집합으로 이동하는 현대의 권리인 연대권의 단초를 루소에서 찾는다고 해서 틀린 말은 아니다. 집합은 개인을 규율하는 추상체이다. 권리를 집합적 개념으로 이해한다는 것은 '자유'를 파악하는 방식에서도 그 차이를 찾을 수 있다. 루소에게 자유는 루소가 주장하는 것처럼 개인이 향유하고 행사하는 것이 아니다. 자유는 개인에게

'부여되는' 것이다. 루소의 '자유로움에의 강제(forced to be free)'라는 주장은 이런 맥락에서 나온 말이다.

근대 사회계약설에 의하여 두각을 나타내던 자연법은 두 가지 측면에서 비판을 받으며 쇠퇴한다. 하나는 대륙의 합리주의이고, 다른 하나는 영국의 공리주의이다.

전자의 입장은 '자연' 대신에 '이성'이 권리의 토대가 되어야 한다고 보는 칸트의 주장에서 찾을 수 있다. 칸트에 따르면 개인의 자율의지의 근본인 이성, 순수이성, 실천이성이 권리에 대한 지침이 된다. 그의 주장은 적어도 세 가지를 함의한다. 첫째, 인간은 자연법이 아닌 인간 스스로가 부여한 법에 복종해야만 한다. 인간 스스로 부연한 법이란 바로 이성을 말한다. 둘째, 인간 이성에 입각한 계약으로 권리의 원칙이 상정된다. 자연 상태나 자연법이 아니라 순수 이성에 의한 계약에 따라 권리가 성립한다는 뜻이다. 하지만 이러한 칸트의 주장은 권리보다는 의무를 잘 설명해준다. 셋째, 칸트가 존중하는 인간존엄성에 근거하여 권리의 토대를 마련해야 한다. 이는 이후 도덕권 설정의 단초를 제공한다.

자연법의 쇠퇴를 가져온 또 다른 논거는 영국의 벤담이 주장하는 법실증주의(legal positivism)에서 찾을 수 있다. 법실증주의는 자연법에 근거한 자연권은 무제한적 권리를 부여하고 그 결과 사회의 최대 행복, 즉 최대다수의 최대행복을 위협하므로 수용할 수 없다고 본다. 자연법에 근거한 권리 주장은 '허튼 소리(nonsense upon stilts)'일 뿐이다. 법실증주의의 입장은 다음과 같다. 첫째, 정부에 앞서는 권리는 없다. 둘째, 자연권이라고 보는 권리 자체가 법적인 권리이다. 셋째, 자연법, 자연권에 근거한 권리 주장은 '자연주의 오류'를 범하는 것이다. 이렇게 볼 때, 법실증주의가 보는 자연은 '무제한적' 자연이다. 우리가 보는 첫 번째 의미의 자연에 속한다.

여기서 우리는 19세기 후반에 나타난 인간 이성을 부정하는 혁명적인 사조를 살펴볼 필요가 있다. 하나는 프로이트의 정신분석학이다. 인간은 더 이상 이성이 본능적인 충동을 지배하는 존재가 아니다. 이성에 따라 행동하는 합리적인 존재가 아니라 무의식의 지배를 받는 노예라는 생각에 이른다. 둘째, 인간은 하부구조에 의하여 지배를 받는 존재라는 마르크스의 주장이다. 이성이 지배하는 것이 아니라 경제적인 요인이 인간을 지배하고 그로 인하여 소외 등 여러 가지 심각한 문제가 야기된다고 본다. 셋째, 다윈의 진화론은 인간과 동물이 차이가 없다고 선언함으로써 기존 형이상학적 질서와 사회질서를 뒤바꿔놓은 전기를 마련하였다. 한편으로 그의 사상은 인간 존엄성에 위협을 가하기도 하였지만, 인간의 본성을 '있는 그대로' 보는 토대가 되었다.

이러한 19세기의 '반란'은 인간 이성에 대한 회의와 함께 또 다른 차원에서 자연법의 부활을 촉진하였다. 이성과 법실증주의에 입각한 실정법은 권리 차원에서 여러 가지 폐해를 드러낸다. 이에 대한 해결책으로 '자연법'을 가지고 모색하고자 하였다. 이 때 자연법은 '있는 그대로'를 보면서 동시에 사물의 본성에 부합하는 이치를 존중하는 법이다. 이러한 맥락에서 자연법은 '자연권'의 의미를 확대시켜 왔다.

이상 살펴본 자연과 자연법의 전개 맥락에서 설정된 자연권의 의미를 정리하면 다음과 같다.

첫째, 자연권은 도덕적 근거(moral reasons)를 지닌 권리를 지칭한다. 이른바 '보편적 권리'의 설정기준이 된다.

둘째, 자연권은 공동의 인간성에 근거한 권리, '인간의 권리(rights of man)'를 지칭한다. 이는 동물권과 대비되는 뜻을 지니기도 한다. 이 두 가지는 제도와 실정법을 설정하는 준거가 된다.

셋째, 자연권은 일반권(general rights)을 지칭한다. 여기서 일반권은 '특정권(special rights)'의 반대개념이다. 특수한 인간관계나 계약에 필요하지 않고 성립하는 권리로서 보통선거의 권리는 이에 속한다.

넷째, 자연권은 천부적 권리(entitlement)를 지칭한다. 이 권리는 불가분, 불가침, 불가양도의 특징을 지닌다. 로크에서부터 유래했다고도 볼 수 있지만, 오늘날 여러 분야에 걸쳐 행사하는 저항권은 이에 근거한다.

3. 고전적 권리

제1세대 권리라고 칭하는 고전적 권리는 시민권과 정치 참여에 관한 권리, 즉 시민적, 정치적 권리이다. 이는 앞서 살펴본 바와 같이, '인권', '인간의 권리'라는 이름으로 이해되기도 한다.

언필칭 '인간의 권리(Rights of Man)'는 계몽의 맥락에서 형성된 것이다. 그러나 인간의 권리라고 해도 오늘날 우리가 파악하는 것처럼 삶의 모든 측면에서 걸쳐 청원하거나 향유할 수 있는 모든 것이 인간의 권리로 여겨지지는 않았다. 자유·생명·재산의 세 가지 가치가 인간의 권리로 파악된 것은 1689년 로크의 민권사상이다.

로크의 민권사상을 토대로 한 1776년 버지니아 권리청원(Virginia Bill of Rights)은 '생명과 자유를 향유(the enjoyment of life and liberty)'하고 '재산을 습득하고 소유할 수 있는 수단(with the means of aquiring and possessing property)'을 통하여 '행복을 추구하고 획득하는(pursuing and obtaining happiness)' 권리를 천명하였다. 이어 같은 해 생명, 자유, 행복을 기치로 한 미국 독립선언이 세상에 나왔다. 이 사상적 뿌리는 자유민주주의의 근간을 이루게 된다. 자유·생명·재산의 가치를 핵심으로 한 미국의 독립선언정신은 1789년 미국의 헌법을 제정하면서 '언론과 출판의 자유', '안전보장의 권리', '부당한 체포와 감금을 받지 않을 권리', '종교의 자유' 등을 포함하게 된다. 이렇게 보더라도 자유민주주의의 핵심은 여전히 자유·생명·재산의 세 가지 가치에 있다.

생명에 관한 권리, 즉 생존권의 원천은 멀리 토마스 홉스의 자연법 사상에서 찾을 수 있다. 홉스는 근대성의 일환으로서 인간에 관한 물리학적 설명을 통하여 인간을 규율하는 보편법칙을 발견하고자 하였다. 이 연장선 상에서 그는 인간의 자연적 속성인 생존을 위하여 자연권 사상을 도입하였다. 이른바 천부적 자연권으로서 자유·생명·재산의 가치가 성립한다고 보았으며, 이는 곧 로크의 민권사상으로 이어졌다. 홉스가 보기에 인간의 생존에 대한 자연적 욕구(natural desire to survive), 자기방어의 자연적 본능(natural impulse to defend), 그리고 인간의 나약함(vulnerable) 때문에 인간에는 공격받지 말아야 할, 살해당하지 말아야 할 권리가 주어져야 한다고 보았고, 이에 따라 국가의 절대 권력이 필요하다고 보았다.

여기서 우리는 홉스가 인간의 자연적 특성에 비추어 성립하다고 본 자연권의 특성이 소극적 권리(negative rights)에 해당한다고 한 점을 확인할 필요가 있다. 인간은 '만인에 대한 만인의 투쟁'이라는 자연 상태에서 상대방을 자의적으로 공격하거나 상해하지 않을 의무가 일차적으로 성립한다. 이 경우 소극적 의무에 대하여 권리가 성립한다. 홉스에 따르면 이 권리만이 자연법에 의하여 보호받는 자연권의 속성을 지니고 있다.

하지만 특성상 소극적 권리로 이해해야 할 자유권이 어느 순간 적극적 권리로 둔갑하게 되는 경우를 보게 된다. 그것은 생존권이 도덕적으로 정당화되며, 자연법의 속성을 갖는 천부적인 것이라는 적극적인 해석이다. 이는 루소의 사회계약론에 근거한다. 루소는 도덕성 자체가 인간의 사회와 함께 존재한다는 것과 그 결과 권리를 청구하는 행위가 천부적인 권리로 성립한다고 보았다. 즉 루소의 권리설은 집합주의적 권리 해석의 토대를 제공한 셈이다.

교과서 등 민주시민교육이나 권리교육 내용 중 많은 부분이 자연권, 보편적 권리, 보편적 복지 등을 언급하면서 집합주의적 해석을 표방한다는 점을 쉽게 확인할 수 있다. 이것이 루소를 필두로 하여 헤겔, 마르크스 등으로 이어지는 집합주의적 권리설이다. 이는 뒤에 살펴볼 이른바 제3세대 권리, 또는 연대권과도 관련된다. 그러나 이러한 관점을 아무런 비판 없이 받아들인다면, 생존권은 주장(청원)하기만 하면 성립하는 권리로 변질된다. 교육정책 사례로 무상급식 전면실시는 이와 관련된 폐단을 드러낸다. 이는 제12장 [보론]에서 살펴보기로 한다.

고전적 권리를 구성하는 자유의 내용은 '행위의 자유(freedom of movement)'와 '언론의 자유(freedom of speech)' 두 가지로 요약할 수 있다(Cranston, 1973: 제5장). 행위의 자유는 앞서 지적한 노예 상태를 가리키는 속박에서 헤어나는 것을 의미한다. 이 개념에서 동작의 제약을 받지 않고, 이동할 수 있는 자유, 주거의 자유, 거주이전의 자유가 성립한다. 자유의 이러한 내용을 확대하면 출입국의 자유와 함께 국적권이 성립한다.

또한 행동의 제약을 받지 않는다는 것은 스스로 하고 싶은 일을 할 수 있는 자유, 즉 경제적으로 창업(創業)의 자유로 이어진다. 창업의 자유는 다른 시각에서 보면 직업선택의 자유를 의미한다.

창업과 직업선택, 상거래에 동작의 제약을 가하지 않아야 한다는 자유의 의미는 다시 사생활 보호의 자유(privacy)를 포함한다. 이점에서 상행위의 영업비밀이나 가계운영, 신체에 관한 비밀은 자유권의 차원에서 보호된다.

한편 언론의 자유는 검열을 받지 말아야 하는 경우를 말한다. 자의적인 검열이나 독재정권이나 전제 사회 유지를 위한 검열을 피하기 위하여 정당화되는 것이 언론의 자유이다. 그러나 이 자유가 언필칭 '표현의 자유'라고 하여 확대 해석되는 경우가 있다. 무한 예술 표현, 이적 행위를 찬양하는 표현 등이 제약을 받아선 안 된다는 주장이 그것이다. 그러나 검열이 없는 사회는 없다. 심지어 '검열 없는 문명사회는 없다(Cranston, 1973: 40).' 검열은 단지 사회악이거나 필요악이 아니라, 사회를 구성하는 요소이기도 하다. 하지만 그것이 독재 사회나 전체주의를 유지하고 개인을 강압하는 수단이 아닌 한 정당화되는 경우가 있다.

첫째, 양육과 교육을 위한 검열이다. 이 문제는 '권위적 간섭주의(paternalism)'와 관련하여 많은 논의를 양산한다. 권위적 간섭주의는 제11장에서 더욱 자세하게 살펴보기로 한다.

둘째, 창작이나 도제 제도에서 검열이 요구된다. 과학자들의 연구, 의사들의 임상 연구에서 장인들의 실기에는 검열이 따르지만, 이를 도덕적으로 비난하는 경우는 없다. 심지어 창작에 전념하는 예술가는 자기검열(self-censorship)의 멍에조차 스스로 짊어진다.

셋째, 사회존속이나 관습에 따른 검열도 있다. 물론 밀은 사회 자체를 폭정이라고 보지만, 사회가 존속하는 데에는 '보이지 않는 검열'이 존재한다. 이를테면 가정에는 '집안단속', 지역사회에는 '풍기단속'같은 것이 존재한다. 이들은 일종의 검열제도이다. 그렇다고 집안단속, 풍기단속이 반드시 전제나 압제를 의미하는 것은 아니다.

언론자유와 관련하여 빼놓을 수 없는 것이 표현의 자유의 성격과 한계이다. 표현의 자유는 적극적 자유가 아니라 소극적 자유의 의미로 파악되어야 한다. 그래야 중상모략(libel), 명예훼손(slander), 외설(obscenity), 불경(blasphemy) 등과 같은 부당 행위를 방지할 수 있다. 표현의 자유를 적극적 자유로 보면, 중상모략, 명예훼손, 외설 등이 정당한 권리로 성립할 수 있기 때문이다. 요즈음 유튜브 등 인터넷 상에 떠도는 내용을 보면 그 이유를 쉽게 짐작할 수 있다. 특히 국가에 대한 이적(利敵) 행위를 나타내는 표현은 불경에 해당하므로 이를 권리로 존중할 필요가 없다.

표현의 자유를 기본적 자유와 권리로 인식한다 하더라도, 거기에는 한계가 있다. 자유민주주의를 수호하는 대한민국 헌법 질서를 부정하고 파괴하는 '표현'이나 이를 파괴하고자 하는 국가나 이적 단체를 찬양하는 '표현'은 제한되어야 한다. 이러한 표현은 '불경(不敬, blasphemy)의 현대적 의미에 해당한다. 그럼에도 불구하고, 일부 단체에서 실시하는 민주시민교육 내용은 대한민국의 국체 부정과 이적 표현을 기본적 권리인 것처럼 가르치고 있다. 이는 제1세대 권리, 고전적 권리, 또는 권리의 기본적인 속성을 간과한 데서 비롯된 것이다.

자유를 기치로 하지만, 자유·재산·생명이 고전적 권리의 핵심이다. 즉 자유, 재산, 생명이 불가분의 관계에 있다. 그러나 흔히 자유와 생명, 그리고 재산은 별개의 가치인 것처럼 취급한다. 실제로 많은 사람들이 이 셋 사이의 불가분의 관계를 온전하게 인식하지 못한다. 자유, 생명, 재산에 관한 권리는 따로 떼어놓고 생각할 수 있는 것이 결코 아니다. 이 세 가지는 하나로 파악해야 한다. 이러한 사실은 근대 사상의 발달과 함께 태어난 민권사상에 의하여 확인된다.

이에 관한 설명을 좀 더 쉽게 할 필요가 있다. 무슨 계기인지 모르나, 어느 순간부터 개인의 재산을 죄악시하고 게다가 그것이 모든 윤리적 악의 근원인 것처럼 인식하는 사회적 행태, 그리고 부자를 타락한 인간상의 전형으로 여기는 사회적 분위기가 팽배하다. 더욱 안타까운 것은 이러한 주장을 하는 사람들 중 상당수가 개인의 부나 재산을 죄악시한다고 주장 내지는 선동을 하면서도 정작 자신은 온갖 방법으로 부를 축적하는 이중성을 보여준다. 그러한 그릇된 주장 또는 선동이 먹혀 들어가고, 일부 사람들이 이중적 위선을 보이는 이유 중 하나는 바로 자유·재산·생명이 상호 불가분의 관계에 있다는 점을 제대로 인식하지 못하기 때문이다.

우리가 살아가면서 어느 누구도 부정할 수 없는 사실은 '모든 인간이 죽는다'는 사실이다. 모든 인간만이 아니라 모든 생명이 죽는다는 것은 부정할 수 없는 사실이다. 그러나 인간은 제외한 다른 생명체는 스스로의 죽음을 인식하지 못한다. 어느 생물보다도 인간만이 자신의 죽음을 예견하고 이를 대비할 줄 아는 존재이다. 삶에 있어서 부정할 수 없는 사실이 죽음의 인식이라고 한다면, 인간은 한정된 시간 즉 자신이 죽기 이전까지 무엇을 하면서 살아야 할 것인가 하는 질문을 던진다. '나는 어떻게 살아야 하는가?'라는 소크라테스의 질문에 봉착하게 된다. 이 질문을 철학적 논의 맥락을 벗어나 우리 일상으로 돌리면 '나는 어떻게 하면 잘 살 수 있을까?'라는 문제가 된다(Williams, 1985). 구체적으로 무슨 일(직업)을 하고 살 것인가, 누구와 살(결혼할) 것인가, 결혼하면 어디에 살 것인가, 인생의 목표는 무엇인가를 정하게 된다.

이 과정에서 인간은 자원의 한계와 시간의 제약을 의식하게 마련이다. 자신이 태어난 가정환경, 지역적 배경, 주어진 경제적 여건에 따른 제약과 함께 궁극적으로는 죽음에 대한 인식을 한다. 인간은 살아가면서 죽음을 인식하고, 이에 따른 시간의 제약을 인식하기 때문에 제한된 상황 속에서 어떤 것을 선택해야 하는가 하는 질문에 맞닿게 된다. 살아 있는 시간 동안에 무엇을 할 것인가 하는 문제는 곧 선택의 문제, 자유의 문제로 귀결된다.

이 상황을 좀 더 명백하게 이해하기 위하여, 삶이 단순한 원시 상황을 가정해 보자. 흔히 사회계약설에서 언급되는 가상적인 계약 단계와 비슷하다고 보면 된다. 그 때 원시인은 충분히 스스로 인식이 가능한 존재라는 점도 인정하기로 하자. 원시인이라는 말에 거부감이 있다면, 롤스가 제시한 '원초적 지위'[25]의 상태와 비슷하다고 보면, 이 논의를 이해하는데 거부감이 없을 것이다(Rawls, 1971). 갑돌이라고 하는 사람은 자신의 주어진 시간 동안에 무엇을 할 것인가를 고민하지 않을 수 없을 것이다. 그런데 을순이라는 옆에 사는 이웃이 사과나무를 심는 것을 보았다고 하자. 그는 자신도 이웃처럼 사과나무를 심을 것인가 아니면 다른 농사를 지을 것인가를 고민할 것이다. 고민한 결과, 그는 기후의 특성을 살려서 키위 농사를 짓기로 하였다. 시간이 흘러 수확을 할 때가 되어 이 두 사람은 수확한 결과를 비교할 수 있게 되었다. 사과농사를 지은 을순이는 100이라는 재화를 얻은 반면에, 갑돌이 자신은 키위의 희소성 덕분에 500이라는 재화를 획득할 수 있었다. 예상 밖의 수입에 자신도 놀라지 않을 수 없었다. 이러한 상황은 여러 각도에서 논의가 가능하다.[26]

---

25) the origianl position: 본서 제7장 참조.

26) 여기서 논의가 을순이를 포함한 이웃 사람들이 내년부터는 키위농사를 짓겠다고 하여, 결과적으로 키위농사로 인한 재화가 줄어든다는 방향으로 가면 경제학의 수요-공급 논의가 되어 버린다. 그리고 여기서 논의가 갑돌이가 잉여생산을 하여 문화생활이 가능해졌다는 식으로 가면 문화인류학 논의가 되고, 생산에 종사하지 않는 부류가 '여가생활'이 가능하게 되어 교육을 하는 직종이 생겼다고 하면 발생론적 교육학 논의가 되어 버린다.

사과 농사를 지은 을순이, 그리고 감자 농사를 지어 40이라는 재화에 해당하는 생산물을 수확하지 못하여 병진이와 전혀 생산을 하지 않은 정덕이 등이 키위농사를 지은 갑돌이의 풍요를 못마땅하게 여기고 갑돌이의 생산물을 나누어 갖자고 제의하는 상황을 가정해 보자.

500이라는 재화만큼의 재산을 축적한 갑돌이의 입장에서 자신의 생산물을 다른 사람들과 나누어갖는 상황은 어떻게 이해해야 하는가? 여기서 복잡한 분배 방식이나 분배정의를 논하기 전에 갑돌이의 처지에서 재산을 나누어주는 상황만을 생각해 보자. 총 생산물의 가치는 640이 되므로 네 사람이 각기 똑같이 나누어갖자고 한다면, 160의 재화를 가지면 된다. 갑돌이 입장에서는 자기가 생산한 양의 ⅓도 못 건져내는 상황이 되고, 을순이 입장에서는 자신의 생산량의 60%의 한계 수입이, 병진이 입장에서는 자신의 생산량의 4배, 정덕이 입장에서는 하늘에서 떨어진 횡재를 한 것처럼 모든 것이 공짜가 되어버린다.

이 상황에서 복잡한 분배의 원리나 고차원적인 정의 원리를 소개하려는 것이 아니다. 원래의 이야기로 돌아가서 갑돌이가 자신이 죽기 전에 한정된 시간을 활용해서 선택한 행위로 인하여 얻은 소득이 500이다. 갑돌이가 그 해에 소득 500을 얻기 위하여 자신의 중요한 삶의 일부분을 다른 선택(사과농사, 낚시질, 사냥 등)이 아니라 키위 농사에 투여한 것이므로 그의 소득은 자신의 시간을 투자한 결과로 얻어낸 것이다. 따라서 그의 소득은 그의 생존과 관련된다. 그리고 그가 키위농사를 짓겠다는 것은 다름 아닌 자기 스스로의 결정에 의한 자유로운 선택에 따른 것이다. 갑돌이가 사과농사가 아닌 키위농사를 택한 것은 요즈음으로 치면 기업의 창의적인 활동과 마찬가지이다. 따라서 그의 소득은 그의 자유로운 선택과 밀접하게 관련된다.

그가 획득한 재화 500은 자기가 하고 싶은 욕망을 충족시키는 데 사용할 수 있다. 그리고 그 자신의 선택에 따라서 재화의 일부분을 다음 생산에 투자할 수 있을 것이다. 그 투자는 자신의 욕망의 일부를 일단 유보하고 더 큰 재화를 통한 욕망 충족에 맞추어져 있는 것이다. 이렇게 보면, 갑돌이가 생산한 재화 500은 갑돌의 행복을 증진시키는 수단이다. 따라서 갑돌이의 사유재산은 그 자신의 생명을 바친 결과물이며, 그 자신의 자유를 행사한 결과물이며, 그의 행복 추구의 핵심이다. 이렇게 보면, 개인의 생명과 자유, 그리고 사유재산은 한 가지라고 볼 수밖에 없다. 생명 또는 생존, 자유, 재산의 가치를 존중한 로크의 이론이 돋보이는 것은 이 때문이다.

다른 한편으로 갑돌이의 재산을 분배에 의하여 나누어 가지려면, 앞서의 예처럼 총량 640에 대한 동일한 분배가 이루어지려면, 갑돌이의 소정 시간, 즉 생명과 자신의 자유로운 의사결정을 제한할 수 있는 정당한 근거가 제시되어야 한다. 이를테면 절대 빈곤 상태의 정덕이의 기초 생계와 병식의 생활안정 등이 고려사항이 될 수 있다. 이 경우에도 160이 균등한 배분이 정당한지에 대한 검토가 이루어져야 한다.

이상에서 자유와 재산권이 불가분의 관계임을 살펴보았다. 그러나 사회주의자 프루동(Proudon)이 언급한 것처럼 소유권은 도둑질이라는 견해는 '사(私)'의 의미[27]를 그릇되게 파악한 데서 비롯된다. 앞의 예에서 살펴보았듯이, 사유재산은 결코 남의 것을 빼앗아 획득된 것이 아니다. 부를 창출하는 행위는 자신의 이익뿐만 아니라 상대방의 이익을 도모하는 윈윈 전략, 또는 양합 게임(陽合 positive sum game)의 산물이다. 정당한 부의 창출은 상대방에게 이익을 줄 경우에만 이루어지기 때문이다.

27) 본서 제3장 제1절 및 제12장 제1절 참조.

정리하면, 소유권의 박탈은 자유권만이 아니라 생존권까지도 위협하는 것이다. 부를 창출하기 위하여 생의 한정된 시간을 투자한 것은 생명의 일부를 사용한 것이므로, 소유권의 박탈은 생명의 박탈이라는 로크의 말에 유념할 필요가 있다. 그러나 현행 권리교육과 민주시민교육은 생존을 위하여 남의 소유를 제재하거나 공유해야 한다는 마르크스의 생각에 함몰되어 있다. 권리를 가르치는 각종 교육프로그램은 자유, 생존, 재산의 기본 가치를 온전하게 가르치지 못하고 있다.

고전적 권리, 제1세대 권리는 그 중요성에도 불구하고 자유방임주의를 조장하고, 국가의 역할을 야경국가에 국한시킨다는 비판을 받아왔다. 그리하여 사회경제적 권리를 핵심으로 하는 제2세대 권리가 등장하게 된다.

4. 현대적 권리

제2세대 권리라고 칭하는 현대적 권리는 경제적 재화 및 여건, 사회적 기회와 지위, 문화적 혜택 등을 다루고 있다. 제1세대 권리가 소극적 권리에 초점을 맞추었다면, 이 권리는 적극적 권리에 보다 초점이 맞추어져 있다. 세계인권선언 제22조에서 제27조의 내용은 이 권리에 속한다.

이 권리의 이론적 토대는 두 가지이다. 첫째, 자연법에 의하여 추구되었던 여러 권리들을 국가가 제정하는 실정법에 의하여 보장하고자 하는 법실증주의다. 행복추구권은 18세기부터 이미 추구되었던 권리들이다. 그리고 그것은 앞서 살펴본 바와 같이, 소유권과 재산권에 비추어 정당화되었다. 그러나 이러한 자연법에 근거한 논거로는 인간의 행복을 온전하게 증진할 수 없다고 보고, 이를 실정법 차원에서 보장하도록 강구한 결과가 제2세대 권리이다. 노동에 관한 권리, 여가를 누릴 권리, 사회보장제도, 공동체적 문화생활에 관한 권리 등이 존중되어야 한다.

둘째, 고전적 자유주의[28]에 대한 비판과 대안으로서 마르크스주의의 수용이다. 마르크스주의자들에게 권리는 개인 차원의 문제가 아니라 사회 또는 집단 차원의 문제이다. 국가는 개인의 자유와 권리를 보호하는 결사체가 아니라 권리획득의 주요수단이 된다. 이에 따라 국가의 권리보장이 개인의 권리보다 훨씬 중요하다. 또한 마르크스주의자들은 고전적 권리인 정치적 권리와 시민권은 부르주아 권리에 지나지 않는 것으로 비하한다. 그들에게 경제적 평등은 정치적 권리에 앞서 매우 중요한 이슈가 된다. 역사적으로 볼 때, 고전적 권리를 강조하는 것은 부르주아들이 경제적 평등을 실현하지 못한 것을 위장하기 위한 술책으로 보았기 때문이다. 요약하면, 마르크스주의자들은 개인보다는 집단적 가치와 정치적 권리보다는 경제적 평등을 중시한다. 따라서 이러한 가치 실현을 위하여 국가가 개인의 자유와 권리를 제한하고 간섭하는 일은 정당화된다.

물론 사회·경제적 권리가 무시되어서는 안 된다. 인간은 빈곤이나 질병으로부터 자유롭지 않으면 자신의 자유와 권리를 온전하게 누릴 수 없기 때문이다. 그래서 이들이 주장하는 바는 수정된 진보적 자유주의에

28) 고전적 자유주의(classical liberalism)는 수정된 진보적 자유주의와 20세기 대두된 신자유주의(neo-liberalism)이나 자유지상주의(libertarianism)와는 다르다. 앞서 살펴본 고전적 권리들은 고전적 자유주의에 기반한다. 진보적 자유주의는 자유의 의미를 사회, 경제적 문제로 확대시킨 것으로 존 스튜어트 밀이나 존 롤스의 자유주의가 이에 해당한다. 신자유주의 또는 자유지상주의는 약간 다르기는 하지만 진보적 지유주의에 대한 비판에서 자유주의의 본래 가치를 복원하고 추구하고자 하는 사상이다. 여기에는 하이에크, 밀턴 프리드먼이 속한다. 본서 제9장 제2절 참조.

의하여 지지받는다. 롤스의 『정의 이론』에 포함된 권리 아이디어나 루즈벨트 대통령이 천명한 빈곤으로부터 자유는 이 범주에 속하는 권리를 강조한 것이다. 그러나 문제는 이 권리가 고전적 권리와 상충했을 경우이다.

이와 관련하여 경제권, 사회권, 문화권에 대한 정치권, 시민권과 같은 방식으로 정당화될 수 없다는 논의가 있다(Cranston, 1973; Raphael, 1967). 찬반 논의의 타당성 여부에 앞서 경제권, 사회권을 자유권과 같이 보편적 권리로 청구할 수 있다는 주장에 한계가 있는 것은 부인할 수 없다.

경제·사회권(economic & social rights)이 자연권으로 성립하지 않는 이유를 검토하기 이전에 이 권리들의 성립 여부 자체가 문제가 된다. '세계인권선언'은 1948년 UN 헌장의 정신에 기초하여 제정, 공포된 권리 문서이다. 그 원명 'Universal Declaration of Human Rights'에서 알 수 있듯이 이 선언에서 천명한 권리들은 보편성을 추인하기 위한 것이었다. 그러나 그 제정 과정에서 제2차 세계대전 이후 승전국이었던 소련의 입김에 의하여 사회주의가 추구하는 사회·경제적 권리들이 포함되었다(Cranston, 1973; 유네스코 한국위원회, 1995). 사회·경제적 권리들은 UN 헌장 제55조 '인권과 기본적 자유의 존중과 준수'29)를 그릇되게 해석한 결과이다. 자연권으로서 성립하는 권리는 자유·생명·재산에 관한 권리라는 점을 검토하고 확인한 바 있다. 그러나 세계인권선언은 국제정치의 역학관계에 의하여 그 보편성이 왜곡된 것이다.

사회·경제적 권리는 세계인권선언 제20조에 이르기까지 천명된 정치적 권리(political rights)와 시민권(civil rights)과는 상반된 성격을 지니

29) respect for, and observance of, human rights and fundamental freedom.

고 있다. 그러면 경제적 권리, 사회적 권리가 보편성을 지닌 자연권이 아닌 이유를 정리해 본다.30)

첫째, 사회·경제권은 실행력을 보장할 수 없다. 이 권리가 실행력을 가지려면 실정법에 규정되어야 하는데, 실정권이 되는 데에는 여러 가지 난점이 따른다. 특히 국가가 개인의 자유와 권리를 제한하고 침해할 위험성을 증폭시킨다. 예컨대 일할 권리를 규정한다고 해서 이를 아무에게나 당사자에게 일할 기회를 가질 권리를 수혜하도록 하는 의무를 부과할 수 없다. 사회서비스의 경우, 무상급식을 받을 권리가 성립된다고 해서 그 권리 실현을 위하여 아무에게나 관련 의무를 부과할 수 없다.

둘째, 사회·경제권은 특정권(special rights)이다. 어떤 계약이나 법령에 의한 자격 관계에 따르는 권리가 성립되어야 한다. 이 점에서 세계인권선언의 표현 'everyone'은 그릇된 표현이다. 이 표현이 타당하려면 그것은 특정권의 범주 안에서 타당하다.31)

셋째, 사회·경제권은 도덕적 요구 내지는 도덕적 청구(moral claim)이지 실정권이 아니다. 게다가 도덕적 규범 그 자체만으로 도덕권이 성립되는 것도 아니다. 도덕적으로 온당한 일이며 그것을 주장하거나 청구한다고 해서 모든 것이 권리로 성립하지 않는다.

넷째, 사회·경제권은 이 권리에 대한 의무 관계를 규정하기 어렵다. 이것이 불가능하다는 것을 감지하고 좌파 논객들은 의무이행자의 자리에 '국가'를 넣어버렸다. 그렇다고 해서 이 의무가 '보편적 의무(universal duty)'가 되는 것도 아니다.

---

30) 경제적 권리와 사회적 권리가 보편적 자연권이 아닌 논거 여섯 가지는 Cranston (1973)의 제8장 참조.

31) 특정권에 관한 자세한 소개는 제6장 참조.

다섯째, 사회·경제권은 그 수혜 대상이 명백해야 성립한다. 즉 '모든 사람'이 수혜 대상이라는 말이 성립하지 않는다.

여섯째, 사회·경제권은 그 수혜를 받을 지역이 정해져 있어야 한다. 즉 수혜 대상이 국경을 초월한다는 식으로 규정하면 권리로서 구실을 하지 못한다. 공염불에 불과하다.

그럼에도 불구하고, 현대 사회의 현실, 이를테면 부익부 빈익빈이라는 양극화 현상의 완화, 절대빈곤으로부터 안전망 확보 등은 무시할 수 없는 현실이 되었다. 즉 사회·경제적 권리가 무용하다는 주장은 설득력을 잃게 된다. 무상급식을 포함한 모든 무상복지서비스라는 적극적 권리가 보편적 권리라는 정치적 주장과 공약과 맞물려서 남발되는 상황은 권리 자체에서도 문제가 된다. 복지국가의 정책은 이제 이념을 넘어서 부정할 수 없는 현실이 된 만큼 권리 차원의 엄밀한 검토가 요구된다.

5. 연대권 문제

제3세대 권리라고 칭하는 연대권은 공동체적 유대와 관련된 권리이다. 권리의 주체는 개인에게 있다는 것이 정설인데, 연대권이라 함은 권리의 주체가 개인 아닌 집합에 있다는 뜻이다. 이러한 문제를 온전하게 파악하기 위하여 '박애', '우애', '연대'로 번역되는 'fraternity'의 의미부터 살펴보기로 한다.

영어 'fraternity'의 번역에 의미를 두는 가장 큰 이유는 이 용어가 프랑스 대혁명의 3대 이념이기 때문이다. 따라서 프랑스 대혁명 이념에서 파생된 이 용어의 의미를 정확하게 파악하는 것은 이것이 고전적 권리와 마찬가지로 어떤 기반에 근거하는가를 확인하는 일이다. 이 용어의 뜻은 크게 네 가지로 나누어 살펴볼 수 있다.

첫째, 부모와 자식 간의 결속처럼 생물학적 관계에서 비롯된 유대를 가리킨다. 원시 공동체에서 매우 중요한 덕목이며, 전(前)근대사회의 큰 덕목의 하나임에 틀림이 없다.

둘째, 가족보다는 더욱 큰 범위의 공동체의 기초인 우애, 우정을 가리킨다. 아리스토텔레스가 강조하는 공동체 덕목은 이에 해당한다. 고대 희랍의 도시국가나 로마의 국가 공동체에서 요구되는 유대감이 이에 속한다.

셋째, 박애, 인류애를 가리킨다. 고대 로마 시대 스토아 사상가들이 주장하는 전(全)인류적 유대감이다. 이는 기독교의 박애 정신과도 통한다.

넷째, 근대 이익사회의 결사체에서 구성원들 간의 유대감을 가리킨다. 이 유대감은 개인의 이익이 전제되어서 결합된 덕목이다. 예를 들어서 노동조합의 조합원간의 유대감은 이에 해당한다. '동지애'라는 표현은 이 맥락의 연대감을 표시하는 용어이다.

이렇게 보더라도 연대감, 유대감이라고 번역되는 이 용어가 야기하는 여러 가지 문제점이 있다. 여기서는 두 가지만을 지적하고자 한다. 하나는 위의 네 가지 어느 경우이건 간에 이 용어가 지향하는 바가 권리에 앞서 도덕적 의미와 사회적 의무에 있다는 점이다. '권리 보장은 의무의 수행에 좌우되어야 한다'는 마르크스주의자들의 주장과 일맥상통한다. 달리 말하자면, 연대권을 주장하면 권리 수혜보다는 의무 선행을 우선해야 하고, 그 결과 권리 주체로서 개인의 의무감이 증가한다는 점이다. 이는 권리의 대원칙인 보편성과 천부성 중 후자에 상당히 어긋나는 결과를 초래한다.

다른 하나는 현대공동체 논의에서 위의 네 가지 의미가 혼용되어 사용된다는 점이다. 특히 첫 번째와 네 번째 의미는 정반대일 정도로 매우 상이하다. 다른 측면에서 보면 세 번째와 네 번째 의미가 갈등을 겪기도 한다. 또는 세 번째 의미가 앞의 두 가지 의미와 상반되는 경우도 흔하게 볼 수 있다. 그럼에도 공동체적 연대의 가치를 공동체라는 '굴레' 속에서 단일한 연대감으로 보는 것은 오류를 범하는 일이다.

어떻게 보더라도, 연대의 권리는 개인만이 아니라 집단도 권리의 주체가 될 수 있다는 뜻도 포함한다. 그러나 제3세대 권리인 연대권은 어떤 특정 집단이 지니는 권리가 아니라 인류에게 속한 것으로 이해해야 한다(이종은, 2011: 609). 환경권의 경우, 그것은 인류 전체의 삶의 조건과 관계되므로 연대권은 전(全)인류애를 지향한다고 할 수도 있다. 그러나 세계인권선언 제28조와 제29조는 일종의 자결권을 연대권으로 규정하고 있다.

여기서 '자결(自決)'은 '자기결정'을 이르는 말이다. 그러나 이 경우 자기결정권은 한 개인의 자기결정권, 이를테면 성적 자기결정권과 같이 개인 차원의 권리를 지칭하는 것이 아니다. 이는 '인민(people)'이라는 집합의 자기결정권을 뜻한다. 그러면 집단이 어떻게 권리를 향유, 행사할 수 있는가. 그 근거는 개인의 결사의 자유와 권리에서 찾을 수 있다. 개인은 결사를 통하여 집단을 구성할 수 있다. 이 때 그 집단은 개인의 자유와 권리처럼 집합의 권리를 지닌다. 우리에게 익숙한 '민족자결주의'는 바로 이러한 맥락에서 이해가 가능하다.

여기서 연대권이 개인의 자유와 권리를 제한하는 일종의 패러독스를 낳는 이유를 살펴볼 필요가 있다. 연대권을 규정하는 집합명사 '인민'이나 '모든 사람'을 규정하는 '모든'이라는 말이 어떤 속성으로 이해되는가는 매우 중요한 차이를 드러낸다. 이 말은 적어도 두 가지 다른 의미를 포함한다. 하나는 '전칭성'이다. '모든 백로는 희다'라는 명제에서 '모든’은 전칭성을 지닌다. 무슨 말인가 하면, 이 명제에서 ‘모든’은 관찰한 백로만을 포괄한다는 뜻이다. 그러니까 1년 뒤에 누군가에 의하여 관찰될 수 있는 ‘어떤’ 백로는 검거나 점박이일 수가 있다. 이 경우 ‘모든’은 일체의 구속성을 지니지 않는다.

다른 하나는 ‘보편성’이다. 여기서 ‘보편성(universality)’은 예외나 정도의 차이를 인정하지 않는 말로 용어이다. 예외나 정도의 차이를 인정하는 유사어로 ‘일반성(generality)’이 있다.[32] 다음 명제를 보자. ‘모든 인간은 죽는다.’ 여기서 ‘모든’은 사람들을 예외 없이 죽음 또는 죽을 운명이라는 속성에 구속시키고 있다. 이러한 종류의 명제가 상당히 부당한 구속력을 행사하는 경우가 있다. ‘모든 인간은 평등하다.’ 이 명제에서 우리는 모든 인간이 그 존엄성에 있어서 평등하게 대접받아야 한다는 사실에 동의할 것이다. 그러나 모든 인간이 똑같은 재화를 분배받아야 한다는 사실에 동의하기 어려울 것이다. 따라서 목하 ‘모든 인간은 평등하다.’는 명제에서 ‘모든’은 예외와 정도의 차이를 인정해야 하거나, 아니면 관심 논의 대상인 특정한 사람의 ‘모두’에게만 적용해야 한다.

연대권이 집합의 권리를 나타내는 한, 그 서술방식은 ‘모든’이라는 수식어를 동반하게 한다. 그러나 전칭성을 지닌 집합의 경우나 예외나 정도의 차이를 인정해야 하는 경우에도 보편성을 적용하게 되면 그것은 개인의 권리 침해 요인으로 작용하게 된다. 그것은 앞의 제2세대 권리에서도 살펴본 논지와 같다.

현재 통용되는 제3세대 권리는 다음과 같은 네 가지 특징을 지닌다. 첫째, 집단의 권리 또는 집합권이다. 그 연원은 루소의 일반의지에 근거를 두지만, 현대사회의 이익단체의 권리라는 점에서 루소의 주장과 다소

32) 『증보 아동권리향연』 50-51에서 간략하게 언급한 바 있음.

차이가 있다는 점을 염두에 두어야 한다. 둘째, 주로 환경문제에 집중되어 있다. 환경문제 역시 개인적 차원에서 청구되거나 향유될 성질이 아니기 때문이다. 셋째, 자원, 문화유산에 관한 참여의 권리가 이에 포함된다. 문화적 자결권이라고도 한다. 넷째, 세대 간의 형평과 지속에 관한 권리이다. 집단의 존속에 관련된 권리를 말한다. 이른바 평화권이 이에 속한다.

여러 가지 측면에서, 무엇보다도 권리를 향유하고 행사하는 주체가 개인이라는 점을 부인한다는 측면에서 난점이 존재하지만, 연대권은 인류의 존속을 위해서 경시할 수 없는 권리임을 부인하기 어렵다.

6. 권리의 발달

이제까지 논의를 종합하여 정리해 보자. 권리가 성립하게 된 사정은 당초 정의 문제로 다루어졌던 것이 고대 로마 스토아의 자연법 사상에서 근대 자연법과 자연권이 성립하는 토대를 제공하였다. 이어 근대 민권사상과 사회계약설은 자연권과 인권을 대두하게 하는 견인차 역할을 한다. 자연법 사상에 근거한 자연권이 여러 가지 폐해를 낳자 법실증주의가 대두되어 권리가 실행력을 갖게 되지만, 이 역시 여러 폐단을 낳아 자연법 사상의 부활을 가져온다. 그것은 '인권'에 대한 여러 가지 요구의 증대 때문이다.

그리하여 오늘날 우리가 당면하여 향유하는 권리는 다음과 같은 세 단계로 정리할 수 있다.

제1세대 권리는 17~18세기 고전적 권리라고 하는 시민권과 정치적 권리를 핵심으로 하는 권리이다. 기반이 되는 사상은 고전적 자유주의,

개인주의이다. 권리의 성격으로 보면 소극적 권리가 핵심이다. 여기에는 저항권이 포함된다. 이 때 저항권은 20세기 확대된 인권의 차원에서 본 저항권이 아니라 정치적 권리의 연장에서 본 저항권이다. 세계인권선언의 제2조에서 제21조가 이에 해당한다.

제2세대 권리는 19세기 이후 고전적 권리에 평등사상이 가미되어 형성된 경제·사회·문화적 권리를 말한다. 기반이 되는 사상은 진보적 자유주의, 사회주의, 공동체주의이다. 권리의 성격으로 보면 적극적 권리가 핵심이다. 세계인권선언의 제22조에서 제27조가 이에 해당한다.

제22조 사회보장, 경제·사회·문화권의 보장

제23조 노동의 권리, 노동조건, 실업에 대한 노동자 보호

제24조 여가, 휴가, 유급휴가를 받을 권리

제25조 의료, 주택, 사회서비스를 받을 권리, 장애인과 모성의 권리

제26조 무상의무교육, 발달권, 부모의 우선권

제27조 공동체 생활의 권리(공동체 생활을 문화, 예술, 과학의 활동 보장으로 표현)

여기서 쟁점은 사회경제적 권리가 고전적 권리인 정치적 권리, 시민권 등에 우성하여 성립할 수 있는가에 있다.

제3세대 권리는 20세기 중반 이후 대두된 권리로서 인권의 보편성이 확대된 결과로 나타난다. 기반이 되는 사상은 생태주의, 환경주의이다. 권리의 성격으로 보면 집단적 단결권이 핵심이다. 세계인권선언의 제28조와 제29조가 이에 해당한다.

무엇보다도 제3세대 권리의 특징은 연대권에 있다. 즉 공동체적 유대와 관련하여 성립하는 권리이다. 연대의 의미가 각기 다르게 해석되기도 하지만, 대체로 개인의 차원에서 해결할 수 없는 문제를 '집합'의 개념으

로 해결을 시도한다는 점이 특징이다.

이와 같이 세대라는 비유를 들어 본 세 가지 권리는 '세계인권선언'에 모두 반영되어 있다. 세계인권선언과 관련하여 그 특징을 정리하면 **〈표 5-2〉** 와 같다.

〈표 5-2〉 권리의 발달

제1세대 권리	제2세대 권리	제3세대 권리
고전적 자유주의	진보적 자유주의, 사회주의	생태주의
자유	평등	연대
개인주의, 개인의 권리	공동체주의, 집단의 권리	연대권, 집단적 자결권
소극적 권리 중심	적극적 권리 중심	권리 보편성 확장
세계인권선언 제2조~제21조	세계인권선언 제22조~제27조	세계인권선언 제28조~제29조

이러한 권리의 발달은 세계인권선언 이후 국제권리문서로 나타난다. 이를테면 경제적·사회적·문화적 권리에 관한 국제협약(A협약), 시민적·정치적 권리에 관한 국제협약(B협약), 아동권리협약 등으로 이어진다. 이와 같은 제 권리문서는 『증보 아동권리향연』 부록에 체계적으로 수록하였다. 이제 이러한 권리의 발달을 뒷받침하는 이론적 논의를 살펴볼 필요가 있다.

참고문헌

김정래, 2016, 교육학 논의에서 '자연'의 위치, **한국교육사학** 제38권 제3호, 한국교육사학회.

김정래 외, 2013, **교권 침해 원인 분석 및 교권 신장을 위한 정책연구**, 경기도의회 교권신장추진특별위원회.

유네스코 한국위원회, 1995, 인권이란 무엇인가, 서울: 유네스코 한국위원회.
이종은, 2011, 평등, 자유, 권리, 서울: 책세상.

야나부 아키라(柳父章), 1982, 번역어 성립사정, 서혜영 역, 2003, 서울: 일빛.
Bohm, D., 2017, *On Creativity*, 김정래 역, 2021, 봄의 창의성, 서울: 박영사.
Cranston, M., 1973, *What are Human Rights?*, New York: Taplinger.
Hohfeld, W., 1919, *Fundamental Legal Conceptions as Applied in Judicial Reasoning*, New Haven: Yale University Press.
Kant, I., 1785, *Groundwork of the Metaphysics of Morals*, Paton, H. J. trans., 1964, New Haven: Harper.
Raphael, D. D., (ed.), 1967, *Political Theory and the Rights of Man*, London: Macmillan.
Rawls, J., 1971, *A Theory of Justice*, Cambridge, Mass.: Harvard University Press.
Talbot, M., 1991, *Holographic Universe*, 이균형 역, 1999, 홀로그램 우주, 서울: 정신세계사.
Weber, M., 1919, *Politik als Beruf*, 이상률 역, 1994, 직업으로서의 정치, 서울: 문예출판사.
Williams, B. A. O., 1985, *Ethics and the Limits of Philosophy*, London: Fontana.

6

권리의 이론적 쟁점

Ⅰ. 권리의 분석

권리를 제대로 이해하기 위하여 권리이론을 탐색하고 그 구조를 들여다 볼 필요가 있다. 어떤 주요 개념이나 활동을 이해하는 데 있어서 흔히 동원되는 방식이 철학적 분석이다. 영미의 분석철학적 방법에 따라 개념 분석을 통하여 활동의 특성을 이해하고자 한다. 그러나 영미 분석철학의 이론적 지맥도 그리 간단하지 않아서 한 마디로 특정하기 어렵다. 하지만 우리가 시도하고자 하는 '권리'의 이론적 탐색을 위하여 두 가지 작업을 동원해야 할 것 같다. 하나는 개념 분석이고, 다른 하나는 정당화 논의이다. 권리문제를 다루기에 앞서 교육의 경우를 통하여 두 가지 작업이 지니는 중요성을 교육의 경우를 들어 살펴본다.

교육철학의 경우, 이 두 가지 작업이 권장된다(Moore, 1982). 개념 분석은 '교육'이라는 개념을 분석함으로써 교육활동이 지니는 여러 가지 특성을 추출해낼 수 있다. 피터스의 세 가지 개념적 준거는 그 대표적인 사례이다. 그에 따르면, '교육'은 어떤 특정한 활동을 지칭하는 것이 아니라 활동이 세 가지 준거를 만족시킬 경우 이를 '교육'이라고 정의할 수 있는 것이다. 그리하여 교육은 가치 있는 것을 전제한다는 규범적 준거, 교육이라는 활동은 인지적 안목을 제공해준다는 인지적 준거, 그리고 교육의 과정에는 학습자의 자율성을 존중한다는 과정적 준거를 만족시켜야 한다(Peters, 1966: 제1장). 개념 분석은 이에 그치지 않는다. 교육과 유사한 활동의 특성을 드러내주기도 한다. 이를테면 교육은 '사회화(socialization)'와 동의어로 사용되기도 하지만, 개념상 그렇지 않다. 개념 분석을 통하여 사회화와 교육의 확연한 차이를 명백하게 알 수 있다. 마찬가지로 '교화(indoctrination)', '문화화(enculturation)', 그리고 '훈련(training)' 등의 개념이 교육과 어떤 차이를 지니는지 개념 분석을 통하여 확인할 수 있다(Peters, 1967).

흔히 개념 분석을 '말장난'이라고 비하하기도 한다. 개념의 분석은 개념에 그치는 것이 아니라 말의 용법을 통하여 드러나는 의미의 세계를 파헤치기도 한다. 또한 관련된 활동의 의미를 명백하게 드러내고자 한다. 그리하여 '가르치는 일(teaching)'이나 '앎(knowing; knowledge)'의 의미를 분석하여 그것이 교육과 어떤 관련을 맺는가를 통하여 교육실천 현장, 즉 교육실제(educational practice)에 어떤 공헌을 할 수 있는지를 탐색할 수 있다. 이와 같은 방식으로 개념분석을 통한 이론적 탐구는 교육 실제에 모종의 공헌을 하고 있다(Scheffler, 1960; 1965; MacMillan and Nelson, 1969).

무엇보다도 교육실제에 공헌하는 것은 정당화 논의이다. 학교에서는 실생활과 관련이 없는, 유용성이 떨어지는 이론적 교과를 많이 가르치도록 학교교육과정이 구성되어 있다. 이를테면 당구 대신에 물리학을 가르치고, 같은 음악 교과안에서도 가요를 가르치지 않고 가곡을 가르친다. 그 이유는 무엇인가? 그러한 근거를 탐구하는 것이 정당화 논의이다

(Peters, 1966: 제5장). 물론 정당화 논의는 철학의 전유물은 아니다. 경제학이나 사회학에서도 특정 활동의 가치를 사량하고 평가하는 작업을 할 수 있다. 그러나 철학적 차원에서 정당화 논의는 소크라테스 시대부터 이어온 전통이다. 플라톤의 많은 대화편에서 화자로 등장하는 소크라테스가 집요하게 물고 늘어지면서 논의했던 바는 바로 삶의 중요한 문제를 탐구하고자 하는 정당화 논의이다.[1] '정의', '덕', '용기' 등의 주요 개념을 통하여 그것이 우리 삶에 왜 중요한지를 탐구한 것은 여기서 지적하는 정당화 논의이다. 따라서 교육에서 정당화 논의는 교육을 통하여 추구해야 할 가치는 무엇인가, 이를 위하여 어떤 내용을 가르쳐야 하는가, 그리고 그러한 내용을 가르치는 온당한 방법이나 절차는 어떤 근거에 입각하는가 하는 문제를 포함한다.

권리를 이해하는 데 있어서도 이와 같은 두 가지 작업은 유효하다. 즉 개념 분석을 통하여 권리는 무엇인가, 권리를 구성하는 개념적 속성은 무엇인가, 그리고 그 속성에 따라 권리의 주체는 누구인가 등을 탐구할 수 있다. 또한 정당화 논의를 통하여 권리 청원이나 주장을 성립시키는 근거는 무엇인가, 권리를 통하여 추구되는 가치는 무엇인가, 아니면 반대로 권리를 추구하는 본질적 가치는 무엇인가를 탐색할 수 있다.

이렇게 볼 때, 권리이론은 두 가지로 구성되어 있다고 볼 수 있다. 권리를 개념적으로 탐색하여 분석한 이론이 호펠드의 권리 형식 분석이다. 앞 장에서는 '권리'의 용법의 차원에서 호펠드의 분석을 간략하게 소개한 바 있다. 여기서는 호펠드의 분석이 권리를 이론적 논의의 틀을 제공함으로써 우리 현실 속에서 권리가 청구되고, 향유되고, 행사하는 경우가 각기 다르다는 점을 확인할 수 있다. 따라서 호펠드가 설정한 권리 형

1) 이 문제에 관해서는 조무남(2010)을 참조.

식을 통하여 우리가 권리를 향유하고 행사한다는 것의 의미를 보다 분명하게 할 수 있다. 이는 다음 절에서 살펴본다.

다른 한 편으로, 정당화 논의는 우리가 권리를 향유하고 행사하는 이유를 설명해준다. 그 하나로 권리의 기능을 통해서 답을 구할 수 있다. 여기에는 두 가지가 있다. 하나는 권리를 행사한다는 것은 그에게 이익이 된다고 보는 관점이다. 이를 이익이론이라고 한다. 다른 하나는 권리는 그 소지자의 의지에 따라 선택할 기회를 향유한다는 것이다. 이를 선택이론이라고 한다. 이에 관하여 제3절에서 살펴보기로 한다.

권리는 청원이나 주장에 의하여 성립한다는 것을 부정하기 어렵다. 그렇다고 권리가 청원이나 주장에 의하여 모두 성립한다고 볼 수 없다. 일례로 궁핍한 사람이 거리에서 자신의 생존권을 들이대면서 지나가는 부유한 사람에게 재산을 요구한다는 것이 성립하지 않는 것과 마찬가지이다. 이러한 맥락에서 제4절에서는 권리의 자격이론을 검토할 것이다. 이러한 권리 주장의 핵심 논점만이 아니라 그 주장의 성립배경도 간략하게나마 살펴볼 것이다.

권리는 누구에게나 예외 없이 적용되어야 한다는 보편성을 지닌다. 그러나 권리의 주장이나 청원 또는 권리의 한 형태로서 권한의 행사가 누구에게나 적용될 수 있는가를 면밀하게 살펴보아야 한다. 권리가 적용되는 대상을 살펴보아야 한다. 이를 위하여 제5절에서는 일반권과 특정권 문제를 검토할 것이다.

이상의 논의 내용을 토대로 교육현장에서 교사가 향유하고 행사하는 권리문제를 종합적으로 검토할 것이다. 또한 권리의 정당화 논의는 권리가 우리 삶에 왜 요구되는가 하는 보다 현실적인 접근을 할 수 있게 해준다. 권리는 우리가 추구하는 행복의 도구인가, 아니면 권리 자체가 가치 있는 것이므로 권리의 향유와 행사를 그 자체 목적으로 삼아야 하는가, 이 두 가지를 다루어야 한다. 만약 권리가 우리가 추구하는 행복이나 정의 구현에 요구되는 도구라면, 권리는 어떻게 그것에 기여하는가를 살펴보아야 할 것이다. 이에 관해서는 이어지는 제7장에서 살펴보기로 한다.

끝으로 권리의 개념분석을 통한 논의는 앞 장에서 살펴본 바와 같이, 20세기 들어서 자연법과 자연권 사상의 부활을 통하여 성립하게 된 제2세대 권리와 제3세대 권리문제, 그리고 이에 따라 도덕권이 확대된 현실적 문제 상황을 이해하고 극복하는 데 밑거름이 된다는 사실을 지적하고자 한다.

Ⅱ. 호펠드의 권리 형식

권리문제를 공부하는 사람이라면 누구나 그리고 제일 먼저 들여다봐야 할 이론이 호펠드의 '권리 형식(forms of rights)'이다. 그의 분석은 모든 권리이론의 토대이면서 풍부한 논점을 제공해 주기 때문이다.

이미 『증보 아동권리향연』에서 소개한 바 있는 호펠드의 권리 형식을 본서 **〈표 5-1〉**에서 다시 소개하였다.

다소 생소해 보이는 표를 통하여 권리의 속성을 설명하기 이전에 왜 호펠드의 이론이 대두되었으며, 그것이 어떤 의미를 지니는지를 확인해야 한다. 우선 우리가 일상적으로 '권리'라는 말을 사용하는데 있어서 그 말이 적용되는 상황이나 그 말이 담고 있는 뜻이 여럿이며, 그럼에도 불구하고 한 가지 용어인 '권리'로 통용되어 있기 때문에 혼동이 일어난다.

그럴 경우 권리 주장이 온전하게 행사되지 않을 수 있으며, 또한 권리의 침해를 당할 수 있기 때문이다. 한 마디로 호펠드의 권리 형식은 '권리'가 표상하는 법적 관계를 명확하게 구분하여 혼동을 해소하는 데 기여한다.

먼저 누군가가 권리소지자라고 할 경우를 생각해 보자. 이 경우 그 사람은 자기가 소유한 재산에 대한 권리를 갖는다고 말할 수 있다. 만약 그가 그 재산을 다른 사람에게 일정 기간 동안 빌려줄 경우, 그에게 권리가 발생한다. 또한 그 재산을 남들이 자신의 허락 없이 사용하거나 처분할 수 없도록 하는 권리를 지닌다. 그러나 이 소유자가 자신의 재산을 자신의 뜻대로 이용하거나 변경할 수 있다. 이를테면 은행에 예치하거나 아니면 사업에 출자하는 경우를 들 수 있다. 이 때 권리는 앞의 권리와는 다르다. 이러한 혼동을 피하기 위하여 호펠드는 전자를 청구권이라고 하였고, 후자를 자유권 또는 특권이라고 하였다. 또한 어떤 사람이 남이 지니지 않은 능력이나 권위 또는 자격을 지님으로써 갖게 되는 권리가 있다. 경찰은 지나가는 행인을 검문하면서 그 사람의 신원을 확인할 수 있지만, 경찰이 아닌 사람은 그럴 수 없다. 이 때 경찰관은 모종의 권리를 지녔다고 할 수 있다. 한편 국회의원은 회기 중에 현행범이 아닌 경우 국회 동의 없이 체포되지 아니한다. 이 경우 국회의원은 모종의 권리를 지닌 셈이다. 그러나 국회의원이 아닌 사람은 이러한 권리를 지니지 않는다. 지금 제시한 사례는 모두 권리라는 말로 포함되며, 권리라는 말을 통하여 그 의미가 전달되는 데 아무런 지장이 없다. 그러나 이 각각의 권리를 같은 것으로 혼동해서도 안 된다. 이러한 혼동을 피하기 위하여 호펠드는 전자를 권한이라고 하였고, 후자를 면책권이라고 하였다. 이와 같이 '권리를 가진다(have a right)'는 뜻이 무엇인지 이해하고 혼동을 피하려면 호펠드의 권리 형식 분석을 반드시 살펴보아야 한다.

논의에 앞서 우선 이전에 'liberty-right'을 직역하여 '자유권'라고 번역한 용어를 일반적인 의미의 자유권(the right of liberty)과 혼동을 피하기 위하여 특권(privilege right)이라고 병행하여 사용하기로 한다. 이 개념에는 허용(permission)이라는 의미도 포함되어 있어서 '허용된 권리'라고 번역하여 사용하기도 한다. 또한 여기서 권한이라고 번역한 'power'는 우리나라 법학계에서 '권능(權能)'이라고도 한다는 점을 밝혀둔다. 그러나 권능이라는 용어의 '능(能)'이라는 한자어는 주관적인 특성을 지니며 그래서 심리적 특성을 뜻하는 경우가 많다. 불교에서 경-능(境-能)이라고 구분하는 경우가 전자에 해당하며, '지능'이라는 말을 사용할 경우가 후자에 해당한다. 그러나 호펠드의 경우 이 용어는 심리적 특성이나 주관적인 판단에 근거한 것이 아니다. 오히려 주관적인 특성을 지닌 용어는 자유권 또는 특권이라고 할 수 있다. 따라서 필자는 '힘의 한계'라는 의미를 반영한 '권한'이라고 번역하는 것이 합당해 보인다.

이미 『증보 아동권리향연』에서 호펠드이 권리의 형식을 아래와 같이 설명한 바 있다. 다소 길지만 그대로 옮기도록 한다.

① **청구권(請求權,** claim rights): '청구권'은 흔히 채권-채무 관계에서 볼 수 있는 가장 상식적이고 단순한 형태의 권리이다. *B*가 *A*에게 일정한 금액을 지불하기로 *A*와 *B*가 서로 계약을 체결하였다고 가정하자. 그러면 *A*는 그 돈의 액수에 대한 권리를 가지며, *B*는 그만한 액수의 돈을 지불할 의무를 가지게 된다. 호펠드는 '엄격한 의미에서' 이러한 종류의 권리만이 권리라고 하였다. 이러한 권리는 한

당사자가 다른 당사자에게 청구를 하는 형식으로 이루어지기 때문에 통상적으로 '청구권'으로 사용되어 왔다. 청구권이 다른 사람들에게 청구를 하는 형식을 취하기 때문에, 그것은 상대방에 대한 의무와 상관개념으로 파악된다.

② 자유권(自由權, liberty rights): '자유권'은 한 개인이 남에게 아무런 간섭도 받지 않고 자기가 하고 싶은 것을 행사할 수 있는 권리이다. 이를테면, 나는 내 마음에 드는 옷을 입을 권리를 가지고 있다고 했을 때 성립하는 권리이다. 그러나 이때의 '권리'는 청구권에서의 '권리'와는 상당히 다른 의미를 가진다. 이 권리의 속성은 다른 사람들이 나에게 채무를 졌다는 것이 아니라, 오히려 내가 내 마음에 드는 옷을 입을 때 나에게 어떤 법적 하자나 또는 나 자신이 지어야 할 아무런 책무가 없다는 것이다. 따라서 내가 옷을 입을, 혹은 안 입을 의무를 가지고 있는 것은 아니며, 나는 내가 좋아하는 옷을 입을 '자유'가 있기 때문에, 성립하는 권리를 '자유권'이라고 한다.

③ 권한(權限, power): '권한'은 어떤 개인이 특정한 것을 행사할 모종의 힘을 얻었을 때 발생하는 권리의 일종이다. 이 경우 우리는 유언장을 작성할 권리 혹은 투표할 권리를 생각해 볼 수 있다. 이 권리는 자유권의 측면에서, 유언장을 작성하지 않을 혹은 투표를 하지 않을 어떠한 의무도 없을 때의 권리, 혹은 청구권의 측면에서, 사람들로 하여금 유언장을 작성하지 못하게 하거나 혹은 투표를 하지 못하도록 다른 사람들이 의무를 가지고 있을 때 특정 개인이 갖는 권리로 이해될 수 있다. 그러나 이 권리는 법적 뒷받침이 있을 때 '권한'으로서 의미를 갖는다. 이를테면 내가 죽은 다음에 나의 부동산을 내가 처분하는 것을 가능하게 해 주는 법적인 편의를 제공해 준다는 점에서 나의 유언장을 작성할 권리는 '권한'으로 이해될 수 있다. 또한 나는 선거에서 투표할 '권한'을 법률적으로 부여받았다는

점에서 투표할 권리, 즉 투표권을 가진다. 따라서 선거권을 가지지 않은 사람에게는 그러한 권한도 발생하지 않는다.

④ 면책권(免責權, immunity): '면책권'은, '권한'과 달리, 타인의 권한으로부터 제약받지 않는다는 권리이다. 즉 다른 사람들의 권한으로 인하여 제약받지 않는다는 점에서 향유할 수 있는 권리이다. 이 권리가 '면책권'이다. 달리 말하자면, 타인의 권한으로부터 '면책'된 권리이다. 일반적으로 한 개인이 타인의 사생활이나 인격에 관련된 발언이나 행위를 했을 때, 자신의 발언에 대하여 도덕적.법적 책임을 져야 한다. 이 경우 해당 타인은 발언자에 대하여 모종의 권한을 갖는다. 그러나 국회의원은 회기 중에 자신이 행한 발언이 타인의 권한에 반한다 하더라도 그 책임을 면하게 되어 있다. 이것이 면책권이다. 그런데 이 경우의 면책권은 국회의원만이 지니는 '특권'(privilege)이기 때문에 '면책특권'이라 한다. (52-54쪽)

호펠드의 권리 형식을 이해하기 위해서는 상관개념과 반대개념을 이해하는 것이 중요하다. 상관개념의 관점부터 설명하고자 한다. 여기서 '상관개념'이란 호펠드가 '법적으로 상응하는 개념(jural correlatives)'이라는 뜻으로 설정한 개념이다.

청구권은 상대방의 의무 이행을 전제로 갖게 되는 권리 유형이다. 위에서 든 채권-채무 관계가 대표적인 예가 된다. 채권자는 권리의 주체이고, 채무자는 의무이행자가 되는 관계를 나타낸다. 이에 대하여 자유권은 내가 선택한 내용에 대하여 지니는 권리에 대하여 상대방은 아무런 권리가 성립하지 않는다. 예를 들어 내가 오늘 빨강색 정장을 입고 출근하고자 할 경우 상대방은 이에 대한 아무런 권리를 행사할 수 없다. 이 점에서 '무권리(no-right)'라고 한 것이다. 자유권은 권리 행사자의 특권이며, 아무런 제약을 받지 않는다는 점에서 허용이다. 자유권을 행사하는 사람은 그 '행위를 하지 않을 의무(no duty not to do x)'가 없다고 할 수 있다. 권한은 이를 행사하는 권리소유자에 대하여 상대방이 짊어져야 할 의무가 아니라 책무가 성립시킨다. 여기서 의무와 책무의 차이를 보자. 청구권에서 상대방이 지니는 의무는 청구행위에 대한 수행의무를 뜻하지만, 책무는 권한을 지니는 사람의 책임 아래 자신의 법적 관계가 변경된다는 것을 의미한다. 그래서 의무가 아닌 책무라는 표현을 사용한다. 의사는 환자에게 일정 시간 동안 행동을 제약하는 조치를 취할 수 있다. 이 조치는 의사의 청구에 의하여 환자가 짊어지는 의무가 아니다. 즉 채권-채무 관계에서 성립하는 강제 이행이 아니다. 의사의 이와 같은 조치는 상당한 구속력을 지닌 법적 근거나 자격 등을 기반으로 하며, 이에 따른 환자의 책무는 경우에 따라 다소 불이익을 감수할 상황을 야기할 수도 있는 강제 이행을 뜻한다. 면책권은 면제권이라고도 한다. 이 권리의 행사자는 당연히 수행해야 할 책무, 이를테면 법적 채무를 면제받은 것을 말한다. 모든 사람은 물건을 구입할 경우 소정의 세금, 이를테면 부가가치세를 납부한다. 그러나 공항 면세점에서 특정 상품은 부가가치세를 감면하여 판매된다. 이 상품을 사는 사람은 당연히 짊어져야 할 책무를 면제받는 셈이다. 그러나 공항 면세점에 들어갈 수 없는 사람, 이를테면 외국에 나갈 형편이 안 되거나 출국 금지자는 이러한 면제 혜택을 받을 수 없다.

이러한 상관관계를 별도로 정리하면 다음과 같다.

〈표 6-1〉 호펠드의 권리의 상관개념

유형	청구권	자유권(특권)	권한	면책
상관개념	의무	무권리	책무	무능

이제 호펠드의 권리의 네 가지 형식을 이해하기 위하여 이 각각의 반대개념을 살펴보기로 한다. 호펠드는 반대개념을 설정하면서 이를 '법적으로 상반하는 개념(jural opposites)'이라는 뜻으로 설정한 개념이다. 상관개념이 권리소유자와 상대방과의 관계를 설명한 것이라면, 반대개념은 권리소유자가 그 권리를 지니지 않은 경우를 지칭한다.

청구권의 반대개념을 무권리라고 한 것은 청구행위 자체가 성립하지 않기 때문에 붙여진 이름이다. 호펠드는 청구권을 권리의 가장 전형적인 것으로 보았기 때문에 그 반대개념을 '무권리'라고 칭한다. 자유권 또는 특권에 대한 반대개념은 의무이다. 앞서 자유권 또는 특권을 '어떤 행위를 하지 않을 의무(no duty not to do *x*)'가 없다고 하였다. 그러므로 이것의 반대는 '그러한 행위를 하지 않을 의무(duty not to do *x*)'를 부여받는 경우가 된다. 내 마음대로 옷을 입고 출근할 수 있도록 허용되어 나에게 특권이 주어진 것이 아니라 그 옷을 입지 말아야 할 의무가 성립하는 경우를 뜻한다. 권한에 반대되는 개념은 무능(disability)이다. 앞서 의사의 처방을 예로 들었다. 이 경우 권리소지자가 의사가 아닌 경우라면 처방을 내리는 행위에 대하여 무능 상태에 놓이게 된다. 끝으로 면책권의 반대개념이 책무인 것은 법적 책무를 원래대로 지게 된다는 뜻이다. 앞서의 예에서 공항면세점에 들어갈 수 없는 사람은 모두 모든 사람이 이행하는 법적 책무를 짊어져야 한다. 즉 공항면세점에 갈 수 없는 사람은 소정의 부가가치세를 납부해야 한다는 뜻이다.

이러한 반대개념을 별도로 정리하면 다음과 같다.

〈표 6-2〉 호펠드의 권리의 반대개념

유형	청구권	자유권(특권)	권한	면책
반대개념	무권리	의무	무능	책무

이와 같은 내용은 이미 『증보 아동권리향연』에서 설명한 내용과 중복되기도 하지만 이러한 설명을 다시 하는 이유는 권리 형식이 지니는 논리적 성격을 보다 명확하게 전달하기 위해서이다. 그럼에도 불구하고 다음과 같은 의문을 제기할 수도 있다. 위의 형식에서 청구권과 권한의 차이, 이에 상응하는 의무와 책무의 명확한 차이는 어떤 것인가? 이 문제를 살펴보기로 한다.

첫째, 청구권과 자유권 또는 특권은 모든 사람을 상대로 성립하는 권리이다. 물론 청구권의 경우, 채권-채무관계는 자발적인 의사에 따라 권리관계가 성립한다. 그러나 그것은 누구나 설정할 수 있다는 점에서 성립할 수 있는 관계이다. 따라서 청구권은 채권-채무관계에만 성립하는 것이 아니라 보다 넓은 인간관계에서 성립한다. 이를테면 아동은 학대되어서는 안 된다는 사회규칙 또는 사회규범을 생각해 보자. 아동은 학대받지 않을 권리가 청구권으로 성립하면서 누구에게나 아동을 학대하지 말아야 한다는 의무가 성립한다. 자유권 또는 특권도 마찬가지이다. 내가 출근할 때 입을 옷의 색깔은 내가 타인의 아무런 제약 없이 정할 수 있는 문제이다. 점심메뉴를 정하는 것도 마찬가지로 누구에게나 부여된 권리이다. 이에 대하여 다른 어떤 사람도 권리를 갖지 아니한다. 즉 무권리이다.

둘째, 권한과 면책권은 청구권과 자유권 또는 특권과는 다른 근거를 요구한다. 그 점에서 권한과 면책권은 모든 사람을 상대로 성립한다고 할 수가 없다. 앞서의 예에서 의사와 경찰관이 아닌 사람은 특정한 권한을 행사할 수 없다. 또한 국회의원이 아니거나 공항면세점에 갈 형편이 안 되는 사람은 소정의 면책권을 향유하거나 행사할 수 없다. 왜 이러한 현상이 나타나는가. 권리가 보편성을 지닌다는 주장은 이 경우에 적용되지 않는다는 뜻인가.

이렇게 보면 **〈표 5-1〉** 에 표시된 호펠드의 권리 형식은 **〈표 6-3〉** 과 같이 두 부분으로 나누어 생각해 보아야 한다.

〈표 6-3〉 권리의 구조

	청구권	자유권(특권)		권한	면책
상관개념	의무	무권리	상관개념	책무	무능
반대개념	무권리	의무	반대개념	무능	책무

그러면 특정한 사람들에게만 이러한 권리가 부여되는 근거는 무엇인가. 이 문제를 이해하기 위하여 하트의 '규칙' 개념을 확인할 필요가 있다. 하트에 따르면(Hart, 1961: 77-96), 사회적 규칙에는 의무를 부과하는 일차적 규칙(primary rules)과 힘(권한)을 부여하는 이차적 규칙(secondary rules)이 있다. 일차적 규칙은 의무를 부과할 뿐만 아니라 규칙을 위반할 경우 도덕적 비난을 야기시키는 규칙이다. 그러나 규칙을 만든 근거나 근원은 무엇인가, 그 규칙은 왜 준수해야 하는가, 그리고 준수하지 않은 경우 어떤 일이 야기되는가를 따져보지 않을 수 없다. 그 결과 사회적 규칙이 나오는 근거 또는 근원이 무엇인지 알 수 없는 경우를

불확실성(uncertainty)이라고 하여 이를 해소하기 위한 규칙의 근원을 따지는 승인의 규칙이 필요하다. 그리고 정해진 규칙이 변화하는 상황에 맞지 않는 정태성(static character)을 극복할 변경의 규칙이 필요하며, 규칙 위반과 해석에 따른 각종 분쟁이 야기되는 비효율성(inefficiency)을 해결하는 재정(裁定)의 규칙이 필요하다(Hart, 1961: 89-91). 승인의 규칙, 변경의 규칙, 재정의 규칙이 바로 일차적 규칙과 구분되는 이차적 규칙이다. 그리고 이 이차적 규칙이 이러한 권한을 부여하고, 경우에 따라 부여된 책무를 면제해주는 근거가 되는 이차적 규칙이다.

이상의 내용을 **〈표 6-3〉**에 적용하면, 청구권과 특권(자유권)은 일차적 규칙에 근거하여 성립하는 권리 형식이며, 권한과 면책권은 이차적 규칙에 근거하여 성립하는 권리 형식이다.

또한 이를 달리 설명하면, 청구권과 특권(자유권)은 권리내용이 되는 행동이 청구되는지 아니면 허용 또는 금지되는지와 관계된 권리이다. 반면에 권한과 면책권은 일차적 규칙을 어떻게 도입하고 변경시키고 때로는 무효화시킬 것인지를 정하는 이차적 규칙에 근거하여 성립하는 권리이다. 따라서 **〈표 6-3〉**은 **〈표 5-1〉**을 단순하게 분리시켜 놓은 것이 아니라, 권리의 개념상 특성이 전혀 다르다는 점을 보여준다. **〈표 6-3〉**처럼 분리된 두 가지 유형의 권리를 각기 '1차적 권리'와 '2차적 권리'라고 한다(이종은, 2011: 638).

이제까지 우리는 청구권과 권한의 차이, 이에 상응하는 의무와 책무의 명확한 차이를 확인하였다. 무엇보다도 이를 통하여 권리가 여러 가지 형식으로 논의되고 이해되어야 한다.

호펠드의 권리 형식 논의는 크게 두 가지를 전제로 한다. 하나는 호펠드에게 엄격한 의미에서 권리는 청구권이라는 점이다. 따라서 권리는 항상 (엄격한 의미에서 항상) 의무와 짝을 맺는 상관개념으로만 성립한다. 그렇게 되면 의무 이행을 전제로 할 수 없는, 즉 의무 이행을 할 수 없는 상태의 행위자에게 권리를 묻거나 논의하는 것이 불가능해진다. 이러한 행위자(agent) 또는 권리 주체(rights-holder)의 대표적인 사례가 바로 아동이다. 이 점은 이미 『증보 아동권리향연』의 여러 곳에서 지적하고 논의한 바 있지만, 본서에서도 이 문제가 논의될 것이다. 둘째, 호펠드의 권리 형식 논의는 법적 권리를 전제로 한 것이라는 점이다. 그가 법리학자인 점을 감안하면 수긍할 수 있지만, 권리문제는 법적 차원에서 논의되는 것만이 아니다. 권리는 인간의 가치를 담은 개념이기도 하여 도덕적 논의를 요구하기 때문이다. 앞 장에서 도덕적 맥락에서 다루어지는 권리를 법적 근거를 갖는 실정권에 대비하여 도덕권이라고 한 바 있다.

제5장에서 우리는 소극적 권리와 적극적 권리를 구분하였다. 이 구분은 상대방의 의무가 소극적 의무인가 적극적 의무인가에 따른다고 하였다. 이제 이를 의무와 상관관계에 있는 호펠드의 청구권에 관련시켜 보자. 채권자가 돈을 받을 권리인 청구권을 지닌다면 채무자는 그에게 빌린 돈을 갚을 의무가 있다. 이 경우 의무는 적극적 의무에 해당한다. 만약 이 채권-채무의 경우에 채무자의 소극적 권리를 상정하고 이것이 성립한다고 할 수 있는가. 채권자가 빌린 돈을 받는 데 있어서 성립하는 권리와 채무자의 소극적 의무가 상관관계를 이룬다는 것이 타당한가. 이를테면 채권자의 돈을 받을 권리에 대하여 채무자가 그를 스토킹하지 않을 의무가 상관관계를 이룬다고 할 수 있는가. 타당한 추론이 될 수 없다.

이 사례는 호펠드의 권리 형식이 법적 권리 즉 실정권에 한정되며, 도덕권에는 적용되지 않는다는 점을 말해준다. 왜냐하면 스토킹을 하지 않을 의무와 같은 대부분의 소극적 의무는 도덕적 상황에 상응하기 때문이다. 대부분 도덕적 상황을 전제로 하는 소극적 의무는 호펠드의 권리 형식에 잘 들어맞지 않는다는 점에 비추어 호펠드의 권리 형식 논의는 법적 권리를 전제로 한다.

그렇다고 호펠드의 권리형식이 전적으로 도덕권이나 도덕적 상황을 배제한다고 볼 수도 없다. 이제 이 문제를 살펴본다. 소극적 의무는 대부분 도덕적 간섭을 회피하는 데 초점이 맞추어져 있다. 상대방이 나에 대하여 나를 스토킹하지 않을 소극적 의무를 지녀야 한다면 나는 그에게 나를 귀찮게 하지 말라는 것을 청구할 수 있다. 이 경우 내가 청구하는 권리는 도덕적 청구권이다. 따라서 도덕적 청구권이란 곧 내가 상대방에게 부과하는 비간섭의 의무인 셈이다.

도덕의 영역이 법의 영역보다 광범위하다는 것은 명백하다. 이는 도덕권이 실정법이 인정하는 실정권보다 그 적용범위가 넓다는 것을 뜻한다. 그러나 이를 바꾸어 말하자면 도덕권이 적용되지 않는 법적 권리를 인정해야 하는 경우가 있다는 뜻이다. 예를 들자면, 극단적 이슬람 원리가 적용되는 지역에 사는 여성의 도덕적 권리는 그 지역의 실정법에 의하여 제한되기도 하고 박탈되기도 한다. 이러한 이유로 인하여 비록 호펠드의 권리 형식이 잘 들어맞지 않는다고 하더라도 도덕권의 의미와 중요성을 경시할 수 없다.

다시 도덕적 청구권 문제로 돌아가 보자. 도덕적 청구권은 일차적으로 부당한 간섭으로부터 해당 개인을 보호하기 위한 것이다. 나아가서 그 개인을 부당한 간섭으로부터 법적으로 보호한다고 할 수 있다. 그렇다면 왜 그 개인을 보호해야 하는가. 보다 구체적으로 그 개인의 무엇을 보호하기 위한 것인가. 그것은 호펠드의 권리 형식으로 본다면, 개인의 자유권(특권)을 보호하는 데 있다.

청구권과 자유권 또는 특권은 모든 사람을 상대로 성립하지만 양자 사이에는 중요한 차이가 있다. 앞서 출근할 때 복장과 점심메뉴 결정과 같은 임의적인 사안과 달리 자유권은 나의 재산을 일정 기간 특정인에게 사용해도 좋다는 결정을 내린 경우에도 성립한다. 이 경우 나의 재산을 사용하도록 허용했으므로, 그 허용 범위 안에서 상대방은 자유롭게 그 재산을 사용할 수 있다. 그러나 그 허용범위에 속한다고 하더라도 나는 특정한 행위를 청구할 수는 없다. 이를테면 별 조건 없이 자신의 밭을 일년간 사용하여도 좋다고 허락한 경우라 하더라도, 밭을 경작하면서 반드시 자신의 집에서 나온 퇴비를 사용하도록 청구하는 행위는 성립할 수 없다. 그러나 내가 허용해준 재산권을 사용하는 행위가 곧 도덕적인 문제를 야기할 경우 나는 내가 허용해준 내용에 대하여 청구권을 행사할 수는 있다. 이를테면 내가 사용하도록 허락한 밭에다 유해물질을 유발하는 도구를 설치한 경우에 도구를 치워달라는 청구를 할 수 있다. 나의 이러한 청구가 가능한 근거는 나를 포함한 주변 사람에게 위해를 끼치지 말아야 한다는 도덕적 청구권에 있다. 그리고 그 도덕적 청구권은 곧 나의 자유권(밭을 사용하게 허락한 권리)를 보호하는 것이다.

도덕적 문제와 관련하여 호펠드의 권리 형식에서 제기할 수 있는 문제는 권리-의무의 선후관계 문제이다. 호펠드의 청구권은 상대방의 의무와 짝을 맺고 있는 상관개념이다. 나의 채권이 성립할 경우에 채무자의 갚을 의무가 성립한다. 반대로 채무자가 빚을 갚지 않는 한, 그의 채무로 인하여 나의 채권이 성립할 수 있다. 이렇게 보면 권리-의무 관계가 선후에 관계없이 쌍방으로 성립한다. 그러나 면밀하게 살펴본다면, 청구권인 나의 채권이 먼저 존재하지 않는다면, 채무자의 갚을 의무는 성립하지 않는다. 이렇게 보면 권리-의무 관계는 권리가 우선하는 일방적 관계로 보인다.

그렇다면 권리에 대하여 의무가 선행하는 경우는 없는가. 부모가 아이에 대하여 지는 양육의무가 있다. 양육의 의무를 이행하면서 아이는 부모로부터 여러 가지 수혜를 누릴 수 있다. 하지만 이러한 경우를 두고 부모의 의무가 아이의 권리에 선행한다고 확정적으로 말할 수 있는가. 이 경우에 아이가 커서 부모에게 부모의 능력 밖의 재화를 권리를 내세워 청구한다고 하자. 아이는 부모에게 엄연한 양육의무가 있으니 자신의 권리가 정당화된다고 주장할 수도 있다. 이럴 경우에도 부모의 의무는 성립하는가. 즉 아이가 청구하는 내용을 이행하는 것이 자녀에 대한 부양의무라고 할 수 있는가. 이 경우 도덕권의 측면에서 본다면 가능하다. 그러나 호펠드의 입장에서 보면 불가능하다. 이 경우 부모의 의무는 재산이 많은 경우를 제외하고 부양에 따른 최소의무만으로 만족시킬 수 있다. 즉 호펠드의 권리 형식으로 보면, 의무는 어떤 것을 특정하여 이행할 수 있는 경우의 의무에 한정되며, 그것을 특정하지 않는 의무는 성립하지 않는다. 또한 의무를 이행할 사람을 지정할 수 없는 경우에도 의무는 성립하지 않는다. 앞서 예를 들었듯이, 빈궁한 사람이 자신의 생존권을 보장하라고 지나가는 부유한 행인에게 의무를 주장할 수는 없다.

우리는 무엇을 특정하지 않은 의무와 의무 이행자를 특정하지 않은 의무는 성립하기 어렵다는 것을 호펠드의 권리 형식 논의를 통하여 확인할 수 있다. 그럼에도 도덕적 청구로 인하여 성립하는 도덕권이 실정법을 토대로 하는 실정권보다 포괄적이므로 이른바 권리의 사각지대에 처한 사람들의 권리를 보호하는 데 요구되는 현실을 호팰드의 권리 형식 이론은 잘 설명해내지 못한다는 비판을 받는다. 이 문제는 대부분 고전적 권리이론인 이익설과 선택설을 넘어서 자격설을 통하여 논의된다. 이는 이어지는 절에서 다루도록 한다.

호펠드의 이론을 토대로 한 논의는 권리이론의 가장 기초가 될 뿐만 아니라 무궁무진한 논의를 낳는 원천이 된다. 그런 만큼 호펠드의 이론이 권리 이해에 차지하는 비중이 크다는 것을 부정할 수 없다. 무엇보다도 그가 설정한 권리의 형식은 권리의 논리적 속성만이 아니라 권리가 어떠한 기능을 수행하는가를 탐색하도록 해 준다. 특히 우리가 여기서 살펴본 내용 이외에 권리의 기능에 관한 내용은 방대하다.

이러한 다양한 논의를 통하여 권리의 이론적 논의가 풍부해진다. 이를 토대로 하여 권리의 기능에 관한 여러 가지 주장이 있다. 이종은은 여러 학자들의 논의를 종합하여 권리의 기능을 다음과 같이 정리한 바 있다.

① 가장 엄격한 의미에서 모든 권리는 청구권이다.
② 모든 권리는 타당한 청구이다.
③ 권리는 가장 중요한 의미에서 자유권(특권)과 청구권의 결합이다.
④ 권리는 청구되는 것이기보다는 허용되는 것이다. 권리는 소지자가 자유롭게 할 수 있는 것이 무엇인지를 알려주지만, 해야 할 것과 하지 않아야 하는 것은 알려주지 않는다.
⑤ 어느 누구도 무엇을 할 권리는 갖지는 않는다. 다른 어떤 사람이 무엇을 하게 되거나 하는 것을 억제할 권리를 가질 뿐이다.
⑥ 권리는 확립된 행동방식이다.
⑦ 행사할 수 있다는 것을 도외시하고는 권리에 대해 생각하기 어렵다.
⑧ 권리는 피조물이 소유해야 하는 권한(힘)이다.
⑨ 모든 권리는 본질적으로 재산권이다(이종은, 2011: 664-5).

이상의 내용을 그대로 인용하는 것은 우리가 권리의 속성을 과대 해석하거나 잘못 해석하는 경우가 많기 때문에 이에 대한 경각심을 고취하기 위한 것이다. 위의 아홉 가지 항목을 간략하게 덧붙여보도록 하겠다.

①, ②, ③번 항목은 지금까지 살펴본 호펠드의 권리이론이 견지하고 있는 입장이다. 청구권이 권리의 핵심이 된다는 점이 요체이다. 물론 이 입장은 여러 가지 비판을 받고 나름대로 허점을 지니고 있는 것도 사실이다. 그러나 권리를 지나치게 확대해석하거나 잘못 적용하는 것을 바로잡는 데 있어서 이 입장은 매우 중요하다.

④번 항목은 앞서 살펴본 권리-의무의 선후관계와도 관련이 된다. 특히 이 내용은 대상이나 의무 이행 주체를 특정하지 않고 상대방에게 의무 이행을 주장함으로써 자신의 권리가 성립한다고 보는 일부 주장의 결함을 보여준다.

⑤번 항목은 교육학적으로 주목할 필요가 있는 내용이다. 이 내용을 바꾸어 말하자면, 어떤 사람이 권리를 가지고 있다는 것을 다른 사람에게 그것을 시키거나 강제할 권리가 있다는 뜻으로 해석해서는 안 된다는 뜻이다. 만약 그렇게 하려면 권리소유자는 단순하게 권리라고 해서는 안 되며 다른 요건이 필요하다. 『증보 아동권리향연』을 비롯하여 여러 곳에서 교육권 논쟁을 다룬 바 있다. 많은 사람들이 아직도 '교육권'을 '교육을 시킬 권리'로, '학습권'을 '교육을 받을 권리'로 인식하고 있다. 『증보 아동권리향연』의 제6장과 제7장에서 두 가지 모두 교육받을 권리임을 지적하고 그 논거를 제시한 바 있다. 두 가지 용어가 모두 교육받을 권리라는 근거는 바로 ⑤번 항목에서 찾을 수 있다. 다만 『증보 아동권리향연』의 제7장에서 '교육권'은 그 성격이 보편적 복지권이며, '학습권'은 저항권적 자유권이라고 한 바 있다. 조금 구체적으로 말하자면, 교육권

은 인간의 생존에 필요한 기본적 재화와 마찬가지로 삶을 영위하는 데 있어서 요구되는 보편적 필요, 즉 구속이 없는 자유로운 삶과 함께 무지로부터 자유로움에 요구되는 최소한 교육을 받을 권리를 말한다. 이로부터 공교육의 보편적 정당성을 찾을 수 있다. 반면에 학습권은 국가나 공공기관으로부터 일률적으로 제공된 공교육에 대한 일종의 저항으로서 성립하는 권리임을 지적하였다. 학습권이 평생교육의 맥락에서 비롯되었으며, 그 대표적인 것으로 대안학교, 협약학교, 홈스쿨링에 대한 권리를 찾을 수 있음을 지적하였다.

⑤번 항목과 관련하여 또 하나 지적하지 않을 수 없는 내용은 교사의 '가르칠 권한'이다. 이 항목은 교사의 권리가 왜 권한(권능)에 집중되는가를 설명하는 논거가 된다. 앞서 호펠드의 권리 형식에서 의무와 책무의 차이점을 살펴보았다. 이를 좀 더 구체적으로 말하자면 행위자가 자유로운 계약 관계에서 임의적 청구, 이를테면 계약에 의한 청구에 대하여 성립하는 의무를 말한다. 그러나 교사가 지니는 책무는 이러한 의미의 의무가 아니다. 교사가 가르치는 일과 관련하여 지니는 책무는 관련법에 의하여 부여된 자격이나 힘이다. 교사가 가르치는 일에 관한 책무로서 학습지도권, 교습권 등이 있다. 무엇보다도 교사의 이러한 책무는 자유로운 의사에 따른 계약이나 임의적인 결정에 따른 것이 아니다. 관련법령과 자격기준에 따른 것이다[2]. 교사의 책무를 의무의 상관개념인 권리(또는 청구권)로 보면, 마치 교육권-학습권을 서로 상반되는 권리 대립 내지는 권리 충돌로 보는 것과 같이, 권리 주체인 교사가 또 다른 권리 주체인 아이와 학부모와 갈등관계를 유발하게 하는 단초가 된다. 교

---

2) 앞서 제5장에서 잠시 언급한 바 있지만, 이 문제는 제10장 제6절 및 제7절에서 살펴보기로 한다.

사의 가르칠 권한을 호펠드의 청구권이나 특권(자유권)으로 보아서 안 되는 이유를 다시 한 번 확인하였다.

⑥번과 ⑦번 항목은 권리 주장을 막연하게 할 수 없음을 뜻한다. 자연권에서 비롯된 고전적 권리도 막연하게 주장할 수 없다. 현대 사회의 여러 가지 맹점으로 인하여 권리 주장이 포괄적으로 개진되는 것도 이 내용에 비추어 면밀하게 검토되어야 한다. 권리지상주의를 경계해야 할 근거이다.

⑧번 항목은 여러 가지 권리이론에 근거가 되는 내용이다. 권리를 '짝패(trump)'로 보는 이론은 이 항목의 입장을 대변한다.

끝으로 ⑨번 항목은 인간의 가장 기본적인 권리는 자유, 생명, 재산에 관한 것이며, 이 세 가지는 상호불가분의 관계가 있다. 이 문제는 제5장 제3절에서 언급한 바 있다. 이와 관련하여 부기하고 싶은 것은 많은 사람들이 재산권을 너무 경시하고 있는 듯한 세태이다. 특히 개인의 재산권을 공공의 목적이라는 미명 아래 제한하는 데 너무도 관대할 정도이다. 그러면서 정작 자신의 재산에 관해서는 지나치게 재산권을 주장한다. 이는 새로운 '내로남불'의 양상으로 드러난다.

Ⅲ. 이익이론과 선택이론

권리의 개념을 이해하기 위하여 이제까지 살펴본 호펠드의 권리 형식이 유효하였다면, 이어 소개하는 이론은 권리가 수행하는 기능을 잘 설명해준다. 권리의 기능에 따라 권리이론이 성립한다. 즉 권리의 기능이 권리 소유자에게 이익을 준다고 보는가, 아니면 권리 소유자의 의지를 반영하는 데 있는가에 따라 권리이론은 주로 이익이론(이익설)과 선택이론(선택설)으로 나뉜다[3].

1. 이익이론

이익이론의 핵심은 권리가 권리 소유자의 이익에 의하여 정당화된다는 데 있다. 권리는 이익 또는 수익이다(rights as benefits). 즉 이익이 권리의 기능이며, 권리를 존재하게 하는 근거(이유)가 된다. 말하자면, 어떤 사람에게 권리가 있다는 것은 그 사람의 복리가 증진된다는 것이며, 권리로 인하여 권리 소유자의 형편이 권리를 갖기 이전보다 나아졌다는 것을 뜻한다.

이익이론을 주장하는 사람들로 벤담(Jeremy Bentham), 페인(Thomas Paine), 버크(Edmund Burke)를 들 수 있다. 벤담은 권리를 이로운 의무 또는 수익이 있는 의무(beneficial duty)라고 정의한 바 있다. 이는 권리는 의무 이행을 통하여 얻어지는 수익 또는 이익이라는 뜻이다. 이러한 벤담의 정의는 이익이론을 대표할 뿐만 아니라 페인과 버크의 주장과도 상통한다. 페인은 '인간은 자연권에 대한 지식을 자신의 이익에 올바르게 힘씀으로써 얻는다'고 하였으며, 버크는 인간의 권리는 인간의 이익이라고 한 바 있다. 이들 주장의 핵심은 권리가 권리 소유자의 이익에 의하여 정당화된다는 데 있다.

권리는 권리 소유자의 적절한 이익을 도모하기 위해 존재하며, 나아가서 권리 소유자의 이익을 보호하는 기능을 수행한다. 그러나 문제는

---

3) 이익이론과 선택이론의 소개는 Jones(1994)를 토대로 하여 작성하였음.

권리로 인하여 도모되고 보호되는 이익이 무엇인지 명백하지 않다는 데 있다. 이에 대한 하나의 답은 벤담의 견해에서 찾을 수 있다. 앞서 권리는 의무 이행을 통하여 얻어지는 수익이라고 하였으므로 이익이론에서 말하는 권리는 의무에 상응하는 권리, 즉 청구권을 지칭한다고 할 수 있다. 그러므로 이익이론에서 주장하는 권리는 청구권에만 국한된다고 할 수도 있다. 그렇지만 우리는 호펠드의 권리 형식에서 권리는 청구권만을 가리키는 것이 아니라는 점을 확인하였다. 이는 곧 이익이론이 지니는 한계임을 말해준다.

이제 이익이론이 지니는 특징을 정리해 보기로 한다.

첫째, 이익이론은 의무 이행에 따라 주어지는 이익을 향유하는 것이 권리라는 이론이다. 따라서 반대로 권리는 이익을 가져다 줄 것을 기대하는 의무를 이행해야 할 근거를 제공한다. 이는 권리에 앞서 의무가 선행된다는 점을 전제한다. 그러나 이러한 전제는 한계를 지닌다는 것을 앞 절에서 언급한 바 있다.

둘째, 이익이론은 권리와 의무가 상관관계(correlatives)에 있다고 전제한다. 따라서 상관관계가 성립하는 청구권의 경우에 적용되는 권리설이다. 달리 말하자면, 상관관계가 없는 호펠드의 자유권(특권)의 경우, 의무 이행이 전제되지도 않으며, 어떤 이익(benefits)을 주지 않기 때문에, 이익이론은 이러한 권리를 설명하지 못한다.

셋째, 이익이론은 벤담을 비롯한 공리주의 이론에 기초한다. 모든 법은 의무이행을 규정하고 있기 때문에, 의무이행의 결과 얻게 되는 혜택(이익)에 대하여 개인은 권리를 지닌다는 입장이다. 하지만 공리주의에 입각해서도 권리가 성립하지 않는 예외를 찾을 수 있다. 이를테면 권리 소유자에게 이익을 주지 않는 권리는 쉽게 찾을 수 있다. 예를 들어서 식초를 마실 권리가 이익을 가져다주지 않는 것은 어떻게 설명할 수 있는가? 이 경우 식초를 마실 권리는 권리의 짝인 의무를 상정하지 않는 특권(자유권)이기 때문이다.

넷째, 이익이론에서는 사람이 지니는 권리를 제한하고 강압하는 권위적 간섭주의(paternalism)가 정당화될 소지가 있다. 왜냐하면 권리는 이익으로 설명하기 때문에 권리 제한이 결국 더욱 권리, 즉 더욱 이익을 위하여 현재의 권리를 제한한다는 권위적 간섭을 정당화한다. 권위적 간섭주의 문제는 제11장 제1절에서 검토한다.

이러한 특징은 곧 이익이론의 한계를 지적하는 비판점으로 이어진다.

첫째 비판점은 모든 경우에 의무 이행으로 인하여 권리(이익)를 가져다주지 않는다는 데서 찾을 수 있다. 이는 두 가지로 나누어 볼 수 있다. 하나는 의무에 앞서 권리가 선행하는 경우이다. 이를테면 개인적 취향에 따라 옷과 음식 메뉴를 선택하는 것은 권리이지만, 이 권리는 어떤 의무도 전제하지 않고 성립한다. 결국 이는 권리가 청구권이 아닌 특권(privilege, 자유권)으로 귀결되는 문제이다. 따라서 특권의 경우, 권리 행사가 이익(benefits)을 주지 않는다. 다른 하나는 자신의 의무 이행이 아니라 타인의 의무 이행으로 이익을 향유하게 되는 경우가 있다. 이 경우는 조금 이야기가 복잡하게 들릴 수 있다.

다음 장에서 좀 더 상세하게 다룰 사례인 난파선의 경우를 보자. 흔히 타이타닉처럼 난파하는 배에서 구명정에 오를 수 있는 정원이 한정되어 있을 경우, 흔히 어린 아이, 노인, 병약자, 성인 여자, 그리고 성인 남자 순으로 정한다. 이 경우 그 순서가 어떤 근거에서 성립하는지 그리고 그것은 정당화 여부는 이어지는 제7장에서 다루기로 하고, 여하튼 구명정에 오를 인물 10명에 성인 남자가 해당되지 않는다고 할 경우 성인 남자는 어린 아이, 노약자, 여성의 이익을 위하여 자신의 구명정에 타지 말아야 할 의무를 이행해야 한다. 이 경우에서 어린 아이, 노인, 병약자, 성인 여자의 권리는 분명히 이들의 이익을 도모하고 보호해 주고 있다. 그러나 그것은 성인 남자의 의무 이행을 전제로 한다는 점에서만 성립한다. 즉 권리 소유자의 이행이 아니라 아무런 상관이 없는 사람의 의무 이행을 전제로 한다. 여기서 어린 아이, 노인, 병약자, 성인 여자의 권리와 성인 남자의 의무이행은 상관관계에 있지 않다는 점에 유의해야 한다. 곧 청구권처럼 의무 이행으로 권리가 성립된 것이 아니다.

둘째 비판점은 상관관계가 성립하는 권리 청구자(rights holder)와 의무 이행자(duty performer) 이외에 권리수혜자(beneficiary)가 있는 경우에 찾을 수 있다. 이 경우 이익이론은 성립하지 않는다. 일정 기간 상응하는 수고비를 지급하기로 하고 갑돌이는 질병 간호가 필요한 자신의 어머니를 간호해 달라고 을순이와 계약을 맺었다고 하자. 이 경우 갑돌이와 을순이는 채권-채무 관계처럼 권리-의무의 상관관계가 성립한다. 갑돌이는 을순이의 간호 행위라는 노역에 대한 청구권을 지닌 권리 소유자이며, 을순이는 일정 기간 필요한 간호 행위를 이행해야 할 의무 이행자이다. 이익 이론에 따르면 권리 소유자인 갑돌이는 권리를 소유한 데 대한 이익을 향유해야 한다. 그러나 이 권리-의무 관계에서 이익을 향유하는 사람은 갑돌이의 어머니가 된다. 그렇게 되면 권리는 이익이라는 이익이론의 입지를 약화시켜 버린다.

셋째, 호펠드의 권리 형식 중 권한(rights as power)인 경우는 이익이론이 성립하지 않는다. 오히려 의무행사로 인하여 권리소유자가 아닌 상대방에게 이익을 가져다준다. 호펠드의 권한을 지닌 사람들은 대부분 전문직에 종사하는 사람에게 해당한다. 대표적으로 의사, 판사의 경우부터 보자. 의사의 경우, 의사의 권리 행사는 환자에게 이익을 가져다준다. 의사의 권리 행사는 의사만이 지닌 권한, 즉 처방이나 시술 등의 의료행위를 뜻하므로 그 의료행위의 결과로 가장 이익을 받는 이는 권한에 따른 책무를 이행하는 환자이다. 물론 의료 행위로 인하여 의사도 경제적 이익을 취득하였다고 말할 수 있지만, 그것은 그 자신의 노역에 대한 보상이지, 원천적으로 환자와의 권한 행사에 따른 이익이 아니다. 마찬가지로 판사의 경우, 판사의 권리 행사는 재판을 받는 피고 또는 원고에게 이익을 가져다준다. 판사의 권리 행사는 판사만의 권한, 즉 법리와 양심에 따른 전문적인 판단을 뜻하므로 그의 판결의 결과로 이익을 보는 사람은 원고 또는 피고이다.

같은 맥락에서 가르치는 일에 있어서 교사가 소유하는 권한 행사의 목적은 학생의 이익을 증진하는 데 있다. 이 입장에 서면 교사는 그 전문직을 수행함에 있어서 전형적인 이타주의자(altruist)가 되어 버린다. 그러면 교사가 지니는 권리로 인하여 이익을 도모, 증진하거나 보호받을 수 없다는 반론에 처할 수 있다. 판사, 의사가 이타주의자의 전형이 아니듯이, 교사가 이타주의의 전형이 아니라는 점은 분명하다.

네 번째 비판점은 이익이론이 계약상의 권리를 설명하지 못한다는 데 있다. 이익이론이 잘 설명하는 권리 형식은 청구권이며, 청구권은 권리-의무의 상관관계로 설명되는 전형적인 권리형식이다. 그럼에도 여기서 설명하지 못하는 부분이 있다. 그러면 설명하지 못하는 부분이란 무엇인가. 그것은 권리를 이익으로 한정하여 설명할 경우 권리 행사를 상대방의 이익을 앗아가는 것으로 보는 데 있다. 계약상의 권리 행사는 상대방의 이익을 빼앗은 것이 아니다. 예컨대, 갑과 을 중에서 내 재산을 관리할 수임자로 지명하여 계약할 경우, 을을 제치고 갑과 계약을 체결하여 갑이 이익을 얻은 경우 갑의 이익은 을의 이익(권리)에서 빼어서 얻은 것이라고 할 수 없다.

2. 선택이론

선택이론은 권리 소유자의 의지, 선택 의지를 강조하는 이론이다. 권리는 권리 소유자의 의지에 어떤 유리한 지위를 부여한다. 이익이론과는 달리 선택이론에서는 권리는 권리 소유자의 이익을 증진했기 때문이 아니라 권리 소유자가 스스로 의지에 따라 선택을 했기 때문에 성립한다. 한 마디로 권리는 선택(rights as choices)이다.

선택이론에 따르면, 권리는 권리 소유자를 하나의 주권자로 간주한다. 내가 소유한 권리는 내가 선택함으로써 타인이 여기에 개입하거나 경합할 수 없는 영역임을 천명하는 것과 같다. 선택이론을 주장하는 사람들로 칸트(I. Kant), 하트(H. A. L. Hart) 등을 들 수 있다. 특히 하트에 따르면, 권리 소유자가 된다는 것은 주권을 행사하는 것이다. 이 점에서 권리 소유자가 되는 것은 그의 권리에 상응하는 타인의 의무를 통제하는 것이다.

선택이론의 특징을 정리하기 전에 선택이론이 전제하는 바 두 가지를 정리해 둘 필요가 있다. 하나는 선택이론은 권리 소유자를 하나의 주권자로 본다는 점에서 권리 소유자를 특정할 수 있어야 한다. 권리소유자를 특정할 수 있어야 권리에 상응하는 의무 내지는 책무를 강제할 수 있다. 막연하게 권리를 지닌 보편자를 권리 소유자로 인정해서는 안 된다. 그렇게 되면 권리를 행사하는 선택 행위가 성립할 수 없다. 다른 하나는 권리 소유자가 권리를 행사하는 행위, 즉 자신의 의지에 따라 선택하는 행위를 통해 자신의 이익을 증진해야 한다는 점이다. 그러면 권리 행사, 즉 선택 행위를 할 수 있는 모종의 기준이나 능력조건 등이 뒤따라야 한다.

이제 선택이론이 지니는 특징을 정리해 보기로 한다.

첫째, 권리와 의무의 선후 관계이다. 이익이론은 의무이행이 권리보다 선행한다는 입장인데 반하여, 선택이론은 권리행사 여부에 따라 의무이행여부가 결정된다는 입장이다. 즉 선택이론에서는 이익이론과는 반대로 권리행사가 의무이행에 선행한다.

둘째, 청구권 적용을 전형적이라고 보는 이익이론과 달리, 선택이론은 특권(자유권)과 권한(power)의 경우에 적용된다. 이는 권리 행위가 곧 주권을 행사하는 것에 비견되는 점에서 그러하다. 그리고 선택 행위 능력, 이를테면 합리적 판단 능력과 같은 요건이 수반되어야 한다. 그렇지 않으면 이 이론에 적용되는 특권이나 권한은 자의적이고 소모적인 행위로 전락할 가능성이 있다.

셋째, 권리 소유자가 주권을 행사하는 것에 비견된다는 점에서 선택이론은 민법(civil law)과 관련된다. 이에 반하여 이익이론은 형법(criminal law)과 관련된다. 이 점은 선택이론이 결정적인 비판을 받는 단초를 제공한다.

그러면 선택이론의 한계를 살펴본다.

첫째, 선택이 권리의 모든 영역을 설명하지 못한다. 즉 형법상 관련된 권리는 선택 사항이 아니다. 선택할 수 없는 재화에 대한 권리, 선택의 여지가 없는 공정한 재판 받을 권리, 폭행을 당하지 않을 권리는 선택사항이 아니다. 마찬가지로 형법상 또는 형사소송법상의 절차 등도 선택사항이 아니므로 선택이론으로 설명할 수 없다.

둘째, 선택 능력의 문제이다. 선택이론은 선택능력 있는(capable of choices) 사람에게만 적용된다. 선택능력이 없는 아동, 장애인, 갓난아기는 물론 동물이나 거의 모든 신체기능이 마비되거나 정지된 식물인간은 권리 소유자 범주에서 제외된다. 이렇게 볼 경우, 사회적으로 심각한 문제가 야기된다는 점은 부연할 필요가 없다.

셋째, 아동권리의 문제이다. 앞의 비판의 연장선에 있지만, 아동이 소유한 권리는 아동의 선택 능력으로 인하여 정당화되는 것이 아니다. 이는『증보 아동권리향연』제4장에서 아동의 권리 주체, 즉 권리 소유자임을 논의하면서 정당화한 바 있다. 이보다 더 구체적으로 말하자면, 성인이 아동을 학대하지 않을 의무와 아동이 성인으로부터 학대받지 않을 권리는 선택 사항이 아니다. 인지 능력이 뒤진다고 아동이 자신의 권리를 침해받아서 된다는 점은 선택이론으로 설명하기 어렵다.

넷째, '선택의 여지' 없이 성립하는 권리가 있다. 인간의 생존에 관련된 사항에 관한 권리는 선택 사항이 아니다. 미성년자와 사회·경제적 무능력자가 권리 행사능력이나 판단능력이 부족하다는 이유로 인하여 권리 주체 또는 권리 소유자가 아니라고 한다면, 그것이 과연 사회적으로 용인될 수 있겠는가. 또 실정법상 의무이행을 규정한 경우에만 선택이 가능하다고 한다면, 미성년자와 사회·경제적 무능력자가 권리 소유자 또는 권리 주체의 범주에서 배제된다는 것을 뜻한다. 그렇게 되면 이 경우 권리의 보편성은 어떻게 자리 잡을 수 있을까.

이제 두 가지 권리 이론을 간략하게 종합해 보기로 한다. 우선 권리가 이익이론과 선택이론으로 설명되지 않는 문제가 야기된다는 점을 들 수 있다. 이익이론에서 권리는 권리 소유자의 이익에 의해 정당화된다. 여기서 이익은 권리의 기능이고, 권리의 존재 이유가 된다. 반면에 선택이론에서 권리는 권리 소유자에게 타인의 의무에 대한 권력을 부여하는 기능을 수행한다. 권리소유자는 권리에 상응하는 타인의 의무를 통제할 수 있다. 이 두 가지를 호펠드의 권리 형식에 비추어 보면 이익이론은 청구권에 잘 들어맞으며, 선택이론은 특권(자유권)과 권한에 잘 들어맞는다. 또한 법체계에서 이익이론은 형법에, 선택이론은 민법 체계에 부응하는 측면이 강하다.

간략하지만, 두 가지 이론의 장단점을 살펴보았다. 이익이론은 권리가 이익을 도모한다고 하지만, 이익의 도모와 증진이 이익 일반을 뜻하는 것이 아님은 분명해 보인다. 선택이론은 권리 소유자를 특정하고 그의 능력 준거를 전제해야 한다. 이렇게 보면 권리는 자율적 선택에 따른 이익에 봉사한다는 대안을 제시할 수 있다. 이런 경우에도 권리 소유자를 특정하고자 할 경우에 야기되는 문제, 이를테면 미성년자와 사회·경제적 무능력자의 이익 증진 문제를 다룰 수 있는 이론적 논의를 요구한다.

이 문제를 다루기 위하여 우리는 또 다른 대안적 성격의 권리 이론인 자격이론을 살펴볼 필요가 있다.

Ⅳ. 자격이론

이제까지 논의된 바를 정리하면 권리는 자율적 선택에 따른 이익의 도모와 증진 그리고 보호이다. 이렇게 볼 경우, 권리 주체, 즉 권리 소유자는 자율적 선택 능력이 있는 사람에 국한된다. 그러면 적어도 두 가지 범주가 배제된다. 하나는 미성년자, 정신적 무능력자, 사회·경제적 무능력자, 태아 등이다. 다른 하나는 동물, 식물, 생태계를 구성하는 자연물 등이다. 전자는 '인간의 권리(rights of man)' 또는 '인권(human rights)'의 범주에 속하는 권리문제이다. 후자는 '동물권' 또는 '환경권' 등의 범주에 속하는 권리문제이다. 이 내용은 제5장에서 언급한 바 있다. 이렇게 권리 소유자를 어떻게 볼 것인가, 구체적으로 권리 소유자 또는 권리 주체를 어떻게 구분할 것인가 하는 문제를 '문지방 문제(threshold problem)' 또는 '역치(閾値)의 문제'라고 한다. 앞서 제1장에서 아동의 범주를 검토해 본 것도 일종의 역치의 문제라고 할 수 있다.

무엇보다도 자격이론을 검토하기 위하여 전자를 다루어야 하며, 다시 이를 위하여 자연법의 뿌리인 계몽사상부터 간략하게 살펴보기로 한다.

1. 계몽사상과 자연법

계몽사상의 기원은 아퀴나스(Aquinas)의 신학에서 찾는다. 물론 그 기원을 고대 희랍에서 찾을 수도 있지만, 인간의 이성에 의하여 파악할 수 있는 신의 섭리가 존재한다는 그의 주장은 아이러니하게도 인간중심 사고의 핵인 자연법(Natural Law) 사상의 씨앗이 된다. 따라서 자연법은 인간의 이성에 의하여 파악할 수 있다는 생각에 기초한다. 그리고 자연법 사상이 17~18세기 계몽사상으로 이어진다(Peters and Benn, 1959).

먼저 계몽사상의 특징으로 기존 전통과 제도에 대항하는 '개인' 의식의 성립을 들 수 있다. 구체제에 대한 반동(reaction)으로 '개인'에 대한 의식이 싹트기 시작하였다. 그리고 '개인'은 당시 국왕, 교황, 영주, 가부장, 신부 등의 사회적 권위체(권력체)에 대항하여 '나'라는 인식을 싹트게 하였다. 계몽사상의 특징을 다음과 같이 간략하게 정리할 수 있다.

〈표 6-4〉 계몽사상의 특징과 반론

특징	반론	비고
연역적 추론체계	1. 전제의 미검증 2. 결과주의 윤리학	아리스토텔레스 목적론
적용의 보편성	1. 추상성의 문제 2. 세속성	공리주의, 쾌락주의
이성(합리주의)	직관주의 정의주의(emotivism)	-
과학주의	과학법칙이 도덕적 근거가 되지 못한다.	기계론
의무론	집행절차의 문제	인간존엄성, 법 앞의 평등

〈표 6-4〉에 담긴 내용을 간략하게 설명하고자 한다. 계몽사상은 확실성을 담보하기 위하여 연역적 추론체계를 지향한다. 이는 데카르트의 영향이다. 그러나 연역은 전제가 항상 참이어야 한다. 만약 전제가 참임을 증명할 수 없는 경우에는 연역적 추론은 치명적인 결함을 드러낸다. 또한 공리주의와 같은 결과주의 윤리학은 연역보다는 사실을 토대로 한 추론에 입각하므로 이에 대하여 반론을 제기한다. 아리스토텔레스가 제시하는 목적론을 설명하는 데도 한계가 있다.

또한 계몽사상은 권리의 보편성을 뒷받침한다. 그러나 그것은 권리문제를 매우 추상적으로 인식하게 만들어서 현실과의 괴리를 야기한다. 뿐만 아니라 권리를 왜곡시키고 상황을 악화시키기도 한다. 이 문제는 제3장에서 이미 살펴본 바와 같다. 또한 보편성은 세속적인 내용을 강제적으로 일반화한다는 점을 지적하지 않을 수 없다. 즉 보편성을 효용의 증가라는 측면에서 해석할 경우, 추구하는 효용의 질 문제를 경시할 수 있다. 밀의 질적 공리주의는 이 점에서 나온 대안이다.

이성에 따른 합리주의는 이성의 합리성과 실증적 탐구라는 장점을 지님에도 불구하고 인간의 직관 감성을 경시하는 측면이 있다. 탈근대 담론은 이 점에서 출발한 것이다. 아울러 과학주의는 사실과 가치의 이분법을 극복하는 데 한계가 있다. 그리고 인간을 기계론적 입장에서 설명하는 한계가 있다.

계몽사상의 연장에서 칸트의 의무론적 윤리학이 설정된다. 의무론적 윤리학은 인간의 존엄성과 법 앞의 평등을 주장하는 근거가 되지만, 절차상 현실을 반영하지 못한다는 단점도 있다.

또한 제5장의 제3절에서 권리 인식의 발달에서 자연권과 자연법을 개괄하였으므로, 여기서는 자격이론과 관련되는 내용만을 다루기로 한다.

〈표 6-4〉에서 연역체계는 데카르트의 합리론의 영향에 따른 결과이다. 이 전통은 칸트의 의무론으로 이어지면서 이성을 존중하는 사고를 확립시킨다. 그리고 이성의 존중은 과학주의를 낳았다. 이에 대하여 여러 가지 비판이 이어진다. 특히 목적론적 사고와 기계론적 방법에 대한 비판, 그리고 이성에 대한 감성과 직관의 중요성을 부각해야 한다는 비판이 이어진다. 권리의 측면에서 칸트의 의무론은 기여한 바가 크다. 그러나 그의 이론은 의무를 전제하는 의무론인 만큼 권리를 기본전제로 해야 한다는 권리 이론의 비판을 받는다(Dworkin, 1984).

무엇보다도 자연과학의 발달과 더불어 자연법 사상의 발아는 권리인식에 크게 기여한다. 단순하게 말하자면, 자연의 법칙이 존재하는 것처럼 인간을 규율하는 보편적 법칙이 존재한다는 생각이 자연법 사상이며, 이는 인간에게 보편적 권리가 부여된다고 보는 자연권 사상으로 이어진다. 특히 자연법은 엄밀하게 자연과학, 수학 등의 법칙이므로 사회의 실제를 규율하거나 설명하는 법칙으로 불충분하며, 설득력도 없다. 그 결과로 '자연법' 사상은 '자연권' 사상으로 대체되면서 명맥을 이어간다. 이와 같은 과정에서 성립한 자연권 사상은 계몽의 결실이라고 할 수 있다(Peters & Benn, 1959: 95).

목하 관심사인 자연권 사상의 형성 이외에 계몽사상은 다음과 같은 네 가지 결실을 낳았다. 첫째, 기존 기독교를 인간의 이성에 따라 개혁하려는 종교개혁의 결과로 나온 개신교(Protestantism)의 성립이다. 둘째, 경제적 차원에서 자유로운 경제활동을 보장하는 자본주의(Mercantile capitalism) 형성이다. 셋째, 정치적으로는 사회계약설 대두이다.

계몽사상이 추구하는 보편성을 닮아 자연권 사상도 보편성을 확보하고 있다. 여기서 보편성(universality)이란 특정성(particularity)이나 일반성(generality)에 대비된다(Peters & Benn, 1959: 66, 95). 그러나 보편성이란 법이나 권리가 적용되는 대상을 특정하는 데만 사용되지 않는다. 자연법이나 자연권이 무엇을 뜻하는가 하는 문제, 구체적으로 사회계약설에서 '자연 상태'가 무엇을 뜻하는가 하는 문제와 관련된다.

사회계약설에서 로크는 자연 상태(state of nature)와 사회 상태(social state)를 상보적인 것으로 보는 반면, 루소는 이 둘을 대립적으로 본다. 루소의 자연 상태가 곧 반사회적 상태(non-social state)를 가리킨다. 반면에 로크는 자연 상태는 사회적 연합의 관계(social relations, associations)로 보아, 이를 자연권의 근원으로 삼았다. 이와 관련하여 로크와 홉스의 자연권-자연법 관계는 제5장에서 다룬 바 있다.

이와 달리 자연 상태를 개인의 결합의 관점이 아니라 집합의 관점으로 보는 견해도 있다(Peters & Benn, 1959: 97). 그린(T. H. Green)은 자연 상태를 공동선(common goods)을 추구하는 공동체로 보았다. 그 결과 공동체는 개인의 권리를 확신하고 있기 때문에 자연권의 근원이 된다.

또한 보산퀘(B. Bosanquet)는 자연 상태를 공동이익(common interests)을 추구하는 상태로 보았다(Peters & Benn, 1959: 98). 그에 따르면, 자연권은 개인이 지니는 개인의 권리가 아니라 공동체 구성원일 때만이 가질 수 있는 권리이다. 이를테면 문중(門中) 재산의 권리는 문중의 일원인 경우에 한하여 행사가 가능한 경우는 그의 주장을 뒷받침하는 예가 된다.

루소, 그린, 보산퀘와 같은 이들의 주장은 권리를 개인이 추구하는 이익이나 자율적 선택이 아니라 그것을 넘어서 집합적 개념으로 권리를 성립시키는 근거를 제공한다. 제5장에서 소개한 제3세대 권리는 이와 관련된다. 물론 여러 가지 문제가 수반되기는 하지만, 제3세대 권리의 특징 중 하나가 권리를 집합적 개념으로 파악하는 것이라고 하였다. 그 논거를 제공해주는 이론가가 바로 루소, 그린, 보산퀘와 같은 이들이다.

이제까지 내용을 종합해 보면, 다음과 같다. 이익이론과 선택이론을 토대로 하면 특정한 권리 소유자 또는 특정한 개인이 권리 주체로서 한계에 도달하게 된다. 또한 아이러니하게도 루소의 사회계약론과 자연 상태를 독특하게 규정한 몇몇 주장은 계몽사상에 뿌리를 두고 있으면서도 당초 계몽사상이 낳은 결과를 부정하는 결과를 낳았다. 무엇보다도 권리 주체 또는 권리 소유자의 범주를 설정하는 이익이론과 선택이론의 단점을 극복하는 단초를 제공한다. 한 마디로 이것이 인격체라면 권리는 누구나 소유할 수 있다는 주장, 즉 자격설의 논거가 된다.

다른 한편, 역치의 문제로서 권리의 범주를 인간을 넘어서 생명을 지닌 존재 그리고 생명체가 의존하는 환경으로 넓혀서 생각하면 동물권, 환경권의 문제로 이어진다. 비록 권리이론으로 개진된 것은 아니지만, 이 점에서 가이아 이론은 자격이론과 밀접하게 관련된다.

2. 자격이론 또는 인격설

인격설 또는 자격이론(entitlement theory)은 권리 소유자가 인격체이면 권리가 성립한다는 이론이다. 물론 같은 맥락에서 권리 소유자를 동물과 생태계로 넓히는 경우에도 권리가 성립한다고 보는 견해도 이에 속한다.

여기서 용어 문제를 언급하도록 한다. 소제목에 '자격이론' 또는 '인격설'이라고 하고, 이를 영어로 'entitlement theory'라고 한 것은 권리를 일종의 '자격'으로 보는 관점(rights as titles)에 입각한다. 이때 '자격'은 권리 소유자가 인간이나 생명체를 전제로 한다는 뜻이다. 그러나 문지방을 '인간'으로 좁힐 경우 인간의 자격이라는 뜻이 되므로, 마치 문맹을 벗어났다, 합리적 판단 능력을 지녔다, 아니면 교사의 자격을 취득했다 하는 경우처럼 다시 문지방을 좁히고 오해의 소지를 남기게 된다. 따라서 인간의 자격을 보편적인 의미를 담아 '인격'이라 하고 이러한 주장을 하는 이론을 총괄하여 '자격이론' 또는 '인격설'이라고 칭하기로 한다.

권리이론의 측면에서 자격이론은 도덕권(moral rights), 자연권(natural rights), 절대적 권리(absolute rights)와 밀접하게 관련되며, 이 권리들이 성립하는 근거를 제공한다. 이 개념은 이미 제5장에서 살펴본 바 있다.

이제 자격이론 또는 인격설이 지니는 특징을 정리해 보도록 한다.

첫째, 자격이론은 권리의 성립 근거를 인격성에서 찾는다. 권리 소유자(rights possessor)가 없으면 권리는 성립하지 않지만, 그렇다고 선택이론처럼 특정하지는 않는다. 선택이론과 달리, 자격이론은 규칙이나 법령은 개인에게 소속되지 않으면서도 성립한다. 규칙, 법령은 '나의 권리', '나의 의무'처럼 '나의 법령'을 규정한 것이 아니라는 입장이다. 오히려 도덕규범, 규칙이나 법령은 나에게 이익이 되고 내가 선택했다는 의미가 아닐 뿐만 아니라 그 자체가 비인격성을 갖기 때문에 권리의 근거를 제공하지 않는다.

둘째, 자격이론에 따르면 권리가 침해당했다는 것은 단순히 해당 법령의 위반에 그친 것이 아니라, 당사자가 부당한 대접을 받았다는 것을 뜻한다. 이는 칸트의 의무론을 토대로 한 의무기반 윤리학(duty-based morality)에 반대하여 권리기반 윤리학(rights-based morality)을 성립시키는 근거가 된다. 이를 대표하는 인물이 드워킨(Ronald Dworkin, 1984)이다. 그는 권리를 카드놀이에 비견하여 으뜸 패(rights as trump)라고 하였다.

윤리학의 관점에서 드워킨의 주장은 의미가 깊다. 우리가 이행하는 각종 의무들은, 서양의 관점에서 볼 때, 거의 대부분 공리주의와 칸트의 의무론에 입각해 있다. 칸트 윤리학에서 보면 의무는 인간의 존엄성(human dignity)의 측면에서 정당화되고, 이에 비추어 인간의 권리가 숭고한 것으로 존중된다. 반면 공리주의 입장에서 의무는 '최대 다수의 최대 행복'의 증진에 맞추어져 있다. 이를 확대하면 다수의 이익의 증진이나 다수결에 따라 소수의 이익이 경시되는 경우가 발생할 수 있다. 양쪽의 입장은 결국 권리가 어떤 방식으로든 의무 이행과 관련되어 있다는 뜻이기도 하다. 이 점에서 드워킨은 기존 윤리학을 기반으로 한 의무기반 윤리학을 비판하였다. 이에 대하여 그는 자격이론이 기반으로 하는 윤리학을 권리기반 윤리학이라고 하였다.

드워킨을 중심으로 한 자격이론의 속성은 그가 표현한 카드놀이의 '으뜸 패'라는 말에서 확인할 수 있다. 앞서 선택이론에서 권리 소유자는 일종의 작은 '주권자'라고 하였다. 그러나 여기서 주권자는 합리적 선택을 할 능력을 갖춘 존재를 뜻한다. 이것도 일종의 '자격'인 것은 맞지만, 어떤 요건을 전제하는 자격이다. 그러나 우리가 카드놀이를 할 경우에 카드놀이 참여자는 자신의 으뜸 패를 자신이 어떤 제약 없이 활용할 수 있다. 여기에는 어떤 법적 자격이나 능력 준거가 요구되지 않는다. 이 때 카드놀이 참여자의 으뜸 패는 어떤 조건이나 전제를 요구하지 않는 그의 불가침적 권리이다. 같은 맥락에서 인간의 자격(entitlement)을 지닌 존재는 모두 신성하고 불가침적 권리를 갖는다는 것이 드워킨의 주장이다.

대가들의 명저를 보면 간혹 그들의 학문적 입장이나 정체성이 무엇인지 혼동하게 되는 경우가 종종 있다. 자격이론과 관련하여 볼 때 언급하지 않을 수 없는 인물이 밀(John Stuart Mill)이다. 그는 자신의 『자유론』에서 다수결의 횡포를 경계하고 소수 의견을 존중해야 한다는 주장을 편 인물이다. 이를 위하여 그는 한 사람이 다수 의견을 무시하고 통치하는 독재정치를 비판해야 하는 것처럼, 다수가 소수 의견을 다수결에 의하여 무시할 수 없다고 주장하였다. 그의 이러한 주장은 드워킨의 으뜸 패를 통하여 설명하는 자격이론을 대변해준다. 하지만 밀은 이와 일관되지 않은 주장을 편 인물이기도 하다. 그는 모든 사람이 자유와 권리를 지닌다는 입장을 견지하면서 이를 향유하고 행사하기 위하여 합리적 능력이 요구된다고 주장하였다. 그 결과 어린 아이, 교육받지 못한 제3세계 사람들을 이 범주에서 제외시켰다. 즉 어린 아이와 소수자들에게 넘어야 할 '문지방'을 설정해 놓은 셈이다. 그것도 같은 책에서 이렇게 주장하고 있다. 결국 그는 선택이론을 주장하는 셈이다. 이 점에서 밀은 일관되지 못한 권리 이론을 주장한다고 결론지을 수 있다.[4]

---

4) 밀의 일관되지 못한 것은 그가 주장하는 자유주의와 공리주의가 상충하는 데서도 찾

셋째, 자격이론의 논거와 배경은 자연법의 맥락과 자연권에서 찾을 수 있다. 자격부여(vesting titles) 없이 규정된 규칙, 의무 위주의 법령, 또는 십계명과 종교적 명령 등의 '권리 없는 규칙(rightless rule)'은 그 규칙의 혜택이 권리 소유자 개인이 아닌 타인 또는 인간 전체에 돌아간다. 개인의 권리는 자연법(natural law) 맥락에서 정당화된다. 즉 애초 법과 규범 그리고 규칙이 인간에게 '권리 없는 규칙'으로 인식되다가 17~18세기 이후 '자연법이 인간에게 자격을 부여했다'는 인식이 발전된다. 이 점은 이미 살펴본 바와 같다.

하지만 이러한 주장에는 허점이 존재한다. 자연법이 인간에게 부여한 자격에 근거한 권리의 실행성(practicability) 문제가 그것이다. 이러한 비판이 야기되는 논거가 곧 자격이론이 비판받는 내용이 된다.

자격이론에 대한 비판의 논점은 앞서 권리 이론으로 회귀하는 듯하지만, 권리가 벤담의 '쓸데없는 헛소리' 즉 현실생활을 떠난 공허한 주장이 아니라면 새겨보아야 한다. 여기서는 두 가지만 살펴보자.

첫째, 자격이론을 통하여 권리 소유자가 획득하게 되는 이익이란 무엇인가. 그리고 그것이 현실적으로 가능한가 하는 문제이다. 비판의 논점은 이익은 개인의 인격 때문이 아니라 법의 규정 때문에 발생하기도 한다는 데 있다. 법의 집행결과로 우연히 어떤 개인에게 이익이 돌아가는 경우가 있다. 이 경우, 이익이 돌아간 것은 법이 이 개인에게 자격을 부여했기 때문이 아니라 법이 개인에게 이익을 수여한다고 규정했기 때문이다. 예컨대, 법에 '특정 이익이 특정 개인에게 부여된다.'고 규정하는 경우를 들 수 있다.

둘째, 자격이론이 다른 이론에 비하여 인간의 권리가 지니는 보편성

을 수 있다.

을 추구한다면, 권리는 그 보편성에 담긴 규범에 의존하게 된다. 따라서 자격이론도 다른 권리 이론과 마찬가지로 규범을 토대로 해야 한다. 기대고 있는 규범이 법으로 명문화되면 자격이론도 법에 근거해서 성립하게 된다. 앞서 제5장에서 실정권과 도덕권 문제를 소개한 바 있다. 거기서 도덕권은 시대적 요구나 인간의 삶의 환경이 달라짐에 따라 명문화되어 실정권의 지위를 갖는다고 하였다. 자격이론의 경우도 마찬가지이다. 궁극적으로 이론이 토대로 하는 근거로서 규범이 있고, 이 규범이 사회적으로 중요하게 인식될 경우 법제화될 것이다. 자격이론이 규범과 법령에 근거해야 한다는 주장이 성립한다. 이를테면 굶어죽지 않을 권리가 규범의 근거 없이 성립하지 않는다. 하지만 이 권리가 현실적으로 굶는 사람들에게 이익이 되도록 권리가 기능하려면 실행성을 갖추어야 한다. 이처럼 자격이론은 실행성 문제에 있어서 큰 허점을 지닌다.

3. 실행성 문제

자격이론은 자연법과 자연권과 밀접하게 관련되어 있다. 자연권은 도덕권(moral rights)의 특수한 형태이다. 왜냐하면, 자연권은 도덕적으로 정당화되는 권리이기 때문이다. 게다가 많은 경우에 도덕법칙(moral law)은 실정법(positive law)과 대비된다.

도덕권이 지지를 받는다고 해서 도덕권으로서 자연권이 어떤 의무에 대하여 우선한다고 할 수 없다. 예컨대, 징병의무이행은 직업선택의 자유를 침해한다고 볼 수 없다. 앞 절에서 지적했듯이 권리를 주장하는 데에는 어느 수준에서건 일종의 자격을 요구한다. 그렇지 않다면 도덕권조차도 성립하기 어렵다.[5] 이와 관련하여 두 가지를 지적하고자 한다.

첫째, 도덕권의 실행 문제이다(Peters & Benn, 1959: 101). 제5장에서 지적한 것처럼, 현실적으로 이른바 '인권'의 문제는 대개 저항권적 의미를 갖는다. 이때 권리가 이행된다 또는 권리가 실행된다는 의미를 면밀하게 살펴보아야 한다. 이는 자격이론이 현실적으로 실행하도록 하는 관건이 된다.

규범의 강제성 정도에 따라 권리를 어느 차원에서 천명할 것인가를 결정할 수 있다. 이는 권리문서를 보면 확인할 수 있다. 즉 각종 권리문서의 이행성 또는 강제성, 이를테면 그 권리문서가 권리를 실행할 수 있는 이행 정도 또는 실행 정도를 얼마나 반영하고 있는가를 보는 것이다. 이행 강제성에 따라 권리문서는 "선언 < 헌장 < 협약 < 법"의 순으로 강제성을 지닌다. 실정법의 경우에도 국제법이 국내법보다 우선하므로 "국내법 < 국제법"의 관계가 성립한다.

그리고 권리문서와 각종 법령에 담긴 권리는 그 추세가 '허용적 의미'에서 '보장적 의미'로 이행해 간다. 여기서 현실적 문제가 발생한다. 구체적으로, 보장적 의미는 무상의무교육의 확대 실시에 따른 실행성에서 문제점을 찾을 수 있다. 반면에 허용적 의미는 생명권, 재산권, 자유권과 같은 고전적 권리에서 찾을 수 있다.

둘째, 권력기관의 권리 보장의 한계이다. 권리의 허용적 의미와 보장적 의미를 혼동해서 안 되는 것은 국가와 같은 권력기관 의존도를 높여서는 안 되기 때문이다. 고전적, 기본적 권리로 인식되는 생명권, 재산권, 자유권은 국가나 권력기관이 보장해주는 것이 아니라 국가나 권력기관은 그것이 허용되도록 법적 절차를 마련하고 집행한다. 그러나 복지권과

---

5) "No right could be reasonably attributed to all men without qualification. Despite, moral rules are universal from which moral right stand for."

같은 보장적 권리는 국가가 최소한 요건을 설정하지 않으면 안 된다. 즉 허용적 의미로 받아들여서는 안 된다.

앞서 제3장에서 아동권리 인식의 단계를 소개한 바 있다. 인식 단계가 재화(provision)에서 보호(protection)로, 다시 보호에서 참여(participation)로 이행한다는 점을 살펴보았다. 이른바 3P의 이행 정도를 보면, 아동권리 인식이 '보장적 의미'에서 '허용적 의미'로 이행해 감을 알 수 있다. 즉 재화공급은 생존에 관련되므로 최소한 정도에 있어서 '보장'되어야 하고, 참여는 개인의 의사에 맞게 최대한 '허용'되어야 한다. 권리의 실행성 측면에서 말하자면, 재화공급은 보장적 의미에서 특정하는 대상에게 증가시킬 수 있으며, 참여는 허용적 의미에서 증진시켜야 한다. 두 말할 필요 없이 자유와 관련되는 '참여'를 허용적 의미에서 해석하지 않는다는 것은 루소가 주장한 바와 같이 '자유를 강제한다'는 모순된 결과를 낳는다.

이러한 맥락의 연장에서 일반권(general rights)과 특정권(special rights)을 구분한다(Peters & Benn, 1959: 100). 일반권은 자연권의 맥락에서 성립한 권리인 반면에, 특정권은 보장적 의미와 같이 권리 수혜대상과 수혜범위를 특정해야 성립한다. 물론 당초 일반권과 특정권을 구분한 하트(H. A. L. Hart, 1956)의 논의에서 일반권은 직업선택의 권리를 뜻하고, 특정권은 채무 이행과 채권의 관계 또는 집주인과 세입자와의 관계에서 성립하는 권리를 지칭한다. 그러나 하트의 주장은 자격이론의 실행성 문제를 다루는 데도 유효하다.

Ⅴ. 일반권과 특정권

이제까지 권리 이론에 관하여 살펴보았다. 여기서 우리는 자격이론이 인간의 보편적인 가치를 존중한다는 점에서 의미가 있다는 것을 확인하였다. 하지만 이 이론에 근거하여 권리주장을 개진하면 실행성 문제를 야기한다는 점을 또한 확인하였다. 이 문제에 대처하기 위하여 우리는 일반권(general rights)과 특정권(special rights)을 살펴볼 필요가 있다. 이 작업은 권리의 실행성 문제 해결만이 아니라 교육상황에서 교사가 가르치는 일에 헌신하는 교사의 권한 문제를 살펴보는 데도 필연적으로 요구되는 작업이다. 뿐만 아니라 제3장에서 살펴본 아동문제의 특수성 문제와도 관련된다.

1. 도덕권의 보편적 속성과 한계

일반권과 특정권은 하트가 구분한 것이다(Hart, 1955). 먼저 그가 이 두 가지를 구분하게 된 논거를 살펴보기로 한다. 논의의 단초는 우리가 앞 절에서 살펴본 자격이론의 한계와 같은 맥락에서 찾을 수 있다. 당초 하트가 이러한 주장을 한 논문의 요지부터 소개한다.

이 논문의 단초는 자연권의 한계를 지적하는 데 있다. 그것은 다음 두 가지이다.

첫째, 자연권(natural rights)이라고 할 수 있는 것은 도덕적으로 정당화될 수 있는 것이지만, 그 적용에는 한계가 있다.

둘째, 보편적이며 제한을 지니지 않는 권리는 모든 사람이 자유롭다는 동등한 권리의 한 가지 권리만[6]을 이른다. 그러한 권리를 구체적으로 말하자면 "타인이 나 자신을 강압하거나 나 자신이 하고자 하는 일을 제한하려고 타인의 힘을 사용하는 것을 제외한 타인의 자유를 관용(forbearance)하는 일, 자신이 타인을 해치거나 타인의 자유를 제한하지 않는 한 자신이 자유롭게 행동할 자유를 갖는 일"(Hart, 1955: 53)을 이른다.

이러한 권리는 자신이 선택할 능력을 지닌 성인이 다음의 두 가지 논거에서 갖는 권리를 의미한다. 그 논거는 다음과 같다.

첫째, 자연권에 관한 고전이론(classical theories of natural rights)이다.

둘째, 이 권리는 여타의 권리처럼 개인이 자의적으로 만들어낼 수 있는 권리가 아니다(Hart, 1955: 53-54).

이러한 논거는 바로 누구나 아무 내용에 대하여 "~권"을 붙이고, 천부적이라고 할 수 없는 논거이다. 이러한 권리만이 '절대적인(absolute)' 권리이며, '파기하거나 무효화할 수 없는(indefeasible)' 권리이며, '권리시효가 소멸하지 않는(imprescriptible)' 권리라고 할 수 있다(Hart, 1955: 54). 따라서 누구나 아무것이나 특정하여 '나는 천부적인 권리(도덕권, 자연권)를 가지고 있으니 상대 또는 국가는 이 권리가 실행되도록 할 의무를 가진다'라는 주장을 할 수 없다.

하트는 도덕권을 행사하는 데 전제되어야 할 점을 다음의 네 가지로 지적한다.

첫째, 도덕권을 주장하는 경우에도 추상적인 도덕적 근거만으로 도덕권이 성립하는 것이 아님을 하트는 지적하고 있다. 그에 따르면, 도덕권은 법체계 속에서 용인되는 도덕적 개념 그 자체를 뜻하는 것이 아니다.

---

6) "one natural right, the equal right of all men to bo free", (Hart, 1955: 53) 이하 각주에 소개하는 원문은 하트의 것으로서 그 의미 전달을 명확하게 하기 위한 것이다.

이를테면 '정의, 공정, 의무와 같은 개념은 현행 법체계에서 수용되는 도덕적 개념이지만, 그것이 곧 도덕권이라고 할 수는 없다는 것이다.[7] 그러면서 그는 법적 의무와 도덕적 의무를 구분한 칸트의 주장을 원용한다.

칸트에 따르면, 법적 의무(legal obligation, *officia juris*)는 인간의 자유를 공정하게 분배하는 실제적인 역할을 수행하지만, 도덕적 의무(moral obligation, *officia virtutis*)는 그 자체가 도덕성을 의미한다. 따라서 도덕적 권리, 즉 도덕권이 성립하려면 인간의 자유를 규율할 수 있어야 한다.[8]

그 결과 도덕권을 주장할 수 있는 논거는 두 가지이다(Hart, 1955: 56). 하나는 도덕권은 당사자가 도덕적 덕목을 모두 갖춘 인격자이거나 상대방보다 도덕적으로 우월해서 주장을 할 수 있는 것이 아니라는 점이다. 오히려 자격이론이 강조하는 바, 특정한 요건을 설정하는 것이 아니라 인간임의 자격으로 주어진다. 이 점에서 보편성을 확보할 수 있다. 다른 하나는 도덕권은 법리적 조건과 규칙(coercive legal rules)을 갖추고 있을 경우에 성립한다는 점이다. 여기서 인간의 자유를 누구나 향유할 수 있다는 법리적 조건이란, 이를테면 내가 자유롭게 행동하는 만큼 타인도 같은 정도의 자유를 누릴 권리를 갖는다는 조건을 뜻한다. 이 조건을 갖추고 있기 때문에 도덕권을 향유하고 행사할 수 있다. 예를 들어서 지하철 안에 누군가가 MP3를 크게 틀어 듣고 있다든지, 심하게 코를 골고 있을 경우를 제한할 수 있는 법적 조건이 바로 도덕권이다.

---

7) moral right distinguished from moral concepts incorporated with(in) legal system … not confused with justice, fairness, rights, obligations.

8) proper distribution of human freedom; moral rights matter a certain distribution of human freedom.

둘째, 도덕권은 상관개념이 아니다(Hart, 1955: 56-57). 즉 도덕권은 도덕적 의무와 짝이 되는 개념이 아니다. 따라서 도덕적 권리를 지닌다고 해서 상대방이 도덕적 의무(moral duty)를 지닌다고 할 수 없다. 예컨대, 나는 인간적으로 존엄하게 살 권리를 '절대적 권리'로서, '파기하거나 무효화할 수 없는 권리'로서 그리고 '시효가 소멸하지 않는 권리'로서 향유할 수 있지만, 이에 대하여 상대방이 나에게 어떤 의무를 이행할 필요가 없다.

그렇다고 이러한 속성을 지닌 도덕권이 상관개념이 아니라는 이유에서 호펠드의 권리 형식 중 특권(자유권)과 같은 속성을 지닌 것도 아니다. 자유권은 어떤 행위를 내가 하지 않을 의무가 없다(no duty not to do *x*)는 뜻을 지니므로, 어떤 행위를 함에서 있어서 어떤 제약으로부터 벗어나 있다는 뜻이다. 내가 오늘 출근할 때 빨간 상의를 입는 것과 점심메뉴로 나의 직장 상사가 지정한 음식을 먹어야 할 의무가 없다는 것은 호펠드의 특권의 예가 된다. 이러한 종류의 권리를 도덕권으로 상정하거나 간주한다는 것은 타당하지 못하다. 만약 불가피하게 빨간 상의 대신에 푸른색 점퍼를 입거나 점심을 구내식당에서 정해진 메뉴로 했다고 해서 나의 권리가 '절대적 권리'로서, '파기하거나 무효화할 수 없는 권리'로서 그리고 '시효가 소멸하지 않는 권리'로서 침해당한 것이라고 볼 수 없다.

오히려 하트가 상정하고 있는 도덕권은 홉스가 상정한 자유권(rights to liberty)과 로크의 자유·생명·재산권에 대한 권리에 가깝다. 이와 관련된 내용은 제5장에서 다룬 바 있다. 논점과 관련시키자면, 여기서 홉스의 자유권이란 생존에 요구되는 생존권(rights to self-preservation)에 가깝다. 보다 구체적으로 말하자면 홉스의 생존권은 생존을 위한 경쟁을 가능하게 하는 도덕적 요건(moral propriety of all economic competition)을 지칭한다. 그러므로 도덕권은 추상적인 차원에서 논의되는 권리라고 보기 어렵다. 로크의 자연권은 역시 자연법에서 비롯되지만, 인간의 생존에 요구되는 자유와 재산이 생존과 불가분의 관계라는 점에서 매우 실행성을 지닌 개념이다.

셋째, 도덕권은 능력 준거와 무관하다(Hart, 1955: 57-58). 하지만 일정한 능력 준거를 만족시키지 못하는 아동, 장애인, 동물은 이 권리의 문지방을 넘어서지 못한다. 앞 절에서 소개한 권리-의무 관계가 권리-의무-수혜자의 3자관계로 될 때 권리 청구자와 의무 이행자, 그리고 권리 수혜자가 다 다른 경우도 문제가 된다. 이것은 하트가 명백히 정당화를 하지 않은 부분이다. 하트의 주장과는 달리 아이들이나 환자의 권리는 정당화된다. 자격이론이 대두된 논거가 바로 이 점이다.

넷째, 도덕권이 모두 자연권(natural rights)이 아니다. 이 말은 도덕권이라고 해서 모두 보편성을 지닌다고 할 수 없다는 뜻이기도 하다. 우리가 도덕적 처방이나 판단을 내릴 때 권리 소유 여부를 따지지 않는다. 이를테면, 십계명(Decalogue)처럼 도덕적 처방을 내릴 때 그것에 대한 권리 관계나 소유 여부를 묻지 않는다. 도덕적 처방이나 판단에 요구되는 것은 도덕적 타당성 여부이다. 즉 도덕적 처방을 내릴 경우, 도덕적 행위를 수행할 사람이 권리 소유자인가를 묻지 않으며, 그 행위의 도덕적 옳고 그름(rights and wrongs)을 묻게 된다. 따라서 도덕권은 자연권처럼 보편적 권리로 성립하지 않는다.

도덕권의 성립 요건을 이처럼 제한적임을 확인할 수 있다(Hart, 1955: 65). 그것을 짧게 정리하면 다음 세 가지이다.

첫째, 도덕권이 자연권으로 성립하려면, 타인의 자유를 제한하는 정당화 논거가 마련되어 있어야 한다.

둘째, 도덕권의 성립근거는 권리를 구성하는 내용이 도덕적이어서가 아니다. 도덕권은 상대방의 행동을 제한할 요건을 갖추어야 성립한다. 즉 도덕권도 모종의 실행성을 갖추어야 한다.

셋째, 만인이 동등한 권리를 갖는다는 것은 타인의 권리를 제한하는 정당화 논리에 비추어 동등하게 평가되지 않는다. 이 점에서 도덕권은 자연권과 다르다.

2. 하트의 일반권과 특정권

이상 살펴본 내용을 통하여 보편적이라고 인식된 자연권이 매우 제한적임을 확인할 수 있다. 도덕권이 보편성을 갖는다고 해도 그것이 자연권처럼 성립되지 않는다. 하트는 도덕권이 자연권처럼 성립할 가능성을 입증하기 위하여 특정권과 일반권을 구분하였다.

하트에 의하면, 일반권과 특정권은 다음과 같이 정의된다(Hart, 1955: 60).

먼저 특정권(special rights)은 '타인이 지니지 않은 자유를 간섭하거나 제한할 근거를 가지고 요구할 수 있는 권리'[9]이다. 그 예로서 일을 한 만큼 고용주로부터 약속(계약)한 만큼 임금을 받을 권리를 들고 있다.

또한 일반권(general rights)은 '내가 요구하는 내용에 대하여 타인이 합당한 근거 없이 간섭하거나 제한할 수 없는 권리'[10]이다. 그 예로서 내 나름대로 자유롭게 사고할 권리를 들고 있다.

---

9) when the claimant has some special justification for interference with another's freedom which other persons do not have.

10) when the claimant is concerned to resist or object to some interference by another person as having no justification.

여기서 논점은 일반권과 특정권이 대물관계(rights *in rem*)에서의 권리와 관련된다는 점이다. 이 문제는 향후 아동이 향유하고 행사하는 권리문제를 다루는 제8장에서 자세하게 소개하기로 한다. 대물권리에 상반되는 권리가 대인권리(rights *in personam*)이다. 대물권리와 대인권리의 구분은 청구행위에 따른 의무이행 대상의 범위를 특정하는가에 따른 것이다. 즉 대물권리는 누구나 이행해야 할 의무를 전제로 한 권리를 말하며, 대인권리는 특정한 사람에게만 의무 이행을 부과한 권리를 말한다. 전자는 세입자와 집주인의 권리 관계를 다룬다. 후자는 아빠가 딸아이의 10세 되는 생일날 주기로 약속한 선물이나 아내에게 결혼 전에 약속한 사적 결혼생활 내용에 관한 이행에 따른 권리를 다룬다. 이 구분은 지금 소개하는 하트의 특정권과 일반권의 구분과 혼동하기 쉽다. 여기서 논점은 대물관계의 권리가 특정인을 지칭하는가 아닌가에 달려 있다.

3. 특정권

여기서는 특정권이 지니는 속성을 소개하도록 한다. 그런 다음 일반권을 살펴보자.

우선 하트는 특정권의 속성을 특정한 거래(special transaction)와 특정한 관계(special relationship)에서 성립한다고 하면서 그 요건을 다섯 가지로 제시한다(Hart, 1955: 60-63).

첫째, 특정권은 계약 또는 거래에 근거한 약속에 따라 성립하는 권리이다. 여기서 계약이나 약속은 통상 민사상의 계약 또는 상거래를 뜻한다. 그러한 계약과 거래를 통하여 성립하는 권리[11]이다(Hart, 1955:

11) from promise a new moral relationship between them

60-61). 민사상의 계약 또는 상거래를 통한 약속에 따른 권리이므로 특정권은 자연권의 개념으로 파악할 수 없는 속성을 가진다. 여기서 말하는 자연권은 앞서 언급한 누구나 동등하게 거래할 수 있는 권리[12)]를 말한다. 상법이나 민법에 규정된 거래와 계약에 관한 권리는 누구에게나 적용된다는 점에서 하트의 일반권에 속한다.

둘째, 특정권은 권위에 대한 동의로 성립한다(Hart, 1955: 61). 권위는 제5장에서 본 바와 같이 여러 가지 유형이 있다. 여기서 권위는 합리적 권위를 말한다. 합리적 권위에는 전문성과 도덕성을 요구하므로 권위를 지닌 권위자에게 대하여 소정의 의무를 이행하거나 이에 상응하는 권리를 소유할 수 있다. 여기서 권위는 당사자의 동의(consent)는 당사자의 경우만 해당하므로 제3자의 권리주장(청구)이 정당화되지 않는다.

교육의 경우, 관련 교육법에 의거하여 교사의 특정권이 성립하기도 하지만, 교육상황에서 설정되는 권위에 의하여 교사가 가르치는 일을 수행하면서 갖게 되는 힘(power)이 성립한다. 이 힘은 곧 권한이라고 하며, 이는 하트의 특정권에 해당한다.

셋째, 특정권은 사회관계에 의하여 성립한다(Hart, 1955: 61-63). 구체적으로 사회적 제약(mutual restrictions), 정치적 의무(political obligations), 사회계약(social contract) 등에 의하여 성립한다. 인간의 사회생활은 사회구성원인 개인들 간의 상호 제약을 전제로 한다. 이러한 상호 제약(mutuality of restrictions)은 그 당사자들에게 권리관계를 창출하게 한다. 즉 권리를 창출하는 계약(right-creating transaction)과 상호 제약이 병행한다. 어떤 경우에는 정치적 복종 의무(political obligation) 형태로 나타나기도 한다. 이를테면 선거권을 지닌 정치적 구성원은 자신

12) natural right as proper distribution of freedom transaction.

이 선출한 대표자 또는 정치지도자에 대한 복종의 의무를 지닌다. 이는 정치적 의무이기도 하지만 정치 사회를 구성하는 데 따른 도덕적 의무[13] 이기도 하다.

교육의 경우, 관련 교육법에 의거하여 성립하는 교사의 특정권은 여기서 말하는 교육상황이라는 사회관계에 의하여 갖게 되는 힘도 앞의 경우와 마찬가지로 권한이라고 하며, 이 역시 하트의 특정권에 속한다.

넷째, 특정권은 부모-자식 관계에 의하여 성립한다(Hart, 1955: 63). 교육자인 나는 내가 가르치는 학생들에게 권한을 행사할 수도 있지만, 그 권한의 행사가 나의 딸아이와 관계에서 성립하는 권리관계와는 다르다. 나는 부모로서 나의 자식들에게 특정권을 갖는다. 이 권리는 자녀가 일정한 연령에 이르게 될 때까지 성립한다.[14] 내가 부모로서 지니는 특정권으로 인하여 나는 내 자식들에게 여러 가지 양육비를 지급하는 등 양육 의무를 짊어지지만, 나의 학생들에게는 그렇지 않다. 반대로 학생들에게 지니는 나의 권한, 이를테면 교과지도에 따른 과제물 부과에 따른 권리는 나의 자식에게 적용되지 않는다.

이 경우 특정권은 여러 측면에서 교육적으로 매우 중요한 의미를 지닌다. 부모가 행사하는 아이의 학교선택권은 이 권리에 속한다. 자식의 여러 가지 선택을 대행하는 과정에서 아이의 권리를 침해(infringe children's right)하는 경우가 야기된다. 그리고 부모의 특정권은 간혹 권위적 간섭(paternal intervention)으로 변질하는 경우에도 권리 침해 문제가 야기된다. 또한 아이들의 권리를 대리하는 데 있어서 어느 연령에 이

---

13) moral obligation to obey due to the co-operating society
14) special natural relationship between parents and child until the age of the child of 'discretion'

르기까지 해야 하는가 하는 문제(the age of discretion)도 제기된다. 제1장에서 아동의 연령 준거를 비교적 자세하게 다룬 것은 이러한 문제를 해결하는 준거가 되기 때문이다.

다섯째, 특정권은 면책권의 경우에도 성립한다(Hart, 1955: 63). 이 경우 면책은 특정한 의무로부터 면제(exempted from obligation)되었다는 것을 뜻한다. 이 특정권은 호펠드의 권리 형식 중 면책권에 해당한다. 이러한 특정권을 소유한 사람에게 일정 요건이 주어진다. 이를테면 외교관이라든가, 국회의원의 경우가 대표적이다. 면허를 지닌 사람도 이 특정권을 소유한다. 그래서 '면허권(licensed right)'이라고도 한다. 국가기관이나 공공기관이 인증하는 면허나 자격을 갖춘 사람이 향유하고 행사하는 권리가 이에 해당한다.

특정권은 특정한 대물권리 관계에서 성립하는 권리라고 하였다. 그리고 이러한 속성을 지니는 특정권은 타인의 권리를 제한하고 의무를 부과하기도 하고, 특정권이 자격이나 면허에 따라 주어지는 권한인 경우 타인에게 책무를 부여하기도 한다.

그렇지만 특정권이 타인의 권리를 제한하거나 의무나 책무를 부과하지 않는 경우도 있다(Hart, 1955: 66). 첫째, 특정권이 개인적 특징을 근거로 하여 그 개인에게 제한을 가하지 않는다. 내가 유태인이어서 또는 소수 인종이나 민족에 속하는 사람이어서 나의 권리를 제한하는 특정권이 성립하지 않는다. 즉 특정권은 인종이나 집단의 성격이 아니라 개인의 선택행위로 성립하는 권리이다. 앞서 하트의 특정권이 일차적으로 대물권리에 적용된다고 지적한 것은 이에 근거한다.

둘째, 특정권은 행위의 도덕적으로 합당한가 여부에 관계없이 성립한다. 이를테면 상거래나 민사상의 계약이 과거에 거짓말을 한 사람과 체결되지 않는다고 할 수 없다.

하트의 특정권의 특징을 요약하면 다음과 같다.

첫째, 특정권의 성립근거는 계약과 거래, 인간관계, 그리고 면허나 자격에 의하여 성립한다.

둘째, 특정권은 이 밖에도 전문성, 권위에 따라 성립하기도 한다.

셋째, 특정권은 상대방으로 하여금 권리를 제한하거나 그에게 의무 또는 책무를 부여할 수 있다.

넷째, 특정권은 여러 가지 교육 상황에서 찾을 수 있다. 특히 교사가 학생들에게 행사하는 힘을 특정권의 속성에 근거해서 권한으로 볼 수 있다.

4. 일반권

다음으로 일반권이 지니는 속성을 소개하도록 한다. 일반권은 앞서 소개한 특정권의 속성으로 제한 받지 않을 경우 성립하는 권리이다. 하트는 일반권의 속성을 다음과 같이 소개한다(Hart, 1955: 64).

첫째, 일반권(general rights)은 어떤 특정한 인간관계 또는 거래에 따라 성립하지 않는 권리이다.[15] 내가 정치적 선택을 할 권리를 소유하는 것은 내가 결혼한 남자이거나 집주인과 계약을 한 세입자이기 때문에 성립하는 것은 아니다. 일반권은 어떤 거래와 계약 그리고 인간관계에 관계없이 성립하는 권리이다.

둘째, 일반권은 특정권이 요구되지 않는 상황에서도 선택능력을 소유한 모든 사람이라면 누구나 지니는 권리이다.[16] 이는 앞서 살펴본 선택

15) not arises out of any special relationship or transaction

이론을 견지하는 입장이다. 하지만 특정권을 행사할 수 없는 경우에도 소유할 수 있는 권리라고 규정함으로써 선택이론의 '문지방'을 넘어서고 있다. 달리 말하자면, 일반권은 보편성을 속성으로 하는 권리이다.

셋째, 일반권은 모든 타인이 간섭하지 않을 의무와 상관관계를 이루는 권리이다.[17] 이 속성은 호펠드의 권리 형식 중에서 특권(자유권)에 상응한다. 즉 특정한 상황에 있는 특정한 사람의 권리의 제반조건과 관련이 없을 경우, 모두에게 동등하게 주어진 권리이다. 그러나 반대로 특정한 상황에 있는 특정한 사람의 권리의 제반조건과 관련이 있을 경우, 그 권리는 하트가 규정한 일반권이다.

하트가 이와 같이 일반권을 규정하고 있는 것은 일반권이 보편적으로 정당화되는 유일한 자연권임을 입증하기 위한 것이다.[18] 이는 계몽사상 이후 이어온 자연권이 오용이나 남용됨이 없도록 하면서 인간의 보편적 권리로서 계승하는 논거를 마련해준다. 따라서 하트의 일반권 논의는 자격이론이 제시하는 권리의 보편성이 과도하게 확대 해석되는 것에 대한 엄밀한 검증 장치라고 할 수 있다.

5. 함의점

이제까지 일반권과 특정권을 살펴보았다. 이 내용은 이하 이어질 논의에 다음과 같은 내용을 함의한다.

첫째, 일반권의 속성은 자격이론이나 제2세대 및 제3세대 권리의 과

16) rights which all men capable of choice have in the absence of those special conditions which give rise to special rights

17) as correlatives obligations not to interfere to which everyone else is subject

18) The assertion of general rights directly invokes the principles that all men equally have the right to be free.

도한 확대 해석과 적용을 방지하고 그 한계를 짚어보는 데 매우 유효하다. 또한 이 논점은 제12장에서 다룰 복지권 문제와 밀접하게 관련을 맺는다.

둘째, 일반권은 권리 보편성을 정당화해 주는 개념기제로서 교육받을 권리가 보편적으로 성립하는 논거를 제공해준다. 이는 『증보 아동권리향연』 제6장과 제7장에서 교육권이 보편적 복지권이라는 결론을 뒷받침하는 논거이기도 하다.

셋째, 특정권은 권리의 보편성에 대하여 권리가 적용되는 상황의 특수성을 검증하는 논거를 제공해준다. 일반권과 특정권은 특히 아동권리 문제로서 본서 제3장에서 다룬 권리의 보편성에 대한 아동의 특수성 문제 그리고 본서 제8장에서 다룰 아동권리의 보편성과 특수성을 논의하는 데 있어서 매우 중요하다.

넷째, 교육상황은 원천적으로 교사-학생 간의 인지적 불균형을 전제한다. 이를 교육의 비대칭성이라고 한다. 이러한 비대칭성은 교육의 본질상 아동에게 상당한 정도의 간섭과 권리의 제한을 가하게 된다. 이러한 내용은 권위적 간섭주의가 야기되는 교육상황을 설명해 준다. 아울러 권위적 간섭이 정당화되는가 하는 논의에 일반권과 특정권 문제는 크게 기여한다. 본서의 제9장과 제11장의 내용은 이와 관련되어 있다.

다섯째, 특정권은 교사의 권한 문제를 다루는 데 유효하다. 특히 교사가 교육상황에서 가르치는 일을 수행하면서 행사하는 힘의 속성과 한계를 드러내준다. 『증보 아동권리향연』에서 교사가 교육상황에서 행사하는 힘이 권한으로 보아야 한다는 주장을 상기할 필요가 있다. 바로 그 논거는 바로 하트의 특정권에서 찾아진다.

여섯째, 특정권은 부모의 대리권 문제를 다루는 데 여러 가지 논거를 제공해 준다. 대표적인 것으로 부모의 학교선택권을 들 수 있다.

참고문헌

이종은, 2011, 평등, 자유, 권리, 서울: 책세상.
조무남, 2010, 플라토닉 러브, 파주: 럭스미디어.

Dworkin, R., 1984, Rights as Trump, in: Waldron, J., 1984, *Theories of Rights*, Oxford: Oxford University Press.
Hart, H. L. A., 1955, Are there Any Natural Rights?, *Philosophical Review* 64. in: Quinton, A., ed., 1967, *Political Philosophy*, Oxford: Oxford University Press.
Hart, H. L. A., 1961, *The Concept of Law*, Oxford: Oxford University Press.
Jones, P., 1994, *Rights*, London: Macmillan.
MacMillan, C. J. B. and Nelson, T. W., 1969, *Concepts of Teaching*, Chicago: Rand McNally & Co.
Moore, T. W., 1982, *Philosophy of Education: an Introduction,* London: Routledge and Kegan Paul.
Peters, R. S., 1966, *Ethics and Education*, London: George Allen and Unwin.
Peters, R. S., 1967, *The Concept of Education*, London: Routledge and Kegan Paul.
Peters, R. S. and Benn, S. I., 1959, *Social Principles and the Democratic State*, George Allen & Unwin.
Scheffler, I., 1960, *The Language of Education*, Springfield: Charles C Thomas.
Scheffler, I., 1965, *Conditions of Knowledge*, 김정래 역, 2017, 지식의 조건, 서울: 학지사.

7

권리와 사회정의

이미 제5장에서 언급했듯이, 권리와 정의는 상호 밀접한 관계에 있다. 정의로운 사회에서 개인의 권리는 당연히 보장되는 것이며, 거꾸로 개인의 권리가 보장된 사회는 정의로운 사회이다. 그러나 '정의'와 '권리'의 관계가 포함관계인지, 포함관계라면 어느 것이 어느 것을 포함하는지에 관해서는 견해가 다를 수 있다. 어떻게 보건 간에 양자는 불가분의 관계임에는 틀림없다. 그리고 개인의 자유와 권리가 얼마나 증진되고 보장되었는가는 곧 그 사회가 얼마나 정의로운가를 나타낸다고 할 수 있다. 정의로운 사회의 개인은 권리를 충분히 향유하고 행사할 수 있는 사회에서 살고 있다.

그럼에도 불구하고 '정의'의 개념이 '사회적' 개념으로 변천되고 그 관심사가 분배에 초점이 맞추어지면서 정의와 권리가 항상 상보적 관계를 유지하는 것은 아닌 듯하다. 사회정의를 명분으로 분배정책을 시행하다보면 그 정책 자체가 강제성을 지니게 되고 이로 인하여 개인의 자유와 권리가 제한될 수 있기 때문이다. 앞서 우리는 자유, 재산, 생명이 한 가지 실체의 다른 이름임을 살펴보았다. 개인의 사유재산을 제한하는 과정에서 분배는 개인의 자유와 권리를 제한하고 침해할 수 있다. 또한 사회정의는 항상 평등을 전제로 한다. 그러나 분배에 초점을 맞춘 사회정의는 항상 교정적 평등을 실현하는 데 있어서 강제성을 띠게 마련이다. 이 과정에서 개인의 자유와 권리는 제한되고 침해될 수 있다.

이 장에서는 이러한 관점에서 '정의'의 의미를 살펴보고, 그것이 권리와 어떤 관련을 맺는지, 그리고 이어서 사회정의 이론을 대표하는 롤스의 이론을 특징과 제한점 등을 살펴보기로 한다.

Ⅰ. 정의 문제로서 권리

1. 정의의 의미

당초 정의(justice)는 개인 차원에서 논의되는 덕(virtue)의 문제였다. '정의(justice)'를 의미하는 희랍어 '디카이오수네(*dikaiosyne*)'는 '길(path)'을 의미하는 희랍어 *dike*에서 비롯되어 나온 말 *dikaios*의 명사형이다(Guthrie, 1960). 달리 말하자면, 희랍어가 지칭하는 뜻은 각자 자기의 위치에서 일을 온당하게 추진하는 것이다. 여기에 개인 간의 관계가 개인의 사적 요소에 추가되었을 뿐, 어디에도 인위적으로 분배하거나 개입한다는 의미를 찾아볼 수 없다.

이는 오늘날과 같은 분배 또는 형평의 문제가 아니라 개인이 자신의 일을 수월(秀越)하게 처리하는 능력 내지는 역량을 가리키는 개념이었다. 그러던 것이 정의의 개념에 사회질서유지를 위해 필요하다는 명분에서 법적, 도덕적 개념이 부가되었다. 즉 정의란 법의 집행과 적용이 엄정한가 하는 적법성 또는 도덕적 개념으로 보는 것이다. 이때 도덕적 개념으로 본 정의는 '공정(fairness)'과 '불편부당성(impartiality)'을 가리킨다. 그리고 법적 개념으로서 정의도 다시 '법 앞의 평등(equality before law)'과 '형평'으로 나누어볼 수 있다. 법 앞의 평등은 법치주의(rule of law)의 핵심이다. 즉 기분 내키는 대로 법을 적용하는 인치(人治; rule by law)의 폐해를 막는 중요한 원리이다. 인치는 정의에 어긋난다. 그래서 비인격성(impersonality)이 정의의 핵심 개념이 된다.

당초 '형평'으로 번역되는 'equity'는 관습법(common law)의 전통에서 편파적인 판결을 방지하고 법 적용을 가늠자 역할을 한다. '형평'의 뜻을 이해하려면 산술적(arithmetical) 평등과 비례적(proportional) 평등을 구분해 보아야 한다. 산술적 평등은 말 그대로 산술적으로 똑같이 나누는 것이고, 이에 반하여 기하학적 평등이라고 불리는 비례적 평등은 사람들 간에 드러나는 여러 가지 차이를 고려하여 비례적으로 분배하거나 사람을 차별적으로 대우하여야 한다는 뜻이다. 따라서 형평은 기계적인 분배나 일률적인 처우를 가리키는 것이 아니라, 차이를 인정하는 개념이다. 이는 제5장에서 살펴본 바 있다.

'차이 있는 곳에 차별해야 한다'는 입장은 '차이가 있는 곳에 차별을 해야' 하기 때문에 합당한 차이를 정당화하며, '합당한 차이를 발견할 수 없다면 잠정적으로 평등하게 대우해야 한다'는 당위를 성립시킨다. 차이가 있어 보여도 차이에 합당한 근거를 찾을 수 없다면 사람들은 한 범주에서 똑같이 대우해야 한다.

도덕적 개념으로서 정의에 해당하는 형식적 원리인 '불편부당성'은 엄정한 법 적용과 의미가 유사하다. 법치와 합당한 차이에 따른 차별을 정당화한다. 이 관점에서 보면 정의의 문제는 곧 형식논리의 문제, 합리성, 일관성의 문제가 된다. 하지만 현실에서 형식논리나 일관성 규칙 적용이 곤란한 경우가 발생한다. 그래서 실천적 원리로서 공정성 개념이 어떤 것인지 살펴볼 필요가 있다.

실천적 원리로서 공정성은 평등의 원리와 떼어놓고는 생각할 수 없다. '합당한 차이 있는 곳에 차별'에서 정의의 관점은 '차별(discrimination)'에 초점을 맞추고 있기 때문이다. 세계인권선언이나 아동권리협약, 기타 중요한 권리 선언 문서에 따르면 차별은 철폐되어야 한다고 규정되어 있지만, 차별이라고 해서 모든 차이를 무조건 철폐해야 한다는 뜻이 아니다. 인종이나 카스트 제도처럼 신분제에 의한 차별은 당연히 철폐되어야 하지만 개인적 기호나 성향에 따른 결사체, 동창회, 향우회 등의 가입 여부에 따른 차별은 평등이나 정의의 원리와 상관없이 존중되어야 한다.

실천적 원리로서 공정성 문제를 포함하는 정의의 개념은 단순히 차별의 문제가 아니라 분배의 문제로 변모한다. 이렇게 된 데에는 여러 가지 요인이 작용하였지만, 그중 가장 중요한 것이 마르크스의 입장이다. 마르크스는 인간을 집합적 존재로 규정하면서 각 개인이 짊어져야 할 사회적 부담(burden)과 사회적으로 받아야 할 혜택(benefit)의 문제를 정의의 준거로 부각시켰다. 그러면서 그는 사회정의의 핵심을 '분배' 문제로 치환해 버렸다. 이 문제는 제12장에서 자세히 살펴보기로 한다.

이후 사회정의 문제는 분배의 문제로 귀결된다는 당위성을 아무 비판 없이 받아들이게 되었다. 실제로 롤스나 샌들 등 저명한 학자들의 사회정의에 분배가 핵심으로 자리 잡고 있다. 그러나 분배가 정의의 핵심이 되었을 경우, 사회적 강제나 전제정부의 도래 등과 같은 위험성이 내재되어 있다는 점이 간과된다.

2. 정의 개념 변천과 권리

이제까지 권리 이론과 사회 정의와 관련한 권리를 보는 관점을 살펴보았다. 권리는 인간 존엄성과 개인이 부여받은 가치와 관련을 맺는 개념이다. 이를 위하여 고대 희랍의 몇 가지 개념을 살펴본다.

고대 희랍에서 '가치'라는 뜻을 지닌 용어는 '악시아(axia, αξια)'이다. 이 희랍어는 영어로는 'value', 'worth', 'merit'이라는 뜻을 지닌다. 복수로 사용할 경우 '악시아'는 '몫'에 해당하는 'stocks' 또는 'shares'의 뜻을 지닌다. 결국 '어떠한 사람의 값어치 혹은 가치'라는 의미를 지니는 희랍어 '악시아'는 인간 존엄성과 개인이 부여받은 가치라는 의미를 포함한다. 따라서 이 희랍어는 권리 개념에 매우 근접한 용어라고 할 수 있다.

권리의 개념에 상응하는 희랍어 '악시아'는 이에 그치지 않고 다른 의미로 확장되어 사용된다. 첫째, '악시아'는 각각의 사람에게 마땅한 것을 주는 것이라는 뜻을 지닌다. 이 말은 비유적으로 저울질을 한다는 뜻이다. 저울질을 한다는 것은 분배나 판단에 있어서 그 마땅함을 사량(思量)한다는 것을 가리킨다. 이 뜻은 곧 정의의 의미를 반영하고 있다는 뜻이기도 하다. 둘째, '악시아'는 우리말 '값', '값어치'에 해당하는 말이다. 우리가 일상적으로 '이름값 좀 해라'라는 표현을 할 때 '값'에 해당하는 뜻을 갖는다. 따라서 이 말은 마땅히 받아야 할 응분(desert)이라는 뜻을 갖는다. 이는 '정의'를 설명하는 또 다른 개념 요소이기도 하다. 그 결과, 흔히 필요(need), 응분(desert), 장점(merit) 등을 정의를 설명하는 준거로 한다.

이렇게 볼 때, 희랍어 '악시아'는 권리 개념에 상응하는 용어이지만 동시에 정의를 설명하는 요인이기도 하다.

한편 희랍어의 '정의'에 해당하는 용어는 '디카이오수네(dikaiosune; δικαιοσυνη)'이다. 이 용어도 여러 가지 뜻을 담고 있는데, 이를 정리하면 다음과 같다.

첫째, '디카이오수네'는 각자가 해야 할 일을 뜻한다. 앞서 소개한 '응분'에 해당한다. 이 말은 희랍어의 같음 또는 평등을 뜻하는 'ison(ισos)', 'isotes(ισοτεs)'의 뜻과 통한다.

둘째, '디카이오수네'는 응보(retribution)의 의미를 지닌다. 응보는 쉽게 말하자면 '눈에는 눈, 귀에는 귀'라는 식의 대응 방식을 말한다. 이를 동해보복이라고 한다. 흔히 보상의 원리로 채용되기도 하며, 정의를 가늠하는 중요한 기준이 된다.

셋째, '디카이오수네'는 일반적인 원리가 아니라 특수적 정의의 원리를 말한다. 특수한 정의를 이르는 말로서 분배를 공적에 따라 실시해야 한다는 뜻을 갖는다.

넷째, '디카이오수네'는 공적과 응분의 분화로 인하여 공적(merit)을 뜻하기도 한다. 공적주의, 업적주의(meritocracy)는 여기서 비롯된 생각이다.

다섯째, '디카이오수네'는 사람들의 기본적 필요를 뜻한다. 이 개념은 이후 필요를 정의의 원칙으로 삼아야 한다는 일련의 주장으로 이어진다.

이와 같은 뜻을 담은 희랍어 '디카이오수네'를 통하여 정의와 권리가 상호 밀접하게 관련을 맺고 있다는 점을 확인할 수 있다.

그럼에도 불구하고 정의의 원리를 자유, 평등, 효율로 보는 관점이 일반적이다. 또 자유, 평등, 박애로 보는 관점도 있다. 이 세 가지는 프랑스 대혁명의 대원칙이다. 그러나 이러한 몇 가지 준거만 가지고 정의 문제를 재단하게 되면 우리에게도 익숙한 좌-우 이념 논쟁으로 이어진다.

이에 대한 대안으로서 우리는 희랍어 '디카이오수네(δικαιοσυνη)'에 담긴 뜻을 새겨 거기서 세 가지 정의의 원리를 도출할 수 있다. 하나는 응분과 응보의 원리이고, 다른 하나는 공적의 원리이다. 나머지 하나는 필요의 원리이다. 이 세 가지는 모두 권리를 세 가지 유형으로 구분하는 잣대가 된다.

응분의 원리는 곧 개인의 존엄성과 가치와 관련된다. 고전적 권리에서 존중하는 개인의 존엄성과 관련된다. 공적의 원리는 고전적 권리의 하나인 고전적 자유권과 관련을 맺고 있다. 이 두 가지는 일차적으로 현대적 의미에서 보는 정의의 원리인 분배의 원칙에 적합하지 않다.

이른바 사회 정의는 분배 정의(distributive justice)와 동의어이다. 분배 정의는 응분과 공적에 따르는 분배에 동의하지 않는다. 다른 준거를 원리로서 요구한다. 이 경우 분배의 원칙을 뒷받침하는 것이 필요의 원리이다. 그 결과 필요를 정의의 원리로 삼아야 한다는 주장이 대두된다.

필요를 정의의 원리로 삼아야 한다는 주장이 바로 제2세대 권리인 사회·경제적 권리이다. 제5장에서 살펴본 바 있지만, 사회·경제적 권리는 여러 사람들의 주장에 따라 체계화되었다. 생시몽(Saint-Simon)은 공적이나 사회적 공헌에 따라 보상받을 수 없다는 입장에서 필요의 중요성을 부각하였다. 프루동(P. J. Proudon)은 협업에 의한 가치를 강조하여 개인의 공적과 응분의 가치를 인정하지 않았다. 협업이란 다른 각도에서 보면 사회적인 것을 강조한다는 뜻이다. 사회적 협업이란 다름 아닌 '필요'의 개념에서 나오는 것이다. 홉하우스(L. T. Hobhouse)는 노동자의 공동선에 기여도를 정의의 원리에 반영해야 한다고 주장한다. 이와 같은 일련의 주장들은 모두 정의 원리의 핵심에 '필요'가 자리 잡아야 한다는 것이다. 이러한 '필요'에 따라 성립하는 권리가 바로 사회·경제적 권리이다.

또한 고전적 자유를 넘어서 실질적 자유를 확보해야 한다는 주장으로 이어진다. 그것은 바로 신체적 자유와 정치적 자유만이 아니라 경제적 평등을 통한 실질적 자유를 보장하라는 요구이기도 하다. 여기서 고전적 자유는 소극적 자유를 말하는 것이며, 실질적 자유는 적극적 자유를 지칭하는 것이다. 여기서 실질적 권리 또는 적극적 권리란 바로 사회·경제적 권리를 뜻한다.

3. 권리에 관한 관점

개인의 권리를 침해하거나 권리를 박탈한 사회를 정의로운 사회라고 할 수 없다. 역으로 어떤 사회가 정의로운 사회로 평가받는다면, 그것은 그 구성원들이 자신의 권리를 나름대로 향유하고 행사할 수 있는 사회이다. 이 점에서 보면 정의(justice) 문제와 권리는 불가분의 관계이다.

권리와 정의 문제를 여러 각도에서 조망할 수 있다. 고대 희랍의 '정의'는 오늘날보다 더욱 개인적인 문제로 여겨졌다. 당시 '정의'를 뜻하는 '디카이오수네'는 각자의 맡은 바를 잘 이행하는 덕목을 뜻하는 말이었다. 그러나 산업혁명 이후 분배 문제가 심각하게 부각되면서 정의 문제는 사회적인 이슈로 등장하게 된다. 이 점에서 정의 문제는 사회적 문제가 되기 때문에 곧잘 '사회 정의(social justice)'라고 표현된다.

이 경우 정의 문제는 평등의 문제로 환원되기도 한다. 왜냐하면 분배의 핵심은 결과적으로 분배가 평등하게 이루어졌는가에 귀결되기 때문이다. 그리고 사회정의가 분배에 초점을 맞추게 되면 그것은 곧 비교의 문제가 된다.

사회정의 관점에서 보는 권리는 두 가지로 나뉜다. 하나는 도구적 관점이고 다른 하나는 지위적 관점이다.

도구적 관점은 인간의 자유와 권리는 인류의 진보에 기여하기 때문에 중요하다는 관점을 말한다. 한 마디로 권리가 인류의 진보에 도구가 된다는 뜻이다. 앞서 살펴본 권리이론에 비추어보면 이익이론이 이 관점을 대표한다. 이익이론은 의무 이행의 결과로 얻어지는 수혜 또는 이익을 권리로 보기 때문에, 의무 이행의 결과로 얻어진 권리가 사회에 기여한다고 보는 것이다. 공리주의를 윤리학에서 '결과주의(consequentialism)'라고 하는 것도 이와 같은 맥락과 무관하지 않다.

지위적 관점은 개인의 자유와 권리는 그 개인에게 도덕적 값어치(axia)를 부여하고, 이에 따른 개인의 본질적 존엄을 부여한다는 관점을 말한다. 한 마디로 권리가 도구적, 수단적 가치를 지니는 것이 아니라 그 자체로 가치를 지니는 내재적 관점을 뜻한다. 앞서 살펴본 권리 이론에 비추어보면 선택이론이 이 관점을 대표한다. 선택이론을 의지설이라고도 한다는 것은 주지의 사실이다. 이익이론이 칸트의 의무론을 토대로 한다. 의무론을 동기주의 또는 동기설(motivism)이라고 하는 것은 선택이론에서 인간의 의지를 강조하는 점과 무관하지 않다.

이와 같이 통상적인 권리의 관점은 곧 정의의 관점에 기인한다. 즉 정의의 관점이 도구적이면 권리의 관점도 도구적이고, 반대로 정의의 관점이 내재적이면 권리의 관점도 내재적이다. 만약 사회정의의 원칙이 일률적인 분배와 평등을 뜻하는 동일성의 원칙을 따른다고 하면, 그것이 과연 사회적 효용성을 증가시키는가, 아니면 개인의 존엄성에 기여하는가를 살펴보아야 한다. 반대로 사회정의의 원칙이 개인의 차이와 상황을 고려하여 일률적인 평등보다는 차등을 허용하는 차등의 원칙에 따른다고 하면, 그것이 과연 사회적 효용 증진에 기여하는가 아니면 개인의 존엄에 기여하는가를 살펴보아야 한다. 그 답으로 주어지는 효용의 증진 또는 개인의 존엄성은 다시 권리의 두 가지 관점으로 회귀한다.

좀 더 고려해 본다면, 효용의 증진이 개인의 존엄을 증진하는 경우와 그렇지 못한 경우가 있을 수 있으며, 개인의 존엄을 존중하는 것이 결과적으로 사회적 효용을 증진하는 경우도 있고 그렇지 못한 경우도 있다. 과거 미국 남부 지역의 흑인 노예들은 북부 지역의 해방된 흑인에 비할 수 없이 존엄성이 훼손되었지만, 그들의 삶의 질과 사회적 효용성은 북부 흑인보다 월등하였다는 사실에서 이렇게 정의 문제와 권리가 복잡하게 얽혀 있음을 알 수 있다.

개념적으로 '정의'가 개인과 사회의 복리(welfare)와 행복을 달성하는 수단으로 보면, 권리도 그에 대한 수단이 되는 것은 분명해 보인다. 하지만 정의가 개인의 자유와 권리를 최고의 가치(supreme value)로 존중한다면, 권리를 도구적인 선(instrumental goods)으로 보기는 어렵다. 이와 관련하여, 이어 살펴볼 롤스(John Rawls)의 정의 이론에서 권리에 관하여 도구적 관점을 담고 있는가 아니면 내재적 관점을 담고 있는가 하는 쟁점을 찾을 수 있다. 왜냐하면 롤스의 정의 이론을 구성하는 두 가지 원칙이 일견 상충되기 때문이다. 제1원칙은 개인의 자유를 최상의 가치로 보는 반면에, 제2원칙인 차등의 원리는 개인과 사회의 효용 증진에 일차적으로 초점이 맞추어져 있다. 전자는 내재적 관점에, 후자는 도구적 관점에 집중되어 있어서, 두 원칙이 상충할 가능성이 있다.

4. 정의와 권리문제: 사회적 통념의 경우

영화 타이타닉을 보면 침몰하는 배에서 누구를 구출해야 하는가 하는 문제가 부각된다. 사회정의와 권리 관계를 구체적으로 살펴보기 위하여 난파선의 경우를 생각해 보기로 한다. 다음에서 소개하는 내용은 사고연습 차원에서 자매서인 『아동권리향연 마당』에서도 더욱 심층적으로 다루어질 것이다. 하지만 이 절에서는 권리인식을 제고하는 토대인 이론적 논거를 중점적으로 살펴보기로 한다.

이하에서 시도하는 '사고 실험'은 권리의 실상을 확인해 보는 일종의 생각 연습이다. 이를 통하여 권리 인식을 높이고 현실에서 적용되는 권리의 속성을 파악하는 데 도움을 줄 것이다. 이러한 논리 실험을 위하여 몇 가지 원칙을 간략하게 제시하고자 한다.

(1) 공리주의
(2) 의무론
(3) 롤스(Rawls) 정의론
(4) 생명중심주의(생명윤리와 생태윤리)
(5) 권리기반이론

이 다섯 가지는 윤리학 원리에 토대를 둔 것이다. 사고 실험을 위하여 그 판단 근거를 간략하게 소개하기로 한다.

첫째, 공리주의는 행위의 결과가 행위의 옳고 그름[正邪]을 결정하는 결과주의이다. 공리주의의 또 다른 특징은 행복과 쾌락의 증진을 목적으로 한다는 점에서 쾌락주의이다. 즉 공리주의는 쾌락의 극대화를 목적으로 한다. 또한 공리주의는 사회원리로서 '최대다수의 최대행복'을 지향한다. 즉 전체적으로 사회 차원의 쾌락의 총량 증가에 관심을 갖는다. 그렇다고 해서 공리주의가 전체주의를 지향하고 개인의 가치를 묵살한다는 뜻이 아니다. 최대다수의 최대행복 원리는 사회구성원 개개인의 효용 증가의 관심을 갖는다. 한 마디로 공리주의는 효용성(utility) 증가에 관심을 둔 학설이다.

둘째, 칸트의 의무론은 행위의 결과보다는 동기 또는 추구되는 목적(의지)을 중시하는 동기주의이다. 의무론이라는 명칭은 보편적인 도덕률 존중을 인간의 의무로 한다는 뜻에서 비롯된 것이다. 의무론에서 최고의 가치는 인간존엄성에 있고, 이를 실현하기 위하여 황금률(Golden Rule)과 보편화 가능성(universalizability)을 적용한다. 이 원리는 불편부당성(impartiality)으로 표현되기도 한다.

셋째, 롤스(Rawls) 정의론은 앞의 두 가지 윤리학인 결과주의와 의무론이 결합한 형태이다. 롤스는 자신의 정의 원리를 두 가지로 설정하였다. 하나는 자유우선의 원리로 흔히 제1원칙이라고 한다. 이 원리는 사회 전체 이익 명분으로 개인의 자유와 권리를 침해하거나 훼손할 수 없다는 것으로 칸트의 의무론에 토대를 둔 것이다. 다른 하나는 차별의 원리로서 흔히 제2원칙이라고 한다. 이 원리는 공정한 분배 달성을 위하여 차별(또는 불평등)을 허용해야 한다는 것으로 기본적으로 공리주의에 토대를 둔 것이다. 최소자의 최대 수혜의 원칙(maximin 원칙)은 여기서 나온다. 무엇보다도 롤스의 정의 이론은 사회계약론의 전통을 이어받고 있다. '무지의 베일(veil of ignorance)'이나 '원초적 지위(original position)'는 여기서 비롯된 것이다. 롤스의 이론은 다음 절에서 다시 소개하기로 한다.

넷째, 생명윤리, 생태윤리를 바탕으로 한 생명중심주의가 있다. 생태주의라고도 하지만, 엄밀히 각각 약간의 차이가 있는 개념들이다. 이 이론은 생태 보존과 생명 존중을 우선으로 한다. 생명의 존중은 칸트의 의무론에서 영향을 받았지만, 생명 존중의 원리가 칸트의 윤리학처럼 인간에게 집중되지 않고 모든 생명체 그리고 나아가서 모든 생태계로 확대 적용된다. 동물학대 방지, 동물실험 반대는 이 주장에 근거한다.

다섯째, 권리기반이론은 의무기반[의무론], 결과기반[공리주의]보다는 인간의 권리를 우선시하는 학설이다. 앞서 권리 이론에서 소개한 자격설이 이 이론의 토대가 된다. 모든 인간의 '도덕적 평등'을 중요시한다. 드워킨(Ronald Dworkin)이 이 이론을 대표하는 인물이다.

이상의 윤리학적 원리를 염두에 두고 권리 인식 증진을 위하여 논리실험을 하도록 한다. 논의를 위하여 다음의 상황을 가정해 보자.

> 난파선에 10명의 사람이 있는데, 구명정은 9명만 태울 수 있다. 10명 중 성인 남자 3명, 성인 여자 3명, 노인 1명, 환자 1명, 남녀 어린이 2명이 타고 있다. 이 경우 누구를 태우고 누구를 제외시켜야 하는가. 구명정에 태우지 못할 사람은 누가 되어야 하며, 그 결정 방법은 무엇인가.

가장 단순한 방식은 제비뽑기(lottery)이다. 제비뽑기 방식을 가장 흔히 사용하는 경우는 로또복권 당첨자 결정과 아파트 분양 당첨자 결정이다. 이 제비뽑기로 구명정에 타지 못할 사람을 정하는 경우를 보자. 그러면 누구도 불만이 없을 것이라고 판단할 수도 있다. 그러나 과연 그럴까.

우리 사회의 중요한 문제마다 제비뽑기 방식을 심각하게 고려하지 않는 상태에서 제비뽑기 방식을 채택하는 세태는 매우 개탄스럽다. 가장 대표적인 경우가 이른바 고등학교 평준화 정책의 일환으로 시행하는 추

첨에 의한 학교배정방식이다. 이른바 평준화 정책의 폐해는 잘 알려진 논거이다.1)

이제 권리의 측면에서 제비뽑기 방식의 폐해를 살펴보자. 우선 제비뽑기 방식은 권리의 불가양도설과 불가침설에 위배된다. 제비뽑기를 한다는 것은 사람의 생명 문제를 도박이나 흥미 위주의 게임의 기제인 확률에 의존해서 결정한다는 뜻이다. 누가 결정이 되든지 간에 한 사람의 생명을 우연에 맡긴다는 뜻이 된다.

또한 제비뽑기 방식은 개인의 의지에 관계없이 권리를 침해한다는 뜻이다. 우리가 한 개인의 권리를 태생적 요인, 즉 신분이나 사회적 배경에 따라 결정하는 것이 나쁘다고 판단하듯이, 같은 맥락에서 제비뽑기도 의지에 관계없이 개인의 권리를 침해하는 결과를 가져온다. 따라서 제비뽑기 방식은 난파선의 구명정에 타지 못할 사람을 결정하는 문제에 해결책이 될 수 없다.

우리는 영화나 드라마 등에서 구명정에 탈 사람과 타지 못할 사람을 결정할 순위를 다음과 같이 정하는 경우를 많이 목격할 수 있다.

[어린이 또는 환자 → 노인 → 성인 여자 → 성인 남자]

위의 순서는 사람들이 묵시적으로 동의하는 경우이므로, 이를 '사회통념상 구조 순서'라고 하자. 그러면 우리가 사회 통념상 암묵적으로 정한 순서의 타당성을 살펴보자.

먼저, 생명의 가치, 또는 인간 존엄성의 측면에서 '어린이 또는 환자 → 노인 → 성인 여자 → 성인 남자'의 순서로 가치를 매길 수 있는가를

1) 이에 관해서는 김정래(2009)의 연구를 참조.

생각해 보자. 어느 누구도 생명의 가치 또는 인간 존엄성에 순서를 매길 수는 없다. 그러면, 이러한 통념상의 순서는 어떻게 정당화될 수 있는가.

공리주의와 의무설의 입장에서 살펴보자. 칸트의 의무설에 따르면, 인간 존엄성에 대한 비교우위적인 가치를 부여할 수 없다. 그러면 공리주의의 관점에서 보자. 우선 연령을 기준으로 보면, 성인 남자가 환자나 노인, 그리고 어린이에 비하여 사회적 효용성이 떨어진다고 판단할 근거가 없다. 그러니까 공리주의에 비추어 보면, 앞의 '사회 통념상 순서'는 정당화되기 어렵다. 이를 세부적으로 살펴보기로 한다.

만약 어린이가 성인 남자보다 살아갈 날이 많이 남았으니, 어린이를 구명정에 먼저 태워야 한다고 하는 경우를 보자. 이 경우는 성인 남자가 노인보다 살아갈 날이 많으니 노인을 구하지 말아야 한다는 동일한 반론에 부딪치게 되어 성립할 수 없다. 그 다음으로 경노사상 내지는 노인 우대를 원칙으로 세운다면, 그것은 공리주의 원리에 별로 부합하지 않는다. 만약 환자 또는 노인을 구명정에 태우지 않는 경우라면 공리주의 원리에 부합하므로 환자 또는 노인을 구하지 말자는 주장을 할지도 모른다. 그러나 약자를 보호하지 않는 것이 과연 공리주의 원리에 부합한다는 주장에 공리주의자들은 결코 동의하지 않을 것이다. 이에 관하여 상당한 논의를 요구하므로 생략하기로 한다.

또한 성인 남자 대신에 성인 여자를 구명정에 태워야 한다는 주장에 대하여 살펴보자. 왜 여자 대신에 남자가 희생되어야 하는가. 이에 대한 답은 여러 가지가 있을 수 있다. 우선 과거 여성이 성적으로 차별 받은 데 대한 보상이다. 이 점에서 성인 남자의 희생이 정당화될 수 있을지도 모른다. 그러나 그것은 한 세기 이전 또는 난파선에 탑승한 남녀 당사자의 부모 이전 세대에서 벌어진 일이기 때문에 당사자인 성인 남녀가 그 책임을 짊어져야 할 필요는 없다는 반론에 부딪친다. 오히려 사회적 효율의 측면에서 성인 남자를 구해야 한다고 주장할 수도 있다. 그러나 사회적 효율성 측면에서 남성이 앞선다는 주장은 설득력을 지니기 어렵다. 사회의 여러 분야에서 여성이 성과와 효율성 면에서 두각을 나타내는 사례는 흔히 찾아볼 수 있기 때문이다. 구명정 승선 결정의 경우 성인 남자인지 성인 여자인지를 정하는 문제는 오히려 성차별 논란만을 야기한다.

이상의 검토를 통해서 우리는 '어린이 또는 환자 → 노인 → 성인 여자 → 성인 남자'라는 사회 통념상의 구조 순서를 정당화할 근거를 찾기가 매우 어렵다.

하지만 일단 배가 침몰하는 급박한 상황에서 어떤 결정이든 내려야 한다. 따라서 기존의 통념상 순서를 따른다고 하자. 즉 성인 남자 중에서 한 명을 구명정 승선에 제외시키는 경우를 살펴보자. 즉 성인 남자 한 명을 희생시키기로 합의했다고 하자. 그러면 이제 성인 남자 3명 중 어느 남자를 선정하여 난파선에 남겨둘 것인가.

논의를 위하여 대상이 되는 성인 남자의 특성을 보자. 조사를 해보니 성인 남자 중 1명은 백만장자이고, 다른 1명은 재주가 많은 건장한 남자이고, 또 다른 남자 1명은 스님이다.

먼저 이 세 사람을 놓고 제비뽑기를 하는 경우를 보자. 앞서 10명 중 한 명을 결정하는 경우와 논거는 마찬가지이므로 제비뽑기는 정당화될 수 있는 방법이 아님에 틀림없다. 이제 이들 중에서 어느 한 사람을 구명정 승선에 제외시켜야 하니 이들 각각의 경우를 살펴보기로 하자. 각기 희생되어야 하는 논거와 구명정을 타고 살아남아야 할 논거를 모두 살펴보자.

첫째, 백만장자가 희생되어야 하는 이유를 생각해 보자. 백만장자는 이미 세상의 경제적 풍요를 많이 누린 사람이므로 다른 사람에게 그 생명을 양보해도 좋다고 주장할 수 있는가. 아니면 백만장자는 다른 사람들이 사회적 약자이므로 그들에게 양보해야 한다고 주장할 수 있는가. 어느 경우에도 백만장자가 희생해야 할 타당한 이유를 찾기 매우 어렵다.

반대로 백만장자가 자신이 살아야만 한다고 주장한다면, 그가 내세울 수 있는 이유를 생각해 보자. 우선 공리주의 입장에서 그는 자신의 재산을 통하여 사회적 기여를 누구보다도 많이 할 수 있다고 주장할 수 있다. 만약 자신이 살아남는다면 자신의 재산을 가지고 살아남은 다른 사람들에게 여러 가지 사회경제적인 혜택을 주겠다고 한다면 그의 주장은 정당화될 수 있는가. 많은 사람들이 이에 동의하기는 어려울 것이다. 여기서 우리 사회에 불합리하게 퍼져 있는 재벌 혐오감을 언급하는 것이 아니다. 오히려 재산을 통한 사회적 기여도가 여러 가지 측면에서 매우 존중되어야 한다. 그리고 부자들의 기여도에 따라 사회적 존경과 칭송도 마땅히 받아야 한다고 생각한다. 다만 반대 논거는 재산을 통한 사회적 기여도가 인간 존엄성을 대체할 만한 가치를 지녔다고 단정할 수 없다는 점이다.

결론적으로 백만장자를 구명정에 태우거나 태우지 못하는 어느 경우도 정당화될 근거를 찾기 어렵다.

둘째, 재주 많고 건장한 남자가 희생되어야 하는 이유를 먼저 생각해 보자. 재주 많고 건강하다는 것이 과연 희생의 이유가 될 수 있는지 의문이다. 재능과 건강이 사회적 약자 보호를 위해 희생해야 할 근거가 될 수 없기 때문이다.

반대로 재주 많고 건장한 남자가 자신이 살아야 한다고 주장한다면, 그 이유를 생각해 보자. 앞의 백만장자의 경우처럼 재산으로 사회적으로 기여할 수는 없지만, 자신의 재능과 건강을 기반으로 장차 사회적으로 크게 기여할 것을 내세우면서 자신이 구명정에 타야 한다고 주장할 수 있다. 오히려 장차 사회적으로 기여할 수 있는 정도는 백만장자의 경우가 더욱 클지도 모른다. 그렇지만 목하 비교대상은 아니지만, 구명정에 탈 아이가 잠재적 기여도가 더욱 클 것은 뻔하다. 무엇보다도 다른 사람에 비하여 재주 많고 건장한 남자가 난파선에서 생존할 확률이 매우 미미하지만 그나마 견뎌낼 수 있는 최적의 조건을 갖춘 인물이라는 점에서 볼 때, 그가 구명정에 타야 할 이유는 더욱 없다.

결론적으로 재주 많고 건장한 남자를 구명정에 태우거나 태우지 못하는 어느 경우도 정당화될 근거를 찾기 어렵다.

셋째, 남은 성인 남자 한 명인 스님의 경우를 생각해 보자. 먼저 스님이 희생되어야 할 이유를 살펴보자. 사람들이 스님은 이미 세속적 욕망을 멀리 한 분이니 희생해야 한다고 주장할 수 있을 것이다. 이 경우 해당 스님이 동의한다면 구명정에 타지 않고 난파선에 남을 사람은 분명히 스님이 될 것이다. 그러나 이 스님은 난파선에 승선한 다른 어느 누구보다도 인격 수양과 덕목을 구비한 인물이다. 이러한 인품을 지닌 사람을 희생시키는 것이 과연 사회적으로 온당한 결정이라고 할 수 있는가.

반대로 스님이 자신이 살아야 한다거나 누군가 스님이 구명정에 타야 한다고 주장하는 경우 그 이유를 살펴보자. 앞서 말했듯이 스님이 살아남아서 사회적인 지도와 모범을 보일 경우 그 공헌도는 정당화될 수 있을 것이다. 그러나 스님이 종교적 지도자이므로, 전쟁에서 군을 통솔할 군지도자나 사회를 지배하는 정치지도자와는 달리 세속적인 삶을 초월한 존재이다. 이 경우 스님이 희생한다는 것은 스님의 존재 이유에도 부합한다고 볼 수 있다. 따라서 스님이 구명정을 타야 한다는 주장은 강제성은 없지만 설득력을 잃는다.

결론적으로 스님을 구명정에 태우거나 태우지 못하는 어느 경우도 정당화될 근거를 찾기 어렵다.

이상 살펴본 바와 같이, 사회통념상 성인 남자 1명을 희생시킨다는 데 합의하고 이를 실행한다고 하더라도 성인 남자 중 누구를 희생시켜야 하는지를 결정할 합당한 근거를 찾는 데 실패하였다. 적어도 권리의 차원에서 성인 남자를 희생해야 할 근거, 그리고 어느 성인 남자를 희생해야 할지를 결정할 수 없다.

그러나 난파선과 같은 현실을 당면하게 되면 권리 이론에 입각한 논의가 유효하다고 해도 현실적으로 어떤 결론을 급박하게 내리지 않을 수 없다는 점을 염두에 두어야 한다. 그렇게 속단하면 권리 이론은 공리공담(空理空談)에 그칠 것이다. 권리 또는 권리이론이 현실에 실행되지 않는다면 그것 자체가 무용지물인 셈이다. 어떤 방책이라도 세워야 한다.

5. 정의와 권리문제: 사회적 합의의 경우

우리는 사회 통념상 의사결정을 하는 경우도 있지만, 사회적 합의를 해야만 의사결정을 할 수 있는 경우도 있다. 만약 어떤 사회적 합의 기구가 있어서 이제 성인 남자를 제외한 어느 한 사람을 선정하여 희생시키기로 하였다고 하자. 이때 사회적 합의기구는 가상적인 기구이다. 즉, 이 기구는 배가 침몰하는 급박한 상황에서 회의체를 구성하고 합의를 도출해낸다는 뜻이 아니다. 이 기구는 이론적 논의를 통하여 사회적 합의가 원만하고 합리적으로 이루어지도록 하는 데 목적이 있다. 또한 이 기구 운영을 통하여 정의감(sense of justice)과 권리인식을 제고할 수 있다.

다만 앞서 언급한 '사회 통념상 순서'를 대신하여 일종의 사회적 규칙(rule)을 정할 기구를 어떻게 구성해야 하는가, 누가 참여해야 하는가, 어떤 절차로 규칙을 정해야 하는가 등의 문제는 이 절에서 다루는 논제와는 별도의 문제이다. 이에 관해서는 다음 절에서 다루어 보기로 한다.

앞 절에서 살펴본 사례를 중심으로 여러 가지 경우를 살펴본다.

첫째, 환자를 대상으로 할 경우를 상정해보자. 먼저 환자가 희생되어야 할 이유를 살펴보자. 환자는 어차피 중병을 앓고 있으므로 생존하더라도 다른 사람보다 오래 살지도 못한다. 본인이 동의할 경우에는 그리 큰 문제가 야기되지는 않는다. 환자가 생존했을 경우 그가 사회적 기여는커녕 치료 등에 필요한 의료경비와 같은 사회적 비용이 증가할 것이라는 논거가 동원된다. 따라서 환자가 구명정에 타지 못하는 것은 당연하다.

그러면 환자, 장애인 등과 같은 사회적 약자는 사회적 효용성의 측면에서 그들의 권리가 경시되어도 좋은가 하는 반론이 제기된다. 이것은 곧 환자가 사회적 보호를 받아야 하는 논거가 된다. 그리고 환자도 엄연히 권리 주체(권리 소유자)이므로 환자 자신이 생존해야 할 나름대로 논거를 개진할 수 있다. 물론 그 이유는 개인에 따라 다양할 수 있다. 예를 들면 환자가 건강할 때 사회적 기여가 상당히 컸다는 점을 지적할 수도 있다. 과거에 기업을 일으켜 천문학적 금액의 기부금을 낸 경우를 들 수 있다. 또한 군이나 경찰 복무를 통하여 국가를 위하여 근무하다가 질환을 얻은 경우도 고려해야 한다. 그러면 어떤 이유가 구명정에 탑승해야 하는 논거가 되는지는 또 다른 논의를 요구한다. 따라서 환자가 구명정에 타야 할 논거가 필연적으로 보장되는 것은 아니다.

둘째, 노인을 대상으로 할 경우를 상정해보자. 먼저 노인이 희생되어야 할 이유를 살펴보자. 노인은 어차피 살만큼 사신 분이므로, 희생해도 좋다는 논거가 대두될 것이다. 본인이 희생에 동의한다면, 그리 큰 문제가 제기될 수 없을 것이다. 환자의 경우와 마찬가지로 노인들은 대부분 은퇴한 상태이고, 사회적 기여보다는 사회적 부양의 대상이므로 사회적 효용성 측면에서 구명정에 타지 않을 논거가 될 수 있다.

현대 사회에서 환자와 장애인처럼 노인도 사회적 약자인데 사회적 부담만이 가중된다고 저버릴 수 있다는 논거는 사회적 동의를 얻어내기 어려울 것이다. 그리고 해당 노인이 과거에 국가나 사회를 위하여 크게 기여했다면, 또는 국가보훈 대상인 경우라면 노인은 구명정에 타야 할 당위성을 확보할 수 있다. 우리는 예측할 수 없는 불의의 사태나 노후를 위하여 보험 제도를 둔다. 연금도 같은 맥락에서 마련된 제도이다. 보험과 연금과 같은 제도는 사람은 누구나 늙고 종국에는 죽는다는 동서고금의 진리를 토대로 마련한 제도이다. 그렇다면, 현 시점에서 젊은이들이 노인을 공경하는 것은 미래의 자신들을 돌보아야 한다는 메시지를 후세대에게 전달하는 교육적 효과가 있다. 그러한 측면에서도 노인을 구명정에 태워야 한다는 당위성을 얻는다. 그럼에도 노인 인구 비율 증가 등을 고려하면 노인 우대정책을 사회정책에서 우선순위를 쉽게 매기기 어렵다는 논거도 있다. 이러한 사항들을 모두 고려할 때, 노인을 구명정에 태워야 한다는 필연적인 논거는 마련하기 어렵다.

이상 살펴본 내용은 사회정의 문제를 다룰 때 요구되는 사고력 문제이다. 이러한 문제를 통하여 우리는 권리 인식에 관한 학습 경험을 할 수 있다. 권리 이론에 비추어 그리고 권리를 보는 관점에 비추어도 사회정의 문제를 권리의 관점에서 다루는 문제는 일도양단(一刀兩斷)할 수 있는 문제가 아니다. 마구잡이로 권리 주장을 하는 것도 문제이지만, 권리 주장의 근거를 확보하는 것이 쉽지 않은 만큼 막연하게 근거를 주장해서도 안 된다는 교훈을 얻을 수 있다.

이 외에 여러 가지 가상 상황을 설정하여 권리 인식 학습을 할 수도 있다. 이 문제는 이어 간행되는 자매서 『아동권리향연 마당』에서 보다 더 구체적으로 다루어보도록 한다.

Ⅱ. 롤스의 정의 이론과 권리

1. 롤스의 정의 이론

롤스(John Rawls)의 정의 이론을 간략하게 요약하는 것은 매우 어려운 일이다. 왜냐하면, 그의 이론은 매우 방대하면서도 정교하며, 종합적이면서도 정합적이며, 역사적이면서도 분석적이기 때문이다. 따라서 본 절에서는 권리를 이해하는 데 요구되는 내용을 중심으로 하되, 이를 이해하는 데 요구되는 기본적인 내용을 간략하게 소개하기로 한다.

롤스의 이론의 특징은 이른바 좌-우, 결과주의와 동기주의, 고전적 권리와 현대적 권리 등의 대립을 지양하고, 이들을 정합적으로 설계했다는 점이다. 이 점에서 그는 세계적인 석학이며 그의 『정의 이론(*A Theory of Justice*; TJ)』은 역사적인 작품으로 평가된다.

그의 정의 이론은 다음과 같은 전제를 바탕으로 한다.

첫째, 정의의 일의적 주제(primary subject)는 사회의 기본구조에 있다. 여기서 사회의 기본 구조(basic structure of society)라고 하는 것은 롤스가 정의의 '헌법'을 제정하는 기본 틀을 설정했다는 것이다. 이것은 곧 개인의 자유, 권리, 존엄성 등 기본권을 훼손하거나 침해하지 않도록 하는 제도적 장치를 고안한다는 것을 뜻한다. 고전적 권리 이론가들이 주장하는 바와 상통한다. 이것은 그의 이론이 사회계약론적 전통을 이어받았다고 하는 논거이기도 하다.

둘째, 부(wealth)의 근원은 사회적 협업이라고 생각한다. 이것은 정의 이론에서 분배의 논거를 제공해주는 전제이다. 이는 정의 문제에서 사회·경제적 권리의 근거를 제공한다.

셋째, 인간의 덕성(virtue)은 사회 정의 문제에서 제외된다. 즉 윤리학의 핵심 주제인 덕의 문제는 사적 영역(private affairs)의 문제이므로 공적 영역(public affairs)의 정의 문제에서 제외된다. 이는 곧 정의의 핵심 문제인 분배는 사적 관심사가 아니라 공적 관심사라는 말이다.

이러한 전제 아래서 논의되는 사회의 기본 구조와 일의적 주제란 무엇인가를 좀 더 살펴본다. 사회의 기본 구조란 인위적으로 만들어낼 수 있는 것인가. 사회의 기본 구조는 제도와 관행이 결정한다. 그렇지만 제도와 관행은 구성원들이 좋은 삶을 영위하기 위하여 결정할 수 있는 것이다. 따라서 하이에크의 표현으로 보면 '자생적 질서(spontaneous order)'에 해당한다. 이렇게 보면 롤스가 생각하는 사회는 사회주의나 전체주의자들이 상정하는 집합적 실체(collective entity)가 아니어야 한다.

롤스에게 정의 문제는 단편적인 관점에서 분배의 규칙을 정하거나 뜬금없이 사회적 규율을 정하는 문제가 아니다. 따라서 정의 문제는 사회적으로 배분하고자 하는 일차적인 선(primary goods)에 집중되어야 한다. 롤스는 일차적 문제(primary problems)로 자유(liberty), 기회

(opportunity), 소득과 부(income and wealth) 그리고 자기존중(self-esteem)을 제시한다(TJ, 15). 여기서 언급된 일차적인 가치는 우리가 기본권으로 중시하는 내용과 관련되어 있다. 기본적인 자유와 권리, 이를테면 신체, 거주이전, 직업선택, 종교, 양심, 언론, 학문 등과 관련된 자유와 권리와 관련된다. 또한 직책의 특권(positional goods), 소득과 분배의 문제 등과 관련되어 있다. 따라서 롤스의 정의 문제는 기본적인 권리, 즉 기본권을 다루고 있다는 점을 확인할 수 있다.

일차적인 선을 바탕으로 하여 롤스는 정의 원칙을 설정한다.

> 모든 사회적 가치들은 — 자유, 기회, 소득과 부, 그리고 자기존중의 기초 — 이들 가치 중에서 어느 것이나 모든 것의 불평등한 배분이 모든 이의 이익이 되지 않으면 평등하게 배분되어야 한다. (TJ, 62)

위의 원칙은 유명한 정의의 두 가지 원칙을 도출하는 근거가 된다.

제1원칙

> 각자는 모든 사람에게 유사한 자유의 체제와 양립할 수 있는, 평등한 기본적 자유로 이루어진 가장 광범위한 전체체계에 대하여 평등한 권리를 가져야 한다.

제2원칙

> 사회적 그리고 경제적 불평등은 불평등이
> (a) 정의로운 저축의 원칙과 일치하면서, 최소 수혜자에게 최대의 혜택이 되도록,
> (b) 공정한 기회 평등이라는 조건 아래 모든 사람에게 개방된 직책과 직위에 결부되도록 배열되어야 한다. (TJ, 302)

위의 두 가지 원칙은 무한에 가까운 논쟁을 낳는 내용을 담고 있지만, 여기서는 논의에 요구되는 핵심만 추려서 정리해 보기로 한다.

우선 일차적인 가치와 관련하여 보면, 제1원칙은 자유에 집중되어 있고, 제2원칙은 기회(b)와 소득과 부의 배분(a)에 집중되어 있다. 그리고 두 가지 원리에 대한 명칭이 있다. 제1원칙은 평등한 자유 극대화의 원리(Principle of Greatest Equal Liberty) 또는 자유 우선의 원리(Priority Principle of Liberty)라고 한다. 제2원칙은 (a)는 차별의 원리(Difference Principle)라고 하며 (b)는 공정한 기회의 원리(Principle of Fair Equality of Opportunity)라고 한다.

여기서 제2원칙 중에서 차별의 원리를 기회 균등의 원리 앞에 (a)와 (b)라는 기호를 사용하여 세운 논거에 주목할 필요가 있다. 일견 상식적으로 보면, 기회의 원리가 보다 일반적이며 차별의 원리는 매우 예외적이라는 생각이 지배적이다. 그러나 제2원칙을 보면 반대로 되어 있다.

그 이유는 다음에서 찾을 수 있다. 사회·경제적 불평등이 공정한 기회 균등이라는 조건 아래서 모든 사람에게 개방된 공직과 지위에 결부되도록 마련되어야 하기 때문이다. 이를 일명 '민주적 평등의 원칙(Principle of Democratic Equality)'이라고 하는데, 구체적으로 다음과 같은 내용이다.

회복하기 어려운 처지에 놓인 사람의 경우, 사회·경제적 불평등이 어떠한가를 보자. 이들에게 기회를 균등하게 제공하는 것은 자신이 처한 회복하기 어려운 처지를 개선하는 데 아무런 도움이 되지 않는다. 상황이 이들에게 동등한 출발선에 설 수 없도록 가로 막기 때문이다. 그렇기 때문에 이들에게 다른 사람과 똑같이 주어지는 기회의 균등이 아니라 다른 사람과 차별화된 기회, 즉 더 많고 좋은 기회가 제공되어야 한다. 이러한 차별화는 기존 우리가 용인하지 않는 차별화, 이를테면 성차별, 인종차별, 계층차별, 문화적 차별이 정당화되지 않는 것과는 달리 모든 차별을 수용하여 이를 정의 원리를 구성하는 틀, 즉 앞서 말한 사회의 기본 구조 안에서 정당화될 수 있도록 하는 것이다. 이러한 롤스의 주장을 대표적으로 표현하는 말이 최소 수혜자의 최대 수혜(maximin) 원칙이다. 간단하게 '최소 수혜자의 최대 수혜 원칙'을 '최소 최대원칙'이라고도 한다.

롤스의 두 가지 정의 원리는 각각의 성격이 다르다. 제1원칙은 법적·정치적 원리이며, 제2원칙은 사회적·경제적 원리이다. 그리고 제1원칙은 기본적인 가치 중에서 자유와 자기존중(self-esteem)과 관련이 되어 있다. 제2원칙은 민주적 평등의 원리와 최소자의 최대 수혜 원리를 담고 있다.

롤스는 정의의 원리의 우선순위를 매기고 있다. 이른바 원리의 우선성은 ① 제1원칙 → ② 제2원칙(b) → ③ 제2원칙(a)로 표현된다. 이를 구체적으로 진술하면, ① 자기존중의 원칙[제1원칙] → ② 민주적 평등의 원칙[제2원칙(b)] → ③ 최소 최대원칙[제2원칙(a)]이라고 표현할 수 있다.

이를 다시 풀어 표현하면, 최대한의 평등한 자유를 최우선으로 충족시키며, 민주적 평등을 차 순위로 충족시키며, 그 다음으로 차등의 원칙, 즉 최소 수혜자에게 최대 수혜를 마련하도록 한다는 것이다.

2. 롤스 이론의 사고 실험

롤스의 정의 이론은 사회계약론의 전통을 이어받았다. 이 말은 롤스가 사회의 기본 구조라고 한 기본 틀을 통하여 정의의 '헌법'을 제정하려는 시도로 이해된다. 앞서 설정한 정의의 원리는 누가 어떻게 정해야 하는가. 과거 봉건시대처럼 국왕이나 몇몇 소수의 지배가 정할 것인가. 아니면 종교적 예지를 동원하여 정할 것인가. 그도 아니라면 민주적 원리에 따라 정할 것인가. 우리는 당연히 민주적 원리에 입각하여 정의 원리를 설정해야 할 것이다. 하지만 여기에는 민주적 원리가 실행할 수 있는 절차적 규칙과 공정성이 요구된다. 그러한 절차적 공정성을 확보하기 위하여 롤스가 고안해낸 것이 사회계약론의 아이디어를 빌려 만든 '원초적 입장(Original Position)'이다.

원초적 입장은 정의의 원리를 사회구성원들이 받아들이는 과정을 고안하면서 제시한 개념 장치(conceptual apparatus)로 사회계약론적 입장에서 사회의 기본 구조를 합리적으로 선택할 수 있도록 하기 위한 것이다. 이때 계약당사자들이 처한 입장을 무지의 장막(veil of ignorance)이라고 한다. 무지의 장막은 장점 위협(threat advantage)을 방지하기 위하여 만들어놓은 장치이다.

이 개념을 설명하기 위하여 가장 단순한 예를 들어보겠다. 여덟 사람이 모여서 피자 한 판을 나누어 먹기로 했다고 가정하자. 이 중 한 사람이 피자를 만드는 사람인데, 그는 마지막 토핑 단계에서 자기가 좋아하는 값비싼 토핑 재료를 한 쪽으로 몰아서 배치한 다음 피자를 오븐에 구웠다. 그가 좋아하는 토핑을 한 쪽으로 몰아놓은 것은 나중에 그 부분을 잘라서 먹기 위한 것이다. 완성된 피자를 똑같은 크기로 8등분을 한다고 하자. 이때 피자를 8등분할 사람은 피자를 만든 사람을 제외한 다른 7명 중 한 명이어야 할 것이다. 왜냐하면 피자를 만든 사람이 피자를 자르게 되면, 자기가 좋아하는 토핑이 몰린 부분을 자를 것이 예측되기 때문이다. 가장 좋은 방법은 토핑의 종류가 고르게 나누어지도록 자르는 것이며, 이를 위해서 피자 만든 사람은 피자를 자르게 하는 일은 삼가야 한다.

만에 하나 피자를 만든 사람이 자르게 될 경우에도 또 다른 조치가 있어야 한다. 만약 그가 자르더라도, 피자 조각을 고르는 데 있어서 그는 가장 나중에 고르게 해야 한다.

이 예에서 피자를 만든 사람은 피자의 속성을 가장 잘 알고 있으며, 어떻게 배분하는 것이 자신에게 가장 유리한 결과를 가져올 것인지를 잘 알고 있다. 그가 피자를 자르거나 아니면 자르더라도 가장 먼저 자신의 몫으로 피자 조각을 고르는 것은 롤스가 지적한 '장점 위협'에 해당한다.

이러한 장점 위협을 제거하기 위하여 고안한 개념장치가 무지의 장막이다. 위의 예에서 무지의 장막은 피자를 자르는 사람이 피자의 속성을 잘 알지 못하는 사람이 되도록 하는 것을 말한다. 만약 현실적으로 피자를 자르는 일을 피자를 만든 사람이 했을 경우에는 그 사람은 다른 사람이 피자 조각을 다 고르고 난 다음 남은 한 조각을 가져가게 하는 것이다.

무지의 장막에서 사회계약의 기본 규칙을 제정하거나 절차적 규칙에 합의할 사람이 임하게 되는 상황이 원초적 입장이다. 원초적 입장에 관한 엄밀한 이해가 요구된다. 왜냐하면 원초적 입장을 상호 간 협상(mutual bargain)이나 상호이익(mutual advantage)의 수단으로 이해해서는 안 되기 때문이다. 원초적 입장은 칸트 윤리학의 정언 명령(categorical imperatives)이 적용되는 상황을 전제로 한다. 즉 보편화 가능성이 적용되는 상황에서 자유롭고 합리적인 개인이 합의점을 도출할 수 있는 장치를 말한다.

원초적 입장은 계약에 참여한 사람이 상호이익을 증진하기 위하여 합의하는 상황이 아니다. 상황에 따라 결과적으로 참여자의 혜택과 이익이 감소하는 경우도 발생한다. 그래서 참여자에게 '무지의 장막'이 요구되는 것이다. '누이 좋고 매부 좋은 상황'이 아니다. 경우에 따라서는 누이가 나쁠 수도 있고, 매부가 나쁠 수도 있으며, 누이와 매부가 모두 나빠질 수도 있지만, 어느 경우라도 다 감수해야 한다. 누구에게나 예외 없이 불편부당성의 원리가 규칙으로 적용되는 상황이 계약 당사자가 처한 원초적 입장이다.

서두에 사회계약론의 관점에서 설정한 원초적 입장과 무지의 장막은 우리 현실에서 찾아볼 수 없는 가상적인 개념도구이다. 그럼에도 이러한 개념 도구가 필요한 것은 국가의 여러 정책이나 의사결정을 할 경우 그것이 정의의 원리에 입각하여 설정되고 결정되었는가를 검증할 수 있는 준거를 제공하는 개념 장치이기 때문이다. 현실정치에서나 국가정책에서 실제로 이를 활용할 수도 있다. 하지만, 권리 인식이나 정의감(sense of justice)을 제고하는 데 요구되는 우리의 논리 실험에도 원초적 입장과 무지의 장막은 활용될 수 있다.

앞 절에서 권리의 관점에서 정의의 원리가 적용되는 가상 상황을 난파선의 경우를 들어 살펴본 바 있다. 그 상황은 다음과 같은 것이었다.

> 난파선에 10명의 사람이 있는데, 구명정은 9명만 태울 수 있다. 10명 중 성인 남자 3명, 성인 여자 3명, 노인 1명, 환자 1명, 남녀 어린이 2명이 타고 있다. 이 경우 누구를 태우고 누구를 제외시켜야 하는가. 구명정에 태우지 못할 사람은 누가 되어야 하며, 그 결정 방법은 무엇인가.

이 상황에서 우리는 '사회 통념상 구조 순서'라고 하면서 '어린이 또는 환자 → 노인 → 성인 여자 → 성인 남자'의 순서를 언급한 바 있다. 그리고 이 순서의 합리성을 권리의 관점에서 검토한 바 있다. 그러나 우리는 사회 통념상 암묵적으로 정한 순서가 당초 어떻게 설정되었는가를 따져보지 않았다.

비록 권리의 관점에서 수용할 수 없을지 모르지만, '사회 통념상 구조 순서'인 '어린이 또는 환자 → 노인 → 성인 여자 → 성인 남자'의 순서를 일종의 사회적 규범 또는 사회적 규칙의 발생학적 관점에서 수용할 수 있을지도 모른다. 왜냐하면 사회의 기본 구조가 인위적으로 만들어진 것이 아니라 면면히 이어져온 제도와 관행에 따라 결정된 것이기 때문이다. 제도와 관행은 규범이나 규칙의 제정 당시로 보면 당사자들의 이해관계를 넘어서 구축되고 누적적으로 보완되었기 때문이다.

이 점에서 보면 롤스의 원초적 입장은 앞의 상황에서 '사회 통념상 구조 순서'인 '어린이 또는 환자 → 노인 → 성인 여자 → 성인 남자'의 순서를 용인한다. 그러나 롤스가 주장하는 바는 이러한 전통적인 제도와 관행의 정당화하여 답습하는 데 있는 것이 아니다. 롤스의 정의 이론은 오히려 기존의 제도와 관행이 야기했던 구조적 불평등을 개선하는 데 초점이 맞추어져 있다. 물론 기존의 구조적 모순과 불평등을 제거하고 개선한다고 해서 전체주의적 혁명을 기획하고자 한 것이 아니다. 그래서 그가 정의의 제1원리로서 자유의 원칙을 제시한다. 자유와 공정의 대 원칙을 반영하기 위하여 설정한 것이 원초적 지위와 무지의 장막이다.

그러면 롤스의 정의 이론에 담긴 원초적 입장과 무지의 장막을 보다 구체적이고 현실적인 상황에 적용해 보자. 그러면 이를 위하여 앞서의 상황을 다르게 설정하여 사고 실험을 해 보도록 한다.

> 어찌하여 인류가 재앙을 맞아 난파선에 남은 10명의 사람이 인류 전체 중 생존한 유일한 사람들이다. 10명 중 성인 남자 3명, 성인 여자 3명, 노인 1명, 환자 1명, 남녀 어린이 2명이 타고 있다. 육지로 안전하게 갈 수 있는 다섯 명만이 구명정을 탈 수 있다. 이제 누구를 태우고 누구를 제외시켜야 하는가. 구명정에 태워야 할 다섯 명은 어떻게 구성해야 하는가.

우선 누구를 태울 것인가를 정하는 규칙을 정하는 절차적 규칙은 누가 참여해야 하는가. 즉 원초적 입장에 참여해야 할 사람은 누구인가를 살펴보자. 롤스에 따르면, 계약 당사자는 '자유롭고 합리적인 사람'이어야 한다. 그렇다면, 계약 당사자는 위의 10명 중 누가 되어야 하는가.

이에 대하여 일견 미성년자인 남녀 어린이 2명을 제외한 8명이라는 답이 가능하다. 이 답을 제시할 경우, 환자가 성인이어야 하고, 정신질환을 앓지 않아야 한다는 전제 아래서 가능하다. 각종 법령이나 사회적 관행에 따라 이 견해는 수용할 수 있다. 하지만 우리는 이에 대한 반론을 제시할 수 있다. 과연 성인이 어린이보다 합리적인 존재인가. 이에 관하여 우리는 이미 『증보 아동권리향연』 제4장에서 아동의 무능과 미성숙이 합리적 판단의 충분한 근거가 되지 않는다는 점을 확인하였다. 또한 본서의 제1장과 제2장에서 이에 관한 논거를 상당 부분 다룬 바 있다. 따라서 원초적 입장에 설 계약 당사자를 성인으로 국한하는 준거는 분명 한계가 있어 보인다.

그 다음으로 어떤 방식으로든지 계약당사자가 정해졌다고 가정할 경우, 구명정에 탑승할 5명을 어떻게 선정해야 하는지를 살펴보자.

가장 쉬운 해결책은 앞서 소개한 기존의 관행을 그대로 적용하는 것이다. 많은 사람들이 선정에 골머리를 앓을 경우, 이 해결책을 채택할 가능성이 매우 크다. 따라서 통상 "어린이 또는 환자 → 노인 → 성인 여자 → 성인 남자"의 도식으로 보면, 어린이 2명, 환자 1명, 노인 1명, 성인 여자 1명이 구명정을 타야 한다.[2] 이 상황에서 이 구조 순위가 타당한가? 만

2) 이 경우에도 성인 여자 3명 중 어느 여자를 선정할 것인가는 여전히 쟁점으로 남는다. 그러나 연소자 순이므로 3명 중 가장 나이 어린 여자가 구명정에 탑승할 것으로 예측된다.

약 구명정이 많은 사람이 살고 있는 대륙이나 큰 섬에 도달할 수 있다면, 이 해결책은 매우 타당할 것이다. 하지만 구명정이 현실적으로 도착할 수 있는 지점이 인근의 무인도라면, 사정은 달라진다. 게다가 이들이 인류의 유일한 생존자인 상황이다. 왜냐하면 구명정에서 탑승하여 생존하는 데 그치지 않고 무인도에 도착해서도 연명해야 하기 때문이다.

그러면 무인도에서 삶을 영위하려면 어떻게 5명을 구조해야 하는지를 생각해 보아야 한다. 만약 통상의 경우를 따라 어린이 2명, 환자 1명, 노인 1명, 성인 여자 1명이 구조된다면, 막막한 무인도에서 생활하는 데 많은 어려움이 있다. 당장 노동을 하여 먹여 살릴 건장한 노동력이 부족하다. 이 경우에는 성인 남자가 노동력에서 앞서 갈 가능성이 크다. 이 경우에는 어떤 선정 기준을 마련해야 하는가.

또한 무인도에 상당기간 인류를 존속시켜야 할 상황이라면 차후 자손을 낳아 종족이 유지되려면 다른 구조 순위가 필요할지도 모른다. 이러한 상황이라면 아예 거꾸로 "성인 남녀 5명"을 구조하는 방안이 모색될 가능성도 크다.

그렇다고 하더라도, 성인 6명 중 어떤 사람들로 5명을 구성해야 하는가. 남자 3명과 여자 2명, 아니면 남자 2명과 여자 3명 중 어떻게 해야 하는가. 즉 남자와 여자 중 어떤 경우에도 1명을 제외시켜야 하는데, 누구를 제외시켜야 하는가. 그 기준은 건강, 재산, 재주 등의 기준으로 해야 하는가.

이어서 성인 남녀 6명이 모두 세 쌍의 부부라면, 이 중에서 누구를 배제해야 하는가. 그리고 3쌍의 부부 중, 아이가 한 쌍의 자녀이며, 노인은 다른 한 쌍의 부모라면, 어떻게 5명을 선정해야 하는가.

아니면 어린이와 환자, 그리고 노인을 선정하고, 이들을 돌볼 성인 남녀 1명씩 총 5명을 구조하는 경우도 생각해 볼 수 있다.

아주 드문 경우라고 보지만, 3쌍의 부부 중 아이 2명과 노인을 가족으로 하는 한 쌍이 있는 경우, 이들 5명을 모두 구조해야 하는가.

이런 식으로 상황에 따라 문제는 복잡하게 전개되고 그 해결책은 다양한 각도에서 마련될 수 있다. 이에 관한 사고 실험은 『아동권리향연 마당』에서 본격적으로 다루어보도록 한다.

어쨌거나 어느 경우라고 하더라도 롤스가 제시하는 절차적 원리는 존중되어야 한다. 장점 위협이 없어야 하는 무지의 장막을 전제하는 원초적 지위에서 논의되어야 마땅하다.

한 가지 분명한 점은 상황이 복잡할수록 제비뽑기에 의존해야 한다고 주장하는 것은 매우 타당하지 못하다. 제비뽑기 방식은 선정 대상이 모든 조건에서 동일하다는 상황에서만 유일하게 설득력을 지니기 때문이다. 위의 어느 상황도 선정 대상이 모든 조건에서 동일하지 않기 때문에 제비뽑기 방식은 마땅히 제외되어야 한다.

3. 롤스의 정의 이론이 지니는 교육적 한계

우선 롤스의 『정의 이론』에 포함된 주요 개념이 지니는 문제를 살펴보자. 롤스는 '자신의 이익 증진에 관심을 가진 자유롭고 합리적인 개인은 자신이 속한 사회 운영의 근본 원리로서 평등에 관한 원초적인 입장을 수용할 것'(TJ, 11)이라고 하면서 자신의 정의의 원리를 설정한 바 있다. 여기서 그는 자신이 강조하는 평등한 원초적 상태를 참여자들이 차지할 사회적 지위에 대한 원초적 상태라고 정의한다.

원초적 입장에서 계약당사자들이 고려해야 할 원칙이 바로 최소 수혜자의 최대 수혜 원칙, 즉 '최소최대원칙(maximin)'이다. 이 원칙이 현실에서 제대로 작동하기 위한 필연적인 전제가 있다. 그것은 다음과 같다. 최소 수혜자는 자신의 수혜가 최대화되는 조건에서 다른 사람이 나아지는 데 대하여 시기심을 가져서는 안 되고, 이를 수용해야 한다. 즉 최소최대원칙이 이루어지면, 더 이상의 시기심 없이 불평등이나 상대방의 이익 증가를 수용해야 한다. 예를 들면, 도서 벽지 주민들의 의료 혜택을 극대화하기 위하여 그곳에 참여하는 의사의 보수를 높여주는 데 시기심을 가져서는 안 된다. 마찬가지로 도서, 산간벽지의 아이들에게 학력(學力)을 제고하기 위하여 고액을 요구하는 유명 강사를 초빙하는 경우 이에 대하여 시기심을 가져서는 안 된다.

하지만 이러한 롤스의 처방은 교육상황에서 그 자체로 문제가 된다. 왜냐하면 개인적 요인으로 결정되는 교육적 성취를 물질적 보상으로 해결하려고 하기 때문이다. 이에 관하여 코렌은 다음과 같이 지적한다.

> 롤스는 생득적 재능과 환경이 보상 차원의 분배에 영향을 미쳐서는 안 된다고 못 박아 도덕적 적합성에 의문을 제기하면서도 이러한 차이가 존재한다는 것을 인정한 바 있다. 여타의 사람들도 롤스만큼은 아니지만 이 문제를 이론적 차원에서 같은 방식으로 숙고하고 있다. 그러나 롤스는 능력과 노력에 의하여 드러나는 차이에 대한 물리적 재화를 통한 보상 문제와 교육상황에서 다른 처방이 필요하다는 교육적 적합성을 혼동하고 있다. 교육평등과 경제적 평등이 자유사회에서 왜 이 같은 방식의 논의를 요구하는 이유는 의심할 여지가 없이 개인의 장점을 인정하고 교육성취에 대한 물질적 보상이 주어져야 한다는 자유사회의 원리에 기인한다는 점에 있다. 그럼에도 최근에 이러한 논점을 다소 환상이라고 치부하고 또한 각기 다른 성취가 교육에 따른 차이가 아니라 삶의 결정론적 기회에 의존한다고 논의되어 왔다. 그러나 경쟁의 비인간적인 측면이 제거되어야 한다고 하면서도 경쟁에 따른 상이

한 성취를 정당화하려 하지만, 여전히 경쟁의 출발이 획일적으로 동등화되어야 한다는 것을 공정의 조건으로 여기는 것은 롤스를 비롯한 사람들이 폭넓게 공유하는 생각이다(Cohen, 1981: 77-78).

이것은 교육적 성취를 물질적 재화로 그릇되게 치환하는 데서 비롯된 것이라고 볼 수도 있다. 또한 그것은 국가권력의 비대를 낳고 결과적으로 개인의 자유와 권리를 축소시켜 버린다. 그래서 코헨은 이에 대한 대안으로 노직(Nozick, 1974)의 최소 정부론을 들어 개인의 권리를 보호해야 한다고 주장한다. 코헨의 이러한 주장은 롤스의 이론이 개인의 자유와 권리를 제한하고 왜곡할 수 있음을 뜻한다.

최소 최대원칙이 이루어지면, 공리주의가 주장하는 전체 효용이 증가한다고 여길지도 모른다. 하지만 반드시 그렇지는 않다. 위의 예에서 참여 의사와 유명 강사에게 지불되는 비용이 의외로 많다거나 아니면 고비용에도 불구하고 의료 서비스나 교육효과가 매우 미비할 경우 전체 효용이 떨어진다.

반대로 최소 최대원칙이 공리주의에 부합하는 경우도 있다. 최소 최대원칙으로 누진세를 강화한다고 하자. 그러면 부자인 A는 손해를 보고 가난한 B는 혜택을 본다. 단 공리주의는 부자에 대한 증세로 인한 손실과 가난한 사람의 이익의 차이가 커서 전체 효용의 증진에 기여한다는 전제, 즉 부자의 손실이 큰가, 빈자의 이익이 큰가가 아니라 이로 인한 전체 이익의 증진에 기여한다는 전제에서 동의한다. 그러면 A의 손실이 B의 이익보다 작게 된다. 이럴 경우 사회 전체 효용이 증가한다. 이 경우 B는 극대화된 혜택을 받는 최소자이다. 하지만 이 경우에도 A와 B의 동등한 자유가 실질적으로 고려되었는가 하는 문제는 여전히 남는다.

원초적 입장에 참여하는 계약 당사자는 합리적 개인이어야 한다. 그 이유는 앞서의 시기심을 지니지 않는다는 것을 뜻한다. 합리적 개인은 자신이 최소 수혜자가 될지 모른다는 생각에서 최소 수혜자의 최대 혜택이라는 차등 원칙에 동의한다. 즉 A도 동의하게 된다는 뜻이다. 하지만 롤스의 이론은 공리주의와 큰 차이가 있다. 어느 누구든 자신이 최소 수혜자가 될 수 있으므로, 차등 원칙을 포함한 정의의 원칙을 수용하는 것을 정당화한다. 이를 조건 부합 정당화(conditions matching justification)라고 한다. 이러한 사고를 방법론적으로 반성적 평형(reflective equilibrium)이라고 하는데, 이는 칸트의 보편화 가능성 또는 황금률의 적용된 대표적인 원리이다.

권리의 관점에서 볼 때, 이 점은 매우 중요하다. 전체 효용 증감 여부에 관계없이 최소 최대혜택에 대한 시기심을 갖지 않는 것은 곧 권리 주체로서 상호 존중을 뜻하기 때문이다. 동시에 이 상황에서 시기심을 지닌다는 것은 그 개인이 합리적 능력을 상실했다는 것을 뜻하기도 한다.

황금률이나 보편화 가능성이 실제적으로 적용되는 데에는 계약당사자로 참여하는, 또는 최소 최대원칙을 사량(思量)할 수 있는 합리적 개인을 육성하고 배출하는 문제에 대하여 롤스의 정의 이론만으로는 해결책을 제시할 수가 없다. 롤스의 정의 사회가 이루어지려면 합리적인 개인을 요구한다. 그러려면 이에 앞서 어떻게 합리적 개인을 길러낼 수 있는가를 심각하게 고려해 보아야 한다. 교육적으로 보면 합리적 개인은 일차적으로 훈련에 의하여 길러진다. 즉 합리적 판단을 하는 개인은 합리성 이해 이전에 합리성 판단 훈련에 일차적으로 의존한다. 이를 흔히 도덕교육의 패러독스라고 한다.[3)]

---

3) 도덕교육의 패러독스에 관해서는 피터스(Peters, 1973)의 제11장과 제12장을 참조.

이제 롤스의 정의 이론이 지니는 보다 근원적인 문제점을 두 가지만 지적하고자 한다. 하나는 역차별의 문제이고, 다른 하나는 이른바 '기울어진 운동장' 문제이다.

우리는 사회의 주류 집단에 비해 불리한 위치에 있는 소수 집단이나 사람들을 우대하기 위한 제도로 인해 다수 집단에 차별이 가해지는 것을 가리켜 역차별이라고 한다. 이를 가장 극명하게 보여주는 사례는 롤스의 정의 이론에서 찾을 수 있다. 즉 사회적 불평등을 해소한다는 취지에서 역사적으로 민족, 인종, 성별, 종교, 장애 등의 이유로 불이익을 받았던 사람들에게 우대조치를 취하는 '최소최대원칙(maximin)'을 들 수 있다. 이로 인하여 사회의 다수가 차별을 받아 피해를 보게 될 가능성이 존재한다.

당초 역차별 개념은 1970년대 미국의 소수집단을 우대하는 차별철폐 정책(Affirmative Action)이 시행되면서 대중화되기 시작하였다. 이 시기는 롤스가 자신의 『정의 이론』을 출간한 시점과도 맞아떨어진다. 이 정책으로 그 이전까지 미국 내에서 사회적 약자였던 흑인이나 히스패닉에게 대학 입학이나 공무원 취업 등에서 상대적으로 유리하도록 혜택을 제공했으며, 나름대로 기여하는 바가 없지 않았다. 그러나 이로 인해 백인에 대한 역차별에 대한 논란이 오랜 기간 지속되었다.

법으로 동일한 기회를 제공하는 평등과 현실적으로 얻게 되는 결과의 평등은 다르다는 것은 명백하다. 즉 단순히 모든 사람에게 동일한 방식으로 대하는 것은 차별을 없애기보다는 오히려 불평등을 고착화할 수 있다. 그러나 차별을 철폐하는 방법으로 결과의 평등을 교정하는 것이 과연 타당한지는 의문이 남는다. 왜냐하면 롤스의 '최소최대원칙'과 같은 차별정책은 엉뚱한 사람에게 기울어진 운동장을 제공하기 때문이다[4].

여기서 두 번째로 지적하는 '기울어진 운동장' 문제가 일어난다. 실제로 미국의 소수집단 우대정책으로 애꿎은 중산층 백인들이 불이익을 당한 바 있다.

결과적으로 롤스의 정의 이론에 따른 '기울어진 운동장' 문제는 당초 결과의 평등을 기하고자 한 것이지만 결과적으로 기회의 평등마저 훼손시키는 결과를 초래한다. 역차별과 '기울어진 운동장'의 생성은 그 자체로 정의 이론을 위협하는 요인이 된다.

끝으로 롤스의 정의 이론을 교육 문제에 적용했을 경우 드러나는 문제점을 지적하고자 한다.

첫째, 차등의 원칙의 한계를 지적하지 않을 수 없다. 롤스가 주장하는 기본 가치들의 차등 배분은 교육 상황에서 인정하기 어렵다. 무엇보다도 롤스의 차등의 원칙은 자신의 자기존중(self-esteem)에 위배된다. 교육적 성취는 분배로 다룰 수 없는 자존감의 문제이다.

둘째, 최소최대원칙은 교육상황에서 학습자 중 누군가의 피해를 전제해야 한다. 교육상황에서 야기되는 그러한 피해가 과연 정당화될 수 있는가. 예를 들어 보겠다. 우리나라에서 교육약자를 위한다는 명분으로 선행학습금지법을 만들어 시행하고 있다. 이 입법이 롤스의 차등의 원칙에 부합한다고 주장할지도 모른다. 형식논리로 보면 타당해 보인다. 하지만 이미 능력이 앞서 가는 학생들이 '선행학습'이라는 명분으로 자기 자신의 학습속도가 제한된다는 것, 즉 자신의 능력과 노력에 따른 성취가 실정법에 의하여 제한된다는 것이 과연 정의로운가. 이에 동의할 사람은 없다. 이는 곧 해당 학생의 교육권을 침해하는 것이다.

또한 코헨(Cohen, 1981)은 교육문제를 사회문제가 아닌 개인 차원에

---

4) 이 문제는 제12장 제3절에서 검토해 보기로 한다.

맞추어 다루어야 할 문제라고 주장한다. 이 주장은 교육 문제를 공적 영역으로 취급하고 논의하는 것이 적절하지 못하다는 뜻이다. 제3장에서 살펴본 아동문제와 마찬가지로, 교육 문제는 양육 문제와 함께 일차적으로 사적 영역에서 다루어져야 한다. 즉 교육과 양육의 일차적 책임은 국가가 아니라 부모에게 있다. 하지만 기존 교육학 연구의 상당수는 개인이 지향하고 추구하는 가치가 아니라 집합적 개념에 맞추고 있음을 지적한다. 이를테면 계층 간 연구가 대표적인 것이다. 이는 사적 영역의 문제를 '사회정의'라는 미명 아래 공적 영역으로 치환해버리는 오류를 범하는 것이다. 그렇게 되면 개인의 가치는 집합적 특성에 함몰되기 쉽다. 그것은 곧 개인의 권리를 침해하는 결과를 초래한다.

또한 하이에크(Hayek, 1976)는 개인의 자유와 권리에 포함된 사적 영역의 문제를 공적 영역으로 그릇되게 치환해버린 현상을 일종의 사회적 허상으로 '신기루'에 비유하여 비판한 바 있다. 이러한 그릇된 치환은 분배 정의 문제를 개인의 권리보다 우선시하는 결과를 낳아 결국 집합적 가치를 명분으로 개인의 가치와 권리를 말살하는 전체주의를 몰고 올 가능성만 증대시킨다. 이러한 그릇된 치환은 사회 정의를 명분으로 자행된다. 즉 사회 정의는 평형상태를 가정하고, 평형상태의 추구는 역동적 사회의 활력을 말소함과 동시에 교정적 평등을 지나치게 강조함으로써 결국 개인의 자유와 권리를 훼손시킨다. 즉 사회정의 미명 아래 자행되는 개인의 자유와 권리 제한과 침해는 이미 전체주의의 전조를 드러내는 것이다. 이와 관련된 문제는 제12장에서 검토하기로 한다.

4. 불평등 해소의 원리

모든 교육문제와 교육 현안이 평등에 맞추어진 현실을 인정하고, 이를 분석해 보면, 평등실현을 내세우면서 국가가 취할 수 있는 두 가지 쌍둥이 정책이 있다(Cohen, 1981: 68). 하나는 불리함을 구제하는(remedy disadvantage) 정책이고, 다른 하나는 유리한 것에 재갈을 물리는(curb advantage) 정책이다. 전자는 뒤쳐진 아이들의 형편을 개선하게 하여 이른바 '평형'을 도모하자는 것이고, 후자는 비교가 가능한 모든 것을 모두 동일하도록 모든 인위적 조치를 강구하는 정책이다. 영어 'levelling'은 이를 지칭할 때 사용하는 말이다. 전자는 '배고픔 달래기 전략'이, 후자는 '배 아픔 달래기 전략'이 각기 상응하는 우리말 표현이다. 후자는 속칭 '발목잡기 전략'이기도 하다. 편의상 전자를 A전략이라고 하고, 후자를 B전략이라고 하자.

배고픔을 달래는 A전략은 기회균등의 원리에서 출발한다. 그러나 이 전략을 정책에 반영하여 시행하다 보면 그 성공 여부는 늘 결과의 평등 여부, 즉 'levelling' 여부로 판단한다. 반면 B전략은 '잘 하는 사람을 몽땅 깎아내리는 것'을 가리킨다. 이 전략이 출발부터 잘못된 것임은 아리스토텔레스의 비례적 평등에 비추어보면 알 수 있다.

그런데도 B전략을 들고 나오는 이유는 무엇일까? 그것은 관련 사안의 본질을 따지지 않고 인간이 평등하다는 도덕적 근거에 집착하기 때문이다. 그러나 만민 평등의 도덕적 가정이 모든 사람을 개인차와 관계없이 똑같게 만들어야 한다는 주장을 뒷받침하지 않는다. 도덕권, 자연권으로 정당화되지 않는다는 점을 제6장에서 이미 확인한 바 있다. 결과적으로 B전략은 어떤 방식의 불평등도 다 제거해야 한다는 의미에서 모든 개인차를 말살시키는 시도로 귀결될 수밖에 없다. 그러나 사회편익 차원에서도, 실행적 차원에서도 정당화되기 어렵다. B전략이 실행되려면 똑같게 해야 할(levelling) 기준이 있어야 하고, 실행적 차원에서 '최소기준(minimal standard)'이 마련되어야 하는데, 이마저도 가능해보이진 않는다. 최소기준이라는 것이 상황에 따라, 정책집행자의 의지와 노선에 따라 달라지기 때문이다. 또 B전략은 그 자체의 치명적 단점으로 인하여 국가의 간섭과 통제를 불러오게 된다. 이렇게 보면 A전략이 합당해 보이지만, 결과적 평등의 잣대로 그 성과를 재게 되므로 결과적으로 B전략으로 가게 된다.

심층적인 고려도 없이 많은 사람들이 A전략과 B전략처럼 불평등 해소 전략으로 받아들여 이를 통해 평등을 실현하려 한다. 불평등 해소와 관련하여 코헨은 롤스의 '차별의 원리(difference principle)'를 중심으로 논의를 전개하고 있다(Cohen, 1981: 74-78). 이와 관련해 볼 때 롤스의 이론이 교육에 적용되기 어려운 점이 있다. 첫째, 롤스의 이론을 따르다 보면, 가족요인을 불평등의 결정적인 요인으로 보고 제거해야 하는데, 이는 가능하지도 않고, 제거해서도 안 된다. 둘째, 물질적 성과의 차이에 대한 보상과 교육적 성과의 차이에 대한 보상을 동일시하고 있다. 셋째, 성격의 차이는 교육적 성취의 차이를 가져오는 중요한 변인이 된다. 그렇다고 해서 개인의 성격 차이에 대한 도덕적인 책임을 물어야 한다고 주장할 수는 없다. 도덕적인 책임을 묻는다는 것은 이에 대한 제재를 가해야 한다는 의미이다. 이는 전제국가 또는 전체주의 국가의 통제 속에서나 가능한 일이다. 끝으로 롤스의 차등의 원리는 결과적으로 아이들을 똑같은 틀 속에다 박아 놓는 결과를 가져온다는 점에서 수긍하기 어렵다. '평등은 동질성이 아니다(equality is NOT identity)'라는 하도우 보고서를 인용한 코헨의 지적(Cohen, 1981: 87)을 음미해 보아야 한다.

결론적으로 롤스의 이론은, 자신의 주장과는 정반대로, 평등의 원리에 비추어 개인의 자유와 권리를 제한하고 강제할 가능성을 지닌다. 그것은 정의와 평등의 일차적 초점이 분배에 맞추어져 있기 때문이다. 앞서 살펴본 바와 같이, 정의가 분배정의와 동의어로 사용되면서, 권리의 개념도 고전적 의미를 벗어나 사회·경제적 재화의 분배에 초점을 맞춘 사회·경제적 권리로 확대되었다. 이는 궁극적으로 교정적 평등을 강조함으로써 강제성을 수반하게 하여 개인의 자유와 권리를 위험성을 노출시킨다. 이와 관련하여 제12장 제2절과 제3절에서 살펴보기로 한다.

참고문헌

김정래, 2009, 고혹평준화해부, 서울: 한국경제연구원.

Cohen, B., 1981, *Education and the Individual*, 김정래 역, 2014, 교육과 개인, 서울: 교육과학사.

Guthrie, W. K. C., 1960, *The Greek Philosophers*, 박종현 역, 1981, 희랍철학 입문, 서울: 종로서적.

Hayek, F. A., 1976, The Atavism of Social Justice, in his, 1978, *New Studies in Philosophy, Politics, Economics and the History of Ideas*, Chicago University Press.

Nozick, R., 1974, *Anarchy, State and Utopia*, New York: Basic Books.

Peters, R. S., 1973, *Authroity, Responsibility and Education*, 김정래 역, 2021, 권위, 책임, 교육, 서울: 학지사.

Rawls, J., 1971, *A Theory of Justice*, Cambridge, Mass.: Harvard University Press.

8

아동권리의 보편성과 특수성

앞서 제3장에서 권리의 보편성과 아울러 아동이 처한 특수성을 살펴본 바 있다. 권리의 보편성은 존중되어야 하지만, 그것이 아동이 처한 상황을 무시하고 개진되는 데에는 한계가 있음을 아렌트의 논의를 중심으로 살펴보았다. 아동이 처한 특수성을 고려한다고 해도 그것이 권리의 보편성을 폄하하는 것이 아니라는 점을 확인할 수 있다. 그렇다고 그것이 곧 아동권리의 축소를 의미하는 것은 더욱 아니다.

이 장에서는 권리의 이론적 관점에서 아동이 지니는 권리의 특성을 정리해 보기로 한다. 즉 제3장에서 확인한 권리의 보편성과 아동의 특수성 문제를 제5장에서 살펴본 권리의 관점을 토대로 하여 살펴보기로 한다.

Ⅰ. 권리의 범주와 아동권리

권리는 여러 가지 범주에 다루어질 수 있다. 이 문제는 이미 제5장에서 다룬 바 있다. 논의를 위하여 이를 간략하게 정리하면 다음과 같다.

첫째, 타인의 의무 이행에 따라 소극적 권리(negative rights)와 적극적 권리(positive rights)로 구분할 수 있다. 둘째, 행위자의 적극성 여부에 따라 능동적 권리(active rights)와 수동적 권리(passive rights)로 구분할 수 있다. 셋째, 권리 행사의 성격이나 권리 수혜를 통하여 얻어지는 내용에 따라 분류할 수 있다. 여기에는 정치적 권리(political rights) 또는 시민권(civil rights), 경제권(economic rights), 사회권(social rights), 문화권(cultural rights) 등이 있다. 넷째, 권리발달 단계에 따라 고전적 권리(classical rights)와 현대적 권리(modern rights)로 분류할 수 있다. 다섯째, 권리를 실정법에 명문화되어 있는가 여부에 따라 실정권(legal rights)과 도덕권(moral rights)으로 구분하기도 한다. 여섯째, 권리를 통하여 추구하는 본질에 따라 이익설, 선택설, 자격설 등으로 나누어 설명할 수 있다.

여기서는 이 장의 논제에 비추어 다음 세 가지 기준에 따라 논의하도록 한다.[1)]

우선 권리의 가장 전형적인 개념 틀로서 호펠드의 구분(Hohfeld, 1919)은 권리의 종류가 아니라 권리의 개념적 속성에 따른 것이다. 그는 권리의 네 가지 개념적 형식에 따라, 청구권(claim-rights), 자유권(liberty-rights), 권한(power), 그리고 면책권(immunity)으로 구분한다. 청구권은 청원 형태의 권리, 청원(청구) 행위를 통하여 성립하는 권리이다. 자유권은 하지 말아야 할 제약, 즉 의무 부과가 없는 상태에서 자유로운 행위를 통하여 성립하는 권리이며, 경우에 따라서 '특권(privilege)'라고 한다. 권한은 다른 사람이 지니지 못한 힘을 행사함으로써 성립하는 권리이다. 여기에는 일종의 자격이 요구된다. 교사와 의사의 권리는 이에 해당한다. 끝으로 면책권은 다른 사람에게는 부여되어 있으나

1) 이하 내용은 김정래(2020)의 일부를 바탕으로 하여 재조직한 것임.

자신에게는 부여되어 있지 않아서 수혜되는 권리이다. 국회의원이나 외교관이 행사하는 권리가 이에 해당한다. 호펠드의 권리구분을 정확하게 이해하려면, 그가 설정한 반대개념(opposition)과 상관개념(correlatives)을 이해해야 한다. 호펠드의 이론은 이미 제6장에서 살펴본 바 있다. 이 두 가지 개념 틀을 통해서 권리의 여러 가지 형식들이 관련을 맺고 있다는 점도 호펠드의 이론을 통해서 확인한 바 있다.

호펠드의 구분점은 일차적으로 권리의 속성을 청구권에 맞추고 있다. 그리고 권리 당사자들의 관계를 통하여 설명한다는 점에서 이론적 장점을 지니고 있다. 아동이 향유하고 행사하는 권리는 여러 가지 범주에 따라 설명할 수 있지만, 그 속성이 무엇인지를 확인하려면 호펠드의 권리도식이 요구된다.

다음으로, 제6장에서 살펴본 바와 같이 권리 주체에 따라 하트(Hart, 1955)의 일반권(general rights)과 특정권(special rights)으로 구분한다. 일반권은 자연권과 같이 권리의 주체를 특정하지 않고 누구나 누릴 수 있을 경우를 말하며, 특정권은 권리의 주체를 한정시키는 경우이다.[2)] 한정에는 자격, 계약, 인간관계가 있다. 의사의 권리는 자격에 의한 특정권이고, 임차인의 권리는 계약에 의한 특정권이며, 부모의 권리는 인간관계에 의하여 성립하는 특정권이다. 아동이 향유하고 행사하는 권리가 어디에 속하는가 하는 문제는 이에 비추어 생각해 볼 수 있다. 아이가 자신이 좋아하는 음식을 선호하는 것은 일반권에 속하지만, 학교생활 속 교사와의 관계에서 특정권이 성립한다.

한편, 논점을 달리하여 권리를 대상에 따라 대물권리(rights *in rem*)과 대인권리(rights *in personam*)로 구분할 수 있다. 이는 청구행위에 따른

---

2) general rights: not contingent transaction/special rights: contingent transaction

의무이행 대상의 범위에 따른 구분이다. 전자는 누구나 이행할 의무이행을 전제한 권리이다. 후자는 특정한 사람에게 부과된 의무이행을 전제한 권리이다.[3)] 이는 앞의 하트의 일반권-특정권 구분과는 혼동해선 안 된다.

혼동을 피하기 위해서 다음과 같은 표를 통하여 설명하고자 한다.

〈표 8-1〉 권리의 범주

	대물권리	대인권리
일반권	Ⅰ	Ⅱ
특정권	Ⅲ	Ⅳ

〈표 8-1〉에서 일반권이면서 대물권리(I)는 권리 주체를 특정하지 않으면서 특정인을 권리의 상대로 특정하지 않는 경우이다. 특정권이면서 대물권리(III)는 권리 주체를 특정하면서 특정인을 권리의 상대로 특정하지 않는 경우이다. 특정권이면서 대인권리(IV)인 경우는 권리 주체를 특정하면서 동시에 특정인을 권리 상대로 특정하는 경우이다. 반면에 일반권이면서 대인권리(II)는 권리 주체를 특정하지 않으면서 특정인을 권리의 상대로 특정해야 하므로 이러한 권리는 현실적으로 성립할 수 없다.

범주 I에 속하는 권리는 개인이 자의적으로 가입하거나 설정할 수 있는 권리가 아니다. 그리고 도덕적 원리에 의하여 정당화되는 도덕권이 토대가 되기도 하지만, 실정법에 의하여 보장되는 경우도 있다. 인신구속을 받지 않을 권리나 사유재산 침해를 받지 않을 권리가 이에 해당한다. 그러나 도덕적 원리에 의하여 권리가 있다고 해도 그것을 토대로 국가가 의무 이행을 하도록 청원할 수는 없는 경우도 있다. 이를테면 내가

---

3) rights *in rem*: claim rights to duty incumbent on everyone; rights *in personam*: claim rights to duty incumbent on assignable person.

천부적으로 생존권이 있다고 해서 국가가 자신의 모든 의식주를 해결해 달라고 청구할 근거가 되지 않는다.

범주 III에 속하는 권리는 개인의 자의적인 선택에 의하여 성립하지만, 그것은 계약이나 규정, 자격 요건 등의 조건을 만족시켰을 때에 한정된다. 재산권의 행사라는 일반적인 권리는 범주 I에 속하지만, 자신의 재산을 임대할 경우에 특정한 임차인에 대하여 성립하는 권리는 범주 III에 속하는 권리이다. 물론 자신의 재산을 임차하지 않기로 결정하면 이 권리는 성립하지 않는다는 점에서 범주 I과 다르다.

범주 IV에 속하는 권리는 권리 주체인 개인이 특정인에 대하여 성립하는 권리이기 때문에 이들이 향유하거나 행사하는 권리는 일차적으로 실정법의 적용이나 국가권력의 제재를 받지 않는다는 점에서 범주 III과 다르다. 부동산을 임대할 경우(범주 III) 임차인이나 임대인이 계약을 위반할 경우에 실정법에 따른 제재나 국가권력의 통제를 받아야 한다. 하지만 동호인이 결성한 규칙을 위반한 경우(범주 IV)에 실정법에 따른 제재나 국가권력의 통제를 받지 않는다. 예를 들어서, 부모가 사망하기 전에 유산을 특정인에게 상속하기로 한 결정은 부동산 거래의 경우와는 다르게 공권력의 제재를 받지 않는다.

이러한 사례를 중심으로 범주화된 표를 만들면 **〈표 8-2〉**와 같다.

〈표 8-2〉 권리 범주의 사례

	대물권리	대인권리
일반권	인신 구속받지 않을 권리 사유재산권 인종, 성별 등 차별받지 않을 권리	-
특정권	채권-채무 관계 매매계약 시 이행의무와 권리	동호인 규칙에 의한 권리-의무; 특정인이 규정한 상속관계

〈표 8-2〉의 사례를 아동의 경우를 고려해 보면 이 도식은 〈표 8-3〉과 같이 설정할 수 있다.

〈표 8-3〉 아동권리의 범주 사례

	대물권리	대인권리
일반권	모든 국민이 의무교육을 받을 권리 누구나 신분이나 성별에 따른 차별 받지 않을 권리	-
특정권	교사-학생 간 개별 교수행위에서 발생하는 권리 교사, 부모의 의무 이행에 따른 개별 학생의 권리	딸과 생일선물 약속에 따른 권리와 의무 아내에게 결혼20주년 기념일에 크루즈 여행 약속에 따른 권리

〈표 8-1〉과 〈표 8-2〉에서 우리는 대인권리의 경우 인권의식으로서 권리의 보편성을 찾아보기 어렵다고 생각할 수 있다. 그러나 범주 IV에 속하는 권리는 인간이 사적 생활공간에서 존엄성을 존중받는 유일한 장치라는 점에서 보편성과 무관하다는 주장을 할 수 없다. 예를 들어서 가정을 이루는 부부가 나름대로 가정사를 규율하는 약속이나 규칙을 만들었다면 그것은 국가가 간섭하거나 개입할 소지가 없지만 부부의 행복을 추구할 권리로서 보장되기 때문이다. 범주 IV에 속하는 권리는 아렌트가 강조한 사적 영역, 생활영역에서 발생하는 권리를 설명한다.

마찬가지로 〈표 8-3〉에서 범주 IV에 속하는 권리를 권리의 보편성을 찾아보기 어렵다고 판단해서는 안 된다. 〈표 8-3〉에서 든 예, 아빠가 딸에게 생일선물을 주기로 한 행위에 따라 설정된 의무와 권리는 특정한 상황에서 특정한 인물에 한정하여 성립함을 보여준다. 이 경우 아빠가 여의치 않아서 약속을 지키지 못한 경우, 딸아이가 실망할 수도 있고 그것이 아이의 성격에 어느 정도 영향을 줄 수 있을지는 모르지만, 그것을 놓고 의무불이행에 따른 법적 제재나 국가의 통제를 받지는 않는다. 아빠의 약속 위반은 사적 영역에서 다루어져야 할 딸의 권리문제이다.

이제 아동권리 인식의 문제를 위의 표에 담긴 내용을 토대로 살펴보기로 한다.

범주 I과 범주 III에 속하는 권리는 아렌트가 설정한 공적 영역에서 성립하는 권리들이다. 더 정확하게 말하자면, 계몽의 영향으로 '인권'이 공론의 장으로 들어온 이후 성립된 권리들이다. 이 권리들이 근대성의 지표가 될 수 있는 만큼, 여기 속한 권리들은 매우 중요하다. 그러나 이 권리들은 공론의 장, 공적 영역에서 의미를 지닌다. 바꿔 말하자면 사적 영역에서 보호받고 사적인 장에서 생성되어야 할 가치들이 이 범주의 권리로 다루어지면 여러 가지 문제가 발생한다. 예를 들어서 사적 영역에서 존중되어야 할 가치들이 무상의무교육을 받을 권리에 의하여 왜곡되는 것은 바람직하지 못한 결과를 초래할 수 있다. 주지하는 바와 같이, 무상의무교육은 공교육 체제에서 이루어진다. 공교육은 연령 기준의 단일성, 교육내용의 획일성, 학교교육의 경직성, 국가주도의 강제성 등 단점을 가지고 있다. 아이들의 개인차, 가정사, 가정배경 등을 고려한 교육체제가 아니다.

학교는 아렌트가 지적한 바와 같이 사적 영역과 공적 영역의 가교이며, 생활인에서 문명인으로 가는 노정에서 학습을 하는 곳이다. 범주 I과 범주 III의 권리로 보면, 학교는 전적으로 공적 영역에 속한 기관이 된다. 그리고 이들 범주 속에서 아동의 교육권을 파악하면 그것은 국가 복지정책의 일환이 될 뿐이다. 학교와 교육의 위상과 기능이 왜곡된다. 그러면 교사의 역할도 함께 왜곡되고, 위축된다. 교사는 생활인 상태의 아이에게 문명과 문명인을 보여주는 표상(representation)과 전범(exemplar)의 역할이 사라진다. 오직 효용성(*utilitas*)만을 추구하는 전문가(자격증소지자)로 자리매김하게 된다. 오늘날 사표(師表)가 없다든지, 인간교육에 실패했다는 비판이 나오는 것은 학교와 교육, 그리고 교사의 이러한 위상이 왜곡되고 폄하된 데 기인한다. 그리고 그것은 아동권리를 일방적으로 범주 I과 범주 III에 속하는 것으로 간주하고 논의한 결과이다.

다른 한편, 범주 III과 범주 IV에 속하는 권리들은 아동의 인간관계를 통하여 설명된다. 전자는 자격, 계약에 의한 공적 영역 속의 인간관계에 의존하지만, 후자는 출생이나 양육이 일어나는 가정이라는 사적 영역 속의 인간관계에 의존한다. 가족의 가치와 가족 구성원의 관계는 아동의 가치 형성에 매우 중요하다. 그러나 이러한 가치를 범주 III의 권리 내용으로 보면, 가족 구성원과 교사 또는 학교 당국 간의 갈등을 피할 수 없다. 많은 초·중등학교 교사들이 이구동성으로 하는 지적 중 하나가 아이들이 학교에 오기 이전에 아이들이 가치관이나 성품이 이미 결정되어 있다는 것이다. 그리고 많은 어린이집, 유치원 교사, 그리고 초등학교 교사들이 겪는 애로는 학부모의 불만이 과도하다는 것과 설사 과도하지 않은 경우에도 학교나 교사가 그것을 온전하게 수용할 수 없다는 것이다. 이러한 현상이 대두되는 것은 공적 영역과 사적 영역에서 이루어져야 할 인간관계를 구분하지 못하거나 사적 영역에서 다루어져야 할 문제를 공적 영역으로 일률적으로 그리고 부당하게 치환하였기 때문이다.

범주 III과 범주 IV에 속하는 권리들의 차이는 양자 간에 존중되어야 할 가치에 달려 있다. 우리는 이 점에 주목해야 한다.

그러면 우리나라의 작금의 아동권리 논의는 어떻게 이루어지고 있는가를 검토해 보자. 모든 연구와 실태를 다룰 수 없으므로, 우리나라에서 아동권리를 다루는 전범(典範)인 아동권리협약의 정신을 가지고 살펴보자. 주지하는 바와 같이, 아동권리협약의 3대 정신은 무차별의 원칙, 아동최선의 이익, 참여권 증진이다. 이들 가치는 아동권리가 실현되도록 하는 선언적이면서 원론적인 성격을 가지고 있다. 물론 이 세 가지는 아동권리협약에 담긴 모든 조항, 즉 협약의 내용을 규율하고 있지만, 그것이 추상적이며 사적 영역의 삶을 배제한 공적 영역의 권리로 비추어져서는 안 된다. 아동권리협약이 추구하는 바는 앞서 아렌트의 주장을 검토하면서 확인한 특이성과 특정성을 존중한다는 취지의 원리로 읽어야 한다. 그렇지 않으면 권리지상주의의 '아동판'이라 할 수 있는 아동권리지상주의가 생겨나게 된다.

무엇보다도 아동관의 최종단계로서, 최상의 아동권리인식으로서 권리 주체로서 아동은 '그릇된 평등의식'을 조장할 가능성이 크다. 아동이 권리 주체임은 부정할 수 없는 지상명제이지만 그것을 아동이 처한 생활 영역을 넘어서서 이를 규율하는 가치로 여기게 되면, 그것은 아동과 부모가 대등한 위치에서 의사결정을 해야 하는 상황을 가져온다. 학교에서 교사의 위상도 마찬가지이다.4) 이렇게 되면 교육을 통하여 학교생활을 통하여 생활인에서 문명인으로 가야 하는 아동이 문명을 학습하기도 전에 공적 세계에 노출되는 상황에 놓이게 된다. 아이러니하게도 아동은 문명인이 아니라 야만인으로 회귀하게 된다.

아동권리를 주장하려면 오히려 아동이 처한 특수성을 심각하게 고려해야 한다는 논거를 아렌트의 연구를 통하여 확인할 수 있다.

---

4) 몇몇 교육감이 시행하는 '학생인권조례'는 이러한 평등의식을 조장하는 선례를 남긴다.

Ⅱ. 아동권리의 특성

아동이 향유, 행사하는 권리가 지니는 특성을 확인할 필요가 있다. 이는 다음 제3부에서 살펴볼 쟁점들을 이해하는 데에 도움이 될 것이다.

우선 아동이 지니고 있는 권리를 어떻게 이해해야 하는가.

첫째, 아동의 권리는 보편권인가 하는 문제이다. 이 말은 아동권리가 아동이 처한 상황에 관계없이 예외나 정도의 차이를 인정하지 않고 정당화되는가 하는 문제이다. 이미 우리는 『증보 아동권리향연』에서 보편성과 일반성의 차이를 확인한 바 있다. 보편성이란 예외나 정도의 차이를 인정하지 않는다는 것을 말하며, 일반성을 예외나 정도의 차이를 인정하는 것을 뜻한다. 일례로 한국 남자가 일본 남자에 비하여 술을 많이 마신다는 진술은 일반성을 지닌 진술이다. 왜냐하면 한국 남자 중 일부는 일본 남자에 비하여 술을 적게 마실 수 있으며, 어떤 한국 남자는 아예 술을 마시지 못하는 경우가 있을 수 있기 때문이다. 그러나 보편성의 경우는 예외나 정도의 차이를 인정하지 않으므로 이것이 곧 권리의 속성을 드러낸다. 권리는 인종, 성별, 종교, 재산, 연령, 지위 등에 관계없이 모든 인간에게 적용되는 가치라는 뜻이다. 이로부터 권리는 불가양도성, 불가침성, 불가분성 등의 특성을 지닌다. 우리가 앞서 살펴본 자연권 사상은 바로 권리의 보편적 가치를 강조한 점에서 그 의의가 있다.

그렇다면, 아동권리의 경우에도 이와 같이 똑같은 주장을 할 수 있는가. 아동의 권리가 보편성을 지닌다고 해서 현 상태에서 아동의 의사결정이 성인의 의사결정과 동등하게 평가되어야 하는가. 오히려 아동을 성인과 동등하게 대하는 것은 곧 아동을 위험에 빠뜨릴 수 있다는 주장이 아렌트의 논거이다.

아동존중의 문제를 두 가지 차원에서 다루어보기도 하였다. 『증보 아동권리향연』 제4장에서 아동존중의 의미를 인식론적 차원과 정치철학적 차원에서 검토한 바 있다. 인식론적 차원에서 아동을 성인과 차별하는 것이 곧 아동 존중의 의미를 지닌다는 점을 지적하였다. 그러나 그것이 아동이 권리 주체, 또는 권리 소유자로서 권리가 제한 받는다는 의미가 아님을 여러 가지 측면에서 검토한 바 있다.

그러면 아동권리가 보편적으로 인정되면서 그것이 성인의 권리와 차별되는 근거는 무엇인가. 그것을 하트가 구분한 일반권과 특정권으로 설명할 수 있는가. 아동이 태생상, 발달상 특수한 상황에 있다는 것은 곧 아동의 권리가 행위 위주의 능동적인 성격보다는 수혜 위주의 수동적인 성격을 갖는다고 할 수 있는가. 그럴 경우 아동이 지니고 있는 개성과 독창성은 권리 차원에서 어떻게 설명할 수 있는가. 아동의 개성과 독창성을 제대로 발휘할 수 있도록 하는 일에 성인의 경우처럼 권리의 보편성을 일률적으로 강조해서는 안 된다. 아동착취가 성행했던 봉건시대 또는 초기 산업사회에는 아동의 권리가 전혀 고려되지 않았던 상황에서 권리의 보편성을 주장하는 것은 타당하다. 그렇지만, 아동이 가정의 울타리에서 누려야 할 혜택이나 지역사회와 국가가 지원하는 각종 복지수혜를 받아야 하는 것은 권리의 보편성 때문이라기보다는 아동의 특수성 때문이다.

또한 후진국 아동의 경우에는 생존에 요구되는 기본재화(provision)와 기본교육이 중요하다. 후진국 아동의 보편성은 기본재화 공급에 초점이 맞추어져야 한다. 이는 해당 아동의 특수성을 고려해서 권리의 보편성을 고려해야 한다는 뜻이다. 반면에 선진국 아동의 경우에는 참여의 비중이 높아진다. 그러나 참여의 경우에도 권리의 보편성이 일률적으로 적용되는 것은 아니다. 선진국의 경우에는 이혼가정을 비롯한 여러 가지 현대 사회 문제가 대두되기 때문이다. 성평등 문제의 경우에도 후진국의 아동들이 처한 상황의 특수성을 고려해야 성평등 문제가 제대로 아동에게 적용될 수 있다. 결론적으로 권리의 보편성을 존중한다고 해도 아동 권리 문제를 다룰 경우에는 아동이 처한 상황인 특정성을 고려해야 한다. 보편성과 유사개념인 일반성이 아니라 특정성을 고려해서 선택적으로 적용할 필요가 있다.

둘째, 아동권리는 아동의 이익을 증진시키는가. 이익의 증진에 초점을 맞춘다면, 아동권리의 성격은 어떻게 규명되어야 하는가. 이 문제는 권리의 본질을 다룬 권리이론의 여러 관점과 관련된다. 제6장에서 다루어본 권리 이론의 관점이 그것이다. 이익이론은 권리로 인하여 권리 소유자에게 이익을 증진시켜준다고 하는 입장이다. 그러나 이 이론은 권리 소유자의 의지와 선택이 경시되는 단점이 있다.

이익의 증진이라는 입장은 개인의 이익 증진에 그치는 것이 아니라 사회 전체의 이익 증진에 초점을 맞추어질 여지도 있다. 앞서 제7장의 사고 실험에서도 확인한 바와 같이, 공리주의 입장은 권리의 기본 전제인 인간존엄성보다는 전체의 효율성에 초점이 맞추어져 있다. 게다가 권리 문제를 개인에 맞추지 않으면 전체주의가 도래한다.

권리와 이익의 관련은 권리의 초점이 선택에 맞추어지는가 여부도 문제가 되지만, 권리가 복지와 어떻게 그리고 어느 정도 관련을 지니는가도 쟁점이 된다. 전자는 권리의 선택이론과 이익이론의 쟁점이지만, 후자는 복지 혜택이 아동의 이익을 실질적으로 증진시키고 있는가에 있다.

복지정책의 확장이나 수혜의 확대는 곧 권리의 축소를 가속시킬 수 있다. 복지정책의 확대는 곧 세수의 증대를 요구하고, 그것은 국민들의 재산권을 제한하는 단점을 지니고 있다. 그리고 복지정책이 국가정책인 만큼 집행의 강제성을 띠지 않을 수 없기 때문에 경제적 선택권을 위축시킬 수 있다. 예를 들어, 중산층 이상의 누진세를 중과세하게 되면 그들의 가처분 소득이 줄어드는 현상이 나타난다. 그렇게 되면 경제적 선택의 폭이 축소된다. 또한 중상층의 소비 위축은 침투효과(trickle-down)에도 영향을 주어, 중산층 이하 저소득층의 경제도 위축시키는 결과를 야기한다. 그것은 다시 국가 전체의 경제 위축을 가져오고, 이는 또다시 세수 감소로 재정이 줄고 결국 복지정책의 재원의 고갈을 야기한다. 결국 복지정책의 수혜자의 생존과 기본적 삶에 부정적 영향을 주게 된다. 따라서 복지정책에만 초점을 맞추게 되면 아이러니하게도 복지정책을 축소시켜 복지권의 축소라는 결과를 가져온다.

또한 복지권을 보편적 권리로 보는가 아닌가도 쟁점이 될 수 있다. 복지권을 보편적인 권리로 보면, 복지의 혜택을 누구나 예외나 정도의 차이 없이 누려야 한다는 뜻이다. 그것이 과연 아동의 이익을 증진하는가에 의문이 따른다. 예를 들어서, 무상급식의 경우가 그러하다. 학교에서 무상급식을 의무적으로 규정해 버리면, 무상복지 혜택을 받을 필요 없는 계층의 아동이 수혜를 받고, 또한 복지 수혜가 절실한 계층의 아동은 그만큼 받을 혜택이 줄어드는 결과를 초래한다. 이미 『증보 아동권리향연』 제6장에서 밝힌 바와 같이, '복지'의 개념은 결핍과 정언적 필요에서 나온다는 점을 명심할 필요가 있다. 보다 구체적으로 생존적 필요를 요구한다는 점을 잊어서는 안 된다. 복지권을 이와 같은 '복지'의 본래 뜻에 맞게 그 수혜 대상을 선택적으로 적용하는 것이 타당하다는 결론이 나온다. 이 문제는 본서 제12장에서 좀 더 구체적으로 살펴보고자 한다.

이익이론과 선택이론의 대립은 곧 이익과 선택(의지)의 대립이다. 그러나 이 대립이 과연 타당한가도 문제이다. 권리문제를 잠시 떠나서 생각해보자. 우리가 어떤 선택을 한다고 할 경우 가장 먼저 고려하는 것은 그 선택을 통한 이익 증진일 것이다. 물론 당장의 눈앞에 드러난 이익을 외면하는 선택을 하는 경우가 있을 수 있다. 그러나 이 경우에도 장기적으로, 그리고 심층적으로 분석해 보면 자신의 선택이 궁극적으로 이익 증진에 기여하게 된다. 이렇게 보면, 선택의 최대 허용과 이익의 증진은 반드시 상호 대립된다고 볼 수는 없다. 오히려 선택과 이익이 상호 보완적이거나 선택이 곧 이익이라는 상즉(相卽)의 관점이 이익과 선택을 보는 보다 타당한 입장이다.

다만 우리가 주목해야 할 점은 합리적인 선택이 궁극적으로 이익 증진에 기여한다고 해도 모든 선택이 이익을 증진하지 않는다는 데 있다. 이를 인간 활동과 쾌락의 관계를 통해서 살펴보기로 한다. 인간은 자신에게 이익을 도모하도록 행동하는 것과 마찬가지로 쾌락을 추구한다. 많은 사람들이 인간행위와 관련된 쾌락 문제를 모두 신체적 쾌락으로 보는 것은 타당한 관점이 아니다. 인간이 향유하는 쾌락은 여러 가지가 있다. 육체적 쾌락만이 아니라 재물로 인한 쾌락, 지위와 권력으로 인하여 얻어지는 쾌락, 명예로 얻어지는 쾌락도 있지만, 심미적 쾌락, 학문적 활동으로 얻어지는 쾌락, 영적인 체험을 통한 종교적인 쾌락 등도 있다. 이처럼 여러 종류의 쾌락을 다양한 범주에 따라 분류하기도 한다. 여기서 그러한 분류를 소개하고자 하는 것이 아니다. 논점은 쾌락이 행위의 목적인가 아니면, 행위의 결과로 따라오는(accompanying) 부산물인가 하는 데 있다.

이 논점은 아리스토텔레스가 자신의 『니코마코스 윤리학』 제10권에서 주장한 내용이다. 여기서 쾌락을 추구하는 행위(pleasure-seeking)와 행위의 결과로 수반되는 쾌락(accompanying pleasure)을 구분한다. 극단적으로 말하자면, 마약 중독이나 알코올 중독은 일탈한 행위로서 전자의 대표적인 사례가 된다. 돈을 버는 데 집착하는 사업가, 성적에 집착하는 학생의 경우 성공에 따른 쾌락을 향유할 수 없다. 반면에 사업에 요구되는 창의적인 아이디어나 공부하는 데 따르는 성취의 기쁨은 쾌락추구 행위와는 그 본질이 다르다. 쾌락이 수반되는 행위는 당초 쾌락을 추구하지 않고 행위에 내재된 가치를 실현하려고 하는 사람이 행위의 결과로 부여받는 부산물(appendage)에 해당한다.

당초 논점으로 돌아가서 보면, 행위의 선택이 이익을 추구한다는 것은 두 가지로 생각해 볼 수 있다. 쾌락의 사례를 그대로 적용해 보면, 행위의 선택이 이익을 추구한다는 것을 그 이익을 미리 내다 보고 하는 것과 행위의 결과로 수반되는 이익을 얻는다는 두 가지로 나누어 생각해 볼 수 있다. 전자는 이른바 눈앞에 보이는 이익에 탐닉한다는 뜻이며, 후자는 자유로운 선택이 창의와 자발성을 야기하면서 전에 상상하거나 기대하지도 못 하였던 이익을 얻게 된다는 뜻이다. 이것은 어떤 행위를 의무적으로 수행할 때 얻는 이익이 권리라는 주장과는 궤를 달리 한다. 선택을 통하여 얻어지는 이익이 행위의 의도되지 않은 결과로 얻어지는 가치라면, 자유로운 선택을 권리의 본질로 파악하는 것이 더욱 타당하다.

그러면 아동권리의 경우는 어떠한가. 권리가 이익의 증진을 가져온다고 했을 경우, 아동이 소유하고 있는 권리는 어떻게 행사되어야 하는가. 아동의 자발적인 선택이 아동 스스로에게 실질적인 이익을 가져다주고 나아가서 이익을 증진시킬 수 있어야 한다. 그렇다면 아이들이 어떤 행위를 하기 전에 또는 선택을 하면서 예상하는 이익이 있을 것이다.

결론적으로 아동권리가 아동에게 실질적인 이익을 가져다주는가 하는 문제는 권리 주체로서 아동의 선택에 달린 문제라고 볼 수 있다. 그러나 그것이 과연 아이들에게 진정한 이익을 도모해주는가를 살펴보아야 한다. 그리고 이렇게 얻어지는 이익은 행위나 선택이 이루어지기 이전에 기대되는 이익의 차원을 넘어선다는 것을 뜻한다. 아이들이 특정한 활동을 경험한 이후에, 아니면 이른바 가치 있는 활동에 몸담고 난 이후에 얻어지는 이익에 초점을 맞추어야 한다.

이 경우 몇 가지 문제를 살펴볼 필요가 있다. 첫째, 아이들에게 선택의 폭을 무제한 제공하는 것이 과연 가능하며, 또한 그것이 바람직한 것인가 문제이다. 둘째, 아이들을 활동에 몸담게 한다는 것은 역설적으로 그들의 자유의지와 선택에 상반된다는 것을 뜻한다. 그럴 경우, 아이들에게 선택의 여지를 어떻게 그리고 얼마만큼 허용되어야 하는가를 살펴보아야 한다. 셋째, 아이들은 특정한 연령에 이르기까지 지속적으로 성장하고 발달하는 존재이다. 하지만 아동 개개인은 연령별, 성장과 발달 단계에 따라 인식하고 추구하는 가치가 저마다 다를 수 있다. 그것이 달라진다면 추구하는 가치가 변덕스럽게 변한다고 인식될 수도 있다.

이러한 문제, 즉 아동이 자유권을 가지는가 하는 문제는 아동권리의 세 번째 쟁점이 된다. 아동이 자유를 향유하고 자유권을 행사한다는 것은 누구도 부정할 수 없는 가치이다. 그리고 앞서 언급한 보편적 가치라고 할 수 있다. 그러나 아동이 자유를 행사한다는 것은 모종의 선택을 한다는 것을 뜻한다. 하지만 그 선택이 가치 없는 변덕스러운 것이 되어 장기적으로 아동 자신의 이익이 되지 않을 경우에 아동이 향유하고 행사하는 선택권, 즉 자유권에 대한 비판이 가능하고, 그 결과 아동의 자유를 제한하는 논거를 제공한다.

아동의 변덕스러운 선택을 방종이라고 치부한다면, 그것은 온당한 지적이라고 할 수 없다. 방종이란 행위자가 자신의 선택에 대하여 책임을 지지 않는 행태를 가리키는 반면에, 변덕스러운 선택은 아동의 성장과 발달 과정상에 드러나는 아동만이 지니는 행태이다. 또한 책임을 회피하는 방종과 달리 아동은 근원적으로 자유를 행사하는 존재라는 점을 지적할 수도 있다. 따라서 아동의 선택과 방종을 혼동해서는 안 된다.

장기적인 관점에서 아이들이 변덕스러운 선택을 한다는 문제는 곧 아이들의 행동과 선택, 즉 자유를 제한해야 한다는 주장으로 이어지기도 한다. 이 주장의 가장 큰 논거는 아동의 변덕스러운 선택이 장기적으로 그리고 궁극적으로 아동의 이익 증진에 결코 도움이 되지 않는다는 데서 찾을 수 있다. 일례로 아이가 5세에 가졌던 희망을 토대로 한 선택과 10세에 한 선택이 같을 수 없으며, 또한 이들이 사춘기인 15세 때 선택과 같을 수 없다. 아동의 자유권을 보편적 권리라는 논거에서 제각기 다른 선택을 모두 존중할 수 없는 상황이 연출된다.

이 경우 등장하는 개념이 권위적 간섭주의(paternalism)이다. 권위적 간섭주의 문제도 이미 『증보 아동권리향연』 제5장에서 다룬 바 있다. 권위적 간섭주의의 논거가 여러 가지 있다. 이에 관해서는 본서 제11장에서도 보다 면밀하게 다룰 것이다. 권위적 간섭주의를 통하여 아동의 자유를 제한하는 핵심 근거는 그 제한이 아동의 이익을 실질적으로 증진시킨다는 데 있다. 바로 앞에서 지적한 바와 같이 아동의 실질적인 이익의 문제는 아동의 즉시적인 선택과는 무관하고, 특정한 활동에 상당 기간 몸담아야 된다는 점에서 권위적 간섭주의의 입지가 확고해진다.

전통적으로 아동의 이익 증진을 위하여 주변 힘 있는 사람들, 아버지, 군주, 영주, 성직자, 교사 등 당시 남성 위주의 권력과 이에 수반되는 권위에 의지하여 아동의 자유와 선택을 제한해 왔다. 하지만 권위적 간섭주의 문제는 여전히 교육상황에서 유효하게 통하고 있다. 그렇다면, 권위적 간섭주의는 정당화될 수 없는가. 이에 관한 문제는 보다 면밀한 논의를 요구한다.

네 번째 쟁점으로, 권위적 간섭주의에 따라 아동의 선택과 자유를 제한한다는 것은 아동 참여의 범위를 어떻게 한정할 것인가 하는 문제로 연결된다. 아동 참여는 앞서 살펴본 바와 같이 아동권리 인식, 이른바 3P(provision-protection-participation)의 마지막 단계이다. 이는 아동참여가 아동권리가 지향하는 가장 높은 가치라는 뜻이다. 그러나 아동참여가 보편적인 가치라고 하더라도 아동의 참여가 마냥 좋다고 할 수도 없으며, 또한 현실적으로 가능하지도 않다. 현실적으로 아동 참여가 제한되어야 한다면, 그 한계는 어디까지여야 하는가. 일례로 한 가족이 새로운 집을 구해야 한다고 하자. 아동참여를 최고의 가치로 보고, 7살 아들에게 어느 동네로 이사 갈 것인가, 아파트로 갈 것인가 아닌가를 결정하도록 할 것인가. 아니면 이사 갈 집을 어른들이 정하고 방 배치를 아동이 정하는 경우만 허용되어 하는가. 그도 아니면, 방 배치도 어른들이 정하고, 아이 방의 가구 선택과 벽지 색깔을 아이가 정하도록 할 것인가. 이와 같은 사례처럼 아동 참여의 한계는 어디까지인가. 이 문제를 제10장과 제11장에서 각기 다른 주제로 다루어 보기로 한다.

또한 아동의 선택이 제한될 수 없는 상황에서 부모가 아동을 대리해서 선택 등의 권리를 행사하는 대리권 문제가 있다. 우리는 부모가 대리권을 우선적으로 갖는다는 점을 당연하게 인정한다. 그러나 부모가 상식적인 판단을 내릴 수 없는 상황에 처해 있다면, 그 부모의 대리권은 어떻게 해야 할 것인가. 또한 부모가 생존하지 않을 경우에는 어떻게 해야 하는

가. 이 문제는 본서 제3장에서 다루었다. 여기서 우리는 권리의 보편성에 대하여 아동의 특수성이 고려되어야 한다는 점을 확인하였다.

아동 참여 문제는 가정에 국한되지 않고 학교에서도 심각하게 제기된다. 학교에서의 아동 참여는 여러 측면에서 쟁점이 된다. 국가적 차원이나 학교당국에 의하여 설정된 교과과정을 이수해야 하는가에 대한 반론으로서 아동 참여, 학교에서 교사의 지시에 따라야 하는가에 대한 반론으로서 아동 참여, 학교의 교칙을 비롯한 각종 규칙 준수에 대한 반론에 따른 아동 참여 등이 이에 속한다.

한동안 사회적 이슈로 부각된 바 있었던 학생인권조례 문제도 아동참여가 그 핵심이다. 학교에서 야기되는 모든 아동참여 문제를 '학생인권조례'라는 법령에 담은 것이어서 그 포괄성과 강제성이 특히 문제가 된다.

먼저 학생인권조례가 담고 있는 포괄성이란 곧 교육현장에서 드러나는 상황의 특수성과 교육적 필요를 넘어서 아동참여를 보편적으로 보장해야 한다는 점이다. 교육은 가르치는 활동과 배우는 활동이 결합되어 성과를 드러낸다. 가르치는 사람과 배우는 사람의 인간관계가 전제되어야 하고, 가르치는 활동과 배우는 활동이 전개되는 적절한 상황이 마련되어야 한다. 그러나 가르치는 사람과 배우는 사람 간의 인간관계와 그들이 벌이는 활동이 일어나는 상황은 일률적으로 설명할 수 없는 고유성 내지는 특수성을 지니고 있다. 각기 다른 개성의 사람들이 결합하고, 교수-학습이 일어나는 상황이 각기 다르다면, 아동참여가 중요하다고 해서 그것을 일률적으로 권장할 수는 없다. 어느 경우에는 교사의 지시와 감독이 더 요구될 수도 있기 때문에 이 상황을 두고 아동참여가 축소되었다거나 왜곡되었다고 단정할 수도 없다. 따라서 교육현장에서 아동참여를 포괄적, 일률적으로 권장할 수는 없다. 그리고 그런 이유로 아동권리의 보편성이 훼손되었다고 할 수도 없다.

또한 학생인권조례가 담고 있는 강제성이란 아동참여를 증진하는 명분이 과연 교육현장에서 참여의 강제성을 지녀야 하는가 하는 문제이다. 포괄성 문제와 마찬가지로 아동참여를 강제한다는 것은 유사한 문제를 야기한다. 오히려 역효과까지 불러올 수도 있다. 이 문제는 제3장에서 비교적 밀도 있게 다룬 내용이다. 아동이 공적 영역의 삶에 입문하는 데에는 가정과 학교에서의 교육이 우선적으로 고려되어야 한다. 왜냐하면 아동이 사적이 영역에서 보호되고 양육되는 것은 미래 시점의 아동참여를 위하여 긴요하기 때문이다. 따라서 참여의 보편적 가치를 명분으로 하여 아동참여를 일률적으로 강제한다는 것은 아동을 황폐하게 할 수도 있으며, 아동권리의 본질을 훼손시킬 수도 있다. 이 점에서 학생인권조례는 그 제정과 시행에 있어서 세심한 주의를 요한다.

아동참여의 포괄성과 강제성의 정도를 현실적으로 어떻게 조정해야 할 것인가는 권위적 간섭주의 문제를 보다 긍정적인 시각에서 제한적으로 검토할 필요가 있다. 적어도 아동참여가 오히려 아동의 이익과 권리를 훼손하지 않는 범위를 사량하는 차원에서 이루어져야 한다. 따라서 학생인권조례의 제정과 시행은 아동참여가 과연 아동의 실질적인 이익을 증진시키고 있는지를 면밀하게 검토할 필요가 있다.

끝으로 아동의 선택과 자유를 제한하는 것과 관련하여 아동참여와 불복종 문제를 생각해 볼 수 있다. 교육상황에서 이 사안의 대표적인 사례는 교칙의 제정과 준수에서 찾을 수 있다. 대부분의 학교는 학교를 운영하는 데 없어서는 안 될 교칙을 갖고 있다. 학교운영의 기본은 교칙을 바탕으로 당연히 학교교육에 참여하는 아동의 자유와 선택을 제한하는 내용으로 되어 있다. 물론 교칙 제정의 기본목적은 학교교육을 통한 아동의 이익 증진에 있지만, 교칙은 당장 아동 행동의 현실적인 제약으로 나타난다.

문제의 핵심은 명분이야 어떻건 간에 자신의 행동을 제약하는 교칙을 아동 스스로가 제정하지 않는다는 데 있다. 제정은 주로 학교당국이나 교사가 하게 되며, 경우에 따라서는 학부모와 학생이 참여하기도 한다. 그러나 대부분의 경우 교칙의 제정과 운영은 교육상황에서 배우는 쪽인 학생이나 아동이 아니라 가르치는 쪽에서 담당하는 몫이다. 그렇게 되면 그것은 자기결정과 자치의 원리 등 민주적 원리에 미흡한 것으로 여겨진다. 또한 자기결정의 원리를 만족시키지 못한다면, 그것은 불복종의 원인이 되기도 한다. 대부분의 학교에서 이러한 문제가 심각하게 부각되는 것은 아니지만, 예외적인 경우도 있다.

학교급이 올라갈수록 학생참여를 보장하는 경우가 많다. 즉 대학 이상의 교육기관은 학칙의 제정이나 운영에 있어서 여타의 초·중등 교육기관에 비하여 교칙과 관련한 학생참여의 기회를 넓혀주고 있다. 이처럼 학교 설립에서부터 교칙을 포함한 모든 사안에 있어서 아동참여를 보장하는 학교로 영국의 섬머힐(Summerhill) 학교를 들 수 있다. 섬머힐 학교는 모든 사안을 학교총회에서 결정하는 것으로 알려져 있다. 교장, 교사, 모든 학생이 모두 동등하게 1표를 행사하는 의결기관이다. 여기서는 교육내용(교육과정), 학교운영을 비롯한 중요사안부터 학교구성원이 제안하는 사안을 모두 다룰 수 있다. 참고로 이 학교는 5세에서부터 16세까지의 아동이 재학하는 학교이다. 이렇게 보면 섬머힐 학교를 제외한 대부분의 학교에서 교칙 불복종 문제가 불거져 나올 수 있다. 아동참여가 불가능한 경우 대개 부모가 이를 대리하여 불복종에 참여할 수도 있다. 사실 교육현실에서 학부모와 학교 간의 갈등은 상당 부분이 성격상 불복종의 문제라고 할 수 있다.

결과적으로 아동 참여는 어디까지 보장해야 하는가 하는 문제도 역시 아동이 처한 상황, 출신 가정, 재학하는 학교에 따라 달리 고려되어야 하며, 그 드러나는 양상도 다양함을 고려해야 한다. 무엇보다도 아동참여 문제가 아동의 실질적인 이익이 증진되도록 숙고해야 한다.

다섯째 쟁점으로, 아동의 복지권 문제를 면밀하게 살펴볼 필요가 있다. 먼저 복지 문제가 생존적 필요에 의하여 제기되었으므로 그 자체로 보편적 성격을 지니기 때문에 복지정책이 보편적으로 이루어져야 하는가 아니면 선택적으로 이루어져야 하는가 문제부터 면밀하게 검토해야 한다. 그러나 우리는 사람이 저마다 처한 사회·경제적 상황이 다르다는 것을 알고 있다. 그것은 각 개개인이 처한 사회·경제적 상황은 일률적인 지원의 대상이 되지 않는다는 뜻이다. 같은 맥락에서 아동이 향유하는 복지권은 보편적인 권리인가 하는 문제도 면밀하게 살펴보아야 한다. 즉 아동의 복지권이 누구에게나 예외나 정도의 차이 없이 적용되어야 할 보편적 권리인가, 아니면 각기 아동의 특성과 가정 배경과 처한 사회·경제적 환경을 고려하여 선별적으로 적용해야 권리인가를 살펴보아야 한다. 교육상황에서 이러한 쟁점을 대표하는 사례가 무상학교급식의 전면 실시 여부이다. 이 문제는 제12장에서 다루어보도록 하겠다.

아동의 복지권이 공교육에 적용되었을 경우 야기되는 또 다른 문제는 자유와 복지권의 상충 문제이다. 가장 두드러진 문제는 무상의무교육(free compulsory education)이다. 이 개념에서 '무상'은 부모의 경제적 상태와 관계없이 국가에서 무료로 교육 서비스를 제공한다는 뜻이다. '의무'는 누구나 국가가 제공하는 교육서비스에 누구나 참여해야 한다는 뜻이다. 그러니까 무상의무교육은 강제성을 지니고 있다. 이것은 아동의 권리와 이를 대리하는 부모의 권리를 침해한다는 비판에 직면한다.

무상의무교육의 정당화는 아동은 왜 교육받을 권리를 가지는가와 관련된다. 즉 공교육제도 아래 교육받을 권리문제는 여섯 번째로 우리가 다루어야 할 문제이다. 앞서 무상복지정책의 일환으로 제공되는 무상의무교육의 '의무'가 아동의 자유를 강제하는 문제를 야기함을 지적하였다. 이 문제는 곧 보편적 복지권으로서 아동의 교육받을 권리의 성격이 지니는 한계를 드러낸다. 그 결과 대안으로서 탄생한 개념이 '학습권'이다. 학습권은 우리 주변에서 볼 수 있는 공교육기관의 대안으로 설립된 다양한 형태의 학교, 즉 대안 학교, 협약학교, 그리고 홈스쿨링 등을 정당화시켜주는 개념이다.

권리는 권리를 향유하고 행사해야 할 사람이 처한 상황에 따라 인지되기도 하고 그렇지 못할 수도 있다. 특히 자신이 향유하고 행사해야 할 권리를 제대로 인식하지 못할 경우 절실하게 요구되는 것이 권리교육의 문제이다. 물론 권리를 인지하는 경우에도 권리교육이 요구된다. 사회·경제적 여건이 나은 환경에서도 권리문제가 제기된다. 빈부격차에 따른 권리문제, 교묘한 성인지와 관련한 문제 등이 후진국에 비하여 예민하게 야기되는 문제이다. 이 점에서 선진국과 제3세계의 권리교육 프로그램은 그 구성과 실행에 있어서 현저하게 다르다. 이는 권리의 보편성이 곧 일률적으로 동일한 내용의 권리교육을 시행해야 한다는 뜻이 아니라, 인간의 삶 모든 영역에 걸쳐 빠짐없이 점검되어야 한다는 뜻이다.

참고문헌

김정래, 2020, '인간의 조건'과 아동권리인식, 아동과 권리, 제24권 제2호, 한국아동권리학회.

Aristotle, *The Nicomachean Ethics.* Ross, D. trans., 1925, Oxford: Oxford University Press; *Ethics.* Thompson, J. A. K. trans., 1955, Harmondsworth: Penguin; *Nicomachean Ethics.* Irwin, T. trans., 1985, Indianapolis: Hackett; *Nicomachean Ethics.* in: *Aritotle* Ⅱ. Great Books 9. Ross, W. D. trans., 1952, Chicago: Britannica.; 천병희 역, 2013, 니코마코스 윤리학, 고양: 도서출판 숲.

Hart, H. L. A., 1955, Are there Any Natural Rights?, *Philosophical Review* 64.

제3부

아동의 자유와 민주사회

9

자유와 권리

Ⅰ. 자유의 의미

1. '자유'와 권리

일상적인 언어생활에서 우리는 '자유'와 '권리'를 쌍둥이처럼 병행하여 사용한다. 이에 더하여 자유와 권리에 대하여 상관개념으로 '책임'과 '의무'라는 용어를 사용한다. 국민교육헌장에서도 '자유와 권리에 따르는 책임과 의무를 다하고'라는 구절이 있는 것을 보면, '자유'와 '권리'는 불가분의 관계가 있는 것만은 틀림없다. 실제로 두 개념은 동의어로 사용되기도 한다. 바둑경기 방송에서 "지금 A와 B 중 어디에 둘 것인가는 흑의 '권리'입니다"라는 해설자의 멘트를 흔히 들을 수 있다. 해당 바둑 경기에서 흑을 쥔 바둑기사는 A와 B 중에서 한 곳을 자신의 '선택에 따라' 착점을 할 수 있다. 이 경우에는 '자유'라는 의미가 강하지만, 바둑에서는 이렇게 관행적으로 '권리'라는 말을 자주 사용한다.

그러면 자유와 권리가 어떻게 관련이 있는가를 먼저 살펴보기로 한다.

자유는 개인이 하고 싶은 바를 마음대로 할 수 있는 것을 의미한다. 여기서 우리는 자유의 두 가지 의미가 있음을 알 수 있다. 우선 개인이 자신이 하고 싶은 것을 마음대로 할 때, 타인으로부터 이유 없이 부당한 간섭을 받아서는 안 된다는 의미이다. 이를 소극적 자유(negative freedom)라고 한다. 이러한 소극적 의미와는 반대로 자유는 한 개인이 자신이 하고 싶은 바를 이루어냈을 때 실현된다. 그렇지 않으면, 자유는 실현되었다고 보기 매우 어려울 것이다. 이를 적극적 자유(positive freedom)라고 한다. 물론 개인의 자율성 신장은 자유의 두 가지 의미 모두에 걸쳐 의미를 갖는다.

앞서 우리는 본서 제5장에서 권리의 범주에서 '소극적 권리'와 '적극적 권리'를 살펴본 바 있다. 거기서 상대방이 이행하는 의무의 소극성과 적극성에 따라 소극적 권리와 적극적 권리가 구분됨을 설명한 바 있다. 물론 소극적 자유와 소극적 권리가, 그리고 적극적 자유와 적극적 권리가 각기 상호 관련된다는 점은 쉽게 알 수 있다. 즉, 소극적 자유를 향유할 권리가 곧 소극적 권리이며, 반대로 적극적 자유를 행사할 수 있는 권리가 적극적 권리이다.

이처럼 소극적 자유와 소극적 권리, 적극적 자유와 적극적 권리가 서로 상응한다는 전제에서 둘 사이에는 아무런 갈등관계가 존재하지 않는 것처럼 보인다. 그러나 제4장에서 지적한 바와 같이, 소극적 권리가 정치적, 시민적 권리에 관련을 맺고, 반면에 적극적 권리가 사회적, 경제적 권리와 관련을 맺고 있다는 점에서 소극적 자유와 적극적 자유가 갈등 없이 상응하지 않는다.

적극적 권리의 신장은 곧 적극적 자유를 행사하겠다는 요구가 확대된다는 것을 말하고, 그것은 곧 국가의 적극적인 지원을 요구하는 복지권의 확대로 이어진다. 이는 소극적 자유와 소극적 자유 사이의 갈등을 유발시킨다. 적극적 자유 행사 요구의 확대는 곧 국가 재정의 과도한 확대를 초래하고, 이것은 다시 개인의 자유권의 축소를 뜻하기 때문이다. 국가 재정의 과도하고 급속한 확대는 세원확보 등으로 인한 개인의 경제적 활동의 위축을 가져온다. 그러면 결국 개인의 소극적 권리가 위축될 것이다.

이상에서 살펴본 바와 같이, 자유와 권리는 불가분의 관계, 경우에 따라서는 동의의 관계에 있다. 그리고 권리의 구분처럼 자유의 구분이 우리 생활에 직간접적으로 관련되어 있다.

2. 자유의 이중적 의미

본서 제5장에서 소개한 바 있듯이, 자유는 '권리'와 마찬가지로 근대 일본의 지식인들이 영어의 프리덤(freedom)과 리버티(liberty)를 번역한 용어이다. 이에 관한 자세한 설명은 생략하기로 한다. 여기서는 프리덤과 리버티에 담긴 의미가 어떠한지를 살펴본다.

우리말 번역어 '자유'에 해당하는 영어의 '프리덤'과 '리버티'는 각기 상이한, 때로는 상반된 의미를 지닌다. 우선 프리덤은 특정한 사람만이 향유하는 일종의 특권에 상응하며, 이에 반하여 리버티는 출신이나 신분 등에 관계없이 동등한 취급을 받을 보통법(Common Law) 상의 권리를 지칭한다. 여기서 보통법이란 우리의 문명사를 통하여 축적된 관습이 녹아들어 있는 법을 가리킨다. 보통법은 '공동의 권리와 이성'에 뿌리를 두고 생겨난 것을 지칭한다. 파이프스는 두 가지 자유의 의미가 형성된 배경을 다음과 설명한다.

개인의 권리, 소유권, 자유와 같은 보통법 개념은 엘리자베스 여왕과 스튜어트 왕조시대에 와서 군주의 특권과 충돌하게 되었다. 자유란 단어의 이중적 의미가 출발점이 되었다. 그것은 왕이 봉건 영주에게 하사한 특권이라는 대헌장에서 명시한 '자유(liberty)'를 의미할 수도 있고, 동시에 보통법의 근간이 된 모두가 인정한 관습으로부터 유래된 사고팔 수 있는 자유, 폭력과 절도, 무단침입으로부터 자유로울 권리란 의미도 있었다. 두 의미는 모순적으로 서로를 부정했다. 왕이 인정한 특권이란 의미에서 자유란 월등한 자와 열등한 자의 관계를 상징했다. 반면 보통법의 의미에서 자유란 같은 계급의 구성원들 간에 평등한 관계를 상징했다. 첫 번째 자유는 보다 정확하게 말하자면 "프리덤"(freedom)으로 두 번째 자유는 "리버티"(liberty)로 구분할 수 있다. 프리덤은 윗사람이 특히 선호하는 사람이 특권에 참여할 수 있는 권력의 인정을 의미했다. 한편, 리버티는 귀족이든 평민이든 간에 상관 없이 같은 계급에 속한 사람들 사이에서 동등하게 취급받을 보통법상의 권리를 의미했다. 동등한 리버티는 불평등한 프리덤과 불일치했다. 자유의 이러한 모순과 이중적 의미는 17세기 내내 이어진 계급 간 투쟁의 불씨가 되었으며 이 충돌은 1700년에 왕위계승법(Act of Settlement)이 세습되면서 마침내 종결되었다(Pipes, 1999: 216-217).

위의 인용을 통하여 우리가 확인할 수 있는 것은 자유의 두 가지 의미가 간혹 상충된다는 점이다. 왜냐하면 하나(freedom)는 개인의 선호에 따라 행사하는 것이며, 다른 하나(liberty)는 관습에 의하여 누적된 결과 우리가 향유하는 것이기 때문이다.

이를 정리하면 〈**표 9-1**〉과 같이 나타낼 수 있다.

〈표 9-1〉 프리덤과 리버티

프리덤	리버티
특정한 사람만이 향유하는 일종의 특권에 상응: 즉 우월한 자와 열등한 자의 관계	출신이나 신분 등에 관계 없이 동등한 취급을 받을 보통법(Common Law)상의 권리; 계급의 구성원들 간에 평등한 관계
윗사람이 특히 선호하는 사람이 특권에 참여할 수 있는 권력의 인정을 의미	귀족이든 평민이든 간에 상관 없이 같은 계급에 속한 사람들 사이에서 동등하게 취급받을 보통법상의 권리를 의미

하지만 자유의 개념은 고대 희랍의 자유와는 달리 근대 사회에서 '진보'의 개념과 함께 확립된 개념이다.

특히 계몽의 맥락에서 개인주의 발달은 개인이 제도와 전통에 매이지 않고 자신이 추구하는 가치를 향유하고 행사할 수 있다는 생각에 이르게 된다. 즉 개인의 선호에 따라 관습과 전통을 깨고 나오는 '자유'를 '프리덤'이라고 한다. 반면 관습에 의하여 누적된 결과를 누구나 향유하는 경우를 '리버티'라고 한다.

이를 위의 표에 대입해 보면 **〈표 9-2〉**와 같이 된다.

〈표 9-2〉 프리덤과 리버티의 분석표

	프리덤	리버티
차원 I	특정한 사람만이 향유하는 일종의 특권에 상응; 특권에 참여할 수 있는 권력의 인정을 의미	동등한 취급을 받을 계급의 구성원들 간에 평등한 관계; 동등하게 취급받을 보통법 상의 권리를 의미
차원 II	개인의 선호에 따라 행사할 수 있는 것; 즉 관습을 깨고 나올 수 있는 것	관습에 의하여 누적된 결과 우리가 향유할 수 있는 것; 자유가 관습으로 정착한 것

우리는 흔히 '보수' 대 '진보'의 이분법을 사용한다. 그리고 그 이분법이 절대 기준인 것처럼 여긴다. 그러나 보수-진보의 구분은 '좌-우'의 구분처럼 상대적이며 시대상황에 의존한다. '좌'와 '우'의 의미는 이어서 살펴보기로 한다.

위의 표에서 차원 I에서는 프리덤이 보수의 측면에 가깝다. 왕권과 특정계층의 이익을 대변하는 것으로 사용되기 때문이다. 반면에 리버티는 만민의 동등한 지위를 자유를 통하여 부여함으로써 당시 계층사회의 관습을 혁파하고자 하는 진보의 의미로 사용된 것이다.

하지만 차원 II에서는 프리덤이 진보의 측면에 가깝다. 프리덤은 관습을 깨고 개인이 추구하는 가치를 자신이 원하는 바에 따라 추구하는 것이기 때문이다. 반면에 리버티는 자유가 관습의 일부로 정착을 한 경우이므로 보수의 측면에서 이해된다.

이러한 사실은 자유를 보수의 가치나 자유주의를 진보주의에 반대되는 노선으로 이해하는 것이 타당하지 않음을 뜻한다. 뿐만 아니라 그러한 이분법은 매우 위험한 사고를 야기한다. 왜냐하면 흔히 '진보'의 맥락에서 자유를 왜곡하거나 훼손시키는 일이 벌어지게 되며, 이는 인류의 비극으로 귀결되기 때문이다. 자유는 진보를 넘어서는 인간의 보편적 가치임을 유념해야 한다.

자유가 보편적 가치인 것은 바로 권리가 인류가 추구할 보편적 가치임을 보여주는 징표이기도 하다. 그럼에도 불구하고 자유와 권리가 왜곡되는 것은 바로 이러한 이분법에 따라 자유를 노선의 가치로 이해하기 때문이다.

3. 자유의 왜곡

자유와 권리가 왜곡되는 것은 자유와 권리가 지니는 보편성을 그르게 해석한 결과이다. 여기서는 자유를 왜곡하는 경우를 네 가지로 정리하여 살펴보기로 한다.[1)]

첫째, 자유의 의미를 개인의 구체적인 선택이나 책임의 문제가 아니라 추상적인 이념의 문제로 부당하게 치환하는 경우이다. 이를 '추상주의'라고 한다. 자유의 문제를 추상화, 이념화하면 여러 가지 부작용이 따른다. 자칭 진보 세력이 자유의 문제를 이념적인 것으로 치환하는 경향이 있다. 이를테면 독일의 관념론자들의 논법이 거창한 자유를 설정하고 이를 토대로 사회를 전체주의로 몰아가고 개인을 거기에 함몰시킨다. 헤겔의 관념론은 개인을 '국가'라는 거대 존재에 희생시킨 경우에 해당한다. 이데올로기나 사상으로 거창한 미래 청사진을 제시하고 개인을 거기에 희생양으로 만든다는 사실을 발견한 헤르첸(Alexander Herzen)의 경우를 소개한 벌린(Isaiah Berlin)의 지적을 유념할 필요가 있다. 자유를 그릇되게 파악한 혁명주의자는 교회, 민족, 당, 계급, 진보, 역사와 같은 집합적 개념이나 이념적인 것을 내걸고 개인을 희생시킨다. 아울러 이슬람권에서 사용하는 근본주의도 같은 맥락에서 파악할 수 있다. 영원한 자유, 관념적 자유를 내세워서 개인을 희생시키고 전체주의로 몰고 가기 때문이다.

자유를 이념적인 것으로 치환할 경우 더욱 위험한 것은 사태의 본질을 단순화시켜 버린다는 점이다. 사회에서 발생하는 현상이나 문제점들은 대개 심층적인 분석과 처방을 요구하는 경우가 많지만, 개인이 면밀하게

1) 이하 자유의 왜곡에 관한 네 가지는 김정래(2012) 39-42쪽을 재정리하여 수록함.

판단하는 대신에 이데올로기를 주입시켜 사고가 단순하게 되도록 교묘하게 획책한다. 우리가 흔히 볼 수 있는 선동구호, 표어 등은 복잡한 분석과 사고의 부담에서 개인들을 도피시킨다. 한때 논란이 되었던 무상급식은 면밀한 검토가 요구되는 사안임에도 불구하고 정치적 선동에 함몰되어 무상급식 전면 실시가 얼마나 파급력 있게 전파되고 있는지를 이미 경험한 바 있다. 일단 '무상'이면 개인은 당장 면책의 지위에 서게 된다. 그것이 전체주의 국가를 가져오건 말건 당장 자신의 문제가 아니어서 개인적 책무나 부채의식을 가질 필요가 없기 때문이다. 벌린이 경계한 '적극적 자유'의 위험은 여기서 찾을 수 있다.

둘째, 자유와 자유주의의 치명적인 적으로 역사주의를 들 수 있다. 이는 인류의 '진보'(?)가 역사법칙에 의한다는 생각에 닿아 있다. 역사주의는 계몽의 전통에서 맥을 이어오다가 실증주의에 의하여 강화되었다. 계몽의 맥락에서 인간은 이성에 의하여 자신과 자신을 둘러싼 세계를 이해하고 통제할 수 있다는 합리주의적 믿음을 갖는다. 여기에다가 실증주의는 과학 법칙이 자연현상뿐만 아니라 인간과 사회, 역사의 전개에도 적용될 수 있다고 믿게 한 전기를 제공해 주었다. 이러한 역사주의에 대하여 포퍼(K. R. Popper)는 법칙에 의하여 지배를 받을 수밖에 없고, 개인은 이러한 역사적 필연에 종속된다는 역사주의란 지적인 혼란을 야기하는 정신착란의 한 형태라고 간파한 바 있다. 우리가 주의 깊게 새겨볼 대목이다. 주지하는 바와 같이, 포퍼는 역사주의의 전형으로 고대 희랍의 플라톤, 헤겔, 그리고 마르크스의 사상을 지적한 바 있지만, 실제로 20세기 인류를 가장 끔찍한 재앙으로 몰고 간 역사주의 전형은 공동체를 강조한 파시즘과 개인의 자유와 사유재산을 부정한 공산주의라는 전체주의이다. 자유를 중시하는 개인주의 사상의 극한 대척점에 전체주의가 있다는 사실을 명심할 필요가 있다. 추상주의와 역사주의는 자유를 향유할 '개인'의 자리에 추상과 역사를 매개로 하여 '전체'로 대체해버린다.

셋째, 자유를 심하게 훼손하고 말살하는 것으로 인위적 질서를 강조하는 구성주의를 들 수 있다. 이는 17~18세기 고전적 자유주의를 부정하고 이른바 '새 자유주의(New Liberalism)'를 표방한 진보사상가에 의하여 기획된 결과이다. 자유주의의 '탈'을 쓰고 있지만, 궁극적으로 자유를 교묘하게 왜곡하고 부정하는 일련의 사상이다. 이들 중에는 전쟁이나 공황 등의 비정상적인 상황을 빌미로 하여 국가 개입을 적극 지지하기도 한다. 케인즈 일파의 이론과 한때 주목받았던 장하준의 반시장주의적 사고가 이에 속한다. 이들이 지지하는 인위적 질서는 국가 개입과 간섭, 통제의 전제가 된다. 자신들의 계획에 의하여 보다 나은 미래와 청사진을 인위적으로 만들 수 있다는 구성주의가 인위적 질서에 의하여 국가의 개입, 간섭, 통제를 거침없이 합리화한다. 그러나 인간의 오만에서 비롯된 국가주도의 거대한 사회공학(Grand Social Engineering)은 반드시 실패한다. 하이에크(F. A. Hayek)가 강조한 '치명적 자만'은 이러한 취지에서 나온 것이다. 그리고 민주주의가 왜곡되는 현상도 민주적 이상에 의하여 자유가 왜곡되고 말살된다는 점에서 그는 새로운 개념인 '데마키(Demarchy)'를 주장한 바 있다. 이와 관련된 '민주주의'의 의미는 제10장에서 면밀하게 살펴본다.

결국 중요한 논점은 인간의 자유와 권리는 구성주의가 기획하는 것처럼 구성되는 것이 아니라는 점이다. 자유가 인간의 자발성에 근거하는 만큼 권리 역시 기획되어 향유할 수 있는 것이 아니다.

넷째, 대중주의 또는 중간주의가 자유를 왜곡하고 말살하는 경우를 들 수 있다. 여기에는 별도의 장황한 설명이 더 이상 필요 없다. 우리에게 익숙한 중도론이 이에 속한다. 말이 중도이지, 그것은 불교의 '중도'도 아니며, 아리스토텔레스나 유학에서 말하는 '중용'도 아니다. 한 마디로 얼치기다. 이에 적합한 영어가 'mediocre'이며, 명사형이 'mediocrity'이다. 윤리학적 측면에서 보면 악(evil)에 해당한다. 왜 이런 것이 득세하는가 하면, 그것은 대부분의 정치인들이 대중의 표를 의식하여 '중간'을 강조하기 때문이다. 정치인들이 내세우는 공약들은 대개 소신과 노선이 불분명한 정강정책으로 이어진다. 설상가상으로 그것이 국가나 국민들에게 커다란 해악을 낳는다는 데 문제의 심각성이 있다. 정책 노선이 없기 때문에 포퓰리즘에 빠지게 되는 것도 문제이지만, 보다 심각한 점은 진리나 가치의 준거를 행위자인 개인에게서 찾는 것이 아니라 개인 밖에서 객관적인 기준을 찾으려 한다는 점이다. 이것 역시 전체주의로 가는 지름길이다. 개인의 가치가 폄하되는 순간 자유의 가치는 실종된다.

자유를 존중하고 이에 따른 여러 가지를 고려해야 할 경우 우리는 가장 먼저 개인의 가치를 존중해야 한다는 점을 명심해야 한다. 자유의 핵심은 자유를 행사하는 개인의 가치에 있다. 이는 앞서 권리의 주체가 집합체나 집단이 아니라 개인이어야 한다고 지적한 점과 맥을 같이 한다. 이 점에서 곰브리치(E. H. J. Gombrich)의 말은 자유와 권리의 가치를 소중하게 생각하게 하는 계기가 된다. "미술은 존재하지 않는다. 다만 미술가만 존재할 뿐이다. … 미술의 역사는 천재들과 걸작들로 이루어져 있다."

이상에서 자유가 왜곡되는 경우를 개괄하였다. 자유가 이러한 방식으로 왜곡되는 것만큼 우리가 누려야 할 권리도 그만큼 침해된다는 사실을 유념할 필요가 있다. 자유가 자율성의 측면에서 중요하다는 것은 자유의 의미는 권리의 경우와 마찬가지로 집합적 차원이 아니라 개인적 차원에서 파악되어야 할 문제임을 알 수 있다.

4. 좌와 우

앞서 제5장에서 '권리'에 상응하는 영어 'right'가 지니는 의미 중에는 '오른쪽' 또는 '바르다'의 뜻이 있음을 확인하였다. 실제로 일부 식자들은 '권리'가 정치적으로 오른쪽, 즉 우파 성향의 이데올로기에서 나온 것이라고 치부하는 경향이 있다. 실제로 19세기 말에서 20세기 초에 이르러 권리를 향유하는 부류는 오직 부르주아 계층이라고 하여 '부르주아 권리(bourgeois rights)'라는 조롱 섞인 말이 통용되기도 하였다. 그리하여 권리(the right)와 권리이론은 이른바 우파(the right wing)의 전유물로 여기는 경향을 보이기도 하였다. 그러나 권리는 인간의 보편적 가치로서 특정 부류의 전유물일 수 없음을 본서 제2부 전반을 통하여 확인한 바 있다.

그러면 정치성향으로 볼 경우 권리는 어떻게 해석되어야 하는가를 살펴보자. 이러한 문제를 명백하게 이해하기 위하여 이 소절에서는 '좌'와 '우'의 의미를 확인하고, 이를 토대로 좌-우 문제가 어떻게 이해되어야 하는지를 검토해 보기로 한다.

(1) 자의(字意)로 본 '좌'와 '우'

'좌(左)'와 '우(右)'라는 글자에 담긴 의미 탐색 중에서 '좌(左)'에 '工'자가 들어가고, '우(右)'에 '口'자가 들어간다는 분석은 매우 설득력이 있다. 이를 토대로 보면, '좌(左)'는 뭔가를 조작하고 다루는 일과 관련을 맺으며 '우(右)'는 '입(口)'의 의미에서 추론할 수 있는 '먹고 사는 일' 또는 입을 통하여 '언어로 표현하는 일'과 관련된다. 이에 관하여 조용헌도 같은 해석을 내리고 있다. 그에 따르면:

> 10년이 넘는 세월 동안 대가들은 역방(域坊)한 끝에 나름대로 결론을 내렸다. 먼저 좌(左) 자에는 '공(工)'이 들어간다. 우(右) 자에는 '구(口)'가 들어간다. 공(工)은 공부(工夫)의 의미가 있다. 그러므로 왼쪽 내지 왼손은 공부하는 기능을 담당한다. … 반대로 구(口)는 입 구(口)이다. 오른손은 입에 음식을 넣을 때, 즉 밥 먹을 때 사용하는 손이라는 의미가 있다. 한국인들 대부분은 어린 시절에 어른들로부터 오른손으로 숟가락을 잡도록 훈련받는 경우가 많았다. 왼손으로 숟가락을 잡는 아이가 있으면 이를 오른손으로 교정하곤 하였다. (조선일보, 2009년 4월 6일자 조용헌 살롱 670)

하지만 그의 해석은 '工'과 '口'의미를 매우 편협하게 보았다는 한계가 있다. 적어도 '工'은 단순히 공부의 의미로만 해석할 이유가 없다. 자전(字典)을 보더라도 '工'은 '장인(匠人)'의 의미를 일차적으로 가지며, 이에 따라 '교묘하다', '교묘하게 만들다'의 뜻도 가진다. 무엇보다도 이 글자는 '공교(工巧)'의 경우처럼, '솜씨가 좋음'을 가리킨다. 그런 의미에서 '공부(工夫)'는 '수단을 강구한다'든지, '학문이나 기술을 배우고 익힘'을 지칭하는 것이다. 그리고 '口'는 신체의 한 부분으로서 '입'을 가리키기도 하지만, 입을 통하여 이뤄지는 인간 행위인 '말하다'의 의미를 갖는다. '구강(口腔)', '구개(口蓋)', '구취(口臭)'는 전자의 뜻을 가리키지만, '구문(口文)', '구전(口傳)', '구승(口承)', '구술(口述)' 등은 후자를 지칭한다. 따라서 '좌(左)'는 '뭔가를 다루는 기량'과 관련을 맺고 있으며, '우(右)'는 '언어사용'과 관련을 맺는다고 할 수 있다.

이와 같은 사실에 견주어 볼 때, '좌'에 담긴 '工'은 희랍어 '프로네시스(*phronesis*)'로, '우'에 담긴 '口'는 언어로 상징되는 '에피스테메(*episteme*)'의 의미를 갖는다. 이러한 시각에서 '좌(左)'와 '우(右)'의 의미는 생리적인 의미에서 '좌뇌'와 '우뇌'와 연결하여 해석할 수 있다.

이와 관련하여, '좌(左)'와 '우(右)'의 의미를 조용헌은 생리적으로 두 뇌와 관련하여 해석하고 있다. 그에 따르면:

> 이를 다시 우뇌(右腦)와 좌뇌(左腦) 이론에 대입해 볼 것 같으면, 왼손은 우뇌와 연결된다. 오른손은 좌뇌와 연결된다. 왼손을 많이 쓰면 우뇌가 개발되고, 오른손을 많이 쓰면 좌뇌가 개발된다. 왼쪽이 공부 기능이라고 한다면, 이때의 공부는 우뇌 개발을 의미하는 것이 되는가? 우뇌는 창조력과 종합적 사고를 담당한다고 알려져 있다. (조선일보, 2009년 4월 6일자 조용헌 살롱 670)

좌뇌와 우뇌의 기능을 놓고 보면, 위에 필자가 내린 해석에 뇌의 이름은 정반대의 입장을 취하게 된다(Pink, 2005). 즉 좌뇌는 언어와 언어사용, 그리고 추론 능력을 관장하므로 자체 글자에 포함된 '工'이 아닌 '口'와 관련을 맺으며, 우뇌는 창의력, 직관력 등의 조작능력과 관련을 맺으므로 자체 글자에 포함된 '口'가 아닌 '工'과 관련을 맺는다. 실제로 하는 기능을 글자의 구성에 견주어보면, 정반대임을 알 수 있다.

(2) 음양(陰陽)의 문제

'좌(左)'와 '우(右)'의 의미를 조용헌은 다시 음양(陰陽)의 문제로 해석하고 있다. 즉 '좌'가 양(陽)이고 '우'가 음(陰)이라는 것이다. 그에 따르면:

… 한국 문화에서 좌는 양(陽)이었고, 우는 음(陰)이었다. 상갓집에 문상 가서 대문을 들어설 때 왼발을 먼저 내딛는 관습도 이러한 맥락이다.

사람이 죽었다는 것은 음의 세계에 들어갔다는 뜻이다. 이 음의 세계에 들어갈 때는 양에 해당하는 왼발을 먼저 내디뎌야만 귀신의 영향을 받지 않는다고 생각했던 것이다. 마치 컴컴한 굴속에 들어갈 때는 횃불을 들고 가야 하는 것처럼 양에 해당하는 왼발이 횃불과 같다는 말이다. (조선일보, 2009년 4월 10일자 조용헌 살롱 672)

그러면서 이유를 다음과 같이 서술하고 있다.

그렇다면 왜 왼쪽을 양의 방향이라고 생각하였는가? 한자문화권에서 생각하는 사방관(四方觀)은 반드시 북쪽을 등지고 남쪽을 바라보는 방향으로 되어 있다. 그래서 북쪽이 지도의 아래쪽에 배치되어 있고 남쪽은 위쪽이다. 서양은 반대이다. 북쪽이 위에 있고 남쪽이 아래에 있다. 한자문화권에서는 아래쪽인 정북쪽을 자방(子方)이라고 하고 왼쪽으로 돌아가면서 축(丑), 인(寅), 묘(卯), 진(辰) …으로 간다.

이렇게 북을 아래쪽에 놓고 보면 왼쪽은 동방이 된다. 오른쪽은 해가 지는 서방에 해당한다. 태양은 동쪽에서 뜬다. 아침은 왼쪽에 있는 셈이다. 따라서 양 기운은 동쪽에서 시작되는 것이다. 반대로 오른쪽인 서방은 해가 지는 곳이다. 저녁은 오른쪽에 있으므로 음의 방향으로 생각하였다. 서울의 경복궁 터도 풍수적으로는 인왕산 아래에 동향(東向)으로 잡아야 맞지만, 군왕은 남쪽을 정면에 바라보아야 한다는 '인군남면(人君南面)' 사상에 의하여 백악산 밑에 자리 잡게 된 것이다. (조선일보, 2009년 4월 10일자 조용헌 살롱 672)

쉽게 말하자면, 해가 양(陽)에 해당하므로 해가 뜨는 방향이 양인데, 그것이 북쪽에서 보면 왼쪽이 되는 것이다. 반대로 해가 지는 방향인 서쪽은 음(陰)인데, 그것이 오른쪽이 된다는 것이다.

여기서 제기되는 의문은 두 가지 말, 즉 '좌우'와 '음양'처럼 말의 순서이다. 만약 '좌(左)'와 '우(右)'가 '양'과 '음'에 각각 상응한다면, 말의 순서가 바뀌어야 하지 않는가? '좌우'로 하려면, '양음'이라고 하든지, 아니면 '음양'이라 하려면 '우좌'라고 해야 하지 않는가? 이런 점에서 보면 좌와 우가 양과 음에 상응하는 것인지에 관해서는 의문이 남는다. 하지만 이 문제를 떠나서 보면, 좌와 우는 선후 관계를 따지기 어려운 측면이 있다.

(3) 정치적인 의미

'좌(左)'와 '우(右)'의 의미가 크게 부각되는 것은 정치적인 관점에서이다. 역사적으로 '좌'와 '우'라는 말이 부각된 것은 1789년 프랑스 혁명을 통해서이다. 부르주아라 불리는 프랑스 신흥 자본가들은 당시 프랑스 혁명을 통해 왕정을 무너뜨린 뒤 국민공회를 만들었다. 국민공회는 체제 기조를 크게 바꾸지 않으려는 귀족 중심 왕당파와 혁신을 모색하는 부르주아 중심의 공회파로 나뉘었고, 이때 왕당파와 공회파가 국왕 오른쪽과 왼쪽에 각각 앉은 데서 '우파'와 '좌파'가 유래했다고 한다.

이와 같은 유래에 비추어 보면, '우파'는 '보수', '좌파'는 '진보'를 지칭하는 것임에 틀림없다. 그러나 우파가 전혀 변화를 시도하지 않는다는 의미는 아니다. 그들도 모종의 변화를 도모한다. 하지만 '진보'를 자칭하는 '좌파'의 경우 그들이 도모하는 사회 변화가 '퇴보'인 경우가 많다. 이렇게 보면, '우파-보수', '좌파-진보'의 단순연결은 무리인 듯하다. 특히 우리나라의 경우 이 단순 도식으로 올바른 '진보'를 이해하기 매우 어렵다. 이에 관하여 최병묵은 '좌파는 진보가 아니다'라고 하면서 다음과 같이 언급한 바 있다.

흔히들 점진적 변화를 추구하는 우파를 '보수', 급진적 방식을 동원해 사회를 변화시키려는 좌파를 '진보'로 알지만 탈냉전 이후 그런 등식은 깨졌다. 소련을 무너뜨린 페레스트로이카는 진보적이었지만 급격한 변화를 모색하는 좌파는 아니었다. 중국에서 자본주의적 개혁을 지향하는 세력은 진보이고 공산당식 교조(教條)에 집착하는 세력은 수구(守舊)다. '진보 우파'도 있고 '수구 좌파'도 있는 세상이다.

그런데 어찌된 일인지 한국에서만은 좋은 이미지의 '진보'라는 이름은 좌파가 독차지하고 낡고 뒤처져 보이는 '보수'는 우파 간판처럼 되어버렸다. 대표적 우파 논객 박효종 서울대 교수가 "한국의 좌파가 진짜 진보인가"라는 물음을 던졌다. 그는 "친북 좌파처럼 진보하지 않는 세력을 진보로 부르는 것은 우리가 살아온 가치에 대한 모욕"이라고 했다.

"1980년대 낡은 의식에 머물러 진보하지 않는 세력, 헌법적 가치에 대한 존경심도 없고 세계사 흐름이나 시대정신에 역행하는 좌파 세력이 내건 '진보'는 '검은 백조'처럼 모순된 표현의 극치다." 박 교수는 이제 진보·보수가 아니라 좌파·우파로 지칭하는 것이 각각의 이념을 제대로 드러내는 게 될 것이라고 했다. 사실 지금 우리 사회에서 좌·우 구분보다 중요한 것은 얼마나 열려 있고 닫혀 있느냐 하는 문제일 것이다. (조선일보, 2009년 4월 3일자 만물상, 최병묵 논설위원)

특히 우리나라는 좌파가 친북 성향을 띠고 있는 한, 이 경우 좌파는 '보수'의 수준을 뛰어넘어 '극단적인 수구(守舊)'에 불구하다. 그리고 '보수'로 표현되는 '우파'가 개방정책, 시장경제 등을 표방하는 한, 이 경우 '보수'는 진정한 의미에서 '진보'이다. 사회를 역동적이고 긍정적으로 발전시키고 있기 때문이다. 이렇게 보면 한국의 '좌파'는 겉과 속이 달라서 진의를 명백히 알 수 없는 '검은 백조'라는 지적은 매우 온당하다. 같은 맥락에서 보면 한국의 '우파'는 '보수'라는 인기 없는 수식어를 달고 있지만 자기 오류가능성을 인정하는 개방적인 자세를 취하는 솔직한 측면을 가지고 있다.

그러면 '보수주의'와 '진보주의'는 어떠한가? 여기서 다시 최병묵의 말을 인용하면 다음과 같다.

> 보수주의(Conservatism)라는 용어는 1830년 영국 잡지 '쿼털리 리뷰'(Quarterly Review)의 편집 담당 존 크로커가 토리(Tory)당을 가리켜 처음 썼다고 한다. 오랜 시간 발전시켜온 제도와 관습을 중시하는 정치이념을 가리켰다. 그러나 '보수'란 정치원리라기보다 마음의 성향, 삶의 방식에 가깝다는 관점이 많다. 진보주의(Progressivism)는 영국 산업혁명이 몰고 온 19세기 말 노동자 빈곤을 어떻게 치유할지 논의하는 과정에서 싹텄다. 복지제도로 빈곤을 몰아내자는 발상이었다. (조선일보, 2009년 4월 3일자 만물상, 최병묵 논설위원)

'보수'와 '진보'의 역사적 기원 때문에 우리는 현실적인 '진보'와 현실적인 '보수'의 실상을 보지 못한다.

여기서 우리가 주목해야 할 점은 '진보주의'가 역사적으로 자유주의의 연장선상에서 발생했다는 점이다. 이는 '진보주의' 출연 이전에 '자유주의'가 기존 '보수'에 대한 '진보'로 출연했기 때문에, 이 연장선상에서 이해하면 자유주의가 진보주의로 연결된다. 그러나 오늘날의 자유주의, 특히 좌파가 억지로 규정하는 이른바 신자유주의는 '좌파'적 의미의 진보주의가 아니다. 주지하는 바와 같이, '좌파'적 의미의 진보주의는 사회주의와 공산주의 노선을 지칭하는 것이기 때문이다. 결국 '우파'-'보수', '좌파'-'진보'의 단순 도식은 성립하지 않는다. 그러면 '우파'와 '좌파'의 대비는 '자유주의' 대 '사회주의', '개인주의' 대 '집합주의'의 도식으로 이해해야 한다.

(4) 정치적 지향의 문제

'우파'와 '좌파'가 각기 지향하는 가치, 이상, 목표는 무엇인가? 이를 살펴보기 전에 우리는 '우파'-'보수', '좌파'-'진보'의 단순 도식과 같은 맥락의 그릇된 또 다른 단순 도식을 살펴볼 필요가 있다. 그 도식이란 '우파'-'자유', '좌파'-'평등'의 단순 도식이다.

'우파'-'자유', '좌파'-'평등'의 단순 도식에서 전자인 '우파'-'자유'의 관련은 매우 의미 있고 합당하다. 그러나 '좌파'-'평등'의 단순 도식은 성립하지 않는다. 적어도 두 가지 점에서 그러하다. 하나는 '평등'의 이상은 '좌파'만이 아니라 '우파'도 지향한다는 점이고, 다른 하나는 좌파의 평등지향이 오히려 불평등을 조장한다는 사실이다. 오히려 우파의 자유지향 정책이 평등을 현실적으로 실현하고 있다. 여기서 '현실적'이라고 한 것은 좌파가 내세우는 절대적이고 산술적인 의미에서 평등이 아니라 현실 속에서 불평등을 해소하려는 노력이 결실을 맺고 있으며, 실제로 불평등 완화에 실효를 내고 있다는 말이다.

또 다른 정치적 지향점 문제의 핵심은 '박애'에 있다. 이 말은 프랑스 혁명의 가치 중에 한 축을 담당하는 'fraternity'에 해당하는 말이다. '박애'로 번역되는 'fraternity'는 이후의 공동체주의의 초석이 되는 개념이다. 프랑스 혁명의 3대 가치가 '자유', '평등', '박애'인 것을 보면 프랑스 혁명의 이상은 대립되는 요소를 모두 포함하고 있는 셈이다. 왜냐하면 '자유'는 '개인주의'를 기반으로 하는 가치이기 때문이다.

결론적으로 우파는 자유만을 고집한 나머지 평등에 관심을 두지 않는다는 주장은 설득력이 없다. 그것은 권리가 특정 계층만이 향유하는 전유물이라고 주장하는 것과 유사하게 그릇된 주장이다.

(5) 겸애사상의 경우

좌-우의 대립각이 원래 서양에서 성립된 것이어서 '우파'와 '좌파'로 나눠지지는 않지만, 동양 사상 중 대체적으로 좌파가 지향하는 바는 묵가(墨家) 사상에 들어 있다. 대표적인 것이 묵자(墨子)의 '겸애(兼愛)' 사상이다. 겸애사상에 가장 근접하는 서양 개념이 바로 박애(博愛, fraternity)이다. 묵자의 겸애사상은 바로 '너와 나의 합일사상'이라고 할 수 있다. 이에 관한 흥미로운 해석이 한 일간지의 고정칼럼에 소개된 적이 있다.

> 동양의 묵자(墨子)는 부모에 대한 공경을 겸애(兼愛)로 풀었다. 남의 부모도 내 부모처럼 여긴다면 세상의 평화를 이루지 못할 이유가 없다는 주장이다. 묵자의 사상을 관통하는 '너와 나의 합일' 정신이다. 동양판 박애(博愛)주의의 효시로 볼 수 있다.
>
> 공자(孔子)의 가르침을 이은 맹자(孟子)는 이에 대해 공격을 퍼붓는다. "묵가의 겸애는 자신의 부모를 부정하는 것으로, 아비와 임금이 없는 이는 차라리 짐승"이라는 식의 비판이다. 맹자는 "내 부모를 잘 모신 뒤 남의 부모에게까지 그 공경을 확대해야 한다"고 주장한다. 섣부른 박애주의 대신 나에게 시작해 남에게 미친다는 뜻의 '추기급인(推己及人)'이 옳다는 것이다. (중앙일보, 2009년 4월 2일자 분수대, 유광종 논설위원)

이것은 묵가의 겸애사상이 갖는 장점이자 단점이 될 수도 있다. 자아를 확대하여 이웃을 보는 이른바 '자아의 확장개념'을 강조하고 있다는 점만은 분명하다. 위의 인용에서 나의 부모를 확장하여 남의 부모를 공경하는 마음을 갖는 것이 그것이다. 이러한 자아의 확장개념이 바로 우리 문명사회라는 공동체를 이끌어가는 원천이 된다. 따라서 이를 부정할 하등의 이유가 없다. 하지만 '자아의 확장 개념'을 강조하기 위해서는

'자아'의 주체인 '개인'의 원천적인 의미를 인정해야 한다. 그렇지 않고 '자아의 확장 개념'만을 강조한 나머지 '개인'의 의미를 축소하거나 부정하면, '공동체'를 빌미로 '집합'을 위하여 '개인'의 희생을 합리화하려는 시도가 드러난다. 즉 '전체'를 위한 '개인'의 희생을 합리화하려는 일련의 전체주의 구상이 다시 고개를 들게 된다.

전체를 위한 개인의 희생을 강조하는 전체주의적 발상은 항상 은연 중 잠재적인 형태로 드러난다는 점이다. 결국 위의 예에서 본 박애주의는 결국 개인적인 덕목인 효(孝)에 대한 부정적인 시각으로 발전할 수 있는 논거를 제공해 줄 뿐이다.

> 현실적으로 보면 맹자의 말이 훨씬 설득력을 지닌다. 그러나 가족중심주의의 틀을 2000년 이상 유지하면서 가족 이기주의에 깊숙이 함몰해 온 동양사회의 자화상을 보면 묵자를 결코 과소평가할 수 없다. 유교(儒敎) 중심의 가치관에 눌렸지만 드물게 박애의 정신을 펼쳤던 묵자는 매우 진지했던 사상가다. (중앙일보, 2009년 4월 2일자 분수대, 유광종 논설위원)

위의 예를 통하여 분명하게 지적할 수 있는 것은 자신의 부모에 대한 효성이 있어야 이를 확장하여 남의 부모에 대한 효성을 다 할 수 있다는 점이다. 전자 없이 후자는 일어나지 않는다. 만약 전자 없는 후자를 확인할 수 있다고 하더라도 그것은 진정한 의미에서 효가 아니다. 그것은 모르긴 해도 국가 같은 집단에 의한 강압 때문에 드러나는 표피적인 현상일 뿐이다. 하지만 위의 칼럼이 비판하는 것처럼 가족 이기주의는 진정한 이기주의가 아니라 사회주의와 같은 집합주의를 가리킨다. 따라서 이를 토대로 이기주의를 모두 비판할 일이 아니다.

이상의 논의를 통하여 알 수 있는 사실은 우선 자유와 권리가 우파의 전유물이 아니라는 점이다. 자유와 권리는 보편적인 가치임에 틀림없다. 이렇게 보면 좌와 우의 구분은 오히려 자유와 권리의 속성과 본질을 이해하는 데 방해가 될 수 있다. 우파가 보수임을 인정하면 자유와 권리는 특정 계층의 전유물로 한정되고 그 가치가 폄하된다. 그렇다고 좌파가 진정한 진보라고 할 수도 없다. 자유와 권리는 '좌'와 '우'라는 이분법적 잣대로 재단할 수 없다. 또한 우파가 자유에 집착하고 좌파는 평등에 집착하는 것도 단순한 이분법이다. 자유와 권리의 주체가 개인이라는 점에서 '좌'와 '우'의 구분은 오히려 '좌 = 사회주의' 그리고 '우 = 개인주의' 도식이 합당하다. 여기서 우리는 자유와 권리의 주체가 집단이나 집합, 추상화된 실체 등이 아니라 구체적인 개인임을 다시 한번 확인할 수 있다.

이 절을 통하여 우리가 얻은 교훈은 자유와 권리의 가치를 개인 이외의 다른 실체로 치환할 경우 개인의 자유와 권리를 침해하고 종국에 가서 궤멸하는 전체주의를 불러온다는 점이다. 이 점에 착안하여 향후 '좌'와 '우'의 그릇된 이분법에 현혹될 일이 아니다.

Ⅱ. 자유주의

자유를 하고 싶은 바를 하고 싶은 대로하는 것이라고 규정하면, 그것은 개인이 지닌 '욕망'과 이를 실현하려는 '욕망 충족(desire-fulfillment)'과 관련을 맺는다. 그러나 욕망에 따라 하고 싶은 대로 방치하면 그것은 도덕적 무정부상태(moral anarchy)를 의미한다. 사회 질서도 무너지고, 각자의 이익만을 위한 투쟁의 상태, 이를테면 홉스(Hobbes)가 주장한 '만인에 대한 만인의 투쟁'만을 조장하는 것은 아닌가.

이렇게 보면 자유와 자유주의는 각 개인의 이익 추구를 허용하면서 혼란과 무정부 상태를 방조하는가 하는 의문을 던질 수 있다. 그렇다면 자유를 최고 가치로 여기는 자유주의는 유지하기 어려운 것이 아닌가. 그러나 자유주의적 사고가 그렇게 허술한 것은 아니다. 개인이 스스로 하고 싶은 바를 하고자 할 때 거기에는 그 개인의 심사숙고가 담겨져 있어야 한다는 의미이다. 이러한 행위가 자신에게 정말로 이익이 되는가, 남에게 피해를 주지는 않는가 등의 숙고가 따라야 한다는 뜻이다. 이렇게 할 수 있으려면 개인은 모종의 판단 능력을 갖고 있어야 한다. 교육목적으로서의 자율성에는 모종의 인지적 판단능력이 선행되어야 한다는 뜻이다.

여기서 여러 가지 '자유'의 개념적 속성들이 도출되며, 때로는 이들이 상충하기도 한다. 이 문제는 다음 절에서 다루기로 하고 여기서는 자유를 최고의 가치로 보는 일련의 사고체계인 자유주의에 대하여 먼저 살펴보기로 한다.

1. 자유주의의 성립과 전개

자유주의는 근대 계몽사상의 산물이다. 개인의 이성을 모든 가치 판단의 근원으로 보면서 기존의 구체제의 가치를 대체하고자 한 노력의 결과이다. 그 결과 각 개인은 자신이 선호하는 가치를 스스로 결정하고 추구하고자 하는 자신만의 목적론을 갖게 된다. 이러한 일련의 사고가 자유주의를 잉태하였으며, 기존의 세습과 구체제로 인하여 답습된 가치 체제에 대항하기 시작하였다. 이 점에서 당시 자유주의는 진보사상이었다. 로크의 민권사상은 매 4년마다 국민들의 선택에 따라 정부를 교체할 수 있다는 내용을 핵심으로 하는 데 당시의 관점에서 보면 급진적 사상에 가깝다. 오늘날 자유주의를 보수의 축에 넣는 것은 자유주의의 본질에 비추어 그리 타당하지 않다. 이렇게 태동된 자유주의는 고전적 자유주의와 진보적 자유주의, 그리고 신자유주의 세 가지로 대별할 수 있다.

고전적 자유주의(classical liberalism)는 17~18세기 개인주의와 민권사상의 초석을 쌓은 로크의 정치 사상과 이기심에 기초한 아담 스미스의 자유 시장 경제 원리를 핵심으로 성립한 사고체제이다. 이 자유주의는 앞서 소개한 고전적 권리를 성립시키는 토대가 된다. 따라서 이 자유주의의 핵심적 가치는 자유, 생명, 재산이다. 여기서 제5장에서 살펴본 권리의 발달 단계로 보면 고전적 자유주의는 고전적 권리의 토대가 된다는 점을 확인할 수 있다.

그럼에도 일상이나 교육현장에서 흔히 자유와 생명, 그리고 재산은 각각이 별개의 가치인 것처럼 취급한다. 실제로 많은 사람들이 이 셋 사이의 불가분의 관계를 온전하게 인식하지 못한다. 자유, 생명, 재산에 관한 권리는 따로 떼어놓고 생각할 수 있는 것이 아니다. 이러한 사실은 이미 제5장에서 살펴본 바와 같이 근대 사상의 발달과 함께 태어난 민권사상에 의하여 확인된다.

자유와 재산권이 불가분의 관계임은 이미 여러 차례 밝힌 바 있지만, 사회주의자 프루동(Proudon)이 언급한 것처럼 소유권은 도둑질이라는 견해는 '재산'의 의미를 그릇되게 파악한 것이다. 사유재산은 결코 남의 것을 빼앗아 온 것이 아니다. 부를 창출하는 행위는 자신의 이익뿐만 아니라 상대방의 이익을 도모하는 윈윈 전략, 또는 양합 게임(陽合; positive sum game)의 산물이다.

소유권은 자유권만이 아니라 생존권을 위협하는 것이다. 부를 창출하기 위하여 생의 한정된 시간을 투자한 것은 생명의 일부를 사용한 것이므로, 소유권의 박탈은 생명의 박탈이라는 로크의 말에 유념할 필요가 있다. 그럼에도 불구하고 우리 교육은 상당 부분 생존을 위하여 남의 소유를 제재하거나 공유해야 한다는 마르크스의 생각에 함몰되어 있다. 실제로 민주시민교육은 자유, 생존, 재산의 기본 가치를 온전하게 가르치지 못하고 있다.

진보적 자유주의(new liberalism)는 '전체'와 '집합'의 의미를 부각시킨 19세기 '진보사상'에 의하여 잉태된 자유주의이다. '새로운 자유주의'라는 축어적 의미를 지니지만, 'liberalism'이 그 자체로 진보주의를 지칭하는 것은 바로 이 맥락에 근거해서이다. 이 자유주의는 프랑스 혁명의 '박애(fraternity)' 정신에 그 뿌리를 두고 있으며, 19세기에는 영국의 공리주의와 독일의 관념론의 영향을 받았다. 공리주의는 자유주의라고 주장되기도 하지만, 공리주의 효용을 자유의 주체인 '개인'이 아닌 '사회' 전체의 총량에 비추어 가늠하고자 한 점에서 집합주의적 특징을 동시에 지니고 있다.

이 자유주의는 앞서 소개한 제2세대 권리를 성립시키는 토대가 된다. 사회·경제적 권리는 집합적 이념을 토대로 한다. 이 자유주의는 아울러 교육적 측면에서 공교육 체제를 정부가 적극 수용하는 토대를 제공한다.

신자유주의(neo-liberalism, libertarianism)는 진보적 자유주의의 폐해, 즉 개인의 자유와 권리가 큰 정부에 의하여 축소되고 왜곡되는 결함을 극복하기 위하여 대두되었다. 여기서는 작은 정부와 개인의 책무성

등이 강조된다. 이 자유주의는 제1세대 권리를 강조하지만, 그렇다고 그것이 19세기 이전의 야경국가로 회귀를 뜻하는 것은 아니다. 복지정책을 포함하여 현대국가의 정부정책을 수용하기는 하지만, 그 본질에 있어서 개인의 자유와 권리, 그리고 그에 따르는 책무를 중시한다. 교육적 측면에서 학교선택권을 중시하고 단위학교의 책무성을 강조하는 것은 이 자유주의에 따른 것이다. 학부모의 책무성을 강조하여 홈스쿨링 같은 정책을 지지한다.

권리의 측면에서 자유주의는 참여를 중시하기도 한다. 물론 한편으로 제도와 전통을 중시하는 보수적 경향을 드러내기도 하지만, 개인의 참여를 중시하는 진보적 측면도 있다. 앞서 프리덤과 리버티의 의미상 차이를 검토하면서 보수 대 진보의 이분법이 타당하지 않음을 지적한 바 있다. 같은 맥락에서 신자유주의를 보수라고 지칭하는 것도 타당하지 않다. 왜냐하면 개인의 참여와 책무성을 강조하는 것은 개인의 선호를 중시하는 진보의 측면이 강하기 때문이다. 어떤 경우에는 신자유주의 노선을 기존의 제도를 과감하게 개혁하려고 한다. 1980년대 마가렛 대처 수상의 보수당 정부의 개혁 정책은 '보수'라기보다는 '진보'에 가깝다. 다만 이 경우 진보가 마르크스를 중심으로 한 진보노선에 반대한다는 점은 분명하다.

2. 자본주의 버전으로 본 자유주의[2)]

자본주의는 원래 공산주의 등 좌파 진영에서 만든 말이다. 본래의 취지를 살리자면 자유시장주의라고 해야 옳다. 그러나 애석하게도 '시장

---

2) 자본주의 네 가지 버전은 김정래(2012) 147-154쪽의 내용을 재정리한 것임.

경제주의'에 해당하는 영어 표현이 없다. 영어로 'free-market policy'라는 표현만이 가능하다. 어쨌건 자본주의가 자유주의의 산물인 것은 어김없는 사실이다. 자유시장경제 체제에서 기업가 정신에 따라 형성된 것이 자본이고, 이를 하나의 이데올로기로 보고 작명한 것이 '자본주의'다. 경위야 어떻건 간에 자본주의가 일상적으로 사용되는 보편적 용어가 되었으므로 이 말의 사용을 거부할 수는 없다. 2012년 조선일보는 자본주의 진화를 네 단계로 설명하면서 연재 시리즈를 낸 적이 있다. 거기서 나온 내용은 자유주의 성격을 이해하는 데 도움이 될 뿐만 아니라 자유와 자유주의를 왜곡하는 단초를 찾을 수 있기 때문에 다시 정리하여 살펴보기로 한다.

> 자본주의 진화과정을 소프트웨어 버전(version)처럼 단계에 따라 숫자를 붙일 때 네 번째에 해당한다는 뜻. 자유방임의 고전자본주의(1.0), 1930년대 대공황 이후 케인스가 내세운 수정자본주의(2.0), 1970년대 시장의 자율을 강조한 신자유주의(3.0)에 이어 등장했다. 시장의 기능을 존중하되 기업 등 시장 참여자의 사회적 책임과 '다 같이 행복한 성장'을 중시하는 '따뜻한 자본주의'이다.

조선일보의 '자본주의 4.0' 버전은 아나톨 칼레츠키의 저서 『자본주의 4.0』에서 따온 것이다(Kaletsky, 2011). 이 책은 '자본주의'가 변화하는 실체로 보고, 네 가지를 상정한다. 저자에 따르면, 자본주의 1.0은 미국·프랑스의 정치혁명과 영국의 산업혁명으로 시작돼 대공황과 함께 막을 내린 전통적인 자유방임 자본주의이며, 자본주의 2.0은 루스벨트 대통령의 뉴딜, 존슨 대통령의 '위대한 사회', 영국과 유럽의 복지국가 개념을 포괄하는 정부 주도의 수정자본주의이다. 이어 1960년대 말과

1970년대에 글로벌 인플레이션의 위기가 발생한 후 마가렛 대처와 로널드 레이건의 자유시장 혁명으로 탄생한 것이 자본주의 3.0이라는 것이다.

하지만 이와 같은 저자의 자본주의 '진화과정' 설정은 진화가 아니라 정-반-합의 변증법적 과정을 뜻한다. 이를테면, 저자는 자본주의 3.0의 시대엔 언제나 시장이 옳고 정부가 잘못됐다고 여겨지고, 자본주의 2.0 단계에서는 언제나 정부가 옳고 시장은 잘못됐다고 상정한다. 이와 같은 변증법적 과정을 거치면서 그 결과로 나타난 것이 '자본주의 4.0'이라고 본다.

자본주의 4.0 단계의 출현을 변증법적 전개과정으로 보는 것은 "새로운 자본주의 시대 가장 큰 특징은 정부와 시장 모두 잘못될 수 있고, 때로는 이런 오류가 거의 치명적일 수도 있다는 사실을 인식하는 데 있다"는 저자의 주장을 바탕으로 한다. 하지만 문제는 4.0의 출현을 마르크스의 주장처럼 역사적인 필연처럼 묘사하고 있다는 점이다. 그렇다면 '자본주의 4.0'은 변증법의 특성상 '자본주의'가 아니어야 한다. 또 "이렇게 하면 정치와 비즈니스의 모든 영역에서 이전 자본주의 버전에서는 받아들이기 꺼렸던 개념들인 리더십·창조력·실험정신을 발휘할 여지가 생긴다. 정부와 시장이 모두 잘못을 저지를 수 있다는 사실을 인정하는 것은 정치와 경제가 자본주의 3.0의 시대처럼 서로 적대적인 관계가 아니라 협력하는 관계임을 뜻한다"는 저자의 설명을 보면, 4.0 버전은 변증법적 전개에 치중한 나머지 자본주의가 아닌 것을 자본주의로 둔갑시키는 '의사(擬似)자본주의'에 불과하다.

자본주의 노른자인 시장을 부정하면서 자본주의 4.0을 고집하는 이유는 무엇일까. 이는 요즈음 회자되는 '공생(共生)', '상생(相生)'이라는 집합적 가치를 존중한 데서 비롯된 것으로서 1990년대 이후 모든 정부에서 추구한 기조이기도 하다. 물론 자유주의가 공동체적 가치를 저버리는 것은 아니다. 다만 집합적 가치를 내세워 자유의 본래 의미가 왜곡되고 훼손되는 것을 경계할 필요가 있다.

'자본주의 4.0' 버전에 따르면, 사회는 양극화 심화로 '자본주의 2.0'처럼 정부의 역할과 영향력 증대를 인정해야 한다. 동시에 21세기 패러다임 변혁(paradigm shift)으로 야기되는 불확실성의 증대와 예측불가능의 복잡성 등은 정부가 해결하기 불가능하여 다시 '자본주의 3.0' 버전을 담아야 하는 지경에 이르게 된다. 그러면서도 시장이 불확실성에 대한 신뢰는 확보할 수 없다는 점에서 시장의 기능을 긍정하지도 부정하지도 못하는 '돌연변이'가 탄생한다. 시장이 만능은 아니지만, '보이지 않는 손'에 따라 움직이는 자생적 질서이기 때문에 늘 의도한 결과 도출을 바라는 쪽에서 보면 시장이 불확실성의 주범으로 보인다.

무엇보다도 '자본주의 4.0'은 작명(作名)부터 잘못되었다. 자본주의는 변증법으로 전개된 것이 아니라 자유주의가 시행착오를 거쳐 진화되어 온 결과이다. 이를 마치 형태를 달리 하는 자본주의가 별도로 존재하는 것처럼 설정했기 때문에 이와 같은 작명이 나온 것이다. 실제로 자유주의는 '고전적 자유주의(classical liberalism)', 19세기 이후 나타난 '새로운 자유주의(new liberalism)', 그리고 20세기 후반에 나타난 '신자유주의(neo-liberalism, libertarianism)'로 진화하여 왔다. 그러나 이 진화 과정은 변증법적 전개과정이 아니라 시행착오를 통한 발전의 과정이다. 이 세 가지는 칼레츠키와 조선일보가 소개하는 '자본주의 1.0', '자본주의 2.0', 그리고 '자본주의 3.0'에 상응하지만, '자본주의 4.0'의 실체는 불분명하다.

'고전적 자유주의'는 17~18세기 개인주의와 민권사상의 초석을 마련한 홉스와 로크의 사상과 이기심에 기초한 아담 스미스의 자유시장 원리가 그 핵심이다. 이 고전적 자유주의가 바로 '자본주의 1.0'에 해당한다.

이러한 고전적 자유주의가 19세기에 들어서면서 변색되기 시작한다. 즉 자유를 향유하는 주체로서 '개인'의 의미를 퇴색시키고 '전체'와 '집합'의 의미를 부각시킨 19세기 '새로운 자유주의'는 '진보사상'을 잉태한다. 현재 미국에서 자유주의를 가리키는 'liberal'이 '진보'와 동의어인 것은 이 맥락에서 나온 것이다. 진보로 포장된 '새로운' 자유주의는 여러 가지 요인의 결정체이다. 멀게는 1789년 프랑스 혁명의 '박애' 정신에 그 뿌리를 찾을 수 있으며, 가깝게는 19세기 영국의 공리주의와 독일의 관념론의 영향을 받은 결과이다. 프랑스 혁명 당시 자코뱅의 국가독점은 19세기 사회주의 사상 형성의 씨앗이 된다. 공리주의는 벤담의 유명한 말 '최대 다수의 최대 행복'에서 알 수 있듯이, 공리주의 효용을 자유의 주체인 '개인'이 아닌 '사회' 전체의 총량에 비추어 가늠하고자 하였다.

또한 독일의 관념론적 전통은 국가의 법체제가 도덕률에 정합(整合, coherent)하여야 하며, 이 관점에서 국가의 의무가 강조된다. 이러한 과정에서 헤겔의 '절대정신'이 기여한다. 독일의 관념론은 자유의 의미를 '개인'에서 '집합', '전체'로 부당하게 이월시켜 '자유'는 더 이상 개인의 구체적인 일상사와 무관한 개념이 되게 만들었다. 이와 같이 변형된 19세기 자유주의는 마르크스의 영향으로 오늘날 좌파 노선 색깔을 드러내고, 국가사회주의로 변질된다. 다른 한편 19세기 자유주의는 진화론에 의거한 사회유기체설의 영향을 받아 홉슨, 홉하우스 등의 사상과 듀이와 미드로 대표되는 미국의 진보주의로 발전하고, 20세기에 이르러는 사회적 복리나 분배의 문제에 보다 많은 관심을 기울이게 하였다. 롤스의 정의론과 맥킨타이어, 샌들을 중심으로 한 공동체주의가 논의 전개상 대립하는 것처럼 보이지만, 자유주의 본령을 부정한 점에서는 동류라고 볼 수 있다.

이 같은 일련의 흐름이 '새로운 자유주의'를 형성했으며, 이에 상응하는 것이 버전 2.0의 수정자본주의이다. 그러나 진보를 자처하는 이들은 자유주의 진화과정에 돌이킬 수 없는 과오를 범하게 된다. 이들은 개인의 '자유'를 비도덕적인 것으로 간주하고, 이른바 '부익부 빈익빈'의 사회현상을 시정하고자 하는 사회공학적 기획을 시도한다. 이는 데카르트의 구성주의적 합리주의에 뿌리를 둔 것이다. 앞서 구성주의의 폐해를 지적한 바와 같이, 구성주의적 합리주의의 이성에 대한 과도한 맹신은 진보좌파의 장밋빛 '이상향'을 설정하고 전체주의를 초래하여 인류에게 크나큰 불행을 안겨주었다. 이같은 중대한 시행착오 때문에 '자본주의 2.0'에 상응하는 '새로운 자유주의'는 자유주의 본령에서 벗어난 의사(擬似)자유주의에 불과하다.

진보적 복지정책의 비효율성, '큰 정부'가 갖는 도덕적 오만함, 사회공학적 합리주의가 갖는 치명적 결함 등이 드러나기 시작하였다. 이러한 선두에 하이에크와 밀턴 프리드먼이 있다. 특히 하이에크의 '치명적 자만'은 이러한 '의사자유주의'가 추구하는 정책들의 비효율성뿐만 아니라 비도덕성을 지적하고 있다. 하이에크와 프리드먼을 중심으로 자유주의 본령을 회복했다는 점에서 'libertarianism'이라는 용어가 탄생한다. 이것이 목하 관심사인 '자본주의 3.0'에 상응하는 자유주의이다.

그러면 '자본주의 4.0' 출현은 어떻게 보아야 할까. 이른바 '신자유주의'의 성과에도 불구하고 '자본주의 3.0'이 양극화와 불확실성을 초래했다고 보고 '상생', '공생', '공동발전' 등을 내세워 '자본주의 4.0'을 주장한다. 그러나 이 버전의 수용은 몇 가지 심각한 문제와 우려를 낳는다. 첫째, '자본주의 4.0' 버전 탄생은 앞서 언급한 것처럼 변증법적 사고의 결과이다. 그러나 '자본주의 4.0'은 변증법의 성격상 자본주의가 아니다. 그래서 이 버전은 유독 자유주의, 자본주의의 노른자인 '시장'의 기능을 부정적으로 본다. 결과적으로 '자본주의 4.0'은 자본주의도 아니고 자유주의의 한 형태는 더더욱 아니다. 둘째, 버전 3.0에서 야기된 양극화와 불확실성은 자유주의나 시장의 탓이 아니라 문명의 패러다임 변혁에 따라 나타난 것이다. 사회구조가 산업화 패러다임에서 정보화 패러다임으로 전환된 상태에서 최근 세계 IT 산업의 지형변화에서 볼 수 있듯이, 여러 가지 변수가 불확실성을 부추기고 있다. 따라서 양극화와 불확실성이라는 병리현상의 치유는 '자본주의 4.0'처럼 자본주의 변종에서 찾을 것이 아니라 시장경제에 바탕을 둔 사회안전망 확충에서 찾아야 한다. 셋째, 자본주의 4.0이 버전 3.0의 부정이라는 도식은 매우 위험하다. 이 도식은 변증법적인 것으로서 버전 2.0이 버전 1.0의 부정이듯이, 버전 4.0은 버전 3.0의 부정이다. 이러한 도식으로 이해한다면 버전 2.0이 시장의 부정으로 나타났듯이 버전 4.0 역시 시장의 부정으로 나타난다는 말이 된다. 그것은 곧 버전 2.0이 사회주의 좌파 노선과 결합되었듯이, 버전 3.0을 부정한 버전 4.0도 시장을 부정하고 좌파 노선과 은연중에 결합하여 여러 폐해를 낳는 우를 자초한다. 넷째, 자본주의 4.0을 '따뜻한 자본주의'로 표현하는 것은 자본주의 자체를 호도한다. 원래 비인격적 대상을 인격적으로 과도하게 비유하면 그 본질을 왜곡한다. 게다가 자본주의의 보이지 않는 분배적 기능은 따뜻해 보이지 않고, 인위적 분배기능을 강제하는 사회주의, 전체주의, 공산주의가 오히려 훨씬 더 따뜻해 보이기 때문에 왜곡은 더욱 심화된다.

여기서 '따뜻한 공산주의'는 형용모순(oxymoron)이다. 공산주의는 개인의 경제적 욕망을 원천적으로 봉쇄하는 전체주의 시스템이다. 개인이 선택하는 가치를 전체주의 통제 아래 둔다는 것은 개인의 행복과는 무관하기 때문이다. 결코 '따뜻할 수' 없다. 그래서 '자비로운 독재자'와 마찬가지로 '따뜻한 공산주의'는 어불성설이다. 그러면 개인의 자유와 권리는 이미 그 본질을 잃고 침해되고 말살될 수 있다. 21세기에도 존재하는 적지 않은 전체주의 국가 체제가 이를 입증하고 있다. 자본주의 4.0을 조심스럽게 다루어야 하는 이유는 여기에 있다. 그렇지 않으면 자본주의를 지탱해 온 자유주의의 핵심인 개인의 자유와 권리가 은연중에 제한될 수 있으며, 종국에는 그것이 침해당하는 참상을 겪을 수 있다.

Ⅲ. 자유의 왜곡과 패러독스

1. 두 가지 '자유'

우리가 익히 알고 있는 소극적 자유와 적극적 자유는 벌린(Isaiah Berlin)의 분석에 의하여 최대의 화두가 되었다.[3)] 그러나 이 두 가지 자유는 벌린의 구분에 따른 것이 아니다. 그 이전부터 있어왔던 논의 틀이다. 벌린이 '자유의 두 개념'(1969)[4)]이라는 논문을 발표했을 때, 그가 의

3) 두 가지 자유와 맥칼룸의 분석은 김정래(2003) 89-114쪽에서 일부 소개된 내용이다.
4) Berlin의 논문 '자유의 두 개념'(Two Concepts of Liberty)은 원래 1958년 10월 31일 Oxford 대학의 Chichele Professor 취임연설 강연이다. 이 논문을 1959년 강

도한 것은 자유에 관한 개념분석에 일차적인 목적이 있었던 것은 아니다. 이와는 반대로, 그가 시도한 이른바 '소극적 자유'와 '적극적 자유'의 구분은 자유의 개념을 명료화하기 위한 것이라기보다는 자유의 실체적 속성이 '소극적 자유'에서 찾아져야 한다는 것을 강조하고, '적극적 자유'가 이끌어내는 전체주의의 위험성을 경계하고자 한 것이다. 흔히 이해하고 있는 것처럼, '소극적 자유'는 '~으로부터 자유'로 보고, '적극적 자유'는 '~을 할 자유'로 이분화하는 것은 자유의 개념을 지나치게 단순화한 결과이며, 그것은 벌린이 의도한 바를 왜곡한다. 두 말할 필요 없이, 자유를 행사하는 데에는 어떠한 방해로부터 벗어나야 하는 것(freedom from)은 물론이거니와 하고자 하는 바가 실질적으로 보장하는 것(freedom to)을 모두 포함한다. 이러한 관점에서 맥칼룸의 분석은 벌린이 구분한 두 가지 자유의 개념을 이해하는 데에 도움을 준다(MacCallum, 1967).

맥칼룸에 따르면, '자유'는 '3자관계'(triadic relation) 개념이다. 여기서 '3자'라고 하는 것은 자유를 행사하는 행위자(x), 자유로운 행위를 저해하거나 방해하는 장애(y), 그리고 자유로운 행위를 통하여 달성하거나 얻고자 하는 목적(z)을 가리킨다. 이를 나타내면 다음과 같다.

x is (is not) free from y to do (not to do, become, not become) z

---

연한 '존 스튜어트 밀과 인생의 목적'(John Stuart Mill and the Ends of Life)과 이전의 두 편의 논문을 엮어 출판한 것이 *Four Essays on Liberty*이다. MacCallum의 글과 같이 이 논문에 대한 비판이 1969년 이전에 이루어진 것은 이 글에서 인용한 이 책의 연도 1969년이 이 책의 Oxford Paperback 출간년도를 가리키기 때문이다.

‘3자관계’의 분석에서 보면, ‘자유’에는 벌린이 표현한 것처럼 ‘두 가지 개념(two concepts)’이 존재하는 것이 아니라 한 개념(liberty as one concept)이 두 가지 다른 관념(two conceptions)을 갖고 있는 것이다. 실제로 광범위하게 사용되는 ‘자유’의 의미를 정리하면, ‘3자관계’ *x-y-z*의 각기 상반된 측면이 있음을 발견할 수 있다. 즉, 행위자 *x*에 대하여 우리가 경험적으로 관찰하고 확인할 수 있는 개인을 의미하는 것인지, 아니면 추상적인 의미에서 ‘도덕적 자아’(moral self), ‘합리적 자아’(rational self), ‘고차원적 자아’(higher self)를 지칭하는 것인지는 자유에 관한 상반된 해석을 낳는다. 경우에 따라서는 행위자 *x*가 자유를 행사하는 주체인 개인의 의미를 넘어서서 집단적 개념으로 해석되기도 한다.[5] 또한 장애 또는 방해 *y*의 경우에도, 타인의 의도적인 방해를 가리킬 수도 있으며, 행위자의 욕망에 대한 사회의 제재나 능력에 따른 제한을 지칭할 수 있다. 이를테면 여기서 *y*는 담배 피우고 싶은 욕망이 법에 의하여 제한되는 것일 수도 있으며, 나의 경제적 능력(가난)이 세계일주 여행을 방해하는 것일 수도 있다. 이 중 *y*가 어떤 것을 지칭하는가에 따라서 ‘자유’의 성격은 달라질 수밖에 없다. 끝으로 자유로운 행위가 달성하고자 하는 바 *z*의 경우, 이것이 행위자의 하고자 하는 바[6]와 같은 경험적인(realistic) 것을 가리키는 것일 수도 있으며, *x*의 고차원적 자아와 관련된 ‘참된 자아실현(true self-realization)’과 같은 관념적인(idealistic) 것을 가리킬 수도 있다. 이상과 같이 *x-y-z*의 속성에 따라 ‘자유’의 성격이 각기 달라진다.

---

5) 이 점에서 바로 Berlin은 ‘적극적 자아’의 개념을 통하여 행해지는 개인의 실질적인 자유의 제한과 ‘적극적 자유’에 포함된 관념적인 속성이 야기했던 인류의 재앙을 경계하고자 했다.

6) $z \equiv$ what *x* really wants

이와 같은 분석의 틀을 사용하여 보면, 벌린이 '자유의 두 개념'에서 의도하고자 했던 논지를 분명하게 알 수 있다. 그것은 '~으로부터 자유(freedom from)'와 '~을 할 자유(freedom to)'를 소극적 자유와 적극적 자유로 단순하게 대비시키는 일이 아니라, 개인이 자유를 신장시키고자 한다고 했을 때 흔히 저지를 수 있는 아이러니, 즉 개인의 자유를 신장시키기 위하여 그 자유를 제한하거나 유보하는 아이러니가 결과적으로 몰고 오는 폐해를 경계하고자 한 것이다.

맥칼룸이 제시한 3자관계를 통하여 벌린이 부각시키고자 했던 '자유'의 두 가지 상반된 측면을 좀더 자세하게 살펴보기로 하자. 우선 벌린이 주장하는 자유를 이해하기 위해서는 '자유'가 실질적으로 보장될 수 있는 능력의 여부에 따른 '실질적 자유(effective freedom)'와 '형식적 자유(formal freedom)'의 구분을 이해할 필요가 있다. 이 구분은 맥칼룸의 3자관계 y와 일차적으로 관련을 맺고 있다. 어떤 이가 하고자 하는 일이 있는데도 자신의 경제적 능력이 없어서 그 일을 할 수 없기 때문에 자신은 자유롭지 못하다는 주장을 할 수 있다. 그에게 실질적인 자유가 없다는 것이다. 이 경우, 이 사람은 자신이 하고자 하는 일에 있어서 어떤 장애를 받고 있거나 난관에 봉착해 있음에 틀림없다. 그러나 이 경우에도 경제적 능력이 주는 제약 외에 자신이 하고자 하는 일에 타인으로부터 어떤 방해를 받고 있지 않다면, 이 사람은 자유로운 상태에 있다고 할 수 있다. 즉 형식적인 자유는 보장받고 있는 셈이다. 타인으로부터 방해를 받지 않는 상태를 넘어서서 자신이 하고 싶은 일을 실질적으로 가능하게 하는 상태가 자유라고 보는 입장은 주로 좌파 노선을 견지한 이들에게서 흔히 찾아볼 수 있다. 그러나 자유를 '실질적인 자유'로 보는 데에는 결과적으로 간섭주의(interventionism)를 가져온다. 간섭주의는 다시 개인의 자유를 행사하는 데에 있어서 개인의 행위를 '간섭' 또는 자유로운 행위에 '개입'하는 상황을 몰고 올 것이다. 즉 '실질적인 자유'를 보장하기 위해서 '형식적인 자유'를 제한하는 상황을 연출한다. 이것이 벌린이 적극적 자유를 경계하면서 타인으로부터 간섭받지 않는 소극적 자유에 초점을 맞춘 이유 중의 하나이다. 그에 따르면, 여기서 말하는 '실질적 자유'는 '자유를 행사하는 조건(the conditions of its exercise)'을 가리킨다. '자유'와 '자유를 행사하는 조건'을 혼동해서는 안 된다. 그리고 '자유를 행사하는 조건'은 '자유의 행사' 그 자체가 아니라 '정의' 또는 '평등'의 맥락에서 다루어져야 할 문제이다.7) '자유'는 일차적으로 타인으로부터 간섭을 받지 말아야 한다는 데서 출발하여야 한다. '큰 자유'를 실현하기 위하여 '작은 자유'를 제한하여야 한다는 자유의 패러독스를 주장하는 것은 실질적인 자유를 증진해야 한다는 주장에서만 가능하다.

자유가 소극적인 의미에서 타인으로부터 간섭이나 방해를 받지 않은 상태를 지칭한다면, 그것은 행위자 개인이 하고자 하는 바를 한다는 것을 전제하고 있다. 자신이 하고자 하는 바를 행한다는 의미에서 자유가 난관에 봉착하는 것은 자신이 하고자 하는 바를 스스로 규율할 수 있는 능력을 가지고 있지 못한 경우이다. '자신을 스스로 규율할 수 있는 능력'이란 어의 그대로 '자율(autonomy = self-rule)'을 의미한다. '자유'의 또 다른 의미는 자율적인 능력을 가졌을 때를 가리킨다. 자율적인 능력

---

7) 교육상황에서도 이 같은 상황은 쉽게 발견할 수 있다. 저소득층 학생이 무상의무교육 제도하에서도 자신이 하고 싶은 학습을 지속할 수 없는 경우가 있을 수 있다. 이를테면, 당국은 저소득층 학생들에게 중식지원을 함으로써 학업이 가능하도록 한다. 그러나 중식지원은 학생의 자유를 지칭하는 것이 아니라 학생이 학습하고자 하는 바를 실현하도록 하는 조건을 제공한 것이기 때문에 복지 또는 평등, 정의의 차원에서 논의될 문제이다. 이보다는 교육상황에서 학생의 자유 문제는 학생이 하고 싶은 바를 하고자 했을 때, 부당하게 방해를 받거나 간섭을 당하지 않았는가를 따지는 일이다.

을 가진 개인, 즉 자신이 하고자 하는 바를 스스로 규율할 수 있는 상태의 개인은 단순히 자신이 하고자 하는 바를 행하고자 하는 개인보다 훨씬 나은 상태에 있다고 볼 수 있다. '자유'를 '하고 싶은 것을 하도록 하는 것'과 '자율'로 대비시켜 보는 것은 맥칼룸의 3자관계에서 z에 일차적으로 관련되는 문제이다. 여기서 제기되는 심각한 문제는 '자유'를 단순히 '하고 싶은 일을 하고자 함'으로 보지 않고 '자율'로 보는 데서 야기된다.

이상의 내용은 다음 절에서 그레이가 제시하는 '자유'를 분석하는 데 토대를 제공한다.

2. 자유사회의 패러독스

여기서는 자유사회에서 야기되는 병폐인 여러 가지 패러독스를 살펴보기로 한다. 이러한 패러독스는 자유와 권리를 존중하는 자유민주주의 사회를 부정하고 그 결과로 개인의 자유와 권리를 말살하는 전체주의 사회를 초래하기 때문에 유념해서 살펴볼 필요가 있다.

(1) 자유의 패러독스

뚜렷하게 인식하지는 못하지만 교육현장을 비롯하여 일상생활에서 흔히 체험할 수 있는 것이 '자유의 패러독스(paradox of freedom)'이다. 자유의 패러독스는 '큰 자유를 위하여 작은 자유'를 유보시키자는 주장에서 비롯된다. 이것이 패러독스인 이유는 자유를 신장하기 위하여 자유를 제한해야 한다는 논리적 역설에 근거하기 때문이다. 이를 좀 더 자세하게 살펴보자.

자유의 패러독스가 야기되는 이유는 큰 자유를 위한 작은 자유를 희생해야 한다는 것으로 보는 부당한 이분법에 의존하기 때문이다. 부당한 이분법이란 일상의 구체적 자유와 관념상의 자유를 동일선상에서 구분한 것이다. 이질적인 자유를 놓고 이상하게 연결시킨 결과이다. 자유의 패러독스의 심층에는 두 가지 자아의 그릇된 이분법이 전제되어 있다. 즉 큰 자아 또는 관념적 자아와 작은 자아 또는 현실적 자아가 마치 병렬적으로 대립하여 결합하는 것처럼 여기는 데서 패러독스가 비롯된다. 이때 이상한 연결고리[8]의 핵심은 이분되거나 단절되지 않는 자유를 '단절된 것'으로 보는 데 있다.

여기서 '단절'을 두 가지 차원에서 볼 수 있다. 하나는 미래와 현재의 단절이다. 분리할 수 없는 불가분의 관계인 현재와 미래를 나누어놓고 자유의 문제를 다루는 데서 패러독스가 야기된다. 현재의 자유와 미래의 자유는 분리시켜 놓고 비교할 수 없다. 다른 하나는 욕망과 가치의 단절이다. 작은 자유를 삿된 욕망으로 보고, 큰 자유를 도덕적 선(善)으로 분절시키는 데서 패러독스가 야기된다. 교육현실에서 이러한 패러독스의 문제로 드러나는 경우를 '권위적 간섭주의(paternalism)'라고 한다.[9] 다만 권위적 간섭이 과연 미래의 자유를 증진했는가는 별도의 심층적인 논의를 요구하는 중요한 교육적 문제이다.

여기서 논점은 자유의 패러독스를 통하여 자유와 권리가 궤멸하는 과

---

8) '이상한 연결고리(strange loop)'는 이상한 연결고리는 Hofstadter(1979: 14ff)에서 인용하였다. 우리말 번역서(1999)에는 '이상한 고리'로 되어 있다. 모든 패러독스는 '이상한 연결고리'에서 비롯된다. 유명한 제논의 패러독스는 시간을 공간처럼 분할하여 공간과 연결한 결과로 나온 산물이다. 여기에는 몇 가지 주요 유형이 있다. 자유의 패러독스의 핵심은 현재와 미래의 시간을 분절해 놓고 이것을 연결해 놓은 '이상한 연결고리'의 결과물이라는 점에 있다.

9) 권위적 간섭주의에는 여러 가지 논점이 있다. 본서 제11장 참조.

정을 논리적으로 짚어보자는 데 있다. 이 문제를 체계적으로 제기한 인물은 칼 포퍼(Popper, 1945)이다. 그는 자신의 책『열린 사회와 그 적들』[10]에서 자유사회를 위협하는 여러 가지 패러독스를 논의하고 있다. 여기서는 포퍼의 논의를 간략하게 소개하기로 한다.

포퍼가 지적하는 핵심은 과도한 자유를 허용하는 연약한 자유주의 체제(naive version of liberalism)가 결국 자유사회를 궤멸로 이끈다는 점이다. 즉 과도한 자유는 결국 자유 자체를 부정하고 그 스스로가 전체주의를 불러온다.[11] 그리고 과도한 자유를 허용하는 것은 결국 스스로 노예가 됨을 자초하는 일이다. 과도한 자유를 허용하는 민주정 체제는 결국 전제(專制)를 불러오고 개인이나 국가를 노예 상태로 빠트리고 만다.

여기서 논점은 "제약 없는 자유는 결과적으로 제약을 가하는 체제를 불러온다"는 패러독스이다(1권, 265). 따라서 무한의 자유, 특히 방종을 자유로서 허용하거나 의사표현의 자유를 어떤 제약 없이(어떤 맥락에 관계없이) 허용하는 것을 경계해야 한다. 여기서 비롯된 개념이 권위적 간섭주의이다.

여기서 우리는 앞서 지적한 자유의 패러독스의 의미와 다르다는 점을 확인할 수 있다. 하지만 잘 살펴보면 큰 자유를 위하여 작은 자유를 제한해야 한다는 '자유의 패러독스'와 관점이 다르지만 의미는 일맥상통한다. 당장의 자유를 무한정으로 향유할 경우 그것은 자기 자신에게 장기적으로 이익이 되지 않을 경우가 허다하다. 그래서 스스로를 자제하는 능력, 즉 자율능력을 함양할 필요가 있다. 즉 진정한 자유의 실현에는 스

---

10) 포퍼의 논의에 표현되는 이하 숫자는 Popper(1973)의 쪽수이다.
11) The Free man … may exercise his absolute freedom, first by defying freedom itself and by claiming for a tyrant. (book 1, p.123)

스로 자제하는 능력이 요구된다. 그래야 포퍼가 우려하는 비극을 막을 수 있다. 다만 권위적 간섭주의는 자유를 행사하는 당사자가 아닌 타인에 의하여 이루어지는 것이므로 이를 구분할 필요가 있다.

(2) 관용의 패러독스

여기서 말하는 관용의 패러독스(paradox of tolerance)는 무제한의 관용이 궁극적으로 관용을 말살한다는 역설을 이르는 말이다. 무제한의 용인은 상호 용인하는 체제, 즉 나도 남의 다른 점을 수용하고 상대도 나의 다른 점을 수용하는 자유사회의 체제를 파괴한다. 이는 관용이 인간관계 속에서 상호작용한다는 속성 때문에 야기된다.

관용을 베풀 줄 아는 미덕을 갖춘 사람이 남을 수용하지 못하는 자(the intolerant)에게조차 관용을 베풀거나 그의 비관용 행위와 태도를 용인한다면, 관용사회를 파괴하는 결과를 낳는다(1권, 265). 여기서 관용의 미덕을 실행하지 못하는 사람에게 관용은 또 다른 해악을 저지를 가능성을 높여준다. 그래서 관용의 미덕은 그것을 수용할 덕목을 갖춘 사람에게만 유효하다. 따라서 관용사회라 하더라도 남을 관용하지 않는 사람을 응징해야 관용사회를 유지할 수 있다.

포퍼에 따르면, 이 말은 관용의 덕을 갖추지 못한 사람을 탄압해야 한다는 말이 아니다. 그것은 자유사회가 아니라 전제사회를 뜻한다. 자유사회는 관용의 덕을 갖추지 못한 이들이 합리적 논의의 틀을 벗어나거나 그러한 논의 자체를 부정하는 경우, 그들을 제한할 권리를 갖는다는 뜻이다.

이로부터 우리는 다음과 같은 결론을 내릴 수 있다. 첫째, 관용사회는 관용의 원리에 비추어 관용을 허용하지 않는 자들에게 관용을 베풀지 않을 권리를 정당화해 주는 사회이다. 둘째, 같은 맥락에서 자유민주주의 사회는 자유민주적 원리와 질서에 비추어, 자유민주주의 자체를 부정하는 이들의 의사표현 자유와 권리가 없음을 천명하고 제한하는 사회이다.

이 결론에서 추론할 수 있는 또 다른 중요한 사실은 자유민주주의 사회를 부정하는 세력, 이를테면 대한민국의 정통성을 부정하는 종북(從北) 세력에게 자유민주주의 체제 유지와 많은 자유시민의 자유와 권리를 위하여 관용의 미덕을 베풀 근거가 희박하다는 것이다. 아울러 '민주시민교육(?)'의 미명 아래 자유민주주의를 부정하는 내용을 제재없이 가르치는 경우도 자유주의 관용 원칙이 적용하여 허용하는 것은 타당하지 않다. 이러한 사이비 민주시민교육을 받은 사람이 결과적으로 자유사회를 무너뜨리는 데 크게 기여할 것이 명약관화하다.

(3) 민주주의의 패러독스

민주주의의 패러독스(paradox of democracy)는 자유의 패러독스의 방법론적 측면을 드러낸다. 여기서 민주주의의 패러독스는 다수결의 패러독스, 즉 다수결 횡포의 패러독스(paradox of majority-rule)를 가리킨다. 잘 짜진 민주적 사회질서 체제가 민주적 원리를 표방한 다수결 원칙에 따라 그 체제를 부정하는 결정을 내릴 수 있다. 일례로 자유민주주의 사회의 다수는 전제사회가 지배하도록 해야 한다고 다수결의 원리에 의하여 결정할 수 있을지도 모른다(1권, 265). 민주사회는 공공의 의사결정을 할 경우에 다수결의 원칙을 따른다. 그러나 모든 의사결정 과정에서 다수결을 따른다는 것은 적지 않은 폐해를 가져올 수 있다. 이러한 폐해를 드러내는 대표적인 경우가 민주주의의 패러독스이다.

자유민주주의 사회에서 민주정에 의한 다수결은 그 스스로를 부정하는 전제정이 사회를 지배해야 한다고 결정할 수도 있다. 이른바 자충수(self-defeating)를 둔다. 역사적으로 이와 유사한 경우를 어렵지 않게 찾아볼 수 있다. 예컨대, 독일 바이마르 공화국을 들 수 있다. 당시 독일은 법 체제나 사회구성 면에서 나무랄 데 없는 자유사회라고 평할 수 있다. 그러나 당시 독일 국민들은 민주적 절차에 따라서 자유민주적 절차를 무시하는 다수결 의사결정을 연속적으로 내린 바 있다. 그 결과 인류의 커다란 재앙을 몰고 온 히틀러 정권을 탄생시켰다. 대부분의 자유민주주의가 안겨다준 풍요와 자유를 누리면서 그 소중함을 사회구성원들이 망각할 경우 이렇게 엄청난 잘못을 범한다.

다수결에 따른 민주주의 패러독스가 교묘하게 드러나는 다른 형태는 입법만능주의(the kingship of the law) 또는 입법독재에서 찾아볼 수 있다. 이 역시 다수결에 따라 자행되는 독주를 나타내는 것으로 경우에 따라서는 민주주의의 절차적 질서 자체를 와해시키는 결과를 야기하기도 한다. 이에 관한 사례는 멀리 갈 것 없이 21대 대한민국 국회에서 벌어지고 있다. 국기와 국가미래의 경제와 관련되는 중요 입법들을 다수당이 양산함으로써 자유민주주의 체제의 근간을 흔들어 놓거나 위협할 소지를 낳았다. 입법만능주의가 이와 같이 자유민주주의를 부정하는 결과를 낳는다면 그것은 민주주의 패러독스와 같은 경우가 된다.

정리하면, 우리는 법의 지배(rule of law)의 의미를 제대로 파악하여 그 왜곡인 입법만능주의를 경계해야 한다. 여기서 우리는 '법의 지배'와 인위적인 '입법 통치(rule by law)'를 구분할 필요가 있다. 법의 지배는 개인의 자유와 권리를 최대한 누릴 수 있도록 엄정하게 법을 집행하는 것을 말하며, '입법 통치'는 다수결의 힘을 빌려 자유와 권리를 말살하고자 하는 입법독재를 뜻한다. 이를 위하여 자유의 패러독스, 민주주의의 패러독스, 통치의 패러독스 등을 방지하는 법의 세심한 입법과 엄격한 집행을 요구한다. 그리고 중우정치, 포퓰리즘에 힘입어 다수결에 의한 입법을 마구잡이로 해대는 경우에는 각종 규제와 입법 폐해가 횡행하지 않도록 입법만능주의를 경계해야 한다.

(4) 통치의 패러독스

통치의 패러독스(paradox of sovereign)는 플라톤의 철인정치에서 비롯된 용어이다. 이 패러독스는 결과적으로 현명한 사람들을 지칭하는 철학자 또는 철인(哲人)이 하는 정치가 결국 현명한 사람이 아닌 사람인 철인(鐵人)이 하는 통치, 즉 철인통치(鐵人統治)로 전락한다는 뜻이다.

우리는 현명한 지혜를 지닌 사람을 통치자로 선발할 수 있다. 지혜로운 사람이 통치하는 것이 결과적으로 철인통치로 귀결된다는 것이다.[12] 이렇게 귀결되는 이유는 간단하다. 현명한 사람은 다수 사람들의 의견을 청취하고 이를 반영해야 한다는 도덕적 의무감에 싸이게 된다. 그러한 추상적인 생각이 민의를 대변한다는 생각으로 이어지고, 이에 집착하여 자신의 순수한 의도가 왜곡되어 우민정치로 빠져버린다. 앞서 자유주의의 왜곡 중 추상주의가 낳은 폐해를 살펴본 바 있다. 이와 같은 맥락에서 자유를 추상적인 생각으로 치환한 결과라고 할 수 있다. 일부 현인과 도덕군자들의 알음알이가 결국 우민정치로 흘러간다. 이것이 철인통치로 가는 함정이며, 결과적으로 통치의 패러독스를 낳는다.

여기서 두 가지 함의를 얻을 수 있다. 첫째, 현명한 통치자는 자신의 양

12) We may have selected 'the wisest' or 'the best' as a ruler. But 'the wisest' in his wisdom may find that not he but 'the best' should rule, and 'the best' in his goodness may perhaps decide that the majority' should rule. (1권, 124)

심적인 사고와 이해를 대중이 그대로 이해해 줄 것으로 판단하고 있으나, 이는 자유민주주의를 수호할 의지가 박약한 지도자의 상(像)으로 연결되고 결국 통치의 패러독스를 낳는다. 둘째, 자유민주주의를 수호하는 통치에는, 강력한 지도력과 결단이 요구되며, 때로는 상당한 대가가 따른다. 그렇지 않으면 민주정치가 개인이 정치 책임을 회피하는 수단으로 악용될 소지가 있다.

이를 입법만능주의와 관련하여 포퍼는 다음과 같이 부연한다(1권, 266). 입법에 의하여 일인통치를 금지시키면, 그것은 다시 민주주의의 패러독스를 다시 밟게 된다.

요약하면, 철인정치(哲人政治)는 도덕정치라는 이상향을 추구하게 되고, 또한 민주주의 정신을 준수해야 할 절차로 보지 않고 그 자체를 이상향으로 보게 됨에 따라, 민주정신을 훼손하는 법을 제정해 버리고 만다. 결과적으로 우민정치(愚民政治), 중우정치(衆愚政治), 포퓰리즘에 입각하여 법의 지배를 폐기하는 입법만능주의가 가능해지고, 결국 혼란을 가중시키며, 그 틈을 타서 전제정치가 대두된다.

(5) 진보의 패러독스

진보의 패러독스(paradox of progress)는 당초 포퍼가 자신의 책『열린 사회와 그 적들』(1권, 86)에서 전제정치의 두 가지 징조, 즉 '관념론적 이상향으로서 평형 상태'와 '원시사회로 회귀'를 근거로 도출한 것이다. 대부분 진보를 자처하는 인물이나 세력들은 어떤 이상향을 내세운다. 개인의 삶에 목적이 있듯이, 정치에 추구해야 할 이상이 있는 것이 얼핏 보면 잘못된 것은 아니다. 그러나 정치를 통하여 설정한 이상이 현실을 무시하거나 현실을 교묘하게 호도할 경우 그것은 발견하기 쉽지 않은 오류와 과오를 포함하게 된다.

그러면 왜 진보의 패러독스가 나오게 되었는가? 포퍼에 따르면, 플라톤의 이상국가론에서 주장하는 다음과 같은 정치적인 요소 때문이다. 첫째, 플라톤이 설계한 이상사회는 엄격한 사회계층의 분절(the strict division of the classes)을 전제로 한다. 플라톤의 비유처럼 '양떼와 목자들'처럼 사회계층 이동이 불가능하다. 또 이를 이상적인 상태로 보고, 고착된 '평형'을 유지하려고 애쓰게 된다. 둘째, 이러한 계층 이동이 불가능한 사회에서는 국가 운명은 그 구성원이 결정짓는 것이 아니라, 지배층이 결정짓는다.[13] 이러한 지배층의 결정은 민주주의 정신이 아니라 운명론에 해당한다.

그 결과 이러한 시스템에서 다음과 같은 폐해가 나온다.

첫째, 민주사회의 본래 취지와 관계없이 지배층의 독점이 두드러진다. 지배층이 국가의 각종 수단, 이를테면 군, 교육, 각종 결정권 등을 장악하여 이들을 모두 독점한다. 다만 플라톤의 이상국가 이론에서는 경제활동과 소득은 지배층이 간여할 수 없게 되어 있지만, 지배층의 독점 체제에서 이것이 인류 역사상 이루어지거나 지켜진 적은 없다. 그야말로 플라톤의 국가는 헛된 '그림'이고 이상향일 뿐이다. 마치 조선의 사림들은 자신들이 흠모하는 과거 요순시대를 이상향으로 설정하여 국가와 민생을 나락으로 빠뜨린 사례가 이에 해당한다(유성운, 2021).

둘째, 지배층의 지적 활동 검열과 선동이 횡행한다. 그리고 교육, 입법, 종교에서 혁신은 금지된다. 이른바 '평형상태'가 유지된다. 앞서 자유주의 왜곡 중에서 구성주의 폐해를 지적한 바 있다. 전체주의 국가들이 획책하는 것이 바로 '지상낙원'이니 '계급 없는 사회'처럼 이상적인

---

13) the identification of the fate of the state with that of the ruling class.

'평행상태'를 설정한 다음 이를 실현한다는 명분으로 온갖 인위적인 술책들을 '구성'한다. 현대국가에서 이러한 양상은 주로 '복지국가'를 지향한다고 주장하는 데서도 드러난다. 복지국가는 귀찮은 일을 간여하지 않는 '안락한 대중'이 '편히 먹고 자고 싸고, 저급한 쾌락'만을 쫓아가도록 유도한다.

셋째, 자유민주사회가 몰락하여 폐쇄체제로 귀결된다. '이상향'이니 '평형'을 주장하면서 전체주의는 자급자족의 경제체제 지향을 명분으로 폐쇄사회로 몰락한다. 오늘날과 같은 개방사회에서 '자급자족(self-sufficient)'은 신기루이다. 열린 사회에서는 교역을 통하여 재화와 문물을 전달한다. 아테네의 '아고라'와 로마의 '포럼'은 모두 오늘날 교역의 중심지인 '시장(market)'을 뜻한다. 결국 '자급자족'을 지향하는 것은 중세의 장원과 같이 '폐쇄된 경제체제'를 자초한다.

진보의 패러독스를 달리 표현하면, '니르바나 역설(nirvana paradox)'이 된다[14]. 앞서 자유주의의 왜곡이 관념적 추상에 의하여 야기된다고 하였다. 즉 진보가 내세우는 '이상'이 곧 관념론적 이상주의 징조를 생산해낸다. 여기서 역설이 나온다. 즉 이상상태는 평형, 완전평형 상태를 지칭하므로, 변화를 싫어한다. '진보'는 '나아지는 변화'를 뜻하는데, 완전한 평형 상태를 지향하면 그것은 이미 진보가 아니다. 따라서 니르바나 역설은 사회의 퇴행을 초래한다는 뜻을 담고 있다. 진보주의 사상가들이 즐겨하는 표현 중 하나가 '자연으로 돌아가라!', 이때 '자연'은 문명퇴행과 문명파괴를 암시한다.

---

14) 진보의 가치를 이상향으로 설정함으로써 야기되는 진보의 패러독스는 민주주의 운용에도 그대로 적용된다. 민주주의를 하나의 이상적 가치로 설정하면 방금 전 소개한 민주주의의 패러독스와는 다른 또 다른 오류를 야기한다. 이는 민주주의를 절차적 원리로 보지 않기 때문이다. 이 논점은 제10장에서 검토하기로 한다.

결론적으로, 자유와 권리를 온전하게 향유하고 행사하기 위해서 우리는 자유사회의 패러독스에 집중할 필요가 있다. 이를 방치하면 우리가 소중하게 여겨야 할 자유와 권리가 침해되는 것은 물론 자유와 권리를 향유할 수조차 없는 암흑의 전체주의의 나락에 떨어지며, 그 굴레에서 벗어나기 어렵다는 점을 유념해야 한다.

Ⅳ. 자유의 개념군 분석

이상에서 우리는 '자유'의 의미와 자유주의 형성과 왜곡, 그리고 자유의 패러독스를 분석하였다. 그러나 현실 생활에서 우리가 어떻게 자유를 향유하고 행사하는지에 관하여 언급하지는 않았다. 자유를 향유하고 행사하는 것을 잠정적으로 '자유의 실현'이라면, 이를 위한 실천적인 문제를 분석할 필요가 있다. 이 절에서는 그레이의 분석 틀에 기초하여 자유의 실천 문제를 살펴본다. 그레이의 분석(Gray, 1991)은 '자유'를 개념적으로 분석한 것이 아니라 우리 일상에서 '자유'라고 할 경험들을 범주로 묶어서 그 속성을 분석하고 있기 때문이다.

1. 그레이의 분석

그레이는 자유의 의미를 두 가지 차원에서 개념군으로 구분하고, 이를 각기 분석하여 총 일곱 가지 개념적 특성을 설명한다. 하나는 사회적 차원의 개념군으로서 '개인상호 간 개념'[15]이다. 다른 하나는 심리적 차원의 개념군으로서 '개인 내 개념'[16]이다.

전자는 다시 다음과 같은 네 가지 개념으로 구분된다. 이 네 가지는 자유를 행사하는 행위자(agent)의 행위와 관련된 상태를 뜻한다.

(1) 제약(장애)이 없는 상태
(2) 선택이 가능한 상태
(3) 실행 능력을 갖춘 상태
(4) 지위를 획득한 상태

한편 후자는 자유를 행사하는 행위자의 내면 상태와 관련된다. 후자도 역시 다음과 같은 세 가지 개념으로 구분된다.

(5) 자기결정 여부
(6) 소망성취 여부
(7) 자기지배능력

이 각각을 간략하게 소개하면 다음과 같다.

(1) 제약(장애)이 없는 상태(as absence of impediments) : 타인으로부터 일체의 간섭이나 제재를 받지 않은 상태를 '자유'로 보는 관점이다. 이는 전형적인 소극적 자유를 말한다. 예를 들어 나는 초등학교 교사가 되기 위하여 교육대학에 진학을 하였지만, 그것이 어느 누구의 간섭에 따른 것이 아니다. 심지어 부모님의 간섭과 조언도 받지 않았다고 한다면, 이는 이런 의미의 자유를 가리킨다. 그

15) interpersonal conceptions on sociological background.
16) intrapersonal conceptions on psychological background.

리고 이 상태는 신체적, 물리적 제약이나 장애나 없는 상태를 뜻하기도 한다. 이를테면 교도소나 구치소에 수감된 사람을 자유롭다고 할 수 없는 이유는 여기에 있다. 또한 일상생활에 지장을 초래할 만한 신체장애를 지닌 사람은 그렇지 못한 사람에 비하여 자유롭다고 할 수 없는 이유는 여기에 있다.

(2) 선택이 가능한 상태(as availability of choices) : 앞의 소극적 상태를 벗어나서 행위자의 다소 적극적인 입장을 보여주는 관점이다. 사실 자유의 핵심적인 전제 조건은 행위자의 자발적인 선택을 하는 데 있고, 이러한 선택을 가능하게 하는 다양한 선택지가 있어야 한다. 이 점에서 선택이 가능한 상태는 고전적인 '자유'의 개념을 대변한다. 예를 들자면, 중등교사가 되기 위해 사범대학에 진학할 것인가, 아니면 부모님의 권고에 따라 의사가 되기 위해 의과대학에 진학할 것인가를 제쳐놓고 이와는 달리 내가 실제로 나만의 판단에 따라 교육대학을 선택하였다고 하자. 여기서 여러 가지 선택지를 놓고 결정할 수 있는 처지라면, 나는 자유로운 상태에 놓였다고 할 수 있다.

(3) 실행 능력을 갖춘 상태(as effective power) : 자유가 타인으로부터 간섭과 제재를 받지 않고, 주어진 선택지에서 선택할 수 있는 처지에 있다고 하더라도 현실적으로 그것을 실행할 수 없는 처지라면 자유를 행사했다고 할 수 없다. 바로 앞의 예에서 나의 교대 학과 친구는 나처럼 사범대학이나 의과대학을 진학할 형편이 아니었다면, 엄밀한 의미에 보면 내 친구는 자유로운 선택이었다고 할 수 없다. 왜냐하면, 그 친구는 집안 형편상 중등교원 임용이 초등교원 임용보다 어려워 사범대학에 진학할 수 없었고, 의과대학에 진학하

기도 어려웠기 때문이다. 좌파 정책 노선에 있는 사람들은 이러한 실행력을 '자유'의 핵심으로 보는 입장을 취한다. 앞서 제7장에서 소개한 롤스의 정의 이론에서 최소자 최대수혜(maximin) 원칙은 최소자에게 실행 능력을 실질적으로 부여하기 위한 장치이다. 제1원칙과 달리 롤스의 제2원칙은 자유를 실행 능력으로 보는 관점을 담고 있다.

(4) 지위를 획득한 상태(as status) : 법적 지위를 갖추거나 신분적 제약이 없는 상태를 자유로 보는 입장이다. 지금은 노예제가 폐지되어 있지만, 과거 봉건시대의 노예와 농노는 자유민이 아니라는 논거는 여기에 있다. 현대사회에서도 인신구속이 되어 있지 않더라도 법원 판결로 자격정지 선고를 받은 사람의 경우 일정 기간 참정권을 정지당한 경우 그는 적어도 정치적으로 자유롭다고 할 수 없다. 또한 근본주의(fundamentalism)를 추종하는 일부 국가에서 여성의 참정권은 물론 교육을 받을 권리와 심지어 일상적으로 이동할 자유와 권리들도 박탈당한다. 이 여성들은 자유롭다고 할 수 없는 이유는 사회적, 종교적, 정치적 제약을 받은 데서도 찾을 수 있지만, 근원적으로 자유를 향유하고 행사할 지위를 박탈당했기 때문이다.

이상이 인간관계 측면에서 본 자유의 의미이다. 다음으로 개인 내면의 차원에서 본 자유의 의미를 살펴보자.

(5) 자기결정 여부(as self-determination) : 이는 자유의 기준을 행위자(agent)의 선택이 행위자 스스로의 결정에 따른 것인가로 보는 것

이다. 외형상으로는 행위자의 선택에 따른 행위로 보이기도 하지만, 그것이 실제로 자기결정이 아니라 가정환경과 같은 사회적 압력이 은근하게 작용하는 경우가 있다. 모두 그렇다고 할 수 없지만, 의사가 많은 집안에서 성장한 자녀들이 의과대학 진학이 많다거나 여의사의 배우자가 대부분 의사인 경우는 이에 해당한다. 종교의 경우에는 그 정도가 심한 것으로 보인다. 특정 종교의 경우에는 배우자의 선택의 가장 핵심 요건이 같은 종교를 갖고 있는가에 있다. 물론 이 경우에도 주어진 여건 아래서 어느 정도의 선택이 작용하겠지만, 무형의 사회문화적 압력이 작용하는 것은 부정하기 어렵다. 이러한 경우들이 자기결정을 가로 막는 요인이 된다.

(6) 소망성취 여부(as doing what one wants) : 자기결정 여부가 자신이 외부의 간섭 없이 자기결정을 했는가에 맞추어져 있다면, 소망성취 여부는 자신이 진정으로 원하는 것을 선택하였는가를 묻고 있다. 전자가 자유를 행사하는 개인의 '의지(will)' 문제라면, 후자는 '소망(wish)' 문제이다. 인간은 살아가면서 자신이 하고 싶은 것을 포기해야 하는 경우가 종종 있다. 그림을 좋아하고 실제로 미술에 재능이 있는 청년이 장남이라는 이유로 미술대학 진학을 포기하고 생업과 직결된 전공을 택하여 진학하는 사례를 불과 30년 전만 하더라도 쉽게 찾아볼 수 있었다. 과거 우리나라는 근대화되기 이전과 근대화 과정에서 많은 10대 여성들이 남성과 대등한 중등교육을 받는 대신에 근로현장에 나갔던 것은 소망성취 여부에 비추어 자유롭지 못했던 사례이다.

(7) 자기지배 능력(as self-mastery) : 자기지배 능력을 자유로 보는 입장은 현실적으로 수긍하기 어려운 측면이 있다. 자유를 일종의 인

격수양을 한 경우로 보는 것이기 때문이다. 이 관점에서 보면 '인격자 = 자유인' 또는 '수행인 = 자유인'의 등식이 성립해야 한다. 그러나 내면 수행이나 인격수양을 하지 않은 사람은 자유로운 사람이 아닌가 하는 반문을 제기할 수 있다. 일체 교육을 받은 적이 없는 어린이나 학력이 없거나 짧은 경우에 자유로운 사람이 아니라고 단정할 수는 없다. 이 점에서 자기지배 능력은 '자유'를 재단하는 잣대가 될 수 없다는 반론이 설득력을 얻는다. 그러나 우리는 주변에서 자신의 의지와 소망에 따라 결정했다고 하더라도 허접하거나 쓸데없는 것을 선택하는 사례를 적지 않게 볼 수 있다. 이러한 경우가 왜 생겨나는 이유는 자신의 선택에 대한 숙고 또는 숙려(deliberation)를 하지 않거나 그럴 능력이 없기 때문이다. 이 점에서 인지능력을 포함한 자기지배 능력은 자유로운 선택과 행위의 전제조건이라는 점을 부인하기 어렵다.

2. 분석의 틀

앞에서 우리는 벌린의 두 가지 자유를 설명하고, 그 한계점을 극복하는 방안의 하나로 맥칼룸의 이른바 '삼자관계(triadic relation) 분석'을 소개한 바 있다. '삼자관계'의 분석에서 보면, '자유'에는 벌린이 표현한 것처럼 '두 가지 개념'이 존재하는 것이 아니라 '한 개념'에 '두 가지 다른 관념'을 포함한다는 점을 지적하였다. 여기서 '3자'라고 하는 것은 자유를 행사하는 행위자(*x*), 자유로운 행위를 저해하거나 방해하는 장애(*y*), 그리고 자유로운 행위를 통하여 달성하거나 얻고자 하는 목적(*z*)을 가리키며, 이를 다음의 명제로 표현하여 자유의 의미를 설명한 바 있다.

x is (is not) free from *y* to do (not to do, become, not become) *z*.

이제 맥칼룸의 도식에 방금 전까지 살펴본 그레이의 일곱 가지 관념을 대입해서 자유의 의미를 분석해 보도록 한다.

그 첫 단계는 그레이가 자유를 두 가지 차원의 개념군인 사회적 차원의 '개인상호 간 개념'과 심리적 차원의 '개인 내 개념'으로 구분한 것을 각각 맥칼룸의 도식에 활용하는 것이다. 그리하여 전자인 상호 간 개념을 맥칼룸의 '장애' 요인인 *y* 관련 개념(Y-regarding conceptions)으로, 그리고 개인 내 개념을 '행위자' 요인인 *x* 관련 개념(X-regarding conceptions)으로 보는 것이다.

그러면, 다음 등식이 성립한다.

> '개인 상호간 개념(interpersonal conceptions)' = *y* 관련 개념(Y-regarding conceptions)
> '개인 내 개념(intrapersonal conceptions)' = *x* 관련 개념(X-regarding conceptions)

편의상 전자를 '분석 틀 1'이라고 하고, 후자를 '분석 틀 2'라고 하자.

분석 틀 1(interpersonal conception = Y-regarding conceptions)에 속하는 개념군은 모두 Y 변인의 속성을 지니므로 앞에 'Y'를 명명할 수 있을 것이다. 그런 다음 네 가지 각각은 다음과 같이 표현할 수 있다.

(1) 제약(장애)이 없는 상태(as absence of impediments)는 맥칼룸의 도식에서 *y*에 초점이 맞추어져 있으므로(Y-focused), Y-Y 또는 Y(Y)라고 명명할 수 있다.

(2) 선택이 가능한 상태(as availability of choices)는 맥칼룸의 도식에서 z에 맞추어져 있으므로(Z-focused), Y-Z 또는 Y(Z)라고 명명할 수 있다.

(3) 실행 능력을 갖춘 상태(as effective power)는 맥칼룸의 도식에서 x에 맞추어져 있으므로(X-focused), Y-X 또는 Y(X)라고 명명할 수 있다.

(4) 지위를 획득한 상태(as status)는 맥칼룸의 도식에서 x에 맞추어져 있으므로(X-focused), Y-X 또는 Y(X)라고 명명할 수 있다.

분석 틀 2(intrapersonal conceptions = X-regarding conceptions)에 속하는 개념군은 모두 X 변인의 속성을 지니므로 앞에 'X'를 명명할 수 있다. 그런 다음 여기에 속하는 세 가지는 다음과 같이 표현할 수 있을 것이다.

(5) 자기결정 여부(as self-determination)는 맥칼룸의 도식에서 y에 맞추어져 있으므로(Y-focused), X-Y 또는 X(Y)라고 명명할 수 있다.

(6) 소망성취 여부(as doing what one wants)는 맥칼룸의 도식에서 z에 맞추어져 있으므로(Z-focused), X-Z 또는 X(Z)라고 명명할 수 있다.

(7) 자기지배능력(as self-mastery)는 맥칼룸의 도식에서 x에 맞추어져 있으므로(X-focused), X-X 또는 X(X)라고 명명할 수 있다.

이 일곱 가지를 맥칼룸의 분석 틀을 통해서 정리해 보면 다음과 표현할 수 있다.

(1) 제약(장애)이 없는 상태 = Y-focused Y = Y-Y 또는 Y(Y)
(2) 선택이 가능한 상태 = Z-focused Y = Y-Z 또는 Y(Z)
(3) 실행 능력을 갖춘 상태 = X-focused Y = Y-X 또는 Y(X)
(4) 지위를 획득한 상태 = X-focused Y = Y-X 또는 Y(X)
(5) 자기결정 여부 = Y-focused X = X-Y 또는 X(Y)
(6) 소망성취 여부 = Z-focused X = X-Z 또는 X(Z)
(7) 자기지배 능력 = X-focused X = X-X 또는 X(X)

이제 그레이의 일곱 가지 자유 관념을 맥칼룸의 분석 틀에 적용한 내용을 각각 살펴보기로 한다.

3. 제약(장애)이 없는 상태

제약(장애)이 없는 상태(absence of impediments)는 가장 고전적인 자유의 개념을 대변한다. 그리고 20세기 자유지상주의자들(libertarians)은 이 개념의 중요성을 현대판 성노예, 성 착취 행위 등과 같은 자유와 권리의 침해를 지적하는 데 근거로 삼는다. 인간관계(Y)에서 제약(Y factor)에 관련되어 있으므로 맥칼룸의 도식으로 보면 'Y-Y' 또는 'Y(Y)'로 표현할 수 있다. 이 개념이 자유의 전형적인 상태를 대변하는 것은 사실이지만, 경제적, 사회문화적 요인을 결코 설명하지 못하고, 정치적 중립이나 시민권의 행사에 있어서 적용된다는 비판이 있다. 권리의 측면에서 소극적 권리의 중요성을 부각시키지만, 다음과 같은 난점이 있다.

첫째, 자유를 통하여 실현되어야 할 내용(Z factor)에 대한 언급이 없다. 즉 구체적으로 향유하거나 행사하는 '자유'의 내용(no content to be free)이 없다. 맥칼룸의 도식으로 보면, Z요소에 대한 설명을 할 수 없다. 예를 들어서 강남 네거리를 보행하는 사람과 사하라 사막에 서 있는 사람을 비교해 보면, 전자에 비하여 후자가 훨씬 자유로운 사람이라고 판단할 수 있다. 강남역에서는 반대편으로 건너가려면 여러 가지 교통 제약을 받지만, 사하라 사막에서는 이러한 일체 제약이 없기 때문이다. 그러나 후자가 '제약이 없는 상태'를 완전히 충족시키는 것은 사실이지만, 후자가 자유롭다고 단정할 수는 없다. 그 이유는 '제약이 없는 상태'로 자유를 보는 것은 '비자유(unfreedom)'에 초점이 맞추어진 개념이라는 점에서 찾을 수 있다. 즉 자유 아닌 것이 무엇인가에 초점이 맞추어 설정한 개념이다. 달리 말하자면 이 개념은 자유(freedom)의 본질을 벗어난 외적인 조건에만 초점을 맞춘 것이다. 제거되어야 할 장애요인에 맞추어진 개념이어서 자유의 본질이라기보다는 자유의 조건을 드러낸 개념(residual conception)이라고 할 수 있다. 또한 이 개념의 문제는 '자유'를 인간 행위(action)의 문제가 아니라 동작(movement)의 문제로 간주한다. 홉스의 표현처럼 "돌이 언덕에서 '자유롭게' 구른다"는 경우처럼 행위와 동작을 혼동하는 것과 같은 잘못을 저지르는 결과이다.

둘째, 이 개념은 Y(장애) 요인으로 벗어났는가에 초점을 맞춘 개념으로 내적, 외적 장애가 제거된 상태를 가리키므로 행위자(X)의 제약 문제를 도외시한 점을 들 수 있다. 이 개념과 달리, 신체적, 심리적 장애는 있지만 자유로운 사람을 충분히 상상할 수 있다. 신체적인 결함을 지닌 장애우를 자유롭지 못한 사람이라고 단정하는 것은 이 개념의 단점을 보여준다. 예를 들어, 시집살이를 하면서 스트레스를 많이 받는 며느리가 심리적 장애가 있는 것은 사실이지만, 그 며느리가 자유롭지 못한 존재라고 할 수는 없다.

셋째, 이 개념은 제약(Y) 자체만 따져볼 때, 외적 제약에만 초점을 맞추고 있어서 내적 제재 문제를 배제하고 있다. 이를테면, 신체적 구속이나 자연 장애(natural obstacles)을 받은 사람을 자유롭지 못하다고 할 수가 없다. 예를 들어 신체적 구속을 당한 정치적 양심범은 자유롭지 못한 사람이라고 단정할 수는 없다.

자연 재해의 경우도 마찬가지이다. 지난밤 홍수 때문에 오늘 친구들과 등산을 못 갔지만, 나는 여전히 자유롭다고 할 수 있다. 또한 홍수나 쓰나미와 같은 자연재해를 겪고 있는 이재민이 자유를 박탈당한 사람이라고 단정할 수는 없다. 결론적으로 행위자의 물리적 시·공간의 제약은 그 자체로 윤리적 문제를 야기하지 않는다.

넷째, 법적 제약이나 제재가 자유를 침해하거나 말살하는 것으로 볼 수 없는 경우도 있다. 즉 법적 제재 자체가 자유와 상충하지 않는다는 뜻이다. 이를테면, 법에 의한 중혼이나 난혼 금지는 자유를 침해한 것이 아니라 개개인의 자유를 신장하도록 한 법적 장치라고 보아야 한다. 같은 맥락에서 아무렇게나 운전할 수 없게 하는 교통법규, 도로 무단횡단 금지, 속도 제한 등은 운전자, 보행자에게 자유를 제한한 것이라고 볼 수 없다.

그럼에도 불구하고 '제약이 없는 상태'를 자유로 보는 개념이 권리의 측면에서 지닌 장점이 없는 것이 아니다. 이 개념은 사회적 장애의 경우를 잘 설명해준다. 사회적 장애가 자유를 제약하는 경우는 과거 조선시대 과부의 재혼 금지에서 그 예를 찾을 수 있다. 오늘날 이슬람 원리를 존중하는 근본주의 국가도 여성에게 사회적 장애를 덧씌워서 여성의 자유와 권리를 말살하고 있다. 그런 사회에서 여성은 참정권의 제약은 물론 기본적인 신체의 자유조차 누리지 못하는 현실에 직면해 있다. 우리나라에서도 히잡을 쓴 이슬람 여성을 어렵지 않게 볼 수 있다. 그러나 더운 여름에 히잡을 착용하는 것도 문제이지만, 이슬람 원리를 추종하는 근본주의 율법에 따라 여성들은 부르카[17]를 착용해야 외부 출입을 할 수 있다고 한다. 부르카는 그것을 착용하면 옆에서 누군가의 도움을 받지 않으면 걸음조차 떼기 어려운 복장인 점에서 사회적 장애를 초래하여 자유와 권리를 심하게 침해 박탈하는 도구이자 제도이다.

4. 선택이 가능한 상태

선택이 가능한 상태(availability of choices)는 자유의 의미를 보다 현실적인 가치 문제와 연결시켜 본 개념이다. 이 점에서 첫 번째 개념보다 얼마나 우리가 자유로운가를 가늠할 수 있는 보다 '구체적인 준거'가 되는 개념이다. 즉 '자유'의 의미가 무엇을 하지 못하는가에 맞추어진 것이 아니라 무엇을 선택할 수 있는가에 맞추어져 있다. Z 요인에 맞추어져 있다. 그래서 앞서 'Y-Z' 또는 'Y(Z)'이라고 도식화한 것이다. 즉 맥칼룸의 도식에서 Z의 가치를 묻는 것이다. 여기서 쟁점은 행위자가 '의미 있는 선택(meaningful choice)'을 했는지 여부이다. 일례로 우리가 아는 로빈슨 크루소는 첫 번째 개념으로 보면 자유로운 사람이지만, 두 번째 준거로 보면 자유로운 사람이 아니다. 그는 여행, 결혼, 주택, 직업 선택에 있어서 도시거주자보다 선택의 여지가 전혀 없다.

---

17) 히잡은 머리카락과 목을 가리는 정도의 헤어 스카프를 말한다. 부르카는 여성의 전신을 가리고 눈 부위조차도 망사로 덮는 것이라고 한다. 이 외에 니캅은 전신은 가리되 눈 부위는 노출한다는 점에서 부르카와 다르며, 차도르는 얼굴을 제외한 전신을 가리는 것이라고 한다. 모두 여성의 권리를 근원적으로 침해하는 복장임에 틀림없다.

이 자유의 개념은 현실적으로 매우 중요한 의미를 지닌다. 자유와 권리, 특히 자유권의 행사는 다양한 선택지를 제공할 경우에만 성립하는데, 실질적으로 그것을 원천 봉쇄하는 정책이나 입법이 있기 때문이다. 대표적인 경우가 학교선택권을 원천 봉쇄한 평준화 정책이나 공교육 제도 아래서 국가가 제정하는 교육과정의 문제이다. 학교 선택이나 교육내용의 선정에 관한 자유와 권리를 제한하거나 박탈하고 있는 경우 학생과 학부모의 자유는 은연중에 제한·박탈된다. 따라서 학교 선택과 교육과정 선정은 교육을 받는 각 개개인이 원하는 교육적 가치와 내용을 선택하는 데 있어서 필수적인 요소이다.

자유의 의미를 선택이 가능한 상태로 보는 데에는 다음과 같은 여러 가지 문제가 따른다.

첫째, 가치 없는 것을 선택한 경우이다. 문제의 핵심은 '선택'에 있다. 즉 의미 있는 선택 여부에 따라 자유로운가를 판단해야 한다. 그러나 변덕스러운 선택(capricious choice)이나 쓸데없는 선택(useless choice)을 하는 경우에 그러한 선택을 한 사람을 자유롭다고 하기 어렵다. 적지 않은 아이들이나 인지적 판단 능력이 처지는 사람의 경우 이러한 선택을 하는 경우를 찾아볼 수 있다.

둘째, 여건(Y)의 문제로서 선택지가 너무 많이 제시될 때 온전한 선택을 하지 못하는 경우를 들 수 있다. 이른바 선택지(number of choice)가 너무 많은 경우, 선택이라는 판단을 내리기 어려운 경우가 발생한다. 이때 아무렇게나 결정하자는 생각에 이르고 그 결과 자유의 가치를 인식하지 못하는 경우가 야기된다. 샌드위치를 먹으러 가서 샌드위치 안에 들어갈 내용물이 단계별로 많은 경우에, 물론 다 그러한 것은 아니지만, 본의 아니게 선택에 어려움을 겪어서, 우리는 그냥 '평범한 것(the plain one)'을 요구하기도 한다. 그 평범한 것이 자기가 좋아하는 것과 무관함에도 선택지가 많아서 판단을 제대로 내리기 곤란하여 자신의 '자유'를 포기하게 된다. 왜냐하면 이러한 선택을 하는 데 따르는 고통이 수반되기 때문이다. 프롬(Eric Fromm)의 '자유로부터 도피(Escape from Freedom)' 또는 '자유에의 공포(The Fear of Freedom)'는 바로 이런 상태를 꼬집고 있다. 경우에 따라서 선택지가 너무 많은 것이 너무 흔하다는 것을 뜻하여, 자칫 자유의 가치를 망각하기 쉽다.

셋째, 선택 자격(eligibility)의 문제를 들 수 있다. 강압에 의한 선택이 아니었다고 해도, 즉 자신에게 주어진 선택이 주변 여건에 의하여 제약이 아니었다고 해도 자유를 행사하는 행위자 자신의 역량(X)과 관련되어 있다. 이를테면 편집광적(paranoid) 선택의 경우, 그의 선택은 자유에 의한 것이 아니라 성격의 문제이다. 성격상 이상한 것을 선택하는 사람의 경우에 그 사람이 자유롭다고 하기 매우 어렵다. 예컨대, 관음증(觀淫症)을 가진 사람이 포르노 화집이나 음란 영상물을 수집하는 경우가 이에 해당한다.

넷째, 자유 행사자가 처한 현실적인 여건(Y)이 선택을 제약할 수 있다. 이를테면 고비용 문제로 인하여 행위자의 선택이 실질적으로 제한받는 경우를 흔히 찾을 수 있다. 선택하고 싶은 사안에 비용이 많이 드는 경우, 선택의 자유는 보장되어 있지만, 그것을 실제로 택할 실질적인 자유가 없다. 예컨대, 누구나 여름 휴가 때 유럽 여행을 가고 싶지만, 그러한 소망만으로 자유가 실현되었다고 할 수가 없다. 이 때문에 이어 살펴볼 실행 능력(effective power)이 자유의 실행에 요구된다는 주장이 제기된다.

이러한 난점에도 불구하고, '선택이 가능한 상태'가 결코 간과할 수 없는 중요한 경우를 우리는 어렵지 않게 찾을 수 있다. 예컨대, 백인우월주의자의 경우, 그는 흑인과 결코 결혼하기 싫지만 그것이 흑인과 결혼할 자유가 박탈되어서 그런 것이 아니다. 마찬가지로 인종차별적 생각을 지니지 않은 경우에도 자신과 동일한 인종의 사람과 결혼하고자 하는 경우를 두고 자유가 박탈되었다고 할 수가 없다. 이러한 사례에서, '선택' 또는 '선택지'가 자유의 핵심적 전제라고 할지라도 자유는 '선택'만 가지고 설명할 수 없음을 확인할 수 있다. 이러한 경우에 우리가 살펴보아야 할 논점을 두 가지만 지적하고자 한다.

첫째, 선택은 개인의 자유와 관계없는 사회문화적 여건의 문제가 되는 경우이다. 이슬람 근본주의처럼 사회문화적 요인이 자유를 제약하고 박탈하는 경우도 있지만, 그것이 자유를 제약한다고 볼 수 없는 경우도 있다. 대부분의 한국인이 한국인과 결혼하는 것은 인종차별의 생각을 가져서도 아니고 자유가 박탈당해서도 아니다. 하지만 이렇게 보는 것은 '선택'을 외적 조건(external eligibility)으로 보는 것이 아니라 내적 조건(internal eligibility)으로 보는 데서 비롯된다. 내적 문제는 자유의 문제가 결코 아니라 성격의 문제이다. 하지만 외적 조건을 통해서 자유를 제약하는 것을 검증한다는 것은 여전히 중요한 사안이다.

둘째, 자유를 행사하는 것인가를 검증하는 데 합리적 자율성과 선택 능력이 요구된다. 이러한 능력이 요구되는 경우, 자유를 어느 정도 제한해야 한다고 보는 것이 '권위적 간섭주의(paternalism)'이다. 이에 관하여는 이어지는 제11장에서 다루기로 한다. 합리적 자율성과 선택 능력이 미치지 못할 경우 실행되는 것이 권위적 간섭에 따른 대리 선택(paternalistic choice)이다. 하지만 영·유아교육 상황에서 부모의 학교(유치원, 어린이집 등) 선택, 그리고 부모가 자녀의 아동의류를 선택하거나, 영양을 고려한 음식 선택과 조절 등을 했다고 해서 그것이 자녀인 아동의 자유와 권리를 제한했다고 볼 수는 없다.

5. 실행 능력을 갖춘 상태

실행 능력을 갖춘 상태(effective power)는 자유의 결정적 조건을 제시하는 개념이다. 앞서 살펴본 '제약이 없는 상태'와 '선택 가능한 상태'가 명목상의 자유(nominal freedom)를 가리킨다면, 여기서 말하는 '실행 능력'은 자유의 실질적 개념(real freedom)을 가리킨다. 이 개념은 행위자(X factor)의 힘이 미치는 영향력에 초점을 맞춘다. 즉 '상대방으로부터 자유가 아니라 상대방에 대한 자유(not freedom from but freedom over)' 문제이다. 이 개념은 자유의 의미를 '자유'를 구속이나 선택으로 보는 것이 아니라 '지배와 종속'의 문제로 본다. 즉 자유를 행위자의 능력(power over) 또는 지배력(domination)으로 보는 관점이다. 그래서 도식으로 행위자(X)를 강조하는 'Y-X' 또는 'Y(X)'라고 표현한다.

하지만 엄밀하게 따져보면 이 개념은 자유의 본질에서 벗어나 있다. 그것은 실행 능력(X) 자체가 자유의 본질이 아니라 분배 또는 사회정책의 쟁점이기 때문이다. 그래서 이 개념은 재화의 소유를 따지는 것이지 자유의 본질을 말하는 것이 아니다. 자유의 의미를 '재화와 서비스를 획득하는 능력'으로 파악하기 때문이다. 결국 자유를 경제적 능력과 결부시킨 이 개념은 여러 가지 반론을 낳기도 한다.

첫째, 경제적 능력은 자유를 제약하는 요인(Y)이 아니라 자유의 전제가 되는 요인이 된다. 즉 경제적 능력은 자유를 행사하는 데 필요조건이 될 수 있지만 그 자체가 자유는 아니다. 이를테면 부자 중에도 자유롭지 못한 사람이 있고, 가난한 사람이 모두 자유의 제약을 받는 사람이라고 단정할 수 없다. 이유는 방금 언급하였듯이 실행 능력은 행위자 문제(X)가 아니기 때문이다. 그래서 이 개념은 사회주의 노선이 자유의 의미를 '재화와 서비스를 획득하는 능력'으로 파악하는 데서 비롯된다. 정확하게 말하자면 이 개념은 사유재산을 인정하는 페이비언 사회주의(The Fabian Socialist)가 선호하는 개념이지만, 자유의 본질을 부정하는 공산주의와 무관하다.

둘째, 이 개념은 본질적으로 자유가 아닌 분배의 문제와 관련된다. 즉 사회정의의 문제를 가리킨다. 여기서 우리는 자유 문제와 자유의 분배(distribution of liberty) 문제를 구분할 필요가 있다. 앞서 제7장에서 살펴본 롤스(Rawls)의 제1원칙은 자유의 본질에 맞추어져 있지만, 제2원칙은 분배에 맞추어져 있다. 하지만 자유와 분배는 상충하기도 하는 별개의 문제이다.

셋째, 자유와 경제적 능력은 필연적인 관련을 맺지 않는다. 자유와 경제적 능력은 필연적이 아니라 우연적 문제이다. 이를테면 경제적으로 좋은 여건이 삶의 증진에 결정적으로 기여하지 않는 것과 마찬가지로, 좋은 여건이 곧 자유를 의미하지 않는다.

넷째, 자유는 모든 이들이 바라는 바이지만, 개인이 소유하는 물리적 조건이나 수단, 경제적 능력 등은 모든 사람이 바라는 바가 아니다. 어느 경우에는 경제적 재화 없이도 자유롭다고 말할 수 있다. 예컨대, 스님이나 수도하는 수행자의 경우를 들 수 있다.

다섯째, 이 개념은 자유의 본질이 아니라 자유의 분배 문제를 다루고 있으므로 선택, 불간섭 등과 같은 '자유'의 본질을 왜곡하고, 자유의 가치를 훼손할 수 있다. 더욱이 자유와 경제적 능력이 상호 필연성이 없기 때문에 자유 문제를 빌미로 하여 제3자 개입 여지를 늘 남겨 놓는다. 앞서 롤스의 예에서 최소최대원칙(maximin)을 실행하기 위하여 행위자가 아닌 제3자의 개입을 초래한다. 그러면 그것은 결국 개인의 자유를 제약하고 훼손하는 결과를 초래할 수밖에 없다.

6. 지위를 획득한 상태

지위를 획득한 상태(status)를 자유로 보는 이 개념은 자유를 법적 지위 또는 도덕적 인격을 지닌 상태로 본다. 즉 행위자(X factor)에게 초점이 맞추어져 있지만, 모종의 자격을 갖춘 사람만이 자유를 누릴 수 있다고 보는 개념이다. 이 개념을 존중하는 사람들은 시민권과 법실증주의(legal positivism)를 선호하며 정치적 자유를 중시한다. 이를테면, 시민권(citizenship)을 가진 사람, 자격이 있는 사람만 누리는 자유이다. 이 점에서 이 개념은 일종의 특권(privileges)이다. 노예는 투표할 자유가 없다. 고대 희랍에서 비롯된 것으로서 투표권은 시민의 특권을 나타낸다. 이른바 보수주의가 자유주의에 접목하는 영역이 이 개념과 관련된다. 영어로 보면 이 개념은 '프리덤(freedom)'보다는 '리버티(liberty)'에 의미상 관련이 크다.

그래서 앞서 도식에서 이 개념을 'Y-X' 또는 'Y(X)'라고 표현한 것이다. 자유를 지위로 파악하기 때문에 노예제도나 신분제도, 세습 등을 선호하기도 한다. 고대 아테네의 시민(남성)이나 과거 남아프리카 공화국의 백인들만이 자유를 행사한다고 했을 경우도 이에 해당한다.

이 개념은 전통적인 공화주의자들(republicans)에게서 그 유래를 찾을 수 있다. 아렌트(Hannah Arendt)가 지지하는 자유의 개념이다. 자유는 인간 내면세계의 상태(inner condition of thought)나 개인 사생활의 외적 조건(outward condition of privacy)을 가리키는 것이 아니라 공적 생활 영역에 관련된 문제이다. 즉 공적이고 정치적인 질서를 유지하는 문제와 관련된다는 것이다. 이 개념을 통해서 자유가 '정치적 참여(political participation)'를 가리키는 것이므로 '정치적 참여'는 자유의 본질을 이룬다. 자유를 제도적인 차원(status word)에서 파악한 개념이며, 종종 '특권'으로 인식된다. 우리는 이 문제를 '아동'의 개념과 관련하여 제3장과 제8장에서 이미 검토한 바 있다. 즉 아동 참여의 한계가 매우 신중하게 다루어져야 한다는 논의는 자유의 이러한 속성 때문이다.

권리와 관련시켜 볼 때, 자유의 이 개념은 자연법이나 도덕권(moral rights)의 개념보다는 실정법과 실정권(legal rights)에 비추어 성립하며, 또한 권리이론에서 '이익설(interest theory)'과 관련된다. 이익설에 근거하여 시민권(civil rights, citizenship)이 어떻게 설정될 수 있는가를 보여준다. 자격설과는 대척점에 있다.

자유를 지위 획득으로 보는 이 개념에 대하여 반론이 제기된다.

첫째, 자유를 지위(liberty as status)로 볼 경우 일탈이 발생한다. 중세 시대 면죄부 판매에서 볼 수 있는 것처럼, 자유를 매매 양도가 가능한 재화로 볼 수 있다. 이는 역사적으로도 입증할 수 있다. 과거 조선시대에는 양반이 온갖 자유를 향유하고 행사하면서 살아왔다. 그리고 조선 중·후기 이후 양반 족보의 매매가 암암리에 성행하면서 양반 인구가 폭발적으로 증가한 것도 사실이다. 이처럼 자유의 매매가 일어난 경우, 자유를 지위 획득으로 보는 것은 자유의 본질을 벗어나 있다.

둘째, '자유'를 '정치'와 동일시하는 결과를 초래한다. 자유와 정치가 상당 부분 중복되는 것은 사실이지만, 그렇다고 동일시되는 것은 아니다. 정치는 인간 활동의 공적 영역이고, 자유는 일차적으로 개인의 사적 영역에 근거한다.

셋째, 시민권과 같은 일종의 지위를 가지고 있다고 해도 사회·경제적 제약(Y factor)이 따르기 때문에 '자유'를 설명하기 어려운 상황이 존재한다. 미국 남북전쟁 이전 북부에서는 흑인에게 시민권이 주어졌지만 여러 가지 사회·경제적 제약이 따랐다. 오히려 상당수의 남부 흑인들은 노예 신분이었지만 북부의 흑인들에 비하여 사회·경제적 제약에서 벗어나 비교적 여유 있는 생활을 누리고 있었다.

넷째, 시민권과 같은 지위는 행위자(X factor)의 자유 의지와 관계없다. 이 점에서 자유를 지위 획득으로 보는 개념은 다소 결정론적인 측면이 있다. 이처럼 자유를 결정론적 요인으로 규정한다는 것은 논리적으로 모순이다.

다섯째, 자유를 지위 획득으로 보는 개념은 '정치적 자유'에만 초점을 맞추고 있다. 자유는 정치적 자유 획득으로만 성립하는 것이 아니다.

이러한 반론에도 불구하고 자유를 지위 획득으로 보는 개념이 중요한 이유는 우리 일상생활에서 쉽게 발견할 수 있다. 사람들에게 일차적으로 자유와 권리를 향유하고 행사할 법적 지위를 부여하지 않는다면, 정치권력이나 일부 독재정이나 전제정에 의하여 다수의 기본권이 침해되는 경우를 제도적으로 막을 방도를 찾아보기 어렵다. 특히 인신구속에 관한 기본권 문제가 그러하다.

7. 자기결정 여부

자기결정 여부(self-determination)를 통하여 자유를 설명하는 이 개념은 자기가 추구하는 선(one's own good)이 누구의 방해와 제재 없이 자기 스스로 결정했는가에 근거한다. 여기서 자기결정은 환경의 지배와 제약(Y)을 받는가 여부를 묻는 것이므로, 앞의 도식에서 'X-Y' 또는 'X(Y)'로 표현하였다. 한 마디로, 이 개념은 개인의 삶의 가치를 자기 스스로가 결정한다는 의미를 갖는다.

이 개념처럼 자유를 자기결정의 개념으로 볼 경우, 다음 세 가지를 포함한다. 첫째, 자기 자신만의 생의 목표(the conception of one's own good)이다. 자신만이 추구하는 가치를 가리킨다. 둘째, 자기 자신만의 진정성(authenticity) 또는 자기 독자성이 있는가이다. 즉 타인의 압력에 의해 결정한 것이 아니어야 한다. 셋째, 자기 스스로 정한 것(self-rule), 즉 자율(autonomy)인가 하는 점이다. 결론적으로 이 개념은 선의 근원은 자기 자신(self)이라는 가정을 깔고 있다. 자기결정의 중요성, 즉 삶의 가치가 자기 자신에 의하여 결정된다는 것을 전제했을 때, 자유라고 할 수 있음을 뜻한다.

자기결정으로 자유를 설명하고자 하는 이 개념에 대한 반론도 있다.

첫째, 자유는 자기결정의 구체적인 내용보다는 자기 의지(free will)의 문제이다. 이 경우 자신의 고유한 판단에 따라 이루어진 선택(choice)보다 자기지배(mastery) 능력이 문제가 제기된다. 왜냐하면 모든 자기결정이 가치(Z factor)를 보장하지 않기 때문이다.

둘째, 자유의 개념에서 자기결정의 중요성에도 불구하고, 그 결정 자체의 문제를 따져 볼 수 있다. 여기서는 자아의 문제(X factor), 자기결정을 하는 자아의 결정 문제를 가리킨다. 자아(self)의 문제로서 자아는 누가 결정하는가, 또는 자아는 어떻게 결정되는가의 문제가 제기된다. 자기결정을 하는 자아는 자기 의지에 따른 것이라고 볼 수 없다. 그러면 자유의 본질을 자기결정에서 찾는 것은 한계에 봉착하게 된다. 또한 어느 경우에는 자기결정이 의지에 의하여 결정되는 것이 아니라 환경에 의하여 결정되기도 한다.

셋째, 도덕적 책임의 문제는 자기결정의 문제이지만, 도덕적 상황은 결정론적 인과관계에 따라 결정될 수 있다. 또한 자아 형성처럼 책임을 물을 수 없는 선택의 문제도 있다. 이렇게 보면, 자기결정의 개념은 '자유의지'와 '결정론'의 문제로 귀결된다.

그럼에도 불구하고, 이 개념은 현실적으로 자유와 권리문제에 중요한 시사점을 던져준다. 논란이 끊이지 않는 성폭력과 성교육에 있어서 자유의 자기결정 개념은 매우 중요하다. 근래에 사회적 이슈로 부각되어 왔던 직장 내 성폭력 사건을 포함하여 대부분 성 관련 사건에서 핵심 쟁점은 자기결정에 따른 것이어야 한다는 전제를 하고 있다.

또한 근본주의를 고수하는 일부 국가와 제3세계 국가에서 볼 수 있는 인신매매, 성매매 등의 경우도 피해당사자의 자기결정권을 아예 무시한 결과 자행되는 것이다. 이와 관련된 아동문제는 제4장과 **〈제1부 부록 I〉**에서 영화를 소재로 확인한 바 있다. 따라서 자기결정에 따른 자유의 개념은 여러 가지 난점에도 불구하고 우리가 현실적으로 수용해야 할 자유의 속성임에 틀림없다.

8. 소망성취 여부

자유를 자기 자신이 바라는 바를 이룬 것으로 보는 개념이다. 소망성취 여부(doing what one wants)는 자유를 가장 일상적 수준에서 인식하는 개념이다. 즉 하고 싶은 바(Z factor)를 성취하였는가가 자유를 가늠하는 관건이다. 이 개념은 행위자 자신이 원하는 바에 초점이 맞추어져 있으므로, 맥칼룸의 도식으로 보면 'X-Z' 또는 'X(Z)'로 표현된다. 특히 이 개념은 밀이 자신의 『자유론』을 통하여 줄기차게 주장한 자유의 개념이다.

이 개념이 수용되는 만큼 반론도 만만치 않다. 어쩌면 대중적 호소력이 강한 만큼 논리적 설득력이 떨어진다는 뜻이기도 하다.

첫째, 현실적으로 원하는 것을 모두 할 수 있는 여건이 아니다. 이 경우 '자유'란 실행범위 내의 것을 선택하여 만족시키는 것이다. 선천적으로 인지능력이 뒤진 사람이 수학의 필드 메달을 수상할 때까지 자유롭지 못하다고 판단할 수 없다.

둘째, 원하는 바(Z factor)가 없다고 해도 그것이 자유롭지 않은 것은 아니다. 원하는 바를 성취하는 것은 만족한다는 뜻이다. 이 개념은 '자유'를 일종의 정신 상태(mental condition)로 보기 때문에 '자유'와 '만족'이 동의어가 된다. 하지만 '만족'과 '자유'는 동의어가 아니다. 또한 자유는 행위를 포함하지만, 자기만족은 행위 없이도 가능하다. 이렇게 되면 '자유'는 거꾸로 관념적 개념(ideal regarding conception)이 된다.[18] 그러나 자유는 관념의 상태가 아니라 생생한 현실 생활에서 행사되는 것이다.

셋째, 하고 싶은 것을 하지 못해도 '자유롭다'고 할 수 있는 상황이 있다. 예컨대, 노상강도에게 돈을 빼앗긴 경우, 그 돈으로 내가 하고 싶은 일은 다소 못하였지만 내가 자유롭지 못한 것은 아니다.

넷째, 행위자(X factor) 자신이 원하는 바는 주관에 의하여 결정된다.

---

18) 정치적 논의는 욕망과 이상(관념)으로 나누어볼 수 있다는 입장은 배리(Barry, 1965)가 설정한 것이다. 그는 이를 'want-regarding principle'과 'ideal-regarding principle'이라고 구분하였다.

특히 '자유를 느끼는 것'과 '자유로운 것'은 다르다. 즉 자유를 느끼는 것(feeling free)은 자유로운 것(being free)과 같지 않다. 자유롭다고 느끼는 것은 원하는 것에 대한 만족(feeling free)을 가리키지만, 거기에는 객관적인 기준(objective standard)이 전혀 없다.

다섯째, 자신이 실제로 바라는 것과 자신의 의지가 일치하지 않을 수 있다는 사실이 도출된다. 예컨대, 타성에 따른 욕망 충족을 생각할 수 있다. 자유의사나 자유의지에 근거한 것이 아니라 무지와 타성에 좇아가는 욕망의 경우 자유를 논할 수 없다는 것이다. 따라서 무엇인가 충족하여 만족한다고 해도 그것을 가리켜 '자유롭다'고 할 수 없다.

여섯째, 원하는 바가 타성이나 문화적, 환경적인 요인(Y)의 제약에 따라 형성된다. 따라서 자유를 원하는 바에 의하여 규정하는 것은 한계가 있다.

일곱째, 만족과 자유는 순환적인 관계이다. 자유로운 것을 가리키는 징표가 욕망의 충족인데, 욕망 충족을 가지고 다시 자유를 정의하는 것은 순환론이다. 즉 자유롭다는 것은 뭔가 만족스러운 것을 포함하는 데, 만족스러운 것으로 다시 자유를 정의하면 순환론에 빠진다. 따라서 이 경우 자유를 정의하고자 한다면, 욕망충족 이외의 것으로 다시 정의해야 한다.

여덟째, 원하는 것을 제한하는 경우에 오히려 자유가 증진되는 경우가 있다. 즉 자유의 제한이 사람들을 자유롭게 하는 경우를 말한다. 이른바 자유의 패러독스(paradox of freedom)와 금욕주의의 경우를 들 수 있다. 자유의 패러독스는 이미 살펴본 바 있으므로 상론하지 않겠다. 하지만 원하는 것을 제한하는 것이 자유를 증진하고 도모하는 경우를 설명하는 데 한계를 드러낸다.

아홉째, 강압된 자유(forced to be free)를 들 수 있다. 소망하는 바가 집합적이거나 관념적인 경우에는 오히려 개인의 자유를 제약한다. 앞서 자유를 관념적, 추상적으로 보면 왜곡된다는 점을 살펴본 바 있다. '강압된 자유'는 루소가 주장한 것으로서 일반의지가 우리를 자유롭도록 강압하는 경우를 말한다. 그러나 이러한 강압된 자유를 진정 자유로운 상태로 볼 수는 없다. 예컨대, '인민'의 자유를 위하여 개개인의 실생활에서의 자유와 선택을 제한하고 박탈하는 경우가 이에 해당한다.

열째, 원하는 바(Z)는 자아 문제에서 흔히 하위 자아에서 비롯된다고 본다. 그러나 상위 자아가 원하는 바를 도외시할 근거는 없다. 흔히 하위 자아(the lower self)와 상위 자아(the higher self)로 구분하는 경우, 각 자아에 상응하는 욕망인 하위 욕망(lower desire)과 상위 욕망(higher desire)이 불일치하는 경우가 발생한다. 이런 경우 뭔가를 만족했다고 해서 자유롭다는 판단을 내리기가 쉽지 않다. 왜냐하면, 그 만족이 어느 자아에서 비롯된 것인지 확인되지 않았기 때문이다.

9. 자기지배 능력

자기지배 능력(self-mastery) 개념은 자유를 개인의 도덕성(moral virtue), 합리성(rationality), 심리적 안정감(stability), 그리고 자기계발 능력(self-development)으로 보는 개념이다. 따라서 이 개념에 따르면 무능한 사람, 합리적 판단을 온전하게 내리지 못하는 사람, 심리적으로 불안한 사람, 도덕적이지 못한 사람은 자유로운 사람이 아니다. 그러나 반대로 합리성, 도덕성, 평안함, 성취감을 지닌 사람(X)도 자유롭지 못한 경우가 있다. 나아가서 심한 경우에 사람은 이성의 노예, 도덕률의 노예,

종교의 노예, 가치의 노예로 전락할 수도 있다. 일종의 내적 자격을 갖추었는가를 사량하는 것이므로, 맥칼룸의 도식으로 보면 'X-X' 또는 'X(X)'로 표현할 수 있다.

우선 이 네 가지 경우로 나누어 볼 수 있으며, 이를 각각 살펴본다.

첫째, 도덕성(moral virtue) 구비를 들 수 있다. 도덕성이나 덕목을 자유라고 보는 관점으로서, '자유'를 완전한 자유를 이루게 하는 요인 또는 자유의 완성을 기하게 하는 요인으로 보는 것이다. '우리는 악인에게서 자유를 발견할 수 없다(We find no bad man free)'는 말에서 알 수 있듯이, 자유로워지는 선결 요인은 도덕성을 갖추는 데 있다. 이 관점은 주로 종교 경전에서 찾아볼 수 있다.

둘째, 자기계발 여부(personal development)이다. '자유'를 자기계발, 자기완성, 자기충족(self-improvement, self-fulfilling)으로 보는 견해이다. 자유를 모종의 완성된 상태 또는 완전한 상태, 즉 '완성태'로 보는 것이다. 주로 자유를 관념적으로 이해하는 관념론자들의 입장이다. 예컨대, 그린(T. Green)의 자유 개념인 '공공선에 기여하는 덕목(capacity to contribute to the common good)'이 이에 해당한다.

셋째, 합리적 이성(intellectual rationality)이다. '자유'를 합리성으로 동일시하는 개념이다. 이 개념에 따르면 자유롭다는 것은 사람으로 하여금 합리적 결정을 내리게 해 주는 능력(요인)을 보유하게 했을 경우에 한정된다.

넷째, 정신적 안정감(mental stability) 또는 심리적 안정(psychological security)을 '자유'로 보는 개념이다. 여기에는 두 종류가 있다. 하나는 내면의(영적) 평정 상태(inner tranquillity)를 '자유'로 보는 경우이다. 대개 종교적 명상이나 선(禪)의 경우가 이에 해당한다. 다른 하나는 각종 정신질환이나 정신적 혼란으로부터 벗어나는 상태를 '자유'로 보는 경우이다. 정신분석학적 장애나 정신적 병리현상에서 치료되는 경우를 지칭할 수 있다.

이 네 가지에 대한 반론도 만만치 않다.

첫째, 도덕성 구비에 대한 반론으로서, '자유'와 도덕성이 동일시되거나 또는 '자유'와 도덕적 존재(moral being)가 동일시된다고 보기 어렵다는 점이다. 이를테면, 도덕률에 따라 (타율적으로) 도덕성을 함양하는 것을 자유라고 규정할 수는 없다. 또한 종교적 계율에 따라 또는 종교 교리에 맞추어 정형화된 삶이나 행동이 자유로운 삶 또는 자유로운 행동이라고 할 수도 없다.

둘째, 자기계발 여부에 대한 반론이다. 완성태는 가치롭고, 현상태는 가치롭지 못하다는 부당한 결론이 도출된다. 즉 완성태를 '자유'로 보게 되면, 현상태(현재 상태)는 항상 자유의 부재 상태가 된다. 그러나 개인이 자아실현하기 이전인 상태가 부자유의 상태 내지는 구속된 상태라고 단정할 수는 없다. 그리고 만약 완성태의 가치를 인정한다고 해도, 가치 있는 완성태를 위하여 가치가 결여된 현상태의 부자유, 자유의 부재를 인내하거나 용인해도 좋은가 하는 반론이 제기된다. 즉 자유의 관점에서 현재는 미래를 위하여 유보하거나 미래를 위한 수단으로 강구되어서는 안 된다.

셋째, 합리적 이성에 대한 반론이다. '자유'와 '이성(또는 합리성)'을 동일시하게 된다면, 이성의 노예가 되는 경우(imprisoned by reason)에도 자유롭다는 뜻이 된다. 앞서 언급한 것처럼, 사람은 감성의 노예가 될 수 있는 것처럼, 이성의 노예가 될 수도 있다.

넷째, 심리적 안정에 대한 반론이다. 여기서 두 가지 반론이 가능하다.

하나는 '자유'를 영혼의 평정(tranquillity)로 보는 경우이다. 이렇게 되면, 오직 평정상태에 이를 수 있는 인격자(integrated person)만이 자유를 누릴 수 있다는 부당한 결론에 도달한다. 이렇게 되면, 자유는 역동성이 없는 상태를 의미한다. 역동적이지 않는 정태적 상태가 자유로운 상태라고 할 수 없다는 반론이 제기된다. 다른 하나는 '자유'를 '심리적 안정 상태'로만 보면, '자유'를 '순응(conformity)'와 동일시하는 것이 된다. 이렇게 되면, '자유' 또는 '자유롭다'는 것은 문화나 제도에 내재해 있는 규율이나 관습에 순응하는 것을 의미한다. 상황에 순응하는 것이 자유라고 규정할 수는 없다.

자유의 본질은 제약(Y factor)의 문제인데, 위의 네 가지는 제약의 문제가 아니라, 우열의 관점에서 자유를 규정하고 있다. 왜냐하면 합리적인가, 도덕적인가 하는 질문은 상대적 우열을 묻는 것이기 때문이다. 또한 합리성, 도덕성, 평안함, 성취감은 자유를 통하여 추구하는 가치(Z factor) 문제도 아니다.

이 개념은 자유를 행위의 문제가 아니라 심리적 내면의 문제(purely mental or cognitive state)로 치환해 버렸다는 데 결함이 있다. 가령 자유를 '자기도야(self-discipline)'로 보는 경우에 두 개념이 과연 동일시되는 개념인가 하는 반론이 제기된다. 다른 것에 아랑곳하지 않고 자기 자신만을 도야하는 사람을 자유로운 사람이라고 한다든가, 자기 도야를 완성한 것이 곧 자유로운 상태에 도달한 것을 자유라고 단정할 수는 없다.

그럼에도 불구하고 이 개념이 현실적으로 타당하지 않은 것은 아니다. 앞서 살펴본 네 가지 기준을 만족시키지 않은 사람, 이를테면 합리적이지 못한 사람, 도덕적이지 못한 사람, 정서가 불안한 사람, 삶의 목적이 없는 사람을 자유로운 사람, 자유를 온전하게 행사하는 사람이라고 단정하기 어렵다. 특히 이 점은 교육적 관점에서 시사하는 바가 매우 크다.

참고문헌

김정래, 2003, '자유와 자유교육', 아시아교육연구 제4권 제2호, 아시아태평양교육발전연구단.

김정래, 2012, 진보의 굴레를 넘어서, 서울: 기파랑.

유성운, 2021, 사림, 조선의 586, 일산: 이다미디어.

Barry, B. M., 1965, *Political Argument*, London: Routledge and Kegan Paul.

Berlin, I., 1969, *Four Essays on Liberty*, Oxford: Oxford University Press.

Gray, T., 1991, *Freedom*, London: Macmillan.

Hofstadter, D., 1979, *Gödel, Escher, Bach*, 박여성 역, 1999, 괴델, 에셔, 마흐, 서울: 까치.

Kaletsky, A., 2011, *Capitalism 4.0: The Birth of a New Economy in the Aftermath of Crisis*, 위선주 역, 자본주의 4.0: 신자유주의를 대체할 새로운 경제 패러다임, 서울: 컬처앤스토리.

MacCallum, G. C., 1967, Nagative and Positive Freedom, *Philosophical Review* 76.

Mill, J. S., 1859, *On Liberty*, 권기돈 역, 2009, 자유론, 서울: 펭귄 코리아.

Pink, Daniel M., 2005, *A Whole New Mind*, 김명철 역, 2006, 새로운 미래가 온다, 서울: 한국경제신문.

Pipes, R., 1999, *Property and Freedom*. 서은경 역, 2008, 소유와 자유, 서울: 자유기업원.

Popper, K. R., 1945, *The Open Society and its Enemies*, Book 1 & 2, (5th 1973), London: Routledge and Kegan Paul.

10

아동과 민주주의

앞 장에서 권리와 불가분의 관계에 있는 '자유'와 자유주의의 의미를 살펴보았다. 자유와 함께 권리가 밀접하게 언급되는 용어가 '민주주의'이다. 민주주의는 현대 대한민국 정치사에서 가장 뜨거운 이슈였지만, 여러 가지 의미가 혼재되어 상당한 혼선을 빚는다. 그 결과 민주주의는 절대 선으로 인식되는 경향을 보였다. 이를 바로 잡기 위해서 이 장에서는 민주주의의 의미를 먼저 살펴보고, 어느 경우에 민주주의가 자유와 권리를 제한하는 것인지 등의 문제를 살펴보도록 한다. 명목상으로는 '민주주의'를 내세우지만, 실제로 개인의 자유와 권리를 제한하고 말살하는 민주주의는 어떤 유형의 민주주의이며, 왜 그런지를 살펴본다. 이는 자유민주주의의 중요성을 설명해주기도 하기 때문이다. 끝으로 권위는 민주사회에 왜 요구되는 것이며, 교권은 민주적 절차와 어떤 관련을 맺는지를 검토하고자 한다. 제5장에서 살펴본 '권위'를 토대로 하여 교육 현장에서 교권이 무엇을 지칭하는지를 살펴본다.

Ⅰ. 민주주의와 포퓰리즘

1. 민중의 지배와 대중의 지혜

민주주의는 민중의 지배를 의미하는 희랍어에서 나온 말이다. 하지만 무조건 대중이 모든 것을 결정한다는 의미로 해석해서는 안 된다. 그렇게 되면, 플라톤이 아테네 말기에 우려했던 중우정치가 기승을 부리게 된다. 여기서 포퓰리즘(populism)을 경계해야 하는 이유를 찾을 수 있다[1]). '일반 대중의 인기에 영합하는 정치 행태'로 정의되는 포퓰리즘은 민중의 지배를 지향하는 민주주의의 변종이다. 더욱이 포퓰리즘은 이어 살펴볼 '평등', '사회정의', '복지'라는 구호와 결합하여 군중의 심리를 자극하고 선동하는 기제로 작용한다.

그렇다고 봉건사회나 전제정부처럼 한 사람 또는 소수의 사람이 모든 결정을 하는 체제를 옹호하자는 것이 아니다. 그러나 민주주의가 지향하는 '민중의 지배'에는 대중의 지혜가 뒷받침되어야 한다.

현대 사회에서 민주주의 가치를 뒷받침할 만한 근거를 찾아볼 수 있는 흥미 있는 문헌으로 제임스 서로위키의 『대중의 지혜』가 있다(Surowiecki, 2004). 여기서 대중의 지혜를 강조하는 이유는 합리적이고 정확한 판단이 이른바 전문가만의 몫이 아니라 대중의 의견에 따를 때 내려지기 때문이다. 정치적으로나 삶의 방식에 있어서 대중의 의견을 존중해야 한다는 것이 서로위키가 주장하는 골자이다.

서로위키가 제시한 여러 가지 실험을 일일이 소개하는 것은 이 책의

---

1) 여기서 언급하는 포퓰리즘이 정치적 이유 이외에 철학적, 교육적으로 야기하는 폐해는 조무남(2010)을 참조.

목적에 부합하지 않으므로 그가 실증적인 자료를 토대로 내린 결론만 소개하면, 다음과 같다.

첫째, 원론적으로 보면 군중은 규모가 커질수록 현명해진다.

둘째, 집단 내 구성원들이 사전에 미리 서로 토의하거나 협력하지 않은 상태에서 개별적으로 제시한 의견의 평균치가 정확한 판단을 이끌어 낸다.

셋째, 대부분의 실험에서 집단보다 나은 개인이 일부 존재하긴 하지만, 그 특정인이 지속적으로 좋은 결과를 낸다는 보장은 없다. 따라서 '쓸 만한' 대답을 '많이' 얻으려면 집단의 판단에 의존하는 것이 낫다.

그렇지만, 대중의 지혜를 존중한다 하더라도, 대중이 치명적으로 그릇된 판단을 하는 경우가 허다하다. 군중심리라든가, 좌파 선동가의 선동선전에 빠지는 경우를 우리는 일상 현실에서 너무 쉽게 관찰할 수 있다. 개개인이 합리적인 판단과 양심에 따라 행동하더라도, 군중심리에 휩싸여 양심을 망각하는 사태를 목격하게 된다. 그러면, 어떻게 해야 대중의 지혜를 존중하면서 집단의 속성을 지닌 군중이 이와 같은 실수를 피할 수 있을까?

서로위키의 답은 개방성과 독립성 그리고 다양성을 유지해야 한다는 것이다. 그렇게 되면 집단은 그만큼 실수를 피할 수 있다. 그는 '현명한 집단을 만들어내는 최고의 방법은 각 개인이 가능한 한 독립적으로 사고하는 것이다'라고 말함으로써 개인의 가치를 존중해야 한다고 본다. 즉 그의 해결책을 분석해 보면, 대중의 지혜를 살리기 위해서 결과적으로 개인의 가치를 존중하지 않으면 대중의 판단이 우매한 집단의 포퓰리즘으로 전락한다는 점을 확인할 수 있다.

정리하면, 대중의 의사를 존중하는 민주주의의 가치는 대중의 의사가 특정 개인보다 뛰어나다는 사실에 근거하지만, 민주주의 원리에 따른 대중의 의사를 존중하기 위해서는 개인을 집단에 함몰시킬 것이 아니라 개방적이고 자율적인 개인의 가치를 존중하는 데서 찾아진다.

2. 포퓰리즘을 극복하는 민주적 원리

그렇다면, 민주주의가 포퓰리즘에 빠지지 않고 온전하게 작동하는 방법은 무엇인가? 그것은 집단의 속성을 지닌 대중이 지혜를 발휘하도록 하는 길을 찾는 일이다. 만약 개인의 가치, 즉 개인의 자유와 권리를 존중한다는 입장이라면, 우리는 개인의 자율적 판단을 존중할 수 있도록 집합적 특징인 대중의 지혜를 활용할 수 있는 구체적인 방안을 모색해야 한다. 그 방안은 두 가지를 극복하는 데서 찾아야 한다. 하나는 합리적이고 자율적인 개인의 총합이 도덕적이고 효율적인 사회를 보장하지 못한다는 점이다. 다른 하나는 반대로 사회가 원만하게 작동하도록 대중의 총지(聰智)가 사회를 조정해 주질 않는다는 점이다. 전자는 니버가 『도덕적 인간과 비도덕적 사회』에서 설파한 내용과 맥을 같이 한다(Niebuhr, 1932). 후자는 대중의 지혜 그 자체가 대중의 조화, 사회 전반의 조정에 한계를 지닌다는 점을 말한다.

합리적이고 자율적인 개인의 총합이 도덕적이고 효율적인 사회를 보장하지 못한다는 논점과 관련하여 여기서 니버의 저술을 개괄하거나 소개할 의도는 없다. 다만, 부분 또는 요소의 총합이 전체를 대변하지 않는다는 점을 지적하지 않을 수 없다. 이 논점의 결함은 다음 두 가지 측면에서 살펴볼 수 있다.

첫째, 합리적 인간의 총합은 도덕적 사회를 만든다는 논점은 결합의 오류와 분해의 오류를 범하고 있다. 이에 대한 가장 극명한 예로, 각 포지션별로 세계 1위인 선수들로 팀을 구성한다고 해도 그 축구팀이 세계 1위 팀이 되지 못하는 경우를 들 수 있다.

둘째, 실증주의 입장에서 라플라스(Laplace)가 주장한 바와 같이 사물의 설명은 그 구성 요소를 분해하여 설명할 수 있다는 요소환원주의는 사회를 구성하는 개인에 관심을 가지고 있지만, 개인의 행동이 미치는 사회적 영향과 파장을 제대로 설명하지 못한다. 따라서 개인적 요소의 결합이 아닌 다른 차원의 설명이 요구된다.

이를 고려하면, 민주주의는 집합주의에 의존할 필요가 없다. 그렇게 하면 포퓰리즘에 빠질 위험성도 제거할 수 있다. 개인의 가치를 무시하는 민주주의가 지혜롭게 실현되기 위한 방안은 무엇인가? 가능한 답 중 하나가 프랙털(fractal) 이론에서 찾을 수 있다. 자기유사성을 특징으로 하는 프랙털 이론은 개인적 특성이 여러 차례의 되먹임 과정을 통하여 그대로 사회적 특성을 형성할 수 있는 가능성을 열어주고 있다.

코흐(Koch) 곡선을 통하여 익숙한 프랙털 이론은 각 부분을 확대하면 전체와 일치하는 자기닮음 구조를 다루는 복잡계 이론이다. 앞서 소개한 실증주의의 요소환원주의를 포함하는 단순계가 요소를 종합하면 전체를 이룬다는 입장이라면, 프랙털 이론은 요소가 전체를 구성하는 부분이 아니라 요소가 전체의 속성을 드러내면서 전체를 구성한다는 입장이다(김용운·김용국, 1998: 36-37). 이러한 관계는 민주시민교육에서 개인과 사회를 다루는 데 있어서 적지 않은 시사점을 던져준다.

실증주의적 사고인 요소환원주의에서 개인은 사회를 구성하는 기계론적 요소이거나, 사회유기체설에서 보면 개인은 사회가 온전하게 기능하도록 하는 유기체의 한 요소이다. 이 도식을 수긍하게 되면 개인에게 사회를 위한 희생을 강요할 수 있는 발판이 제공된다. 그렇게 되면 전체주의를 몰고 올 개연성을 합리화시킨다. 그 결과 개인과 사회는 수단-목적의 도식으로 이해되며, 이에 따라 개인의 가치는 사회의 요구에 부응하여 함몰될 여지가 생긴다.

반면에 프랙털 이론의 도식에서 보면, 전제 군주나 특정한 개인이 곧 사회를 대표하는 것이 아니다. 그렇지만 특정한 개인은 자신의 특성을 통하여 사회의 특성을 대변하면서 동시에 사회를 구성하는 요소로서 결정적인 역할을 수행한다. 개인과 사회가 상호 자기 유사성을 갖기 때문이다. 개인의 자유와 권리를 존중하는 민주사회가 요구하는 질서는 실증주의에 기초한 요소환원주의도 아니고, 인위적 질서도 아니다. 그것은 자생적 질서이다. 그러면 개인의 자유와 권리를 존중하는 민주사회가 요구하는 질서의 특징을 살펴보자.

첫째, 개인의 자유와 권리를 존중하는 민주적 질서는 완전한 질서가 아니다. 그것은 무질서의 반작용으로 나오는 전제적 강압에 따른 질서가 아니다. 제3세계 국가의 '민주' 혁명이 실패한 이유 중 하나가 무질서의 반작용으로 강압적 질서를 받아들였기 때문이다. 강압에 의한 질서가 당장은 효율적으로 보일지 모르지만, 개인의 자율성과 창의성은 물론이고 사회 전체의 성장과 효율을 깎아내린다.

둘째, 개인의 자유와 권리를 존중하는 민주적 질서에는 자생적 질서가 내재한다. 자유민주적 질서는 무질서처럼 보이지만 거기에는 자발적으로 합의한 질서가 내재한다. 본서 제9장에서 언급한 바와 같이, 자유는 일체의 제약이 없는 것만을 뜻하는 것이 아니다. 버스 정류장에서, 지하철 승강장에서 줄을 서고 있을 때 자유롭게 서 있는 모습은 질서가 없는 것처럼 보이지만, 가장 효율적이고 개인의 자율성을 훼손하지 않는 방법이다. 신호등의 지시에 따라 움직이는 것은 자유롭지 못한 것으로 보일지 모르지만, 사하라 사막 한 가운데서 자기 마음대로 움직이는 것보다 자유롭고 효율적이다. 사하라 사막 한 가운데서는 어느 방향으로든 자기가 가고 싶은 대로 갈 수 있다고 생각할 수 있을지 모르지만, 광화문 네거리보다 사막 한 가운데서 자유롭게 할 수 있는 일이라고는 아무 것도 없다. 이러한 합의에는 모두 자발적인 질서가 담겨져 있다.

셋째, 개인의 자유와 권리를 존중하는 민주적 질서는 기계론적 패턴이 아니라, 개인의 이기적 욕망에 따른 분점(分占)된 행동이 일종의 카오스적 패턴에 따라 형성된다. 이는 역할 분점론과도 관련을 맺는다. 전제적 질서에서는 개인이 창의적으로 개발한 것에 대한 공이 창의적인 개발자가 아닌 힘 있는 한 개인에게 집중된다. 그렇기 때문에 개인의 창의력이 사장되고 집단 전체의 기계론적, 유기체적 관점에 따라 사회가 운영되어 폐쇄적인 사회가 된다. 우리는 금속활자를 세계최초로 발명했으면서도 서양보다 인쇄술을 발전시키지 못한 역사를 가지고 있다. 활자를 발명한 개인에 대한 이익이나 창의성이 존중되는 역할 분점이 이루어지지 않았으며, 당시 봉건적 질서에 개인의 창의적인 역할과 능력이 사장되었기 때문이다. 우리보다 뒤늦은 서양의 금속활자는 개인의 이익을 존중하는 시장 기제에 따라 개인의 창의성을 존중하고 이에 맞추어 성경이 보급되면서 창의적 개인의 이익을 허용한 결과 인쇄술이 지속적으로 발전되고 보급되었다. 이는 다시 급속한 지식과 정보의 보급이라는 선순환 효과를 낳았다. 그 이면에는 개인의 창의성을 존중하는 신념, 즉 개인의 자유와 권리를 존중하는 질서관이 자리잡고 있었기 때문이다.

넷째, 개인의 자유와 권리를 존중하는 민주적 질서의 특징은 시장의 자생적 기능에서 찾을 수 있다. 시장의 기능 중에서 정보 전달, 가격 조정, 사회적 협동, 소득분배의 기능은 매우 중요하다. 이에 대하여 대부분의 좌파 논객은 시장이 천박하다는 논거로 자유민주적 질서를 부정하려 한다. 천박한 물질주의와 '빈익빈 부익부'의 부작용을 가져온다는 논거는 인간의 이기적 본성과 사회의 다양성으로 인한 불평등을 제대로 수용하고 이해하지 못하는 데서 비롯된다. 바꿔 말하자면, 시장기능을 부정하는 민주주의는 곧 전제주의를 불러오는 교두보 역할을 한다. 개인의 자유와 권리를 존중하는 민주주의는 시장의 자생적 기능과 원리를 존중해야 한다.

다섯째, 개인의 자유와 권리를 존중하는 민주적 질서는 정보의 분산에 있다. 정보를 국가나 중앙 권력 기관에 의하여 통제할 수 있다는 생각은 정보의 본질을 왜곡하여 그 사회로 하여금 개인의 창의성과 자율성, 그리고 개인의 의욕을 말살한다. 게다가 21세기 정보화 사회는 '정보의 홍수', 정보가 범람하는 사회이다. 시간의 흐름에 따라 나오는 정보의 양은 기하급수적으로 증가하고, 그에 따라 개인의 욕구가 수시로 변해 간다. 그 변화에 따라 개인의 움직임은 좌우된다. 정보의 분산의 원리를 존중하지 않으면, 개인의 자유와 권리를 존중하는 민주적 질서는 파괴된다.[1)]

이러한 관점을 견지해야 원만하고 통합된 민주사회를 유지하면서도 개인의 가치, 즉 개인의 자유와 권리를 존중할 수 있다. 또 개인 간 상호 존중의 가치는 사회적 효용성이 아니라 바로 개인과 사회의 자기 유사성에서 정당화될 수 있다. 이 점에 착안하여 민주사회는 '개인 대 사회'의 단순 이분법을 떠나서 '나의 발전이 곧 국가 발전의 초석이며, 국가 발전

---

1) 여기서도 정보의 홍수로 인하여 사회가 혼란스러워 보이기도 한다. 그러나 그것은 무질서가 아니다. 개인의 욕구에 다른 정보를 추구하고 이를 생산하고 교환하는 일이 '카오스'적 질서로 나타나기 때문이다. 겉으로 보면 무척 혼란스러워 보이지만, 각자의 필요한 정보에 의하여 움직이는 카오스의 법칙이 내재한다.

은 나의 발전의 원동력이 된다'는 역동적 차원의 복잡계 교훈을 존중해야 한다. 그것이 곧 온전한 민주사회를 실현하고 개인의 자유와 권리를 증진하는 방법이다.

Ⅱ. 절차적 원리로서의 민주주의

민주주의는 부지부식간에 사람들의 뇌리에 '최고선'으로 각인된 듯하다. 특히 과거 권위주의 정권 시절에 내세웠고 많은 이들의 공감을 가져왔던 '민주화'는 어느새 그 빛이 퇴색하였다. 게다가 민주화는 우리가 은연중 추구해야 할 최고선이 되어 버려 그것이 도리어 개인의 자유와 권리를 침해하는 폐해를 낳기도 한다. 민주주의가 만약 최고의 선이라면 민주주의는 목표하는 도달점이 있는 셈이고, 자유, 평등, 권리 등 여타의 정치적 가치들은 이에 대한 수단으로 전락하고 만다. 이와는 반대로 민주주의가 우리가 준수해야 할 절차적 원리라고 한다면, 상황은 그렇지 않다. 그러면, 우리가 준수해야 할 그 원리가 무엇인가에 관심을 갖지 않을 수 없다. 실제로 개인의 자유와 권리를 궁극적으로 말살시키고 마는 인민민주주의나 사회민주주의는 절차적 원리가 아니라 하나의 이상적인 가치로 인식된 결과물이다. 이 절에서는 민주주의가 절차적 원리이어야 한다는 점을 살펴보기로 한다.

민주주의는 인간이 지향하는 하나의 가치로 여겨왔다. 그러나 민주주의가 과연 지향해야 할 최종적인 '가치'인가에는 강한 의문이 남는다. 우선 민주주의의 시원이라고 할 고대 희랍의 고전적 민주주의는 제한적이지만 서로가 의사소통하는 공동체적 절차였다. 일종의 '제한된 참여방식'이다. 이어 로마의 공화정은 정치세력 간의 권력의 견제와 법치를 존중하는 절차를 존중한 체제이다. 비록 귀족의 이익을 대변하는 측면이 있어서 '민주주의'라는 명칭을 붙일 수 없다는 비판이 있지만, 법치와 설득을 존중했다는 점에서 민주주의와 관련된다.

17~18세기에 이르러 민주주의는 중세와 절대왕정의 암흑기를 거쳐 다시 부활한다. 그 갈래는 여러 가지가 있다.[2] 그 하나가 고대 희랍과 로마의 공동체적 가치를 부활하고자 하는 집합적 민주주의 이념이다. 루소가 주장하는 일반의지를 토대로 평등사상을 중심으로 한 하나의 '이데올로기'이다. 이 생각은 루소의 『사회계약론』에 고스란히 담겨 있다. 이에 따르면, 사회구성은 일반의지에 근거하여 어느 누구도 다른 사람의 지배자가 될 수 없다는 원칙을 견지하여, 구성 상호 간의 평등, 동등한 참여를 강조한다. 특히, 경제적 평등을 강조하고, 사유재산을 악의 근원으로 보고 공유제를 선호, 권장하며, 결과적으로 사유재산을 부정하는 마르크스주의의 토대를 제공한다. 루소의 집합적 민주주의는 19세기에 이르러 '인민민주주의'로 계승된다. 이 점에서 마르크스의 『자본론』과 『공산당 선언』의 모체가 루소의 『사회계약론』이라고 보는 견해는 타당하다. 20세기 말에 이르러 인민민주주의의 폐해를 극복하고자 여러 형태의 민주주의가 나타났다. 참여민주주의는 그 연장선 상에 있다.

물론 참여민주주의가 인민민주주의의 계승이라고 단정할 수는 없다. '참여'라는 절차를 중시하고 개인의 자유와 권리를 옹호한다는 측면에서 보면 참여민주주의는 권장할 만한 민주주의 유형이다. 그러나 '참여'조차도 하나의 선으로 간주하면 그 폐해가 고스란히 드러난다. 결국 개

---

2) 이하 다음 절에서 소개하는 '민주주의의 유형' 참조.

인의 자유와 권리라는 개인의 가치를 집합적 가치에 함몰시키는 아이러니를 낳게 된다. 그리하여 참여민주주의를 사회민주주의라는 범주에 넣을 수도 있다. 이 범주에 속하는 사람들은 민주주의를 하나의 이상향, 지고의 가치, 절대 선으로 간주한다. 그리고 이에 따라 가치일원주의(value-monism)에 매인 교조주의에 빠진다.

다른 하나는 근대 계몽사상을 발화점으로 하고 서구의 시민혁명을 임계점으로 출현한 개인의 생명·자유·재산을 존중하는 자유민주주의 체제이다. 사상적으로 보면 아담 스미스의 자유방임 경제론과 존 로크의 민권사상이 그 토대가 된다. 민주국가의 책무는 개인의 생명·자유·재산의 보호는 물론 사생활, 언론, 집회, 결사의 자유 등을 존중하고 정부가 이를 보호하며, 권력의 분산을 통하여 정부의 독주를 감시한다는 데 있다. 우리 헌법에 천명된 각종 기본권과 함께 우리가 강조하는 고전적 권리는 이 민주주의 이념에 근거한 것이다. 작은 정부, 시장의 원리, 삼권분립의 원리 등은 민주주의를 이념이 아닌 절차적 원리로 존중하도록 하는 제도적 장치이다. 이 범주에 속하는 민주주의를 존중하는 사람들은 민주주의를 개인의 생명·자유·재산을 보호하고 기본권을 존중하는 절차적 원리로 본다. 자유민주주의는 다양성을 존중하는 만큼 가치다원주의(value-pluralism)와 관용을 수용하되, 체제 부정적인 갈등이 유발할 경우 법치를 우선시한다. 다원적 민주주의는 이 점에서 큰 장점을 지닌다. 하지만 다원적 가치를 존중한다는 명분이 개인의 생명·자유·재산을 존중하는 자유민주주의 기본원리를 단순한 대안적 가치로 여기면서 이를 부정할 위험도 있다.

다른 한편, 지금 소개한 두 가지 중 어디에도 넣기 어려운, 자유민주주의를 표방하면서도 평등과 박애의 가치를 강조한 민주주의 유형이 있다.

이른바 '진보적 자유주의'를 토대로 한 민주주의 모델이다. 자유주의자로 분류되는 이들이 이 모형에 토대를 제공한다. 19세기 존 스튜어트 밀과 20세기 존 롤스가 대표적인 인물이다. 역사적으로는 프랑스대혁명의 기치인 자유·평등·박애가 사상적 근원이다. 이 민주주의 모형은 오히려 사회민주주의에 가깝다고 할 수 있다. 왜냐하면 분배, 평등, 정의가 민주주의를 구성하는 가치체제이기 때문이다.

이에 반대하여 20세기 후반 대두된 민주주의 모형이 이른바 뉴 라이트(The New Right) 또는 자유지상주의(libertarianism)를 핵심으로 하는 신 보수주의 모형이다. 이는 외형상으로 보면 고전적 자유민주주의의 복원으로 보이지만, 사실은 좌파 민주주의에 대한 대안으로 대두되었다. 이를 선도하는 사상가로는 하이에크와 밀턴 프리드먼을, 이를 정책에 실현시킨 이들로 레이건 미국 대통령과 대처 영국 수상을 들 수 있다.

이렇게 민주주의의 전개 양상을 개괄해 보면, 민주주의 자체가 좌-우 대결 양상으로 보인다. 이러한 핑퐁 게임 또는 시계추 운동과 같은 대립 양상은 민주주의를 온전하게 이해하지 못하도록 방해한다. 왜냐하면 민주주의는 이데올로기를 반영하는 이념이나 정책 노선이 아니기 때문이다. '민주주의'는 추구해야 할 도덕적 가치, 실현해야 할 이상이나 절대선이 아니라, 인간이 문명 생활을 영위하는 데 요구되는 '절차적 원리(procedural principles)'이다.

왜 그런지 간단하게 언급하도록 하겠다. 만약 민주주의를 추구해야 할 도덕적 가치, 실현해야 할 이상이나 절대선으로 보게 되면 여러 가지 사회적 병폐가 발생한다. 과거 민주화 운동의 기여자들 또는 희생자들이 오늘날 마치 '완장 찬 기득권'처럼 행세하는 경우가 없지 않다. 물론 모든 민주화 운동 참여자가 그랬다는 것은 아니지만, 적지 않은 이들이 선민의식(選民意識)을 가지고 행세하는 것을 부인하기 어렵다. 왜 그럴까? 이들은 민주주의를 삶의 절차적 원리로 보는 것이 아니라 자신들의 이상향 또는 절대 선으로 설정한 결과로 보기 때문이다. 그래서 그들은 자신들이 설정한 절대 선이라는 허황된 가치를 공유하지 못하거나, 그 대열에 동참하지 않은 많은 사람들에 대하여 선민의식을 지닌다. 급기야 사회적 합의에 따라 선의(善意)로 부여된 일부 '민주유공자'는 이제 특권계층이 되어 버렸다. 백 보 양보하여 우리는 이들의 기여도를 순국선열들과 마찬가지로 사회적으로 용인해줄 수도 있다.

그렇지만 이들이 지닌 선민의식이 낳는 병폐는 국가가 베푼 보상과 예우에 만족하고 데 그치지 않는다는 데 있다. 자신들의 선민의식은 곧 편가르기 수법에 따라 상대방으로 하여금 부채의식(負債意識)을 지니게 만든다. 선민의식을 지닌 이들과 부채의식을 지닌 이들의 부조화와 대립이 사회 전반에 걸쳐 연출된다. 이러한 사회적 분위기가 연출되는 순간 합법성을 찾기 어려운 '완장 찬 권력'이 출현하고 상대방을 '적폐' 세력으로 몰아세운다. 하지만 이들은 부지부식 간에 자신들이 '적폐'라고 규정했던 사회적 기득권이 되어 상대방에게 득세하게 된다. 21세기 초 대한민국의 현실이 이를 입증해 준다. 이렇게 되면, 민주주의는 스스로 지향하는 가치를 부정하는 자기모순에 빠지게 되어 독재로 나가게 된다. 인민민주주의에는 '인민'이 없고, 사회민주주의는 실체 없는 '사회'에 개인을 종속시켜 버린다. 전자에 관한 실증과 논거는 최근 발간된 『슬픈 중국: 인민민주독재 1948~1964』에서 쉽게 확인할 수 있다(송재윤, 2020). 후자의 경우, 많은 제3세계 국가들이 평등 대신에 불평등을 겪어야 했으며, 풍요와 자유 대신에 빈곤과 속박의 굴레에서 벗어나지 못하였다. 반대로 서유럽 국가들은 '실체 없는 사회'가 아니라 '실체 있는 개인'을 존중하는 민주주의를 택하여 개인의 자유와 권리를 존중하고 아울러 사회적 번영도 구가하였다. 절차적 원리를 존중한 결과, 우파는 자유시장경제의 단점을 보완하는 복지정책을 선호하고, 좌파는 페이비언 사회주의를 전략적으로 모색하게 되었다.

그렇다면 우리는 민주주의를 어떻게 이해해야 하는가? 민주주의의 뜻부터 헤아려야 한다. 우선 '민주주의'라는 번역어가 잘못되어 있다. 영어 'democracy'가 사상체계를 뜻하는 '~ism'이 아니므로 '민주정(民主政)'으로 번역해야 옳다. 여기서도 민주주의는 사상체계가 아니라 방법상의 원리임을 확인할 수 있다. 더 구체적으로 '민주주의'는 국민, 인민, 공동체라는 집합적이고 추상적인 개념보다는 구체적 실체로서 개인들이 정연한 질서 속에서 자신의 이익을 도모할 수 있는 제도적 장치와 이를 운영할 모종의 절차를 가리킨다.

그 다음으로 민주주의에 반대되는 뜻이 무엇인지를 헤아려볼 필요가 있다. 어떤 개념이 잘 파악되지 않을 때, 그 반대개념을 생각해 보는 것은 매우 유효하기 때문이다. 민주주의의 반대는 '권위주의'이다. 권위주의는 '권위'를 빌미로 하여 권력을 남용하거나 부당하게 독점하는 행태를 말한다. 권위주의는 특정할 이데올로기나 이념이 자리 잡은 실체를 뜻하는 것이 아니고 일체의 합법적이고 합리적인 절차를 무시한 경우를 지칭한다. 여기서도 '민주주의'의 본질은 절차적 원리에 있음을 확인할 수 있다. 참고로 자유주의의 반대는 '전체주의'이고, 개인주의의 반대는 '사회주의'이다. 공산주의는 경제적 용어이므로 그 반대는 '자본주의'이다. 실제로 공산주의는 명분으로나 실제적으로나 자본주의 '타도'를 외치지 않는가?[3)]

---

3) 이어지는 제4절 '민주주의의 왜곡' 참조. 사실 좌-우에 관계없이 사용하는 '자본주

문제는 절차적 원리로서 민주주의를 무시하는 권위주의가 단순한 절차적 하자와 결함을 넘어서 여러 가지 형태의 독재정치로 변질된다는 데에 있다. 특히 민주주의를 '이상향'으로 설정해놓은 사회주의, 공산주의, 전체주의가 그러하다. 따라서 그러한 폐해를 막기 위한 해법은 민주주의를 절차적 원리로 보는 데서 찾아야 한다. 그렇다면 절차적 원리로서 민주주의란 구체적으로 무엇을 지칭하는지를 살펴볼 필요가 있다.

제도적으로는 입법, 행정, 사법의 절차를 존중하는 것이다. 이는 정치적 의미와도 연결된다. 법적 절차를 존중한다는 것은 정치적 논의에서 중립적인 위치에서 심판관 노릇을 하도록 해야 한다는 뜻이다. 이는 곧 정치적 권위주의를 배격하는 것을 말한다. 여기서 정치적 권위주의란 곧 독재체제를 가리킨다. 그러므로 절차적 원리로서 민주주의를 존중한다는 것은 독재체제, 구체적으로 전체주의와 권위적 집합주의를 막는 가장 합리적이고 정당한 일이다.

이는 민주주의를 삶의 양식의 연장으로 보는 관점이다. 우리가 영위하는 문명화된 삶의 양식 중에서 절차를 존중하는 삶의 양식이 중요하다. 또한 삶의 양식으로서 민주주의는 곧 시대변화에 어긋나거나 뒤떨어지는 구습, 악습으로부터 벗어나게 해준다. 따라서 인류의 진보는 이상향이나 절대 선을 자의적으로 설정해놓고 이를 맹종하는 데서 이루어지지 않는다.

구습과 악습으로부터 벗어나는 일도 두 가지로 생각해 볼 수 있다. 급진적인 혁명을 통하여 이루는 방법이 있고, 절차적 원리를 개방적인 관

의'라는 용어는 공산주의자들이 비하 의미를 담아 고안해낸 말이다. 정확하게는 절차적 원리를 존중하는 시장경제체제, 시장주의 등의 용어가 타당하다. 게다가 불행하게도 '시장주의'를 뜻하는 영어단어가 없다.

점에서 융통성 있게 다루는 방법이 있다. 전자는 앞서 언급한 민주주의를 하나의 이상이나 절대선으로 보는 이들이 취하는 방식이다. 후자의 입장은 크게 두 가지로 나뉜다. 하나는 고전적인 자유민주주의를 지지하는 이들에게서 찾을 수 있다. 다른 하나는 진보 사상들에게서 찾을 수 있다. 사회민주주의와는 달리 개인의 자유와 권리 그리고 시장경제 원리를 전략적으로 허용하는 페이비언 사회주의가 이에 해당한다.

끝으로 절차적 원리로서 민주주의를 이해하는 하나의 예를 들어보자. **[그림 10-1]**은 차선이 여럿인 대도시 도로에서 자동차 한 대만 속도를 늦추어도 도로 전체가 정체되는 현상을 설명한다.[4] 이 그림은 민주사회에서 개인의 자율적 책무성과 질서의 중요성을 보여준다.

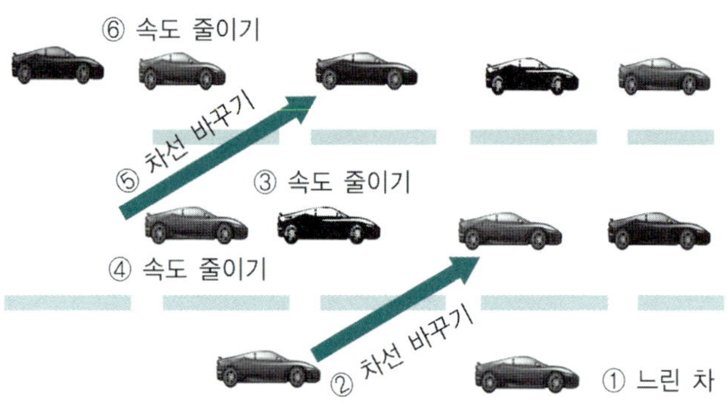

[그림 10-1] 차선 바꾸기 현상

4) 이 그림(Surowiecki, 2004: 200)을 제시한 서로위키의 의도는 여기서 논의하는 바와 일치하지는 않는다. 하지만 민주시민교육에서 개인의 책무성과 사회적 권위와 질서의 필요성을 설명하는데 이 그림만큼 적합한 예가 없기 때문에 이 그림을 통하여 설명하도록 한다.

[그림 10-1]에서 ①번의 차가 서행을 한다. ①번 차를 추월하기 위하여 ②번 차는 차선을 바꾼다. 이때 바꾸려고 끼어든 차선을 따라오던 ③번 차는 속도를 줄이게 된다. ③번 차가 속도를 줄이게 되니 뒤따라오던 ④번 차도 역시 서행하게 된다. 두 번째 차선 전반에 자동차 주행 속도가 줄어드는 것이다. 이를 본 ⑤번 차는 다시 다른 차선으로 바꾸려고 시도한다. 이 과정에서 다시 세 번째 차선에서도 자동차 주행 속도가 줄어든 현상이 야기된다. 결과적으로 도로의 많은 차 중에서 자동차 한 대가 끼어들기를 한 결과가 도로 전체의 모든 차들을 서행하게 만드는 현상을 초래한다.

이러한 현상을 놓고 우리는 두 가지 교훈을 얻을 수 있다.

첫째, 개인의 행동이 전체요소의 한 부분으로 작용하는 요소환원주의가 아니라 개인의 행동이 여러 차례의 자기 유사성을 지닌 반복과 되먹임을 통한 프랙털 효과가 바람직한 사회 현상을 창출해 낸다. 이 말은 대중의 지혜를 존중해야 하는 민주주의 가치 체제 아래서 개인의 행동이 야기하는 결과가 매우 크다는 것을 뜻한다.

둘째, 개인의 행동이 야기하는 결과는 자체 조정 능력이 결여되어 있다는 점이다. 서로위키는 이에 관하여 "대중의 지혜가 언제나 조정문제를 잘 해결하는 것은 아니다. 교통 정체는 운전자 각자가 자신의 목적에 충실한 것만으로 전체 집단이 훌륭하게 조화되는 그런 문제가 아니다. 오히려 교통 정체 문제의 경우에는 다양한 개인들의 행동을 규제하는 규칙이 필요하다"고 언급하였다. 이러한 사실은 민주사회에서 민주적 가치는 사회적 권위와 제도의 중요성을 인식하고 이를 존중하는 데 있음을 암시한다.

Ⅲ. 민주주의의 유형

이제까지 '민주주의'를 하나의 이상적 가치로 보는가 아니면 개인의 자유와 권리를 존중하는 절차적 원리로 보는가 하는 문제를 살펴보았다. 전자의 폐해를 통하여 민주주의가 안고 있는 문제점, 즉 개인의 자유와 권리를 훼손하는 데 악용될 소지가 있음을 확인하였다. 그러면 민주주의라는 가치가 어떻게 해서 이렇게 변용될 수 있는가를 이해하기 위하여 고대 희랍 이래 인류가 '민주주의'로 간주해왔던 제 유형을 살펴보기로 한다.5)

1. 고대 희랍의 고전적 민주주의

'민중의 지배'라는 뜻을 가진 민주주의의 원형은 고대 아테네 민주주의이다. 그러나 이 유형의 민주주의는 아테네 시민으로서 성인 남자만이 공민권 등을 행사하므로 특권적 민주주의라고 할 수 있으므로, 오늘날 우리가 생각하는 민주주의와는 사뭇 다르다. 즉 작은 도시국가를 토대로 한 공동체적 민주주의로 오늘날 대중 민주주의처럼 성별이나, 신분, 재산 등의 차별 없는 정치 참여가 보장된 것이 아니기 때문이다.

단지, 선거에 의한 대표자 선출, 왕이나 신과 같은 민의와는 동떨어진

---

5) 민주주의 유형에 관한 소개는 David Held(1996, 2nd ed.; 3rd ed. 2001)을 참조하였음. 헬드는 민주주의 유형을 기본적으로 12가지로 소개하고 있으며, 3판에서는 더욱 다양한 유형을 제시한다. 여기서는 그의 모형을 그대로 따르지 않고, 이를 토대로 하여 대략 9가지로 나누어 중요한 사안을 검토하였다. 또한 이 절은 김정래(2013)의 107-115쪽에도 소개한 바 있으나, 여기 내용은 이를 확대하고 보완한 것임을 밝혀 둔다.

의사를 배격하는 주민자치 원리를 최초로 설정하였으며, 이 점에서 '고전적 민주주의'라고 한다. 민의를 반영했다는 점에서 그 역사적 가치를 인정할 수 있지만, 시민권을 가진 이들만의 참여를 전제로 한다는 점에서 그 한계가 드러난다. 그 특징을 정리한 내용은 **〈표 10-1〉**과 같다.

〈표 10-1〉 고전적 민주주의 특징

고전적 민주주의 Classical Democracy
기본 원리
시민들은 그들이 자유롭게 통치하기 위하여 정치적 동등함을 누려야 한다.
주요 특징
입법적, 사법적 기능에 대한 직접적인 시민들의 참여
모든 시민들은 주권을 가진다.
한 도시에서의 모든 통상적인 일을 포함하는 것을 주권의 범위로 한다.
다양한 공직 후보 선출 방식(직접 선거, 무작위 추첨, 순환보직)
일반 시민과 공직자를 차별하기 위한 특권의 차이는 없다.
전쟁과 연관된 지위를 제외하고 동일인물이 두 번 이상 같은 공직 위치에 임할 수 없다.
모든 사람의 정치 참여를 위한 짧은 임기
공공 서비스에 대한 지불
일반 조건
내륙 농업 지역이 있는 작은 도시 국가
시민들을 위한 자유로운 시간을 만들어내는 노예 경제
집안일은 공적인 의무들을 위해 남성을 자유롭게 해주는 여성의 가사 노동
상대적 소수에 대한 시민권의 제한

출처: Held(1996: 33; 2001: 27)

오늘날의 관점에서 보면 비록 고전적 민주주의는 한계를 지니고 있지만, 민의를 대변하고 구성원의 참여를 전제한다는 점에서 그 의의가 크다. 이는 세습과 같은 요인에 의하여 권력이 집중되는 것을 방지한다는 점에서 중요한 의미를 지닌다.

무엇보다도 중요한 점은 고대 희랍인들이 민주주의를 삶의 방식(ways of life) 또는 삶의 원리로 인식했다는 점이다. **〈표 10-1〉**에서 알 수 있는 바와 같이, 공직자를 무작위 추첨에 의한다거나 구성원이 순환하여 담당한다는 점에서 알 수 있다. 민주시민이 지니는 공적 책무를 바로 공직을 수행한다는 데서 찾았다. 오늘날 공직선거가 이전투구(泥田鬪狗) 양상을 보이는 것은 공직을 자신의 권력욕구나 이권 장악을 위한 것으로 보기 때문인데, 이와는 매우 대조적이다. 고전적 민주주의는 공동체 운영을 위한 공직 진출을 마치 서로 하기 싫은 일을 번갈아 맡아 수행하는 절차를 확립했다는 점에서도 '절차적 원리'를 확보했음을 알 수 있다. 앞 절에서 민주주의를 절차적 원리로서 보아야 한다는 관점은 애초 민주주의 시발에서부터 확인된다. 또한 비록 노예와 여성을 제외한 제한적인 참여를 보장하지만, 공직에 진출하는 것은 모든 시민이 두루 참여해야 한다는 원칙을 견지한다.

고전적 민주주의는 오늘날과 같은 선출직 공무원이 막강한 권력을 행사하는 것을 전제하지 않는다. 그 선출방식이 오늘날의 로또나 순환직(rotation) 방식이므로 교육적으로 권장할 만한 내용을 담고 있다. 민주시민교육의 일환으로서 학급 반장 선거, 당번 정하기, 또는 학교에서 자율적으로 맡아 수행할 궂은 역할 분담은 이 민주주의 유형에 담긴 원리를 따르면 교육적 효과를 거둘 수 있다.

이 유형의 민주주의에는 다음과 같은 단점이 있다. 첫째, 시민권을 지닌 남성을 위한 민주주의이다. 노예, 여성, 아동과 같은 이들의 참여를 원천적으로 제한한다. 오늘날 익숙한 대중민주주의와는 거리가 멀다. 둘째, 시민권을 가진 인구가 대략 20만 명 이하인 사회에만 적용된다. 즉 오늘날 대도시의 기초 자치구 정도의 규모에서만 가능하다는 단점이 있다. 셋째, 시민들의 경제적 여유를 전담하는 노예라는 생산계층을 전제로 하므로 계층을 지닌 사회에서 작동한다. 이 점에서 민주적이지 못하다. 넷째, 시민권의 제한은 곧 권리의 측면에서 권리의 보편성을 보장하지 못한다. 즉 소수자의 권리가 아예 설정될 수도 없고 고려되지도 못한다.

2. 로마의 공화정

명칭에서 알 수 있는 바와 같이, 고대 로마의 공화정은 원칙상 민주주의의 유형이라고 할 수 없으나, 차후에 여러 가지 민주주의 변형의 모델이 되기 때문에 의미를 지닌다. 명칭상 민주주의가 아니라 공화정이라고 한 이유는 출신별로 귀족과 평민들이 상호 견제하는 권력 구조를 가지고 있기 때문이다.

로마 공화정은 민주주의를 정치적 의미로 해석한다. 여기서 민주주의는 곧 정치 참여를 뜻하며, 이것은 민주주의의 핵심이 된다. 이는 몇 가지 점에서 의미를 지닌다. 하나는 한 계층이나 집단에 권력이 집중되는 것을 막는다는 점이다. 다른 하나는 상층과 하층의 구성원 간에 권력 균형을 도모한 점이다. 이는 곧 현대 민주주의의 양원제의 기원이 된다. 양원제를 채택하는 각국에서 나름대로 그 명칭을 달리 하여도 공히 '상원'과 '하원'으로 통칭하는 것은 이러한 연유 때문이다. 또 다른 하나는 정치형태가 다양한 정치세력 간의 균형을 중시한다는 취지에서 상호인정과 이해를 위하여 설득력이 필요하다는 점에서 의미를 지닌다.

선거, 즉 공직 선출이 고대 희랍과 달리 집정관(consul) 선출을 비롯한 권력을 행사하는 직에 집중되어 있다. 공직 선출은 앞서 살펴본 고전적 민주주의 모형과 같은 무작위 추첨에 의한 선출이나 모든 구성원의 공직 분담이라는 특징보다는 대표자(representatives)를 선출한다는 데 있다.

공직이란 권력이 집중된 직책과 관련을 맺게 되므로 각 집단 간의 이익 증진을 위한 경쟁이 덕목으로 권장된다. 즉 경쟁은 '전쟁'이 아니라 몇 가지 덕목으로 중시된다. 첫째, 상대를 적(enemy)이 아닌 라이벌(rival)로 여긴다. 경쟁 상대는 공동체를 이끌어 갈 동반자이다. 둘째, 경쟁은 절차를 준수한다는 점에서 협력과 협동을 요구한다. 오늘날 경쟁과 협동이 반대 개념이라고 가르치는 것은 로마 공화정 이래 내려온 경쟁의 참된 의미를 심하게 왜곡하는 것이다. 셋째, 경쟁은 상호존중의 원칙에 따라 토론과 연설의 중요성을 부각시킨다. 고대 로마 교육에서 웅변술과 수사학이 발달된 것은 우연이 아니라 이 점과 깊이 관련된다.

로마 공화정은 법치주의의 시조이다. 이것이 오늘날 우리에게 주는 의미는 크게 두 가지이다. 첫째, 로마의 공화정은 법의 지배(rule of law)를 강조한다. 고대 로마는 실제 생활에 적용되는 실정법이 잘 발달한 것이 특징이다. 법의 지배가 사적인 요인에 따라 좌우되거나 입법이 특정 세력에 의하여 시도되는 입법만능주의가 되지 않도록 작동한다. 둘째, 오늘날과 같은 다수결에 따른 입법만능주의(rule by law)를 배제한다. 다수당이라고 하더라도 알력이나 다수결의 원칙에 따라 일방적으로 의사결정을 하지 않고 상대방을 설득하고 상호 이해하려고 한다. 이를 위한 설득과 웅변, 표현력 그리고 수사의 문제를 교육내용으로 삼을 근거를 제시한다. 즉 로마 공화정은 준법정신을 강조하고, 수사학과 설득력을 기르기 위한 교육적 필요성을 제기한다.

로마 공화정이 담고 있는 특징을 정리하면 〈**표 10-2**〉와 같다.

〈표 10-2〉 로마 공화정 특징

로마 공화정 Protective Republicanism
기본 원리
정치적 참여는 개인 자유의 필수적인 조건이다.
만약 시민들이 그들 스스로를 통치하지 않는다면, 그들은 타인에 의해 지배될 것이다.
주요 특징
국민, 귀족, 군주 사이의 힘의 균형은 혼합된 헌법이나 혼합된 정부, 모든 주요 정치 세력이 공직 생활에서 능동적인 역할을 할 수 있는 조항과 관련되어 있다.
시민 참여는 다양하고 가능한 메커니즘, 집정관의 선거의 선출, 의회 근무를 수행할 대표자를 통해 달성된다.
그들의 이익을 증진시키고 촉진시키는 경쟁적 사회단체들의 존속
언론, 표현 및 결사의 자유
법치주의
일반 조건
작은 도시 공동체
종교적 숭배의 유지
독립적인 장인과 상인들의 사회
정치에서 여성, 노동자 및 '노예'의 배제
(공공영역에서의 참여에 대한 남성 시민들을 위한 기회 확대)
경쟁 주체 간 갈등 심화

출처: Held(1996: 55; 2001: 44)

로마 공화정이 지니는 단점은 고대 희랍의 고전적 민주주의가 드러낸 단점과 별반 다를 바 없다. 오히려 남성 심화적인 특징이 악화되었다. 여기에다가 정파 간의 경쟁이 심화되는 부작용이 이미 노출되었다. 오늘날 민주주의 운영 체제에서 정파 간의 갈등의 씨앗을 여기서 찾을 수 있다.

3. 방어적 민주주의

방어적 민주주의(protective democracy)는 근대 자유민주주의의 토대이다. 이 민주주의는 개인의 자유와 권리를 존중하는 희랍의 민주주의와 법의 지배와 준법정신을 강조하는 고대 로마정의 정신을 계승한 민주주의 유형이다. 자유민주주의의 원형이 되는 이른바 '방어적 민주주의'라는 용어는 아테네의 민주정치보다는 로마의 방어적 공화정(protective republicanism)에 근거한다. 하지만 이 유형은 실제로 17~18세기 계몽사상과 민주혁명의 결과로 탄생한 것으로 근대 영·미의 자유민주주의의 근원이 된다. 또한 이 유형의 민주주의는 사상적으로 아담 스미스(Adam Smith)의 자유방임주의 경제 이론과 존 로크(John Locke)의 민권사상에 근거한다. 이 사상은 자유민주주의 형성에 크게 기여한다.

이것의 가장 중요한 핵심은 국가 권력과 정부에 대한 견제를 통한 개인의 자유와 권리를 '보호'하는 데 있다. 그래서 주권재민주의를 표방하고, 국가기능을 그 대표자들이 위임을 받아 작동시키고 권력을 분립시켜 놓았다. 국가 권력이 사유화되지 않는 비인격적인 성격으로 규정된다. 국가의 통치는 헌법을 기반으로 한 입헌주의이며 헌법에 근거한 법치에 따른다.

또 다른 중요한 특징은 시민 개개인의 삶을 국가로부터 분리시키고 사생활을 보호함으로써 개인의 자유와 권리가 실질적으로 현실생활에서 작동되도록 하였다는 점이다. 이를 위한 모든 기본권이 헌법에 의하여 보장되며, 자유로운 경제 활동이 권장된다. 경쟁체제에 근거한 시장경제도 이 유형의 민주주의의 중요한 특징 중 하나이다.

방어적 민주주의는 근대 시민사회의 고전적 자유주의(classical

liberalism)의 토대가 되며, 20세기에 들어서서 미국의 공화당이 지향하는 정치 이념이 되었다. 오늘날 우파 사상으로 일컬어지는 덕목들은 이 유형의 민주주의와 관련이 있다. 이 유형의 민주주의는 20세기 후반 이후 '신자유주의(neoliberalism)'라는 이름으로 부활되기도 한다. 하이에크와 밀턴 프리드먼의 사상은 고전적 자유주의의 현대판 버전이라고 할 만큼 이 유형에 기반을 두고 있다. 이들이 주장하는 '작은 정부'라는 개념은 바로 정부의 역할이 개인의 자유와 권리의 '보호'에 초점이 맞추어져 있음을 뜻한다. 앞 장에서 자유(liberty), 생명(life), 재산(property)이 불가분의 가치임을 지적한 바 있다. 이 맥락에서 '방어적 민주주의'는 로크의 사상에 뿌리를 둔 개인의 자유, 생명, 재산의 '보호(protection)'에 초점을 맞춘다는 데서 나온 명칭이다.

이 유형의 민주주의는 미국의 건국 사상의 토대이기도 하며, 국가의 책무로서 국민의 생명과 안전, 자유의 보장, 재산의 보호, 그리고 개인의 사생활 보호, 사유재산의 존중을 가장 큰 가치로 삼고 있다. 이에 상응하여 시민으로서 개인의 책무는 정부의 독주를 감시하고, 통치자를 주기별로 선출하는 데 있다. 앞서 언급한 바와 같이, 로마의 방어적 공화정 정신을 이어받아 헌법 가치와 법치가 존중된다. 아울러 기존 제도를 존중하면서 전통을 중시한다.

방어적 민주주의의 특징을 정리하면 **〈표 10-3〉**과 같다.

〈표 10-3〉 방어적 민주주의 특징

방어적 민주주의 Protective Democracy
기본 원리
시민들은 통치하는 사람들이 전체적으로 시민의 이익에 상응하는 정책을 추구하는 것을 보장하기 위하여 최고 관리자뿐만 아니라 서로로부터도 보호를 필요로 한다.
주요 특징
주권은 궁극적으로 국민에게 있지만, 합법적으로 국가기능을 행사할 수 있는 대표자들에게 주어진다.
정기적인 선거, 비밀 투표, 계파 간 경쟁, 잠재적 지도자 또는 정당과 다수결 원칙은 통치자들의 책임을 확립하기 위한 제도적 기반이다.
국가 권력은 비인격적이어야 한다. 또한 법적으로 행정부와 입법부, 사법부가 제한되고, 분리되어야 한다.
정치, 의사표현, 결사, 투표와 신앙과 관련된 모든 것에 대하여 정치적, 시민적 권리나 자유의 형태로 법 앞에 평등에 근거하여 자유를 보장하기 위한 입헌주의 중심.
시민 사회로부터 국가를 분리하는 것, 즉 일반적으로 국가 행동의 범위는 폭력의 위험, 받아들일 수 없는 사회적 행동 및 원치 않는 정치적 간섭으로부터 시민들이 자유롭게 그들의 사적인 생활을 추구하게 하는 체제의 생성으로 엄격히 제한된다.
권력 경쟁과 이익 그룹
일반 조건
정치적으로 자율적인 시민 사회의 발전
생산 수단의 개인 소유
경쟁적인 시장 경제
가부장제 가족
민족국가의 확장된 영토 범위

출처: Held(1996: 99; 2001: 78)

방어적 민주주의는 가부장적 가치의 존중, 근대 민족국가의 영토 개념 등을 토대로 한다. 이 점에서 방어적 민주주의는 '보수주의'와 동일시되기도 한다. 또한 자유의 측면에서 소극적 자유의 중요성과 함께 작은 정부의 역할이 강조된다. 권리의 측면에서 보면, 고전적 권리가 중시되며, 특히 시민권(civil rights)의 개념이 핵심이 된다. 구체적으로 개인의 자유, 생명, 재산의 존중, 인신 보호가 중시되며, 개인 간 상호존중(mutual respect), 법과 질서의 존중 등 법치가 강조된다. 같은 맥락에서 고전적 권리의 정당화 논거에 비추어 무한 참여, 무한 의사표현의 제한이 정당화된다. 그러나 진보적 민주주의가 주장하는 제2세대 권리인 경제·사회권(economic and social rights)과 상충되는 측면이 있다.

4. 진보적 민주주의

헬드의 구분과는 달리 여기서는 진보적 민주주의에 진보적 공화정을 포함시켜 소개한다.

자유민주주의의 맥락에 있으면서도 방어적 민주주의의 양상과 상반되는 민주주의 유형이 존재한다. 그 사상적 기원은 르네상스 이래 인간중심의 사고 체제로 올라간다. 마키아벨리의 군주론에서 모델이 되는 정치 형태는 로마의 공화정을 모태로 하고 여기에 평등사상을 보탠 것이다. '일반의지(General Will)'를 토대로 한 루소의 사회계약론은 이 유형의 민주주의의 토대를 제공한다(Rousseau, 1762).

여기서 평등의 의미는, 루소의 일반의지에 근거하여 어느 누구도 다른 사람의 지배자가 될 수 없다는 사회구성 원칙에 입각하는 것이다. 여기서 구성원 상호 간의 평등, 동등한 참여를 특징으로 하는 민주사회가 형성된다.

방어적 민주주의와는 반대로, 루소의 사회계약설은 경쟁을 죄악시하여 결과적으로 자유주의를 부정하는 공동체 가치를 내세운다. 물론 루소

자신이 설정한 '자유'가 있지만, 그것은 우리가 생각하는 것처럼 일상적인 의미에서 선택하고 향유하는 것이 아니다. 앞서 살펴본 바와 같이 자유가 왜곡된 것이다. 나아가서 루소의 주장은 경제적 평등을 강조하고, 사유재산을 악의 근원으로 보고 공유제를 선호, 권장하며, 결과적으로 사유재산을 부정하는 마르크스주의, 또는 사회주의와 공산주의의 토대를 제공한다. 이를 헬드는 진보적 공화정(developmental republicanism)이라고 하였다. 그 특징을 정리하면 **〈표 10-4〉**와 같다.

〈표 10-4〉 진보적 공화정 특징

진보적 공화정 Developmental Republicanism
기본 원리
시민들은 공익을 위한 자기결정 과정에서 어느 누구도 타인의 지배자가 될 수 없도록 하며, 모든 사람이 동등한 자유와 발전을 누릴 수 있도록 반드시 정치적·경제적 동등함을 누려야 한다.
주요 특징
입법 및 집행 기능의 분할
입법부를 구성하기 위한 공개회의에 시민들이 직접 참여
공공 현안에 대해서는 만장일치가 바람직하지만, 의견 차이가 있을 경우 다수결 조항이 우선시된다.
'치안판사' 또는 '관리자'의 관할에 있는 행정직 임원은 직접 선거 또는 추첨으로 임명한다.
일반 조건
소규모, 비 산업 공동체
대중에게 소유권을 분산; 시민권은 재산을 보유한 독립된 생산자 단체에 귀속된다.
비가사적인 노동과 정치를 위해 남성을 자유롭게 하는 여성의 가사 노동

출처: Held(1996: 61; 2001: 48)

오늘날 '진보'가 붙여진 사상의 뿌리는 여기서 찾을 수 있다. 그래서 마르크스주의는 물론 현대 공동체주의의 원형을 제공한다. 또한 우리나라 참여정부가 한 때 표방했던 '현대 참여민주주의'의 토대를 제공하기도 하였다.

비록 '좌파' 노선으로 분류되긴 해도, 자유민주주의에 가까운 또 다른 민주주의 형태가 있다. 사상적으로는 계몽사상과 민주혁명의 결과로 탄생한 것은 같지만, 대중의 평등을 강조한 미국의 정신이 반영된, 현대적 의미로 보면, 미국의 민주당이 지향하는 정치형태이다. 이른바 진보적 자유주의(progressive liberalism)가 그것이다. 이 점에서 우리는 '민주주의'와 '자유주의'라는 용어에 유의할 필요가 있다. 왜냐하면 이 부류의 사람들은 '자유주의(liberalism)'를 '진보'라는 말과 동의어로 사용하기 때문이다. 실제로 미국에서 '자유주의'는 진보주의를 뜻하며, 보수주의에 반대되는 의미로 사용된다.

앞서 방어적 민주주의가 미국 독립정신에 근거한다고 한다면, 여기서 말하는 진보적 민주주의는 프랑스 혁명정신에 가깝다고 말할 수 있다. 그러나 미국의 경우를 보면 방어적 민주주의는 미국 공화당 강령에, 진보적 민주주의는 미국 민주당 강령에 가깝다.

그럼에도 불구하고 이 유형의 정치형태를 좌파 민주주의라고 하는 데에는 이유가 있다. 정부의 역할을 강조하고, 큰 정부를 지향하기 때문이다. 진보의 맥락은 '자유'를 보는 관점에서 더욱 뚜렷하게 드러난다. 이 모형을 지지하는 사람들은 개인의 자유를 보호하기 위한 국가의 역할에 더 역점을 둔다. 이는 총기 소지에 대한 미국의 양당의 입장 차이에서 잘 알 수 있다. 공화당은 개인의 자유는 개인의 자기 책무에 있으므로 총기 소지 허용을 지지하는 반면, 민주당은 개인의 자유를 국가가 보호할 측면이 있기 때문에 총기 소지 금지를 지지한다. 이와 같은 '진보적 민주주의'의 특징은 〈표 10-5〉와 같이 나타낼 수 있다.

〈표 10-5〉 진보적 민주주의 특징

진보적 민주주의 Developmental Democracy
기본 원리
정치 생활에 참여하는 것은 개인의 이익을 보호하는 것뿐만 아니라 지성 있고 헌신적이며 발전하는 시민의 창조를 위해서도 필요하다. 정치 참여는 개인 역량의 '최상의, 조화로운' 확장에 필수적이다.
주요 특징
보편적인 선거권을 가진 대중의 주권('비례' 투표 시스템과 함께)
대의원 정부(당선된 지도부, 정기 선거, 비밀 무기명 투표 등)
헌법적 견제는 사상, 느낌, 취향, 토론, 출판, 결합 및 개별적으로 선택한 '생활 계획'의 추구와 관련된 모든 것들보다 국가 권력에 대한 제한과 분열을 확보하고 개인의 권리를 증진시키기 위한 것.
의회를 공공 관료주의로부터 명확히 구분하는 것; 즉 선출직과 전문직 행정관의 기능을 분리하는 것
투표를 통한 정부 각 부처에 대한 시민의 참여, 지방 정부에 대한 광범위한 참여, 공개
토론 및 배심원 제도
일반 조건
국가의 간섭을 최소화한 독립적인 시민 사회
경쟁적인 시장 경제
'공동체' 또는 협동적 소유 형태의 실험과 함께 생산수단의 사적 소유와 통제.
정치적인 부권으로부터 여성의 해방, 그러나 전통적인 가사 노동 분업의 보존.
국가 간에 발전된 관계를 가진 민족국가 체제

출처: Held(1996: 99; 2001: 78)

여기에 속하는 대표적인 사상가로는 밀(J. S. Mill)과 롤스(John Rawls) 등을 들 수 있다. 밀의 경우 개인의 자유를 강조하지만, 동시에 사회주의적 정책을 많이 주장했다는 점에서 국가의 역할을 강조한다. 앞서 롤스의 정의 이론을 살펴본 바와 같이, 롤스는 자유의 이념을 제1원칙으로 삼고 있지만, 제2원칙에서 불평등 해소를 위한 차별정책을 주장했다는 점에서 국가의 역할을 강조한다.

물론 이들은 좌파이기는 해도 사회주의와 공산주의와는 달리 자유시장을 존중한다. 다만 자유시장을 존중하지만 공공목적에서 개인의 재산의 제한에 무게를 둔다. '진보'라는 기치 아래 여성의 자유, 소수 민족, 다문화 존중, 전문직보다 선출직의 중요성을 강조한다. 즉 자유민주주의 체제를 바탕으로 진보를 표방한다. 이 점에서 그들은 '자유주의'와 '진보'를 동의어로 본다.

이 유형의 민주주의는 자유 시장경제 원리를 수용하면서도 사회주의 노선을 접목하려고 한다. 유럽의 이른바 좌파 정당들은 이 노선을 따른다. 하지만 이 경우 사회주의 요소가 강하게 반영되면 '자유민주주의'가 아니라 '사회민주주의'로 변질될 가능성이 높다. 좌파 정당 집권 당시 시장경제 원리가 무시되거나 경제성장 등이 둔화 내지는 멈춘 경우를 찾아볼 수 있다. 1979년 대처 수상의 집권 이전의 영국 노동당 정부 노선이 이를 극명하게 보여준다. 이 유형의 민주주의를 '사회민주주의'라고 할 수 있다.

진보적 민주주의에서 약자 보호는 빠뜨리지 않고 강조되는 덕목이다. 그 결과 약자 보호를 위한 국가 개입을 강조한다. 1960년대 케네디 대통령이 제안한 '차별철폐조치(Affirmative Action)'는 이 모형에 근거한다. 이 모형의 민주시민교육은 주로 개인의 자유 신장에 초점을 맞추고 있으면서도, 양성평등의 강조, 다문화(다원주의)의 존중, 소수 민족 보호, 약자 보호를 위한 교육프로그램을 중시한다. 우리나라에서 시행되는 대부분의 민주시민교육이나 인권교육 프로그램이 대부분 이 유형에 초점이 맞추어져 있다.

5. 인민민주주의

이 유형은 경제적 평등에 초점을 맞춘 민주주의이다. 여기에는 사회주의와 공산주의가 포함되기도 하지만, 정치현실로 보면 인민민주주의에 해당한다. 이러한 민주주의 유형을 넘어서 명칭으로만 '민주주의'를 표방하고 있지만, 인민의 이익과는 전혀 무관한 이른바 '프롤레타리아 독재(proletariat dictatorship)'를 가져온 정치형태이다. 이제 인민민주주의(people's democracy)를 살펴보자. 이 민주주의의 근원은 마르크스와 엥겔스의 사상이다. 물론 이때 민주주의는 사회주의(socialism)와 공산주의(communism)에서 말하는 민주주의이다.[6] 이 유형의 민주주

6) 사회주의와 공산주의는 차이가 있다. 여기서는 이를 상세하게 다루지 않도록 하겠다. 하지만, 그 차이를 간략하게 언급하자면, 공산주의는 사회주의와는 달리 프롤레타리아 혁명을 통하여 자본주의 사회를 전복시켜야 한다는 주장을 한다. 마르크스와 엥겔스에 따르면 이전의 사회주의는 혁명을 통한 공산주의를 주장하지 않았기 때문에 '공상적 사회주의'라고 하며, 자신들의 공산주의를 '과학적 사회주의'라고 한다. 이렇게 보면 사회주의는 공산주의를 포함하는 보다 포괄적인 개념이 된다. 그러면 프롤레타리아 혁명을 주장하는 공산주의 아닌 사회주의가 가능하다. 앞서 소개한 진보적 민주주의의 좌편향적 사회주의는 이러한 개념 틀에서 가능하다. 그러나 공산주의 입장에서 보면, 사회주의는 공산주의를 포괄하는 개념이 아니다. 공산주의는 공상적 사회주의를 극복하고 '필연적으로' 도래하는 이상사회라고 주장한다. 즉 사회주의와 공산주의는 포함관계가 아니라 병렬적 대등관계에 있다. 오히려 공산주의 입장에서 보면 공산주의가 사회주의보다 우위(superior) 개념이다. 어느 경우이건 간에 사회주의와 공산주의는 모두 개인의 자유와 권리를 제한하고 말살하는 결과를 초래하여 '전체주의'를 지향한다는 점에서 동일하다. 그래서 개인의 자유와 권리를 존중하고 증진하는 사회주의 노선이 과연 가능한가에는 의문이 남는다. 설사 그러한 노선을 수용한다고 할지라도 개인의 자유와 권리가 사회주의 이상을 실현하는 수단이 된다는 점에서 근본적인 문제가 남는다. 이하 <표 10-6> 참조.

의의 특징을 정리하면 〈**표 10-6**〉과 같다.

〈표 10-6〉 인민민주주의 특징

<table>
<tr><th colspan="2">인민민주주의 Direct Democracy and the End of Politics</th></tr>
<tr><th>사회주의</th><th>공산주의</th></tr>
<tr><td colspan="2">기본 원리</td></tr>
<tr><td colspan="2">'모든 이의 자유로운 발전'은 '각자의 자유로운 발전'을 통해서만 달성될 수 있다. 자유는 착취의 종말과 궁극적으로는 완전한 정치적, 경제적 평등을 요구한다. 평등만이 모든 인간의 잠재력을 실현할 수 있는 조건을 확보할 수 있다. 그래서 각자가 능력에 부합하고 그들이 필요한 것을 받을 수 있다.</td></tr>
<tr><td colspan="2">주요 특징</td></tr>
<tr><td>공공 업무는 피라미드 구조로 조직된 최소행정구역이나 의회에 의해 규제되어야 한다.</td><td>모든 형태의 '정부'와 '정치'는 자기 통제를 우선으로 한다.</td></tr>
<tr><td>정부 인사, 법관, 잦은 선거의 대상이 되는 행정관의 권한과 해임은 공동체에 귀속된다.</td><td>집단적으로 집행되는 모든 공무</td></tr>
<tr><td>공무원은 근로자의 임금만 받는다.</td><td>모든 공적 문제에 대한 결정 원칙으로서의 합의</td></tr>
<tr><td>새로운 정치 질서를 유지하기 위한 인민 민병대는 지역사회의 통제에 따른다.</td><td>남은 관리 업무를 순환 또는 선출에 따라 배분</td></tr>
<tr><td></td><td>자가 감시를 통해 모든 무장 강압을 대체</td></tr>
<tr><td colspan="2">일반 조건</td></tr>
<tr><td>노동자 계급의 통일</td><td>모든 계급에 대한 잔재는 사라진다.</td></tr>
<tr><td>부르주아 계급의 패배</td><td>생산 수단의 사적 소유 폐지</td></tr>
<tr><td>모든 계급 권한 종식</td><td>시장, 교환 및 화폐 제거</td></tr>
<tr><td>모든 기본적인 요구를 충족시키고 사람들이 노동 외 활동들을 추구하기 위한 충분한 시간을 가질 수 있도록 하는 생산력의 상당한 발전
국가와 사회의 점진적인 통합</td><td>노동의 사회적 분열 종식</td></tr>
</table>

출처: Held(1996: 152; 2001: 120)

인민민주주의는 자유민주주의와 비교할 때 모든 면에서 상반된다. 우선, 자유민주주의에서 파악하는 자유와는 전혀 달리, 인민민주주의에서 자유는 방종으로 폄하한다. 방종으로 보지 않더라도 자유는 경제적 평등과 생산수단의 공유에서 이루어진다고 본다. 자유의 의미를 개인의 실생활에서 찾지 않고 이상적인 것이나 관념적인 것으로 치환한다. 이와 함께 재산의 경우, 사유재산을 부정하고, 시장과 교역의 기능을 인정하지 않으며, 국가통제 경제를 주장한다. 이를 통하여 이들이 이루고자 하는 것은 사회계급의 소멸이다. 그러한 사회에서 헌법이나 법령에도 불구하고 개인의 자유와 권리가 존중되고 증진될 수 있는가에 의문이 남는다.

이 유형의 민주주의에서는 분배정의를 강조한다. '정의'의 의미를 '능력에 따른 부담'과 '필요에 따른 혜택'이라는 원리에 따라 해석한다. 즉 노동은 능력에 따라 하고, 분배와 소득은 필요에 따라야 한다는 것이다. 여기서 개인의 자유와 권리를 제한하고 침해하는 '강제성'이 드러난다. 즉 국가통제와 강제력의 동원으로 개인의 자유와 권리가 말살될 가능성이 높다. 이는 제7장과 제12장에서 다룬다. 한편 '정의'에 관한 관점도 사회주의와 공산주의는 입장을 달리한다. 사회주의는 분배를 통한 정의를 강조하지만, 공산주의는 '정의' 또는 '사회정의'라는 용어 자체를 인정하지 않는다. 공산주의 자체가 정의로운 것이어서 별도로 '정의'를 다룰 필요가 없다고 주장한다.

그렇기 때문에 이 유형의 민주주의는 개인의 자유와 권리라는 가치보다는 공동체 가치를 더욱 강조한다. 또 개인 간의 차이를 존중하더라도 공동 선을 강조한다. 그렇기 때문에 사유재산을 부정하는 모순된 형태를 드러내기도 한다. 사유재산의 부정은 시장과 교역의 기능을 인정하지 않는 정책이나 이념으로 연결되며, 그것은 곧 국가의 통제경제로 이어지기 때문이다.

무엇보다도 이 유형의 민주주의를 주장하는 사람들이 생각하는 '자유'의 의미가 매우 다르다. 그들은 자유를 경제적 평등과 생산수단의 공유를 통해서 얻어진다고 본다. 제약이 없거나 자율적인 자기 선택 등을 자유의 기준으로 보는 것이 아니라, 경제적 능력의 획득을 그 기준으로 보는 것이다. 앞서 그레이가 분석한 자유의 의미 중 실질적 능력을 지칭한다. 따라서 이들에게는 '자유'의 의미를 '해방'이라는 용어를 통해서 강조하고 이를 합리화한다. 여기서 해방은 부르주아 계급의 착취에 대항하는 것을 가리킨다. 따라서 이들이 세상을 보는 시각은 대부분 '착취'를 통하여 설명된다.

하지만 '착취'라는 눈을 통해서 세상을 파악하게 되면 모든 것을 이분법으로 보게 되고, 이에 따라 '편 가르기' 수법이 기승을 부리게 된다. 즉 이 모형을 지지하는 사람들은 주로 '편 가르기' 수법으로 자본가와 노동자의 이분법, 가진 자와 못 가진 자의 이분법으로 세상을 바라본다. 여기에 그치지 않고 이분법적 편 가르기는 분배정의를 통하여 합리화된다. 그 수법과 전략은 마르크스주의 또는 공산당 강령에 의거하여 기존의 질서와 제도, 특히 자본주의 시장경제와 이를 뒷받침하는 자유민주주의를 부정한다. 그러나 1980년대 이후 구 소련과 동독이 몰락한 이후 이 유형의 민주주의는 여러 가지 변형된 형태로 존속된다. 우리나라 상황에서 보면, 엄밀한 의미의 마르크스주의보다는 종북(從北)주의만이 실존한다.

인민민주주의의 이러한 특징은 교육 현실에서도 여실히 드러난다. 교육은 착취에서 해방시키는 것이어서 교육 감시체제가 작동해야 한다고 보고, 이를 통한 기존의 교육적 권위를 부정한다. 좌파 교육감들이 추진한 '학생인권조례'를 보면 이러한 특징이 다소 반영되어 있음을 알 수 있다.

인민민주주의를 비판할 때, 인민민주주의에서 '인민'이 실종되었다는 지적을 흔히 하게 된다. 이 비판의 핵심은 인민, 즉 개인의 자유와 권리가 소멸되었다는 것이다. 예를 들어서 중국을 포함한 사회주의(인민민주주의)를 택한 국가에서 시민 개개인은 그들의 대표자를 직접 선거를 통해 선출하지 않는다. 이는 민주주의의 꽃인 직접선거를 통한 참정권이 근본적으로 제한 박탈되었다는 것을 뜻한다. 또한 중국의 경우 대학의 교수 등을 포함한 선출직이 아닌 주요 공직에 진출하려면 반드시 공산당에 입당한 당원이어야 한다. 자유민주주의 국가에서는 상상도 할 수 없는 일이다.[7] 비록 형태는 다르지만 근본주의를 추종하는 국가와 세력 집단에서 개인의 자유와 권리가 실종되고 말살되는 것도 같은 이유에서이다. 모두 전체주의 체제라는 점에서 동일하다. 곧 전체주의를 불러오는 인민민주주의는 개인의 자유와 권리를 찾아볼 수 없는 체제이다.

6. 경쟁적 엘리트 민주주의

민주주의는 '고전적 민주주의'처럼 모든 사람의 직접 참여를 보장할 수 없기 때문에 현대적인 변형이 요구된다. 경쟁적 엘리트 민주주의(competitive elitist democracy)는 고전적 민주주의의 정신을 존중하면서도 현대사회에서 직접 참여의 한계를 극복하여 이를 현대적 상황에 맞게 해석하고 변형한 민주주의 모형이라고 할 수 있다. 즉 고전적 민주주

7) 중국의 인민민주주의에 관한 실상은 송재윤(2020)을 참고하라. 또한 중국에서 교수직에 진출하려면 반드시 공산당 당원이어야 한다는 사실은 2019년 방문한 조선족 교수를 통하여 직접 확인한 바 있다.

의의 단점을 극복하고, '인민의 지배', '직접참여'의 단점을 극복하기 위하여 정치적 지도력을 갖춘 엘리트의 선출에 초점을 맞춘 민주주의 형태이다. 이 모형을 주장한 인물로 슘페터(Joseph Schumpeter)를 들 수 있다. 이 유형의 민주주의가 지니는 특징은 〈표 10-7〉과 같다.

〈표 10-7〉 경쟁적 엘리트 민주주의 특징

경쟁적 엘리트 민주주의 Competitive Elite Democracy
기본 원리
필요한 입법 및 행정 결정을 내릴 수 있는 숙련되고 상상력이 풍부한 정치 엘리트를 선택하는 방법을 통하여 실현하고자 하는 민주주의
정치 지도력의 과잉에 대한 제동장치 마련
주요 특징
강력한 집행력을 가진 의회 정부
경쟁 정치 엘리트들과 정당들 사이의 경쟁
정당 정치에 의한 의회 지배
정치적 리더십의 중심성
관료주의: 독립적이고 잘 훈련된 행정부
'정치적 결정의 효과적인 범위'에 대한 헌법적, 실질적 한계
일반 조건
산업사회
사회적, 정치적 갈등의 파편화된 양식
정보가 형편없이 부족한, 감정적인 유권자
의견 차이를 용인하는 정치 문화
기술적으로 훈련된 전문가와 관리자의 숙련된 계층 출현
국제 시스템에서 권력과 이익을 위한 국가 간의 경쟁

출처: Held(1996: 197; 2001: 157)

여기서 유의해야 할 논점은 민주주의의 반대 개념으로 '엘리트주의(elitism)'를 상정할 때, 이 유형이 엘리트주의의 단점을 답습하는 것으로 오해할 수 있다는 것이다. 엘리트주의는 두 가지로 해석이 가능하다. 하나는 엘리트 위주의 정치 또는 정책을 의미하고, 다른 하나는 엘리트의 전문적 지식을 민주적 의사결정 과정에 반영하는 경우를 의미한다. 이 유형은 후자의 의미를 받아들인다.

이러한 생각은 민의를 대변하고 수용할 수 있는 엘리트를 중시하기 때문에 관료주의의 중요성이 부각된다. 이와 함께 강한 행정부를 용인한다. 그러나 행정부의 독주를 막을 수 있도록 정당정치, 대의제도의 장점을 존중한다. 무엇보다도 이 모형은 산업화와 과밀 도시화에 따른 문제, 즉 산업사회 또는 초(超)산업사회의 문제를 대처하기 위하여 고안된 모형이다.

이 유형의 민주주의는 교육적으로 시사하는 바가 크다. 첫째, 리더십 훈련의 중요성을 알 수 있다. 다원화되고 대중 민주사회에서 지도자의 리더십만큼 중요한 덕목은 없다. 둘째, 경쟁의 중요성을 알 수 있다. 오늘날 우리나라에서 경쟁은 존중받는 것이 아니라 외면당하고 배척당하는 덕목이 되어 버렸다. 모르기는 해도 경쟁은 악덕이며, 경쟁의 반대개념은 '협동'이라고 주장한 프루동(Proudon)의 생각이 은연중에 인식된 결과라고 본다. 협동은 경쟁의 반대개념이 아니라 보완개념이다. 경쟁의 반대개념은 '독점'이다. 독점이 정치적 의미로 보면, 독재와 전제정치를 뜻한다는 사실에 유념할 필요가 있다. 따라서 개인의 자유와 권리를 존중한다면 경쟁의 원리 또한 존중되어야 마땅하다. 그런 만큼 경쟁의 중요성은 강조되어야 한다. 셋째, 개인의 전문성을 강조한다. 이는 경쟁적 엘리트 민주주의가 고도로 산업화된 사회를 전제로 하기 때문이다.

고대 희랍의 고전적 민주주의를 비롯한 제 유형의 민주주의는 정도의 차이는 있지만 비교적 시민의 직접 참여를 전제로 한다. 그러나 경쟁적 엘리트 민주주의가 대두된 것은 고도의 전문화된 산업사회에서 여러 계층과 부류의 다양한 개인이 상충하면서 민의를 올바르게 대변하지 못하는 상황 때문이다. 이에 따르는 정치적 갈등도 있으며 고도화된 정치문화에 소외된 유권자 문제도 있다.

경쟁적 엘리트 민주주의도 단점이 있다. 첫째, 관료주의 팽배가 가장 큰 단점이다. 관료주의의 팽배는 각 분야의 전문성과 자율성을 저해하는 해악으로 이어질 수 있다. 교육 분야에서도 개인의 선택권과 책무성을 훼손하는 결과를 가져온다. 둘째, 유권자의 선택을 타당하게 할 정보가 편중될 수 있다는 점이다. 이는 민의와 관계없거나 민의가 왜곡된 정책 결정이 이루어질 가능성이 있음을 뜻한다. 셋째, 시민들 간, 또는 계층이나 집단 간의 갈등을 해소할 수 있는 대안을 관료들에게 찾아야 한다는 점이다. 실질적으로 관료의 행정능력이 국민의 주권보다 우위에 설 가능성이 있다. 넷째, 민주주의가 민주사회를 구성하는 시민들의 선의의 경쟁이 아니라 국가 간의 경쟁으로 변질될 수 있다는 점이다.

7. 다원적 민주주의

다원적 민주주의는 개인 간의 차이만이 아니라 사회문화적 차이를 고려하기 위하여 고안된 민주주의 유형이다. 즉 다원화된 현대사회의 여러 가지 욕구를 충족하기 위하여 고안된 정치 형태이다. 평등화된 자유를 주장하는 민주주의라고 할 수 있다.

이 민주주의 유형의 특징으로는 개인의 자유 신장에 근거하여 다양한 가치관을 존중하고, 아울러 경쟁체제를 도입한다. 그리고 경쟁적 정당정치를 중시한다. 권력은 경쟁에 의하여 쟁취된다는 입장이기 때문이다. 이렇게 보면, 자유민주주의 노선과 유사해 보인다. 그러나 극단적인 경우에 다원주의는 자유민주주의 헌법적 가치를 부정할 수도 있다는 점에서 다르다.

다원적 민주주의의 특징을 정리하면 **〈표 10-8〉** 과 같다.

〈표 10-8〉 다원적 민주주의 특징

다원적 민주주의 Pluralism	
고전적 다원주의	신 다원주의
기본 원리	
소수민족에 의한 통치를 보장하고, 그들의 정치적 자유를 보장한다.	
지나치게 강력한 파벌과 무응답 국가의 발전에 결정적인 저해요인	
주요 특징	
1인 1표, 표현의 자유, 조직의 자유를 포함한 시민권	
입법부, 행정부, 사법부 및 행정 관료주의 사이의 견제와 균형 시스템	
적어도 두 개의 정당이 있는 경쟁적인 선거제도	
(서로 중복되는) 정치적 영향력을 추구하는 다양한 이익 집단들	여러 압력 집단이 있지만, 공동의 권력에 치우친 정치적 의제
정부는 요구들 사이를 중재하고 판단한다.	국가와 정부 부처는 그들 자신만의 이익을 구축한다.
지지 정치 문화에 내재된 헌법적 규칙	헌법의 규칙은 근본적으로 불평등한 경제적 자원의 다양한 정치 문화와 체계와 맥락에서 기능한다.
일반 조건	
권력은 사회의 수많은 집단들에 의해 공유되고 교환된다.	권력은 많은 집단들에 의해 다루어진다.
인구 전체에 분산된 다양한 사람의 광범위 자원 기반	많은 단체들의 열악한 자원 기반은 완전한 정치 참여를 방해한다.

고전적 다원주의	신 다원주의
정치적 절차, 정책 대안 범위 및 합법적인 정치 범위에 대한 가치 합의	사회경제적 힘의 분배는 정치적 선택에 대한 기회와 한계를 제공한다.
충분한 정치적 안정을 위한 능동적 시민과 수동적 시민 사이의 균형	불평등한 정치 참여 = 불충분하게 열린 정부
다원주의 및 자유 시장 사회의 규칙을 지지하는 국제적인 틀	강력한 다국적 경제 이익과 지배적인 국가들에 의해 타협된 국제 질서

출처: Held(1996: 217-8; 2001: 173)

하지만 다원적 민주주의를 보는 다른 시각도 있다. 즉 자유민주주의의 '전통'보다는 국제이해, 상호 협력을 강조하는 관점이다. 또한 여러 계층의 이익을 대변하는 특히 이익단체의 입장을 존중하며, 압력단체의 존재도 긍정적으로 인정한다. 또한 자유민주주의 노선과 차이로 다원적 민주주의는 다원성의 바탕 위에 계층 간의 이해를 존중한다는 명분에서 기존의 사회 질서를 부정하는 경우가 있다. 그 결과 개인의 가치보다는 공동 선이나 공통의 사회적 가치를 존중하는 양태를 띠기 때문에 마르크스의 사상을 토대로 한 인민민주주의가 한계에 봉착하면서 대두된 것이 다원적 민주주의라고 보기도 한다.

다원적 민주주의의 내용은 민주시민교육의 큰 비중을 차지한다. 고전적 권리의 측면에서 상호존중보다는 다양한 가치의 존중이라는 측면에서 개인 존중이 의미를 갖는다. 이 맥락에서 교육 형태는 다문화가정교육, 국제이해교육이 주가 된다. 또한 대부분의 인권교육이 여기에 초점을 맞추고 있다. 실제로 민주시민교육의 많은 내용들이 이 유형의 민주주의에 입각해 있다. 그러나 자본주의 제도 비판, 기존의 전통적 질서의 폐해 등이 강조되는 것은 다시 살펴보아야 할 문제이다.

8. 법치 민주주의

여기서 '법치 민주주의'는 'legal democracy'의 직역어이다. 이 유형은 20세기 후반에 등장하는 '신(新)보수' 또는 '뉴라이트(New Right)'가 지향하는 정부형태, 즉 '뉴라이트'로 불리는 현대판 보수주의 정치를 지향하는 민주주의이다. 대표적 사상가로 하이에크(F. A. Hayek)와 프리드먼(Milton Friedman)을 들 수 있다. 주된 특징으로는 헌법의 존중, 국가간섭 최소화, 시장경제 존중, 작은 정부, 국제무역개방, 법치의 존중 등이다.

법치 민주주의의 특징은 **〈표 10-9〉**와 같다.

〈표 10-9〉 법치 민주주의 특징

법치 민주주의 Legal Democracy
기본 원리
다수결 원칙은 독단적인 정부로부터 개인을 보호하고 자유를 유지하는 효과적이고 바람직한 방법이다. 그러나 경제생활과 같이 정치 생활이 개인의 자유와 주도권의 문제가 되기 위해서는 다수결의 원칙이 법치주의에 의해 제한되어야 한다. 이러한 상황에서만 다수결 원칙은 현명하고 정당하게 작동할 수 있다.
주요 특징
입헌국가(명확한 권력 분립을 포함한 영미 정치 전통의 특징에 따라 형성된)
법치주의
시민 사회와 사생활에 대한 최소한의 국가 개입
가능한 한 최대한의 범위를 부여받은 자유 시장 사회
일반 조건
자유주의 원칙에 의해 지도되는 효과적인 정치 지도력
과도한 관료적 규제의 최소화
이익 집단, 특히 노동조합의 역할 제한
국제 자유 무역 질서
모든 유형의 집단주의 위협 최소화(가능한 경우 삭제)

출처: Held(1996:261; 2001:207)

이 유형의 민주주의를 뒷받침하는 자유주의 사상은 흔히 '자유지상주의(libertarianism)'라고 한다. 이는 앞서 소개한 진보적 민주주의에 대한 대안으로 제기된다. 우리가 '신자유주의'라는 말을 부정적으로 사용하는데, 이는 재고할 가치가 있다. 이 모형이 추구하는 신자유주의는 'Neo-liberalism'이며, 진보적 자유주의를 지칭하는 신자유주의는 'New Liberalism'이다. 사상적 동질성 면에서 고전적 자유주의(classical lib-eralsim)의 부활이라고 보아도 무방하다. 현실적으로는 1980년대 이후 미국의 레이건(Reagan) 대통령과 영국의 대처(Thatcher) 수상의 정책이 이 모형에 부합한다.

이 모형의 민주주의가 지니는 의미는 이른바 좌파 민주주의 또는 진보적 민주주의에 의하여 축소되거나 왜곡된 개인의 자유와 권리의 회복에 있다. 특히 개인의 자율성, 책무성을 강조하며, 이를 위하여 정부의 '보호'와 법치가 요구된다는 점을 강조한다.

교육적 시사점도 많다. 교육에서 개인의 자율성, 책무성을 강조한다. 그 결과 오늘날에 공고하게 확립된 공교육 체제 속에서도 학생과 학부모의 학교선택권, 학부모의 책무성이 중시된다. 또한 단위학교의 자율성, 책무성 역시 중시되며, 학생선발권을 강조한다. 개인의 다양한 교육적 욕구와 수요의 충족을 위하여 교육 선택의 폭 확대를 지지한다. 그 결과로 평준화 정책과 국가 주도의 각종 교부금 지급을 반대한다.

개인의 자유와 권리의 보호, 법치, 작은 정부, 선택과 자율의 존중이 이 민주주의 유형의 특징이다.

9. 참여민주주의

참여민주주의는 말 그대로 '참여'를 핵심으로 해야 한다는 민주주의이다. 모든 민주적 가치가 개인의 참여를 보장하는 데 있다고 보며, 그것은 '사회참여'를 통해서 가능하다고 본다. 따라서 참정권을 비롯한 정치적 현안은 말할 것도 없으며, 직장 내 의사결정, 지역사회의 현안 쟁점 등도 모두 '참여'를 통해서 결정되어야 한다. 이 점에서 보면 '경쟁적 엘리트 민주주의'와 대척점에 서 있다. 하지만 내용면에서 보면 '방어적 민주주의'와 '법치 민주주의'에 상반된다. 이를 종합해 보면 '인민민주주의'의 맥을 잇는다고 볼 수도 있다.

참여민주주의는 '참여'를 핵심으로 하는 만큼 모든 사회 시스템이 '열린 공간'이어야 함을 강조한다. 아울러 실질적인 참여를 가능하게 하는 정보도 역시 개방되어야 한다. 열린 행정시스템, 열린 정보시스템은 참여민주주의의 핵심이다.

참여민주주의의 특징을 정리하면 **〈표 10-10〉**과 같다.

〈표 10-10〉 참여민주주의 특징

참여 민주주의
기본 원리
자유와 자기 계발에 대한 동등한 권리는 정치적 효능감을 조장하고 집단적 문제에 대한 관심을 기울이며 통치 과정에 지속적인 관심을 가질 수 있는 지식 있는 시민의 형성에 기여하는 사회인 '참여 사회'에서만 달성될 수 있다.
주요 특징
직장과 지역사회를 포함한 사회의 주요 기관의 규제에 대한 시민의 직접 참여
당직자가 지위에 직접 책임을 지게 하는 형태로의 정당 체제 개편
의회 또는 의회 구조의 '참여 정당' 운영
정치 형태에 대한 연구 가능성을 보장하기 위한 열린 제도적 시스템의 유지

참여 민주주의
일반 조건
물질적 자원의 재분배를 통해 많은 사회 집단의 빈약한 자원 기반을 직접적으로 개선
공공 및 개인 생활에서 불가해한 관료적 권력의 최소화(가능한 경우 삭제)
정보에 입각한 의사결정을 보장하는 개방형 정보 시스템
남성뿐만 아니라 여성도 공공 생활에 참여할 수 있도록 하기 위한 보육 시설의 확충

출처: Held(1996: 271; 2001: 215)

참여민주주의는 20세기 후반에 등장하는 '신(新)좌파', 영국의 '새로운 노동당(New Labour)' 또는 '뉴레프트(New Left)'가 지향하는 정부 형태이다. 즉 '뉴레프트'로 불리는 신판 사회주의 정치 유형이다. 대표적인 사상가로 맥퍼슨(Macpherson)과 페이트먼(Pateman)을 들 수 있다. 다원적 민주주의와 함께 등장하는 좌파 민주주의가 참여민주주의이다. 2003~2008년까지 우리나라 '참여정부'는 일부이긴 하지만 이 노선에 닿아 있다.

여기서 '뉴레프트'라고 불리는 이유는 큰 정부를 지향하는 또 다른 형태의 신판 마르크스주의, 변형된 마르크스주의이기 때문이다. 과거 고대 희랍의 고전적 민주주의나 루소의 자연주의처럼 개인의 직접 참여를 강조한다.

'참여'는 자유와 민주주의 양자 모든 측면에서 중요한 덕목이다. 그 결과 참여정치가 강조된다. 그 결과 '참여정치'를 모토로 구체적인 정치행위로서 정부 내 직위개방 및 정보의 개방을 강조한다. 그러나 그 여파는 교육을 비롯한 모든 영역으로 전파된다. 현실적으로 불가능하거나 사회체제 존속 상 불가능한 참여가 종종 강조된다. 이를테면, 학교교육에서 학생참여와 상호감시를 지나치게 강조한다. 대표적인 경우가 좌파 교육감이 선도하여 만들어놓은 '학생인권조례'에 포함된 몇몇 조항이다.

우려되는 점은 '참여'가 세심하게 고려되지 않는다면, 그것이 결과적으로 개인의 자유와 권리를 축소하거나 왜곡시키는 경우가 있다는 것이다. 또한 아이러니하게도 '참여'를 강조하는 민주주의 체제가 국가권력의 개입을 가져온다는 점이다. 같은 맥락에서 참여를 강조하는 공교육체제가 교육에서 국가 개입을 더욱 유도한다는 것도 사실이다.

Ⅳ. 민주주의의 왜곡

앞서 소개한 민주주의 유형 중에서 민주주의를 절차적 원리로서 인정하는 전형적인 유형은 자유민주주의이다. 따라서 민주주의가 절차적 원리를 존중하는 데서 그 의의를 찾는다는 데 동의한다면, 우리가 선택해야 할 민주주의는 자유민주주의 질서이다. 그것이 권리를 증진하는 최선의 방법이기 때문이다.

자유민주주의는 절차적 원리를 존중하기 때문에 방법적 원리에 실려 있는 '내용'에 대하여 중립과 관용을 취한다. 그러나 이를 악용하여 허용된 '내용'에 자유민주주의를 부정하는 내용을 담아 자유민주주의의 혜택을 누려가면서 자유민주주의를 부정하는 행태를 볼 수 있다. '자유의 패러독스', '민주주의의 패러독스', 또는 '자유민주주의의 패러독스'는 이와 같은 심각한 상황을 언어로 희화화한 것이다. 이러한 행태로 인하여 자유민주주의는 파멸의 위기를 맞고 있다. 이에 대한 최후의 보루는 자유민주주의를 근간으로 한 헌법질서이다.

그럼에도 자유민주주의를 근간으로 한 헌법질서를 훼손하고자 하는 인물들이 자유민주주의 절차에 따라 선출되어 또 다른 측면에서 자유민주주의적 헌법체계를 위협하는 데 나서고 있다. 21세기 작금의 대한민국의 상황에 견주어 생각해 보면 그 우려가 무엇인지 확인할 수 있다.

그렇다면 우리가 가장 시급하게 수행해야 할 과제는 무엇인가? 원론적이기는 하지만, 절차적 원리로서 민주주의를 삶의 규칙으로 내면화하도록 교육의 방향을 수립하는 일이다. 또한 도덕교육의 패러독스처럼 아동의 초기 단계에서는 절차적 원리가 내면화될 수 있는 '양육'이나 '훈련' 방식을 허용해야 한다. 가치다원 사회에 아이들을 방치하거나 오만가지 가치 메뉴를 어린 아이들이 '자율적으로' 선택하게 하는 일은 아이들의 '경험' 밖에 있는 일이다. 그렇다고 과거 악습으로 회귀하자는 것이 아니다. 절차적 원리로서 민주주의, 민주적 원리는 정형화된 규칙이 별도로 존재하지 않는다는 점을 인정한다면 아동에 대한 제한이 한정적으로 요구되는 방편에 불과하다는 점을 알 수 있다. 아이들을 다루는 우리가 절차적 원리를 존중하는 민주시민이라는 확신을 갖고 있다면 가능한 일이다. 아이러니하게도 절차적 원리의 습득에는 일종의 '훈련'이 필수적이다. 이때 '훈련'은 기능이나 단순한 습관의 형성을 뜻하는 것이 아니라 민주시민으로서 갖추어야 할 덕목과 질서의식을 내면화하는 민주시민훈련을 가리킨다.

그러면 앞서 언급한 자유민주주의의 위기를 맞는 세태에 더하여 우리가 취할 수 있는 선택지는 무엇인가를 생각해 볼 필요가 있다. 모든 선택지가 '민주'로 포장되어 있고 만약 우리가 제도적으로 어느 하나 선택해야 한다면, 우리는 '민주주의'의 핵심인 절차적 원리를 가장 존중할 수 있는 제도 또는 체제를 선택할 수밖에 없을 것이다. 하지만 불행하게도 세상의 현실은 최선을 선택할 수 없는 경우가 대부분이다. 이러한 상황에서 최선이란 현실에 존재하지도 않는다. 만약 그것을 설정한다면 또 다른 독재와 전체주의를 불러온다. 그렇다면 차선(次善)을 선택해야 한다. 차선의 선택 기준은 절차적 원리를 현실적으로 얼마나 충족시킬 수 있는가에 달려 있다.

우리가 앞서 언급한 민주시민 '훈련'을 경험한다면, 절차적 원리로서 민주적 가치는 우리 아이들이 바로 그 민주적 절차에 따라 배울 수 있다. 하지만 오늘날 대한민국의 현실은 '민주'가 난무하지만 자유민주주의가 지닌 절차적 원리가 실종되는 듯하며, 차선을 선택할 여건조차도 '민주'의 이름으로 소멸되어 가고 있는 듯하다. 그 결과 우리는 최악 대신에 차악(次惡)을 선택해야 하는 딱한 처지에 몰려 있다. 그래도 차악을 선택하여 최악(最惡)을 막고 점진적으로 차선을 택할 수 있는 잠재적인 역량에 의존해야만 한다. 다시 말해서 당장은 차악을 택하더라도 그것이 우리 민주교육이 절차적 원리를 가르치고 존중하고 있다는 확신만은 잃지 말아야 한다.

끝으로 민주주의가 더 이상 왜곡되지 않고 개인의 자유와 권리를 수호하고 존중될 수 있도록 온전하게 이해하기 위하여 민주주의와 자유주의에 반대되는 개념을 살펴봄으로써 민주적 질서와 가치에 대한 철저한 이해를 도모할 필요가 있다.

우선 '민주주의'와 '자유주의'가 동의어가 아니라는 점을 명백히 할 필요가 있다. '민주주의'는 '자유'와 '자유주의'보다는 매우 폭넓게 사용하는 말이다. 그래서 자유민주주의도 있지만, 앞서 살펴본 바와 같이 자유를 폄하하거나 말살하는 사회민주주의, 인민민주주의도 있다. 이제 이해를 도모하기 위하여 각기 상반된 개념을 살펴보자. '민주주의'에 상반되는 반대개념은 '권위주의'이다. 많은 민주화 운동과 민주혁명이 독재체제의 권위주의에 항거하여 발발한 점을 보면 수긍할 수 있다. 물론 권위주의는 권위 자체를 배제하지 않는다. 그러나 그것은 외적 강압을 권위로 포장하여 절차적 원리를 무시하는 비민주적 방법을 말한다. 따라서 권위주의를 부정한다고 해서 그 논거가 권위를 부정하는 논거가 되는 것은 아니다.

이에 대하여 '자유주의'의 반대개념은 개인의 자유를 말살하는 '전체주의'이다. 과거 히틀러 나치체제의 독일과 스탈린 체제의 소련이 이에 해당한다. 혼란은 권위주의나 전체주의가 모두 독재체제라는 점 때문에 야기된다. 그래서 민주화만 되면 개인의 재산과 복리가 보장되고 증진될 것처럼 생각하지만 오히려 자유를 말살하는 전체주의로 흘러가는 경우가 많다. 민주화 운동 내지는 민주혁명이 권위주의라는 독재에 항거하여 성공을 거두는 듯하다가 전체주의라는 더욱 가공할 독재를 불러오는 것은 '민주'보다 중요한 '자유'의 가치를 외면한 결과이다. 따라서 우리는 자유와 권리를 수호하지 않는 민주주의는 배척해야 한다는 점을 확인할 수 있다.

논점을 **〈표 10-11〉**을 통하여 살펴보자.

〈표 10-11〉 자유주의와 민주주의

	민주주의	권위주의
자유주의	Ⅰ	Ⅱ
전체주의	Ⅲ	Ⅳ

〈표 10-11〉에서 I영역에 속하는 국가는 미국과 서구 선진국이다. 이들 국가는 정치적 참여는 물론 개인의 경제적 자유와 사유재산을 존중하는 체제를 가지고 있다. 민주적 절차나 참여가 다소 제한되기는 하지만 개인의 자유와 사유재산이 잘 보장되는 체제인 II영역에는 싱가포르나 홍콩 같은 강소(强小)한 도시국가, 그리고 과거 1970~80년대 한국이 포함된다. 또한 이와 관련하여 1997년 중국에 정치적 주권이 회복되기 이전과 이후의 홍콩을 비교해 보면 정치적 자유보다 경제적 자유가 더 잘 보장되어야 개인의 복리와 사회 번영을 구가한다는 점을 알 수 있다. 개인의 자유와 사유재산의 보장 정도가 낮은 III과 IV의 영역에서는 민주적 절차나 참여 여부를 중시하지 않는다. 그래서 개인의 자유와 권리를 말살하고 민주적 절차를 존중하는 III영역에 속하는 나라는 거의 찾아볼 수 없다. 사문화된 헌법에서나 '민주'를 운운할 뿐이다. 또한 IV영역에는 대부분의 빈국들인 제3세계 국가들과 북한이 속한다.

이렇게 해서 우리가 얻을 수 있는 명백한 결론은 민주주의를 최고의 선으로 여겨 추진하는 민주화 또는 민주혁명의 종착점은 개인의 자유와 권리가 위축되고 외면되는 체제라는 점이다. 따라서 민주주의를 고려할 때 개인의 자유와 사유재산을 존중하는 자유주의 체제로 귀결되어야 한다는 점을 항시 유념할 필요가 있다. 그렇지 않고, 평등, 연대, 민족, 심지어는 생태, 환경이니 하는 제 가치를 민주화의 목표로 삼으면서 자유의 가치를 묵살하면 그 민주화는 전체주의로 귀결되게 마련이다. 물론 평등, 사회적 연대, 민족, 생태와 환경은 중요한 사회적 가치임에 틀림없지만, 개인의 자유와 사유재산과 시장경제를 존중하지 않는 한, 이들 가치는 궁극적으로 민주적 가치를 내세우는 허울 좋은 명분에 불과하다.

V. 아동권리와 민주주의

아동과 민주주의는 상호 직접적인 관련이 없는 주제처럼 보인다. 많은 아동학과 유아교육 연구에서 민주주의를 내용으로 한 연구가 별로 없는 것이 그 반증일 것이다. 그러나 민주주의가 담고 있는 생각이 아동 문제와 무관하다고 생각하는 사람은 드물다. 교육이 민주적이면, 교육의 대상이 되는 아동 문제도 민주적으로 다루어져야 한다는 뜻이다. 그러나 많은 사람들이 이렇게 생각하고 있지만, 그 구체적인 실천방안에 대한 답을 가지고 있지 않은 듯하다. 오히려 많은 사람들이 아동 문제와 민주주의가 현실적으로 결합할 경우, 그것이 아동이 자유방임 상태에 놓이게 되거나, 반대로 이를 악용하여 아동방임이나 유기 등이 자행된다고 본다. 그렇게 보면 아동과 민주주의는 상호 관련시키기 요원한 문제가 되어 버린다.

가장 먼저 확인해야 할 일은 '아동'의 개념을 고정된 실체, 즉 정형화하거나 언어적으로 특정할 수 없는 존재로 파악해서는 안 된다는 점이다. 아이들은 살아 움직이는 현실체이다. 그렇게 보지 않다면, 우리는 아이들을 자의적으로 설정한 '민주적 가치'를 강요하는 대상으로 취급해 버린다. 그렇게 되면 겉으로 순진한 아이들에게 '민주시민'을 내세우지만, 아이들을 무기력한 추종자로 만들거나 아이들에게 '민주투사'가 되라고 선동하게 된다. 이는 제3장에서 살펴본 바와 같이, 아렌트가 주장한 사적 영역에 머물러야 할 아동을 공적 영역으로 강제로 끌어오는 비극을 저지르는 것과 동일한 참사이다.

아이들에게 민주주의를 가르친다는 것은 곧 아이들에게 절차적 원리를 가르치는 것이다. 민주주의가 절대 선이나 성취해야 할 실체가 아니라면, 민주주의를 따로 떼어놓고 가르칠 수도 없다. 따라서 교육목적으로서 '민주시민'을 따로 설정하거나 진술하는 것은 민주주의를 왜곡하는 것이다. 그러한 민주시민교육은 실패한다. 민주시민교육은 편향된 이데올로기를 주입하는 것이 아니다.

정치철학에서 '인간 존중'은 매우 심각한 주제인 만큼, 교육에서 '아동존중'도 그러하다. 아동을 존중하는 것은 아동의 현재 상태를 그대로 떼어내서 그것을 존중하는 것도 아니고, 아동 아닌 다른 사람, 즉 부모, 교사, 또는 국가이념이나 특정 이데올로기가 설정한 아동의 미래 가치를 실현하기 위하여 아이들을 그것에 복속시키는 것도 아니다. 그렇지 않다면, 절차적 원리로서 민주주의를 이해하는 맥락에서 '아동존중'의 의미가 온전하게 파악되어야 한다.

민주주의를 정치 행위에 요구되는 가치 또는 정치적 절차로만 보면, 아동과 민주주의는 직접적인 관련이 없어 보인다. '아동'과 '민주주의'가 관련을 맺는 것은 민주주의를 절차적 원리로 보는 것이며, 아동을 이 원리에 의하여 존중되어야 할 존재로 인식하는 일이다.

또한 본서 제3장에서 '권리'의 보편성에도 불구하고 '아동'의 특수성이 중요함을 아렌트의 논의를 통해서 확인하였으며, 제8장에서는 '아동권리'가 보편성이라는 형식논리에 따라 재단될 수 없음을 살펴보았다. 오히려 아동 문제를 다루는 데 있어서 민주주의를 형식 논리에 따라 직접 대입하면 오히려 이를 악용하여 아동방임이나 유기 등이 자행될 수 있다. 많은 것을 학습해야 할 여정에 놓인 존재인 아동을 '하나의 고정된 실체'로 정형화해서 보기 때문에 아동에게 일체의 간섭이나 인위적인 작위를 해서는 안 된다는 주장을 하게 된다. 실제로 루소는 자연 상태의 아동을 완벽한 실체로 보고 이를 보전하기 위하여 '소극적 교육'을 주장한 바 있다. 그러나 루소는 현 상태의 아동과 자연 상태의 아동을 혼동한 것이다. 이상을 현실에 대입해 버린 것이다. 게다가 루소의 주장은 단순한 아동 교육에 그치는 것이 아니라 일반의지라는 집합적 사고를 설정하여 구체적인 경험의 주체인 '개인'을 거기에 종속시킨 폐해까지 낳았다. 하지만 루소와 반대로 전통교육은 아동을 '조작하거나 채워 넣어야 할 용기'로 보고 아동에 대한 외부 간섭과 지시, 그리고 아동에게 절대 복종을 강요하게 된다. 두 가지 모두 절차적 원리로서 민주주의에 위반된다. 이러한 내용은 본서 제1부에서 이미 검토한 바 있다.

교육에서 아동 문제도 민주적으로 다루기 위해서는 적어도 세 가지 점을 고려해야 한다. 첫째, 민주적 원리가 아동의 권리를 근원적으로 제한하거나 침해하지 말아야 한다. 외견상으로는 아동의 자유와 권리를 증진하는 것처럼 보여도, 그것이 실질적으로 아동의 자유와 권리를 훼손하는 경우가 적지 않다. 아동문제에 있어서 '참여'를 지나치게 강조하다 보면, 아직 공적 논의의 틀에 입문하지 않은 아동의 입장에서 보면 그것은 고역이고, 자신의 권리를 온전하게 향유할 기회마저 빼앗는 멍에가 된다.

둘째, 민주적 원리와 권위가 상충되지 않는다는 것을 염두에 둘 필요가 있다. 앞서 민주주의에 반대되는 개념이 권위주의임을 확인한 바 있으나, 권위주의가 온당한 권위의 행사를 지칭하는 것은 아니다. 아동을 다루는 민주적 절차 원리가 곧 부모와 교사 그리고 기존 제도 속에 함의된 온당한 권위와 상응하도록 노력을 경주해야 한다. 이 문제는 다음 절에서 살펴보기로 한다.

셋째, 민주적 절차에 비추어 아동의 자유와 권리를 존중한다는 것은 '아동'을 고정된 실체로 보는 것이 아니라 현 상태에서 아동을 있는 그대로 인식하는 것이다. 아동존중은 아동을 '이상적 존재'로 설정하거나 아니면 반대로 아동을 성인에 복속되거나 열등한 존재로 여기는 입장을 배제하는 데서 비롯된다. '있는 그대로'의 아동 실상(實相)을 파악하는 일이 민주사회에서 아동의 자유와 권리를 존중하는 일이다. 있는 그대로의 아동의 실상이 아동의 현재 상태를 고정시켜 놓고 그것에 집착하는 것은 더욱 아니니다.

Ⅵ. 민주적 가치로서 권위의 본질

앞서 민주주의의 반대개념이 권위주의라는 점을 지적하면서 권위주의가 권위와 혼동되어서는 안 된다고 하였다. 그것은 민주사회가 권위를 필요로 한다는 점을 시사한다. 또한 민주사회가 권위 없는 사회를 의미하지 않듯이, 민주적 교육이 권위가 실종된 교육을 뜻하지는 않는다. 그러면 민주주의 원리에 합당한 권위의 본질은 무엇이며 그것이 사회와 교육 현장에서 왜 요구되는 것인지를 살펴볼 필요가 있다. 여기서는 먼저 피터스(Peters, 1973)의 주장[8])을 토대로 하여 이 문제를 정리해 보고 이어 '교권'의 의미를 살펴보기로 한다.

권위는 힘이나 알력이 아니라 사회적 순응, 규칙 준수에 따라 성립한다. 개념적으로 권위는 준수해야 할 규칙과 합당한 절차와 이를 뒷받침하는 합리성이 요구된다. 반면, 현실적으로 권위 행사자와 권위를 드러내는 언행이 따라야 권위가 구현된다. 이를테면 군 지휘관의 명령, 운동

8) 여기에 소개하는 권위의 본질은 피터스(Peters, 1973)의 제1장에서 제4장의 내용을 요약하고 재정리한 것이다.

경기 심판의 결정, 법관의 판결, 교황의 성좌선언 등은 권위가 구현된 대표적인 예이다.

권위는 사회적 상황에 따라 다양하게 인식된다. 베버의 구분에 따라 권위는 권위 행사자 'auctor'가 출신 배경과 신분에 의하여 성립하는 전통적 권위, 합법적 근거에 따른 합리적 권위, 개인적 특성에 의하여 규정되는 카리스마로 구분된다. 그러나 피터스는 카리스마와 '권위자'를 구분한다. 카리스마와 달리 권위자는 합리적 권위에 근거한 판단능력을 지닌 인물을 가리키며, 그의 경륜, 역량, 성공 등의 성취 측면에서 사회적 존경을 받는다. 이에 비하여 카리스마는 합리적 측면이 약하다.

법리상 권위와 실질적 권위의 구분은 사회현실에서 관찰되는 권위를 설명해준다. 실질적 권위의 측면에서 보면, 카리스마와 권위자는 명백하게 구분하기 어려운 측면이 있다. 가면을 뜻하는 라틴어 'persona'의 후광과 그에 따르는 눈덩이 효과가 발휘되는 상황을 구분하기 쉽지 않기 때문이다. 아울러 계몽의 연장에서 성립한 현대 사회에서 카리스마가 양산되는 희한한 상황은 계몽의 역설이다.

권위는 순응을 가져온다. 권위는 규칙준수에 요구되는 결과이다. 즉 권위를 통하여 우리는 규칙을 준수하게 된다. 단순한 복종이나 순응이 아니라, 사회의 합리적 운용과 관련된다. 권위가 사회적 순응 또는 사회적 복종을 가져오더라도, 그것은 알력, 협박, 선동, 회유 등의 비합리적인 방법을 동원함을 뜻하지 않는다. 만약 힘의 부당한 사용을 통하여 사회적 복종을 강요하면 사회의 권위체계가 붕괴되고 개인의 권위가 상실된다. 따라서 권위는 질서유지, 의사결정, 합리적 판단을 찾아내는 가장 합리적 수단을 제공한다. 민주사회에서 권위의 본질에 순응이 요구되는 까닭이다.

권위는 합리성과 도덕성에 의존하게 된다. 이 점에서 권위는 정치적 권력과 전혀 무관하지 않지만 어떤 형태의 권력과도 면밀하게 구분되어야 한다. 현대사회의 권위는 과학적, 도덕적 근거 위에서 성립된다. 그러나 과학적 근거가 도덕적 근거와 성격이 다른 만큼, 과학적 권위가 확보되었다고 해서 도덕적 권위가 성립하는 것은 아니다. 분명한 점은 과거의 전통적 권위에서 볼 수 있는 절대적 권위는 과학과 도덕 문제를 다루는 데서 성립하기 어렵다. 하지만 사회체제로서 권위가 존속되어야 한다면, 현대적 권위에 의하여 대체될 수 없는 특성을 지니고 있는 만큼, 전통적 권위를 모두 부정해서는 안 된다.

현대사회는 전통적 권위의 비합리적인 폐해로 인하여 새로운 권위, 즉 베버의 합리적 권위를 요구하지만, 동시에 권위 없는 삶, 어른 없는 삶이 가능하게 되었다는 점이 아이러니이다. 우선 과거 권위를 대체할 새로운 형태의 권위는 크게 과학적 권위와 도덕적 권위 두 가지이다. 그 결과 기독교적 세계관과 종교관은 진화론과 천체물리학에 권위를 내주게 되었고, 성직자는 의사와 과학자에게 권위자 지위를 양보할 수밖에 없게 되었다. 또한 가부장의 책무와 부담은 상담사와 같은 전문가 집단의 출현으로 경감된 만큼 권위도 쇠퇴하게 되었다.

기존 여러 권위의 쇠퇴는 곧 동지애적인 평등사회의 도래를 가져왔다. 그 이유 중 하나가 도덕성과 과학은 반권위주의적이기 때문이다. 그러나 과거 권위를 대체한 새로운 권위로서 과학과 도덕성의 등장은 과거 권위주의를 부정한 점에서 타당할 수 있을지 모르지만, 현대사회가 요구하는 새로운 권위의 토대를 제대로 제공해 주었는지 의문이 남는다.

과학자의 책임은 사실의 설명과 원인의 규명에 있다. 따라서 과학자는 행위의 판단 근거 또는 '이유'를 제시하는 데 그 역할이 있지 않다. 또한 과학자는 사실 규명에 본연의 역할이 있으므로 과거의 권위자들처럼 규범을 제시할 수도 없다. 실업, 이혼, 청소년범죄, 전염병의 원인을 규명하고 해결책을 제시하지만, 특정 사안에 대하여 이혼하지 말라, 특정 청소년에게 어떤 처벌을 가하라, 전염병 퇴치 정책을 1순위로 하라는 등의 규범적 주장을 할 수 없다. 따라서 과학자는 과거 권위자를 대체할 수 없다.

반면에 도덕성도 역시 반권위주의적이다. 이를테면 한 개인이 도박에 반대하는 이유는 과거로부터 내려오는 관습 또는 가훈일 수도 있지만, 요행을 바라는 도박의 비도덕적 특성 때문이기도 하다. 전자는 민주적 원리에 반대되는 권위주의에 의존하지만, 후자는 도덕적 합리성에 근거한다.

인간의 진보는 과거 권위가 낳은 폐해와 불행을 제거하는 데 기여했지만, 동시에 새로운 불행(고독, 소외, 이혼가정, 자살 등)을 증가시켰다. 따라서 각기 권위자가 된 개인이 이러한 불행을 막을 수 있도록 그들에게 합리적 판단과 책임을 짊어질 수 있는 역량을 길러주어야 한다. 앞서 제9장에서 자유의 의미를 분석하면서 확인한 합리적 판단 역량은 이와 밀접한 관련이 있다.

그러면 권위 없는 사회는 어떤 결말을 가져오는가. 권위의 실종은 민주사회를 유지하는 기본 덕목을 무시하는 데서 비롯된다. 특히 불편부당성(impartiality) 또는 황금률(The Golden Rule)을 어기면 '내로남불'을 야기한다. 그러면 권위가 성립하지 않는다. 또 다른 권위주의 사회, 즉 전체주의 사회의 도래를 야기한다. 현대 권위의 새로운 토대는 이성에 근거한 합리적 판단이며, 거기에는 불편부당성이 뒤따라야 한다. 또한 과거 권위주의를 타파하는 데 요구되는 것은 불편부당성을 포함하는 합리성이다. 이를 무시하면 21세기 작금의 대한민국의 소수 위정자들이 자행한 '내로남불'의 행태가 벌어진다는 점을 유념할 필요가 있다. 그럼에도 불구하고 우리나라는 '진보'의 미명아래 일체 사회적 관습을 구습이라 하여 폐기해 버리는 심각한 문제를 드러낸 바 있다. 아무리 합리성에 근거한 개혁도 예상치 못했던 바람직하지 못한 결과를 초래할 수 있다. 합리성은 개인의 책임을 경감시켜준 것이 아니라 가중시켜준다. 그 결과 사회적 관습에 따라 결정되었던 모든 사안을 자기 스스로 일일이 판단해서 결정해야 할 지경에 이르고 말았다. 또한 이러한 상황에서 당면한 도덕적 사안에 대하여 공분의 성향을 드러낼 때 과연 합리적 판단이 저해되지 않을까 하는 문제도 당면하게 된다. 결론적으로 아들을 아버지 자리에 앉혀놓은 동지애적인 평등사회는 모든 개인이 합리적 판단을 내리는 권위자 역할을 하는 데 아무런 도움을 주지 못한다.

이제까지 살펴본 현대사회 권위 문제를 연장하여 교육상황, 구체적으로 학교상황에서 교사의 권위를 검토해 보자. 우선 학교에서 권위는 몇 가지 그릇된 전제에서 실종되어 버린다.

첫째, 권위로 인하여 아이들의 선한 본성이 모두 변질된다는 마르크스주의자들의 입장이다. 이는 권위와 강압이나 알력을 구분하지 못한 데서 비롯된다.

둘째, 교육에서 권위는 곧 일체의 간섭을 가져온다는 권위주의적 입장이다. 이는 권위적 간섭주의(paternalism)와 관련하여 많은 논쟁을 낳는다. 교육은 본질적으로 간섭적인 성격을 지닌다. 이 문제는 제11장에서 살펴보기로 한다.

여기서 쟁점은 권위의 정당화로 제기된 교육의 민주화이다. 즉 교사의 권위와 학생들의 민주화 요구를 서로 대립하는 상극으로 보는 것이다. 하지만 교육의 민주화와 교육의 본질상 요구되는 권위적 간섭을 상충하거나 갈등하는 것으로 보아서는 안 된다.

그러면 어떤 조치가 있어야 하는가. 두 가지가 있다. 하나는 교사에게 교과 편성에 관한 권한을 부여하는 것이다. 이는 교사에게 일종의 학문적 자유를 부여하는 일이다. 이를테면 교사의 교과편성, 수업지도안 작성권 등을 말한다.

다른 하나는 학문에 관한 권위를 교사에게 부여하는 일이다. 여기에는 나름대로 타당한 이유가 있다. 학교에 처음 온 아이들은 미숙하고 무지한 상태에 놓여 있다. 그래서 아이들은 가치 있는 활동에 입문해야 할 당위성을 지닌다. 교사의 의무는 일차적으로 여기에 맞추어져야 한다.

이 두 가지가 교사가 권위를 부여받을 수 있는 근거가 된다. 무엇보다도 교사가 수행하는 교육적 과업, 즉 가치 있는 활동에 아이들을 입문하도록 하여 아이들 스스로가 자율적 판단 능력을 갖게 될 때까지 교사의 권위는 필연적으로 요구된다. 교사에 대한 권위 부여와 학생들의 자율적 인간으로서 성장은 일종의 패러독스를 낳는다. 즉 교사는 학생이 교사의 지도가 필요하지 않은 상태에 이르기를 목적으로 가르치는 활동에 종사한다. 하지만 그러한 상태에 도달하기 위하여 교사의 권위와 간섭이 요구된다. 이것은 풀리지 않는 패러독스이다. 하지만 패러독스를 해소한답시고 교사의 권위를 놓고 교사와 학생의 등가적 동등성을 주장해서는 안 된다. 이 점은 본서 제3장과 제8장에서 검토한 논거와 동일하다.

만약 교사와 학생의 등가성을 주장할 경우 해괴한 상황이 벌어진다. 그렇게 되면 학교에서 민주적 절차를 따른다고 하면서 쓸데없는 사안을 가지고 시간을 소비한다. 또한 학습지도상 전문성, 즉 교수방법 영역에서 전문성에 따른 교사의 권위는 물론 생활지도상 전문성 즉 게임, 동아리, 규율, 성문제 등의 문제를 다루는 데 있어서 요구되는 교사의 권위가 위축된다.

물론 교사의 권위를 존중하는 데에는 여러 문제가 수반될 수도 있다. 순수 학문적 입장에서 권위와 교육상황에서 권위의 차이를 인식하는 일, 학교에서 학생만이 향유하는 특권이 교사의 권위를 격하시켜서는 안 되도록 해야 하는 문제, 학생 참여를 비롯한 민주적 원리와 실천이 교사의 권한과 상충하는 문제 등이 있다.

학교교육이 민주적인가와 관련하여 적어도 세 가지를 살펴보아야 한다.

첫째, 사회 전반에 있어서 교육제도와 정책의 민주적 절차에 따라 운영되고 있는가.

둘째, 학교에서 가르치는 내용과 방법이 민주적인가. 구체적으로 민주시민교육이 이루어지고 있는가.

셋째, 학교 운영이 민주적 절차를 따르고 있는가.

이는 학교교육과 민주주의의 관계를 묻는 질문이기도 하다.

결론적으로 말하자면, 교사의 권위는 아이들의 학습도모를 위하여 사회로부터 부여받은 고유 권한이므로, 민주사회 운영 원리에 권위가 어긋난 것이라고 볼 수 없다. 이제 '교권'의 의미를 살펴볼 차례이다.

Ⅶ. 민주사회의 교권과 아동권리

이제까지 민주사회에서 권위가 요구된다는 점을 확인하였다. 제3장에서 확인한 바와 같이 교육상황에서 아동과 교사가 등가성을 지니지 않으며, 그것이 민주적 절차와 원리에 어긋나지 않는다면 대부분의 아동이 몸담고 있는 학교교육 상황에서 겪는 교사의 권위 문제를 살펴보지 않을 수 없다. 이를 위하여 '교권'이라는 말이 지니는 의미를 먼저 살펴보기로 한다. 그런 다음 그것이 아동권리와 어떻게 관련을 맺는지 살펴보기로 한다.

1. '교권'의 개념

교권의 개념은 다의적이어서, 교사의 권리, 교사의 권한, 교사의 권위 등으로 다르게 사용된다. 중복되는 부분이 없지 않으나, 대체로 이 세 가지 범주에서 교권을 다룰 수 있다. 우리 사회 통념상으로 볼 때, 전통적인 의미에서 '교권'의 개념은 한국교원단체총연합회의 문건에서 보다 정확히 확인할 수 있다.

> 교권은 교원의 교육권 또는 권위를 줄인 말이다. 교원의 교육권을 줄인 말로 이해하면 학생을 교육할 권리로서 법률적인 용어라고 할 수 있으며 이러한 권리를 침해하는 행위는 법률적 다툼의 대상이 되어 제재가 가해질 수 있다. 그리고 교원의 권위를 줄인말로 이해하면 스승으로서의 지위에 기초한 윤리적 의미와 전문성에 기초한 전문적·기술적 능력에 대한 사회적·윤리적 의미가 되어 이를 침해하게 되면 도덕적 비난의 대상이 된다. 이와 같이 교권은 학생을 교육할 법적인 권리

와 스승 또는 전문직으로서 윤리적·사회적 의미에 따른 전문적·기술적 권위의 복합적 의미를 가지고 있다. 따라서 교권은 학생교육을 위해 법이 인정한 힘(권리)과 사회적·윤리적으로 교사의 지위와 능력에 따라 부여된 권위라 할 수 있다(한국교원단체총연합회, 2003: 8).

여기서 '교육할 권리'는 『증보 아동권리향연』에서 이미 밝혔던 교사의 권한을 말한다. 위의 인용을 통해 교사의 권한과 권위로 대별됨을 알 수 있다. 그러나 최근에는 교권을 보다 확대된 의미로 사용된다는 점을 감안하여, 협의의 교권, 광의의 교권, 최광의의 교권으로 나누어 살펴보기로 한다. 협의의 교권은 전통적인 의미의 교권이라 할 수 있는 '교원의 권위로서 교권'을 뜻하며, 광의의 교권은 '교원의 교육권으로서 교권'을 뜻한다. 끝으로 그 범위를 넓혀 최광의의 교권으로 신분보장권 및 사회·경제적 지위권을 포함한 '교원의 권리 전반으로서의 교권'을 가리킨다.

(1) 교사의 권위로서 교권: 협의의 교권

이돈희(1991: 24-25)는 교원의 권위를 다음과 같이 크게 세 가지로 대별된다고 하였다. 그의 지적은 협의의 교권이 어떤 것인지를 알려준다.

첫째, '부여받은' 권위에 해당하는 것으로 학생의 학교생활을 통제하고 지도하도록 주어진 '제도적 권위'가 있다. 교사로 하여금 학교생활을 통제하고 지도하도록 하는 제도적 권위는 학생에 의해서는 복종해야 할 권위로 인정되지만 일반인에 의해서는 침범하지 말아야 할 권위로 인식된다. 적어도 교사에게 제도적으로 주어진 권위는 침범할 수가 없다. 왜냐하면, 교사가 전문직을 수행하는 권위는 그 자체가 사회적 책임이며, 그 책임은 어디까지나 자신이 인식하는 직업적 윤리와 더불어 자신의 능력에 의해서 자율적 노력으로 수행되어야 할 성질의 것이기 때문이다.

둘째, '인정받은' 권위에 해당하는 것으로 교과의 지식에 관한 이해와 탐구, 그리고 판단의 능력을 소유하였다고 여겨지는 '지적 권위'가 있다. 교사의 지적 권위는 학생에 의해서는 주관적 권위로 인식되지만 일반인에 의해서는 객관적인 권위로 인식된다. 학생이 교사의 지적 권위를 인식할 때 자기보다 유능하며 많이 알고 옳게 판단할 수 있는 권위로 대한다는 의미에서 주관적이다. 반면에 일반인이 교원의 권위를 평가하는 것은 교사가 받은 훈련과 업적의 정도와 교사에게 요구되는 자질의 일반적 기준을 근거로 한다. 교사가 사회로부터 인정받는 지적 권위는 그것의 최소한의 특징에 있어서 '표준적'이다. 즉 교사는 제도적으로 자격을 인정받는다는 것이 사회적 인식의 근거가 된다.

셋째, 지식이나 기술을 가르치고 생활을 지도하는 방법에 능한 것으로 인정되는 '기술적 권위'가 있다. 교사의 기술적 권위는 학생에 의해서는 제도적 권위의 경우와 마찬가지로 복종해야 할 권위로 인식되고 일반인에 의해서는 표준적 권위로 인식된다. 이 권위는 일반인에게 제도적 권위처럼 침범할 수 없는 권위로 인식되기보다는 교사의 전문적 자질로 인식된다. 그 때문에 일반인이 지닐 수 없는 권위로 인식된다.

(2) 교사의 가르칠 권한으로서 교권: 광의의 교권

광의의 교권은 교사의 가르치는 일에서 성립하는 권한을 말한다. 일부 헌법학자들 중심의 한 무리는 교육권을 '학습자의 학습할 권리'인 학습권의 대응되는 개념으로 보아 '교원의 교육할 모종의 권한'으로 정의내린다. 그러나 교육법을 전공하는 다수는 교육권을 보다 폭 넓은 개념으로 정의내리는 바, '교육에 관한 권리·권한의 총칭'으로 본다. 그러나

이렇게 보면, 교육권과 학습권이 상관관계 또는 상반된 개념으로 인식된다는 점을 지적한 바 있다.[9)]

이러한 맥락에서 광의의 교권은 공교육체제 그리고 공교육법에 의해 부여된 실질적인 교육활동의 주체로서 교사가 직접적으로 학생들을 대상으로 한 권한을 가리킨다.

한편, 교사의 권한의 성격과 관련하여 헌법상 기본권에 해당하는지, 하위법률상의 권리에 해당하는지, 교원이라는 직위에 터한 권한에 해당하는지, 이에 대한 견해 차이가 있다. 이와 관련하여 다수의 학자들은 이를 교원이라고 하는 지위에서 비롯된 직무상 권한으로 본다. 즉, 공교육의 설립·운영 주체인 국가와 지방자치단체가 법상 요구한 자격조건을 충족시키고 국가 등에 의해 교원이라는 직위를 부여받음에 따라 그 직무를 온전히 수행하기 위해 동반된 필요한 힘(권한)이 교사의 '교육권'이라는 것이다. 그러나 이는 오히려 '수업권'이라는 말이 더 적합하다. 그리고 실제로 직무상 권한으로 보는 것이 학생·학부모와의 직접적 계약(또는 대리)이 아닌 공교육제도 내에서 공교육의 수행자 또는 교육기관이라는 지위에서 비롯된 것으로 볼 때, 타당하다. 이와 같이 교사의 교육권을 직무상 권한으로 보는 것은 헌법재판소의 공식적인 입장이기도 하다.

---

9) 일부 법학자들이 이러한 입장을 견지한다. 즉, 교육과 관련된 주체들 각각이 법으로부터 부여받은 그들의 의사를 우선적으로 주장하고 남을 지배할 수 있는 힘을 통합적으로 정의하는 개념을 교육권으로 본다. 이에 따를 경우 교육권은 그 주체에 따라 학생의 교육권, 부모의 교육권, 교원의 교육권, 국가의 교육권 등으로 다시 세분화된다. 모두 교육권을 사용해야 하므로 혼선을 빚을 수도 있다. 이는 본서에서 견지하는 입장과 다르다. '교육권'과 '학습권'은 모두 '교육받을 권리'이다. 다음 절의 논의를 참조.

"학교교육에서 교사의 가르치는 권리를 수업권이라고 한다면 그것은 자연법적으로는 학부모에게 속하는 자녀에 대한 교육권을 신탁한 것이고, 실정법상으로는 공교육의 책임이 있는 국가의 위임에 의한 것이다. 그것은 교사의 지위에서 생기는 학생에 대한 1차적인 교육상의 직무권한(직권)이지만 학생의 '교육을 받을 권리'의 실현을 위하여 인정되는 것으로서 양자는 상호협력의 관계에 있다고 하겠으나, '교육을 받을 권리'는 헌법상 보장된 기본권의 하나로서 보다 존중되어야 하며, 그것이 왜곡되지 않고 올바로 행사될 수 있게 하기 위한 범위 내에서는 수업권도 어느 정도의 범위 내에서 제약을 받지 않으면 안 될 것이다"(헌재 1992. 11. 12. 89헌마 88).

한편, 교사의 가르칠 권한은 앞의 헌법재판소 판례가 말미에서 지적하고 있듯이 본질적으로 학생, 나아가 국민의 '교육을 받을 권리'의 실현을 위해 인정되는 것이므로 그 자체가 학생의 교육권, 즉 학습권의 보장과 실현에 반해서는 안 된다는 내재적 한계를 갖는다. 또한, 교사의 가르칠 권한은 학생 교육권의 대행자로서 학교 및 교육내용 선택권, 학교 교육활동 및 공교육 운영에 대한 의견 진술권 등을 갖는 부모의 교육권에 의해 제한받기도 한다. 아울러 공교육제도의 조직·운영권과 공교육제도의 관리·감독권으로 대변될 수 있는 국가의 교육권에 의해서도 교사의 가르칠 권한은 일정 부분 제한받을 수밖에 없다. 그리고 이와 같은 이 권리의 한계는 주로 법령에 규정되는데 「초·중등교육법」 제20조 제3항은 "교사는 법령이 정하는 바에 따라 학생을 교육한다"고 규정함으로써 교원 교육권의 한계를 '법령이 정하는 바에 따라'로 명시하고 있다.

교사의 이 권리가 직무상 권한으로서 다른 교육 주체들의 교육권과의 충돌에 의해 적지 않은 제한과 한계를 받음에도 불구하고, 그 어떤 다른 권한보다도 고도의 자율성을 부여받음 또한 사실이다. 그리고 이 자율성

연원은 '교육의 자주성, 전문성, 정치적 중립성' 보장을 규정하고 있는 헌법 제31조 제4항에서부터 비롯된다. 따라서 법령은 교사의 교육권을 제한할 뿐만 아니라 그 자율성을 보장하기 위한 많은 조치들을 갖고 있기도 하다.

교사의 권한을 구체적으로 살펴보면 크게 수업권과 징계권을 중심으로 하는 생활지도권으로 구분할 수 있다.

먼저, 이 권리의 중심에는 주어진 수업시간을 전문적 지위에 의한 자율성을 갖고 교수·학습활동을 전개할 수 있는 수업권이 있다. 그리고 이 수업권은 세부 내용으로 교육과정 편성권, 교육내용 및 교재 선택권, 교육방법 결정권, 학생 평가권 등을 포함하고 있다. 그런데 우리나라 유·초·중등학교의 경우에는 국가중심 교육과정과 교과서 국·검·인정제로 운영되고 있기 때문에 유·초·중등 교사의 수업권은 상당부분 제한을 받고 있다. 즉, 교사가 누릴 수 있는 자율권의 폭이 지극히 제한적이다. 다만, 대학의 교원 경우에는 이 수업권의 행사가 도덕률 등 일반적인 사회적 가치와 충돌하지 않는 한 상당한 자율권을 행사할 수 있다.

교사는 수업권 이외에도 학생의 생활지도에 관한 일정한 권한을 갖는다. 그리고 이는 징계·체벌의 문제로까지 이어진다. 여기서 징계권이란 특별권력관계(또는 재학관계)에 의해 맺어진 학교와 학생의 공법적 관계에 의해서 학생이 규칙을 위반하는 등 질서를 어지럽힐 경우 제재할 수 있는 힘을 뜻한다. 이러한 징계권과 관련하여 「초·중등교육법」 제18조는 제1항에서 "학교의 장은 교육상 필요한 때에는 법령 및 학칙이 정하는 바에 의하여 학생을 징계하거나 기타의 방법으로 지도할 수 있다"고 하고 있으며, 동법 시행령 제31조 제1항은 징계의 종류로 '학교 내의 봉사, 사회봉사, 특별교육이수, 1회 10일 이내 연간 30일 이내의 출석정지, 퇴학처분'을 제시하고 있다. 또한 「초·중등교육법」 제18조에서 확인할 수 있듯이 원칙적인 징계권자는 학교장이 되며, 일반 교사는 학교장 권한의 위임에 의해 징계권을 행사한다. 한편, 동법 시행령 제31조 제8항은 "학교의 장은 법 제18조 제1항 본문에 따라 지도를 할 때에는 학칙으로 정하는 바에 따라 훈육·훈계 등의 방법으로 하되, 도구, 신체 등을 이용하여 학생의 신체에 고통을 가하는 방법을 사용해서는 아니 된다"고 규정하고 있는 바, 합법적인 징계에 간접체벌이 포함될 수 있는가에는 이견이 있다.

학교의 장 및 이를 보좌하는 교감·원감 등도 교원으로서 학생을 지도하고 교육할 수 있는 권리를 갖는다. 다만, 이들의 교육권은 학교를 관리·경영하는 차원에서 일반적인 교사들의 교육권과 같은 직접적인 수업 및 생활지도 상의 권한이 아니라, 학교의 전반적인 운영 차원에서 일반 교사들의 교육권 실현의 여건 조성과 관련된 학교규칙제정권, 학급편성권, 학교교육과정편성권, 수업일수 결정권, 학교생활기록부작성·관리권 등이 해당한다.

(3) 교사의 권리로서 교권: 최광의의 교권

가장 좁은 의미의 교권이라 할 수 있는 존경과 예우 등의 개념을 내포하는 '교원의 권위' 자체에 대한 침해는 물론, 이를 뒷받침 해주는 교사의 전문성 또는 전문적 지위에 바탕을 둔 교사의 교육권에 대한 침해가 날로 더해지고 있다. 그리고 최근에는 교사의 신분적 안정과 사회·경제적 지위에 대한 도전과 침해 또한 '교사의 권위'를 추락시키는 심각한 요인이 되고 있다. 따라서 이제 교권을 논함에 있어 교원의 신분 보장, 사회·경제적 지위 보장을 포함하지 않고서는 의미가 반분될 수밖에 없는 바, 향후 교권의 의미는 '교사의 권리' 전반을 칭하는 의미로 확대되어 이해되고 활용되어야 한다.

이러한 의미에서 이돈희(1991: 23)도 교권을 학생 교육을 위해 필요한 교사의 '교육권'이라고 칭하면서도, 구체적인 내용 측면으로 "교권은 사회적 제도로서의 교육에 종사하는 교원들이 자신들에게 주어진 사회적 역할을 수행하는 데 있어서 첫째, 그들이 일정한 기간의 훈련을 통하여 획득한 전문적 지식과 능력의 소유자로서 권위를 인정받고, 둘째, 부과된 책임과 임무를 이행하는 데 있어서 부당한 간섭과 침해로부터 자신과 자신의 업무를 보호하고, 셋째, 나아가서 전문직에서의 안정된 생활과 최대한의 능률을 기하기 위한 신분상의 보장을 받을 수 있는 조건을 주장할 수 있는 권리"로 정의 내린 바 있다. 여기에는 신분보장권과 사회·경제적 지위보장권이 있다.

첫째, 신분보장권이란 자신의 의사와 달리 외부의 부당한 힘에 의해 현재의 지위와 해당 지위에서 비롯되는 권한 및 이익 등을 침해받지 않을 수 있는 힘이라 할 수 있다. 즉, 부당하게 신분상의 불이익을 받지 않을 권리로서 구체적으로는 본인의 의사에 반한 면직, 휴직, 정직 등의 처분으로부터 보호받을 수 있는 권리를 뜻한다.

이와 같은 신분보장권이 중요한 이유는 일차적으로는 교사가 교육활동을 함에 있어 외부로부터의 부당한 지배를 받지 않도록 하기 위함이다. 즉, 교사의 신분보장권은 그들이 일시적인 정치세력, 행정권한 그리고 부당한 사회적 여론 등으로부터 최소한의 영향을 받으면서 교육의 자주성·전문성·정치적 중립성을 지키고 교육기본권을 실현하도록 한다는 데 궁극적인 의미가 있다. 이러한 측면에서 우리 교육법 체제는 헌법에서부터 교사의 신분보장권을 두텁게 하고 있으며, 그 대표적인 조치로 교원 신분의 중요 사항을 국회 입법권의 직접적인 규율 하에 두는 교원 지위법률주의를 채택하고 있다.

신분보장권은 위와 같은 거시적 의미 외에 학교 내·외에서 발생하는 부당한 교권침해를 예방하기 위한 최소한의 조치이기도 하다. 구체적으로 학생·학부모 그리고 사회적 세력의 부당한 행위 등에 의해 교사로서의 신분·지위가 침해되지 않도록 지켜줌으로써 교사의 외부 압력의 영향을 최소화하면서 전문가의 지위에서 비롯되는 자율성을 갖고 안정적으로 교육활동을 할 수 있도록 하기 위함이다.

이와 같은 신분보장권의 중요성에 의해 관계 법령들은 내용적으로 교원 신분으로서 면직, 휴직, 정직, 기타 불리한 처분을 받을 수 있는 사유들을 합리적이고 구체적으로 규정하고 있다. 아울러 관련 처분이 합리적인 절차에 의해 이루어지도록 절차적 정당성을 보장하는 규정들도 다수 두고 있다. 그리고 이와 같은 신분보장권은 학교안전사고 및 체벌에 의한 다툼 그리고 학부모의 부당행위 등으로부터 교권을 실질적으로 보장하는 가장 중요한 버팀목이기도 하다.

둘째, 교사의 사회·경제적 지위보장권이다. 특정 직군의 지위를 거론함에 있어서 명예, 평판, 근로 조건 등도 중요한 잣대이지만 사회적으로 인식되는 직무의 곤란성 및 책임의 정도에 따라 부여 받게 되는 보수도 해당 직군의 지위와 권위를 결정짓는 중요한 잣대이다. 이와 관련하여 고도의 전문성이 강조되면서 엄격한 교육·훈련 과정과 치열한 임용 경쟁 절차를 거쳐야 교원의 지위를 득할 수 있고, 교사의 지위에 있으면서도 끊임없는 전문성 제고 노력을 요구받음에 더하여 부여된 자율권 행사에 상응하는 책임을 다시금 요구받는 교사의 지위에 대하여 사회적으로 합당한 보수를 지급하는 것은 중요하다. 이는 사회적 존경 그리고 개인적 긍지와 사명감과도 연결되는 문제이기도 하다.

한편, 교사 개개인의 입장에서 보수는 자신의 사회활동에 대한 합리적인 보상으로서 실제 사회생활 속에서 자신이 향유할 수 있는 사회·경제적 지위를 결정짓는 중요한 기준이 되기 때문에 교사가 합당한 보수를 안정적으로 받는 것은 매우 중요하며, 이를 보호하는 국가적 노력이 절실하다. 특히, 금전적 유혹에서 오는 또는 금전적 요구와 관련된 외부의 부당한 교권침해를 예방하기 위해서도 교원이 현재 그리고 장래의 안정적 사회·경제적 지위를 유지할 수 있는 보수 및 연금 수령 등에 대한 침해로부터 보호하는 것이 중요하다.

아울러 이러한 맥락에서 교사로서 요구되는 전문성 신장 그리고 처우개선, 근무조건 및 복지후생 조건의 상승을 위해 그들도 단결하여 공동의 힘으로 국가 및 지방자치단체 등과 교섭·협의할 수 있는 권리를 보장받고 있다.

2. 아동권리와 교권

이상 살펴본 교권의 여러 가지 의미가 아동권리와 어떻게 관련을 맺고 있는가를 살펴볼 차례이다. 교권이 다의적인 만큼 교권과 아동권리의 관련이 단순하게 파악되지 않는다. 그 중에서 교권은 아동권리의 관점에서 수용할 수 있는 것과 아동권리와 상충하는 것이 있을 수 있다. 여기서는 이 문제를 간략하게 정리해 보기로 한다.

아동권리의 관점에서 수용할 수 있는 교권의 의미는 다음과 같은 조건을 전제로 한다. 첫째, 교권의 의미 중 민주적 가치로 인정될 수 있는 것이어야 한다. 둘째, 교육의 민주적 절차를 존중할 수 있어야 한다. 여기에는 교육제도와 정책이 민주적인가, 학교교육과정이 민주적 내용을 포함하고 있는가, 그리고 학교 운영이 민주적인가 하는 문제가 포함된다는 점을 확인한 바 있다.

이러한 관점에서, 교권의 의미 중 교사가 교육제도에서 부여받은 제도적 권위와 교사의 전문성을 뜻하는 지적 권위 및 기술적 권위는 아동권리와 상충하지 않고 수용할 수 있다. 즉 '협의의 교권'이 아동권리 관점에서도 수용될 수 있다는 뜻이다. 다만 이 경우 제도적으로 부여된 권위가 고착화되어 드러나는 권위적 간섭을 경계할 필요가 있다. 애초 '권위적 간섭주의'는 아동권리의 침해를 전제한 개념이므로 이에 유념할 필요가 있다.

교권이 아동권리와 갈등을 겪는 경우는 교육활동의 내적 영역과 외적 영역에서의 교권으로 나누어 생각할 수 있다. 전자는 앞서 소개한 '광의의 교권'과 관련되며, 후자는 '최광의의 교권'과 관련된다.

교육활동의 내적 영역에서 교사가 지니는 교권은 그들의 '가르칠 권한'과 관련을 맺는다. 이 차원의 교권이 아동권리와 상충하는 가장 큰 이유는 '교육권'과 '학습권'을 상호 대립하는 권리로 보기 때문이다. 가장 거칠게 말하자면, 교육권은 '교육을 시킬 권리'로 보는 반면 '학습권'은 '교육을 받을 권리'로 보기 때문이다. 이는 권리의 속성 중 수혜를 받고 이익을 행사한다는 점을 간과했기 때문에 빚어지는 현상이다. 만약 복지혜택을 받을 권리로 규정되는 '복지권'을 '복지를 베풀 권리' 또는 '복지를 강행할 권리'라고 규정한다면, 그것은 매우 어색하다. 마찬가지로 '교육권'을 마치 교육받을 권리의 '짝'으로 보는 것도 어색하다. 따라서 교육권을 아동이 교육을 받을 권리로 보고, 이를 교사의 가르칠 권한과 분리시켜 보는 것이 해법이다.

교권 중 가르치는 행위와 활동 전반과 관련된 '권한'으로 본다면, 그것이 아동권리와 상충할 가능성은 매우 낮아진다. 왜냐하면 권한은 실정법이나 제도적으로 부여한 일정한 힘(power)이기 때문이다. 이는 권력과도 구분되며, 제5장에서 살펴본 호펠드의 권리 형식에 비추어도 설명된다. 물론 이 경우에도 아동권리와 상충하고 갈등을 겪는 경우는 얼마든지 있다. 즉 이 경우 교권을 '직무상 주어진 권한'으로 본다면, 그 직무 이행이 과실로 인하여 아동권리를 침해하는 사례를 야기할 수 있다는 점은 충분히 예상해 볼 수 있다. 실제로 교육현장에서 이러한 경우를 찾아보는 것은 어렵지 않다. 이를테면 학교에서 수업이나 생활지도를 하는 데 있어서 학교안전사고가 발생할 경우, 그것은 대부분 교사의 '직무상 주어진 권한'에 따라 아동권리가 침해된 경우에 해당된다.

교육활동의 외적 영역에서 교사가 지니는 교권은 그들의 '신분상 보장'과 '사회·경제적 지위'에 관한 권리와 관련을 맺는다. 이 차원의 교권은 아동권리와 일견 상충하지 않아 보인다. 그러나 교권에 포함된 이러한 교사의 권리가 대부분 노동자로서 교사(teacher as a worker)라는 관점에서 설정된 것이다. 앞서 살펴본 바와 같이 교사의 처우 개선이나 자기능력개발과 같은 순기능적 요소가 있는 것이 사실이다. 그러나 이 경우 교권이 노동권으로 연결되어 파업으로 연결될 경우 아동의 교육받을 권리가 침해될 소지가 있다. 특히 공교육 체제 아래 무상의무교육을 받는 아동의 권리는 이 경우 교사의 권리와 상충하기 마련이다.

또한 교사의 단체교섭권이 이 범주에 포함된다면, 그것은 교원단체의 정치세력화를 낳기도 한다. 그렇게 되면 교육의 주체 간의 상충과 갈등이 증폭될 수 있다. 즉 교사의 요구가 정치적으로 증폭되는 만큼 학부모와 지역사회구성원의 교육에 대한 요구도 이에 상응하여 증폭될 것이다.

이 과정에서 의사결정에 관한 권한이 원천적으로 봉쇄된 아동의 입장에서 보면 자신의 교육받을 권리를 행사하는 데 있어서 소외될 수 있다. 아동이 왜 의사결정과정에서 소외되는지는 제1장에서 소개한 아동의 의미와 준거를 참조하면 여러 가지 경우를 유추해 볼 수 있다.

이 외에도 여러 가지 차원에서 교권과 아동권리가 상충하고 갈등하는 경우를 상정해 볼 수 있다. 이를테면, 교사의 '직무상 주어진 권한'을 잘못 해석하여, 자유민주적 질서를 부정하는 내용을 가르치는 경우를 들 수 있다. 이때 교사의 행위는 아동을 세뇌시키거나 주입시키는 것이며, 아동의 대리인인 학부모의 동의 없는 교육내용을 제멋대로 가르친 셈이다. 결과적으로 아동과 학부모의 권리를 침해한 것이다. 중요한 점은 이러한 논점을 정확하게 인식하고 발생하는 문제에 대처해 가야 한다는 자세이다. 여기에는 아동권리인식의 제고가 가장 우선되어야 한다. 또한 아동권리인식을 권리의 보편성이라는 형식논리에 의존하거나 교육받을 권리가 보편적 권리라는 논거에 입각하여 이를 모든 아동에게 천편일률적으로 적용하는 일 등을 경계해야 한다. 무엇보다도, 제3장과 제8장에서 살펴본 바와 같이, 상당기간 사적 영역에서 공론의 장으로 나가기까지 '유예'를 아동권리의 침해라고 예단해서도 안 된다.

참고문헌

김용운·김용국, 1998, **프랙털과 카오스의 세계**, 서울: 우성.
김정래, 2012, **진보의 굴레를 넘어서**, 서울: 기파랑.
김정래, 2013, **민주시민교육비판**, 서울: 가원출판사.
송재윤, 2020, **슬픈 중국**, 서울: 까치.
이돈희, 1991, 교권의 개념과 의의, **교권사건판례집**, 서울: 한국교원단체총연합회.

조무남, 2010, 플라토닉 러브, 파주: 럭스미디어.

한국교원단체총연합회, 2003, 알아두면 힘이 되는 교권 상식, 서울: 한국교원단체총연합회.

Held, D., 1996, 2nd ed.. *The Models of Democracy*, 3rd ed. 2001, London: Polity.

Niebuhr, N., 1932, *Moral Man and Immoral Society*, New York: Charles Scribner's Sons.

Peters, R. S., 1973, *Authority, Responsibility and Education*, 김정래 역, 2021, 권위, 책임, 교육, 서울: 학지사.

Rousseau, J. J., 1762, *The Social Contract*, M. Cranston, trans., 1968, London: Penguin.

Surowiecki, J., 2004, *The Wisdom of Crowds*, 홍대운, 이창근 역, 대중의 지혜, 서울: 랜덤하우스 중앙.

11

아동의 자유와 권리 제한

이 장에서는 아동의 자유와 권리를 제한하는 문제로서 권위적 간섭주의, 의무교육, 학교선택권, 그리고 벌의 문제를 다루어 보도록 한다.

Ⅰ. 권위적 간섭주의

민주주의를 존중하는 사회에서도 개인의 자유와 권리를 제한하는 경우를 흔히 찾아볼 수 있다. 타당한 근거를 대며 자유를 제한하는 대표적인 경우는 '권위적 간섭주의(paternalism)'에서 찾을 수 있다. 우리는 이미 『증보 아동권리향연』의 제5장에서 그 의미와 문제점을 개괄한 바 있다. 특히 권리 주체로서 아동이 현실적으로 자신의 자유와 권리를 제한받는 상황을 '참여'의 관점에서 살펴본 바 있다.[1]

권위적 간섭주의의 핵심은 자유의 제한과 그 정당화에 있다. 그러므

1) 권위적 간섭주의의 어의와 참여와의 관련성에 관심 있는 독자는 『증보 아동권리향연』의 제5장을 참조.

로 여기서는 자유와 그 제한이라는 관점에서 살펴보기로 한다. 구체적으로 보면 다음과 같은 질문이 될 것이다.

첫째, 권위적 간섭주의는 자유의 어떤 측면을 제한하는가?

둘째, 권위적 간섭주의에 따른 자유 제한은 무엇을 위한 것인가?

셋째, 권위적 간섭주의에 따른 자유 제한의 근거, 즉 그 타당성과 정당성은 어디서 찾을 수 있는가?

넷째, 권위적 간섭주의를 수용해야 하는 경우는 어떤 경우인가?

이러한 문제점을 염두에 두고 권위적 간섭주의가 설정되는 상황과 그 정당화 근거를 살펴보기로 한다.[2] 이 문제를 논의하는 데 있어서 앞서 소개한 맥칼룸의 분석 틀과 그레이의 자유 개념을 적용하기로 한다. 논의의 편의를 위하여 제9장에서 설정한 자유의 분석 틀을 다시 소개한다.

① 제약(장애)이 없는 상태 = Y-focused Y = Y-Y 또는 Y(Y)
② 선택이 가능한 상태 = Z-focused Y = Y-Z 또는 Y(Z)
③ 실행 능력을 갖춘 상태 = X-focused Y = Y-X 또는 Y(X)
④ 지위를 획득한 상태 = X-focused Y = Y-X 또는 Y(X)
⑤ 자기결정 여부 = Y-focused X = X-Y 또는 X(Y)
⑥ 소망성취 여부 = Z-focused X = X-Z 또는 X(Z)
⑦ 자기지배 능력 = X-focused X = X-X 또는 X(X)

일반적으로 권위적 간섭의 정당화 조건이 있다. 그것은 권위적 간섭 기회가 자유를 제한받는 사람에게 성공 기회를 제공한다는 데 있다 (Chamberlin, 1989: 150-151). 가장 극명한 예를 들자면, 입시를 앞둔 아

2) 이하에서 소개되는 논의는 챔벌린(Rosemary Chamberlin, 1989) 제6장과 제7장에 소개된 내용을 토대로 한 것이다.

이들에게 대학입학을 위하여 현재 아이들이 하고 싶은 일, 이를테면 동아리 활동이나 입시와 직접 관련 없는 취미활동 등을 제한하는 것이다. 그러한 활동을 제한하는 것은 자신이 원하는 대학입학의 기회를 넓혀주고, 나아가서 그것이 미래의 성공적인 삶을 제공해 준다는 논거이다. 이 밖에도 우리는 이러한 사례를 수없이 찾아볼 수 있다. 이를 좌시하면 우리는 아동의 자유와 권리를 제한하는 우를 범하게 된다.

권위적 간섭주의에 관한 일반론을 심층적으로 분석하자면 '미래 예측의 가치 판단이 현재의 자유(또는 선택)를 제한한다.'는 것이 된다. 이는 우리의 일상생활에서 흔히 볼 수 있는 사례로서 근원적으로 문제를 해결할 분석의 틀을 요구한다. 미래의 자신이 실현할 가치를 위해 현재의 선택을 제한한다는 뜻은 분석 틀에 적용해 보면 X(Z)를 위해 Y(Z)를 제한한다는 뜻이다.

이 문제는 여러 가지 차원에서 심층적으로 다시 생각해 볼 수 있다.

첫째, 권위적 간섭 여부는 당위의 문제이고, 성공 기회 여부는 경험적 사실 여부이다. 즉 전자는 가치 판단의 문제이고, 후자는 사실 판단의 문제이다. 결과적으로 권위적 간섭은 사실에 근거하여 가치 판단의 근거를 마련하는 셈이다. 이는 전형적으로 '자연주의적 오류(naturalistic fallacy)'에 해당된다. 이를테면, '자연 상태'이라는 사실에 입각하여 '자연이 좋다'는 가치 판단을 내릴 경우, 이를 자연주의적 오류라고 한다. 자연 상태의 모든 것이 좋다는 가치 판단을 내릴 수는 없다. 자연 상태의 것 중에는 독사, 독초와 같은 것이 가치 있다고 할 수 없다. 자연 상태의 생선, 즉 자연산 회는 우리에게 좋을 수 있지만, 독초가 자연산이라는 이유로 우리에게 자연산 회처럼 좋다고 할 수 없기 때문이다.

둘째, 사전판단과 사후판단의 연계 내지는 인과관계를 따져볼 수 있다. 현재 시점에서 이루어지는 권위적 간섭은 사전판단이고, 미래에 획득할 이익은 사후판단의 문제이다. 아동의 자유를 제한하는 현재의 간섭이 미래 시점에서 그 아동에게 이익을 가져다준다는 연계를 어떻게 보장할 수 있는가. 만약 그림을 그리고 싶어하는 아이가 부모의 권위적 간섭에 의하여 미술대학 대신에 의과대학에 진학하여 의사가 되어 삶의 만족감을 얻었다고 하자. 이 경우에도 미래 시점에서 아이가 획득한 이익이나 행복이 그러한 간섭에 따른 것이라고 할 수 있는가. 오히려 부모의 권위적 간섭에 따라 획득한 의사라는 직업의 사회경제적 조건이 아니라 기초 의학 연구에 몸담게 되어 삶의 행복감을 느꼈다면, 현재의 간섭과 미래 행복이 상호 연계되어 있다고 단정할 수가 없다. 또한 부모의 권위적 간섭과 아이의 미래 행복 사이의 인과관계를 밝혀낼 수도 없다.

셋째, 권위적 간섭이 인간 존중(respect for person)이라는 윤리학 원리를 심각하게 해치고 있다는 점이다(Chamberlin, 1989: 161-163). 다시 말하자면 권위적 간섭주의는 윤리학적으로 정당화되기 어렵다. 아동의 미래 삶을 재단하고 이를 근거로 현재의 자유를 제한하는 것은 의무론적 윤리학의의 관점에서 권위적 간섭의 대상이 아동의 존엄성(human dignity)을 해칠 수 있다.

넷째, 권위적 간섭은 공리주의 윤리학의 관점에서도 정당화되기 어렵다. 일견 권위적 간섭이 공리주의 윤리학에 의하여 정당화된다고 단정할 수도 있을지 모른다. 이를테면 현재의 권위적 간섭으로 인하여 대상 아동의 삶 전체에 있어서 효용성(즉 가치 총량)이 증대되었다고 주장할 수도 있다. 그러나 이러한 추론은 공리주의 윤리학의 원리에 부합하지 않는다. 공리주의 윤리학의 경우, 타인의 복리 증진을 위하여 권위적 간섭을 허용할 경우에 황금률이 적용되어야 한다. 이 말은 곧 한 개인이 타인의 자유를 제한하는 간섭이나 개입을 할 경우, 반대로 타인이 자신에게 자유를 제한하거나 개입을 할 수 있어야 성립한다는 뜻이다. 그러나 대부분 아동에게 가해지는 권위적 간섭의 경우, 해당 아동이 간섭을 한 성인(成人)에게 같은 맥락에서 제한이나 간섭을 할 수 없는 처지에 있다. 따라서 권위적 간섭이 간섭받는 사람의 삶에 있어서 전체 효용성의 총량이 증가했다는 이유로 정당화될 수 없다.

이상이 권위적 간섭이 지니는 일반적인 난점이다. 이하에서는 구체적인 사태를 중심으로 권위적 간섭이 지니는 난점을 살펴보기로 한다.

첫째, 권위적 간섭이 유일한 대안인 경우이다. 권위적 간섭주의가 유일한 방법인가를 살펴보아야 한다(Chamberlin, 1989: 151-152). 권위적 간섭이 유일한 대안인 경우는 쉽게 찾아볼 수 있다. 적정 연령에 필요한 영양이나 지적 성장이 이 시기에 제대로 이루어지지 않는다면, 이에 대한 간섭은 정당화될 것이다. 우리는 '발달과업'이라는 용어를 통해서 이러한 간섭이 요구된다는 것을 쉽게 이해할 수 있다. 자동차 안에서 안전벨트 착용이나 도로상 횡단 차단막 설치도 자유를 제한하는 경우이다. 이에 대안을 찾기가 쉽지 않다. 또한 다른 대안이 있어도 비용이 많이 들어서 비현실적이다. 예컨대 자유를 만끽하게 하는 안전벨트 이외의 어떤 장치가 있다고 해도 그 가격이 터무니없이 비싼 경우에는 불편하더라도 안전벨트 착용을 선택해야 한다.

그렇지 않은 경우라면, 권위적 간섭행위에 대한 여러 가지 대안을 탐색하고, 간섭행위 여부를 결정해야 한다. 그러나 대안을 탐색하고 제한 여부를 결정한다는 것은 그리 용이한 일이 아니다. 예컨대, 코로나 바이러스 감염 사태에서 위중증 환자에게 자가 격리 조치를 하는 것은 병상이 부족할 경우 정당화될 수 있다. 하지만 그것은 곧 환자의 가족의 자유를 제한하는 또 다른 문제를 야기한다.

또한 2020년 이후 코로나 바이러스 감염 사태에서 우리나라 방역당국이 내린 조치는 권위적 간섭의 측면에서 여러 가지 난점을 지니고 있다. 국민의 자유를 제한하는 데 있어서 구체적 기준의 근거가 미약하여 정당화되기 어려운 측면이 있다. 첫째, 자영업자의 영업시간과 접객 인원 제한은 여타의 대안이 있음에도 불구하고 자의적으로 내려진 결정이다. 단계별로 제한 인원수와 영업시간을 제한하는 타당한 근거는 어디에 있는가. 둘째, 대중교통 이용에서 제한도 자의적이다. 택시 승객은 2명으로 제한하고, 지하철이나 시내버스 탑승 인원은 제한하지 않는 것도 자의적인 판단에 따른 제한이다. 셋째, 예식장의 참석 인원 제한도 합당한 근거가 미약한 자의적인 판단이다. 넷째, 집회의 금지도 마찬가지이다. 특히 정치적 집회와 종교 집회의 금지는 국민의 기본권 제한이라는 위헌 소지도 안고 있다. 이 경우는 국민의 기본적인 자유와 권리에 대한 지위를 박탈한 것으로 볼 수 있다.

이러한 사정을 살펴볼 때, 권위적 간섭이 유일한 대안인 경우는 임의적인 제한을 가하는 Y(Y) 상태의 제한 또는 지위의 박탈을 뜻하는 Y(X)에 해당한다.

둘째, 동의를 받은 권위적 간섭 문제이다. 즉 권위적 간섭주의를 동의 문제와 관련시켜 살펴볼 필요가 있다. 사전 동의를 받으면 권위적 간섭주의는 허용될 여지가 있다(Chamberlin, 1989: 152-153). 챔벌린은 오디세이(Odysseus)의 예를 들고 있다. 우리의 일상생활에서 보면, 대학 입학 당시 입학생의 서약(즉 사전 동의)에 따른 학창생활 중 행동의 제한이나, 사관생도의 3불(三不: 흡연, 음주, 이성교제 금지) 동의 등을 들 수 있다. 이 경우의 권위적 간섭은 여러 가지 유형으로 나누어 살펴볼 수 있다.

① 권위적 간섭이 강압인 경우 그 동의는 성립할 수 없다. 예를 들어서, 범죄 영화에서 흔히 볼 수 있는 신체포기각서를 들 수 있다. 이 경우는 분석 틀로 보면 강압을 통하여 Y(Y)를 위배하거나, 자기결정인 X(Y)를 무시한 것에 해당한다.

② 권위적 간섭이 좋은 결과를 가져온다는 이유에서 사후 동의가 이루어진 경우를 들 수 있다. 과거 조선시대 부모나 집안 어른이 혼처를 정해 놓고 사후에 본인에게 좋은 혼처라고 알려주는 경우를 들 수 있다. 오늘날에도 부모가 미리 자녀의 삶에 있어서 중요한 결정을 사전에 한 상태에서 좋은 결과를 낳는다는 이유로 차후에 이를 고지하는 경우를 어렵지 않게 찾아볼 수 있다. 영화 '죽은 시인의 사회'에서 주인공 닐(Neil)은 아버지가 자신과 사전 동의 없이 결정한 것으로 곤혹을 치르다가 결국에는 생을 마감한다. 이 경우가 좋은 사례가 된다. 분석의 틀로 보면 전형적인 자기결정 X(Y)의 무시에 해당한다.

③ 행위자의 불능상태에서 동의를 얻어낸 경우에도 권위적 간섭은 정당화될 수 없다. 심신의 불능상태에 놓인 사람의 동의를 얻어낸 경우를 뜻한다. 예컨대, 세뇌, 교화 당한 사람의 동의를 들 수 있다. 이 경우는 자기지배 능력의 결핍이 근원적인 원인이 되지만 그로 인한 자기결정 능력을 무시한 결과이다. 분석 틀로 보면, X(X)의 결핍으로 인한 X(Y)의 무시라고 할 수 있다.

④ 동의가 없는 경우 다른 비강압적 대안이 존재한다는 점이 무시된다. 설사 동의 없이 권위적 간섭에 따라 좋은 결과를 얻었다고 해도, 자발적 선택에 의한 득이 묻혀버릴 수도 있다. 예컨대, 부모의 권위적 간섭에 의하여 성공한 피아니스트라 하더라도 그가 과학자나 사업가로서 성공

기회가 박탈되었을 가능성은 엄연히 존재한다. 한 마디로 권위적 간섭이 그 개인의 다른 가능성을 묵살해 버린 경우이다. 분석 틀로 보면, 다른 가능성을 묵살한 것이므로, Y(Z)와 X(Z)의 경시라고 할 수 있다.

셋째, 간섭자가 자신의 가치를 강요하는 경우이다. 권위적 간섭이 간섭자 자신의 가치를 강요하는 것을 뜻한다. 자신의 가치를 일방적으로 강요하는 경우이다(Chamberlin, 1989: 154-155). 교화와 세뇌를 통하여 권위적 간섭행위가 이루어진다. 일견 선택 가능한 상태가 존재하지 않는다. 분석 틀로 보면, Y(Z)의 침해이다. 하지만 합리적 판단이 미숙한 교화와 세뇌를 당한 사람에게 통하여 권위적 간섭이 이루어진 경우 그 권위적 간섭에 의한 이익이 그들의 진정한 이익이 되는지 그들 스스로가 확인할 수 없다. 즉 Y(Z)의 침해가 자기 자신에게 어느 것이 이익이 되는지를 판단하지 못하는 X(Z)의 무력화를 뜻한다.

여기서 정작 문제는 단지 당사자가 무지해서가 아니라, 간섭을 당해 온 결과라는 데 있다. 즉 의도적으로 합리적 판단을 차단하는 경우는 심각한 문제이다. 결국 스눅(Snook)이 설정한 '교화'의 의도 기준에 해당하는 폐해이다.3) 심각성은 Y(Z)의 침해가 자기지배 능력 자체의 결함을 뜻하는 X(X)의 무력화에 있다.

넷째, 방해받지 않은 결정과 합리적 결정의 관점에서 권위적 간섭을 살펴보아야 한다. 권위적 간섭이 무지와 합리성을 결여한 사람에게 적용되는 경우를 말한다. 즉 무지하고 합리적이지 못한 사람에게 강제하는 것으로서, 이렇게 되면 개인의 자유는 실종된다(Chamberlin, 1989: 155-157). 분석의 틀로 보면, X(X)의 결함으로 Y(Z)의 침해이다.

---

3) 스눅의 교화 기준 중 의도 준거는 여타의 준거와 달리 수용할 수 없는 유일한 준거이다. 이에 관하여 Snook(1972)와 김정래(2015)를 참조.

여기서 문제는 합리적 결정(rational decision)과 방해받지 않은 결정(unencumbered decision)이 동일하지 않다는 데 있다. 양자는 엄밀하게 구분해야 한다. 누구에게도 방해받지 않았다고 하더라도 그것이 합리적 결정이 아닌 경우는 많다. 많은 사람들이 크고 작은 일에서 타인으로부터 방해받지 않고 스스로 결정을 내렸지만, 그 결정이 합리적이지 못하여 낭패를 보는 사례를 쉽게 찾을 수 있다. 분석의 틀을 대입하면, 이 두 가지를 보다 명백하게 구분할 수 있다. 여기서 '방해받지 않는 결정'은 X(Y)의 문제이지만, '합리적 결정'은 X(X)의 문제이다.

구체적으로 방해받지 않은 결정은 개인의 취향, 자신의 성향 등 다양한 요인이 작용하지만, 합리적 결정에는 확실한 근거가 있어야 한다. 달리 말하자면, 방해받지 않은 결정은 그 근거가 획일적이지 않다. 예컨대, 고3 학생이 진정 시를 쓰고 싶어서 관련 서적을 읽었다면 그것은 방해받지 않은 선택이다. 그러나 교육과정상 규정된 만큼 시 대신에 수학과 과학과목에 시간을 할애했다면 그것은 합리적 선택이다. 하지만 방해받지 않은 결정도 장점이 존재하는 만큼 존중되어야 한다. 어느 사안에 대하여 무지한 것이 반드시 합리적이지 못한 것은 아니다. 우선 무지, 스트레스, 과도한 외부 압력, 정신 질환에 영향받지 않은 선택과 결정이 합리적이지 않다고 해서 그것을 무시할 수 없다. 대부분의 실존적 선택이 방해받지 않은 선택에 해당된다. 그래서 방해받지 않은 선택을 존중할 필요가 있다. 왜냐하면, 권위적 간섭자는 행위자의 방해받지 않은 결정 사안에 대하여 무지하기 때문이다. 또한 행위자의 이익이 되는 합리적 근거가 무엇인지 알 수 없다.

다섯째, 권위적 간섭이 심각한 해악을 회피하기 위하여 행해지는 경우이다. 권위적 간섭은 해악의 정도에 따라 허용될 수 있다(Chamberlin,

1989: 157-158). 하지만 그것은 해악의 정도를 간섭자가 마음대로 정할 수 있으므로 정당화되기 어렵다. 이를테면, '사소한 거짓은 용납되어도 좋다'는 논거처럼 그르다. 따라서 해결책은 해악의 정도가 아니라 간섭에 대한 대안이 있는가에 달려 있다. 다만 그 대안은 결정적으로 피해야 할 해악, 생존적 가치의 위험 여부에서 찾을 수는 있다. 어린 아동이 길을 잘못 들었을 경우 교통사고가 날 것이 분명한 경우가 그것이다.

분석의 틀로 보면, 이 경우는 X(Y)의 침해이다. 즉 자기결정은 해악의 정도로 판단되거나 제한될 수 없다.

여섯째, 권위적 간섭이 미래 자유를 증진시키는 경우이다. 대개 미래 자유의 증진은 앞서 살펴본 권위적 간섭의 일반적 특성과 관련되지만, 여기서 유예는 미래 자유 증진을 위하여 타인이 현재 선택을 제한하는 것보다는 자기 스스로가 제한하는 것을 뜻한다. 즉 미래 자유의 증진의 예로서, 노령 보험 가입, 연금 가입, 출산을 위해 작품 활동 포기 등을 들 수 있다(Chamberlin, 1989: 158-159). 하지만 미래 자유 증진이 권위적 간섭을 정당화하지는 않는다. 왜냐하면 미래는 불확실한 개연성의 세계, 현재는 더 확실한 세계이며, 불확실한 개연성을 위해 확실한 현재를 제한하는 것은 불합리하다. 예컨대, 미래를 위해 결혼의 유예와 출산 지연이 현재와 미래 행복을 증진시켜 주지 않기 때문이다.

분석의 틀로 보면, X(Y) 문제이다. 또한 자기 자신의 선택을 유예한 것이기 때문에 상위자아와 하위자아의 문제로 귀결되는 문제이다. 즉 자신이 설정한 상위자아가 하위자아를 통제하는 상황을 말한다. 이렇게 보면 이 경우 권위적 간섭은 자기지배 능력 문제인 X(X)로 귀결된다.

미래 자유 증진 문제는 교육 상황에서도 쟁점이 된다. 영화 '죽은 시인의 사회'에서 키팅 선생님이 아이들에게 강조한 '현재를 즐겨라(Carpe

Diem)'가 대표적인 경우이다. 이 말은 교육의 현재성을 존중하는 데 초점이 맞추어져 있다. 그러나 교육이 항상 아이들이 지닌 현재 가치에만 초점을 맞추어야 한다는 주장에는 많은 논란이 따른다.

일곱째, 개성의 포기 문제를 살펴볼 필요가 있다. 권위적 간섭이 간섭당한 사람의 주관적 가치를 포기하게 한다는 경우를 말한다. 이 문제는 권위적 간섭으로 얻은 결과적 이익이 간섭당한 사람의 주관적 가치를 넘어서는 가치가 있는가 하는 문제로 이어진다(Chamberlin, 1989: 159-160). 분석의 틀로 보면, 자기결정의 문제인 X(Y)이지만, 현실적으로는 가치에 대한 자기 판단을 침해하고 객관적 가치를 잣대로 Y(Z)를 침해하고 강요한다는 데 있다.

챔벌린이 제시한 예로, 헬멧 착용은 운전자의 이익을 증진시키지만, 이것은 시크(Sikhs)교도의 율법을 무시하는 간섭이다. 우리 현실의 예를 들자면, 학교급식에서 의무적으로 영양 식단을 제공하는 것은 채식주의자, 일부 종교 수행자에게는 그들의 가치를 포기하라고 강요하는 것이다. 구체적으로 이슬람교도에게 돼지고기 식단이, 힌두교도에게 쇠고기 식단이 문제가 될 수 있다.

이제까지 권위적 간섭주의의 유형을 자유의 제한 측면에서 개괄하였다. 그러면 이를 토대로 하여 보다 구체적으로 아동 문제와 관련하여 정리해 보기로 한다.

먼저 아동에 대한 권위적 간섭이 어느 경우에나 정당화되려면 앞서 소개한 윤리학적 원리 두 가지가 충족되어야 한다(Chamberlin, 1989: 167-168). 즉 두 가지는 권위적 간섭이 정당화되는 필요조건이다. 첫째, 인간 존중의 원리이다. 하지만 이 원리를 놓고 인간의 자유를 관념적으로 해석해서는 안 된다는 점에 유의해야 한다. 둘째, 타인의 복리 증진이라는 공리주의 원리도 황금률을 적용할 수 있을 때만 한정됨에 유의해야 한다.

많은 사람들이 권위적 간섭을 시도하려고 하는 것은 그들이 아동을 미성숙의 존재로 본다는 점에 근거한다. 이러한 관점은 『증보 아동권리향연』 제4장에서 논의한 바와 같이 수용할 수 있는 입장이 아니다. 우선 성숙 능력의 준거가 애매하다. 만약 성인-아동의 구분이 연령에 있다고 하면, 성숙 능력을 적용할 수 없다. 이 점도 이미 살펴본 바와 같다.

백 보 양보해서 권위적 간섭의 준거가 성숙 능력에 있다고 해도 그것은 아동만이 아니라 성인에게도 똑같이 적용되어야 한다. 이 점도 이미 살펴본 바 있다. 그렇다면 권위적 간섭의 기준은 '경륜(經綸)'에 있다고 볼 수 있다. 그렇다고 해서 모든 성인이 아동에 비하여 경륜을 지닌 것도 아니며, 아동 나름대로의 관점은 성인의 경륜론에 비추어 재단될 수 없다. 일례로 30세 성인과 60세 성인이 각기 갖는 경륜의 차이가 간섭의 근거가 될 수 있는가. 같은 연장에서 15세 아동과 45세 성인이 지니는 경험의 세계를 단순 비교할 수도 없다.

권위적 간섭주의와 관련하여 논의된 내용을 종합하면서 결론에 대신하고자 한다. 첫째, 권위적 간섭주의는 아동에 대한 모욕적 행태이다. 막연하게 기준을 가지고 아동의 인간존엄성을 훼손한 것에 불과하다. 구체적으로, 아동에 대한 계획, 욕망, 존엄성, 개성이 무시되고, 이에 따라 아동 자신보다는 성인의 결정에 의존하여 아동의 계획과 목표가 정해지며, 그러한 상황은 결과적으로 아동을 자기지배 능력이 없는 존재로 보게 된다. 자유와 권리의 원리에 어긋난다. 둘째, 이 세상에 권위적 간섭주의자(paternalist)는 없다. 매사에 타인을 간섭할 만한 자격을 갖춘 사람이 이 지구상에 존재하는가. 그러한 사람이 존재하지 않는다면, 아동에 대한 간섭을 행할 마땅한 사람도 존재하지 않는다. 아동은 일정 기간 성인에 비해 덩치가 작을 뿐이며, 경제력을 지니지 않고 있을 뿐이며, 성인 세계에서 사용하는 언어에 있어서 표현 능력이 부족할 뿐이다. 아동의 표현 능력 부족이 그들의 자유를 제한하는 근거가 될 수 있는가. 만약 있다면, 표현 능력이 뛰어난 성인이 표현 능력이 없는 성인에 대하여 자유를 제한하도록 해야 한다는 주장을 받아들여야 한다. 또한 아동은 성인이 실정법으로 만들어놓은 '한정치산자'는 더욱 아니다.

Ⅱ. 의무교육 문제

이제까지 권위적 간섭주의가 아동 개인의 자유와 권리를 침해하고 나아가서는 아동의 현재와 미래의 삶에 부정적인 영향을 끼치며, 성인의 편의에 의하여 도모되는 것이라는 점을 살펴보았다. 그렇다면, 그러한 이유로 인하여 아동에게 어떠한 교육적 제재를 가할 수 없다고 주장할 수 있는가 반문을 하게 된다. 특히 문명국가에서는 의무교육을 규정하고 이를 시행하고 있다. 이러한 상황에서 의무교육을 권위적 간섭이라는 논거에서 이를 거부할 수 있는가. 그러나 의무교육을 수긍하는 상황이라면 이를 수용하는 논거가 있을 것이며, 이것이 권위적 간섭의 논거와 어떤 관련을 맺는가를 살펴볼 필요가 있다. 즉 이는 의무교육이 아동의 자유와 권리를 제한하는가에 관한 문제이다.

우리가 다루어야 할 핵심적 논점은 의무교육이 권위적 간섭주의의 논거로 아동의 자유를 제한하는가와 이에 따른 도덕적 정당화 문제이다.

구체적으로 의무교육에 따른 아동의 자유를 제한함으로써 획득되는 이익이 과연 정당화되는가 하는 문제이다.

이 문제를 다루기 앞서 명백하게 짚고 넘어가야 할 문제가 있다. 먼저 '자유는 좋고, 제한은 나쁘다'는 단순 이분법을 배제해야 한다.4) 이러한 이분법으로 보면, 의무교육 문제를 합당하게 다룰 수 없다. 왜냐하면 의무교육은 어떤 형태로든 아동의 자유를 제한하기 때문이다. 넓게 보면 의무교육만이 아니라 어느 형태의 교육이건 간에 교육 그 자체가 아이들의 자유를 제한한다. 그러면 모든 형태의 교육은 아동의 자유를 제한한다는 이유로 배제해야 하는가. 아니면 교육이 아동의 이익을 궁극적으로 증진하므로 이를 토대로 하여 교육을 '권위적 간섭'이라는 틀에 놓고 배제해야 하는가.

이러한 이분법적 문제를 해결하기 위하여 '의무교육'의 뜻을 살펴볼 필요가 있다. 영어로 의무교육은 'compulsory education'이라고 한다. 여기서 'compulsory'의 명사가 'compulsion'이다. 이 용어는 마땅히 수행해야 한다는 뜻의 '의무'를 포함하지만, 강압이라는 뜻은 포함하지 않는다. 마땅히 수행해야 할 당위성을 제외한 채 강압만을 뜻하는 용어로 'cohesion'이 있다. 이 말은 본인의 의사나 선의 그리고 마땅히 수행해야 할 당위성을 배제한 채 강요의 뜻을 포함한다. 따라서 우리는 'compulsion'과 'cohesion'의 차이를 유념할 필요가 있다.

물론 'compusion'에도 자유를 제한한다는 뜻은 포함되어 있다. 그런 의미에서 의무교육은 자유의 제한이다. 그러면 어떤 자유를 제한하는 것

4) 이 단순 논리로 보면 제10장에서 살펴본 권위가 민주사회에서 허용된다는 점을 부정한다. 즉 '민주주의는 절대 선이고, 권위는 악이다.' 그러나 민주주의에 역행하는 것은 절차적 원리를 무시한 권위주의이며, 권위가 아니다.

인가? 위의 개념에서 무엇을 제한한 것인가? 여기서도 마찬가지로 논의를 위하여 맥칼룸의 분석과 그레이의 일곱 가지 개념을 염두에 둔다.

일차적으로, 의무교육은 정해진 교육을 수행해야 한다는 측면에서 제약을 가하는 것이므로, 제약이 없다는 Y(Y)에 어긋나며, 의무교육이 정한 의무교육과정(compulsory curriculum) 이외에 다른 활동을 선택할 수 없으므로, 선택을 제한하여 Y(Z)에 어긋난다. 이 점에서 의무교육은 아동의 자유를 제한하는 것임에는 틀림없다. 하지만 자유를 제한하는 의무교육을 많은 나라에서 수용하는 이유는 무엇인가.

이에 관하여 우리는 이미 『증보 아동권리향연』 제6장과 제7장에서 권리의 관점에 논의하고 소개한 바 있다. 교육받을 권리는 복지권에 속하며, 그것은 '복지'의 개념을 통하여 정당화된다는 점과 복지는 인간의 '생존적 필요(substantial needs)'와 '보편적 필요(universal needs)'에 비추어 정당화된다는 점을 소개한 바 있다. 여기서 '교육권(the right to education)'이 성립한다고 하였다. 아울러 교육권은 학습권(the right to learn)과 더불어 모두 '교육받을 권리'임을 논의하였다. 또한 교육권을 '교육시킬 권리' 그리고 학습권을 교육받을 권리로 보는 관점은 여러 가지 측면에서 합당하지 않음을 논의하였다. 그렇게 보면 양자는 논리적으로 상관관계에 놓인 개념이 되어 교육권의 속성을 왜곡하게 된다. 또한 '권리'의 속성에도 어긋난다는 점을 지적하였다. 이 논점은 본서 제5장과 제6장에서도 논의한 바 있다.

아울러 교육권은 보편적인 복지권으로서 의무교육을 정당화시키는 권리임을 밝힌 바 있다. 또한 어느 단계까지는 국가나 공공기관에 의하여 무상으로 의무교육을 실시해야 한다는 사실을 지적하면서 이는 '세계인권선언'과 '아동권리협약' 등 주요 권리문서에서도 천명된 사항임을 확인하였다. 반면에 '학습권'은 그 속성이 저항권적 자유권으로서 정당화된다는 점을 교육권이 공교육체제 아래서 시행되었을 경우 야기되는 문제점을 보완하고자 한 것임을 지적하였다. 학습권은 평생교육의 관점에서 유네스코의 노력에서 의하여 정착되었다는 점도 확인하였다. 어쨌건 교육권과 학습권 모두 '교육받을 권리'임을 확인하였다.

본래의 논점으로 돌아가서 의무교육은 교육을 받을 권리에 의하여 정당화되며, 그 권리, 즉 교육권은 아동의 현재와 미래의 삶에 이익을 도모하고 증진한다는 점을 확인할 수 있다. 이때 이익이란 『증보 아동권리향연』 제6장과 제7장에서 밝힌 바와 같이, 아동이 무지라는 결핍(deficit)으로부터 벗어날 필요를 충족시켜 주는 것이다. 음식, 공기, 신체적 생존에 필요한 재화를 충족시키는 것은 '생존적 필요'라고 하고, 무지와 속박에서 벗어나는 것을 '보편적 필요'라고 하였다. 이러한 '필요를 충족시켜 주는 것(meeting needs)'에서 복지(welfare)의 개념이 성립한다. 그래서 교육권은 복지권(welfare rights)이라고 하였다. 따라서 복지정책의 일환으로서 아동이 얻게 되는 이익은 바로 무지로부터 벗어나는 것이다. 무지로부터 벗어나지 못한 상태에 머문 사람을 두고 '좋은 삶(good life)', '옳은 삶(right life)'을 영위했다고 할 수 없다. 즉 무지로부터 벗어나야 인간은 나름대로 삶을 설계하고, 이에 따라 자신의 삶을 영위할 수 있다. 그래야 그 삶이 그 개인에게 '잘 사는 일(well-being)'이 된다. 결론적으로 의무교육은 무지로부터 벗어나게 하여 아동의 현재와 미래의 삶에 이익을 준다는 점에서 정당화된다.

이제 이 논점을 자유의 제한 측면에서 살펴본다. 의무교육이 아동으로 하여금 무지로부터 벗어나게 한다는 것은 곧 아동이 '무지'라는 삶의 장애로부터 벗어난다는 뜻이다. 따라서 의무교육은 장애로부터 벗어나게 한다는 점에서 자유 분석 틀로 보면 Y(Y)에 해당한다. 그러나 의무교육이 현재와 미래 이익을 위하여 장애를 벗어나도록 하는 것이라는 점에서 X(Z)와 관련을 맺는다. 나아가서 의무교육을 비롯한 교육을 통하여 아동이 궁극적으로 자기지배 능력을 갖추게 된다는 점에서 X(X)와 관련된다. 앞서 제9장에서 살펴본 바와 같이, 자유의 기초는 이성 능력이다. 이성이 결여되면 자유는 존재할 수 없다. 이성 능력을 자유의 전제로 보는 관점이 성립한다. 이러한 의무교육 관점은 로크(Locke)를 비롯한 보수주의 입장에서 견지되어 왔다. 이들에 따르면, 아동은 성인과 다르다. 따라서 아동이 성장하여 성인이 되기까지 합리성 함양을 위한 자유의 제한을 허용해야 한다고 주장한다. 즉 자기지배 능력인 X(X)를 존중하기 위하여 의무교육의 강제를 허용한다.

반면에 자유를 통한 이익 추구를 논거로 하여 선택을 제한해서 안 된다는 입장도 있다. 이들은 선택을 강조하는 Y(Z) 측면을 강조한다. 이들의 입장은 주로 진보주의 입장에서 견지된다. 근자에 대학 교육과정은 말할 것도 없고 초·중등학교 교육과정에서 선택의 폭을 넓혀야 한다는 주장은 이러한 입장에 근거한 것이다. 이들은 자유를 선택과 실질적 이익에 밀접하게 관련된다고 본다. 그래서 이들은 의무교육과정의 축소를 주장하거나 교육과정 상의 필수과목(compulsory subjects) 축소를 주장한다.

더 나아가서 선택의 문제를 실존의 문제처럼 고려해야 한다는 주장도 있다. 이러한 주장을 펴는 이들은 '자유'를 자기결정의 문제로 본다. 이들은 자기결정을 존중하는 즉 X(Y)의 입장에 서 있다. 이들의 입장은 또한 탈학교론(deschooling)에서 찾을 수 있다. 공교육이 마련한 의무교육을 반대하는 이들은 대안학교, 협약학교, 홈스쿨링(home schooling) 등 다양한 대안을 통하여 의무교육에 반대한다.

반드시 탈학교론을 주장하지는 않더라도 이들이 중시하는 것은 학부모와 그 자녀인 아동의 선택권을 존중해야 한다는 것이다. 이른바 부모의 선택권 문제가 부각된다. 특히 탈학교론자들은 학부모가 자녀의 의무교육 참여 불이행에 대한 처벌에 반대하고 그러한 규정의 철폐를 주장한다. 이 처벌 규정은 무엇을 정당화하고자 한 것인지를 살펴볼 필요가 있다. 우선 의무교육을 통하여 모든 아동이 무지로부터 벗어나서 사회 일원이 되는 데 요구되는 자질을 갖추게 한다는 데 그 취지를 찾을 수 있다. 또한 교육을 통한 이웃효과(neighborhood effect)를 고려할 수 있다. 즉 의무교육은 사회구성원들에게 해악을 방지하고 좋은 결과를 전파시키는 기능을 수행하게 한다.

그럼에도 불구하고, 의무교육이 부모와 학생의 선택권을 침해한 것은 부인할 수 없다. 분석의 틀로 보면, Y(Z)와 X(Z)의 원천 봉쇄 문제를 야기한다. 이의 대표적인 경우는 우리나라 평준화 정책에서 찾아볼 수 있다.[5] 이 정책의 문제점에 관하여는 논의하지 않겠다.

의무교육에서 강제적인 입장에는 반대하지만, 학생과 학부모의 선택이 온전하게 이루어지기 위하여 정치교육을 실시하고 교사의 권위를 존중하고 이를 교육현장에서 허용되어야 한다는 주장도 있다. 이는 분석의 틀로 보면, X(X)를 위하여 Y(Y)를 제한할 수 있다는 입장이다. 이를 위하여 화이트(P. White, 1971; 1983)는 아동의 참여 능력 배양을 통한 민주시민교육이 체계적으로 구축되어야 하고, 이를 토대로 하여 민주적 참여와 선택의 보장이 보장되어야 한다고 주장한다.

다른 한편 화이트(J. White, 1974; 1982; 1990)는 의무교육 자체를 부

---

5) 우리나라 평준화 정책을 개괄하고 이 정책의 현황과 문제점은 김정래(2009)를 참고.

정하지 않지만, 의무교육과정의 구성과 과목 선정 문제를 통하여 의무교육의 강제성 문제를 해결하려고 한다. 그에 따르면, 무한의 선택이 교육 상황에서 불가능하므로, 교육활동(교육내용, 또는 교육과정)을 두 가지로 나누어야 한다. 그는 이를 범주1활동(Category I activities)과 범주2활동(Category II activities)이라고 명명하였다. 전자는 반드시 참여해 보아야만 이해할 수 있는 활동(또는 교과)을 뜻하며, 후자는 반드시 참여해 보지 않아도 이해할 수 있는 활동(또는 교과)을 뜻한다. 그는 고전적 자유를 주장한 로크에 대한 비판으로 의무교육이 강제적인 것은, 그것이 왜, 어떤 근거에서 정당화될 수 있는가 하는 문제를 다루어야 답할 수 있는 문제라고 하였다. 분석의 틀로 보면, 그의 주장은 목적과 가치의 선택을 중시한다는 점에서 Y(Z)에 맞추어져 있지만, 심층적으로 여러 가지가 복합되어 있다. 즉 범주1활동은 Y(Y)의 제한을 통한 X(X)의 추구이며, 범주2활동은 Y(Z)의 허용과 자기결정 X(Y)에 초점을 맞추었다고 할 수 있다.

의무교육을 자유의 관점에서 논의된 내용을 정리해 보면 다음과 같다.

첫째, 고전적 자유주의 또는 방어적 민주주의(protective democracy)의 입장에서 보면 의무교육을 통한 자유의 제한을 지지한다. 분석의 틀로 보면 자기지배능력 X(X)과 일정 지위 Y(X)를 획득하기까지 선택 Y(Z)을 제한하는 데 동의한다.

둘째, 진보적 자유주의 입장도 의무교육으로 인한 제약에 대체로 찬성하지만, 그 이유는 사회구성원이 공유하는 공동 선을 추구하기 위한 것이라는 점에서 고전적 자유주의와는 판이하다. 이들은 공동 선을 위하여 개인의 선택이 제한될 수 있다는 입장을 견지한다. 이들은 실행 능력 Y(X)를 갖추도록 하는 데 있어서 선택의 제약이 필요하다는 입장이다.

이들은 의무교육을 통하여 공교육의 제일성(conformity)이 사회통합에 기여하였다고 본다. 구체적으로 유럽과 미국의 종교 갈등, 인종 갈등, 계층 간의 갈등을 해소하였다. 그러나 이에 대한 반론으로 특정 이데올로기, 특정 종교를 공교육(특히 의무교육과정)을 통하여 강요하는 것이 타당하지 않다고 보고 그 대안을 주장한다.

셋째, 자유지상주의(libertarianism)에서 보면 개인의 선택을 존중하고 국가와 공공기관의 개입이 축소되어야 한다는 점에서 의무교육을 반대한다. 이들은 의무교육을 통해 부모가 동의하지 않는 내용을 접하게 될 가능성을 우려한다. 이를테면 의무교육이 부모의 동의를 무시한다고 본다. 그러나 의무교육이 부모의 인식 한계를 넘어서 새로운 지평을 열어줄 수 있는 긍정적 측면도 있다.

어느 노선을 취하더라도 의무교육을 논의하는 데 있어서 유념해야 할 사항이 있다.

첫째, 의무교육은 공공의 문제(public affairs)여서 개인적 선택 문제로만 볼 수는 없다. 다만 의무교육이 제한하는 자유가 자유민주주의 헌법에서 위헌 소지를 불러일으켜서는 안 된다.

둘째, 의무교육은 이념에 대한 개방적 태도를 견지하면 허용될 수 있어야 한다. 편협하고 정태적인 교육과정을 고집하면서 의무교육을 주장해서는 안 된다.

셋째, 의무교육이 필요한 사람(자녀)에게만 실시하는 보호주의(protectionism) 교육 정책으로 이해되어서는 안 된다. 현실적으로 누가 교육적 수혜를 받아야 하는가를 판단하기가 어렵다. 따라서 필요한 사람에게만 실시하는 의무교육은 성립되지 않는다. 아울러 의무교육은 특정한 사람들에게 주어지는 허세 또는 시혜가 아니다.

넷째, 의무교육이 해악을 방지한다는 보편적 필요를 충족시키는 정책이다. 보편적 필요는 현실적으로 강제(cohesion)의 형태를 띠거나 권위적 간섭의 형태를 용인할 수 있으므로 이에 대한 유의가 필요하다.

Ⅲ. 학교선택권

우리가 일상에서 명백하게 인식하지 못하지만, 학교선택권은 교육과 관련하여 가장 기본적인 권리에 해당한다. 여기서는 학교선택권의 문제를 권리의 측면에서 살펴보고, 이어서 학교선택권을 제한하고 박탈하는 교육정책인 고등학교 평준화정책의 찬반 논거를 소개하기로 한다. 그리고 실제 상황에서 학부모의 선택권 문제를 의무교육과 관련하여 검토해 본다.

그렇다면, 학교선택이 요구되는 이유는 무엇인가? 이는 두 가지 측면에서 살펴볼 수 있다. 하나는 기본권의 측면에서 본 것이고, 다른 하나는 교육적 측면에서 본 것이다. 전자는 학교선택을 제한하면 기본권을 제한하거나 박탈한다는 것이고, 후자는 학교선택을 보장하면 교육적인 측면에서 여러 장점이 있다는 것이다. 이러한 기조 위에서 학교선택권 문제[6]를 살펴본다.

---

6) 여기 소개하는 학교선택론의 쟁점은 김정래(2009) 174-185쪽의 내용을 정리한 것임.

1. 천부적 권리로서 학교선택

앞서 언급한 평준화 정책이 기본권을 침해하는 위헌이라고 보는 견해에서 기본권을 '헌법에 보장된 권리'로 보지 않더라도 평준화 정책은 자연권적 기본권을 제한한다는 점을 지적할 수 있다. 이를 위하여 우리는 17~18세기에 형성된 고전적 자유주의[7]를 잠시 살펴볼 필요가 있다. 당시 자유주의 사상의 핵심은 개인의 '생명', '재산', 그리고 '자유'가 천부적인 것이고, 이들은 불가침, 불가양도의 성격을 갖는다는 데 있다. 그런데 정작 중요한 점은 '생명', '재산', '자유'가 상호 불가분의 개념이라는 데 있다. 더 정확하게 말하자면, 원래 한 뿌리인 것이 다른 국면에서 달리 이해된다고 보는 것이 더 타당하다. 이러한 내용은 이미 제9장에서 살펴본 바 있다.

이 중 가장 원초적인 것이 '생명'이다. 생명은 '몸'에 담긴 것이며, '생명'은 '몸'으로 표현된다. 생명을 간직한 개인의 몸이 작용한 노동의 결과로 획득되어진 것이 '재산'이다. 그리고 그 재산을 아무런 외부 간섭 없이 자신의 자발적 의사에 따라 처분하고 이에 따른 과실을 향유할 수 있는 것이 '자유'이다. 이처럼 세 가지는 서로 동떨어진 개념이 아니다. 이들 세 가지 개념은 태생적으로 하나인 것을 편의상 나누어 파악한 것에 불과하다.

이렇게 보면, '자유'는 헌법에 보장되어 있건 아니건 간에 관계없이 성립하는 천부적인 권리이다. 다만 헌법과 같은 실정법에 명시되어 있으면

---

7) 여기서 '고전적 자유주의(classical liberalism)'라고 하는 것은 19세기에 이르러 형성된 '새로운 자유주의(new liberalism)'와 구분하기 위해서이다. 후자는 자유주의의 본질과는 동떨어지게 좌파 논리로 변질되었다. 이른바 '진보주의'라고 하는 명칭은 여기서 얻어진 것이다. 이에 관해서는 데이비드 보아즈(2009)와 본서 제10장 참조.

실정권(positive rights)으로, 그렇지 않으면 도덕권(moral rights)으로 그 위상을 달리할 뿐이다.8) 따라서 자유는 헌법이나 실정법에 명기되어 있건 아니건 간에 성립한다. 예컨대, 회교도 문화에서 일부 자유권이 보장되어 있지 못하다고 해서 그것이 천부적으로 누려야 할 자유권이 원천적으로 없다고 하거나 이미 소멸되었다고 할 수 없다.

천부적인 권리인 '자유'를 행사한다는 것은 무엇인가? 고전적인 권리 이론9)을 여기서 소개하지 않더라도 자유는 구체적인 상황에서의 선택을 전제해야만 성립한다. 구체적인 상황에서 자유란 자유주의가 19세기에 영국의 공리주의와 독일의 관념론의 영향으로 '새로운 자유주의'로 변질된 것을 경계하기 위한 것이다. 특히 독일의 관념론의 영향으로 '자유'를 관념적인 문제로 고착시키거나 집합적 개념으로 파악하려는 시도가 있어 왔다. 가장 흔한 예가 '작은 자아'를 극복하고 '큰 자아'를 실현하기 위하여, 즉 '큰 자유'를 실현하기 위하여 '작은 자유'를 희생해야 한다는 논거이다. 이는 '자유'의 본질을 왜곡하는 것일 뿐만 아니라 '자유'를 구체적인 개인이 행사하고 향유하는 문제가 아닌 집단의 문제로 그릇되게 환원시키는 오류도 범한다.

그러면 구체적인 맥락에서 '자유'는 '선택'을 전제하여야 한다. 만약 선택이 없는 상황을 '자유'라고 지칭하면 그것은 사실을 한참 호도하는 일이다. 선택지가 없는 상황에서 투표하는 공산당 선거를 일컬어 자유로운 상황이라고 하지 않는다. '자유'는 '선택'을 전제로 한 것이다. 이를테면 프리드먼의 저서인 '*Free to Choose*'의 번역을 '선택할 자유'로 한다

---

8) '실정권'과 '도덕권'에 관한 소개와 논의는 Wringe(1981)와 Jones(1990) 참조. 또한 『증보 아동권리향연』과 본서 제5장 참조.
9) 대표적인 것으로, Hohfeld(1919) 참조.

면 그것은 꼭 집어 틀린 것은 아니지만 동어반복일 뿐이다. 가장 정확한 번역은 '선택에 제약이 없는'이라고 해야 적합할 것이다. '선택에 제약이 없어야만', 그런 조건 아래서 '자유롭다'고 할 수 있다.

'선택에 제한이 따르지 않아야 할' 상황이 자유의 논리적 조건이라면, 그 선택이 실질적으로 일어날 수 있는 실제적 조건이 요구된다. 그것은 개인이 실질적으로 선택을 할 수 있도록 하는 '다양한 선택지'가 전제되어야 한다. 한 가지 품종을 놓고서 선택하라고 한다든지, 구내식당의 단일메뉴를 놓고서 선택하라고 한다면 그것은 말장난에 불과하다. '선택'이 '자유'의 제1조건이면 '다양성'은 제2조건이다.

구체적인 상황에서 제약 없는 '선택'과 '다양한 선택지'가 없으면 그것은 자유라고 할 수 없다. 따라서 천부적인 권리인 '자유'를 향유한다는 것은 자발적인 선택과 다양한 선택지가 전제되어야 한다. 이것이 되어 있는가 아닌가의 차이가 바로 '자유민주주의'와 '사회민주주의'의 차이이다.

자유민주주의의 핵심인 '자유'의 개념은 학교선택을 정당화하는 논거이다. 이를 구체적으로 말하자면, 학생과 학부모가 스스로 학교를 선택한다는 것은 자신의 천부적 권리를 실질적으로 행사하는가의 여부를 가늠하는 기준이다. 그리고 학교선택이 가능하려면, 다양한 형태의 학교가 존재해야 한다. 여기서 '다양한 형태의 학교'라고 하는 것은 학교설립 주체별 차이(국립, 공립, 사립), '학교의 형태'를 나타내는 학교의 종류(인문계, 실업계, 예술계, 체육계 학교 등)도 포함하지만, 같은 형태의 학교에서도 단위학교 나름대로 독특한 교육목적과 프로그램을 설치 운영하는 다양한 학교가 존재하는 것을 의미한다. 개인의 입장에서 보면, 같은 인문계 고등학교에서도 자신의 소질과 능력, 그리고 장래 희망 등을 고려하여 그에 적합한 학교가 존재해야 한다. 이렇게 다양한 학교가 존재하면 교사의 자질이나 공과도 다양하게 공급될 수밖에 없다. 그러면 학생과 학부모의 선택지는 더 많아진다. 즉 '선택'과 '다양성'은 상호 시너지 효과를 내는 셈이다.

이상의 논의만으로 학교선택의 중요성은 충분히 확인된 셈이다. 그러나 평준화 정책은 이처럼 중요한 학교선택을 원천적으로 봉쇄하고 있다. 구체적으로 학생과 학부모에게 학교선택권을, 학교의 측면에서는 학생 선발권을 원천적으로 박탈 또는 제한하고 있다. 평준화 정책이 선택을 할 수 없는 상황을 만들어 놓으니 교육이 다양화되지 못하는 것은 당연하다. 한 마디로 획일화된 교육의 근원은 선택권을 박탈한 평준화 정책에 있다.

2. 학교선택의 교육적 쟁점

학교선택이 중요한 교육적 쟁점으로 떠오른 계기는 1970년대의 유럽과 미국의 좌파 정책의 한계를 드러내고, 1980년대 이르러 이를 극복하려는 노력에서 찾아진다. 더 구체적으로 학생을 대리하는 학부모에게 실질적인 학교선택권을 부여하고 동시에 이에 따르는 학부모의 책임을, 단위학교에는 자율과 함께 교육성과를 나타내는 책무성을 묻기 위한 것이다. 이 외에도 학교선택은 학부모의 참여기회 확대, 학교교육의 특성화, 교육의 질 제고, 교육기회의 확대 등의 효과를 지닌 것으로 논의되어 왔다. 이에 관하여 구체적으로 누가 어떻게 선택하며, 공급자인 학교는 어떤 형태의 교육프로그램을 제시하는가, 기회확대를 위한 조치는 무엇인가, 사회계층을 고려한 학교선택제 등의 여러 문제를 다룬 방대한 양의 논의가 있어 왔다.

학교선택이 교육적으로 왜 요구되는가 하는 문제는 보다 심층적인 검토와 논의를 요구하지만, 기존의 이론과 주장을 정리하여 그 요점을 소개하면 다음과 같다.

첫째, 학교선택은 개인의 다양한 교육 욕구를 충족시킬 수 있다.

둘째, 개인의 교육 욕구를 충족시킨다는 것은 결과적으로 교육성과를 높일 수 있다.

셋째, 학교선택제는 교육의 독과점을 방지하여 책무성을 제고할 수 있다.

넷째, 학교선택은 학교 간의 경쟁을 유도한다.

다섯째, 학교선택은 교육기회가 적은 빈곤계층의 선택기회를 확충함으로써 기회균등에 공헌한다.

재미있는 사실은 학교선택제가 지니는 특징, 즉 장점을 뒤집으면 그것이 바로 평준화 정책이 안고 있는 폐해가 된다는 것이다. 따라서 '평준화'는 '학교선택'의 반대이고, 그 역도 성립한다. 위의 특징을 평준화에 대입하면 다음과 같은 결과가 나온다. 그것은 우리가 현실적으로 당면하는 평준화 정책의 문제점 바로 그대로이다.

첫째, 평준화 정책은 학교선택을 원천적으로 봉쇄하여 개인의 교육 욕구를 충족시킬 수 없다. 특히 장래 진로를 결정하는 개인의 가치관, 개인의 재능, 그리고 종교적 신념을 묵살하는 정책이어서 개인의 욕구 충족은 애당초 관심의 대상도 되지 못한다.

둘째, 평준화 정책은 개인의 교육 욕구에 부응하여 다양한 교육프로그램을 제공하고 효율성을 증진하려는 학교의 노력을 '균등화'라는 명분에 의하여 사장되어 교육성과 면에서 뒤떨어지게 만들어진 구조를 가지고 있다. 평준화는 애당초 불가능하고 무모하기도 한 학생, 시설, 재정, 교원의 네 가지 '평준화'를 도모한 거대 사회공학적 기획이다. 이것이 명분이 되어 교육의 효율적인 성과 도출을 가로 막고 있다. 특히 평준화 정책으로 말미암아 다양한 교육욕구 충족의 실패는 대학입시라는 단일한 잣대로 몰리는 "쏠림현상"으로 나타나고, 이는 사교육의 기형적 팽창의 원인이 된다.

셋째, 평준화 정책은 국가통제와 국가독점을 가져왔고, 이를 합리화한다. 학생선발, 교육과정 운영에서부터 학교재정, 교원의 급여에 이르기까지 모든 것이 국가의 통제와 '가이드라인'에 의존한다. 원천적으로 선택이 없으니 '자유'가 없고, 자유가 없으니 '책임'을 물을 수 없다. 따라서 평준화는 국가독점에 따른 무책임성과 비효율성을 조장한다. 교육 수요자이면서 동시에 소비자인 개인의 입장에서 단위학교의 입장에 책무성을 물을 수도 없다. 단위학교 입장에서 공립학교의 책무성은 실종되고, 여기에다가 사립학교의 경우는 정부 보조금에 의존하는 기생심리만 조장된다.

넷째, 평준화 정책 아래서 학교 간의 경쟁은 애당초 기대할 수 없는 구조이다. 학교를 균등하게 만드는 것이 평준화의 애초 목적이기 때문이다. 경쟁의 반대개념이 독점이므로 평준화는 국가독점을 조장한다. 더욱이 경쟁이 없으면 개별 주체는 성취동기가 상실된다. 흔히 오리 사육에 비유되는 교육이라든지 수월성이 죽는다는 비판은 이 맥락에서 나온 것이다.

다섯째, 흔히 평준화 정책은 교육기회를 균등하게 하는 정책으로 알고 있지만, 사실은 정반대이다. 교육기회의 확충은 평준화 정책의 표층 논리이지만, 사실은 불평등을 조장한다. 실질적인 선택이 여유 있는 계층 자녀들에 한정된다고 생각하는 것도 피상적인 관점이다. 학교선택을 통하여 사회·경제·문화적 기회가 적은 계층의 자녀들에게 그들이 실질적으로 요구하고 그들에게 적합한 교육을 받게 할 수 있다. 그러나 평준화는 이마저 원천 봉쇄하는 부도덕한 정책이다.

평준화 정책이 학교선택의 반대개념임에도 불구하고 학교선택에 대한 반대 논거 내지는 반감은 바로 학교선택의 지지 근거가 시장 논리에 있다는 논점에서 찾는다. 그러나 그러한 비판의 방향은 올바른 것인가? 이를 위하여 '시장논리'란 무엇인가를 간단히 살펴보기로 하자.

흔히 '시장논리'는 '경제논리'를 격하시킬 때 주로 사용하는 용어이다. 그러니 '시장논리'라고 해도 좋고 '경제논리'라고 해도 좋다. 그러면 주로 좌파 논객들에 의하여 제기되는 경제논리가 교육에 해악을 끼친다는 이 주장은 과연 타당한가? 이를 위하여 몇 가지를 짚어볼 필요가 있다.

첫째, 이들의 논거는 시장논리를 넘어서는 또는 별도로 존재하는 교육논리가 있다는 전제를 하고 있다. 그러나 경제논리 말고 별도로 존재하는 교육논리가 무엇인가를 명백하게 제시하지도 못한다. 그들이 대표적으로 내세우는 것이 인성교육이나 교육의 본질주의자들이 강조하는 교육의 내재적 가치 등이다. 우선 인성 교육은 지식교육과 별도로 존재하는 것이 아니다. 어느 경우에도 인성을 따로 떼어놓고 가르칠 수는 없다. 인성은 지식과 기능을 배운 연후에 그 결과로 학습자의 마음 속에 모종의 변화가 일어나 획득되는 것이다. 이를테면 '정직'에 관한 수업은 '정직'이라는 심성을 직접 전달해 주는 것이 아니라 수업시간에 배운 정직에 관한 지식을 전달하는 데 그친다. 그러나 그러한 지식을 습득하고 난 후에 일어나는 모종의 심경의 변화가 바로 '정직'이라는 심성이다. 그러니까 인성 교육을 제대로 하려면 지식교육에 더욱 매진해야 한다. 인성교육과 지식교육은 상호 대립되거나 배타적인 것이 결코 아니다. 지식을 가르치는 데 있어서 그것을 가지고 경제논리니 교육논리니 하면서 구분하는 것 자체가 불가능하고 불필요한 것이다.

교육은 내재적 가치를 지니므로 교과에 담겨진 내재적인 가치를 가르쳐야 한다는 본질주의자(내재주의자)들의 주장도 경제논리 또는 시장논리를 배격하는 논거로 곧잘 활용된다. 그러나 활동의 내재적 가치는 어느 활동에서나 찾을 수 있다.

이러한 견해는 활동의 가치와 쾌락(즐거움)의 관계를 탐구한 아리스토텔레스의 견해에서도 찾을 수 있다.[10] 활동의 내재적 가치가 있다는 주장은 동시에 그 가치가 인간의 삶에 어떤 방식으로든지 영향을 미친다는 것이다. 이러한 가치가 경제적인 가치를 배척하거나 대립한다고 볼 아무런 근거가 없다. 교육상황에서 특정 교과를 통하여 획득한 가치는 그것이 교과에 내재된 가치라 할지라도 그것을 학습한 개인의 삶에 어떤 방식으로든지 공헌하고 있어야 한다. 특정한 교과가 공헌하는 정도를 따지는 것은 그것이 반드시 계량에 의존하지 않더라도 경제적 가치와 무관하다고 할 수는 없다. 사정이 이럴진대, 경제논리를 넘어서는 교육논리가 존재한다고 주장하는 것은 근거 없는 주장이다.

둘째, 교육논리를 강조하는 좌파의 논거가 바로 '시장'의 비인격성(impersonality)이다. 시장의 작동기제나 원리가 비인격적인 것이라는 것은 맞는 지적이다. 시장의 작동원리의 어느 구석에서 동정심이나 좌파의 단골메뉴인 동지애(fraternity)를 찾을 수 있단 말인가? 어느 측면에서 보면 시장의 원리는 비정하다. 경기의 영향을 받아 대량 실업이나 대

10) 특히 아리스토텔레스의 『윤리학』 제10권의 내용이 그러하다.

량 해고, 기업의 구조조정을 보면 더욱 그러하다. 그러나 시장 기능이 비인격적이라고 해서 시장논리가 교육에 적용될 수 없다는 논거가 되지는 않는다. 우리가 삶의 장면에서 소중이 여기는 것 가운데, 즉 도덕적, 종교적, 심미적 가치를 지니는 것 가운데 비인격적인 것이 많다는 점을 지적하지 않을 수 없다. 예컨대, 불가(佛家)에서 '카르마(*Karma*)'나 인연의 법칙은 우리의 인격적인 삶에 가장 밀접하게 영향을 주지만, 그 자체는 비인격적이다. 인연의 법칙은 개개인의 삶에 개인적인 측면 즉 호오(好惡), 개인적인 성향과 관계없이 작용하기 때문이다. 같은 관점에서 '법의 지배'나 '법치'도 비인격적 개념이다. 그리고 칸트의 '보편성' 개념도 비인격적 개념이다. 권력을 가진 자라고 해서, 법을 집행하는 사람과 개인적인 연고가 있다고 해서 법의 적용이 달라지지도 않으며, 달라져서도 안 된다. 따라서 시장의 기능이 비인격적이라고 해서 그것이 비난받아야 할 근거는 못 된다.

셋째, 시장의 작동기제는 인위적이지 않기 때문에 오히려 도덕적이다. 하이에크(F. A. Hayek)에 따르면, 시장에는 '자생적 질서(spontaneous order)'가 작동한다.[11] 여기서 자생적 질서는 아리스토텔레스 이래 구분된 '자연적 질서(natural order)'와 '인위적 질서(artificial order)'의 이분법이 지닌 함정을 극복해 주는 하이에크의 개념이다. 아리스토텔레스의 두 가지 질서로는 '시장'을 제대로 설명할 수 없다. 시장은 인간이 관여한다는 측면에서 보면 낙하의 법칙이나 열역학의 법칙이 적용되는 자연적 질서와는 구분되지만, 그렇다고 해서 인간의 의도대로 계획되고 집행되지 않는다. 스미스의 '보이지 않는 손(invisible hand)'은 바로 시장의 이러한 특징을 설명하는 개념이다. 여기서 자생적 질서에 관한 자세한

11) F. A. Hayek(1980)의 제2장을 참조.

논의를 하기엔 적합하지 않지만, 중요한 논점은 자생적 질서가 '인위적 질서'에 따라 자행되는 각종 오류와 부패를 막을 수 있다는 데 있다. 좌파들의 이른바 '사회공학적 기획'에 의하여 수립된 인위적 질서는 국가통제, 중앙집권적 질서, 폐쇄된 전체주의 사회를 불러오고, 이는 다시 여러 가지 오류와 폐해, 그리고 부패를 양산한다. 이를 지칭하여 하이에크는 '치명적 자만(fatal conceit)'이라고 하였다(Hayek, 1988). 한 마디로 '시장'이라는 자생적 질서를 존중하지 않고 국가가 나서서 통제하는 계획경제질서나 사회공학적 통제에 의존하면 그 사회가 퇴보한다는 것을 우리는 역사를 통하여 확인한 바 있다. 계획적 질서, 인위적 질서에 따른 국가통제를 벗어난 시장의 기능이 번영과 안녕을 가져오는 것이라면 시장질서에 의존하는 것이 도덕적이며 정의롭다는 것은 분명하다. '시장'의 기제가 가장 도덕적이고, 정의롭다고 할 수 있는 논거는 여기서 찾아진다. 도덕적이고 정의로운 것이라면, 그것을 교육에 적용하는 데 주저할 필요가 없다.

이상의 내용을 볼 때, 학교선택은 시장의 논리, 또는 경제논리에 의존한다고 비난받을 일이 아니다. 오히려 시장의 논리를 근거로 한 학교선택을 적극적으로 도입해야 한다. 앞서 확인한 것처럼, '평준화'가 학교선택의 반대이므로 학교선택의 장점과 도덕적 우월성을 인정하는 것은 평준화 정책의 폐지 논거를 마련해 주는 것이다. 오히려 평준화 정책이 기댄다고 믿고 있는 '교육논리'가 무엇인지, 그리고 이른바 평준화가 내세우는 '표층논리'가 과연 타당한 것인지를 따져보아야 한다.

3. 평준화 정책 찬반 논거[12)]

이제까지 평준화 정책이 권리의 측면에서 심한 권리를 침해한다는 사실과 이에 따라 교육적 논쟁을 일으킨다는 점을 지적하였다. 이러한 소개는 평준화 정책을 지지하는 이들에게 편파적인 논의라는 비판에 직면할 수 있다. 따라서 여기서는 그동안 제기되어 온 고등학교 평준화 제도의 찬반 논점을 좀 더 심층적으로 정리해 보기로 한다.

(1) 찬성 및 유지 논거

현재까지 전국적인 규모로 시행되고 있는 고등학교 평준화 정책을 찬성하는 입장은 다음과 같은 몇 가지로 정리할 수 있다.

첫째, 고등학교 평준화 정책은 교육의 형평성과 교육기회 균등에 이바지한다. 이 논거는 고등학교 평준화로 인해 기득권 계층의 자녀가 교육기회를 포함하여 교육으로부터 얻을 수 있는 혜택에 있어서 확대재생산의 기회를 막고, 이어 기존 지배 질서의 재생산을 막을 수 있다는 것이다. 이 논거가 타당한가에 대해서는 보다 심층적인 분석과 밀도 있는 논의가 요구되는 것이기는 하지만, 고등학교 평준화를 지지하는 가장 근원적인 논거인 것만은 틀림이 없다.

둘째, 고등학교 평준화 정책을 지지하는 논거 중의 하나는 과열된 고등학교 입시경쟁을 해소 내지는 완화시킨다. 두 말할 필요 없이, 평준화 정책이 고등학교 입시에 직접적으로 관계하는 정책이기 때문에 그것이 각 학교별 입시제도를 없애는 한, 평준화 정책이 과열된 입시경쟁을 해소하고, 과열된 입시경쟁의 한 양상으로 볼 수 있는 과외비와 같은 사교

---

12) 이 소절의 내용은 김정래(2002)의 제2장의 내용을 재정리한 것이다.

육비의 경감에 기여할 수 있다는 것이다.

셋째, 고등학교 평준화 정책은 과열 입시경쟁의 해소와 함께 중학교 교육을 정상화하는 데에 기여했다는 평을 받고 있다. 입시 부담에서 벗어난 중학생들이 중학교 교육과정에 정해진 바에 따라 학교 수업을 받게 할 수 있다는 것이다.

넷째, 고등학교 평준화 정책은 추첨에 의한 배정 방식을 취하고 있기 때문에 지역 간, 학교 간의 교육격차를 완화시켰다는 점에서 지지되기도 한다. 물론 지역 간의 교육격차를 해소했다는 것이 도농 간의 격차, 특히 대도시와 농촌의 학교 간의 격차를 실질적으로 해소했는가에 의문이 따르기는 하지만, 당시 일류 학교가 밀집되어 있던 대도시로 진학하기 위하여 대도시로 유입됨으로써 발생하는 인구집중을 억제하는 효과가 다소 있었다는 것을 부정하기 어렵다. 또한 학교 간의 격차를 해소했다는 측면에서도 여러 가지 쟁점이 제기될 수 있기는 하지만, 여건이 열악한 학교의 교육 여건이 다소 개선된 것이 사실이다.

다섯째, 고등학교 평준화는 사실상 고등학교 입학 기회를 넓히는 데에 공헌해 왔다. 평준화는 일류 학교를 없애기도 했지만, 일괄적으로 치러진 연합고사와 이후에는 내신에 의하여 입학자를 결정하고 이들을 추첨에 의하여 배정하기 때문에 입학하는 학생의 입장에서 보면, 고등학교 입학의 문턱이 낮아진 것은 사실이다. 그러나 다른 한편, 우리나라가 근대화의 과정을 겪으면서 중등교육이 양적 팽창의 과정을 경험했다는 점을 고려하면(김기석, 1999), 평준화 정책만이 고등학교 교육기회의 확대 또는 고등학교 교육의 대중화에 결정적으로 기여했다고 보기는 어렵다. 특히 경제적 근대화에 따른 노동인력은 당시 단기간의 교육을 통하여 공급하는 메커니즘을 따르고 있었으며, 단기간의 교육이란 대학교육에 비해 시간적, 재정적 부담이 적은 중등학교 단계의 고등학교 교육의 팽창을 요구한다. 즉 고등학교 평준화 정책은 고등학교 입학의 문턱을 낮추는 데에 기여한 바 있지만, '팽창'이라는 측면에서 보면 평준화 정책이 직접적이거나 결정적인 역할을 했다고 단정지을 수는 없다.

여섯째, 고등학교 평준화 정책이 사회문화적 정책으로서 공헌한 바를 평준화 정책의 지지 이유로 든다. 고등학교 평준화 정책은 이를테면 고등학교를 중심으로 한 학벌을 타파하고 학벌 대신에 능력 위주의 문화를 확산시키는 데에 기여했다는 것이다. 바꾸어 말하자면, 고등학교 평준화 정책이 고등학교 졸업장의 가치를 평준화시킨 만큼 학벌주의의 병폐를 줄였다는 것이다. 적어도 고등학교 수준에서는 그러했다. 그러나 고등학교 평준화 정책이 고등학교 수준에서 학벌을 철폐하는 데에 일정한 수준만큼 기여했는지 모르지만, 평준화로 인하여 대학 입시에 관심을 집중시킨만큼 대학을 중심으로 한 학벌 중심적 사고와 문화는 오히려 심화시킨 것은 부정할 수 없는 사실이다.

일곱째, 고등학교 평준화 정책을 찬성하는 논거 중에서 가장 설득력 있게 들리는 것은 여론조사 결과이다. 최근 한 조사에 따르면,13) 수도권

13) 한국교육개발원(2000) 보고서 참조. 이 보고서는 당시 비평준화 지역이었던 경기도 성남시, 고양시, 부천시 그리고 안양권역(안양, 과천, 군포, 의왕)에 대한 고등학교 입시제도 개선 방안을 탐색하기 위한 연구이다. 이 연구에 따르면, 성남시의 경우 조사대상의 70.9%, 고양시는 72.6%, 과천시는 76.0%, 의왕시는 74.1%, 군포시는 75.1%가 고등학교 평준화 정책의 도입을 찬성하는 것으로 나타났다. 그럼에도 불구하고 학군 설정 방식, 학생 배정 방식 등에 있어서는 서로 이견을 보인 것으로 나타났다. 2000년 11월에 발표된 이 보고서는 이들 수도권지역 도시 거주 학생들이 2002학년도부터 평준화 적용을 받게 하는 근거가 되었다. 그러나 이는 이 지역 학생과 학부모들의 학교선택권의 박탈과 배정 방식에 대한 불만으로 나타났다. 그 결과로 당시 2002년 초 서울특별시 산하 고등학교로 전입하기 위한 학부모들의 교육청 앞 행렬은 이와 무관하지 않다.

응답자의 70% 이상이 평준화 정책을 지지하는 것으로 나타났다. 그리고 1999년 한국교육개발원이 조사한 여론조사[14]에 따르면, 69.7% 이상이 고등학교 평준화를 그대로 유지시키길 바라고 있는 것으로 나타났다. 그러나 응답자의 반응에 대한 신뢰성에 의문이 제기되는 것도 사실이다. 평준화는 표면상 찬성하면서도 자기 자식만은 남보다 우월한 학업성취를 이루게 하도록 과외 또는 학원 등의 사교육 현장에 보냄으로써 평준화 정책에 대한 취지를 무색하게 한다. 적어도 평준화에 대한 여론의 지지를 얻으려면 평준화 정책에 대한 단순 찬반뿐만 아니라 평준화 정책의 기본 정신을 이해하고 평준화 정책이 표방하는 공교육체제의 정상화에 이기적인 마음을 갖지 않고 동참하고 있는가를 함께 물어야 할 것이다.

(2) 반대 및 폐지 논거

고등학교 평준화 정책은 그 규모의 축소와 확대, 그리고 그 교육적 효율성을 중심으로 논쟁이 될 때마다, 평준화 정책에 대한 반대 논거 또한 강하게 대두되었다. 여기서는 평준화 정책을 반대하거나 궁극적으로 폐지해야 한다는 논거를 정리해 보기로 한다.

첫째, 고등학교 평준화 정책을 반대하는 가장 강력한 논거는 평준화 정책이 우리 헌법 정신에 위배된다. 헌법 제31조 제1항은 '모든 국민은 능력에 따라 균등하게 교육을 받을 권리를 가진다'라고 규정하고 있다. 이 조항은 국민의 생활관계의 다양성과 지적 능력의 차이를 전제로 한 헌법이 보장하는 교육기본권을 규정한 것이다. 즉 이 조항은 개인의 능력과 개성의 차이를 무시하고 교육에 있어서의 획일적인 균등주의 내지

14) 한국교육개발원(1999) 조사 참조. 이 조사는 수도권만을 염두에 둔 것이 아니라 전국적인 조사이다. 그리고 이러한 여론 조사는 주기적으로 이어 계속되어 오고 있다.

는 평등주의를 추구하는 조항이 아니다. 이와 같은 해석은 헌법 전문에 명시된 '각인의 기회를 균등히 하고 능력을 최고도로 발휘하게 하여'라는 능력에 따른 평등의 개념에 의하여 더욱 뒷받침된다. 또한 헌법 제11조 제1항은 절대적·산출적인 의미에서 본 평등이 아니라 '같은 것은 같게, 다른 것은 다르게' 취급함으로써 달성되는 일종의 상대적 의미의 평등을 천명하고 있다. 이와 같은 헌법에 기초하여 구체화된 교육기본법 제12조 제2항은 학습자의 능력을 최대한 발휘하도록 학습자의 인격을 존중하고, 개성을 중시하여 교육내용, 교육방법을 강구하도록 규정하고 있다. 그럼에도 불구하고 고등학교 평준화 정책은 교육법 시행령 제77조 제2항 및 교육인적자원부령인 '교육감이 고등학교의 전형을 실시하는 지역에 관한 규칙'에 근거하고 있다. 여기서 고등학교 평준화정책의 위헌성을 찾고 있다. 즉 최고의 법규범인 헌법의 정신과 규정 그리고 교육기본법의 규정에도 불구하고 그보다도 하위법령인 시행령과 부령에 근거하여 고등학교 평준화 정책이 시행되고 있다.[15] 이와 같이 평준화가 위헌이라는 것은 곧 아동의 권리 침해를 뜻한다.

둘째, 고등학교 평준화 정책의 위헌성 논의와 관련하여 교육받을 권리의 성격에 관한 논거이다. 교육받을 권리인 교육권은 본질상 복지권(welfare rights)이면서도 여러 가지 범주의 권리와 관련되어 있다. 이를테면, 위에서 언급한 헌법의 내용으로도 고등학교 평준화 정책이 학생의 학교선택권, 학교의 학생선발권과 같은 자유권을 제한하고 있다는 것을 확인할 수 있다. 또한 교육내용과 방법의 결정에 관한 한, 고등학교 평준화 정책은 교육내용과 방법의 결정과정에서 국민 또는 교육당사자의 참

15) 이에 대한 보다 자세한 논의는 이석연이 제47회 자유기업포럼(2002년 4월 11일)에서 발표한 '현 고교평준화제도의 위헌성'을 참조할 것.

여를 배제 또는 제한하고 있다는 비판을 받고 있다. 그리고 고등학교 평준화 정책이 이러한 교육에 관한 제반 권리를 보장하지 못한다고 하면, 교육에 관련된 제 권리가 헌법 제10조에 천명된 행복추구권에 의하여 뒷받침되므로, 평준화 정책은 여기서도 위헌적 소지를 갖게 된다.

셋째, 고등학교 평준화 정책의 반대 논거는 학력 저하가 심각하다는 데에 있다. 평준화가 중학교 교육의 정상화에 기여한 바 있으나, 이후 고등학교 수업에서 여러 문제를 도출하게 되는데 그 중 가장 심각한 것이 학력의 저하이다. 이는 다양한 학력을 가진 학생들을 한 교실에 모아놓고 수업을 전개한 데서 비롯된다. 이른바 개인차 등을 고려한 수준별 수업이 이루어지지 않기 때문에 야기된 현상이다. 천차만별의 학력을 가진 학생들을 무작위로 선발하여 편성한 학급에서 일어나는 또 하나의 문제는 교사가 학습지도를 할 때 어디에 학습지도 수준을 정할 것인가 하는 데서도 나타난다. 이른바 '평둔화(平鈍化)'의 문제가 공교육의 붕괴를 조장한다는 것이다. 물론 이에 대한 반론도 만만치 않다. 최근 평준화 지역과 비평준화 지역의 학생들을 대상으로 한 학력 비교조사를 보면,16) 평준화 지역 고등학교 학생의 학업성취 수준이 비평준화 지역의 고등학교 학생보다 1학년은 13점, 3학년은 15점이 높은 것으로 나타났다. 또한 평준화 지역에서 최상층을 제외한 중하위권 학생들의 학력이 전반적으로 향상되었다는 결과를 제시한다. 이러한 반론에는 적어도 두 가지 문제점을 지적할 수 있다. 하나는 평준화 지역은 대도시를 비롯한 도시 지역이라는 점이고, 반면 비평준화 지역은 읍·면 단위 지역이라는 점이다.

16) 강태중·성기선 연구(2001) 참조, 이 연구결과를 흔히 한국교육개발원의 공식적인 견해로 알고 있으나, 이는 어디까지나 연구자들의 연구결과이다. 단지 한국교육개발원이 주최한 정책포럼장에서 이루어졌다는 점에서 한국교육개발원과 관련이 있다.

이는 평준화 지역이 문화적 혜택을 더 받을 뿐만 아니라 학부모들의 학력(學歷)과 사회경제적 수준이 비평준화 지역보다 높다는 것을 뜻한다. 따라서 평준화 지역의 학생들이 학력(學力)이 높은 것은 평준화 때문이 아니라 평준화 이전의 가정 배경 변인의 영향이 크다는 것으로 해석될 수 있다. 다른 하나는 평준화 지역의 학력(學力) 향상이 최상위층의 학생이 제외되고 중하위권 학생들의 경우만 적용되었다는 것은 평준화 정책이 교육의 수월성 추구에 실패했다는 것을 반증한다.

넷째, 고등학교 평준화 정책이 학력저하를 야기했다는 것은 결국 국가 경쟁력의 약화를 초래했다는 비판을 받는다. 학생들의 학력이 저하되었다는 것은, 그리고 우수 집단의 학력이 수월성을 보이지 못한다는 것은 '하향평준화'라는 비판과 함께 공교육 부분의 경쟁력 저하는 물론 이를 만회하기 위한 사교육 시장의 성행을 야기한다. 정해진 공교육비 지출과 함께 이의 결손을 만회하고자 하는 학부모들의 사교육비 지출은 결국 국가 경쟁력의 약화를 초래한다. 적어도 국가 경쟁력의 약화는 두 가지 차원에서 지적될 수 있다. 하나는 사교육비 지출로 인한 재정적 손실에 따른 경쟁력 약화이다. 다른 하나는 공교육보다는 사교육에 의존하는 경향, 그리고 조기 유학에 따르는 우리 공교육 체제의 경쟁력 약화를 들 수 있다. 양자는 악순환 관계에 있다. 이 점에서 보면, 고등학교 평준화 정책은 우리 공교육의 체질을 약화시키는 요인인 셈이다.

다섯째, 고등학교 평준화 정책은 표면상 내세웠던 교육형평성을 보장하는 데에도 실패했다는 비판을 받고 있다. 확대재생산을 막고, 지역, 계층, 학교 간의 교육격차를 완화한다는 취지에도 불구하고, 평준화 정책은 계층 간, 학교 간 교육여건의 불평등을 심화시킨 측면이 있으며, 학교 간의 교육여건 불평등으로 인한 지역별 분쟁, 특정지역으로의 위장전입

증가, 일부 부유층의 이상 조기 유학 붐으로 인한 사회적 부작용도 만만치 않게 나타났다. 이와 같은 부작용이 나타나게 된 것은 평준화 정책이, 그 원래 취지에도 불구하고, 획일적 규제의 양상을 띠게 되었고, 이는 다시 학교의 다양성을 저해하고 학교에서 이루어지는 공교육의 질 확보에 실패하게 되어 학부모와 학생들로 하여금 사교육에 관심을 갖게 한 데에서 그 원인을 찾을 수 있다. 사교육에 대한 관심이 비정상적으로 고조된 것은 사교육비 지출 증가에 그친 것이 아니라, 강남 지역의 집 값 폭등, 위장 전입, 조기 유학 등의 문제로 비화되어 갔다. 결국 고등학교 평준화 정책은 확대 재생산을 막고, 교육형평성을 보장한다고 하였지만, 거꾸로 계층 간의 재생산을 확대하고, 교육형평성을 저해함은 물론 계층 간의 위화감도 상당히 조성시킨다.

여섯째, 고등학교 평준화를 반대 또는 폐지하자는 논거는 평준화를 지지하는 논거가 21세기 지식기반사회(또는 정보화사회)에 맞지 않는 논리라는 데서도 찾아볼 수 있다(김정래, 2022). 지식기반 정보화사회에서 인적 자원의 양성을 위해서는 우리나라 중등학생의 표준적 학업성취도가 세계적인 수준임은 인정하지만, 그 이면에는 창의성이나 자기주도적 학습동기가 상실되어 있음을 또한 인정하여야 한다는 것이다. 즉 교육의 수월성과 다양성에 초점을 맞춘 본격적인 질적인 개혁을 시도해야 한다는 것이다. 이렇게 하려면, 현존하는 교육체제 내에 존재하는 타율성·경직성·폐쇄성을 극복하고, 유연성·다양성·수월성을 추구하기 위한 조치가 마련되어야 한다는 것이다. 이러한 주장[17]은 크게 두 가지로 정리될 수 있다. 하나는 학교교육의 투입·과정·성과 요소 전체를 획일적으로 통제·규제하는 현행 평준화 제도를 개선하는 일이다. 다른 하나

17) 한국개발연구원(2001) 연구와 이주호(2002) 참조.

는 평준화 해제가 학부모와 학생의 요구를 최대한 존중하여 학교를 자율적으로 운영하고 그 결과에 책임지는 교육풍토를 조성하는 것이라면, 이를 위하여 사립학교의 자율성을 우선적으로 회복하는 일이다. 특히 평준화에 따라 똑같이 부과된 학교교육비, 공·사립학교 간의 똑같은 취급 등의 획일적인 여건은 반드시 개선되어야 한다.

4. 학부모의 선택권 실제

의무교육이 학생과 학부모의 선택권 박탈에 대한 대안은 홈스쿨링 이외에도 다양하게 제시되어 왔다. 이에 관하여 코헨은 학부모의 선택 성향을 일곱 가지로 구분하여 논의한 바 있다.[18] 우선 학부모의 선택이 다양한 이유를 다음에 소개하는 내용을 토대로 살펴보자.

* * * * *

(a) 브라운(Brown) 부모는 소위 빅토리아 시대의 도덕성을 신봉한다. 그들은 단출한 삶을 선호하며, 작금의 현행 학교가 일리치(Illich)와 그 지지자들이 주장하는 것처럼 소비 사회를 대변하고 있다고 여긴다. 브라운 가정의 관점에서 보면 학교는 품위 없는 도덕관을 받아들일 것을 강요하고 있다. 이러한 타락한 도덕관으로부터 아이들을 보호하기 위하여, 스스로 교육 받은 중산층이라고 여기는 브라운 부모는 자기 아이들을 집에서 교육시켜야 한다고 본다.

(b) 국가가 관장하는 교육을 지지하는 화이트(White) 부모는 자신의

---

18) 이에 관해서는 Cohen(1981)의 제3장과 제4장을 참조. 이하 소개하는 내용은 코헨의 번역서 116-120쪽의 내용이다.

딸들이 여학교에 다녀야 한다고 보는 이슬람교도들이다. 국가가 자신의 거주지에 남녀공학 학교만을 설립·운영하기 때문에 사립학교에 보낼 재력이 없는 이들은 자신의 딸들이 집에서 교육받기를 원한다. 그렇다고 자신들이 비록 대안학교를 지지하는 것도 아니다. 이들의 관점에서 교육은 도덕성과 문화적 전통을 전수하는 곳이어야 한다.

(c) 다른 한편 공립학교가 제공하는 도덕 교육을 허용해선 안 된다고 보는 그린(Green) 부모는 공립학교가 제한을 받아야 마땅하고, 루소가 강조한 것과 같이 보다 개방된 내용을 제공해야 한다고 본다. 그들은 자기 스스로가 교육자라고 생각하며, 자기 표현력과 발견학습의 중요성을 믿으며, 스스로가 자녀교육을 수행할 충분한 자격이 있다고 간주한다. 종교교육이 필요 없다고 인식하는 만큼 가식 없는 나상(nudity)이나 성교육은 인성개발에 매우 중요한 교육프로그램이라고 생각한다.

(d) 그레이(Grey) 부모의 경우는 아이들을 아무런 문제 제기 없이 초등학교교육을 신뢰할 수 있다는 점에서 위의 경우와 다르다. 그러나 그들은 공립학교 평준화 정책에 반대하며, 평준화가 철폐되거나 그 대안이 제시되지 않는 한, 아이들을 집에서 교육시켜야 한다고 본다. 그러나 사립학교가 자신의 교육적 입장을 충족시켜준다는 것을 알고 있지만, 화이트 가정과 마찬가지로 자신들의 재력은 사립학교에 아이를 보낼 형편이 아니다.

(e) 플럼(Plum) 가정 아이들도 역시 아무 문제 제기 없이 초등학교에 다니지만, 자신의 거주지에 소재한 평준화된 학교에 만족한다. 그러나 자신이 거주하는 대도시의 교육이 계층 간의 균형을 이루는

평준화가 잘 운영되도록 당국이 적극 개입하여야 한다고 본다. 동시에 학업성취도 떨어지고 통학거리도 먼 도심의 뒤처진 학교가 안고 있는 폭력과 방임과 같은 문제를 해결해야 한다고 본다. 플럼 부모들은 자신들의 이러한 문제를 해결하기 위하여 능력 있는 교사를 임용하도록 입장이 다른 학부모와 연대할 용의가 있으며, 만족스러운 해결책이 마련될 때까지 자녀를 학교에 보내지 않을 각오도 되어 있다.

(f) 스칼렛(Scarlet) 가정 아이들은 여러 차례 무단결석을 한 적이 있으며, 부모들도 학업성취에 대한 기대가 낮아서 새로운 자유학교(New Free School)를 선호한다. 자유학교는 자신들의 하위문화와 거주 문화에 동감하는 이상적인 교사가 있기 때문이다. 이 학교는 출석과 과제 수행에 대한 의무가 없기 때문에, 스칼렛 부모들은 자녀에게 대안교육을 제공하는 학교를 고려하는 것이 아니라 학교제도 자체를 부정하는 입장이다.

(g) 마지막으로 음악, 수학, 미술 등 다양한 분야에서 두각을 나타내는 재능을 지닌 자녀를 둔 블랙(Black) 가정이 있다. 아이들의 재능은 선천적으로 타고난 것이라고 보는 교육정책에 동의하기 때문에, 기존의 학교제도는 자신의 아이들에게 해가 된다고 본다. 따라서 블랙 부모들은 자녀교육을 위하여 출생배경, 교육재원이나 교사 배정에 있어서 적합한 기회가 합당하게 주어져야 한다고 본다.

*****

이상 소개한 학부모의 교육관 내지는 성향은 코헨이 임의적으로 소개한 것은 아니다. 이 일곱 가지는 모두 자유의 본질과 관련이 있다. 그러나 이 일곱 가지를 앞서 우리가 살펴본 '자유'의 분석 틀에 맞추어 논의하는 데에는 한계가 있다. 왜냐하면, 여기에 소개된 내용만 가지고는 그들이 지니고 추구하는 자유의 개념이 무엇인지를 명확하게 파악하는 데 충분하지 않기 때문이다. 게다가 그들의 결정에는 사회문화적 요소가 많이 작용한다. 따라서 다른 방식으로 이들의 교육관을 분석하고 논의할 필요가 있다.

첫째, 이들을 분석하는 독자들이 각기 학부모의 입장에서 이들 각각에 동의하는가 아닌가를 판단한다. 그리고 그 이유가 무엇인지를 헤아려 본다.

둘째, 이 학부모들이 일차적으로 논의 대상으로 삼는 표적은 공교육 체제이다. 학교 전반을 국가 또는 공공기관이 관리하는 교육체제에 대한 찬반 논점을 헤아려 본다. 우리가 이미 『증보 아동권리향연』 제7장에서 살펴본 '교육권'과 '학습권' 논의는 이를 헤아리는 데 도움이 될 것이다.

셋째, 의무교육에 관한 입장이다. 의무교육은 바로 앞 절에서 자유의 관점에서 살펴보기도 하였지만, 『증보 아동권리향연』 제6장에서도 복지권의 관점에서도 논의한 바 있다. 이 내용을 토대로 하여 의무교육의 어느 속성과 어느 측면이 목하 문제가 되는지를 살펴볼 필요가 있다. 즉 의무교육은 아동과 학부모의 자유를 제한한다. 구체적으로 그들의 학교 선택권과 교육내용 결정권 등을 박탈하기도 한다. 한편 의무교육은 보편적 복지권으로 정당화된다. 의무교육은 자유권과 복지권의 갈등을 야기한다.

넷째, 의무교육이 야기하는 자유권과 복지권 간의 갈등이 아동의 이익을 증진시키고 있는가. 그 이익을 증진한다는 명분은 권위적 간섭을 야기하지는 않는가를 살펴볼 필요가 있다.

다섯째, 위의 학부모들은 공교육을 지지하기도 하지만 일부는 대안적 학교 형태를 고려하기도 하며, 심지어 홈스쿨링을 해야 한다고 주장한다. 이러한 교육적 대안이 공교육 체제 아래 학교가 지향하는 가치와 수행하는 기능을 능가할 수 있는가를 고려해 보아야 한다.

여섯째, 학부모의 책무성은 무엇이며, 그 한계는 무엇인지를 고려해 볼 필요가 있다. 의무교육은 국가의 취학에 관한 지원 의무를 뜻하기도 하지만, 학부모의 취학 의무를 뜻하기도 한다. 하지만 학부모들의 의지로 만들어진 대안적인 학교나 홈스쿨링은 학부모의 의무를 방기한 것이 아닌가를 생각해 볼 필요가 있다.

Ⅳ. 벌과 아동권리 침해

벌은 그릇된 행위에 대한 교정(矯正)을 목적으로 한다. 만약 교육이 인간을 바람직한 행동과 성품을 지니도록 한다는 데 목적이 있다면, 교육도 벌을 활용할 수 있다. 실제로 교육 상황에서 적지 않게 발견할 수 있는 벌은 잘못된 행동에 대한 징계만이 아니라 아동의 행동 통제를 위하여 동원되는 수단이다. 하지만 징계 수단과 행동 통제는 결국 아동의 자유와 권리를 제한하고 침해하는 결과를 낳는다. 그렇다면 우리는 벌의 의미를 검토하고 벌이 아동의 자유와 권리를 제한하고 있는지 그리고 교육적으로 어떻게 활용할 수 있는지를 살펴보기로 한다.

1. 벌의 개념

벌(punishment)은 그릇된 행위에 대하여 가해지는 사회적으로 합의된 제재이다. 여기서 우리는 '사회적으로 합의된 제재'라는 데에 초점을 맞추어야 한다. '사회적 합의'는 벌을 가하는 사람의 자의적 판단이나 일시적 감정에 따라 벌이 가해져서는 안 된다는 것을 뜻한다. 거기에는 공적인 기준이 있다는 뜻이다.

벌은 현실에서 '부적 강화(negative reinforcement)'라는 심리학적 용어와 동일시하는 경향이 있으나, 양자는 엄연히 다르다. 이러한 오해는 벌의 반대말로 상(award)을 상정하는 데서 비롯된다. 즉 상을 '정적 강화(positive reinforcement)'와 동의어로 보고, 이를 반대말에 적용한 결과이다. 이 때문에 벌과 부적 강화를 동일시한다.

우선 상은 우리에게 심리적으로 유쾌함(pleasure)을 가져다주거나 고통을 제거해주는 반면에, 벌은 반대로 불쾌함 또는 고통(pain)을 가져다준다. 하지만 정적 강화와 부적 강화의 구분은 유쾌함과 고통에 따른 것이 아니라 보상의 적극성 여부에 따른 것이다.

이 기준에 따라 상에는 적극적인 상과 소극적인 상이 있다. 벌에도 적극적인 벌과 소극적인 벌이 있다. 이를 정리하면 **〈표 11-1〉**과 같다.

〈표 11-1〉 상과 벌

	쾌락	고통
+	적극적 상	적극적 벌
−	소극적 벌	소극적 상

한편 강화는 보상행위이므로 바람직한 행동을 강화하면 정적 강화가

되며, 바람직하지 못한 행동에 제거하는 데 사용되면 부적 강화가 된다. 이를 정리하면 **〈표 11-2〉** 와 같다.

〈표 11-2〉 정적 강화와 부적 강화

	바람직한 행동	바람직하지 못한 행동
쾌락 +	정적 강화	
고통 −		부적 강화

〈표 11-2〉 를 통해서 정적 강화와 부적 강화는 모두 상에 해당함을 알 수 있다. 따라서 벌과 강화의 개념적 속성을 종합해 보면 **〈표 11-3〉** 과 같이 정리할 수 있다.

〈표 11-3〉 벌과 강화

	바람직한 행동(쾌락)	바람직하지 못한 행동(고통)
+	정적 강화 (상이 내려지는 상황)	(벌이 주어지는 상황)
−	(벌이 주어지는 상황)	부적 강화 (상이 내려지는 상황)

아울러 이 절에서 '벌'을 검토함에 있어서 벌과 체벌을 구분해야 한다. 결론적으로 말하자면, 체벌(capital punishment)은 벌이 아니라 폭력이다. 체벌이 벌이 아닌 이유는 몇 가지가 있다. 첫째, 체벌은 근대법에서 채택되지 않는다. 근대 형법 어디에도 체벌을 채용하는 국가는 없다. 다만 근본주의 전체주의 국가에서 체벌이 행해지고 있다. 그리고 예외적으로 싱가포르가 제한적으로 체벌을 허용한다. 둘째, 체벌은 대증요법 이외에 벌의 어떤 효과를 가져오지 못하는 것이 실증적 연구에 의하여 밝

혀졌다(김은경, 1999; 2000). 셋째, 체벌은 폭력을 재생산한다. 이론적 논쟁이 분분하지만, 교사와 교사의 일거수일투족은 학생들의 모방대상이 된다. 아이들의 뇌리에는 모범이 되는 교사도 폭력을 사용할 수 있다는 생각이 들게 마련이다. 그 결과 교사의 체벌을 모방하여 폭력을 휘두르게 된다. 또한 같은 맥락에서 폭력적인 교사는 학창시절 체벌을 많이 받고 자란 경우이다. 넷째, 체벌은 자의적으로 행해진다. 즉 체벌은 체벌을 가하는 사람의 감정적인 분풀이로 사용된다. 따라서 이 절에서 논의하는 벌은 체벌을 뜻하는 것이 아님을 밝혀둔다. 독약이 약이 아니듯이, 체벌은 벌이 아니다. 독약을 '약'으로 표현하는 것처럼 체벌도 명칭에 있어서 '벌'의 명칭을 사용할 뿐이다.

그러면 벌은 어떤 속성을 지니며 어떤 경우에 가해지는지 그 개념적 조건을 살펴보기로 한다. 여기서는 다섯 가지로 정리하기로 한다.[19]

첫째, 벌은 고통 또는 불유쾌한 것이어야 한다. 어느 경우에는 쾌 또는 쾌락을 박탈하는 것이어야 한다. 이는 방금 벌과 강화의 차이를 설명하면서 소개한 내용이다.

둘째, 벌은 사회 또는 집단조직에 의하여 정해진 규칙을 위반할 때 부과한 것이다. 즉 벌은 임의적인 규칙을 토대로 하거나 개인의 자의적이고 변덕스러운 판단에 의존하면 안 된다. 이 기준을 만족시키지 못하면 그것은 '벌'이 아니라 '심술(spite)'이 된다. 여기서 벌의 근거로서 성립하는 규칙은 실정법이나 관습과 도덕률이다. 하지만 벌이 공적 영역에서 집행되는 것이라면 그것은 실정법에 의거한다. 이를 법치주의에 근거한다고 한다. 그러나 우리는 법치주의(rule of law)와 입법만능주의(rule

19) 여기서 소개하는 다섯 가지 조건은 Hart(1973)와 Benn and Peters(1959)를 토대로 한 것이다.

by law)를 명백하게 구분할 필요가 있다. 후자는 집권 세력이 자신들의 권력을 위하여 자의적으로 합당하지 못한 법을 생산하는 것을 의미하므로 법치주의와 구분된다. 입법만능주의는 형식상으로 보면 절차상의 하자가 없는 듯하지만, 정치적 편법을 사용하여 입법 의석을 확보하거나 다수당이 된 집권 세력이 자신의 권력을 자의적으로 행사하기 위하여 자행하는 행태이다. 입법만능주의에 의한 벌은 정당성을 확보하기도 어렵거니와 그 시행에 있어서 국민들의 호응을 얻지 못하고 저항에 부딪치게 된다. 입법만능주의는 전체주의 체제에서 활용되는 수단이다.

셋째, 벌은 해당 행위자에게 가해져야 한다. 타인이 벌을 대신 받아서는 안 된다. 재판을 진행할 경우 판사가 가장 먼저 소송 당사자의 인적 사항을 묻는 것은 이 원칙과도 관련된다. 또한 벌은 일정 시간이 경과 후 집행되어서는 안 된다. 우리에게 익숙한 형법 상 공소시효는 이 원칙과 관련된다.

넷째, 벌은 자신의 행위에 대하여 책임질 수 있는 사람 또는 자신의 행위를 인식할 수 있는 사람에게만 부과되어야 한다. 즉 벌은 자신의 행위에 대하여 책임을 질 수 있는 사람에게 부과되거나 집행되어서는 안 된다. 벌을 받을 수 있는 현실적 조건인 실행 능력이 있어야 한다. 구체적으로 자신의 행위를 인식할 수 있는 사람이어야 그에게 벌을 부과할 수 있다. 여기에는 벌을 받는 사람의 신체적 조건, 경제적 능력, 정치적 자격 등이 포함될 수 있다. 『증보 아동권리향연』 제1장과 본서 제1장에서 살펴본 아동의 연령 기준과 법적 명칭과 지위 등은 벌의 이러한 조건과도 관련이 있다.

다섯째, 벌은 그 사회조직의 규칙에 따라 정해진 구성원에 의하여 집행되어야 한다. 여기서 말하는 구성원이란 사법기관이나 그 구성원을 말한다. 구체적으로 경찰, 검찰, 법관, 기타 법이 정한 공무원 등을 말한다. 공산주의 국가에서 행해지는 인민재판은 이 조건을 만족시키지 못한다. 이 기준을 만족시키지 못하면 그것은 '벌'이 아니라 '복수(revenge)'가 된다. 반드시 인민재판과 같은 형태가 아니더라도 이 기준에 어긋나는 행태를 우리 주변에서 흔히 찾아볼 수 있다. 그 중 대표적으로 아동이 흔히 접하는 만화, 아동 영화, 만화영화, 동화에 나오는 주인공이나 영웅들이 상대방을 자의적으로 심판하고 응징하는 경우를 들 수 있다. 비록 가공이기는 하지만 여기서 주인공들은 옳고 그름을 자의적으로 판단하여 벌을 집행하는 경우가 많다. 그러한 환경에서 자란 아동이 은연중에 벌은 주어진 법적 절차에 따르지 않고도 자의적으로 응징할 수 있다는 생각을 갖게 할 가능성이 높다. 언필칭, 법보다 주먹이 가깝다는 생각을 길러준다. 권리의 관점에서 경계해야 할 일이다.

2. 벌의 형태

벌은 다양한 형태로 가해지거나 집행될 수 있다. 심리적으로 행해질 수도 있으며, 무언의 암시나 표정으로도 이루어질 수 있다. 부모님이 내리는 꾸지람을 포함하여 사회적, 도덕적 비난도 벌이 될 수 있으며, 시선이나 눈초리도 벌로 사용될 수 있다. 여기서는 우선 실정법에 따라 집행되는 벌의 형태를 살펴보기로 한다.

첫째, 신체형이 있다. 과거 전근대사회에서 행해졌던 형벌 중 곤장과 같은 벌이 이에 해당한다. 앞서 소개한 체벌도 이에 포함된다. 대부분의 문명화된 국가에서는 신체형을 금지한다. 그 이유는 앞서 살펴본 체벌의 경우와 같다.

둘째, 생명형이 있다. 벌을 인간의 생명에 가하는 형벌로 사형을 말한다. 많은 선진국에서 사형제도 존폐 논란이 지금도 이어지고 있다. 사형제도를 폐지하자는 논거는 사형제도가 더 이상 형벌로 효과도 없을 뿐만 아니라 생명존중 사상에도 어긋난다는 것이다. 반면에 사형제도 존속을 주장하는 논거는 형용하기 어려운 흉악범이 사회에서 영구히 격리 제거되어야 한다는 것이며, 사형집행이 차후의 흉악무도한 범죄를 예방할 수 있다는 것이다. 우리나라도 사형제도는 존치하고 있으나, 사형집행을 상당 기간 하지 않은 것으로 알려져 있다.

셋째, 자유형이 있다. 자유형은 인간의 자유를 박탈하거나 제한하는 형벌을 말한다. 여기에는 징역, 금고와 같은 형이 포함된다.

넷째, 재산형이 있다. 재산을 통하여 형벌을 내리는 제도이다. 벌금, 과징금, 과태료와 같은 것이 여기에 포함된다. 형벌로 재산으로 부과하는 재산형의 경우에도 여러 가지 이유에서 찬반 논란이 일어난다.

이상 소개한 네 가지 벌은 엄밀하게 보면 형사상 부과하는 형벌이다. 이 네 가지를 교육상황에서 이 형태의 벌을 사용하는 것은 불가능하다. 물론 학생 신분을 지닌 청소년이 형사상 중범죄를 범한 경우에는 이러한 형벌이 가능할 수도 있으나 그것은 어디까지나 형상처벌이지 교육적으로 부과한 벌이라고 할 수는 없다.

더욱이 촉법소년인 경우에는 형사상 처벌을 할 수도 없다. '촉법소년'은 10세 이상 14세 미만의 소년범을 이른다. 촉법소년은 범법행위를 저질러도 형사책임능력이 없어서 형사처벌을 받지 않는다. 앞서 본서 제1장 **〈표 1-2〉**에서 형사상 처벌을 할 수 있는 연령이 14세임을 확인한 바 있다. 그러나 흉악한 범죄를 저지르는 미성년의 연령이 점점 내려가고 있어서 촉법소년의 형사처벌을 해야 한다는 주장이 대두된다. 이와 함께 교육적 조치와 교도(矯導)를 위주로 한 미성년 보호의 주장도 있다.

어쨌든 형사법 상의 처벌보다는 교육적 조치를 통하여 그릇된 행위를 교정할 수 있는 방안을 강구해야 한다.

첫째, 교육적 처벌은 형사상 처벌과 어떻게 다른가를 살펴보아야 한다. 이를테면 학생이 그릇된 행동을 했다고 해서 그러한 행동을 제한하고자 자유형인 감금이나 구속을 교육에서 활용할 수는 없다. 또한 벌을 내린다고 해서 해당 학생에게 벌금을 부과할 수도 없다. 앞서 살펴본 바와 같이, 아동은 경제적 능력이 없는 존재이기 때문에 만약 벌금을 부과한다고 할 경우 그 부과된 벌금의 납부는 부모 또는 법적 대리인이 할 수밖에 없다. 그렇게 되면 교정이라는 벌의 본래 취지를 살릴 수 없게 된다.

둘째, 교육적 상황에서 앞서 살펴본 바와 같이 신체형에 해당하는 체벌을 부과해서는 더욱 안 된다. 그러면 체벌에 대신할 이른바 '대체벌'을 고려해야 한다. 대체벌에 대한 논란도 만만치 않다. 대체벌의 한계는 어디까지인가와 함께 대체벌의 효용성도 살펴보아야 한다. 예컨대, 체벌을 대신하여 팔굽혀펴기(pushup)를 실시하는 것도 고려되지만, 이것도 체벌이라 하여 이에 대한 반론도 만만치 않다.

셋째, 형사상 원리와는 다른 교육적 벌의 근거와 규칙을 명백하게 만들어야 한다. 이는 벌이 자의적으로 행해져서는 안 된다는 원리에 근거한다. 그러려면 벌을 시행하는 데 있어서 교육 원리에 입각한 명백한 준거와 세세한 규칙을 마련하여야 한다. 반복하지만, 벌은 심술이나 화풀이가 아니다.

넷째, 벌에 대한 교사의 책무에 대하여 명백하게 해야 한다. 형사상 벌의 입법은 국회 소관이고, 징계를 결정하는 것은 사법당국의 소관이고, 그 집행은 행정부의 소관이다. 교육상황에서는 이러한 구분이 명백하지 않다. 벌에 관련한 학교의 교칙을 누가 정할 것이며, 이에 대한 교사의 역할은 어디까지인가, 구체적으로 교육당국이 정하는가, 교장이 정할 것인가, 아니면 교사 합의체가 정해야 하는가 등을 고려해야 한다. 구체적으로 교육상황에서 그릇된 행동의 판단은 대부분 교사의 몫이다. 하지만 어떠한 벌을 가하는가 하는 판단을 교사의 자의적인 판단에 맡길 수는 없다. 이에 관한 사항도 명백하게 밝힐 필요가 있다. 이 경우에 분명한 것은 교육전문직인 교사의 전문성을 전제해야 한다는 점이다. 이런 관점에서 우리나라 교직정책에 이러한 내용이 제대로 반영되어 있는가 반성해 볼 필요가 있다.

3. 벌의 이론적 근거

벌이 교육적 폭력(pedagogical violence)이 아니라면 벌을 정당화시켜 주는 이론적 근거가 있을 것이다. 여기서는 벌의 윤리학적 근거를 살펴보기로 한다. 일반적으로 벌에 관한 이론은 다음과 같은 세 가지이다.

(1) 응보이론(retributive theory)
(2) 제재이론(deterrent theory) 또는 예방이론(preventive theory)
(3) 교도이론(reformative theory)

응보이론은 칸트의 의무론적 윤리학에 근거한 벌 이론이다. 제재이론과 예방이론은 공리주의에 입각한 이론이다. 이 둘을 따로 떼어서 생각할 수 있지만, 둘 다 공리주의 이론에 근거한다는 점에서 한 데 묶어서 살펴본다. 교도이론은 두 이론의 단점을 보완한 이론이라고 할 수 있다. 교육적 관점을 일차적으로 수용한 벌 이론이라고 할 수 있다. 반드시 엄밀한 구분이라고 할 수는 없지만, 응보이론은 권리이론 중 선택설에, 제재이론과 예방이론은 이익설에, 그리고 교도이론은 자격설에 상응한다.

논리적인 측면에서 보면, 응보이론이 가장 확고한 근거를 가지고 있다. 왜냐하면 '벌'과 '응보' 사이에는 논리적 구속력이 존재한다. 반면에 '제재', '예방', '교도'와 '벌' 사이에는 논리적 관련이 없다. 즉 '벌'에는 반드시 '응보'의 의미가 담겨져 있다는 뜻이다.

응보이론은 벌로 인한 고통은 벌을 받을 행위를 한 사람이 받아야 한다는 이론이다. 즉 범죄를 저질렀기 때문에 벌을 마땅히 받아야 한다는 것이다. 따라서 벌의 초점은 응징에 있으며, 예방이나 제재, 또는 교정이나 재활에 있지 않다. 이러한 이론을 주장한 대표적인 사람은 칸트이다. 그에 따르면, 벌을 예방이나 제재라는 사회복리를 위하여 사용하는 것은 해당 벌을 받는 사람을 사회복리증진이나 사회 안녕이라는 다른 목적을 위한 수단으로 여기는 것이 된다. 사람을 수단이 아닌 목적으로 대해야 한다는 칸트의 유명한 말에 비추어 보면 그 취지를 쉽게 알 수 있다. 마찬가지로, 교정이나 재활도 한 개인을 다른 사람의 의도에 짜 맞추는 목적의 수단이 되는 것이라고 한다. 그러나 행위에 대한 응징이 벌을 가하는 사람의 보복으로 흐를 가능성이 있다. 따라서 보복이론이 될 가능성이 크다.

반면에 제재이론 또는 예방이론은 응징이론이 벌을 받는 사람의 고통만을 증진시킬 뿐이며, 어떤 사회적인 효용성을 창출하지 못한다는 입장에서 출발한다. 앞서 체벌이 대증요법에 불과하여 아무런 효과를 가져오지 못한다는 것과 같은 맥락이다. 따라서 벌은 사회적 효용의 증대를 가져올 수 있도록 제재와 예방에 맞추어져야 한다. 이러한 이론을 주장한 대표적인 사람은 벤담이다. 벤담은 전형적인 공리주의이기도 하지만 법리학자로도 유명하다. 그의 권리설이나 공리주의가 법 이론이나 법리적 관점에서 논의되는 것은 이 때문이다.

칸트와 벤담이 주장한 내용을 정리하면 다음과 같다.

〈표 11-4〉 칸트와 벤담의 벌 이론

	응징(보복)	제재, 예방	교정, 재활
칸트	• 벌로 인하여 추가되는 고통은 고통을 받아야 할 사람에게 주어야 한다. 범죄를 저질렀기 때문에 벌을 받아야 한다.	• 사회복리와 안녕(행복 총량증가)을 위하여 범인을 투옥했다면, 그것은 벌을 준 것이 아니라 타인의 이익을 위하여 그 사람을 이용한 것에 불과하다. 사람을 수단으로 이용한 것이다.	• 한 개인을 그 사람 자신이 아닌 다른 사람의 의도대로 짜 맞춘 것에 불과하다. • 벌은 교정의 목적에 사용되어서는 안 된다(교정의 효과도 없다).
벤담	• 보복, 응징은 고통만 증가시킬 뿐	• 더 큰 악을 제거(고통 감소)할 수 있을 경우에만 벌을 허용해야 한다. 벌은 효용의 증대를 가져오는 그릇된 행위의 예방과 제재를 위하여 허용되어야 한다.	• 벌을 통하여 자신의 그릇된 행위가 교정된다. • '감옥'이라는 명칭 대신에 '교도소'라는 명칭이 합당하다.

〈표 11-4〉에서 알 수 있는 바와 같이, 교정이론은 이론적으로 제재이론과 예방이론에 뿌리를 둔 것이다. 그렇지만 교정이론이 반드시 공리주의 이론에 근거를 둔 것이라고 할 수 없다. 교정이론이란 말 그대로 벌을 통하여 인간의 행동을 '올바르게 고친다'라는 목적을 가진 이론이다. 그래서 '감옥'이라는 용어 대신에 '교도소'라는 말을 사용한다. '교정'이란 사람을 올바르게 한다는 뜻을 지닌다. 벌의 목적이 사람을 올바르게 하

는 데 있다. 그러나 옳다, 올바르다는 것이 반드시 사회적 효용을 증진하지 않을 수도 있다. 옳은 행동이 우리에게 쾌락이나 사회적 효용성을 저하시키는 경우도 있기 때문이다. 따라서 단순하게 보면 교정이론이 반드시 공리주의 윤리학에 근거한 것이라고 할 수도 없다. 이에 대해 발전된 공리주의 이론은 반론을 제기하기도 한다.

이제 각 이론이 지니는 문제점을 살펴보기로 한다. 먼저 칸트의 벌 이론이 지니는 난점을 살펴보자. 첫째, 칸트의 윤리학은 인간존엄성을 핵심으로 한다. 거기서 인간존중(respect for person)의 정신이 나온다. 그렇다면 응징으로 고통을 주면서 죄를 지은 사람을 벌하는 것이 과연 그 사람을 존중하는 것인가? 적어도 외형적으로 보면, 어떤 사람을 벌하는 것이 그 사람을 '하나의 인격으로 존중'하거나 '목적 그 자체로 대우하는 것'이라고 표현할 수 없다. 인격적으로 그를 존중한다고 하면서 어떻게 감옥에 보내고 자유를 박탈할 수 있겠는가?

하지만 이에 대한 반론도 만만치 않다. 인간이면 누구에게나 자신이 지은 죄는 자신이 받을 수밖에 없다. 다른 사람이 받거나 이를 면제할 경우, 이를 도덕적으로 용인할 수 없다. 그렇게 되면 사람들은 죄를 더 많이 짓게 되기 때문이다. 달리 말하자면, 자신이 지은 업(業)에 대한 과보(果報)는 피할 수 없다.

둘째, 이성적으로 자신의 행동에 책임을 질 수 없을 경우, 칸트의 벌 이론은 성립 가능한가? 칸트의 도덕률은 자신의 행위에 대하여 책임을 질 수 있는 이성적 존재에게만 적용된다. 즉 자신의 이성에 따라 무엇을 할 것인가를 자유롭게 결정하는 사람을 전제로 한다. 따라서 자신의 행위를 자유롭게 결정할 수 없거나 행위의 결과에 책임을 질 수 없는 사람에게 적용할 수 없다. 예를 들면, 영·유아, 정신질환자, 동물, 장애인 등이 이에 포함된다.

이 경우에도 반론이 있을 수 있다. 여기서 고려해야 할 사항은 두 가지이다. 하나는 죄의 본질에 대한 판단이다. 다른 하나는 죄를 저지른 사람에 대한 고려이다. 칸트 철학에서는 이 두 가지를 고려하지 못하였다. 즉 죄의 본질을 파악하지 못하고 응징한다는 것은 죄와 벌의 인과관계를 밝히지 못하는 것과 같다. 또한 미성년자와 한정치산자 등 죄를 물을 수 없는 처지에 놓인 사람들이나 어떤 행위가 발생한 상황을 고려해야 한다. 나치 독일 치하에서 레지스탕스의 은신처를 알고 게슈타포에게 거짓말을 하는 것은 거짓말이라는 이유로 처벌받을 수는 없다.

셋째, 아동권리와 관련하여 가장 심각한 문제로 아동은 권리의 소유자, 즉 권리의 주체가 될 수 있는가 하는 문제이다. 앞서 제1장에서 아동의 법적 지위와 연령 준거 등을 살펴본 것은 이 문제와도 관련이 된다.

이어 공리주의의 벌 이론이 지니는 난점을 살펴보자. 첫째, 칸트 윤리학에 기반을 둔 응보이론에 대한 반론으로서 벌을 사회적 효용성 증대에 초점을 맞춘다는 것은 정당화되기 어렵다. 공리주의자들(특히 벤담)에 따르면, 벌은 효용증대에 도움이 되질 않기 때문에 이는 정당화될 수 없다. 따라서 그들은 벌을 고통을 반드시 수반하는 도덕적 죄악이라고 본다. 고통이 따르는 것을 모두 악으로 보는 관점이 성립하는 것은 아니다. 물론 쾌락주의 논의를 면밀하게 분석해 보아야 하지만, 상식적인 견지에서 고통을 수반하지만 사회적 효용성을 증대시키거나 고통이 올바른 결과를 가져오는 경우도 찾아볼 수 있다.

둘째, 응보이론은 결국 벌을 주고자 하는 이의 정서를 반영한 것이라는 반론이다. 이를 응보적 정서이론(retributive emotive theory)이라 한다. 이 이론은 자연주의 윤리설에 입각한 것이다. 응보적 정서이론에 따르면 '벌'은 응보적 정서의 표현 또는 응징하고자 하는 정서가 드러난 것이다. 예를 들어서 "흉악범은 사형에 처해야 한다"는 주장은 이성적인 것이라기보다는 감정이 포함된 것이라고 볼 수 있다. 앞서 우리는 벌은 자의적으로 가해질 수 없음을 확인한 바 있다. 예컨대, "부자는 부패한 인간이다" "사돈 간에 껴안고 춤을 추면 안 된다"라는 주장을 두고 부자를 징벌한다든가, 사돈 간에 친밀하게 지내서는 안 된다는 것은 성립할 수 없다. 이 경우에 개입하는 것이 '도덕적 정서'이다. 공리주의자들은 벌이 감정에 따라 가해져서는 안 된다는 점을 간과하고 있다.

셋째, 공리주의자들이 주장하는 벌의 정당화 논거인 제재가 과연 현실적인 효과를 내고 있는가 문제이다. 제재의 기능을 수행하고 있다고 할 수 있는가. 벌이 제재 효과가 있는지 입증할 수 없다. 게다가 그것을 현실적으로 실험할 수도 없다. 현실적으로 형 집행을 멈추고 제재 효과가 없어지는지를 관찰하는 것은 불가능하다. 게다가 사형제도는 극악범행의 제재 효과가 없다는 것이 입증되었다.

여기서 단체기합의 경우를 살펴보자. 단체기합은 제재와 예방효과가 있어 보이지만, 그것이 벌을 정당화해주지 않는다(Peters, 1966: 396-399). 우선 죄도 없는 개인이 벌을 받는다는 점을 들 수 있고, 아울러 벌을 받는 사람의 개별적인 처지를 일일이 고려하지 못한다는 점도 있다. 이는 개별 이익과 집단 이익을 구분하지 못하는 공리주의 오류를 그대로 범하는 결과이다.

넷째, 예방효과의 경우도 벌의 성격과 그 실효성을 문제 삼을 수 있다. 우선 예방을 위하여 죄를 짓기 전에 벌을 가하는 것이 과연 정당한가. 또한 화학적 거세 또는 약물치료의 경우 예방효과가 있지만, 이는 벌을 받는 사람의 존엄성을 고려하고 있다고 할 수 없다.

다음으로 교도이론의 문제를 살펴보자. 아이러니하게도 교도이론은 근본적으로 비교육적인 측면이 있다(Peters, 1966: 400-402). 벌은 교도보다는 행동의 제재 또는 규칙 준수와 질서 유지에 더 효과적이다. 만약 교도를 위한 것이라면, 벌보다는 상찬(賞讚) 또는 강화가 더욱 효과적이다. 벌은 오히려 소외감이나 적개심만을 조장하여 교육적 효과를 반감시킬 수 있다.

4. 벌의 교육적 고려

이제 아동을 주로 다루는 교육적 벌의 문제를 살펴본다.

먼저 학교 수업 현장에서 가해지는 벌의 근거를 살펴보자(Peters, 1966: 401). 첫째, 수업운영에 지장을 줄 경우이다. 한 아이의 수업태도가 엉망인 경우, 다른 아이의 수업에 지장을 준다면 벌을 가할 근거가 된다. 둘째, 일반적 도덕률을 깼을 경우이다. 아이가 교육상황에서 훔치기, 거짓말, 폭력행사, 약속을 어겼을 경우에 해당한다. 셋째, 학칙위반 및 학교운영에 해를 끼친 경우이다. 교복 미착용, 화단파괴, 수업 무단이탈 등이 여기에 해당한다.

이 세 가지는 모두 학교운영을 위한 제재와 규칙 준수에 초점이 맞추어져 있다. 즉 벌은 공부를 잘 해야 한다든가, 행동을 교정한다든가 하는 데에는 효과가 없다. 또한 벌은 학생의 이익 증진에 기여한다고 볼 수 없다. 즉 벌을 통하여 지식과 이해가 증진되거나 벌이 인격형성에 기여한다고 볼 수 없다. 이 점에서 교도이론이 주장하는 벌은 교육상황에서 별반 도움이 되지 않을 듯하다. 오로지 타인에 대한 피해 예방과 제재에 효과가 있고, 그 점에서만 정당화된다.

이제 벌과 관련하여 교사의 책무를 생각해 보자. 앞서 벌은 자의적으로 행해질 수 없으며 사회적 합의를 바탕으로 한 규칙과 규칙에 의하여 규정된 권위를 지닌 구성원에 의하여 벌의 근거와 내용을 정하고, 벌의 여부를 판단해야 하며, 이를 집행하도록 해야 한다는 것을 지적한 바 있다. 이는 정부기구가 입법, 행정, 사법으로 분리되어 있을 경우에는 벌에 관한 한계와 권한이 분명하다. 그러나 교육상황에서는 그것이 분명하지 않아 교육의 주체인 교사의 입장에서 적지 않은 혼선을 준다.

이미 언급한 바와 같이 교육현장에서 교사는 죄를 판단하고 벌을 정하는 재판관(judge)인가 아니면 벌을 상황에 맞게 집행하는 보호관찰관(probation officer)인가, 즉 집행관인가를 따져 보아야 한다. 적어도 이 두 가지는 교사의 역할이 무엇인가, 교사의 권위와 자율성이 어디까지인가 하는 문제와 관련된다(Peters, 1966: 402). 게다가 벌에 관한 규정을 교사가 관여해야 한다면, 교사는 입법자(legislator)로서 역할도 수행해야 한다. 이 세 가지가 준수되어야 학생 신분으로 교육활동에 참여한 아동의 권리가 벌로 인하여 침해받지 않고 보호받을 수 있다.

벌 규정의 입법자로서 교사는 학교의 제 규칙, 즉 교칙과 거기에 포함된 벌의 제정과 개정에 관여할 수 있다. 이때 교사만이 입법의 주체가 되는 것은 아니다. 설립자를 포함한 학교당국, 교장, 학부모, 경우에 따라서는 지역사회 인사들과 함께 교칙의 발의와 제정에 참여할 수 있다. 다른 입법 주체와 달리 교사는 전문성을 지닌 존재로서 역할을 다 해야 한다. 여기서 언급되는 것이 학교 운영의 민주화 절차이다. 여기서 '민주화'의 의미와 범주를 어떻게 설정할 것인가도 매우 중요한 사안이다. 이 문제는 앞서 제10장에서 소개한 내용과 관련된다. 학교 민주화와 관련하여 가장 큰 쟁점이 되는 문제는 교칙의 제정과 벌에 관한 규정을 만드는 데 있어서 학생들의 참여를 허용할 것인가 하는 문제이다.

학생참여는 여러 측면에서 찬반 논쟁이 있다. 찬성의 논거가 막연하게 학교민주화에 있는 것은 아니다. 교칙과 벌 규정을 적용 당사자가 바로 학생임을 감안하면 학생참여는 상당한 명분을 얻는다. 교칙에는 벌칙 규정만이 아니라 교복, 급식 등 학생 생활과 관련된 사항들도 많을 것이므로 당사자인 학생들의 의견이 반영되는 것은 마땅하다. 하지만 벌의 규정을 범죄자의 의견을 반영하여 정하는 것이 부당하듯이, 학교에서의 벌 규정에 학생 참여를 개방하는 것도 타당하지 않다. 다만 벌의 문제를 넘어서 단위 학교의 교칙을 제정에 학생 참여를 명문화한 규칙 문서로 교육감들이 제안하고 지방의회가 제정한 각 시·도별 '학생인권조례' 문제는 별도의 논의가 필요하다.[20] 그러나 시·도별 학생인권조례가 '학생참여'를 권장하고 일부 보장하고 있기는 하지만, 그 자체도 학생들이 입법에 참여한 결과는 아니다.

교사가 벌의 심판자 역할을 수행할 경우 어느 행위에 벌을 줄 것인가와 함께 벌의 양형을 결정해야 한다. 그때 교사의 자의적인 판단이 작용하는 것이 아니라 앞서 언급한 교칙에 비추어 결정해야 한다. 또한 명문화된 교칙 이외에 사회적 관습과 윤리 등을 고려해야 하며, 경우에 따라서 학부모와 같은 다른 교육 주체의 의견을 반영해야 한다. 여기서 교육전문가로서 교사의 역량이 발휘되어야 한다. 이 경우 교사가 고려해야 할 사항은 일반 사법과 교육상황에서 벌의 차이로서 그 구체적인 내용을 소개하면 다음과 같다(Peters, 1966: 423-425). 첫째, 벌이 내려지는 교육상황은 항상 도덕적 상황이다. 도덕적으로 면죄 불능(strict liability)

20) 경기도 의회가 2010년 최초로 제정한 학생인권조례는 이후 각 시·도 의회에서 제정 및 개정이 이루어지고 있다. 학생인권조례 문제는 차후에 다루기로 한다.

상황은 없다는 점을 인식해야 한다. 둘째, 교육목적을 늘 고려해야 한다. 앞서 언급한 바와 같이, 응징적 벌의 교도 효과는 기대할 수 없다. 벌을 교육적으로 활용하되, 교육 상황에서 벌은 가급적 제한되어야 한다. 셋째, 입법자로서 교사의 입장은 재판장과 집행관 역할과 항상 혼재하기 마련이다. 이 점에서 교사는 상황에 따라 요구되는 자신의 역할이 무엇인지를 늘 인식해야 한다. 넷째, 아동발달의 특수성을 고려해야 한다. 일반 형사와는 달리 교육적 벌은 성장과 발달단계에 있는 아동을 대상으로 한다는 점을 명심해야 한다.

벌의 심판자로서 교사가 고려해야 할 사항으로 다음과 같은 내용을 들 수 있다(Peters, 1966: 413-420). 첫째, 벌의 면제 조건 또는 벌을 집행할 수 없는 경우를 고려해야 한다. 적어도 두 가지를 고려해야 한다. 하나는 그릇된 행동과 벌의 인과관계가 불분명한 경우이다. 이를 명백하게 밝히지 못할 경우 벌을 받는 아동은 심리적으로 억울함을 갖게 될 것이며, 집행되는 벌의 정당성도 확보할 수가 없다. 다른 하나는 벌을 집행할 수 없는 불가피한 경우이다. 대개 그릇된 행동을 한 아동의 입장에서 불가항력인 경우이다. 여기에는 ① 강압이나 협박, ② 의지박약, ③ 영·유아처럼 발달상 능력부족, ④ 정신장애 등이 포함된다.

교사가 벌의 집행자일 경우 벌의 집행에 있어서 신체적, 심리적, 윤리적 사항을 고려해야 한다. 벌을 받는 아이들의 심신 상태를 고려해야 하며, 벌의 가혹성 등도 고려해야 한다. 벌의 내용보다는 벌을 내리는 방법에 더 초점을 맞추어야 한다. 무엇보다도 벌을 통해서 얻어지는 교육적 이익이 무엇인지를 항상 염두에 두어야 한다. 벌의 집행에 있어서도 역시 교육전문가로서 교사의 역량이 발휘되어야 한다.

마지막으로 교사가 벌을 심판하고 집행함에 있어서 유의해야 할 점을 지적하고자 한다. 벌의 면제조건과 관련된 것으로서 책임회피 문제이다. 불가항력의 상황이라는 것은 상황이 결정론적이라는 것을 뜻한다. 그러나 그것이 그릇된 행동을 하지 않거나 회피할 의지와 선택 가능성을 부정하는 것은 아니다. 자신의 비행을 가정 탓, 가정환경 탓으로 돌리거나, 아니면 사회구조 탓으로 돌리는 경우를 경계해야 한다. 그렇지 않으면 그것은 사회병리현상을 야기하고, 궁극적으로는 교육의 실행력이 무력화되는 사태를 가져오게 된다. 결론적으로 부당한 책임회피가 당연히 치러야 할 벌을 면제하는 합리화 논거가 되어서는 안 된다.[21] 특히 부당한 책임회피가 아동의 권리를 보호하고, 증진하는 것이 아님을 교사는 늘 염두에 두어야 한다. 이 역시 교사의 전문성을 요구한다.

참고문헌

강태중·성기선, 2001, 평준화정책과 지적 수월성의 관계에 대한 실증적 연구, KEDI 교육정책포럼 : 한국교육의 현실과 대안(2), 한국교육개발원 교육정책포럼 자료집.

김기석, 1999, 교육역사사회학, 서울: 교육과학사.

김은경, 1999, 체벌의 실태와 영향에 관한 연구, 한국형사정책연구원.

김은경, 2000, 체벌이 자아낙인과 비행에 미치는 영향, 아동권리연구 제4권 1호, 한국아동권리학회.

김정래, 2002, 고교평준화 정책 논쟁과 자립형사립고 도입, 한국교육개발원 편, 2001 한국교육평론, 한국교육개발원.

김정래, 2009, 고혹평준화 해부, 서울: 한국경제연구원.

김정래, 2015, 교화의 교육적 가능성, 교육철학 제56집, 한국교육철학회.

김정래, 2022, 세상을 바꾸는 나, 파주: 교육과학사.

21) 이러한 지적은 피터스의 저작에 잘 나타나 있다. 그 내용을 본서에서 자세하게 소개하지 않으나 관심 있는 독자들은 다음을 참고하기 바란다. Peters(1973)의 제2부 내용은 사회병리현상으로서 책임회피 문제를 심층적으로 다루고 있다.

이석연, 2002, 현 고교평준화제도의 위헌성, 자유기업포럼(미간행물).

이주호, 2002, 고교평준화 정책의 개선 방안, 교육의 질 향상을 위한 고교 평준화 정책 개선 방안, 교육인적자원정책위원회 정책토론회 자료집.

한국개발연구원, 2001, 2011 비전과 과제: 열린 세상, 유연한 경제, 한국개발연구원.

한국교육개발원, 1999, 한국교육개발원 교육여론조사 KEDI POLL 1999, 한국교육개발원.

한국교육개발원, 2000, 경기도 고교입시제도 개선 연구, 한국교육개발원.

Aristotle, 1955, *Ethics,* Thompson, J. A. K. trans., Harmondsworth: Penguin.

Benn, S. I. & Peters, R. S., 1959, *Social Principles and the Democratic State*, London: George Allen and Unwin.

Boaz, D., 1997, *Libertarianism: A Primer*, 강위석 외 역, 2009, 자유주의로의 초대, 서울: 북코리아.

Chamberlin, R., 1989, *Free Children and Democratic Schools*, 김정래 역, 2015, 아동의 자유와 민주주의, 서울: 박영사.

Cohen, B., 1981, *Education and the Individual*, 김정래 역, 2014, 교육과 개인, 교육과학사.

Hart, H. A. L., 1973, *Punishment & Responsibility*, Oxford: Oxford University Press.

Hayek F. A., 1980, *Law, Legislation and Liberty*, 민경국 역, 2007, 하이에크, 자유의 길, 파주: 한울.

Hayek, F. A., 1988, *The Fatal Conceit: Errors of Socialism*, 신중섭 역, 2004, 치명적 자만, 서울: 자유기업원.

Hohfeld, W. N, 1919, *Fundamental Legal Conceptions as Applied in Judicial Reasoning*, New Haven: Princeton Univ. Press.

Jones, P., 1990, *Rights*, London: Macmillan.

Peters, R. S., 1966, *Ethics and Education*, London: George Allen and Unwin.

Peters, R. S., 1973, *Authority, Responsibility and Education*, 김정래 역, 2021, 권위, 책임, 교육, 서울: 학지사.

Snook, I. A., 1972, *Indoctrination and Education*, London: Routledge and

Kegan Paul.

White, J., 1974, *Towards a Compulsory Curriculum*, London: Routledge and Kegan Paul.

White, J., 1982, *The Aims of Education Restated*, London: Routledge and Kegan Paul.

White, J., 1990, *Education and the Good Life*, London: Kogan Page.

White, P., 1971, Education, Democracy and the Public Interest, in: Peters, R. S. ed., 1973, *Philosophy of Education*, Oxford: Oxford University Press.

White, P., 1983, *Beyond Domination*, London: Routledge and Kegan Paul.

Wringe, C. A., 1981, *Children's Rights*, London: Poutledge and Kegan Paul.

12

아동권리와 복지정책

우리는 이미 『증보 아동권리향연』의 제6장에서 복지의 개념을 살펴본 바 있다. 생존적 필요와 관련된 복지권은 보편적 권리로서 정당화된다는 점을 논의하였다. 그러나 복지권을 실현하는 정책의 측면에서 그것이 권리의 보편성을 증진하는가는 의문이 남는다. 그 이유는 복지권이 제5장에서 살펴본 적극적 권리라는 점에서 복지권의 과도한 주장은 개인의 자유와 권리를 근원적으로 훼손시키는 아이러니를 가져오기 때문이다. 또 복지권은 국가가 주도하는 복지정책에 의하여 실현되어 강제성을 지니기 때문이다. 이 장에서는 아동권리의 측면에서 복지정책의 실상과 문제점을 검토해 보기로 한다.

현대 사회 복지정책이 사회정의 이념 아래 시행된다는 점을 염두에 두고 세 가지 문제를 살펴보기로 한다. 먼저 공공성을 내세운 사회정의의 인식이 야기하는 권리 침해문제를 살펴본다. 둘째, 사회 정의 명분 아래 평형을 유지하기 위한 평등정책의 문제로서 교정적 평등 문제를 살펴본다. 본서 제6장과 제7장에서 다룬 롤스의 정의 이론을 중심으로 논의한다. 셋째, 복지정책의 문제를 검토한다. 특히 무상학교급식 정책 전면실시 문제를 중심으로 검토하고자 한다.

Ⅰ. 사회정의의 인식

1. 공과 사

복지의 개념이 필요를 근거로 한다는 점에서 복지정책은 공적 영역의 문제이다. 현대사회에서 공적 영역은 더욱 확대되어 가고, 이에 비례하여 국가의 역할과 권한이 비대해진다. 이에 따라 개인의 권리를 향유하고 행사하는 사적 영역은 위축되거나 과소평가되기도 하며, 심지어 개인의 자유와 권리가 침해당하기도 한다. 이러한 현상은 현대 사회가 복잡해지고 고도로 발달한 데 따른 필연적 현상으로만 볼 수는 없다. 그 이유는 다른 데서 찾을 수 있다. 왜냐하면 우리는 은연중에 공공 의식을 과도하게 높게 평가하기 때문이다. 또 우리의 의식 이면에는 공과 사를 구분하면서 한 쪽은 선하고 다른 한 쪽은 악하다는 인식이 퍼져 있기 때문이다.

이 논점을 보다 공고히 하기 위하여 '공(公)'과 '사(私)'의 개념을 좀 더 자세히 살펴본다.[1] 이를 통하여 공적 차원의 사회정의를 우선시하는 인식 문제를 짚어보기로 한다.

우선 '공'과 '사'의 대립된 양상이 크게 두 가지로 나타난다는 점을 지적하지 않을 수 없다. 하나는 '공'과 '사'의 구분을 재산관계에 초점을 맞추어 생각하는 경우이다. 다른 하나는 '공'과 '사'의 문제를 재산관계를 떠난 문제로 보는 경우이다. 전자가 일차적으로 정치-경제적 관심사라

---

1) 이 소절의 이하 내용은 김정래(2012) 115-118쪽의 내용을 정리한 것임. 앞서 본서 제3장 제2절에서 '공'과 '사'의 의미를 권리의 보편성과 특수성의 측면에서 언급한 바 있다. 양자의 논의에서 공통점은 사적 영역을 폄하하여 부당하게 공적 영역으로 치환시킨다는 점이다.

면, 후자는 존재론적, 인식론적, 사회문화적 관심사이다. 이 경우 후자는 '공(公)'이 '공(共)'의 의미가 더 가깝다고 할 수 있다. 먼저 전자에 초점을 맞추어 본다.

일상적으로 '공과 사를 구분해야 한다.'는 말을 자주 한다. 지극히 당연하게 들리는 이 말에는 정책 결정을 아주 그릇된 곳으로 몰고 갈 수 있는 크나큰 함정이 도사리고 있다. 물론 '공(公)'과 '사(私)'는 엄격히 구분해야 한다. 친목회 총무가 회원들로부터 거두어들인 회비를 몰래 개인적인 목적으로 사용한다든지, 고위 공무원과 그 배우자가 공적 자금을 사적으로 유용해서는 안 된다. 그러나 '공'과 '사'의 엄격한 구분이 우리들로 하여금 은연중에 공-사의 이분법을 선-악 또는 옳음[正]-그름[邪]의 이분법으로 잘못 전이시키는 데 문제의 심각성이 있다. 그러면 '공'과 '사'의 개념이 어떻게 성립되었는가를 보고 과도하게 파악된 공(公) 개념이 가져다주는 폐해를 살펴보겠다.

우선 '공공(公共)'이라고 할 때, '共'은 '나누어갖는다'의 의미를 지닌다. 이 글자는 이 글자에 포함된 '공산주의'를 지지하는 자들에게는 매우 중요한 글자일지 모르지만, 원천적으로 개인의 소유권이나 사유재산권과는 상반되는 개념이므로 곧 개인의 기본권을 침해하는 논거를 제공한다. 여기서 '기본권'이란 개인의 자유, 재산, 생명에 관한 권리를 가리킨다. 반면에 관심사인 '公'은 '공평하다', '공정하다'라는 의미로 쓰인다. 반면에 '私'에서 나온 '사사(私事)롭다'는 말이 간혹 '공정하지 못하다', '공평하지 못하다'라는 의미로 사용된다. 그래서 '邪'라는 의미로 부당하게 치환된다. 실제로 적지 않은 윤리학자들이 '이기적인 것'과 '사적인 것'을 비도덕적인 것, 즉 사악(邪惡)한 것으로 전제하거나 간주한다. 사적 욕망을 비도덕적인 것으로 본 칸트 윤리학이 대표적인 경우이고,

이를 토대로 한 롤스의 사회정의론, 그리고 샌들을 비롯한 공동체주의자들이 '私'의 의미를 비도덕적인 것으로 보는 경향이 있다.

사회 분위기가 이렇게 전개되는 상황이라면, 사유재산을 가장 중시하는 자유민주주의와 시장경제를 신봉하는 이들조차도 이러한 이분법에 근거한 '공개념'을 들이대면 자신의 논리 전개가 어렵다는 점을 느낄 수밖에 없다. 이들이 '토지공개념'과 같은 정책은 부당함을 알면서도, 대중을 향한 설득을 제대로 하지 못하는 것은 '私'에 대한 '公'의 우월성을 수용하는 사회분위기를 명백하게 반박하지 못하기 때문이다. 그래서 '공'과 '사'의 의미를 철저히 파헤쳐 볼 필요가 있다. 이를 위하여 '公'과 '私'의 파자(破字)를 해보기로 한다.

우리가 흔히 '公私' 또는 '公'과 '私'라고 하지만, 글자의 발생순서로 보면 '私'가 앞선다. '禾'와 '厶'로 구성된 '私'는 '厶'에서 발전한 글자이다. 여기서 '厶'는 '마늘 모(厶)' 자가 아니다. 발음 그대로 '사'이다. 자전(字典)을 찾아보면, '厶'가 '私'의 고자(古字)임을 쉽게 확인할 수 있다. '厶' 글자는 입 구(口)자의 변형으로서 '사사롭다'는 의미를 가지며, 결과적으로 사적인 재산을 상징하는 말이다. 여기에다가 재산을 함의하는 '벼 화(禾)' 자가 첨가되어 오늘날 사용하는 글자가 된다.

한편 '公'은 '八' 자와 '厶' 자의 결합이다. 여기서 사용된 여덟 '八'자는 '좌우로 가르는 모양을 가리키는' 지사(指事) 글자이다. 즉 '公' 자는 '厶'를 '가르고 나누는 일'을 의미하는 글자이다. 그러니까 '公' 자는 사유재산을 나누는 일을 뜻한다. 오늘날의 의미로 보면 분배를 가리킨다. 더 나아가서 '公'의 의미는 '배사(背厶)'라는 데 문제가 있다. 여기서 '背'는 '등지다'는 의미이므로 '背厶'라는 뜻을 가진 '公'은 '사적인 것을 등지다'는 뜻을 지닌다. 사적인 것을 배척하고, '공평하게 갈라먹는다'는 의미가 '公'이 가진 뜻이다. 사적 재산을 철저히 배척한다는 뜻이므로 결국 개인의 자유와 권리를 근원적으로 침해한다는 뜻을 담고 있다.

결과적으로 '私'의 의미는 나누기 이전의 상태, 이를테면 디폴트 스테이트(default state)를 지칭하며, '公'의 의미는 강제로 사적인 재산을 나누는 인위적 상태 또는 행위를 지칭한다. '公'의 의미가 '私'를 단순히 사사로운 것으로만 보는 데 그치지 않고 사악한 것으로 잘못 발전하게 된 데에는 국가나 권력 기관이 '분배'를 행할 때, 흔히 '정의(正義)'라는 말을 원용하기 때문이다. 그러나 하이에크가 정확하게 설파하고 있는 바와 같이, '사회정의(social justice)'라는 말 자체가 신기루(mirage)이다. 사회정의에 포함된 '公' 개념은 늘 실체 없는 신기루이거나 치명적 사기(fatal pretence)일 뿐이다. 여기서 '신기루'라고 하는 것은 원래 사적 영역의 문제를 공적인 것으로 부당하게 치환해 버린 결과 실체 없는 허상이 되어버렸다는 의미이다.

다른 측면에서, '정의' 또는 '사회정의'는 원래 사적인 영역의 문제였다가 공적 영역으로 치환된 문제이다. 이미 제7장에서 살펴본 바 있듯이, 실제로 정의는 개인 차원에서 논의되는 덕(virtue)의 문제였다. '정의(justice)'를 의미하는 희랍어 '디카이오수네(*dikaiosyne*)'는 '길(path)'을 의미하는 희랍어 *dike*에서 비롯되어 나온 말 *dikaios*의 명사형이다. 달리 말하자면, 희랍어가 지칭하는 뜻은 각자 자기의 위치에서 일을 온당하게 추진하는 것이다. 여기에 개인과 개인과의 관계가 사적 요소에 추가되었을 뿐, 어디에도 인위적으로 분배하거나 개입한다는 의미를 찾아볼 수 없다. 이 점에서 정의 문제를 공적으로 치환하는 것은 신기루이다.

사회정의를 비롯하여 각종 정책 수단에 '公' 개념이 포함된 것은 여러 가지 이유를 꼽을 수 있다. 근대성의 발현과 함께, 합리주의와 실증주의의 결합에 따른 '구성주의적 합리주의', 효용 극대화 문제를 공적인 영역으로 치환해버린 19세기 공리주의, 근대국가 형성에 따른 관료주의 등이 그것이다. 이러한 역사적 전개과정의 이면에 깔린 공통적인 특징은 바로 '公' 개념이 인위적 개입과 조작을 전제로 한다는 점이다.

결론적으로 공 개념을 앞세워서 '정의' 또는 '복지'에만 초점을 맞추면 그것이 결과적으로 개인의 자유와 권리를 침해하는 부당한 논거가 된다.

2. 공익 추구의 맹점

이상에서 '공(公)'이 선이고 '사(私)'가 악이라는 구분법이 허구임을 확인하였다. 그렇다면 공익의 명분 아래 시행되는 복지정책이나 공익을 추구한다는 사회정의가 과연 권리의 측면에서 타당한가를 살펴보기로 한다. 여기서는 복지정책 등에서 내세우는 '공익'이 지니는 맹점을 살펴본다.[2)]

현대 사회에서 '공익(public interest)'을 내세우는 삶은 한 순간에 이타적 삶으로 둔갑한다. 또 그 순간 선(善)이 된다. 그렇게 된다면 정치, 사회복지, 교직에 몸담고 있는 분들이 공익을 내세우면서 진정 자신의 삶을 희생해야 하는지, 이면에 '저속한 사익(私益) 챙기기'는 없는지 의구심이 든다. 득표에 눈이 먼 정치인들은 요즈음 유행하는 기본소득, 무상보육, 무상의료에다가 '탈모 치료 지원'에 이르는 황당한 인기영합 정책들이 공익을 위한 것이라는 궤변을 늘어놓는다.[3)] 자신들의 호주머니에

2) 이 소절은 김정래(2012) 107-113쪽의 내용을 정리한 것임.

서 돈이 나가지 않는데다가 공익을 내세우기만 하면 자신들의 득표 전략에 최적이기 때문이다. 이 전략은 천박한 이기심(vulgar egoism)을 공익으로 포장한 꼼수에 불과하다.

이 같은 술수에 속지 않으려면 '공공이익(公共利益)' 또는 '공익'이 무엇을 가리키는지부터 살펴보아야 한다. 대중의 인기나 지지를 얻어내는 대부분의 전략이 그러하듯이, 대중인기영합에 '공익'만큼 써먹기 좋은 말도 없기 때문에 공익에 감춰진 의도를 파헤쳐야 한다.

'공익'은 '공공관심(public concern)' 또는 '공공관심사(public affairs)'의 의미도 갖는다. 신문이나 뉴스를 통하여 흔히 접하는 범죄, 사건, 사고는 모두 공공관심사이다. 시의성 있는 사건 사고 이외에 역사적 사실도 공공관심사이다. 조선의궤반환은 '반환'이라는 시의성 있는 사건인 동시에 100여 년 전 발생한 역사적 사실이다. 각종 기념일도 공공관심사이다. 이처럼 공공관심사는 우리의 이목을 집중시키는 심리적 흡인력을 갖는다. 그러나 공공관심사가 단순히 호기심 충족을 위한 의미만 담고 있지 않다. 정부당국이나 국회에서 어떤 법령이 제정, 개정되는 것에 관심을 갖는 것은 심리적 호기심의 차원을 떠나 우리의 삶에 '직·간접적 영향'을 미치기 때문이기도 하다.

'직·간접적 영향을 미치는 공공관심사'는 단순히 심리적 관심을 모으

---

3) 선거 때만 되면 입후보한 정치지망생들은 '대한민국을 위하여', '지역사회 발전을 위하여' 출마했다고 입이 마르도록 자신을 홍보한다. 심지어는 '국가와 민족, 국민들을 위하여 목숨을 바치겠다'고도 한다. 선거철뿐만 아니라 평상시에도 정치가들은 자신의 이익을 내팽개치고 공익을 위하여 헌신한다고 상투적인 말을 한다. 자신을 희생하고 국가와 민족, 지역사회를 위한다고 하는 부류는 정치가들에게 국한되지 않는다. 공무원, 사회복지종사자, 그리고 교육에 몸담고 있는 사람들도 그렇게 생각한다. 그러나 자신의 이익을 뒤로 하고 전적으로 공익(公益)을 위해서 살아간다고 하는 것은 위선인 경우가 많다.

는 데 그치는 것이 아니라 당사자의 이익을 좌지우지한다. 오래 전 일반의약품의 슈퍼마켓 판매 허용 문제는 우리 삶에 직·간접적 영향을 미치는 공공관심사로서 당사자인 약사들과 제약사들의 이익이 미묘하게 얽힌 사안이었다. 약사들의 입장에서는 슈퍼마켓에 판매하는 일반의약품만큼 수입이 감소하지만, 제약회사 입장에서 일반소비자가 손쉽게 약을 구입하게 되면 그만큼 매출이 증가할 소지가 많다. 그러나 대부분의 제약회사가 상비약만 생산하는 것이 아니어서 약사들의 '눈 밖에 나면' 나머지 값이 비싼 약 판매에 지장을 초래하는 등 여러 가지 변수들이 작용한다. 여기에다가 처방전을 내는 의사들의 입장까지 고려하면 문제가 여간 복잡한 게 아니다. 이 문제만 보더라도 일반 국민의 편의라는 '공익'은 명분에 불과하고, 궁극적으로 문제의 핵심은 약사, 제약회사, 의사의 경우처럼 당사자들의 사익 추구로 귀결된다.

이렇게 '공익'의 이면에 '사익(private interest)'이 숨어 있다. 왜 그런지는 '이익'의 의미를 분석하면 쉽게 이해할 수 있다. '이익'에 해당하는 영어 'interest'는 서술적 의미(summative sense)와 규범적 의미(normative sense)를 가지고 있다. 서술적 의미는 'be interested in'에서 알 수 있는 것처럼, '흥미', '관심', '집중' 등을 지칭한다. 반면에 규범적 의미는 'in one's interest'에서 알 수 있는 것처럼 '이익', '득이 된다'는 뜻을 가진다. 그렇기는 하지만, 이 두 가지 의미가 상호 동떨어진 것은 아니다. 우리는 '이익'이 되는 것에 '흥미'와 '관심'을 갖게 되고, 또한 온전하게 관심과 집중을 기울이면 궁극적으로 이익이 되는 경우를 보게 된다. 결과적으로 '관심(concern)'과 '이익(interest)'은 동의어는 아니지만, 서로 뗄 수 없는 연관성을 갖는다. 한 마디로, '관심'은 '이익'과 '흥미'를 매개한다.

이 맥락에서, '공익 이면에 사익이 숨어 있다'는 말은 이제까지와는 반대로 '사익 추구가 궁극적으로 공익에 기여한다'는 뜻이 된다. 관건은 개개인의 사익 추구에 있다. 그러나 개인의 이익 추구가 공익에 기여한다고 하면, 누구나 선뜻 수긍하지 않을 것이다. 따라서 다른 각도에서 문제를 더 살펴볼 필요가 있다.

'공익'은 '공공이익'의 준말이기 때문에 '공공(公共)' 중에서 '공(共)'의 의미도 새겨보아야 한다. 이때 공익은 'common interest'의 뜻을 갖는다. 그리고 'common'은 '개개인의 집합'을 전제하기 때문에, '공익'은 '집단이익(group interest)'의 의미를 갖는다. '이익단체(interest group)'와 '압력단체(pressure group)'는 이 경우에 생겨난 말이다. 따라서 '공익'은 그 이면에 개개인의 사익 추구를 위한 것이라는 뜻도 성립하지만, 특정 집단의 사람들을 위한 이익을 추구할 때 사용되는 말이기도 하다.

공익이 '특정 부류의 사람들의 이익 추구'에 봉사하는 것이라는 입장에 동의하지 않을 수도 있다. 공익이 특정부류의 이익이 아니라 전체 이익을 추구한다는 입장을 가지고 항변할 수 있다. 이러한 주장은 이른바 시민단체의 설립동기가 된다. 이익단체와 압력단체는 특정 부류의 이익 추구에 초점이 맞추어진 반면, 시민단체는 편파적이지 않은 시민들 또는 사회의 전체이익에 관심을 집중한다는 것이다. 이때 결정적 차이는 '이익'이 아니라 '공평무사'에 있다. 즉 '공익'은 사익이 배제된 공공 관심사라는 것이다. 이를 나타내는 말이 영어 'disinterested'이다. 실지로 이 말은 특정 부류 간의 이익갈등, 이해관계를 해소하거나 초월한다는 의미를 갖는다.

이제까지 분석을 통하여 얻을 수 있는 결론은 '공익'이라는 말이 일반

대중에게 설득력을 가지려면 한 개인의 이익, 특정 부류의 이익을 한 순간 해소하거나 초월하여 '공평무사한' 입장을 견지해야 한다는 것이다. 한 마디로 모든 이의 이익을 위한 것이어야 한다. 그러나 공익이 '한 개인 또는 특정 부류의 이익을 넘어서 모든 이의 이익'을 지칭한다는 점을 인정한다 해도 그것이 무엇을 의미하는지 불분명하여 왜곡되기도 한다.

세 가지 경우를 분석해 보자. 첫째, 개인을 초월하여 '모든 이의 이익'이 되는 경우가 있는가 하는 점이다. 이에 해당하는 논거로 루소의 일반의지(General Will)를 들기도 한다. 일반의지는 사회 전체 이익 증진에 초점을 맞춘 결과로 그 집단에 속한 특정 개인의 이익을 초월한 것이다. 결론적으로 이러한 이익은 존재할 수 없다. 루소의 일반의지는 '모든 이의 이익'을 위한 것이 아니라 추상화된 '전체이익'을 위한 지칭이다. 그렇기 때문에 그의 일반의지는 '공익'의 이름으로 자행될 가능성을 낳는다. 그 결과 공익 추구를 명분으로 부도덕한 제도나 정책들이 나타난다. '모든 이들의 이익'을 위한 것은 아니지만 '공익'을 위해 만들어놓은 노예제도나 공창(公娼)제도는 도덕적으로 수용하기 어려운 것들이다. 따라서 일반의지로 설명되는 '공공이익'이 설득력을 가지려면 역으로 그 사회에 속한 개인의 이익 증진에 기여한다는 점을 드러내야 한다.

둘째, 일반 형법이나 공공정책 등에서 규율하는 공공이익을 살펴볼 필요가 있다. 상해, 살인, 절도 등에 대한 형벌은 공익을 위한 것으로 알려져 있지만, 궁극적으로는 해당 개인의 생명, 자유, 재산을 보호하기 위한 것이다. 이 점에서 공익은 '사익의 외부효과'에 불과하다.

셋째, '모든 이들의 이익'이 되는 경우를 어떻게 도출할 수 있는가 하는 점이다. '모든 이의 이익'이 아니라 '전체이익을 위한다'는 루소의 일반의지를 인정한다고 하더라도 이를 어떻게 도출할 수 있는가 하는 문제가 여전히 남는다. 결국 동의(consent)의 문제로 귀결되고, 이는 다시 '다수의지'에 종속되는 문제가 된다. 그러나 이와 같이 '공익'을 주장하려면 본서 제10장에서 지적한 다수결에 따른 대중민주주의의 폐해와 같은 '다수 의사가 소수 의사보다 선하다'는 오류를 막을 방안을 마련해야 한다. 그렇지 않으면 포퓰리즘에 빠지거나 소수 권력자에게 악용될 소지가 있다.

공익이 신기루(mirage)이기 때문에 '한 개인 또는 특정 부류의 이익을 넘어서 모든 이의 이익'을 지칭하는 공익의 의미는 성립하기 어렵다. '공익' 뿐만 아니라 '사회정의'처럼 대부분의 집합적 수식어가 붙은 말들은 실체를 확인할 수 없는 '신기루'들이다. 공익은 개인적 덕목으로서 역할을 할 경우에만 유효하다. 고대 희랍사회처럼 개개인을 비교적 동등하게 대우하는 조그마한 공동체 안에서는 공익이 사익과 밀접하게 연결된다. 그러나 오늘날과 같은 복잡한 사회상에 비추어 공익은 사익을 초월하고 규율하는 '무엇'이 아니라 사익을 침범하는 실체 없는 신기루에 불과하다. '이익'은 늘 개인의 입장, 즉 '각자의 입장'에서 고려되고 추구되는 것이다. 병역 의무는 '부모 형제 나를 믿고 단잠을 이룬다'는 사익을 떠나 수행되지 않는다. 납세도 사업자, 봉급생활자, 그리고 가정주부 입장을 떠난 공익을 위한 것이 아니다. 즉 납세는 국가가 개개인의 자유로운 경제활동을 보장하는 질서를 구축해달라는 요구가 반영된 자발적 의무이다. 따라서 개인의 입장을 초월한 공익은 존재하지 않는다.

그렇다고 공익이 신기루처럼 비현실적인 것이라고 무조건 일축할 수는 없다. 그 이유는 개인이 국가와 사회보다 앞선다는 주장이 국가와 사회가 무용(無用)하다는 주장이 아니기 때문이다. 공익이 명분을 갖게 되는 것은 두 가지 경우뿐이다. 첫째, 개인의 생명, 자유, 재산을 보호할 수 있을 때, 공익이 정당화된다. 둘째, 시장의 기능으로 해결할 수 없는 경우 공익이 정당화된다. 흔히 언급되는 공공재나 공공 서비스의 경우가 이에 해당한다. 물론 철저한 시장주의자들은 이마저도 부정하지만, 국방, 치안 등과 같은 경우가 공공이익의 이름으로 정당화될 수 있다. 그러나 이 경우도 궁극적으로는 개인의 생명, 자유, 재산을 보호하기 위한 경우로 귀착된다. 결론적으로, '공익'을 명분으로 하여 개인의 천부적인 자유와 권리를 훼손해서는 안 된다.

이제 남은 과제는 우리 사회에서 공익을 핑계로 천박한 사익을 챙기는 이들의 행태를 검토하고 이를 시정하는 일이다. 공공이익을 남발하는 행위나 정책은 곧 개인의 자유와 권리를 왜곡하고, 축소하게 되며 궁극에 가서는 말살하게 된다. 심지어는 전체주의 노예사회로 우리를 몰고 갈 수 있다. 공익 추구의 맹점을 항상 유념해야 하는 이유는 여기에 있다.

3. 평형 상태

제7장에서 이미 '정의' 또는 '사회정의'는 원래 사적인 영역의 문제였다가 공적 영역으로 치환된 개념[4)]이라는 점을 지적하였다. 그 결과 사회정의 문제가 공공의 개념으로 인식되었다. 사회정의의 이면에 깔린 공통적 특징인 '公' 개념은 인위적 개입과 조작을 전제로 한다. 그리고 '공공'의 개념 안에 '형평'이라는 관념이 자리잡고 있다. 따라서 사회정의 문제를 논의하기에 앞서 '형평(衡平, equity)'의 개념을 분석해 볼 필요가 있다. '衡'과 '平'의 파자(破字)를 보면, '형평'에는 인위적으로 개입하여 조

4) 이를 하이에크는 'atavism'이라고 칭한 바 있다. 즉 사적 영역의 문제를 공적으로 그릇되게 치환해 버렸으니 신기루일 수밖에 없는 셈이다. Hayek(1976) 참조.

작한다는 의미가 담겨 있다. 이에 관한 내용은 조금 길지만, 그대로 인용하기로 한다.

> '형평(衡平)'과 '평형(平衡)'은 모두 '둘 이상의 사물이나 대상이 균형을 이루어 평등한 상태'를 뜻한다. 여기서 '형(衡)'과 '평(平)' 두 글자는 똑같은 의미로 쓰이고 있으므로 평화(平和), 통일(統一), 상호(相互)의 예(例)처럼 앞뒤 순서를 바꾸어도 아무런 문제가 없다.
>
> 衡(형)의 원래 모양은, 소전(小篆)의 자형에서 볼 수 있는 것처럼, '보따리를 머리에 이고 서 있는 사람'의 상형이었다. 지금 마치 魚(고기 어)에서 꼬리[灬]를 제외한 몸체처럼 보이는 가운데 윗부분은 '아가리가 질끈 동여매어진 보따리'가 변한 상태이고, 그 아래 大(대)는 그 '보따리를 이고 균형을 잡은 채 두 팔을 벌리고 선 사람'의 형상이다. 이 글자의 좌우에 벌려진 行[항: 네 가리의 상형]은 뒷날 추가된 것으로, 이 사람이 서 있는 위치를 나타내면서 발음부호 역할까지 하고 있다.
>
> 衡(형)은 머리에 커다란 보퉁이를 이고 손으로 붙잡지 않고도 길을 재빠르게 걸어가는 신기(?)를 가진 왕년의 우리나라 아낙네들을 연상케 하는 글자이다.
>
> 平(평)에는 두 가지 해석이 있다. 하나는 저울의 한 종류인 '천평칭(天平秤)'의 상형이라는 설이다. 다른 하나는 '저울대'의 상형인 一[一(한 일)이 아님] 아래에 발음부호인 釆[변: '짐승 발자국'의 상형]을 더하여 본뜻을 '저울'로 한 형성자의 변형이라는 설이다. 둘 다 저울과 관계가 있으므로 당연히 '평평하다' '높낮이가 없다'는 뜻을 가지게 되었다. (김언종, 2001: 1019-1020)

형평을 위한다는 정의 문제는 인위적 개입을 요구한다는 것은 이 글자의 생성 단계에서부터 확인할 수 있다.

문제는 형평을 공정성으로 치환하면서 분배 문제만을 유독 강조하는 상황에서 끊기 쉽지 않은 악순환 고리가 발생한다는 점이다. 분배의 문제를 강조하다 보면, 자유의 개념적 특성인 '선택'이 제약을 받게 된다. 개인의 능력과 공과보다는 '필요'에 천착하는 상황이 발생한다. 이러한 상황에서 분배를 주관하는 권력 기관은 필요 이상으로 비대해진다.

공적 영역이 커지면 커질수록 '형평'의 어의에서 알 수 있듯이 사적인 영역에 대한 간섭을 불러오고 이는 다시 공적 영역의 확장을 불러온다. 그리고 공적 영역의 비대한 확장은 선택의 제약을 불러온다. 그 과정을 간단하게 나타내면 다음과 같다.

① 개인의 선택 제약 → 국가 권력에 의한 개인의 자유 침해
② 국가 권력의 비대 → 큰 정부 초래 → 개인의 사적 영역 축소
③ 사적 영역 축소 → 개인의 선택할 자유 제한

그 결과 ① → ② → ③ → ①의 악순환이 이어진다. 본서 제9장에서 검토한 바와 같이, 선택은 자유의 핵심이다. 선택의 제약이라는 것은 곧 개인의 자유와 권리의 왜곡, 축소, 말살로 이어질 가능성을 말한다.

Ⅱ. 평등의 원리와 분배 정의

제7장에서 정의문제와 권리가 불가분의 관계임을 전제로 하여 정의문제를 살펴본 바 있다. 정의 문제가 사회적 차원에서 가장 쟁점이 되는 주제가 분배이다. 특히 재화의 분배를 권리와 관련시켜 본다면, 가장 부각되는 것이 경제적 권리에 관한 문제이다. 이 경우 가장 핵심이 되는 개념이 '평등'이다. 그리고 제7장 제2절에서 롤스의 이론이 교정적 평등을 강제할 가능성이 있음을 살펴보았다. 이 절에서는 경제적 평등과 복지

문제를 다뤄 보기로 한다[5].

1. 평등의 의미

개인의 자유와 권리가 상당 부분 왜곡되는 이유 중 하나가 그릇된 평등관 때문이다. 이 평등관은 각종 권리문서에서 볼 수 있는 '모든 인간은 평등하다'는 언명 내지는 슬로건에 기인한다. 그러나 인간은 불평등하다. 실제로 인간은 신장, 체중, 지능, 재산, 능력 등 여러 가지 측면에서 동일하지 않기 때문이다. 거꾸로 인간이 평등하다고 주장하는 것은 사실적인 제 조건이 불평등하기 때문에 평등해져야 한다는 규범에 기인한다. 따라서 평등은 사실적 차원에서 참이 아니라, 인간은 평등하게 대우받아야 한다는 당위 차원에서 수용되어야 할 개념이다.

그럼에도 불구하고, 인간이 평등한 대우를 받아야 한다는 평등의 순기능은 두 가지가 있다. 하나는 인간존엄성(human dignity) 차원에서의 평등이다. 보편적 가치를 모든 개인에게 똑같이 부여해야 한다는 관점으로 보통선거권의 부여가 여기에 해당한다. 다른 하나는 정치적 권력분산을 통해 권력집중을 막음으로써 평등이 주권재민의 이념에 기여하는 사회통제 원리로서의 평등이다. 하지만 평등은 이러한 순기능에도 불구하고, 엉뚱한 정치적 주장이나 정책적으로 여러 가지 부작용과 폐해를 낳는다.

그러면 공정하게 대우해야 한다는 분배 정의의 원리로 작용하는 '평등'의 의미를 먼저 살펴보기로 한다.

첫째, 동일성과 공정성의 원리이다. 평등의 속성으로 동일성(sameness)과 공정성(fairness)이 있다. 동일성은 인간을 동일하게 취급해야 한다는

5) 이 절의 내용은 김정래(2013) 141-178쪽의 내용을 토대로 재구성한 것임.

주장의 근거로서 규범적 측면에서 똑같이 취급해야 한다는 주장을 대변한다. 칸트의 정언명령에서 도출되는 보편성 원리가 이에 해당한다. 반면 공정성은 동일성의 단점과 한계를 극복하기 위한 개념이다. 다르기 때문에 다르게 취급하지만, 다르게 취급할 근거를 제공하는 것이 공정성이다. 공정성의 이러한 개념적 속성은 '차이(difference)'와 '차별(discrimination)'이 당연히 구분해야 하는 근거를 제공한다.

둘째, 차이와 차별을 고려해야 한다. 동일성과 공정성은 모두 분배 정의의 원리로 작용하지만, 인간이기에 똑같이 대해야 한다는 것에 집착하면 그 어떤 것도 더 이상 실천적 지침을 제공해 주지 않는다. 이에 대한 해결책은 다른 점이 있으면 달리 대해야 한다는 차별적 의미에서 평등을 이해하는 것이다. 여기서 '다른 점'은 차이이고, '달리 대해야 하는 것'은 차별이다. 따라서 평등은 다른 점이 없다면 동등하게 대하고, 다른 점이 있다면 차이에 비추어 차별해야 한다는 실천적 원리를 존중해야 한다.

셋째, 기회균등을 고려해야 한다. 평등의 의미는 기회 균등에 있다. 그럼에도 불구하고 결과가 동일해야 한다는 주장이 대두된다. 평등의 핵심 개념인 기회균등은 최소 기회균등, 전형적 기회균등, 급진적 기회균등으로 나뉜다. 최소 기회균등은 법률이나 권리문헌에서 선언적 의미의 기회균등이고, 전형적 기회균등은 개인의 장점과 공과에 따라 성패가 나오도록 기회를 부여하는 것으로 자유주의자들이 지지하는 기회균등이다. 이 두 가지는 개인의 선택과 무관한 결정론적 요소가 개입되어서는 안 된다는 원리를 강조한다. 반면에 급진적 기회균등은 동등한 결과가 나오도록 해야 한다는 원리이다. 1960년 미국의 민주당 정부가 채택한 '차별철폐정책(Affirmative Action)'이 이에 해당한다. 이 원리는 능력에 상관없이 인종, 성 등에 따라 일정한 비율 이상의 기회를 제공해야 한다는 것을 포함한다. 하지만 이는 평등의 원리라기보다는 모종의 조치를 가해야 하는 강제적 교정 원리이다. 좌파 논객들은 기회균등이라는 말 자체를 선호하지 않으면서도 이 원리를 지지하기 위하여 '급진적 기회 균등'이라는 말을 만들어낸다. 여기서 '급진적'이라는 수식어가 곧 개인의 자유와 권리를 제한하고 침해하는 강제성을 담고 있다. 따라서 급진적 기회균등은 강압적 수단을 써서라도 동등한 결과를 가져와야 한다는 그릇된 신념을 만들어낸다.

2. 분배 정의의 원리

앞서 정의 문제가 당초 개인적 덕목의 문제에서 사회적 관심사로 변모하였고 그 결과 사회정의라는 말로 치환되었다는 점을 지적하였다. 아울러 사회정의 문제는 개인적 관심사(personal affairs)가 아니라 전적으로 사회적 문제로 부각되면서 분배 문제가 그 핵심을 차지하게 되었다.

그러면 정의의 핵심 개념으로 자리 잡은 분배의 문제가 어떻게 작동하는가를 살펴볼 필요가 있다. 즉 정의를 실현한다고 할 때 작동하는 정의의 원리란 무엇인가를 살펴볼 필요가 있다.

'정의'를 무엇으로 규정하건 간에 거기에는 각 개인이 자유로워야 한다는 당위를 지닌다. 즉 정의로운 사회에서 각 개인은 자유로워야 한다는 것이다. 이 점과 관련하여 '정의'의 원리를 살펴보기로 한다. 제9장에서 '자유'의 개념은 생명, 재산과 불가분의 관계를 맺는다는 사실을 확인하였다. 그러면 정의의 문제는 곧 생명과 재산의 보호 문제로 귀결된다. 생명을 보호하는 사회체제와 국가가 정의로운 사회 또는 정의로운 국가의 요체가 된다는 점을 확인할 수 있다. 우리는 흔히 야경국가(夜警國家)

를 한 물 간 구시대의 국가로 보지만, 국민 각 개개인의 생명과 재산을 보호하는 국가의 일차적 책무를 다하고 있다는 점에서 야경국가는 정의로운 사회의 필요조건이 된다. 요즈음은 그 부정적인 이미지 때문에 '야경국가'라는 용어를 사용하지 않는다. 대신에 자유를 최대한 보장해주면서 안정망 확보와 같은 최소한의 개입에 초점을 맞춘 '최소정부'라는 개념을 수용한다.

개개인의 생명과 재산을 존중하지 못하게 되면 그 개인은 실제로 자신들이 바라는 바를 선택하고 실행할 수 없게 된다. 개개인의 자유가 제약된다. 우리는 제10장에서 살펴본 자유민주주의 요체인 방어적 민주주의에서 방어적(protective) 개념이란 바로 국민 각 개개인의 생명과 재산, 그리고 자유의 보호(protection)를 국가의 일차적 책무로 하는 개념을 뜻한다. 따라서 자유민주주의의 방어적 개념은 곧 정의의 문제, 즉 사회정의를 실현하고자 하는 핵심적 전제가 된다.

사회정의에서 분배가 핵심 주제가 된 상황에서 '재산'과 관련된 문제를 좀 더 살펴볼 필요가 있다. 로크나 노직(Nozick, 1974)에 따르면 재산은 '취득', '교환', 그리고 '보상'의 세 가지 차원에서 정당화된다. 재산의 취득 문제는 개인이 선택한 노동을 일정 기간 투여함으로써 가능하고, 또 재산 취득이 정당화된다. 여기서 일정 기간 시간을 투여하는 것은 자신의 생명의 일부를 투여한 것이고, 노동의 선택이 자신의 독자적인 결정으로 이루어진다. 이 점에서 '생명·자유·재산'이 불가분의 관계인 한 가지로 이해해야 한다는 점을 확인하였다. 이러한 재산 취득의 문제는 사회정의 문제에서 그다지 큰 쟁점이 되거나 심각한 논란을 불러올 것 같지 않지만 실상은 매우 중대한 문제이다

'교환'은 인류가 문명생활을 영위하게 되는 결정적인 계기를 마련해

주었다. 교환 기능은 두 말할 필요 없이 시장의 중요한 기제이다. 이 점에서 교환이 이루어지는 자유 시장의 작동은 문명 번성의 요체라고 한다. 교환은 등가의 재화와 서비스를 단순히 상호 치환하는 것이 아니다. 교환의 과정에 참여하는 당사자는 자신의 요구에 따른 부가가치를 생산한다. 또한 교환은 그 자체로 재산의 변형 과정을 거치기 때문에 가치가 부가되기도 한다. 자본주의 시장경제를 근본적으로 부정하는 공산주의와 사회주의 노선을 지지하는 사람이 아니라면, 교환의 원리가 사회정의 실현을 위한 중요한 원리임을 누구나 인정하는 것은 이 때문이다. 또한 자유와 권리를 증진하는 데 있어서 시장의 원리가 존중되어야 하는 중요한 이유는 자발적 교환의 원리 때문이다.

사회정의 문제와 관련하여 가장 쟁점이 되는 것이 '보상'이다. 왜냐하면 사회정의가 분배의 문제로 치환되고 또한 '보상'이 잘못된 분배 문제와 관련되기 때문이다. '보상' 문제는 인간사가 산술적 계산에 의하여 움직이지 않고, 악의 또는 과실에 의한 공정하지 못한 교환 등이 일어나기 때문에 요구된다. 악의나 과실 이외에도 과거의 그릇된 제도나 관행을 교정하는 과정에서 보상이 요구되기도 한다. 노예제도에 따라 피해를 본 유색인종에 대한 보상이나 과거 제국주의 식민지 통치 아래 부당한 행위 등에 대한 보상이 이에 속한다. 예컨대, 미국 흑인과 아메리칸 인디언들에 대한 보상 문제, '위안부'로 표현되는 일제 강점기의 '성노예'로 끌려간 한국 여성들에 대한 보상 문제가 여기에 해당된다.

노직이 주장하는 부당행위를 제외하고 흔히 제기되는 보상의 원리가 성립하는 근거는 세 가지이다.

첫째, 필요(needs)에 의한 보상이다. 마르크스가 강조한 '필요에 따른 분배'가 일종의 보상 원리로서 작용한다. 필요에 따른 보상은 마르크스의 강령에 따르지 않더라도 수용할 여지가 없는 것은 아니다. 『증보 아동권리향연』에서 지적한 생존적 필요와 보편적 필요가 개인의 능력 범위 안에서 충족되지 못할 경우가 그것이다. 따라서 이른바 사회 취약계층에 대한 복지정책은 필요에 따른 보상 행위로 볼 수 있다. 예컨대, 취약계층의 독거노인, 장애아, 보호받지 못하는 미혼모 등에 대한 보상과 처방적 조치는 필요에 의한 보상에 해당한다.

둘째, 공과(desert)에 의한 보상이다. 쉽게 말하자면, 개인의 노력 여하에 따라 '상을 받을 만한 가치'가 있는가에 따라 보상을 하는 것이다. 여기에는 부적(否的)인 경우보다는 정적(正的)인 경우가 많다. 국가 유공자에 대한 훈장, 명예 수여, 상찬(賞讚), 사사(謝辭) 등이 이에 속한다.

셋째, 능력(merit)에 의한 보상이다. 공과에 다른 보상과 상당히 밀접하게 관련을 맺고 있지만, 후천적인 노력에 의존하는 공과에 비하여 능력에 따른 보상은 선천적인 요인이 작용할 가능성이 높다.

사회정의가 보상을 매개로 한 분배 문제에 중점을 둔다고 하더라도, 개인의 공과와 능력에 따른 보상을 경시해선 안 된다. 이를테면 필요에 따른 보상과 분배만을 강조한다면, 개인의 능력과 노력은 사장되고 그러한 사회는 뒤처진다. 개인의 능력과 노력이 사장되면 사회의 성장만이 멈추는 것이 아니라 분배의 밑거름조차 사라진다. 그리고 앞서 평등의 의미에서 살펴본 바와 같이, 필요에 의한 보상 체제는 '결과의 동일에 의한 평등'이라는 그릇된 결과를 야기한다.

사회정의의 원리로서 필요에 따른 보상을 인정한다고 해도, '기회균등'의 우위를 인정해야 하는 이유는 여기에 있다. 따라서 사회정의 문제를 다루는 데 있어서 공과, 능력에 존중하는 기회균등 원리를 경시하고 지나치게 필요에 따른 보상 문제 집중하는 것은 사회적 차원에서는 물론

이거니와 개인의 자유와 권리 차원에서도 불행을 자초한다.

Ⅲ. 교정적 평등정책

사회정의를 위한 복지정책은 늘 평등이념의 실현을 전제로 한다. 앞서 살펴본 평형상태의 이면에는 늘 평등 이념이 전제되어 있다. 평등 이면을 전제로 한 평형의 추구는 교정적 평등정책을 요구한다. 그러나 평등추구 정책이 가져온 결과는 개인의 자유와 권리를 위축시키기 마련이다. 이를 위하여 불평등 해소를 위한 교정적 평등정책의 실상을 검토하기로 한다.6)

1. '무한 기회 제공'과 '배상'

불평등 해소를 위한 교정적 평등정책의 두 가지 해법으로 무한 기회 제공과 배상 정책을 살펴보기로 한다.

평등의 실현을 위한 가장 고전적인 처방은 기회의 균등을 보장하는 것이다. 그러나 기회균등의 문제는 기회의 평등이 결과의 평등까지 보장하지 못한다는, 즉 불평등을 해소하지 못한다는 반론에 부딪친다.7) 이때 평등의 문제를 정의의 문제로 보고 불평등의 문제를 해결하려 한다. 달리 말하자면, 평등을 어떻게 실현할 것인가를 불평등을 어떻게 해소해야

6) 교정적 평등 관련 내용은 김정래(2007)의 일부 내용을 재정리한 것임.

7) 하지만 선행연구(김정래, 2004a)에서 살펴본 바와 같이, 기회균등의 문제를 과도하게 해석하는 데에는 한계가 있다. 이럴 경우 오히려 불평등을 조장하게 된다. 이는 이하의 논의에서도 뒷받침된다.

하는가의 정의 문제로 바꿔 보는 것이다. 평등 문제는 동등한 기회 제공의 차원을 벗어나 이른바 '교정적 평등'의 문제로 인식된다.

기회 균등의 차원에서 드러난 불평등의 문제를 해소하는 방법은 두 가지가 있다.[8] 하나는 기회 균등의 장애물을 제거하는 것을 포함하여 모든 이들에게 무한 기회를 주는 방법이고, 다른 하나는 기회 균등 자체가 불평등 해소에 어떤 기여도 할 수 없으므로 모든 기회 불평등에서 오는 불이익을 보상해 주는 방법이다. 전자는 기회의 평등 차원에서 무한한 기회를 주어 불평등을 해소하는 방법이며, 후자는 출생 및 사회적 신분, 유산, 인종뿐만 아니라 개인의 선천적 능력도 우연의 산물이므로 이에 따른 불평등을 보상함으로써 실질적인 평등을 구현하는 방법이다. 여기서 전자를 '무한 기회 제공을 통한 평등'이라 하고, 후자를 '배상적 평등'이라 하자.[9] 물론 이 두 가지는 모두 '교정적 평등' 범주에 포함된다.

먼저, '무한 기회 제공을 통한 평등'은 경제적으로나 사회적으로 뒤처진 사람들에게 끊임없는 사회적 후원을 통하여 앞선 사람들과 실질적으로 동일선상의 기회를 제공하자는 것이다. 이른바 '실질적인 기회균등'을 실현하면 사회정의가 이루어진다고 본 것이다. 이는 마르크스가 사회주의는 모든 사람에게 진정한 '기회의 평등'을 제공하는 유일한 수단이라고 했을 때, 주장한 것과 맥락을 같이 한다. 즉 '기회의 평등'이라는 수단만 확보하면, 생산성과 생산의 비약적인 증대를 통해 모든 사람을 풍요롭게 한다는 것이다. 달리 말하자면, 뒤처진 사람들에게 그들이 동일선상에 올 때까지 무한의 기회를 제공함으로써 일체의 '조건의 불평등'

---

8) 이러한 논의는 다른 누구보다도 Drucker(2000)의 시도에서 찾아볼 수 있다. 그의 논의가 시사하는 것은 기회균등의 차원을 넘어서서 시도되는 불평등 해소 방식이 결국 한계에 도달한다는 점이다.

9) 실지로 Rawls(1971: 100ff)는 이와 같은 방식을 '배상(redress)'이라고 하였다.

을 해소한다고 본다. 앞서 제7장에서 언급한 바와 같이, 이러한 정책은 실제로 코헨의 'B전략'에 해당한다.

현실에서 그 실현방법을 제쳐두고 생각하면 이 불평등 해소 방법은 가장 이상적인 것이다. 하지만 이 방법은 적어도 두 가지 난점을 포함하고 있다. 첫째, 무한 기회의 제공의 주체와 수단이 강압적이라는 점이다. 이 문제는 평등실현을 위한 불평등 해소라는 목적을 위하여 개인의 자유 또는 개인성을 강압하는 양상을 드러낸다. 즉 '이상적 평등(fantastic equality)'을 위하여 '전제(tyranny)'를 용인하여야 한다. 아울러 뒤쳐진 자들에게 무한 기회를 제공하려면, 이를 통제하고 강압하는 기구가 있어야 한다. 이를테면, 뒤쳐진 자들에게 실질적인 기회를 제공할 재화를 마련하는 것에서부터 심지어는 이들을 위하여 앞선 자들이 더 나아가지 못하도록 강제하는 조치들을 수행하는 기구가 있어야 한다. 이러한 기구는 역사적인 경험상, 공산당이거나 국가사회주의를 표방하는 정부, 또는 사회주의 강령을 신봉하는 좌파의 '큰 정부'가 추진한다.

둘째, 무한 기회를 제공한다는 것은 뒤쳐진 자들에게 다른 사람들과 동일선상에 서게 하는 데 따른 실제적인 문제, 즉 실행가능성의 문제를 야기한다는 점이다. 워녹(Warnock, 1977: 37-41)은 이 문제를 설명하기 위하여 '기회'를 가리키는 'opportunity'와 'chance'를 구분하고 있다.[10] 전자는 우리가 '기회'를 제공한다고 했을 때 외적인 요건을 충족시키는 것을 가리키며, 후자는 기회균등을 보장받아야 할 사람의 내적인 요건을 충족시키는 것을 가리킨다. 즉 'opportunity'는 '만 6세 이상 아동의 취학

10) 이에 해당하는 번역어로 각각 '형식적(외적) 기회'와 '실질적(내적) 기회'를 채용할 수 있다. 그러나 'opportunity'가 실질적 기회의 측면이 전혀 없는 것은 아니기 때문에 단순한 외적 기회이거나 형식적 기회라고 볼 수 없다. 따라서 본 논문에서는 원어를 그대로 사용한다.

기회를 보장한다'에서 모든 만 6세 이상의 아동에게, 그들의 개인적 차이에도 불구하고, 무상의무교육기회가 주어지는 경우를 가리킨다. 이에 반하여 'chance'는 자질이 부족한 아이의 소원이 세계적 피아니스트가 되고자 할 경우, 그 아이의 소원이 이루어지도록 자질 함양을 위한 실질적 기회를 제공하는 것을 가리킨다. 목하 '무한 기회 제공을 통한 평등'의 논의는 위녹의 'chance'에 근거한다. 그러나 무한 기회 제공이 지니는 맹점은 모든 개인이 원하는 바를 충족시켜야 한다는 어려움이 따른다. 이를테면 자신의 능력(merit)의 여부와 관계없이 자신이 원하고자 하는 것을 성취하도록 각 개개 학생들에게 무한 기회를 제공하는 것은 현실적으로 불가능한 일이다.

무한 기회 제공을 통한 평등의 실현은 현실적인 난점 이외에도 논리적인 문제점이 있다. 평등의 실현을 불평등의 해소로 보면, 불평등 해소의 대상은 두 가지로 나누어 생각할 수 있다. 윌리엄스(Williams, 1962: 120-122)는 이를 '필요의 불평등(inequality of need)'과 '재능의 불평등(inequality of merit)'으로 설명하고 있다. 전자는 질병을 앓는 사람이 원하는 바, 질병을 치료할 수 있는 기회를 제공함으로써 건강한 사람과 똑같은 상태를 유지하는 경우에 해당한다. 하지만 후자의 경우, 자신이 원하는 바를 실현할 기회를 제공하는 문제가 개개인마다 다를 뿐만 아니라 같은 종류의 재능이라도 개인 차의 측면에서 해소할 수 없는 불평등이 상존하기 마련이다. 따라서 무한 기회 제공을 통한 평등 실현 또는 불평등의 해소는 현실적인 어려움과 '필요'의 충족에 국한된다는 논리적 제한점을 갖는다.

이상에서 살펴본 바와 같이, 불평등 해소를 위한 교정적 평등의 첫 번째 해법인 무한 기회의 제공은 현실적으로 논리적으로 실현되기 어렵다.

그렇다면 배상에 따른 평등 실현 방식, 즉 배상적 평등은 어떠한가?

교정적 평등의 한 방식을 '배상적 평등'으로 명명할 수 있는 것은 롤스의 『정의이론』에 근거한다. 롤스가 보기에 결과적 평등에 기여하지 못하는 기회 균등은 환상에 불과하다. 기회 균등에만 의존하면, 개인의 능력과 성과에 따라 차등이 생기는 것은 당연하고, 이에 대한 보상은 매우 소극적일 수밖에 없다는 것이 그의 논점이다. 이를 해결하기 위하여 타고난 재능, 출신, 상속된 유산 등과 같은 우연적 요인에 대하여 '배상(redress)'하여야 한다는 것이다(Rawls, 1971: 102-103). 롤스는 자신이 고안한 사회 정의 장치[11]를 통하여 사회가 결과에 있어서 완벽하게 평등해야 한다고 주장한다. 그리고 이들 장치는 본래적으로 불평등한 사람에게 혜택을 주기 위한 것이다.

'배상적 평등'에 포함되는 롤스의 주장에도 난점은 있다. 첫째, 불평등의 원인을 제공하는 개인의 선천적인 무능은 사회가 저지른 잘못이 아니다. 이 논점도 역시 제7장에서 소개한 바 있다. 그럼에도 불구하고 선천적인 우연의 요소로 야기된 불평등을 해소하기 위한 비용을 사회가 지불해야 할 근거는 무엇인가? 이 질문에 대한 롤스의 답은 그리 분명한 것이 아니다. 단지 자신의 의사와 무관하게 전적으로 우연에 의하여 받은 불이익은 모종의 합리적 설명을 요구하는 것이 아니라 사회구성원으로서 책무와 같은 것이다. 하지만 교정적 평등을 주장하는 측에서 내세우는 사회적 책임은 롤스가 제시한 '무지의 장막'을 전제로 한 '원초적 상태'가 아니라 아이러니하게도 사회공학적 기획과 통제를 전제로 한 것이다. 앞서 롤스의 주장이 '기울어진 운동장'과 '역차별'로 왜곡된다는

11) 이를테면, 무지의 장막(veil of ignorance), 원초적 지위(original position), 차등의 법칙, 최소최대화(maximin) 등이다.

점을 지적한 바 있다. 이러한 왜곡은 롤스 자신이 설정한 제1원칙을 무력화시켜 사회공학적 통제를 불러오기 때문이다. 게다가 사회공학적 통제의 근거는 사회를 구성하는 질서가 인간 이성에 대한 철저한 믿음에 기초한 인위적 질서이다. 이는 사회공학적 측면에서 가능한 '교정'이지만 권리 침해를 수반하는 강압적 통제를 야기한다. 사회의 잘못과 무관한 불평등을 사회가 합리적으로 교정할 수 있다고 보는 견해는 포퍼(Popper, 1945)가 지적한 대로 이상주의적 사회공학의 접근, 즉 사회를 아주 근본적으로 새로 짜보겠다는 전체주의 사회로의 진입을 불러올 수 있다. 하이에크(Hayek, 1975)는 이러한 시도를 '자생적 질서(spontaneous order)'의 개념으로 극복하고자 한다.[12)]

둘째, '배상'을 전제로 한 교정적 평등을 자신의 정의의 제1원칙인 자유의 원리와 상치되는 점은 없는가 하는 문제이다. 롤스는 정의의 제1원칙으로서 '모든 사람이 유사한 자유체계와 양립 가능한 평등한 기본적 자유의 가장 광범위한 전체 체제에 대하여 평등한 권리를 갖는다'(TJ,

12) 사회통제, 교정, 재분배와 같은 수단이 강구되어야 한다는 주장의 이면에는 인간 이성에 의한 인위적 질서가 그 어느 것보다도 우위에 있다는 전제가 깔려 있다. 인위적 질서를 인간이 조장할 수 있다는 것은 고대 아리스토텔레스의 질서의 구분, 즉 자연적 질서-인위적 질서의 이분법에 근거하고 있다. 그러나 이 이분법은 자칫 전체주의로 가는 오류에 빠질 가능성이 있다. 이를 복거일(2002: 18)은 '① 사회엔 절대적이고 바뀌지 않는 이상이 있다. ② 그런 이상이 무엇인지 단번에 결정할 수 있는 방법이 있다. ③ 그런 이상을 이룰 수 있는 길이 무엇인지 단번에 결정할 수 있는 방법이 있다'는 가정에 근거하면 포퍼(Popper, 1945)가 이상주의적 사회공학(utopian social engineering)이라고 칭한 변혁 시도의 위험성으로 연결된다는 점을 지적하고 있다. 이러한 이분법의 오류를 해소해 주는 설명기제가 하이에크(Hayek, 1975)의 '자생적 질서(spontaneous order)'이다. 민경국(2003: 19-30)은 '인위적 질서'와 '자생적 질서'에 상응하는 합리주의를 각각 '구성주의적 합리주의(Constructive Rationalism)'와 '진화론적 합리주의(Evolutionary Rationalism)'로 설명하고 있다.

302)고 규정하면서 '자유의 우선성(Priority of Liberty)'을 들고 있다. 자유가 어느 것에도 우선하며 자유는 오로지 자유를 위해서 제한될 수 있는 바, 그 경우는 ① '덜 광범위한 자유가 모든 이가 공유하는 자유의 총체를 강화할 경우'와, ② '덜 평등한 자유는 자유를 작게 가진 자들에게 용납될 수 있는 경우'에 허용된다(TJ, 302)고 하였다. 여기서 주목해야 할 점은 롤스가 자유주의자로서 자유의 우선성을 강조하면서 '자유'의 본질을 개인이 향유하고 행사하는 구체적인 행위로 보지 않고 총체적 입장에서 개인의 자유를 추상적으로 규정하고 있다[13]는 점이다. 즉 '모든 이가 공유하는 자유의 총체(the total system of liberty shared by all)' 또는 '작게 가진 자들의 자유(the lesser liberty)' 등(TJ, 302)과 같이 '자유의 주체로서 개인'을 초월하는 '도덕 원칙'을 구성하려는 점(민경국, 1997: 127-128)에서 롤스가 진정 개인의 자유를 훼손하지 않고 정의의 원리를 수립하였는가 하는 의문이 남는다.

한편 롤스가 자유주의자로 명명될 수 있는가의 여부와는 별도로, 그의 이른바 '차등의 법칙'은 배상을 통한 평등의 실현을 중심으로 한 정의의 원리이다. 그는 정의의 원리로서 사회·경제적 불평등이 용인되는 '차등의 법칙'은 '최소 수혜자에게 최대 이득이 되어야 한다(the greatest benefit of the least advantaged)'고 규정한다.[14] 이를 위하여 '기회의 불평등은 적은 기회를 가진 자의 기회를 증진시켜야 한다'(TJ, 303)는 원칙을 천명하고 있다. 이는 교정적 평등 구현의 원리로서 최소최대화의

13) 이는 마치 Berlin(1969)이 구분한 소극적 자유와 적극적 자유 중에서 적극적 자유에 가까운 것으로 이해될 수 있다. 이 두 가지 자유는 각각 '하위 자아(lower self)'와 '상위 자아(upper self)'를 상정하는 것에 비견되는 바, 이 두 가지 자아를 구분하는 것은 상위 자아가 하위 자아보다 우위에 있다는 것을 전제한다(Swift, 2001). 그리고 이에 관한 논의는 김정래(2003)를 참조.

14) 이하 이를 '최소최대화(maximin)'라 칭함.

원리가 성립하는 논거를 마련해 준다.

2. 교정적 평등과 최소최대화 원리

교정적 평등의 논의 차원에서 롤스의 정의론에 나타난 최소최대화의 원리는 여타의 원리보다 더욱 타당하고 더욱 정의로운 것이라고 할 수 있는가? 있다면, 그 근거는 무엇인가? 앞서 지적한 바와 같이, '교정적 평등'은 교정 또는 재분배를 통하여 논의되는 문제이다. 그러나 '교정'과 '재분배'의 논의맥락에서 요구되는 대표적인 것이 바로 '총체적 평등'과 '한계적 평등'이다. 결과로서의 불평등 교정 노력을 '총체적 평등'을 실현한다고 한다. 또 결과로서 '총체적 평등'이 실현되지 않는 한, 그것은 '한계적 평등'이라고 한다. 여기서는 한계적 평등이라는 개념을 출발점으로 하여 교정을 통한 평등의 의미를 검토하고자 한다.

먼저 한계적 평등을 이해하기 위하여 **〈예1〉**을 살펴보기로 하자.

〈예1〉

	계층 A	계층 B
불평등사회 X	0	100
한계적 평등사회 Y	0 + 50	100 + 50

〈예1〉은 불평등이 심화된 사회(X)에서 정부가 가진 재화(100)를 평등하게(각 50씩) 나누어주어 한계적 평등사회(Y)를 만들어 놓은 상태를 가리킨다. **[그림 12-1]**은 이를 나타내고 있다.

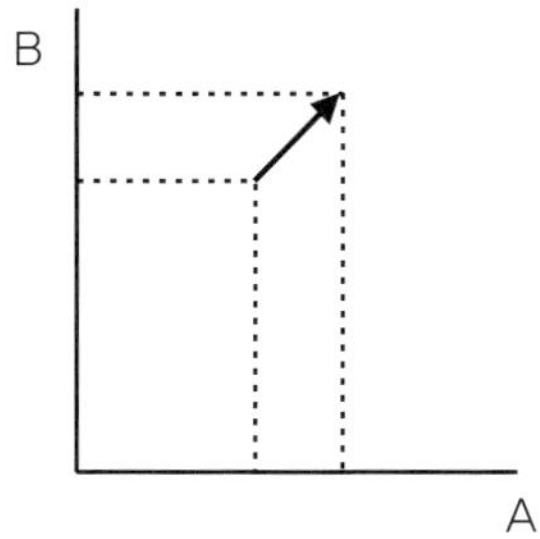

[그림 12-1] 한계적 평등

[그림 12-1]에서 드러난 문제점은 두 가지가 있다. 하나는 그림에서처럼 화살표가 사회 전체의 재화 총량을 증가시키는 방향으로 이동하고 있다는 점이다. 하지만 이는 현실적으로 불가능하다. 분배만 가지고 사회의 재화총량(사각형의 크기)을 크게 만들지 못하기 때문이다. 다른 하나는 **[그림 12-1]**은 아직도 결과로서의 평등인 이른바 총체적 평등을 실현하지 못한 한계적 평등의 사회에 머물러 있다. 이를 해소하는 중 가장 간단한 방법은 B가 가진 재화의 일부를 몰수하여 정부가 재분배하는 것이다. **[그림 12-2]**는 재분배를 통한 총체적 평등을 가리킨다.

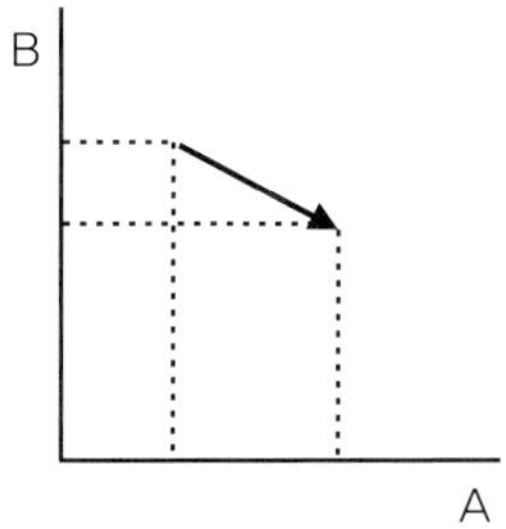

[그림 12-2] 재분배를 통한 총체적 평등

[그림 12-2]에서 사각형의 크기가 같다고 가정했을 때, 사회 전체의 부적 영향을 미치지 않는다. 그러나 **[그림 12-2]**에 나타난 재분배를 통한 총체적 평등은 교정적 평등의 교정의 측면에서 보면 '부적 교정'에 해당한다. 즉 강제성을 동원하지 않고서는 실현시킬 수 없다는 한계에 봉착한다. 따라서 부적 교정이 아닌 '배상'이나 여타의 방법으로 한계적 평등의 단점을 극복하려는 시도가 요구된다.

그럼에도 **〈예1〉**은 아직도 결과로서의 평등인 이른바 총체적 평등을 실현하지 못한 한계적 평등의 사회에 머물러 있다. 이를 해소하는 중 가장 간단한 방법은 B가 가진 재화의 일부를 몰수하여 정부가 재분배하는 것이다. **[그림 12-2]**는 재분배를 통한 총체적 평등을 가리킨다.[15] 그러나 이 방법이 강제성을 띠고 있기 때문에 다른 방법을 모색할 수도 있다. 앞서 롤스가 '배상'을 통하여 이루려 했던 총체적 평등은 **[그림 12-3]**의 방식으로 나타난다.

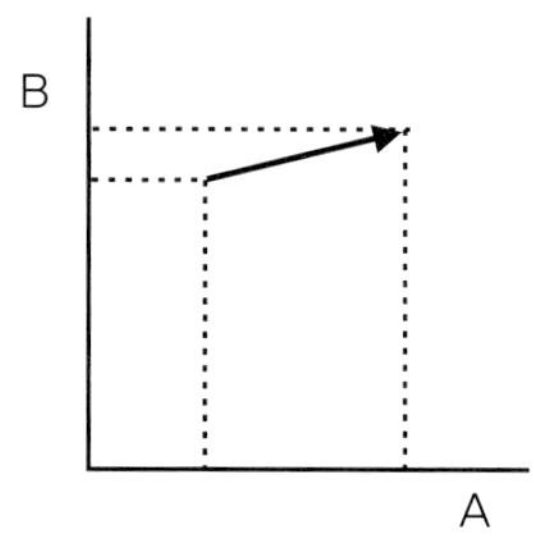

[그림 12-3] 보상적 불평등을 통한 총체적 평등

15) [그림 12-2]에 나타난 재분배를 통한 총체적 평등을 교정적 평등의 교정의 측면에서 보면 '부적 교정'에 해당한다.

[그림 12-3]은 **[그림 12-2]**에 비하여 부적 교정의 폐단을 없애고자 시도된 것이다. 그러나 **[그림 12-3]**이 현실적으로 가능하려면 A 계층에게 무한 기회를 제공해야 한다. 여기서 '무한기회제공'이란 A에 속한 사람이 B에 속한 사람처럼 될 때까지 일체의 기회를 무한 제공하는 것을 일컫는다. 예컨대, 수학적 재능이 별로 없는 사람에게 40세 이하의 수학자에게 주어지는 '수학의 노벨상'인 필즈상을 수상할 때까지 국가가 교육비를 제공해야 한다거나, 스케이트를 탈 줄 아는 모든 여아에게 김연아 선수의 기량이 될 때까지 국가가 관련 경비를 제공해야 하는 비현실적인 경우를 들 수 있다.

이 경우를 검토하기 위하여 **〈예2〉**를 살펴보자.

〈예2〉

	계층 A	계층 B
불평등사회 X	0	100
총체적 평등사회 Y	0 + 100	100 + 0

이상에서 제시한 총체적 평등의 실현방법은 과거 공산주의적 배분 방식과 같은 강압이 동원된다는 점에서 이를 현실적으로 수용하기는 매우 어려울 듯하다. 그렇다면, 우리가 취할 수 있는 것은 이른바 '한계적 평등'을 인정하고 논의를 전개하는 방식일 수밖에 없다. 한계적 평등을 어느 정도 인정하면서 불평등을 교정하려는 노력은 두 가지로 살펴볼 수 있다. 하나는 '최소최대화(maximin)'이고, 다른 하나는 '최대최소화(minimax)'이다. 우선 논의의 전개상 **〈예3〉**을 살펴보자.

〈예3〉

	계층 A	계층 B
사회 X	20	20
사회 Y	20	40

〈예3〉에서 사회 Y의 계층 A와 B 사이의 불평등을 교정하려면 계층 B에서 계층 A 사이의 차이를 메워주는 방식을 선택할 수 있다. 그 차이를 모두 메워주면 사회 Y는 사회 X의 분배상태처럼 이동하면서 당연히 완전 평등의 사회(Gini 계수가 0인 사회)가 된다. 이를 그림으로 보면 **[그림 12-4]**와 같이 나타난다.16)

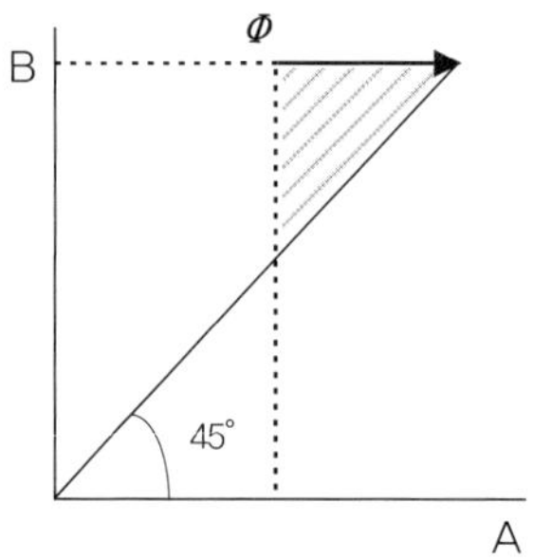

[그림 12-4] 최소의 최대화 기준

[그림 12-4]에서 Φ 상태를 45도 기울기인 직선과 접점으로 이동시키는 것이다. 그러니까 최소최대화는 최소계층의 기회와 재화 등을 최대화함으로써 불평등을 해소하려는 장치이다. 이에 비하여 최대계층의 기회와 재화 등을 최소화하여 불평등을 해소하려는 장치를 생각해 볼 수 있다. 이를 '최대최소화(minimax)'라고 한다. **[그림 12-5]**는 이를 가리킨다.

16) 각 그림에서 Φ는 사회 Y에서 각 계층의 분배 상태를 가리킨다. 그리고 빗금 친 부분은 불평등의 정도를 가리키는 것으로 빗금친 부분이 없으면 Gini 계수가 0인 완전 평등사회이다.

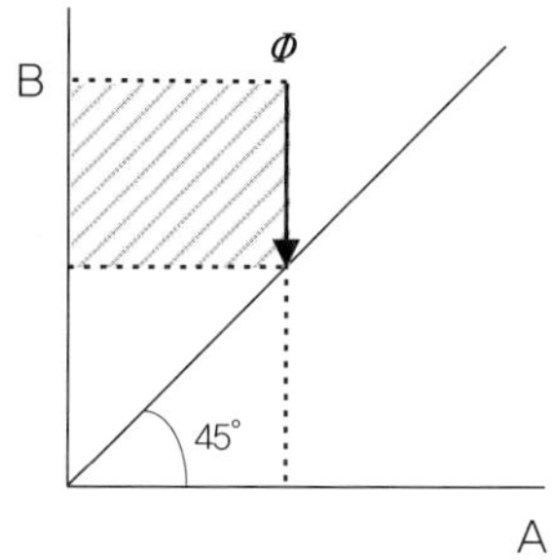

[그림 12-5] 최대의 최소화 기준

[그림 12-5]에서 보면, Φ 상태에서 45도 기울기인 직선과의 접점으로 B의 재화와 기회를 이동시키는 경우라고 할 수 있다. **[그림 12-4]**와 **[그림 12-5]**에 제시된 교정의 방식에는 심각한 문제가 도사리고 있다. 비록 어느 정도 한계적 평등을 인정하면서 **[그림 12-4]**와 같은 교정적 평등이 이루어지려면, **[그림 12-4]**의 빗금 친 부분만큼의 사회 전체의 재화총량이 증가하여야 한다. 하지만 **[그림 12-5]**의 경우처럼 외형상 평등은 실현할 수 있을지는 모르나 모든 계층에게 수준 이하의 삶으로 전락하게 할 위험성이 있다. 이상의 두 가지 경우를 모두 놓고 볼 때, 공통점은 총체적 평등이라고 불리는 완전 평등의 실현이 **[그림 12-6]**에 나타난 빗금 친 부분을 최소화하는 데 있다.

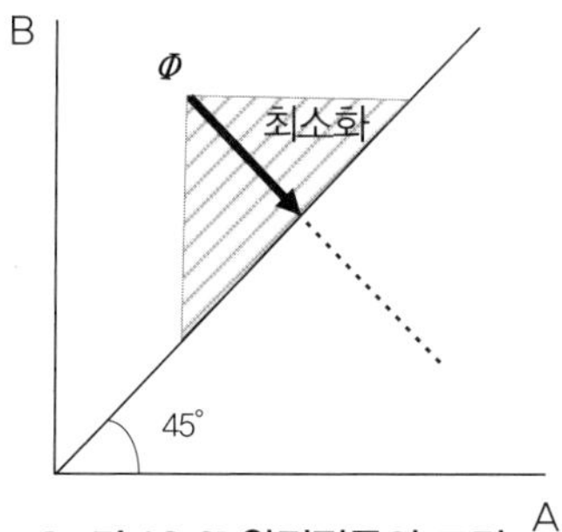

[그림 12-6] 완전평등의 조건

최소최대화의 원리는 총체적 평등을 실현한다는 목적에서 보면 강제성 동원이 가장 약한 기준이 되며, 국가기관과 같은 권력기관이 개인에 대한 알력을 최소화하고 사회적 합의를 유도하는 방식이 된다. 그리고 최소최대화 원리가 우위를 차지하는 또 다른 중요한 이유는 최대최소화의 교정원리가 알력에 의한 자원의 낭비(chuck-away)를 야기할 뿐만 아니라 이로 인하여 분배해야 할 자원의 총량을 축소시킨다는 점 때문이다. **[그림 12-2]**와 **[그림 12-5]**는 이를 입증한다. 마찬가지 맥락에서 **[그림 12-3]**과 **[그림 12-4]**는 '정적 교정'의 맥락에서 '무한기회제공'과 같이 사회 전체의 재화 총량 증가를 전제해야 한다는 현실적인 문제에 봉착한다. 그럼에도 불구하고 최소최대화 원리는 자원의 총량을 축소시키지 않으면서도 최소자에게 최대의 혜택이 가도록 함으로써 일차적으로 격차 해소를 하도록 고안되어 있다. 더욱이 교정의 과정에서 드러나는 강압의 정도가 비교적 완화된다는 점을 들 수 있다. 이것이 롤스가 제시한 바와 같은 최소최대화 원리, 즉 '배상적 평등'으로 최소최대화의 원리가 비교적 우위를 차지하는 이유이다.

그러면 롤스의 원리가 최선의 방책인지를 살펴볼 필요가 있다. 우선, 교정을 통하여 평등을 실현하려는 이른바 교정적 정의의 문제에서 롤스가 주장하는 최소최대화의 원리가 최대최소화의 원리에 비하여 우위를 차지한다고 하더라도, '교정'이라는 의미가 개인의 선택과 다양한 선택지의 가능성을 훼손해서는 안 된다는 점이다. 롤스는 자유의 의미를 '배상'의 차원에서 '총체적'으로 해석하고 있다. 그리고 불평등 해소의 방안으로 '배상'을 위한 최소최대화 원리는 자연적이지도, 자생적이지도 않은 '인위적 질서'에 근거하는 방식으로 회귀할 가능성이 있다. 인위적 질서로 회귀한다는 것은 결국 이상적 평등으로서 총체적 평등을 위하여 강압을 동원할 여지를 지닌 전체주의의 출현 가능성을 남겨둔다. 즉 최소최대화의 원리는 그 우위에도 불구하고, 권력기관의 알력이 상당 정도 작용함은 물론 사유재산제도를 부정하는 결과를 가져오고, 이상적 사회정의 또는 이상적인 의미에서 평등 실현을 위한 또 다른 강제를 수반하게 되어 개인의 권리 침해 소지를 안고 있다.

아울러 **[그림 12-6]**에 제시된 바와 같이, 완전 평등을 실현하기 위한 계층 간의 차이를 최소화하려는 노력이 개인의 선택과 자유를 강압하는 형태로 나타날 수 있다는 점이다. 또 최소화의 주체가 누구인가 하는 점을 간과해서도 안 된다. **[그림 12-6]**에서 빗금 친 부분을 최소화하는 주체는 누구인가? 따라서 교정의 주체가 누구인가 하는 문제가 남는다. 이 문제의 해답은 '큰 정부', '자비로운 독재', '전체주의'에서 찾을 수 있다.

3. 최소최대화 원리의 가능성과 한계

이상에서 살펴본 바와 같이, 현실적으로 적용할 수 없는 이상적인 평등주의를 주장할 것이 아니라면, 즉 한계적 평등을 인정하고 '교정적 평등'의 의미를 받아들여야 하는 상황이라면, 그 중에서 비교적 적합한 대안을 찾아야 할 것이다. 자원총량 축소와 낭비의 낭비를 방지한다는 측면에서 그 대안은 롤스의 최소최대화(maximin)의 원리라고 볼 수 있다. 특히 롤스의 최소최대화 원리는 공리주의 등과 같은 여타의 정의 이론에 비추어 우위를 차지한다. 이를 확인하기 위하여 **〈예4〉**를 살펴보자.

〈예4〉

	계층 A	계층 B	계층 C	합
사회 X	20	20	20	60
사회 Y_1	5	30	60	95
사회 Y_2	15	25	60	100
사회 Y_3	25	30	35	90

앞서 제시한 예들에서 사회 X는 이상적 평등주의자들이 주장하는 분포이다. 단, **〈예4〉** 에서는 계층 간의 분배를 보다 심도 있게 검토하기 위하여 계층을 A, B, C의 세 단계로 구분하기로 한다. 따라서 **〈예4〉** 에서 여전히 사회 X는 앞서 다른 예와 마찬가지로 사회 전체의 자원이 가장 적은 사회이기 때문에 이하 논의 대상에서 제외된다. 그리고 자원의 불평등한 분배를 설명하기 위하여 우리는 불평등한 사회 Y를 다시 세분하여 편의상 사회 Y_1, 사회 Y_2, 사회 Y_3라고 하자. 사회 Y_1은 누구도 동의하기 쉽지 않은 자원의 분포를 가지고 있는 사회이다. 그러나 이 사회는, 뒤에 좀더 자세히 언급하겠지만, 사회 X에 비하여 전체 자원의 총량이 증가함에도 불구하고 사회구성원의 합의가 없으면 불평등이 심화되어 나타날 수 있는 불평등한 사회이다.

사회 Y_2는 불평등의 정도는 완화되었지만, 계층 간의 차이가 존재함에도 불구하고, 자원의 총량이 가장 크고 계층의 평균 효용(average utility)이 가장 큰 사회이다. 즉 평균효용 100/3 = 33.3이다. 따라서 사회 Y_2는 공리주의자들이 선호하는 사회이다. 만약 롤스가 제시하는 바와 같이 사회계약 당사자 간의 합의를 필요로 한다면 사회 Y_2는 배제될 것이다. 하지만 19세기의 공리주의자들이 사회 Y_2를 선호한 이유는 사회 전체의 효용이 증가했을 뿐만 아니라 실제의 자원의 분배와는 상관없이 산술적인 계층의 평균효용이 증가했기 때문이다. 그러나 공리주의가 비록 효용의 증가에 기여하는 이론이라 하더라도 이 이론을 현실적으로 적용했을 때의 위험성은 여전히 존재한다. 이러한 위험성을 **〈예5〉** 를 통해 살펴보자. **〈예5〉** 는 공리주의적 계산(utilitarian calculus)을 일본의 한반도 합방이라는 역사적 사실에 대입한 경우이다.

〈예5〉

	일본	조선	(합)	(평균효용)
한일합방 전	60	10	70	35
한일합방 후	120	30	150	75

조선이 합방 후에 양국이 취하게 되는 자원 또는 효용의 총량이 증가되었을 뿐만 아니라 조선의 총량 증가율(300%)이 일본의 총량 증가율(200%)보다 높아졌다. 이를 근거로 일본이 조선의 자원을 착취하기 위하여 시도한 철도부설이나 항만의 건설 등이 조선이 근대화하는 데에 결정적인 기여를 했다고 주장하면서 무력에 의한 한일합방을 합리화할 수 있다. 현재 잔존하는 일본의 극우파들의 주장은 이를 논거로 한다. 그러나 조선과 일본의 자원의 총량의 차이는 50에서 90으로 오히려 증가되어 조선은 일본에 대하여 상대적 열세를 계속 유지한다. 무엇보다도 공리주의에 근거한 이 주장은 한 쪽 당사자인 조선의 합의가 없었다는 점이다.

다시 **〈예4〉** 로 돌아가서, 다른 사회에 대하여 **〈예4〉** 에서 사회 Y_3은 최소계층의 자원이 가장 증가했을 뿐만 아니라 계층 간의 격차가 가장 최소화된 상태를 가리키고 있다. 비록 자원의 총량이 사회 Y_1이나 Y_2에 비하여 다소 줄어든 것이 사실이나, 그렇다고 사회 X처럼 빈곤점에 근접하는 수준은 아니며, 중간층과 최상층의 자원이 유지되면서 최소층의 자원이 최대화된 결과를 초래하였다. 여기서 만약 롤스가 제시하는 바와 같은 사회적 합의를 이루어내는 장치인 '무지의 장막(the veil of ignorance)'이 없다고 가정한다면, 자원의 분배는 사회 Y_1의 형태로 갈 것이다. 왜냐하면, 무지의 베일과 같은 상황이 전제되지 않는다면, 최상층과 중간층은 자신의 기득권을 추구하기 위하여 사회 Y_1을 선택할 것이기 때문이다. 그러나 주지하는 바와 같이, 사회 Y_1은 어느 누구에게도 지지받기 어려운 구도를 갖고 있다. 따라서 롤스의 최소최대화 원리를 추구해야 하는 이유는 절대적 의미의 평등이 아니라 최소자에게 최대의 혜택(기회)을 주기 위한 제도적인 고안 때문이다.

여기서 우리가 지적하지 않을 수 없는 것은 교정을 통하여 평등을 실현하려는 이른바 교정적 정의의 문제에서 최소최대화의 원리가 최대최소화의 원리에 비하여 우위를 차지한다고 하더라도, '교정'이라는 의미가 개인의 선택과 다양한 선택지의 가능성을 훼손해서는 안 된다는 점에 있다. 롤스의 최소최대화 원리가 자유주의 노선에 적합한가 하는 논의와 별도로 그의 정의이론을 자유주의 이론으로 보는 근본적인 이유를 살펴볼 필요가 있다. 앞서 검토한 바와 같이, 롤스는 자유의 의미를 '배상'의 차원에서 '총체적'으로 해석하고 있다. 더욱이 불평등 해소의 방안으로서 '배상'을 위한 최소최대화 원리는 자연적이지도, 자생적이지도 않은 '인위적 질서'에 근거하는 방식으로 회귀할 가능성이 있다(Hayek, 1975). 인위적 질서로 회귀한다는 것은 결국 이상적 평등으로서 총체적 평등을 위하여 강압을 동원할 여지를 지닌 전체주의의 출현 가능성을 남겨둔다. 즉 최소최대화의 원리는 그 우위에도 불구하고, 권력기관의 알력이 상당정도 작용함은 물론 사유재산제도를 부정하는 결과를 가져오고, 이상적 사회정의 또는 이상적인 의미에서 평등 실현을 위한 또 다른 강제를 수반하게 되어 개인의 권리 침해 소지를 안고 있다.

아울러 **[그림 12-6]**에 제시된 바와 같이, 완전 평등을 실현하기 위한 계층 간의 차이를 최소화하려는 노력이 개인의 선택과 자유를 강압하는 형태로 나타날 수 있다. 이는 최소화의 주체가 누구인가 하는 점을 간과해서는 안 된다. **[그림 12-6]**에서 빗금 친 부분을 최소화하는 주체는 누구인가? 따라서 차후 검토할 문제는 교정의 주체가 누구인가 하는 문제와 교정을 통한 평등실현의 한계가 무엇인가 하는 것이다.

분명한 점은 교정의 주체가 누가 되었던 간에, 교정 그 자체가 롤스의 '민주적 평등의 원칙'을 작동시키지 못하게 하여 개인의 자유와 권리를 심하게 훼손하고 말살시킨다는 것이다. 또한 신기루에 불과한 형식상 평등이 실현될 수 있을지 모르지만 현실적으로는 공도동망의 나락으로 떨어진다는 점이다.

Ⅳ. 복지와 복지정책

1. 복지정책의 문제

복지정책은 현대 사회의 민주적 삶의 기본을 보장하는 하나의 실행 방안이다. 무엇보다도 복지정책은 '복지'의 개념을 정확하게 이해시키기 위한 노력을 요구한다. 여기서는 복지정책에 담긴 복지의 개념을 살펴본다.

영어 'welfare'는 '복지'로 번역해야 하는 경우와 '복리(福利)'로 번역해야 하는 경우가 있다. 또 경제학에서 많이 쓰이는 '후생(厚生)'으로 해석해야 하는 경우도 있다.[17)]

복지로 이해하는 경우에는 '필요(need)'와 '결핍(deficit)'의 충족을 전제로 하는 개념, 즉 '복지'는 부족하고 결핍된 부분을 채워야 하는 소극적인 개념임을 『증보 아동권리향연』 제6장에서 살펴본 바 있다. 복지의 개념은 수단적 필요를 제외한 생존적 필요와 보편적 필요를 충족시키는 개념으로 이해해야 한다. 그렇지 않으면 모든 개인적 욕망이 복지의 개념에 포함되어 복지의 개념적 한계를 설정할 수 없을 뿐만 아니라 복지망국의 폐해가 드러난다. 앞서 교정적 평등의 의미를 설명하면서 '무한 기회 제공'의 폐해를 지적하였다. 만약 복지의 개념을 수단적 필요에 맞추게 되면, 모든 개인적 욕망 충족을 모두 '복지'의 개념 속에서 포함시켜야 하는 오류를 범하게 된다. 한편, 의무교육을 받을 권리는 보편적 필요의 개념에 근거하기 때문에 '복지권(welfare rights)'에 해당한다. 의무교육 기간을 무작정 연장하는 것이 합리적이지 못한 이유는 무한 기회 제공의 맹점 때문이다.

한편, 'welfare'를 '후생'으로 번역할 경우는 주로 후생경제학(welfare economics)과 관련된다. 후생경제학은 경제 전반의 효용을 증대하거나 사회 전반에 걸쳐 후생을 증진한다는 의미로 사용된다. 이 경우 몇 가지 개념적 특성을 염두에 둘 필요가 있다. 첫째, 후생의 의미로 해석할 경우,

---

17) 복지정책과 관련된 '복지' 개념 부분은 김정래(2013) 163-177쪽의 내용을 정리한 것임.

초기의 후생경제학이 그러했듯이, 공리주의적 의미로 사용된다. 둘째, 'welfare'가 효용의 증대라는 공리적 목적에 맞추어져 있기 때문에 파레토의 최적(Pareto's optimality)과 관련을 맺는다. 이른바 후생주의(welfarism)는 이에 근거한다. 셋째, 'welfare'가 집합주의(aggregation) 의미를 갖는다. 효용의 증대, 사회 전반의 후생복지증진에 초점을 맞추고 있으므로 개별행위자(agency)의 측면이 간과된다.

또 다른 한편, 'welfare'가 복리(福利)로 번역하는 경우는 개별행위자, 개인의 동기와 목표 등이 고려된 의미를 갖는다. 이 경우는 앞서 후생경제학이나 파레토의 최적과는 달리 개인의 효용성이 부각된다.

복지의 개념적 이해와 함께 '복지'가 실제로 '규범적 측면'이 있다는 점을 지적할 필요가 있다. 이때 규범적 측면은 개인이 선호하는 바(personal preference)를 반영해야 한다는 뜻을 담고 있다. 무슨 말인가 하면, 인간은 의식주에 의존하지 않고는 생존할 수 없다. 그러나 '먹고, 자고, 입고' 하는 행위가 전적으로 생물학적 필요에 의존하는 것은 아니다. 인간은 음식을 섭취하지만, 단순하게 먹는 데(eat) 그치지 않고 식사(dine)를 한다. 옷을 그냥 걸치는 것(wear)이 아니라 옷을 입는다(dress). 그러니까 복지정책이 정언적 필요에 근거한다고 해도, 그것은 단순한 생물학적, 생리적 욕구를 충족하는 데 그치는 것이 아니다. 개인의 선호를 바탕으로 한 모종의 가치 판단이 내재해 있다.

여기서 우리는 '선호 기반 복지(preference based welfare)'를 고려할 수 있다. 그러나 앞서 지적한 바와 같이, 개인의 가치를 존중한다는 것이 개인의 무한 욕망을 충족하는 것이나 이를 위하여 그 개인에게 무한 기회를 제공하는 것과 같은 정책 노선으로 변질될 가능성을 경계해야 한다. 이러한 단점을 보완하는 것이 '필요 기반 복지(needs based welfare)'

이다. 선호 기반 복지 개념이 상대성 또는 가언성(假言性)에 초점을 맞추고 있다면, 필요 기반 복지는 정언성(定言性)에 초점이 맞추어져 있다. 그러나 그 장점에도 필요 기반 복지 개념 역시 마르크스의 강령에서 보듯이 '필요에 따른 분배'에 초점을 맞추게 되면, 개인의 동기와 의욕이 저하된다는 단점이 있다. 개인의 재능과 공과를 사장시켜서는 안 된다.

권리 측면에서 선호 기반 복지는 자유권에, 필요 기반 복지는 복지권에 상응한다. 하지만 복지정책이 '공공의 함정'에 빠지지 않으려면 양자의 조화가 요구된다. 따라서 복지정책은 '선호 기반 복지'와 '필요 기반 복지'의 장점을 살리면서 방향을 모색해야 하지만, 개인의 노력과 재능의 차이를 존중하는 방향으로 설정되어야 한다.

이 말은 복지정책이 무분별하게 '보편성'을 추구해선 안 된다는 것을 뜻한다. 이는 권리의 보편성에 경도되어 아동권리의 특수성을 함몰시키는 것과 맥을 같이 한다. 따라서 복지정책이 개인의 자유와 권리를 침해하지 않도록 하려면, '복지'의 핵심개념인 '필요'의 충족에 맞추어야 한다. 즉 복지정책은 '필요'가 절실하게 요구되는 사람들, 즉 사회적 약자에게 집중되어야 한다. 복지가 '약자보호'를 일차적 목적으로 해야 한다는 명분에서 국민기본소득 전면 지급정책과 같은 이른바 '보편적 복지' 정책을 주장하는 것을 경계해야 한다. 그리고 복지가 약자보호에 맞추어져야 한다고 하더라도, 사회적 약자들에게 무한기회를 제공한다든지 정언적 필요와 관련 없는 복지재와 복지서비스를 제공하는 것을 경계해야 한다. 따라서 약자보호를 위한 복지정책은 두 가지 방향에서 설정되어야 한다. 하나는 안전망(safety-net) 구축이고, 다른 하나는 '자조 정신'의 함양이다. '사회 안전망 구축'과 '약자보호'는 동의어나 다름없다.

약자보호에 복지정책의 초점을 맞춘다 하더라도, 사회적 약자가 스스로 자립할 수 있는 자조 정신을 함양하도록 방향을 설정해야 한다. '하늘은 스스로 돕는 자를 스스로 돕는다'는 격언으로 표현되는 자조(自助) 정신은 개인과 사회 발전의 원동력이 되는 가치이다. 이 점을 복지정책 수립과 실행에서 잘 반영해야 한다. 혹자는 사회 양극화를 운운하면서 다음과 같은 억지 주장을 할지도 모른다.

'스스로 돕는 자는 스스로 잘 하기 때문에 도울 필요가 없다. 반대로 스스로 돕지 않는 자들은 도움을 받아야 하기 때문에 도와주어야 한다. 역설적으로 스스로 돕는 자를 돕게 되면 스스로 돕지 않는 자와 차이가 더 벌어져서 사회 양극화만 조장한다. 그래서 스스로 돕지 않는 자를 인위적으로 도와야 한다.'

이 주장은 상당히 잘못된 기계론적 발상이다. 스스로 돕는 자는 자기 자신뿐만 아니라 결과적으로 남을 도와주는 사람이다. 자신의 행위가 자생적으로 피드백(feedback)하여 자리(自利)와 이타(利他)가 동시에 일어난다. 반면 스스로 돕지 않는 자에게 이러한 자생적 피드백이 일어나지 않기 때문에 이들을 돕는 방법으로 무상복지와 같은 인위적 피드백을 강제해야 한다고 주장한다. 일견 타당성을 지닌 주장처럼 보인다. 그러나 이들을 진정으로 돕는 길은 이들이 스스로를 돕게 만드는 것이다. 복지정책의 일차적 목적이 여기에 맞추어져야 한다. 그렇지 않으면, 온갖 무상복지시리즈가 난무하게 된다. 실제로 2002년 지방선거 이후 현재까지 뜨거운 쟁점으로 부각된 무상복지시리즈는 국민들에게 자조 정신을 버리고 모든 것을 국가 탓으로 돌리는 의존 심리만 부추기고 있다. 따라서 복지정책이 약자보호에 맞추어진다고 해도 무상복지정책의 전면적 실시는 경계해야 한다.

이상의 논점들을 고려할 때, 다음과 같은 결론을 내릴 수 있다.

첫째, '복지'는 정언적 필요인 생존적 필요와 보편적 필요에 맞추어 이해되어야 한다.

둘째, 권리 측면에서도 복지정책은 '선호 기반 복지'와 '필요 기반 복지'의 장점을 살려야 한다.

셋째, 정언적 필요에 초점을 맞춘다고 하더라도 복지정책은 모든 사람에게 일률적으로 적용하는 것보다는 '약자보호'에 맞추어져야 한다. 이른바 '보편적 복지'는 경계해야 한다.

넷째, 약자보호에 맞추어진 복지정책은 그들에게 자조 정신을 함양하도록 해야 한다.

다섯째, 복지정책이 약자 보호에 맞추어진다 해도, 그것이 무상복지 시리즈의 확대로 이어지는 것을 경계해야 한다.

2. 복지정책의 유형

권리지상주의에서 '약자 보호'만큼 강한 호소력을 지닌 용어도 없다. 실제로 약자를 보호해야 한다는 도덕적 당위성과 관계없이 약자 보호를 위한 복지정책이 전개되고 있다.

복지정책은 크게 세 가지 유형으로 나누어볼 수 있다. 하나는 빈곤층을 선별하여 대상으로 하는 공공부조(public aid)이다. 다른 하나는 가입 여부에 따라 그 대상이 결정되는 사회보험(social insurance)이다. 또 다른 하나는 전 국민을 대상으로 하는 사회서비스(social service)이다. 현행 우리의 의료보호는 공공부조에 해당하고, 의료보험제도는 사회보험에 속한다. 사회서비스는 영국이 오래 전부터 실시해 온 국민의료서비스(NHS: National Health Service)가 대표적인 예이다. 사회서비스는 전

국민이 그 혜택을 받을 필요성이 정당화되어야 성립한다.

문제는 복지정책의 방향이 사회서비스로 전환되어야 한다는 '유혹'에 취약하다는 점이다. 물론 모든 사회서비스가 그 성격상 전 국민을 일률적인 수혜 대상으로 하는 것은 아니지만, 무상급식, 무상보육, 심지어 탈모 방지 지원금의 경우에서 알 수 있듯이, 소득수준이나 그 필요성(즉 생존적 필요 여부)에 관계없이 확대하려고 하는 데 문제가 있다.

사회서비스 정책에서 그 내용이나 대상이 무턱대고 확장되어서는 안 된다. 자생 능력이 없는 사람을 제외하고는 모두 수익자 부담의 원칙으로 해야 한다. 그렇지 않으면, 적지 않은 부작용이 발생한다. 그 대표적인 예가 2002년 이후 이어진 지방선거와 총선을 통하여 정치권이 남발한 무상보육정책의 문제이다. 애초 무상보육은 워킹 맘(working mom)과 저소득층을 위한 것이었지만, 이상하게도 저출산 문제와 맞물리면서 전원을 대상으로 하는 쪽으로 가닥이 잡혔다. 그 결과 한동안은 당초 수혜 대상인 워킹 맘들이 실질적인 혜택을 보지 못하는 결과를 초래하기도 하였다. 수혜 대상을 필요 이상으로 확대한 결과이다. 따라서 사회서비스는 생존적 필요의 차원에서 그 적용대상을 한정해야 하고, 나머지 복지정책은 모두 수익자 부담으로 해야 한다.

복지정책에 관한 재정 부담 등 논의는 방대하기 때문에 다음의 표로 갈음하고자 한다.

〈표 12-1〉 복지정책의 특성과 재정부담원칙

복지정책	재원조달 원칙[18]	재분배 효과
공공부조	응능원칙	큼
사회보험	응익원칙	미미함
사회서비스	응능 및 응익원칙	부분적임

출처: 현진권(2011: 21)

문제는 복지정책의 이러한 차이를 무시하고 보편적 가치라는 이름으로 사회서비스를 확대하게 되면 그 결과가 오히려 개인의 자유와 권리를 제한하고 침해하는 방향으로 흐를 위험성에 있다.

복지문제는 분배와 빈곤의 문제에 연계되어 있다. 하지만 소득재분배정책과 빈곤구제 정책은 결코 같을 수 없다.[19] 이는 사회정의 구현이라는 미명 아래 주장하는 분배정책과 애초 빈곤구제의 목적인 복지정책이 같을 수 없다는 것을 가리킨다. 소득격차 완화와 빈곤구제는 상호 관련성이 없다. 그럼에도 불구하고 소득격차 완화와 빈곤구제는 사회정의의 측면에서 동일한 것으로 각인되고 있다. 이를테면 사회의 심각한 문제로 소득격차를 상정하고, 이를 해결하기 위한 수단으로 복지정책을 설정하는 경우이다. '가진 자에게 세금을 부과하고, 가난한 자에게 복지정책을 편다'는 논거를 펴는 것이다. 이 주장은 얼핏 보면 타당해 보이지만, 실상은 그렇지 않다.

세금을 높이면 높일수록, 그리고 복지지출이 크면 클수록 정의가 구현된다는 논거는 성립하지 않는다. 그러나 세금을 높이는 방법은 결과적으로 조세저항과 함께 경제위축을 불러온다. 역설적이지만, 종국에 가서는 세수(稅收)도 줄어든다. 복지정책은 국민의 세금에 의존하므로 결국 복지정책에 소요되는 재정도 줄어든다. 결론적으로 복지정책은 사회안전망 차원에서, 그리고 조세를 통한 복지정책은 사회가 경직되지 않는 범위에서 사회통합 차원에서 실시되어야 한다.

---

18) 여기서 응익원칙은 benefit principle의 역어로서 수익자 부담원칙이다. 응능원칙은 ability principle의 번역어이다.

19) 소득분배와 빈곤완화가 원천적으로 같을 수 없으며, 이 둘을 혼동해서는 안 된다는 점은 방대한 논의를 요구한다. 이에 관한 논의가 사회통합 차원에서 시도된 바 있다. 현진권(2012) 참조.

소득분배 문제나 빈곤완화의 문제를 다룰 때 등장하는 말이 '양극화'이다. 즉 '양극화 해소'를 이슈로 삼는 것이다. 그러면 소득분배, 빈곤완화라는 본래 취지는 퇴색하고 사회분열만 조장하고 만다. 왜냐하면, '양극화'란 제대로 검증되지 않는 말이기 때문이다. 이 말은 계층 간의 갈등과 분열을 증폭시킬 뿐이다.[20]

3. 사회복지정책의 문제

위헌 논의와 함께, 무상복지정책 전면실시에 대한 사회복지정책의 측면에서 여러 가지 우려가 지적되어 왔다. 이 역시 크게 세 가지로 정리할 수 있다.

첫째, 복지정책 주요 3요소 중에서 사회서비스 부분의 비정산적인 증가 우려이다. 사회복지정책 중에서 사회서비스(social service)의 무상화는 예외 없이 과도한 재정 부담을 요구한다. 대표적인 무상 사회서비스인 국가의료서비스(National Health Service), 즉 NHS를 실시하는 영국에서조차 극빈 계층을 제외한 아동들의 학교급식은 수익자 부담 원칙임을 상기할 필요가 있다. 게다가 지금도 NHS에 대한 존폐 여부는 꾸준히 거론되고 있다.

둘째, 무상 사회복지서비스의 비효율성이다. 무엇보다도 국가재정 부담이 과도하다는 점이다. 그렇기 때문에 학교급식은 사회서비스가 아니라 공적 부조 내지는 잔여적(residual) 복지 형태로 해야 한다는 주장이 대두된다.

---

20) 애초 '양극화'는 빈부격차를 나타내는 지니계수의 한계점을 보완한 용어라고 한다 (현진권, 2012).

셋째, 복지정책에서 무상복지 서비스의 비효율성과 함께 무상화가 실시되었을 경우 비가역성에 대한 우려가 있다. 이를테면 무상급식 실시의 타당성 여부를 떠나 국가재정 악화로 인하여 차후에 본래대로 환원하기 쉽지 않다는 데 문제가 있다. 이는 한때 일어났던 일부 유럽 국가와 남미 국가들의 복지정책 환원에 대한 거센 저항을 보면 무상 사회서비스의 가역적 환원이 얼마나 어려운지를 알 수 있다. 현재 우리나라 상황도 이와 다르지 않다.

4. 보편적 복지논쟁

우리나라에서 보편적 복지논쟁이 본격화된 것은 학교급식 무상화 논쟁부터이다. 보편적 복지를 내세워 전면 무상학교급식을 주장하고, 다른 한편에서는 선별적 복지 또는 선택적 복지를 내세워 점진적 무상급식을 주장한다. 그러나 이 이분법은 타당한 논법이 아니다. 보편적 복지를 주장한다고 하여 무상급식 전면 실시를 뒷받침해 주는 것이 아니다. 보편적 복지를 주장하는 사람들이 자신의 주장에 전제된 권리를 자연권으로 보고 있지만, 본서 제6장에서 살펴본 바와 같이 자연권 논거를 토대로 무상급식이 정당화되기는 어렵다.

무상급식 전면실시 주장은 권리의 보편성(universality)의 그릇된 해석에서 비롯되었다. 물론 권리이론 중 자격설은 보편적 권리를 설명하는 데 매우 적합한 학설이다. 그래서 전면무상급식을 주장하는 이들은 '자격설'에 기대고 있다. 그러나 자격설은 '자격으로서 권리'가 곧 '청구권'을 성립시키지 않는다는 결점을 지닌다. 무슨 말인가 하면, 자격설에 의하여 수혜를 받는 사람은 사실 법의 집행결과로 우연히 어떤 수혜가 개인에게 돌아간 경우에 불과하다는 것이다(Jones, 1994: 38). 따라서 모든 사람이 생존할(굶지 않을) 권리를 갖는다고 해서 모든 사람이 무상급식을 받을 권리가 있다는 말이 성립하지 않는다.

자격설을 토대로 보편성을 주장할 수 있는 권리는 개인의 생명, 자유, 재산권, 사생활 보호권 등에 국한된다. 이를 제한할 수 있는 근거는 앞서 살펴본 위해의 원리뿐이다. 이러한 논거를 부정하면, 권리의 핵심이 사회·경제적 권리의 성립 근거가 된다(Cranston, 1967: 43-53). 그것은 자유민주주의 헌정질서를 부정하고, 사유재산을 부정하는 사회주의, 전체주의 국가로 바꾸자는 것이며, 그렇게 되면 권리의 주체는 집합적인 것이 된다(Schneider, 1967: 93).

한편 무상급식 전면 실시를 주장하는 이들이 제시하는 논거가 '절대적 권리'이다. 그러나 전면 무상급식은 절대적 권리로 성립하지도 않는다. 절대적 권리가 '절대적으로', '보편적으로' 성립하지 않는다는 것은 '절대 왕권'이 절대적으로 성립하지 않는 것과 같다. 무상급식에 절대적 권리를 주장하는 것은 논리적으로나 현실적으로 성립하지 않는다.

자격설과 같은 맥락에서 도덕권은 종종 절대적 권리가 존재함을 상정한다(Feinberg, 1973: 84-88). '도덕권'도 도덕적 근거에 의하여 성립하는 것이지, 절대적 권리 또는 보편적 권리의 동의어로 성립하는 것이 아니다. 도덕권의 정당화는 실정권의 사각지대에서 권리의 부당한 침해가 있을 때 성립한다. 이와 같은 근거에 비추어 볼 때, '절대적 권리'는 권리 소유자가 그것을 아무 제한 없는 무한 상황에서 자의적으로 모든 재화와 서비스를 청구하고 획득할 수 있음을 가리키지 않는다. 미국 수정 헌법 제1조 해석 문제는 이를 뒷받침하는 논거이다.

미국 수정 헌법 제1조의 의미는 "헌법이 천명한 기본적 권리를 행사하는 데 아무런 제약이 없다"라는 의미가 아니라 "헌법이 천명한 기본적 권리를 제한하는 입법과 법원의 의무부과가 자의적으로 행해질 수 없다"는 의미로 해석되어야 한다(Feinberg, 1973: 79-83). 이 관점에서 보면, 무상급식 전면추진 입법이나 주장은 '절대적 권리'로 성립하지 않는다. 오히려 무상급식 전면실시에 따른 국민 개개인의 재산권과 선택의 자유가 자의적으로 제한되어선 안 된다는 것을 의미한다. 사회·경제적 권리를 절대적 권리로 주장하면, 그것은 어떤 경우이던 간에 국기(國基), 헌정질서, 그리고 법질서를 교란시킨다. 보편적 복지를 명분으로 무상복지정책을 전면실시하자는 것은 자유민주주의를 근간으로 하는 대한민국 국기와 헌정질서를 흔드는 일이고, 이에 따른 입법은 당연히 위헌 소지를 담게 되어 국기(國紀)를 문란케 한다. 제한된 경우이긴 하지만, 개인의 기본권 또는 절대적 권리 제한은 공공목적을 위하여 정당화될 수 있다. 이 경우는 전시(戰時), 천재지변, 국가비상상황 등에 국한되어야 한다. 하지만 무상급식 전면 실시는 이러한 공공목적, 공공복리 증진과 전혀 관련이 없다.

만약 무상복지정책 전면 실시가 마치 아무런 제약 없이 무한 상황에서 모든 것을 청구하고 획득하는 권리, 즉 절대적 권리처럼 인식되려면, 절대적 권리는 곧 '특권(privilege)'으로 해석되는 경우에 한정되어야 한다.[21] 여기서 특권은 자유권(liberty-right)의 일종으로서 자유의 '허용(permission)'적 의미와 함께 자유의 행사가 국가권력이나 법제적 장치로부터 '보호받는다는 것(protection)'을 포함한다(Hohfeld, 1919; Jones,

21) 특권적 의미의 자유권이 무한 확장해선 안 된다는 논의는 홉스의 생존권 주장을 비판하는 데 주로 동원된다. 그러나 이 권리는 자유민주주의 국가에서 창업을 자유롭게 할 자유처럼 자유의 핵심적인 내용을 함의함을 부정할 수는 없다. Macperson (1967: 16-26) 참조.

1994: 13-25). 의사의 의료행위로서 사지절단(四肢切斷)이나, 국회의원의 면책특권이 이에 해당한다. 하지만 무상급식 전면 실시가 이와 같은 특권이 될 수 없으므로 절대적 권리로 성립하지 않는다.

Ⅴ. 무상학교급식 문제

1. 복지정책으로서 무상학교급식 정책

이제까지 사회정의 문제, 공공성을 내세운 복지와 복지정책이 개인의 자유와 권리를 침해할 위험성을 중심으로 살펴보았다. 실제로 복지정책이 사태의 본질을 왜곡하는 부당추론, 사실의 호도(糊塗), 본말전도(本末顚倒)의 대표적인 경우가 무상학교급식 전면 실시 주장이다.

그럼에도 무상급식 전면실시의 폐해를 은폐하기 위해 만들어낸 말이 '의무급식'이다. 게다가 그 논거가 무상 의무교육의 정당성과 같다고 부당 추론하여 사실을 호도한다. 무상 의무교육이 보편적 권리로서 정당화되는 것은 외부효과가 있기 때문인데 반해 의무급식은 외부효과는커녕 비효율성만을 야기하기 때문에 이는 성립하지 않는다. 이하에서는 무상급식 주장이 왜 부당한 것인지를 면밀하게 검토하기로 한다.[22]

우선 무상학교급식 정책의 위헌(違憲)성을 들 수 있다. 학교급식 무상화에 대한 위헌 논점은 세 가지로 정리할 수 있다.

첫째, 학교급식 무상 전면실시는 헌법 전문(前文)에 규정한 '자유민주

22) 무상급식에 관한 논의는 김정래(2011)를 토대로 정리한 것임.

적 질서'의 부정한다. 제10장에서 살펴본 바와 같이, 자유민주적 기본질서는 민주주의 유형 중 자유민주주의에 뿌리를 둔 것으로 여타의 민주주의 형태, 이를테면 인민민주주의나 사회민주주의와는 양립할 수 없다. 결과적으로 이러한 헌법 정신을 위배하면 대한민국의 사회주의화 내지는 전체주의화를 초래하고 나아가서 대한민국의 국체를 부정하게 된다.

둘째, 학교급식 무상 전면 실시는 헌법의 기본권인 선택권과 행복추구권(제10조)를 침해한다. 구체적으로 국민 개개인의 일체의 식생활을 국가가 관장하는 결과를 초래하므로 국민의 선택권을 박탈함은 물론 행복추구권을 침해하는 요인이 된다.

셋째, 학교급식 무상화는 국민생활 수단인 급식제도 선택을 원천적으로 봉쇄한다. 애초 식생활은 사적 영역의 문제이다. 그러나 학교급식이 무상의무교육 체제 속에서 이루어진다고 그것이 곧 공적 영역의 문제라는 뜻은 아니다. 또한 학교급식 무상전면 실시는 헌법이 규정하고 있는 주민자치의 원리라는 민주원리에도 어긋난다.

무상급식 전면 실시를 주장하는 이들은 그 논거로 평등권 실현을 들고 있다. 그렇다면 무상급식은 과연 평등을 실현하는 정책인가. 그러나 무상급식 전면 실시는 평등권을 실현하지 않는다. 이에 관하여 살펴보자.

평등권의 일반적 의미라고 하는 재화의 균일한 분배는 평등을 실현하는 것은 아니다. 평등권이 모든 이에게 예외 없이 성립하는 경우는 개인의 가치(personal worth)의 경우이다. 이 점에 비추어도 재화를 똑같이 분배해야 한다는 것은 평등이념에 위배된다. 마르크스의 주장처럼 '모든 이가 똑같은 재화를 분배받을 권리가 있다'는 '필요(needs)'의 측면에서도 성립하지 않는다. 필요 역시 획일적인 균등의 의미로 상량(商量)되지 않는다. 이와 관련하여 복지재의 평등(equality of welfare)을 현실적으로 불가능하다는 주장도 있다(Dworkin, 1977). 따라서 복지재의 균등한 평등을 주장하는 것은 권리의 선언적 의미(manifesto sense of rights)인 만큼 실행가능성은 없다(Cranston, 1967). 이는 사유재산을 부정하는 사회주의, 공상주의 이론에 비추어도 실현될 수 없다.

무상급식 전면 실시 주장은 평등 실현과 무관하고, 오히려 불평등을 조장하는 측면이 있다. 이를테면 급식비를 면제받을 하등의 이유가 없는 아이들이 무상급식을 받는다는 것은 불평등 조장 행위이다. 그리고 부의 분배의 측면에서 비추어 보아도 무상급식 전면 실시는 부당하다(이성규, 2010). 저소득층과 중산층의 부의 재분배를 가늠하는 교유(churning) 효과가 무상급식 전면 실시로 반감된다.

다음으로 무상급식 전면 실시를 주장하는 이들의 무차별 논거를 살펴보자. 무차별 논거는 비현실적이고 책임 회피적이다. 이를테면 급식비를 내는 아이들과 내지 않는 아이들을 교육적 상황, 즉 학교 내 교실에서 마땅히 차별하지 않아야 한다. 그러나 이들의 '아이들을 차별하지 않기 위하여'라는 주장은 교사의 전문성을 무시하는 처사이다. 급식비 납입 여부는 학생들의 사생활 보호 차원에서 교사가 얼마든지 비밀리에 추진할 수 있다. 그렇지 않으면 그것은 교사 스스로가 전문직이라는 것을 스스로 부정하는 꼴이다. 의사가 만약 의료보호대상자와 그렇지 않은 환자를 보험료 납입 여부나 환자의 소득 수준을 고려하여 진료한다면, 그것은 의사 스스로가 전문직으로서 의료인임을 포기하는 것과 같다. 마찬가지로 교사가 급식비 납입 여부로 아이들을 차별하는 상황을 방치하는 것은 교사 스스로 전문직임을 부정하고 방기(放棄)하는 것이다.

결론적으로 무상급식 전면실시를 주장하는 것은 평등권 실현과 무관하며, 급식비를 내는 아이들과 내지 않는 아이들을 교육적 상황, 즉 학교

내 교실에서 차별하지 않아야 한다는 주장은 성립하지 않는다.

2. 무상급식과 권리이론

무상급식 전면 실시가 보편적 권리를 증진하거나 보장한다고 보는 세간의 관점은 명백히 권리이론과 무관하지 않다. 즉 권리이론과 관련하여 무상급식 전면실시 정책은 권리의 속성과 권리 관계를 잘못 설정한 결과 나타난 현상이다. 여기서는 제6장에서 살펴본 세 가지 권리이론에 비추어 검토해 본다.

학교급식이 보편적 권리에 비추어 전면 무상으로 실시되어야 한다는 주장의 논거를 자연권 논의에서 찾는 것은 일견 타당해 보인다. 하지만, 자연권 논의는 매우 방대하고 심층적인 논의와 검토를 요구할 뿐만 아니라 그 논의가 무상급식을 지지하는 것이 아니라 오히려 부정하는 경우도 있다는 점을 유념할 필요가 있다. 즉 모든 학생들에게 똑같은 식단의 음식을 '강제적으로' 제공해야 할 논거가 자연권에 부합한다고 할 수는 없다. 이 논거는 모든 건강한 남성에게 부여되는 병역의무가 자연권에 근거한 것이라고 하는 것과 같아 보이지만 실상은 다르다.

자격설 이외의 다른 권리설에 견주어도 무상급식 전면 실시가 정당화되지 않는다. 먼저 이익설에 따른 정당화 논의를 살펴보자. 이익설은 의무이행에 따라 획득되는 혜택이나 수혜 받는 이익을 권리로 보는 이론이다. 무상급식 전면 실시는 오히려 이에 반한다. 보다 구체적으로 무상급식의 재원을 공급하는 납세의무자에게 별다른 이익을 제공해 주지 못하기 때문이다. 게다가 무상급식을 받는 아이들이 왜 무상으로 밥을 먹는지 모르는 상황에서 의타심이 심화되는 현상이나 재산에 대한 소유의식이 아니라 공유의식만을 키워줄 수 있다면, 그것은 아이들에게 결코 이익이 되지 않는다. 또 아이들의 구미나 취향, 식성 등을 무시한 획일적인 급식이 이익을 증진한다고 보기도 어렵다.

다른 한 편으로 무상급식 전면실시가 선택설에 비추어도 정당화되지 않는다. 선택설에 따르면, 개인이 권리 주체로서 권리를 청구할 수 있어야 하고, 그것은 대인청구이거나 대물청구를 가리켜서 청구 행위에 대한 의무이행자와 의무이행내용이 있어야 하는데, 무상급식 전면 실시는 이것이 아예 불가능하다. 게다가 무상급식 전면실시는 오히려 권리수혜자의 선택을 박탈할 뿐이다.

목하 관심사인 자격설에 비추어도 무상급식 전면실시는 정당화되지 않는다. 최근 자격설을 대표하는 인물인 드워킨(Dworkin, 1977)의 이론에 비추어도 무상급식 전면실시 주장은 성립하지 않는다. 그는 인간을 평등하게 대한다는 것이 똑같은 복지재를 공급하는 것이 아님을 천명하고 있다(Campbell, 1988; Dworkin, 1977). 권리이론에 입각한 정의론을 개진한 그에게 사회정의를 실현하는 권리의 중요한 측면은 '개인이 개인으로서 동등하게 존중받는 권리(the right to treatment as an equal)'를 가리킨다. 무상급식처럼 동등한 복지재를 공급하는 '똑같은 대접을 받을 권리(the right to equal treatment)'를 의미하는 것이 아니다. 드워킨이 보기에 무상급식 정책은 재화의 일률적인 공급을 가리키기 때문에 자신이 주장하는 권리 기반 정의설에도 부합하지 않는다.

이 점은 노직의 정의이론에서도 유사하다(Nozick, 1974). 드워킨과는 기본적인 입장이 다르긴 하지만, 노직도 개개인의 개별적 이익이 보호되어야(individual interest protected) 한다는 입장은 동일하다. 개인의 가치(personal worth)에 비추어 평등이 고려되어야 한다. 이는 개인차를 무시하고 실시되는 무상급식의 부당함을 밝히는 데 단초를 제공해 준다. 그래야 권리소유자의 존엄성(dignity of the right-holder)이 보장된다는 것이다. 이를 단적으로 표현하면 흔히 평등관에 입각한 정의는 '각자의 처지에 따라(to each his or her due)' 마련되어야 한다고 하지만, 노직은 각 개인이 처한 처지에서 '그 사람의 권리가 고려될 수 있는(to each his or her right)' 방안이 되어야 한다. 뿐만 아니라 무상급식 전면 실시 정책이 가져오는 결과는 노직이 강조하는 개인의 재산권 침해로 이어진다. 따라서 이 두 사람의 이론을 종합할 때, 각 개인의 처지에 맞게 대우하는 것이 정의로운 것이며, 이런 경우에만 권리로 성립할 수 있다는 점을 시사한다. 결론적으로 무상급식 전면 실시처럼 일률적인 복지서비스는 정의롭지도 못하고, 권리이론에도 부합하지 않는다.

〈제12장 보론〉 무상학교급식 실시 논거

무상급식을 주장하는 이들은 '자격설'에 기반하여 무상급식 전면실시에 '자연권(natural rights)', '도덕권(moral rights)', '인권(human rights)', '절대적 권리(absolute rights)' 등을 잘못 적용하고 있다. 즉 자연권, 인권, 도덕권, 절대적 권리를 확대해석하는 오류만 범하게 된다. 한 마디로 자격설을 과도하게 확대해석하여 권리설을 오용하고 있다. 이를 좀 더 자세히 살펴보기 위하여 자격설의 이론적 토대가 되는 자연권 논거의 찬반 양론을 살펴보기로 한다. 여기서는 두 가지 논의를 소개하기로 한다.[1)]

I. 무상급식에 관한 메이오(Bernard Mayo)의 논거

메이오의 자연권 논거(Mayo, 1967: 68-80)는 오늘날 좌파 논객의 무상복지의 이론적 토대를 제공하는 전형이다. 그의 논의는 '완전의무(perfect duty)'와 '불완전의무(imperfect duty)'로 구분한 칸트의 논의에 기초하여 시작된다(Kant, 1785). 주지하는 바와 같이, 칸트의 완전의무는 자신의 정언명령(categorical imperative)에 기초한 의무이며, 불완전의무는 그렇지 않은 의무를 가리킨다. 즉 전자는 정언명령에 따라 예외없이 행해져야 하는 것으로서 의무이행의 결과가 가져올 이해득실에 좌우되어서는 안 되는 의무를 가리킨다. 반면에 불완전의무는 정언명령에

1) 메이오와 맥도날드의 주장을 토대로 한 김정래(2011) 7-14쪽 내용을 정리한 것임.

따른 구속력이 없으며 행위의 결과가 행위자의 이익 도모를 예견할 수 있는 의무(meritorious duty)이다. 칸트의 이 구분은 정언명령과의 관련성에 국한되는 것이 아니다.

완전의무는 권리-의무의 상관관계를 전제하는 의무이며, 불완전의무는 상관관계를 전제하지 않는 의무를 가리킨다. 예컨대, 완전의무에 속하는 약속을 지켜야 하는 행위(keeping promise)는 이 의무 행위로 인하여 권리가 발생하는 것을 의미한다. 반면에 불완전의무에 속하는 남을 돕는 행위(helping others)는 도움을 받는 사람의 권리를 성립시키지 않는다. 이는 제5장에서 살펴본 소극적 권리와 적극적 권리의 논거와 아무 관련이 없다.

이 점에 착안하여 메이오는 완전의무(perfect obligation)와 불완전의무(imperfect obligation)를 구분하여 논의를 전개하고 있다. 그의 논의에서 완전의무는 '상대방의 상관적 권리를 바탕으로 성립하는 의무'를 뜻하며, 불완전의무는 그렇지 않은 의무를 가리킨다. 이를 다른 방향, 즉 권리 주체 쪽에서 말하자면 '완전권리(perfect rights)'와 '불완전권리(imperfect rights)'가 성립한다. 완전권리는 '상대방에게 의무이행을 요구하는(할 수 있는) 권리'이며, 반대로 불완전권리는 '상대방에게 의무이행을 요구할 수 없는 권리'를 말한다. 이 역시 제5장에서 살펴본 능동적 권리와 수동적 권리의 논거와 무관하다.

이 구분에 따라 권리이론가들의 대부분은 한 개인의 불완전의무에 대한 상대방의 권리가 성립하지 않는다는 것에 동의한다. 예를 들어 내가 상대방이 알든 모르든 가난한 이에 금전적 도움을 주었다면, 이에 대하여 수혜를 입은 사람은 이 수혜에 대하여 나에게 요구할 어떤 권리도 성립하지 않는다. 만약 이를 무시하고 수혜 받은 가난한 사람에게 어떤 권리가 성립한다고 한다면, 동시에 그 사람이 자신을 도와준 사람에 대하여 어떤 의무가 발생한다는 것을 인정해야 한다. 즉 의무-권리의 상관관계가 성립하지 않는다. 그래서 이 경우의 권리를 '불완전' 권리라고 한다.

그럼에도 불구하고 메이오의 논점은 불완전 의무에 대하여 권리가 있다는 입장이다. 이를테면 기아에 처한 극빈자들은 자신의 생존을 위하여 이에 대한 권리를 주장할 수 있다는 점을 메이오는 인정하고 있다. 그러면서 동시에 역으로 불완전권리에 대하여는 권리수혜자 자신의 의무이행이 성립하지 않는다고 주장하고 있다. 이를 좀 더 자세히 살펴보면 다음과 같다.

첫째, 불완전권리에 대하여 의무이행이 성립하는 논거로 메이오는 '청구권 논쟁'을 들고 있다. 물론 메이오도 자선에 대한 의무(즉 불완전 의무)가 자선 수혜를 받을 사람의 권리를 일반적으로 성립시키지 못한다는 점을 인정한다. 그러나 기아에 허덕이는 사람이 구호를 받을 권리는 여전히 성립하고, 이에 대한 의무이행이 성립한다고 주장한다. 즉 국가에 대한 청구권을 통하여 권리가 성립할 수 있다는 것이다.

둘째, 불완전권리에 대한 의무이행자 문제이다. 메이오는 불완전권리에 대한 의무이행이 가능한 만큼 의무이행자도 가능하다는 입장이다. 그는 이에 대하여 국가가 의무이행자임을 주장한다. 국가가 의무이행자이고, 이 권리에 대한 의무이행 성립은 바로 앞에 소개한 '청구권 논쟁'을 통하여 정당화된다는 것이다. 달리 말하자면 인권(Human Rights)이 보편적 권리로 성립하기 때문에 인권의 정부대행 가능성을 열어 놓아야 한다는 것이다. 그러나 이로 인하여 발생하는 심각한 문제는 권리와 의무의 상관관계에서 제3자(국가)를 개입시킨다는 점이다. 권리-의무 간의 상관관계가 근본부터 흔들리는 결과를 초래한다.

그럼에도 불구하고 메이오가 주장하는 논거는 '인권'을 '모든 인간을 대리(대신)하여 청구할 수 있는 권리(a claim on behalf of all men)'로 정의하고 이것이 권리-의무의 상관관계와 무관하게 성립한다고 보는 것이다. 이것이 요즈음 좌파 논객들이 즐겨 사용하는 이른바 '보편적 인권' 또는 '보편적 복지'에 대한 정당화의 단초를 제공해 준다. 그러나 '모든 인간을 대리(대신)하여 청구할 수 있는 권리'로 볼 수 있다는 입장은 권리-의무 간의 상관관계를 훼손한다는 관점 이외에도 또 다른 심각한 문제를 야기한다. 그것은 '모든 인간을 대리(대신)하여 청구할 수 있는 권리'를 상정하는 것 자체가 권리 주체를 개인이 아닌 집합의 개념으로 치환한다는 문제이다. 그러나 이 문제는 루소의 '일반의지(General Will)'의 맥락에서 정당화를 시도한다(Rousseau, 1762). 무슨 말인가 하면, 모든 인간을 대리하여 권리를 청구할 수 있다는 것은 권리의 주체를 개개인으로 보지 않고 추상적인 집합체로 치환하여 정당화된다는 것으로, 그 근거를 루소의 일반의지에서 찾는 것이다.[2)] 권리의 주체를 집합적 개념으로 보는 것은 항상 개인에 앞서 집합의 중요성을 강조하는 오류, 더 정확하게 말하자면 집합의 가치에 개인의 가치를 몰살할 수 있다는 오류를 범하게 된다.

권리의 근본적인 속성을 무시한 이러한 난점에도 불구하고 메이오의 논점은 이른바 '사회·경제적 권리'가 성립한다는 근거를 마련해 준다.

---

2) 루소가 자신의 『사회계약론』(1762) 제2권에서 제시한 일반의지는 여기서 논의하고자 하는 권리 주체를 집합으로 치환하는 문제 외에도 여러 가지 문제점을 내포하고 있다. 이를테면 일반의지의 설정 자체가 순환론에 빠져 있다는 점과 신의 존재 증명으로 제시되는 제1원인처럼 양도할 수 없다는 근거를 제시하지 못 한다. 역자연주의 오류를 범하고 있다는 점(제2권 제1장)을 들 수 있다.

그 중 하나가 사회·경제적 권리를 위한 정부역할론이 필연적이라는 논점이다. 이는 복지국가 구현에 정부의 적극적인 역할과 국가 개입이 요구되어야 한다는 입장으로 발전한다(Schneider, 1967: 81-94). 다른 하나는 이러한 방식으로 규정되는 인권을 통하여 구현되는 사회가 진보할 수 있다는 관점이다. 달리 말하자면 메이오의 논점은 '사회진보론'을 권리의 측면에서 합리화하고자 한다. 그렇지만, 그의 논점을 인정한다 해도 문제는 여전히 남는다. 첫째, 어째서 권리-의무의 상관계를 떠난 보편적 인권(human rights)의 수행자는 오직 '정부'뿐이어야 하는가 하는 점이다. 예컨대, 익명의 독지가와 자선사업가 그리고 자발적 집합체인 시민단체나 NGO의 입지는 어떻게 되는가? 그리고 메이오식으로 권리를 설정하면 권리 한계는 어디까지인가 하는 문제에 대한 끝없는 논의가 요구된다.

Ⅱ. 무상급식에 관한 맥도날드의 논거

보편적 인권의 논거로 자연권 논의가 가장 강력한 논거가 된다는 점은 자격설을 소개하면서 언급한 바 있다. 여기서는 자연권 논거가 지니는 한계를 맥도날드(Margaret MacDonald)의 고전적인 논의를 통하여 살펴보기로 한다. 맥도날드의 논점을 토대로 하여 이 글의 논제와 관련된 쟁점만을 정리하여 살펴보기로 한다.

첫째, 자연권의 근거로 사용되는 자연법의 성격을 규명할 필요가 있다. 이 경우 자연법은 자연의 법칙이나 자연과학의 법칙을 가리키는 것이 아니다. 자연권을 지지해 주는 자연법은 일부 계몽사상가나 낭만주의자들이 말하는 이상적인 상태를 지칭하는 것은 아니며, 자연법이 개인이나 사회가 이끌어가야 할 방향을 제시하는 것은 더욱 아니다. 이러한 관점에서 자연법을 규명하고 이를 자연권 논의에 사용하는 것은 '자연주의적 오류(naturalistic fallacy)'[3]를 범하는 것이 된다. 즉 사실(fact)의 세계인 자연의 법칙이나 자연 상태를 근거로 하여 권리주장과 같은 인간 행위를 규율하는 가치판단을 도출하는 것은 자연주의적 오류를 범하는 것이다. 이러한 관점에 비추어 자연법은 자연권 논의의 근거를 마련해 주는 충분조건이 되지 못한다는 것이 맥도날드의 입장이다. 그에게 자연법은 실정법의 테두리 안에서 그것도 불완전한 범위와 형태로 지지받을 수 있을 뿐이다.

둘째, 사회계약론에 나오는 자연 상태는 자연권의 근거로 정당화되기 어렵다는 점이다. 루소의 『사회계약론』 서두에 나오는 '인간은 자유롭게 태어나지만, 사회 곳곳에서 속박 당한다'[4]는 그의 주장은 자연법에 대한 그릇된 해석과 분석에 근거한 것이다. 이는 실증적으로도 연역적으로도 사실이 아니며 증명할 수도 없다. 먼저 인간이 자유롭게 태어난다는 것은 사실이 아니다. 인간은 누구나 특정한 부모의 자식으로 태어나며, 본인의 의지와는 아무 상관없이 특정 지역에서 특정 계층에 종속된 상태로 태어난다. 더욱이 인간이 자유롭게 태어난다는 사실이 연역적으로 입증되지도 않는다. 실증적으로나 연역적으로 입증되지 못한 논거를

---

3) 주지하는 자연주의적 오류는 흄이 최초로 제시하였으나, 오늘날 논의의 맥락에서 사용되는 의미는 무어(G. E. Moore, 1903)가 공리주의를 비판할 때 사용한 경우이다. 사실에서 가치판단을 도출하는 것은 오류를 범한다는 것으로서, '자연적 성장은 좋다. 암(癌)은 자연적으로 성장한다. 따라서 암의 성장은 좋다.'는 추론이 자연주의적 오류를 범한 대표적인 경우이다.

4) Man was born free and everywhere he is in chains. (Rousseau, 1762: Book 1).

사용하여 자연권의 보편성을 주장할 수는 없다.

셋째, 사회계약론에서 언급되는 자연법의 자명성(self-evidence)의 문제이다. 이는 자연법은 자명한 진리이기 때문에 자연권의 정당성을 확보한다는 논점을 성립시킨다. 달리 말하자면, 자연 상태가 자명한 것처럼 자연권은 자명한 것으로 받아들여야 한다는 것이다. 그러나 목하 우리가 논의하고 있는 자연권 논의는 자연의 선물이나 자연적인 산물이 아니라 문명의 결과이다. 이처럼 자연법의 자명성과는 무관하게 자연권이 논의된다.

넷째, 자연권으로서 향유하거나 청원하는 권리들은 원시 상태의 권리가 아니라 문명사회 일원으로 태어났기 때문이다. 사람이 생존권을 갖는 것은 자연인으로서 인간이기 때문이 아니라 문명사회구성원이기 때문이다. 이 논점은 무상급식 문제에 국한되는 것이 아니라 자연법에 기대어 보편성을 주장하는 복지정책 모두가 해당한다. 달리 말하자면, 인간이 보편적 가치를 갖는 것은 생물학적 인간이기 때문이 아니라 문명을 창출한 합리적 사고를 할 수 있는 존재이기 때문이다.

다섯째, 자연권의 정당화 논거는 '인간이기 때문이' 아니라 인간이 '합리적인 존재이기 때문에' 성립한다. 아리스토텔레스의 '합리적 존재', 칸트의 '목적의 왕국(Kingdom of Ends)'은 인간의 존엄성이 단순히 인간이기 때문이 아니라 이성을 구사하는 존재이기 때문에 성립한다는 것을 입증하는 개념들이다. 이 논거는 하트의 선택에 비추어 정당화된다(Hart, 1955: 175-191).

여섯째, 인간의 본성은 자연권을 정당화하는 논거가 되지 않는다. 인간은 어떤 주어진 목적을 가지고 태어난 존재가 아니다. 그리고 인간은 인간의 삶의 목적이 무엇인지 일률적으로 단언할 어떤 근거도 제시하지 못한다. 이를 제시할 수 있다면 그것은 종교적 신앙의 범위 안에서만 가능하다. 즉 일단의 무리들이 신앙공동체를 이루어 그들만이 합의한 인생의 목적이 있다면 그것은 그 신앙공동체 범위 안에서만 타당하다. 그렇지만 이 역시 자연권 정당화 논거가 되지 못한다. 어떤 목적을 제시하는 순간 인간은 그 목적을 위하여 봉사해야 하는 존재로 전락한다. 인간의 본성이 어떠어떠하다는 사실을 근거로 하여 어떤 주장을 하는 것은 다시 자연주의적 오류를 범하는 결과를 초래한다. 인간의 자연적 본성은 그 자체로 사실을 가리킬 뿐이지, 어떤 가치 진술도 정당화하진 않는다.

일곱째, 자연권은 도덕권(moral rights)으로 성립하지 않는다는 점이다. 이 말은 다소 혼선을 빚기도 하지만[5], 맥도날드의 지적은 이런 것이다. '약속을 지키라', '거짓말하지 말라'와 같은 명제는 도덕적 명제이고, 도덕적 논의의 대상이 된다. 그러나 인간의 자연권 논의는 그 자체로 도덕적 명제도 아니며 도덕적으로 모두 정당화를 요구하는 문제가 아니다. 자연권의 맥락에서 논의되는 문제와 쟁점들은 도덕적인 것이 아니라 정치적인 성격을 가진 것들이다. 무슨 말인가 하면, 자연권 맥락에서 논의되는 권리 주장들은 사회적 합의를 이끌어내거나 사회구성체로서의 청원할 수 있는 내용이라는 것이다. 동의하기 매우 어렵지만, 공리주의자나 이상주의자 그리고 마르크스주의자들이 자연권을 부정하는 것은 그들이 공통적으로 자연권 문제를 도덕적 논의대상으로 보지 않기 때문이다.

자연권은 자연법이나 자연주의적 논의 맥락에서 정당화되는 것이 아니다. 그럼에도 불구하고 자연권이 요구되는 것은 인간이 추구하는 당위

5) 자연권은 실정법에 규정되어 있지 않은 한 도덕권에 속한다. 위의 논점은 이를 부정하는 것이 아니다.

성 때문이다. 이를테면, 인간은 차별받지 않아야 한다는 것은 자연적인 속성 때문이 아니라 인간이 사회를 구성하고 문명생활을 영위하고 있기 때문이다. 인간이 평등하다는 것은 자연적 특성 때문에 정당화되는 것도 아니며 평등하다는 논거가 연역적으로 도출되는 것도 아니다. 자연권 논의는 가치 주장을 포함하는 가치논쟁이다. 가치논쟁은 인간이 보다 나은 삶을 영위하고자 하는 인간 논의 방식이지, 어떤 이상향이나 부정할 수 없는 절대적인 자연적 속성에 기인하는 것이 아니다. 그리고 그러한 가치 논쟁은 더 나은 사회를 구성하는 기본적인 논의의 틀을 제공해 주기 때문에 중요한 것이다.

이상과 같이 맥도날드의 논거에 따른 자연권 논의는 보편적 권리의 토대가 되지 못한다는 사실을 확인할 수 있다. 이는 모든 인간이 인간이기 때문에 누구도 부정할 수 없는 보편적 권리를 가지며 그 때문에 누구나 무상으로 급식을 제공받을 수 있다는 주장을 정당화시켜주지 않는다는 것을 입증하는 것이다. 오히려 정치적 주장에 맞춘 정치적 강령 또는 선동일 가능성이 크다.

참고문헌

김언종, 2001, 한자의 뿌리, 서울: 문학동네.

김정래, 2003, 자유와 자유교육, 아시아교육연구 제4권 제1호, 서울대학교 아시아태평양교육발전연구단.

김정래, 2004a, 평등 이념과 그 적용 원리(I): 교육기회균등의 원리, 한국교육 제31권 제1호, 한국교육개발원.

김정래, 2004b, 평등 이념과 그 적용 원리(II): 교육 분배의 원리, 한국교육 제31권 제2호, 한국교육개발원.

김정래, 2007, 교육정책원리로서 교정적 평등의 의미와 한계, 초등교육연구 제20권 제1호, 한국초등교육학회.

김정래, 2011, 권리측면에서 본 학교급식 무상추진의 난점, 교육철학 제45집, 한국교육철학회.
김정래, 2012, 진보의 굴레를 넘어서, 서울: 기파랑.
김정래, 2013, 민주시민교육비판, 서울: 가원출판사.
민경국, 1997, 시장경제의 법과 질서, 서울: 자유기업원.
복거일, 2002, 2002 자유주의 정당의 정책, 서울: 자유기업원.
이성규, 2010, 조세·복지 Churning에 의한 중산층 복지, 한국 자유주의의 현재와 미래, 2010년 초정포럼 자료집.
현진권, 2011, 복지논쟁: 무엇이 문제이고 어디로 가야 하나, 서울: 자유기업원.
현진권, 2012, 왜 사회통합인가?, 한국경제연구원 정책토론회 자료집.

Berlin, I., 1969, *Four Essays on Liberty*. Oxford University Press.
Campbell, R., 1988, *Justice*, New York: St. Martin Press.
Cranston, M., 1967, Human Rights, Real and Supposed, in: Raphael, D. D. ed., 1967, *Political Theory and The Rights of Man*, London: Macmillan.
Drucker, P. F., 2000, *The Essential Drucker on Society III*, 이재규 역, 2001, 이노베이션의 조건, 서울: 청림출판.
Dworkin, R., 1977, *Taking Rights Seriously*, London: Duckworth.
Feinberg, J., 1973, *Social Philosophy*, Englewood Cliffs, N. J.: Prentice-Hall.
Hart, H. L. A., 1955, Are there Any Natural Rights?, *Philosophical Review* 64.
Hayek, F. A., 1976, The Atavism of Social Justice, in his, 1978, *New Studies in Philosophy, Politics, Economics and the History of Ideas*, Chicago: Chicago University Press.
Hohfeld, W., 1919, *Fundamental Legal Conceptions as Applied in Juridical Reasoning*, Yale: Yale University Press.
Jones, P., 1994, *Rights*, New York: St Martin Press.
Kant, I., 1785, *Groundwork of the Metaphysic of Morals*, Paton, H. J. trans., 1964, New York: Harper.
Kim, J. N., 1996, *Well-being and Education in a Liberal Society*, a

unpublished Ph D thesis, University of Keele, England.

Macpherson, R., 1967, The Rights of Man in Hobbes and Locke, in: Raphael, D. D. ed., 1967, *Political Theory and The Rights of Man*, London: Macmillan.

Mayo, B., 1967, What are Human Rights?, in: Raphael, D. D. ed., 1967, *Political Theory and The Rights of Man*, London: Macmillan.

Moore, G. E., 1903, *Principia Ethica*, Cambridge: Cambridge University Press.

Nozick, R., 1974, *Anarchy, State, and Utopia*, New York: Basic Books.

Popper, K. R., 1945, *Open Society and its Enemies* Ⅰ & Ⅱ, 1973, London: Routledge.

Rawls, J., 1971, *A Theory of Justice*, Harvard University Press.

Rousseau, J. J., 1762, *Social Contract*, Cranston, M. trans., 1968, London: Penguin.

Schneider, P., 1967, Social Rights and the Concept of Human Rights, in: Raphael, D. D. ed., 1967, *Political Theory and The Rights of Man*, London: Macmillan.

Warnock, M., 1977, *Schools of Thought*, London: Faber and Faber.

Williams, B. A. O., 1962, The Idea of Equality. in: Laslett, P and Runciman W. G., eds., *Philosophy, Politics and Society,* 2nd Series, Oxford: Basil Blackwell.

찾아보기

사항색인

가

나

다

라

마

바

사

아

자

인명색인

| 저자소개 |

김정래(金正來)

김정래(金正來)는 서울대학교 사범대학 교육학과와 동 대학원을 졸업하고, 영국 키일대학(University of Keele)에서 교육철학을 공부하여 박사학위를 받았다. 이후 서울대학교 교육연구소와 한국교육개발원에서 근무한 바 있으며, 한국청소년개발원 객원연구위원, 한국아동권리학회 학술이사, 한국교육신문 논설위원, 미래한국 편집위원, 하이에크아카데미 원장, 그리고 한국교육철학회 제15대 회장 등을 역임한 바 있다. 현재 부산교육대학교 교수이다. 교육철학과 아동권리 문제를 가르치면서 교육형이상학에 관심을 가지고 공부하고 있다.

저서로는 이 책의 자매서인 『증보 아동권리향연』, 『아동권리향연 마당』과 함께 『세상을 바꾸는 나』, 『고혹 평준화 해부』, 『진보의 굴레를 넘어서』, 『민주시민교육비판』, 『전교조 비평』, 『교육과 지식』(공저), 『교육과 성리학』(공저), 『교육과 한국불교』(공저), 『학생과 시민의 자원봉사활동』(공저) 등이 있으며, 역서로는 『권위, 책임, 교육(리처드 피터스)』, 『플라우든 비평(리처드 피터스 편)』(공역), 『봄의 창의성(데이비드 봄)』, 『지식의 조건(이스라엘 쉐플러)』, 『암묵적 영역(마이클 폴라니)』, 『초등교육문제론(디어든)』, 『아동의 자유와 민주주의(로즈마리 챔벌린)』, 『교육과 개인(브랜다 코헨)』, 『교육목적론(콜린 린지)』, 『대중을 위한 경제학(진 캘러헌)』(공역) 등이 있다. 또 연구기관에서 낸 연구과제로는 「자립형사립고등학교 제도도입에 관한 연구」, 「학생인권에 관한 연구」, 권리에 관한 청소년 의식조사 연구」, 「고교 평준화정책 적합성 연구 I」, 「고교 평준화정책 적합성 연구 I」, 「사립고등학교의 평준화정책 적합성 연구」, 「21세기 교육복지 발전방안에 관한 연구」 등이 있다.

아동권리향연 플러스

초판 1쇄 인쇄 / 2022년 2월 14일
초판 1쇄 발행 / 2022년 2월 21일

•

저 자 / 김 정 래
발행인 / 이 중 수
발행처 / 동 문 사

•

서울특별시 서대문구 홍제원 1길 12
(홍제동 137-8)
Tel : 02)736-3718(대), 736-3710, 3720
Fax : 02)736-3719
등록번호 : 1974.04.27. 제9-17호
가격 : 40,000원

•

ISBN : 979-11-6328-369-0 (93370)
E-mail : dong736@naver.com
www.dongmunsa.com